1493년 하르트만 셰델의 《뉘른베르크 연대기》에 실린 피렌체 전경. 단단한 성벽으로 둘러싸인 도시 안쪽에 약 5만 명의 인구가 살았다.
(Wikimedia Commons)

나일 삼각주에서 자라는 식물로 만든 파피루스는 고대 세계에서 애용되는 문방구였다. (Wikimedia Commons)

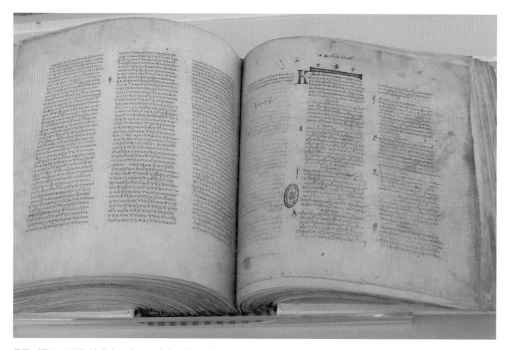

동물 가죽으로 만든 양피지 코덱스는 서기 4세기에 이르자 가장 널리 이용되는 필기면으로 파피루스 두루마리를 점차 대체했다. 기독교도들이 채택한 이 새로운 형식은 내구성이 더 뛰어나고 더 많은 양의 정보를 담을 수 있었다. (Leszek Jan'czuk, Wikimedia Commons)

코시모 데 메디치(왼쪽)와 장남 피에로(오른쪽). 두 사람은 베스파시아노의 가장 중요한 고객이었다. 베노초 고촐리의 이 프레스코화는 메디치궁의 개인 예배당에 그려졌다. (Scala, Art Resource NY)

코시모 데 메디치가 자금을 대어 미켈로초가 지은 도미니크회 산마르코 수도원의 도서관. 니콜로 니콜리의 책을 기증받았으며 그곳의 장서를 구축하는 데 베스파시아노도 수시로 기여했다. (Vsatinet, Wikimedia Commons)

베사리온 추기경은 "교회 내 대단한 권위자"였다고 베스파시아노는 쓴다. 그는 그리스인과 라틴인 간의 분열을 종식시키고 방대한 필사본 컬렉션을 통해 고대 지식을 보존하기 위해 지칠 줄 모르고 애썼다. 이 초상화는 유스투스 판 헨트의 도안을 따라서 페드로 베루게테가 그린 것이다. (RMN-Grand Palais, Art Resource NY)

베스파시아노가 윌리엄 그레이를 위해 제작한 키케로 필사본 가운데 한 권에 있는 채식 대문자 Q. 울트라마린 배경색과 금박을 휘감은 우아한 흰색 포도 덩굴 장식이 보인다. (Oxford University)

1453년 콘스탄티노플의 정복자 메메트는
그 유서 깊은 도시가 유린되는 모습을 보고서
눈물을 흘렸다고 한다. 이후 30년간 그는
서양인들 혼을 쏙 빼놓고 벌벌 떨게 만든다.
이 초상화는 1480년에 젠틸레 벨리니가
그린 것이다.
(National Gallery London, Art Resource NY)

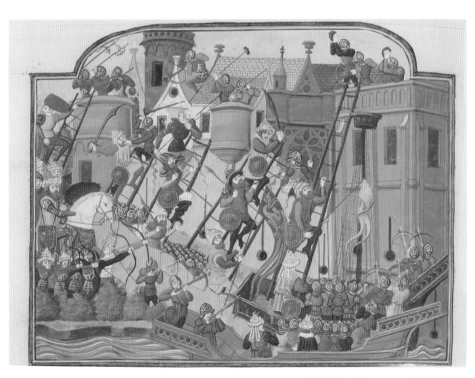

1453년 5월 오스만튀르크의 콘스탄티노플 함락은 베사리온 추기경 같은 서양의 많은 학자들에게는 고대 문화와 지식에 대한 절체절명의 위협으로 여겨졌다. (Bibliotheque nationale de France)

당대 가장 위대한 전사였던 페데리코 다 몬테펠트로는 "각자의 취향과 지성을 채워주도록 방대하고도 엄선된" 도서관을 구축하려는 야심 덕분에 베스파시아노에게는 최고의 고객이었다. (Wikimedia Commons)

멜로초 다 포를리의 프레스코화는 식스투스 4세의 커다란 열정의 대상 두 가지, 즉 바티칸 도서관(여기서 무릎을 꿇고 있는 플라티나는 그의 사서가 된다)과 일족의 영달 추구(가장 왼쪽의 지롤라모 리아리오를 비롯해 네 조카들이 교황의 보좌 주변에 모여 있다)를 보여준다. (Scala, Art Resource NY)

페데리코 다 몬테펠트로를 위해 제작한 우르비노 성서의 창세기 편 프란체스코 델 키에리코의 삽화. 여기서 모세는 유행에 맞춰 차려입은 이스라엘인들의 행렬을 잘 가꿔진 푸르른 광야로 이끌고 가고 있다. (Vatican Library)

마르실리오 피치노는 자신의 라틴어 번역본이
산 야코포 디 리폴리의 인쇄소에서 나왔을 때
"우리의 플라톤이 오늘 문턱을 넘어
우리 앞에 나타났다"라고 자랑스레 밝혔다.
이 리폴리 판본의 본문은 성서처럼 보이도록
일부러 고딕체 활자를 써서 2단으로 조판되었다.
(Bayerische Staatsbibliothek)

피렌체 바깥에 있는 베스파시아노의 시골 별장 일 몬테 저택. 그는 이곳을 "다정하고 사랑스러운 곳"이라고 불렀다. (David Battistella)

피렌체
서점
이야기

'세계 서적상의 왕'
베스파시아노,
그리고 르네상스를 만든
책과 작가들

피렌체
서점
이야기

로스 킹 지음 | 최파일 옮김

The Bookseller
of Florence

The Story of the Manuscripts
That Illuminated
the Renaissance

책과함께

일러두기

- 이 책은 Ross King의 THE BOOKSELLER OF FLORENCE(Chatto & Windus, 2021)를 우리말로 옮긴 것이다.
- 〔 〕는 옮긴이가 덧붙인 해설이다.
- 교황의 이름은《역사용어사전》의 라틴식 표기를 따랐다.

시모네타 브란돌리니 다다에게

"모든 악은 무지에서 생겨난다.
하지만 작가들은 어둠을 몰아내고 세상을 밝게 비춰왔다."
―베스파시아노 다 비스티치

차례

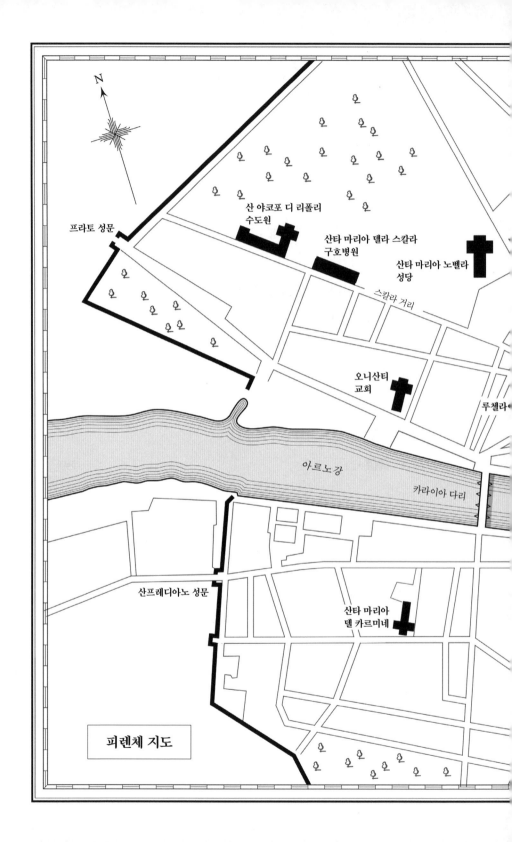

N

프라토 성문

산 야코포 디 리폴리
수도원

산타 마리아 델라 스칼라
구호병원

산타 마리아 노벨라
성당

스칼라 거리

오니산티
교회

루첼라

아르노강

카라이아 다리

산프레디아노 성문

산타 마리아
델 카르미네

피렌체 지도

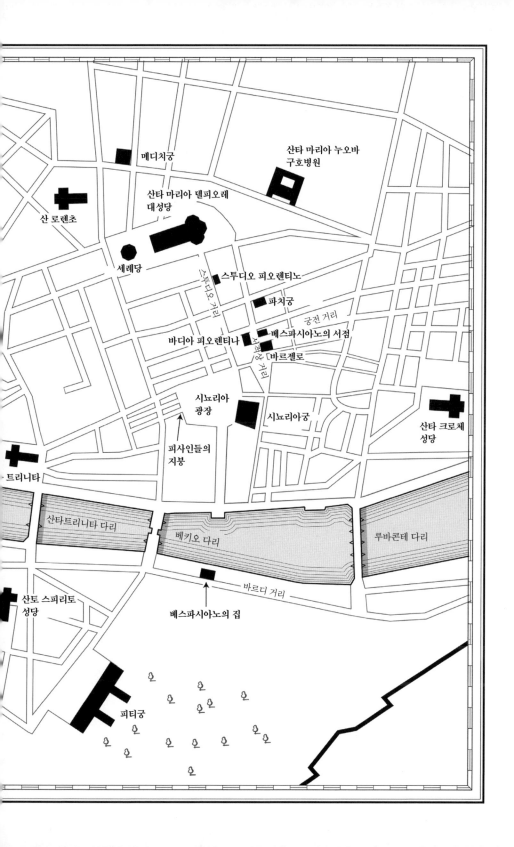

1장

서적상 거리

서적상 거리Via dei Librai는 남쪽의 시청과 북쪽의 대성당 중간에 피렌체의 심장부를 관통하며 뻗어 있었다. 1430년대에 그 거리는 잡다한 재단사와 직물 상인은 물론 통장이, 이발사, 푸주한, 제빵사, 치즈 장수와 여러 공증인, 채식사彩飾師, 공방을 함께 쓰는 두 화가, 그리고 피아넬라이오pianellaio, 즉 어느 슬리퍼 제조공의 본거지였다. 하지만 거리 이름은 그 좁은 골목을 따라 여기저기 흩어져 있는 여러 서적상 겸 카르톨라이오cartolaio로 알려진 문구상들의 가게에서 유래했다.

그 시절 서적상 거리에는 여덟 명의 카르톨라이오가 있었다. 그 직업명은 그들이 근처 제지소에서 조달하는 다양한 크기와 품질의 종이(카르타carta)를 팔았던 데서 유래했다. 그들은 송아지나 염소 가죽으로 만든 양피지를 양피지 제조공들로부터 받아서 가게에 갖추고 있었는데, 양피지 제조공들의 작업장은 송아지나 염소의 가죽을 담근 커다란 통과 함께 옆 동네 거리에서 찾을 수 있었다. 그런데 카르톨라이오는 종이와 양피지의 판매 외에도 훨씬 더 광범위한 서비스를 제공했다. 바로 필사본을 제작해 판매하는 일이었다. 고객은 카르톨라이오한테서 중고 필사본을 구입하거나 그들에게 제작을 주문해 필경사가 옮겨 쓴 필사본을 구할 수 있었다. 필사본은 가죽이나 판지로 장정되고, 고객이 원한다면 채식, 다시 말해 물감과 금박을 재료 삼아 삽화나 도안으로 사본을 장식하는 과정도 추가되었다. 카르톨라이오는 서적상, 제본업자, 문구상, 삽화가, 출판업자 역할을 하면서 피렌체 필사본 거래의 중심에 있었다. 적극적으로 사업을 추진하는 카르톨라이오라면 필경사와 세밀화가(미니어처리스트)부터 양피지 제조공과 금박공, 때로는 저자들까지 상대했다.

책 제작은 모직과 금융처럼 피렌체 사람들이 잘하는 일이었다. 피렌체에는 책을 구입하는 시민들이 많았으므로 카르톨라이오의 사업은 호황을 누렸다. 피렌체의 성인 열 명 중 일곱 명이 글을 읽고 쓸 줄 알았다. 반면 다른 유럽 도시들의 문해율은 25퍼센트 미만에 그쳤다.[1] 1420년에 피렌체의 한 염색업자의 재산 중에는 단테의 저작과 단테와 동시대 사람인 체코 다스콜리의 시 한 편, 그리고 오비디우스 시집이 있었다.[2] 이 저작들은 라틴어가 아닌 현지 토스카나 방언으로 쓰인 것이었지만, 피렌체의 수공업 분야에서 일하는 사람치고는 그래도 인상적인 개인 서재였다. 심지어 피렌체의 많은 젊은 여성들도 수도사와 여타 도덕가들의 훈계에도 불구하고 읽기와 쓰기를 배웠다. 어느 양모 상인은 자신의 두 여자 형제가 "남자들 못지않게"[3] 글을 잘 읽고 쓴다고 자랑하기도 했다.

서적상 거리 북쪽 *끄트머리* 방향의 궁전 거리와 만나는 곳에 대형 서점이 자리 잡고 있었다. 두 거리가 만나는 곳에는 피렌체 행정 장관의

피렌체 서점 이야기

궁의 칙칙한 담이 바디아Badia로 알려진 수도원의 우아한 장식 외벽과 마주 보고 있었다. 1430년 이래로 서점 주인 미첼레 과르두치는 1년에 15플로린*에다가 납촉류candle wax〔밀랍이나 동물성 지방과 같이 양초를 만드는 원료 일체〕1파운드를 내고 수도원의 수도사들로부터 그 건물에 세를 냈다.[4] 방 2개짜리인 그의 서점의 문 하나는 바디아 입구와 면했고 남쪽으로 난 문은 궁전 거리 쪽으로 나 있었는데 거기서 고개를 들면 포데스타궁(현재 바르젤로 국립미술관), 즉 행정 장관 궁전에 딸린 단단하고 무섭게 생긴 탑이 눈에 들어왔다.[5] 매일 아침이면 피렌체 최고의 지성들이 과르두치의 가게에서 몇 발짝 떨어진 이 궁전 옆 모퉁이에 모여서 철학과 문학을 논했다. 그 시절 피렌체는 작가들, 특히 문학가와 철학자 philosopher('지혜를 사랑하는 자'라는 뜻의 그리스어 필로소포philosopho에서 온 단어)들로 명성이 자자했다. 그들은 오랜 시대에 걸쳐 축적된 지혜, 특히 고대 그리스와 로마인들의 저작을 전문적으로 살피고 면밀히 탐구하는 사람들이었다. 그 고대 텍스트들 다수는 오랫동안 소실되었다가 포조 브라촐리니 같은 피렌체인들에 의해 최근에 재발견되었는데, 포조가 커다란 환호 속에 다시 찾아낸 저작들로는 로마 작가 키케로, 루크레티우스의 작품 등이 있었다.

포조는 과르두치 가게 옆 거리 모퉁이에 모이는 지혜를 사랑하는 사람들 중 한 명이었다. 포조와 친구들은 필사본을 찾기 위해 자연스레 카르톨라이오의 가게들을 훑어보았지만 1430년대 초반에 과르두치의

---

* 플로린은 1252년에 피렌체에서 처음 주조된 금화로서 무게는 3.536그램이었다. 피렌체의 은화는 솔도라고 하는데 플로린에 비해 가치가 꾸준히 떨어졌다. 15세기 초에 1플로린은 75솔도였고, 1500년에 이르면 140솔도였다. 밀라노와 베네치아, 로마도 각각 자체 금화인 두카트가 있었는데 무게와 가치가 플로린과 같았다.

오늘날 프로콘솔로 거리의 일부인 '서적상 거리'.
바르젤로 부속 탑과 더불어 왼쪽에 보이고 오른쪽으로는 바디아 입구가 보인다.

가게에서 그들이 혹할 만한 것을 찾기는 쉽지 않았을 것이다. 과르두치는 유능한 삽화가를 직원으로 두었지만 임대차 계약서에서 그는 '문구상과 제본업자cartolaio e legatore'로 묘사되었고,[6] 수집가들을 홀리는 세월에 묻혀버린 고대 로마와 그리스 저작을 전문적으로 취급하기보다는 필

피렌체 서점 이야기

사본을 제본하는 더 소박한 일에 종사했다. 그의 가게는 종이와 양피지 외에도 걸쇠, 장식 고정쇠, 나무판자, 망치, 못과 더불어 송아지 가죽과 벨벳 더미를 구비하고 있었고, 망치 소리와 톱질 소리가 가게에 들어서는 이를 반겼다.

상황은 곧 변할 참이었다. 1433년 과르두치는 베스파시아노 다 비스티치Vespasiano da Bisticci라는 열한 살 소년을 새로운 조수로 고용했다. 그리하여 베스파시아노는 책 제작자이자 지식상이라는 놀라운 경력을 시작하게 되었다. 머잖아 피렌체의 문인들은 가게 바깥 모퉁이가 아니라 가게 안으로 몰려들게 된다. 카르톨라이오의 세계, 양피지와 깃펜의 세계, 책상에 몸을 숙인 필경사들의 세계, 두툼하고 육중한 책들이 쇠사슬로 서가에 고정된 우아한 도서관들의 세계에서 베스파시아노는 지혜를 사랑하는 누군가가 일컫은 대로 '세계 서적상의 왕rei de li librari del mondo'이 될 운명이었으니까.[7]

출생 기록은 남아 있지 않지만 베스파시아노는 필리포 브루넬레스키가 산타 마리아 델 피오레 대성당에 당시 역사상 최대의 돔인 쿠폴라를 세우는 과업에 착수한 지 몇 년 뒤인 1422년에 태어났을 가능성이 크다.[8] 그의 집안은 피렌체에서 남동쪽으로 16킬로미터 떨어진 바위투성이 언덕 비탈에 자리한 작은 촌락인 산타 루치아 아 비스티치에서 이름을 따왔다. 피포로 통한 아버지 필리포 다 비스티치는 피렌체의 다른 많은 사람들처럼 양모업에 종사했다. 피포는 피렌체 시내에 세를 얻은 집과 남동쪽으로 8킬로미터 떨어진 안텔라 마을 근처에 소유한 농가를 오가며 지냈는데, 언덕 꼭대기에 위치한 그 농가에서는 밀, 보리, 콩, 무화과, 올리브를 재배하고 포도주도 생산했다. 1404년 피포는 마테아 발두치라는 열 살 소녀와 정혼했다. 마테아 발두치는 아들 넷과 딸 둘, 총 여섯 명의 자식을 낳았다. 베스파시아노는 그중 넷째였다. 로마 황제의 이름을 딴 흔치 않은 이름은(1420년대 피렌체에서 베스파시아노라는 이름을 가진 사람은 그 말고는 딱 한 명뿐이었다) 그의 부모가 일찍부터 그가 큰 인물이 될 것이라고 내다봤음을 암시하는 듯하다.

1426년 초에 피포가 죽자 당시 네 살이던 베스파시아노와 그의 형제들의 미래는 위태로워졌다. 마테아는 아직 열다섯 살이 안 된 자식이 다섯 명인 데다 뱃속에 여섯째가 있었다. 그녀에게는 250플로린의 빚이 있었고, 그중 86플로린은 피포가 피렌체 최고 갑부인 메디치가에게 빌린 돈이었다. 당시 양모 가게에서 가장 봉급을 많이 받는 직원이 기껏해야 1년에 100플로린을 받았고 대다수는 집에 50플로린도 못 가져 갔다는 사실을 고려하면 이는 상당한 액수였다.⁹ 마테아는 남편의 빚을 청산하려고 성과 없이 애쓰는 와중에 피렌체에서 더 싼 거처로 연달아 이사를 해야만 했다. 1433년, 마테아의 최근 집주인을 포함해 채권자들은 안텔라 농가의 땅뙈기를 압류했다.

베스파시아노는 아버지가 돌아가시고 1, 2년 뒤에 학업을 시작했다. 피렌체 소년들 중 70~80퍼센트 정도가 학교를 다녔는데, 이는 다른 유럽 도시보다 훨씬 높은 비율이었다.¹⁰ 6세와 11세 사이에 베스파시아노는 시쳇말로 보테구차botteghuzza, 즉 작은 공방으로 알려진 초등학교에 다녔을 것이다. 그가 처음 읽은 책은 십중팔구 산타크로체Santacroce, 염소의 목 부위 가죽에서 나온 값싼 양피지로 만든 변변찮은 소책자였을 것이다. 이 책으로 그는 알파벳을 익히고, '평민'이나 더 박하게는 '어중이떠중이'를 뜻하는 라틴어 불구스vulgus에서 온 '속된 말vulgar tongue'인 토스카나 방언을 읽는 법을 배웠을 것이다. 교재에는 바부이노Babuino도 있었을 텐데 개코원숭이baboon에서 따온 이 제목은 학생들이 교사를 '흉내 냄'으로써 읽기를 배웠음을 뜻한다. 피렌체의 학생 수백 명이 이런 교재를 지속적으로 구비해야 했으므로 카르톨라이오는 일감이 끊이지 않았고 사업은 활기를 띠었다.[11]

학업을 이어갈 학생들은 열한 살 무렵에 보테구차를 떠나서 법조계나 종교계의 경력을 준비하기 위해 라틴 문학을 공부하는 문법학교에 입학하거나 피렌체 상인 경력에 필요한 산술 능력을 배우기 위해 주판학교에 들어갔다. 아버지가 큰 빚을 남기지 않았거나 어머니에게 부양해야 할 자식이 많지만 않았어도 베스파시아노는 분명히 문법학교에 들어가 라틴 문학에 몰두하며 4년을 보냈을 것이고 어쩌면 대학에서 면학을 이어갔을지도 모른다.

그러나 운명은 다른 길을 예비해두었다. 1433년 무렵, 집안의 형편이 가장 어려웠던 해에 베스파시아노는 교재를 덮고 열한 살의 이른 나이에 일을 시작했다. 그는 아버지처럼 양모업에 뛰어드는 대신 서적상 거리로 향했다.

미켈레 과르두치의 서점에서 어린 베스파시아노가 처음 배운 일 중 하나는 제본이었을 것이다. 이것은 책 제작의 최종 단계로서, 필경사가 힘들게 베껴 적은 수십 장에서 수백 장의 양피지를 바른 순서대로 놓고 엮음대 위에서 가죽 끈으로 꿰맨 다음 내지를 보호하기 위해 나무판자 사이에 고정하는 체계적인 공정이었다. 손님이 원하는 바에 따라 판자는 가죽을 씌울 수도 있고, 가죽 장정에 금속 장식을 부착하거나 무늬를 박아 넣을 수도 있다. 그리고 책의 가치나 운명에 따라, 수도원의 도서관이나 교회의 설교대로 가거나 아니면 손버릇이 나쁜 포식자의 먹

제본업자를 묘사한 요스트 아만의 목판화.
한스 작스의 《직업서The Book of Trades》(1568)에 수록된 것이다.

잇감이 되는지에 따라, 선반이나 성서대에 묶어둘 수 있게 쇠사슬을 부착하기도 했다.

제본 공정은 힘과 끈기, 정확성을 요구했다. 톱질한 너도밤나무 판자는 도끼나 톱으로 모양을 잡은 다음 대패로 밀어야 했고, 양피지 책장들은 날카로운 나사송곳으로 구멍을 뚫고 가장자리는 가지런하게 맞추고, 바깥쪽으로 퍼지지 않도록 네모난 망치로 두드려줘야 했다. 한 세기도 더 지난 후에 제본업자를 묘사한 어느 삽화에서 줄, 도끼, 활톱, 망치, 죔쇠, 엮음대, 가죽 마감 도구들이 가지런히 놓인 공방을 배경으로 근육질 팔뚝을 드러낸 채 일하고 있는 두 남자를 보여주는 것도 무리는 아니다.

베스파시아노는 분명 그런 작업에 능숙했을 것이다. 그는 나중에 특히 훌륭한 제본 솜씨로 알려지게 되는데, 일부 매우 귀중한 책들에는 붉은 벨벳을 씌우기도 했다. 과르두치에게 그만큼 중요한 것은 새 수련생이 손님을 적당히 구슬릴 줄 아는 붙임성 좋은 사람인 것 같다는 사실이었다. 게다가 그는 제본과 쇠사슬에 관한 것만이 아니라 책 안쪽에 들어 있는 것에도 호기심과 배우고자 하는 욕구가 있었다. 얼마 안 가 그는 과르두치의 고객들과 관심사를 공유하게 되었는데, 그건 상업적인 것에 그치지 않았다.

실제로 서적상 거리에 도착한 지 몇 년 만에 베스파시아노는 피렌체와 그 너머의 몇몇 중요 인사들, 다름 아닌 가게 바깥 거리 모퉁이에 모이는 지혜를 사랑하는 사람들과 어울렸고 분명 그들에게 호의적인 인상을 심어주고 있었다. 그는 마침 특정한 정치적 사건들로 인해 저명한 인사들이 도시를 방문하던 때에 과르두치와 함께 일을 하는 행운을 누렸다. 이 무렵이 수 세기 동안 소실되었던 고대 필사본들이 재발견되고 교황과 군주들이 방대한 도서관을 구축하기 시작하던 시점이었다는 점에서도 그는 운이 좋았다. 그 도서관들은 교황과 군주들의 허영심을 채워주는 아름다운 장식물일뿐더러 다른 이들이 지식을 구할 수 있는 귀중한 지혜의 보고가 되었다.

피렌체의 필경사, 학자, 서적상 들은 지식 혁명의 최전선에 있었다. 피렌체 르네상스라고 하면 아름다운 프레스코화와 제단화, 힘줄이 불거진 자세를 취한 흰 대리석 조각상, 도시 대성당의 짙은 오렌지색 둥근 돔의 이미지가 떠오른다. 모두 피렌체의 뛰어난 미술가와 건축가 들의 작품이다. 하지만 이후 몇 세기 동안 그 못지않게 중요한 것은 도시의 지혜를 사랑하는 자들, 후대의 한 관찰자가 피렌체에 "모든 찬란한 영광"을 가져다준 "현명하고 용기 있는 사람들"이라고 일컫게 되는 이들이었다.[12] 이들은 필사본 사냥꾼, 교사, 필경사, 학자, 사서, 공증인, 사제, 서적상 들—수천 년의 역사에서 더께를 걷어내고, 다른 세계를 상상하고 빚어내려고 애쓴 책벌레들—이었다. 그들이 상상한 세계는 애국적인 봉사, 우정과 충심, 세련된 즐거움, 지혜와 올바른 처신, 정의와 영웅주의, 정치적 자유의 세계, 더 나은 사회에서 삶을 가장 만족스러운 방식으로 한껏 살아갈 수 있는 세계였다.

베스파시아노에게 관심을 기울이고 그를 현명하고 용기 있는 사람들의 특별한 서클로 끌어당긴 최초의 사람 중 한 명은 줄리아노 체사리니였다. 두 사람이 미켈레 과르두치의 서점에서 처음 만났을 때 베스파시아노는 대략 열여섯 살이었을 것이다.

체사리니 추기경은 저명한 학자이자 교사, 명문 파도바대학의 전직 법학교수였다. 비록 유서 깊은 로마 귀족 가문 출신이었지만 그는 가난한 학창 시절을 보냈다. 교재를 살 돈이 없어서 전부 베껴 적어야 했고, 부유한 집안의 자제들을 가르치는 개인교사로 일할 때는 화려한 연회가 끝나면 남은 양초 토막을 모아서 밤에도 학업을 이어갔다. 그 시대에 지식을 습득하려면 책은 물론이거니와 책을 읽을 수 있게 불을 밝혀 줄 양초도 충분히 있어야 했다.

체사리니는 그러므로 언제나 지적 능력은 뛰어나지만 재정적 여건이 안 되는 학생들을 눈여겨보았다. 그는 분명히 베스파시아노한테서 능력 있고 열정적인 학생을 발견했고 두 사람은 점차 친밀해졌다. 한쪽은 제본가 밑에서 일하는 사춘기 소년이었고, 다른 한쪽은 옥스퍼드부터 크라쿠프까지 교황을 위한 업무차 유럽 곳곳을 다녀본 마흔 살의 추기

피렌체 서점 이야기

경이었다. 하루는 추기경이 젊은이에게 구미가 당길 제의를 했다. 베스파시아노가 사제가 될 수 있도록 학비를 대겠다는 제의였다. 그는 보름의 말미를 주었고 보름이 지난 뒤 답변을 받았다. "나는 그에게 사제가 되고 싶지 않다고 말했다"라고 베스파시아노는 훗날 회상했다. 추기경은 거절을 당했음에도 넓은 아량을 보였다. "그는 나를 도울 수만 있다면 기꺼이 돕겠다고 말했다"라고 베스파시아노는 썼다.[13]

하지만 체사리니 추기경은 약속을 지킬 수 없었는데, 몇 년 뒤에 불가리아 동부에서 오스만튀르크군과 싸우다 죽었기 때문이다. 그의 유해는 흑해 인근의 전장에서 수습되지 못했지만 필경사이자 학자로서 교황의 관료 기구인 로마 쿠리아에서 일하던 그의 친구 포조 브라촐리니가 그를 기리는 추도 연설을 로마 교황 앞에서 했다. 포조는 추기경을 과르두치의 가게로 데려와 베스파시아노에게 처음 소개한 사람일지도 모른다. 그는 피렌체에서 남동쪽으로 약 50킬로미터 떨어진 시골 마을에서 향신료 상인의 아들로 태어났지만 언제나 "포조 플로렌티누스Poggio Florentinus"라고 서명하여, 1400년 무렵 약관의 나이로 푼돈만 쥐고 학업을 위해 옮겨왔던 그 도시와 자신을 자랑스레 동일시했다. 그는 공증인이 되어 학업을 마쳤고 필경사로 잠시 일하다가 로마로 가서 쿠리아에서 일자리를 얻었다. 여기서 그는 박봉에 고생하며 불만스러운 직업 생활을 이어가면서도 "문명의 부산함으로부터 벗어나" 책을 쓰고 더 나아가 책을 수집하는 여유로운 삶을 꿈꿨다.[14]

그 시절 서점을 수시로 드나든 또 다른 방문객은 포조의 친구 니콜로 니콜리였다. 니콜리는 체사리니 추기경처럼 형편이 어려운 젊은 학생들을 언제든 돕고자 하는 사람이었다. 베스파시아노는 일찍이 1433년이나 1434년에 그를 만났는데, 당시 60대 후반이던 니콜리는 긴 서양 자두색 외투를 뚱뚱한 몸 위에 걸친 잘생기고 깐깐한 인물이었다. 그는 젊은 서적상을 자택으로 초대해 식사를 대접했는데 아름답게 꾸민 집 내부와 세간들은 베스파시아노에게 깊은 인상을 심어주었다. 대리석 조각상, 골동품 꽃병, 모자이크로 장식된 탁자, 고대 각문, 세계 지도, 이름 난 거장들의 회화들이 집 안을 장식하고 있었다. 눈이 휘둥그레진 베스파시아노는 후에 "피렌체의 어느 집도 그렇게 아름답게 꾸며져 있지 않았다"라고 감탄사를 남겼다.[15]

니콜리와의 교류는 젊은 베스파시아노에게 틀림없이 아주 신나는 경험이었을 것이다. 포조는 니콜리를 "피렌체에서 가장 박학다식한 시민"[16]이라고 불렀는데 그런 영예로운 호칭을 두고 다툴 사람이 적지 않았다. 그는 피렌체의 경이로운 인물 중 한 명이었다. 나중에 베스파시아노는 방문객이 피렌체에 올 때마다 "그들은 니콜로의 집으로 오기 전까지는 도시를 구경했다고 생각하지 않았다"라고 주장했는데 그의 저택은 산 로렌초 교회 근처의 피렌체 대성당에서 엎어지면 코 닿을 거리에 있었다.[17] 그는 그때쯤이면 거대한 쿠폴라를 거의 완공한 브루넬레스키와 친구였고, 브루넬레스키처럼 고대 건축에 관심이 많았다. 니콜리는 폐허가 된 욕장과 원형 극장의 유적을 힘겹게 올라 소매를 걷어 올리고 기둥의 비율을 재거나 신전 계단의 수를 셌다. 그는 조각가 도나텔로와 로렌초 기베르티와도 친했다. 베스파시아노는 니콜리에 대해 "학문에 방해받을까 봐 결혼도 하지 않았다"라고 썼다. 하지만 "필요를 충족하기 위해" 벤베누타라는 이름의 활달한 여성과 30년간 내연 관계로 지냈다.[18] 그는 자신의 다섯 남동생 중 한 명에게서 그녀를 가로챘는데, 동생들은 그녀에게 끔찍한 옛날식 처벌을 내렸다. 벤베누타는 발가벗겨진 채 광장으로 끌려 나와 공개 태형을 당했다. 니콜리는 필사본을 구입할 돈을 마련하려고 툭하면 집안의 투자 대상(그의 아버지는 잘나가는 양모 상인이었다)을 팔아치운 탓에 이미 형제들과 껄끄러운 사이였는데 그 일로 인해 더욱 멀어졌다.

니콜리가 가장 자랑스러워하는 최고의 자산은 그의 장서였다. 그는 한 친구가 좋은 의미로 지적했듯이 "책의 탐식가"[19]였다. 그는 800점가량의 필사본을 소유했는데, 유럽에서 가장 거대하고 값나가는 컬렉션 가운데 하나였다. 친구의 주장에 따르면 니콜리는 "사춘기 이래로 열심히 또 부지런히"[20] 필사본을 모았는데, 사춘기 이래란 양모 사업을 하던 아버지 밑에서 하던 일을 그만두고 면학에 힘쓰게 된 시절부터란 뜻이었다. 그의 장서 가운데는 그리스어 필사본이 100권 넘게 있었고 500년이나 된 것들도 있었다. 그는 플라톤과 아리스토텔레스의 저작, 《일리아스》와 《오디세이아》, 아리스토파네스의 희극, 에우리피데스와 아이스킬로스의 비극 들을 소장했다. 그의 라틴어 작품 컬렉션은 그리스어 필사본 컬렉션보다 더 많아서, 성 아우구스티누스의 작품만 34권을 소장했으며, 성서 필사본도 16권에 달했다. 그의 필사본 중에는 지리, 법학, 천문, 건축, 의학, 그리고 말과 소 떼를 돌보는 일에 관한 고대의 논고들도 있었다. 아르메니아어와 아랍어로 쓰인 필사본과 슬라브어 찬송가집도 한 권 소장했다.

하지만 니콜리의 장서 중 '속어', 즉 이탈리아어로 쓰인 책은 단 한 권도 없었다. 그에게 이탈리아어는 듣기 괴로울 만큼 거슬리는 말일 뿐이었다. 심지어 단테의 작품도 금서였으니 니콜리는 《신곡》을 생선과 고깃덩이를 싸는 데나 적당할 뿐이라고 여겼다. 그에게 그만큼 끔찍한 것은 지난 천 년간 라틴어로 작성된 글이었다. 최상의 로마 문명을 담은 키케로의 찬란한 언어가 기독교도 필경사와 작가들의 서투른 펜과 투박한 말에 의해 변질되었기 때문이다. 그는 젊은이들을 가르치기 위해 올바른 라틴어 철자법에 관한 책을 집필하는 데 착수했지만 결코 완성하지 못했는데, 베스파시아노가 말했듯이 "그의 천재성이 워낙 절륜하여 스스로에게 만족할 수 없었기"[21] 때문이다.

그 외에도 많은 것들이 니콜리의 섬세한 감수성을 괴롭혔다. 중세 필경사들은 각진 글자를 빽빽하게, 종종 겹쳐 쓰는 고약한 버릇이 있었는데 그런 서체는 보기에 좋지 않을뿐더러 헌신적인 독자조차도 거의 해독이 불가능할 정도였다. 키케로의 때 묻지 않은 찬란한 라틴어를 되찾기를 바란 것처럼, 또 건축이 고대 로마 건축물의 우아하고 질서정연한 단순성으로 회귀하길 바란 것처럼 니콜리는 그와 유사한 목표를 품었던 포조가 "고대를 되살리는 서체"[22]라고 부른 것을 고안하길 꿈꿨다. 그것은 두 사람이 고대 로마인들이 썼을 것이라고 믿은 가지런하고 단정한 서체였다. 그의 장서 가운데 여러 필사본들, 이를테면 키케로와 루크레티우스, 아울루스 겔리우스의 작품들을 니콜리는 특유의 앞으로 기울어진forward slanting〔글씨를 쓰는 방향으로 기울어진〕 서체로 손수 베껴 썼다. 이 필사본들에서 그는 자신이 "매우 아름다운 필경사"[23]임을 보여주었다고 베스파시아노는 썼다.

니콜리의 탁자에 앉아서, 순백의 식탁보 위 도자기 접시에 담긴 음식을 먹고 크리스털 잔으로 음료를 마시며, 브루넬레스키에 관한 대가다운 발언이나 플라톤이 아리스토텔레스보다 더 위대한 철학자인지에 대한 다른 손님들의 논쟁에 귀를 기울이다가, 이내 서재에서 주인장과 함께 환희에 차서 귀한 필사본을 들여다보며 기뻐하는 경험까지⋯ 젊은 베스파시아노는 분명 자신이 고작 1~2년 사이에 축복받은 눈부신 무리에 동참하게 되었음을 깨달았을 것이다. 그 시절은 나중에 그가 아스

피렌체 서점 이야기

니콜로 니콜리 특유의 앞쪽으로 기울어진 필체의 일례.

라이 회고했듯이 퀘스토 세콜로 아우레오_{questo secolo aureo}, 즉 '황금기'[24]였다.

　베스파시아노는 이런 이야기들을 수십 년 뒤에, 니콜리와 포조, 그리고 그를 고대 필사본의 경이로운 세계에 입문시켜준 지혜를 사랑하는 여타 사람들이 죽고 나서 한참 뒤에 쓰게 된다. 이 황금기 동안 그는 브루넬레스키와 도나텔로 같은 피렌체의 화가, 조각가, 건축가 들의 위업을 목격했고, "그들의 작품은 우리 모두가 볼 수 있게 지금도 남아 있다"[25]라고 썼다. 한편으로 그는 서점에서 피렌체에 일어난 중대한 사건들을 수십 년에 걸쳐 목격했다. 정치적 음모와 암살, 역병, 전쟁, 침공, 그리고 서점 문 바로 밖에서 벌어진 소름 끼치는 살인과 "도를 넘은 잔인성"[26]의 만행들을 지켜봤다. 이 모든 끔찍한 재앙들은, 그의 상상 속에서 마법의 공간과도 같은 피렌체를 절망적으로 "망각의 나라"라고 부르는 공간으로 바꾸게 된다.[27]

베스파시아노의 직업인 지식의 생산과 전달이라는 세계에도 변화와 혁신이 찾아온다. 세계 서적상의 왕이 교황과 제후들을 위해 금은으로 장식된 호사스러운 필사본을 펜과 잉크로 제작하며 능력의 절정을 구가하는 동안 알프스 이북 라인강 변에서 요하네스 구텐베르크라는 독일 금세공인이 금속활자로 종이에 글자를 찍어내기 시작해 책을 필사본에서 인쇄본으로, 양피지 위에 몸을 숙인 필경사의 유구한 공예에서 주조하고 찍어내는 기계적 공정을 통해 지식을 수백 수천 권씩 재생산하는 과정으로 변모시켰다. 바야흐로 새로운 시대가 열릴 참이었다.

2장

과거의 순수한 광휘

베스파시아노 말고도 많은 피렌체인들은 자기 도시가 황금기를 누리고 있다고 여겼다. "이 운 좋은 시대에 태어나서 기쁘다"라고 베스파시아노가 서적상 거리에서 보낸 초창기에 태어난 어느 시인은 썼다.[1] 다들 피렌체가 아름답고 부유하며 놀라운 재능을 타고난 사람들로 차고 넘친다는 데 한목소리였다. "이 도시의 광영이 너무도 찬란하여 어떤 웅변으로도 묘사할 엄두를 낼 수 없다"라고 니콜로 니콜리의 한 친구는 썼다.[2] 그럼에도 많은 피렌체인들은 열광적인 찬사 바치기를 주저하지 않았다. 그들은 그곳의 교회와 궁전, 깨끗한 거리, 유유히 흘러가는 황갈색 아르노강을 가로지르는 4개의 석조 다리, 15개의 성문이 나 있고 80개의 작은 탑들을 얹은, 도시를 에워싼 웅장한 성벽을 격찬했다. 그리고 이 성벽 너머에 있는 번창하는 시골 지역, 그곳의 비옥한 농장과, 산들바람이 부는 포도나무가 무성한 언덕배기, 수백 채의 우아한 빌라를 칭송했다. "누구도 그런 풍경에는 결코 질릴 리 없다"라고 니콜로의

한 친구는 단언했다. "전 지역이 그 아름다움과 기쁨에 넘치는 조화로
세상 어디와도 비할 바 없는 낙원으로 마땅히 간주될 수 있다."[3]

그러한 경이들에 대한 공로는 다름 아닌 피렌체인 자신들에게 돌아
갔다. 많은 이들이 피렌체인들의 각별한 천재성은 빛나는 선조들, 바
로 기원전 80년 무렵에 그 도시를 창건한 고대 로마인들에게 크게 빚진
것이라고 믿었다. 1305년경에 단테는 피렌체를 "가장 아름답고 유명한
로마의 딸La bellissima e famosissima figlia di Roma"이라고 불렀다.[4] 피렌체에는
수도교와 아치, 극장 등의 유적과 세례당(원래 고대 마르스 신전인데 초기 기
독교도가 전용轉用한 것이라고 피렌체인들이 착각한 건물)과 같은 도시의 로마
적 기원을 가리키는 흔적들이 남아있었다. 하지만 실제로 그곳에는 이
탈리아의 다른 여러 지역들만큼 로마 유적이 풍부하지는 않았고, 로마
인의 유산은 무너져 내리는 돌무더기보다는 피렌체인들의 근래 업적에
서 더 현저히 이어진다고 주장할 수도 있었을 것이다.

이 업적들은 널리 칭송되었다. 피렌체의 금융가들과 양모 상인들은
런던부터 콘스탄티노플까지 세계 곳곳에 퍼져 있는 무역 사무소 및 대
리인들과 더불어 그 도시에 막대한 부를 가져다주었다. 이 재부財富가
수많은 궁전과 교회, 그곳을 장식하는 조각상과 프레스코화, 심지어 브
루넬레스키의 돔이 올라가고 있는 장엄한 대성당의 재정적 밑거름이
되었다. 필리포 브루넬레스키는 건축, 조각, 회화, 문학 어느 분야든 피
렌체인들이 힘들이지 않고 배출하는 것처럼 보이는 팔방미인의 전형적
인 사례였다. 한 득의양양한 피렌체인은 도시의 예술적 경관을 훑어보
며 "우리는 지난 10세기 동안 이탈리아에서 부재했던 예술이 무수히 만
개하는 것을 본다"라고 썼다. 지난 10세기 동안이란 로마제국 멸망 이
래를 말한다. "오 고대인이여, 옛 황금시대는 지금 우리가 사는 시대보

다 뒤떨어진다"라고 피렌체인은 결론 내렸다.[5]

우리 시대의 대중적인 인식에서는 15세기 피렌체의 황금기를 묘사하기 위해 다른 용어가 사용된다. 베스파시아노가 태어나고 한 세기 뒤에 이탈리아 작가들은 문학과 예술에서의 발전을 고전고대의 '재생', 고대 로마인들과 그 너머 고대 그리스인들의 미적·도덕적 가치들의 회복과 부흥이라 보고, 이 비범한 문화의 만개를 표현하기 위해 리나시타rinascita 라는 단어를 사용했다. 1855년 역사가 쥘 미슐레가 그것을 '르네상스'라고 부르면서 더 깊고 풍요로운 과거를 회복하려는 이 충동은 19세기에 더 유명하고 더 오래가는 이름을 얻었다. 이탈리아의 현상을 묘사하기 위한 이 프랑스어 표현은 1860년에 바젤에서 출간되어 엄청난 영향력을 발휘한 책에서 채택되지 않았다면 잊혔을지도 모른다. 그 책은 바로 1878년에 영어로 번역된 야콥 부르크하르트의 《이탈리아 르네상스 문화Die Kultur der Renaissance in Italien》였다.

부르크하르트는 스위스의 역사학 교수로, 1847~1848년 겨울을 로마에서 지냈다. 그곳에 머무는 동안 그는 근자에 어느 이탈리아 추기경이 바티칸 도서관에서 발견한 오래된 필사본을 바탕으로 출간한 책 한 권을 읽었다. 1839년에 처음 출판된 그 책은《103인 명사들의 생애Vitae CIII Virorum Illustrium》였다. 그 책의 편집자에 따르면 저자는 베스파시아노 피오렌티노(피렌체인 베스파시아노)였는데, 당시에는 그에 관해 알려진 게 거의 없었다. 그 책에는 15세기 유명한 남자들(과 여자 한 명)의 약전이 담겨 있었다. 교황, 국왕, 대공, 추기경, 주교부터 니콜리와 포조를 비롯해 잡다한 학자와 작가들까지 다룬 열전(약전 모음)이었다. 이 명사들의 공통점은 베스파시아노가 그들을 잘 알았다는 사실이었다. 실제로 많은 이들이 그의 가까운 친구이자 오랜 고객이었다. 그는 자신이 그들에 관해 "다량의 정보"를 보유하고 있으며 "그들의 명성이 사라지지 않도록" 하기 위해 전기를 썼다고 주장했다.[6]

피렌체의 황금기를 상찬하는 베스파시아노의 원고가 재발견된 것은 획기적인 결과를 낳게 된다. 부르크하르트는 전에 그를 가르친 교수인 프란츠 쿠글러가 쓴 두 권짜리 미술사 교본을 업데이트하기 위해 로마를 방문했었다. 하지만 이 열전을 읽고 나서 그의 관심사는 시각예술에서 베스파시아노의 책에 묘사된 활기 넘치는 지적 생활로, 회화와 조각상에서 필사본과 도서관들로 재빨리 바뀌었다. 유명 인사들을 줄줄이 나열하는 인맥 넓은 서적상이 안내하는, 세기를 가로지르는 여정은 흥겨웠다. 50년이 넘는 기간 동안 정치적·문화적 주요 인사를 사실상 빠짐없이 알아온 덕분에 축적한 전문 지식을 지닌 베스파시아노를 "15세기 피렌체 문화의 첫째가는 권위자"[7]라고 부르크하르트는 단언했다. 부르크하르트는 웅장한 도서관을 짓고 수 세기 동안 잊히거나 간과되어 온 라틴어와 그리스어 고전 필사본을 수집하거나 의뢰한 제후와 철학자, 고위 성직자 세계에 대한 묘사에 매료되고 영감을 받았다. 베스파시아노의 글은 그가 15세기의 지적 발전과 업적을, 그의 말마따나 "서양 세계의 정복을 달성한 고대의 부흥"[8]을 추적하도록 도왔다.

부르크하르트의 논고는 그 자체로 세계를 정복했다. 그것은 (어느 현대 역사가가 쓴 대로) "근대사 서술 역사상 가장 강력하고 창의적인 테제"를 제시하며 "르네상스라는 관념"[9]을 사실상 창안한 역대 가장 이름을 날린 역사 저작이 되었다. 이 뛰어난 테제—지금은 논쟁이 분분하다—는 오랫동안 잊혔던 베스파시아노 저술의 재발견에 크게 빚졌고, 부르크하르트는 나중에 그 저술이 자신에게 "대단히 중요"했다고 주장했다.[10]

베스파시아노의 약전들은 그러므로 역사상 가장 유명하고 생명력 있는(비록 때로는 오도할지라도) 서사의 구성에 결정적이었다. 고대 저작들의 재발견이 방향 감각을 잃고 죽어가던 문명을 어떻게 소생시키고 '재탄생'시켰는지에 관한 서사인 것이다. 그 이야기의 전체적인 윤곽이 아무리 친숙하다 해도, 그리고 그 이야기에 미묘한 음영을 부여하고 가다듬는 작업이 필요하다고 해도 15세기 고대의 재생은 여러 가지 질문을 제기한다. 어떤 상황에서 고대의 지혜는 사라졌는가? 어떤 수단에 의해, 그리고 어떤 원천으로부터 그것은 재발견되었는가? 기독교 학자들은 애초에 왜 이교도의 저작들을 재발견하고 싶어 했는가? 그리고 변변찮은 출신에 미래 전망도 밝지 않고 제한된 교육만 받은 것처럼 보이는 베스파시아노는 이 이야기에서 어떻게 결정적인 인물이 되었는가?

쥘 미슐레에게 중세는 "절망의 시대"[11]였다. 476년 로마제국의 멸망에 뒤이은 암울하고 미개한 시대라고 믿은 그 시대에 대한 그의 경악은 그보다 수 세기 전 시인이자 학자인 페트라르카의 격렬한 혐오를 상기시켰다. 몇 년 전 피렌체에서 쫓겨난 집안 출신으로, 1304년에 아레초에서 태어난 페트라르카는 수백 년 뒤 "최초의 근대인"으로 알려지게 된다.[12] 아이러니하게도 그는 미래를 주시하기보다는 천 년도 더 넘는 과거와 고대 작가들에게 눈길을 돌렸기 때문에 "근대적"인 듯하다. 고대 문헌에 대한 그의 사랑은 어린 시절부터 시작되었다. 페트라르카는 이불 밑에 라틴어 고전을 감춰두었다가 들켰고, 아버지는—나중에 그가 회고했듯이 "이단적인 책들인 양"—그 책들을 불 속에 던져버렸다. 하지만 아버지는 아들이 무척 괴로워하는 것을 보고 "이미 불에 거의 탄 책 두 권을 얼른 꺼내어 오른손으로는 베르길리우스를, 왼손으로는 키케로의 《수사학》을 건넸다."[13]

페트라르카(1304~1374):
시인, 학자, 여행가, 필사본 사냥꾼.

　페트라르카는 여생을 남아 있는 고전을 구해내는 데 헌신하게 된다.
그는 못 말리는 여행가이기도 해서 1330년대에 프랑스와 이탈리아를
오가고 플랑드르와 브라방(브라반트), 라인란트를 가로질렀다. 여행 중
에 수도원을 발견하면, 거미줄이 쳐진 서가에서 어떤 보물을 발견하게
되지 않을까 기대하며 그곳의 도서관에 들렀다. 그는 오랫동안 소실된
작가들의 사본, 이를테면 그가 "어느 나라 사람이든 여태껏 글을 한 줄
이라도 쓴 작가들 전부만큼, 아니 그들 모두를 합친 것보다 더" 칭송한
다고 주장한 키케로의 저작 사본을 발견해 자신의 필사본 컬렉션에 추
가하는 등 놀라운 발견을 여러 차례 해냈다.[14] 이 문헌들을 되찾는 일은
'암흑기'—로마제국 붕괴 이후 여러 세기를 묘사하기 위해 그가 만들었
다고 여겨지는 표현—에 소멸해버린 로마의 영광을 이 세상에 다시 가

져오려는 그의 희망찬 프로젝트의 일환이었다.[15]

로마제국 붕괴 이후의 세기는 사실 페트라르카가 (그리고 그 이후 미슐레를 비롯한 많은 이들이) 주장한 것처럼 한없이 암울하기만 한 시대는 아니었다. 역사가들은 이제 유럽에서 1000년부터 1300년까지, 전통적으로 '중세 성기High Middle Ages'라고 부르는 이 시기가 비교적 번영하고 생산적인 시기였다는 데 동의한다. 바이킹과 마자르족의 침입이 종식되었고 인구가 증가했으며 새로운 촌락과 읍이 출현하고 볼로냐, 파도바, 살라망카, 옥스퍼드 같은 도시들에 대학교가 들어섰다. 프톨레마이오스, 히포크라테스, 유클리드가 쓴 과학에 관한 고대 그리스의 문헌들이 라틴어로 번역되어 서양 세계에 도달했다. 잔존한 아리스토텔레스의 저작 전부도 마찬가지였다. 대성당들이 파리와 샤르트르, 랭스 하늘 위로 솟아올랐고, 랭스의 경우 훗날 교황 실베스테르 2세가 되는 오리야크의 제르베르가 고전 작가들의 도서관을 구축했다. 첨탑과 스테인드글라스로 장식된 이 아름다운 교회들은 무너지고 폐허가 된 고대 유적과는 너무도 다르게 생겼고, 오푸스 모데르눔opus modernum, 즉 '현대적 작품'이라고 알려진 스타일로 지어졌다. 실제로 13세기에 이르자 사람들은 자신과 자신의 활동을 '현대적'이라고 지칭하기 시작했는데, 이는 그들의 문명이 독자적인 스타일을 발전시켰다는 인식에서 나온 것이었다.[16]

이 시기 풍차와 물레방아가 발명되었고, 무거운 쟁기와 말의 목사리와 편자, 삼포식 윤작제도 도입되었다. 이러한 혁신들은 (역사가 페르낭 브로델이 표현한 것처럼) "최초의 유럽 산업혁명"을[17] 이룩시켰고 갈수록 증가하는 인구—3800만 명에서 7400만 명으로 중세 성기 동안 거의 두 배로 늘어났다—를 먹여 살릴 수 있게 했다. 교역과 상업은 복식부기와 국제적 신용장의 발명으로 용이해졌다. 제지술이 11세기에 에스파냐,

12세기에 프랑스, 13세기에 이탈리아에 도달하면서 행정과 기록 관리가 더 효율적이 되었다. 심지어 기상 여건도 협조적이었다. 기후학자들이 '중세 온난기'라고 부르는 이 시기는 북반구의 평균 기온이 이전 세기와 이후 세기들보다 더 높아 20세기 후반과 비슷했다.[18]

근래의 역사에 대한 페트라르카의 칙칙한 시각은 분명 한 역사가가 "재앙의 14세기"라고 부른 시절에 그가 살았다는 사실로부터 영향을 받았다.[19] 1300년대 초 페트라르카가 태어날 무렵 진보와 번영의 상승 곡선은 갑자기 꺾였다. 기후가 변화해 날씨는 기후학자들이 '소빙하기'라고 부른 것이 위세를 떨치며 더 춥고 나빠졌다.[20] 빙하가 확장되고 폭우가 쏟아졌으며 흉년이 들고 사람들은 굶어 죽었다. 1347년 피렌체에서만 4천 명 정도가 기근으로 사망했다. 잉글랜드 국왕 에드워드 3세가 프랑스를 상대로 한 값비싼 전쟁을 치르기 위해 빌린 막대한 돈을 갚지 못하는 바람에 피렌체의 대大금융가 페루치가家와 바르디가家가 1343년과 1346년에 각각 파산하면서 경제적 어려움이 뒤따랐다. 이 전쟁은 역사가들이 나중에 붙인 이름인 백년전쟁이 극적으로 증언하듯이 밑도 끝도 없이 이어졌다. 전투와 포위전들은 주기적으로 창궐하는 역병으로 중단되었다. 유럽 인구 3분의 1 이상의 목숨을 앗아간 1348년의 흑사병 말고도 1363년, 1374년, 1383년, 1389년, 1400년에 다시금 역병이 창궐했다.

그 시대는 한 역사가가 고전적 연구에서 말했듯이 "폭력적인 삶의 풍조"가 특징이었다.[21] 폭력은 무작위적이고 걷잡을 수 없었다. 1343년, 피렌체의 공소관은 폭도에게 살해되고 난자당했고, 폭도들은 갈가리 찢긴 그의 사지를 창과 칼에 꽂은 채 거리를 돌아다녔다. "분노와 증오에 사로잡힌 그자들은 너무도 잔혹하고 짐승 같아서 벗겨낸 시체의 살

피렌체 서점 이야기

점을 뜯어먹었다"라고 경악한 어느 연대기 작가가 기록했다.[22] 프랑스에서는 1358년에 일어난 농민 반란에서 한 기사가 꼬챙이에 꿰인 채 불에 구워졌고 사람들은 불에 그을린 살점을 그의 아내와 자식들에게 억지로 먹였다. 피렌체에서는 1378년에 가난한 시계 제조공 수천 명이 들고 일어난 치옴피 반란이 발생했다. 그들은 부자들의 궁전을 불태우고 교수형 집행인을 붙잡아 도륙하고, 자신들만의 교수대를 세워 포폴라니 그라시popolani grassi, 즉 배부른 부자들을 목매달았다.

교회는 이런 안타까운 사태에 아무런 해결책도 제시하지 못했는데 교황 제도 자체가 이미 망해가고 있는 제도였기 때문이다. 1309년 프랑스 출신 교황 클레멘스 5세는 로마에서 아비뇽으로 근거지를 옮겼다. 새로운 거처는 페트라르카의 표현을 빌리면 악과 타락으로 가득한 "물살이 거센 론강 변의 바빌론"이 되었다. "온갖 해악이 산더미처럼 쌓인 그곳에서 너는 위대할 뿐 아니라 가장 거대하고 엄청나다"라고 페트라르카는 아비뇽 교황청에 대해 썼다. 그것은 "간통자의 어미이자 지상의 추악한 괴물, 가증스러운 새끼를 낳은 불경한 어미"였다.[23] 대여섯 명의 교황을 거치고 거의 70년이 지나 교황청이 마침내 로마로 돌아왔을 때 대립 교황이 아비뇽에서 등장했다. 1410년에 이르자 세 사람이 교황을 자처했는데 그중에는 300명의 과부와 처녀, 수녀, 심지어 자기 형제의 아내까지 유혹했다는 전직 해적 발다사레 코사도 있었다.

그사이 로마는 쇠락했다. 늑대들이 거리를 배회했고 늑대를 죽이는 사람은 보상을 받았다. 사람들은 무장을 하고 다녔고 서로 활을 쏘거나 교회의 스테인드글라스 창 너머로 돌을 던지지 못하도록 무거운 벌금을 물리는 법률을 제정해야 했다. 심지어 사람의 입에 똥을 쑤셔 넣지 못하도록 더 무거운 벌금을 물리는 법도 필요했다. 1337년 영원한 도시

〔로마의 별칭 가운데 하나〕를 방문했을 때 페트라르카는 경악을 금치 못했다. "평화는 추방당했다"라고 그는 한탄했다. "내란과 전쟁이 활개를 친다. 거처들이 엎어지고 성벽들이 허물어지고 있다. 교회들이 무너지고, 거룩한 것들이 소멸하고 있다. 법은 짓밟힌다. 정의는 오용된다. 불행한 자들이 비탄에 잠겨 곡을 한다."[24]

하지만 이 폭력적이고 썩어가는 도시는 더 나은 세계를 위한 단초를 쥐고 있었다. 1370년대 초에 페트라르카의 친구이자 파도바 출신 천문학자인 조반니 돈디는 로마에서 자신이 본 것에 깜짝 놀랐다. 그는 한 편지에 어떤 "예민한 사람들이" 로마의 아름다운 고대 유물들을 열심히 찾아다니며 살펴보고 있다고 적었다. 이 고대 조각상과 부조—그는 그것들이 시장에서 높은 값을 받는다고 썼다—를 보는 사람은 누구나 그 우수함과 그것을 창조한 고대 예술가들의 "자연스러운 천재성"에 탄복했다. 고대인들은 미술과 건축에서 근대인들보다 훨씬 뛰어났다고 돈디는 인정할 수밖에 없었다. 더욱이 고대 로마인들은 정의, 용기, 절제, 신중함과 같은 바람직한 자질을 더 많이 갖추고 있었다. "우리의 정신 수준은 훨씬 떨어진다"라고 그는 우울하게 결론 내렸다.[25]

하지만 페트라르카는 로마의 영광이 되살아날 수 있다고 오랫동안 믿어왔다. 그는 1339년에 지은 시 〈아프리카Africa〉를 미래에 대한 낙관적 기운으로 매듭짓는다. 저주받은 시대의 재앙 한가운데서, "각양각색의 혼란스러운 폭풍우 한가운데서" 사는 것이 자신의 불운한 숙명이기에 그는 희망이 거의 없다고 믿었다. 하지만 더 나은 시대가 분명 뒤따르리라. "이 망각의 잠이 영영 계속되지는 않으리라"라고 그는 썼다. "어둠이 걷히면 우리의 손자들은 과거의 순수한 광휘를 받으며 다시 걸을 것이다."[26]

니콜로 니콜리는 비유적으로 말하자면 페트라르카의 손자 중 한 명이었고 그 역시 과거의 광휘를 누릴 수 있길 간절히 바랐다. 그는 문화적 부흥의 비결은 고대의 본보기에 대한 창조적인 모방이라고 믿었다. 페트라르카처럼 그는 그와 베스파시아노의 친구들이 서글프게 일컬은 "우리 선조들의 무관심"[27]으로 인해 고대의 모든 지식이 소실되었다는 생각에 사로잡

레오나르도 브루니(1370?~1444):"그는 (지난) 천 년 동안 아무도 이루지 못한 것을 해냈다."

혔다. 이 소실된 지혜를 재발견하고 전파하기 위해 니콜리와 친구들— 그들 중 일부는 베스파시아노와 함께—은 적극적으로 행동에 나서게 되고, 이들 덕분에 결과적으로 이탈리아와 특히 피렌체가 유럽에서 문화적 주도권을 쥐게 된다.

1400년 무렵 성주간의 어느 날 니콜리는 우아한 자택으로 친구들을 초대했다. 손님 가운데 한 명은 훗날 그날의 대화를 글로 쓰게 되는 문학가이자 번역가인 레오나르도 브루니였다. 브루니는 피렌체의 모든 지혜 애호가들 중에서도 가장 유명하고 영향력 있는 인사가 될 운명이었다. 그는 1370년에 페트라르카의 출생지인 아레초에서 태어났고, 어렸을 적에 본 페트라르카의 초상화는 그에게 문학에 대한 열정을 고무시켰다. 그는 1390년대에 법학을 공부하기 위해 피렌체에 갔지만 곧 그리스어로 전공을 바꿔 아리스토텔레스를 라틴어로 번역할 만큼 금방 통달했다. 유럽 전역에 유통된 필사본의 수로 따지면 브루니는 15세기

베스트셀러 작가가 된다.[28] 브루니가 높은 학식으로 널리 공경을 받아서, 베스파시아노는 에스파냐 국왕의 사절이 그의 앞에 무릎을 꿇는 흐뭇한 광경을 목격하기도 했다. "그는 매우 유창하고 박식하여 천 년 동안 아무도 이루지 못한 것을 해냈다"[29]라고도 썼다. 레오나르도 브루니의 자질이 그토록 우수했으니 그는 로마제국 멸망 이래로 가장 해박하고 학식이 뛰어난 인간이었다.

1427년에 브루니는 피렌체의 재상이 되었다. 피렌체 정부의 정책과 서류 작업 담당의 관료 집단을 책임지는 공화국 최고위 문관 자리였다. 비록 아레초 출생이었지만 브루니는 피렌체의 위대한 옹호자였다. 그는 도시의 위대함을 믿었고, 성주간의 그날 오후에 니콜리에게 말한 것처럼 이 도시가 문법이나 수사학 같은 분야를 통해 학문 부흥을 일으키기에 안성맞춤이라고 생각했다. 하지만 니콜리는 학문의 부흥에 관해 피렌체이든 다른 어느 곳이든 브루니보다는 덜 낙관적이었는데 이러한 부흥을 위해 필수적인 종류의 지식이 실종되었다는, 즉 잊히거나 파괴되었다는 단순한 이유에서였다. 자신의 주장에 대한 근거로서 그는 지식의 끔찍한 손실에 대해 늘어놓기 시작했다. 바로, 살루스티우스, 대大 플리니우스의 걸작들은 어디에 있는가? 소실된 리비우스의 로마 역사서는? 그토록 많은 위대한 철학자와 시인 들은 양피지 단편들이나 의심스러운 출전들에서 베긴 간접 인용의 형태로만 이따금씩 엿볼 수 있는 유령에 불과했다.

니콜리가 좋아하는 책 가운데 하나는 역사, 철학, 법률, 문법, 문학 비평이 잡다하게 들어 있는 《아티카의 밤Noctes Atticae》이었다. 이 책의 저자인 2세기 로마인 아울루스 겔리우스는 자기 책을 "일종의 문학 창고"라고 불렀다.[30] 니콜리가 갖고 있던 《아티카의 밤》 사본은 단편적이었지만 그럼에도 불구하고 여타 고대 문헌들에 대한 스쳐 지나가는 인용들 말고도 전혀 알려진 바 없는 많은 고전들에 대한 일부 정보를 담고 있었는데, 그중에는 키케로의 논고 《공화국에 관하여De re publica》도 있었다. 니콜리는 그토록 방대한 고대의 지식에 대해 자신과 친구들이 이해하는 바가 지극히 미미함을 깨달았다. 그조차도 결함이 있거나 불완전한 다른 저작들에서 우연히 얻어걸리다시피 한 드물고 감질나는 엿보기에 불과하다는 사실을.

헤아릴 길 없는 지식 소실을 보여주는 잣대는 율리우스 카이사르의 사서이자 고대 세계에서 가장 유식한 사람이었을 로마 작가 마르쿠스 바로였다. 그는 사실상 인간의 사고와 활동의 모든 영역을 아우르는 책을 수백 권 썼다. 겔리우스는 아찔할 정도로 다종다양한 바로의 책 제목을 거리낌 없이 언급하거나 인용했다. 《미술에 관하여》, 《농사에 관하여》, 《고대의 유물에 관하여》, 《남편의 의무에 관하여》, 《자식의 양육에 관하여》, 《헵도마데스》(겔리우스는 이 책이 "숫자 7의 다채로운 능력과 우수성"에 관해 다룬다고 설명했다) 등등.[31] 이 백과사전적 지식 가운데, 1350년대에 피렌체 작가 조반니 보카치오가 어느 베네딕트회 수도원에서 발견한 라틴어에 관한 논고(키케로에게 헌정되었다) 단 한 편을 제외하면 아무것도 남아 있지 않았다. 보카치오가 그것을 발견하게 된 일화도 '절망의 시대'의 유감스러운 실태에 대한 서글픈 우화였다. 보카치오는 11세기 것인 바로의 논고 필사본을 창문에는 잡초가 자라고 있고 책에 먼지가 두껍게 쌓여 있는, 문짝도 날아간 도서관에서 발견했다. 필사본들 다수가 처참하게 훼손되어 있었다. 여백의 삽화들은 가차 없이 떨어져 나가고 없었는데 보카치오의 설명에 따르면 수도사들이 가욋돈을 벌 요량으로, 아이들이 읽을 책을 만들기 위해 "책장을 한 뭉텅이" 뜯어내기도 하고, 부적을 만들어 여자들에게 팔기 위해 양피지 조각을 잘라 냈기 때문이었다.[32] 보카치오는 시급한 구조 작업에 돌입했다. 수도원 도서관에서 바로의 필사본을 훔쳐 피렌체로 몰래 갖고 와서는 자신의 장서에 합친 것이다.

더 심각한 것은 고대 로마에서 집필된 수사학—설득력 있는 연설의 기술—에 관한 종합적인 안내서인 퀸틸리아누스의《인스티투티오 오라토리아Institutio Oratoria》의 소실이었다. 수사학은 로마의 생활과 문화에서 불가결한 요소였다. 그것은 교육 커리큘럼에서 중심적 지위를 차지했고 효과적으로 말하는 능력은 전장의 영웅적 행위만큼 높은 평가를 받았다. 설득력 있는 웅변은 원로원, 장례식, 여타 국가 행사에서 핵심이었고 포룸forum의 군중 앞에서 열리는 인기 있는 행사인 형사 재판에서도 마찬가지였다(여기에서 '재판정의forensic' 웅변이란 표현이 나왔다). 포룸의 재판은 키케로가 그토록 밝게 빛난 바로 그 무대였다. 퀸틸리아누스는 고대 로마제국에서 가장 명성을 떨친 교사였는데, 20년에 걸친 경력(대략 70년에서 90년 사이)을 통해 그는 도미티아누스 황제의 후계자들을 비롯해 장래의 문인들과 신예 정치가들을 지도했다. 시인 마르티알리스는 그를 "엇나가는 젊은이를 다스리는 최고의 관리자"라고 칭송했으니, 그가 교육을 통해 로마 청년들의 행동거지를 빚어내는 데 얼마나 성공적이었는지를 짐작케 하는 찬사다.[33] 마르티알리스에 따르면 퀸틸리아누스의 명성이 하도 대단해 트리폰이라는 로마 서적상이 그의 지혜를 더 널리 알려야 한다고 "매일같이 끈질기게" 그를 졸랐다고 한다.[34] 그는 결국 서적상의 뜻에 동의했는데, 어느 정도는 그가 개탄한 대로 노예들이 받아 적은 자신의 여러 해적판 강연록이 그의 이름을 달고 시중에 돌고 있었기 때문이다.

　피렌체 서점 이야기

90년 무렵에 로마에서 나온 퀸틸리아누스의 방대한 텍스트는 부모와 교사 모두를 위한 안내서였다. 열두 권에 걸쳐 아이들에게 제대로 읽고 쓰고 말하는 법을 어떻게 가르쳐야 하는지 자세히 설명할 뿐 아니라 그들을 건강하고 행복하고 유덕한 성인으로 길러낼 최상의 방법에 대해 조언했다. 예를 들어 그는 체벌을 강하게 반대했는데, 고통과 공포, 체벌에 대한 수치심이 아이의 기운을 꺾고 아이가 "세상의 빛을 피하고 싫어하게"[35] 만들어 오히려 처참한 결과를 낳기 때문이라고 했다. 텍스트의 대부분은 어떻게 연설을 해야 하는지에 대한 실용적인 조언이 차지했다. 연설문을 외우는 법(그는 연관 상징체계를 추천했다), 목소리를 가꾸고 유지하는 발성법(오일 마사지를 권유했다)에 대해서도 기술했다. 퀸틸리아누스의 학생들은 유능한 시민과 탁월한 정치 지도자 계급, 그가 바란 대로 "공적·사적 사안의 경영에 적합한"[36] 사람들이 될 예정이었다. 무엇보다도 그는 "말하는 데 능숙한 선인善人 vir bonus dicendi peritus"[37] — 생각을 조리 있게 표현하고 덕을 갖춘, 자신의 웅변 능력을 공익을 위해 쓰는 사람 — 을 육성하길 원했다.

퀸틸리아누스의 건전한 지침의 전모는 오래전에 소실되었다. '암흑기'의 대다수 사람들은 그의 저작에 거의 관심을 보이지 않았다. 키케로가 지적했듯이 수사학은 의사결정이 "사람들의 회합"[38]을 통해 이루어지는 사회의 자유인들 사이에서만 융성했다. 효과적인 연설을 하거나 유덕한 습관을 가꾸는 법을 권장하는 일은 로마제국 멸망 이후에 들어선 위계적인 봉건 사회와 농업 경제—감동적인 연설이나 칭찬할 만한 행위를 통해 동료 시민들의 인심을 살 필요가 있는 선출 지도자가 아니라 제후와 주교들이 권력을 행사하는 정치 공동체—와는 거의 상관이 없었다. 그 결과 퀸틸리아누스 시대에 로마 학교에서 사용된 사본들 가운데 남아 있는 것은 아무것도 없는 듯했다. 《인스티투티오 오라토리아》도 심하게 훼손된 수백 년 된 사본, 본문이 뭉텅이로 날아간 필사본으로만 존재했다.

하지만 퀸틸리아누스에 대한 관심은 도시로의 인구 이동과 상인 계급의 등장으로 되살아났다. 사업가들이 연설과 투표를 할 필요가 있고 무력보다는 합의를 통해 다스려지는 정치 공동체에서 다 함께 살아가는 피렌체 같은 도시국가에서는 갑자기 수사학 교육이 생활에 필요하고 바람직한 것이 되었다. 피렌체는 사람들이 폭군의 독재 아래서 살아가는 공국이나 제후령이 아니라 주민들에 의해 통치되는 공화국이었다. "우리 공화국을 다스리는 사람은 수천 명이 있다"라고 1390년대에 한 피렌체 정치가는 자랑스럽게 공언했다.[39] 실제로 (총 4만 명의 인구 중) 6천 명 정도가 피렌체 공화국의 다양한 행정직에 선출되고 자문 기관과 특별위원회에 임명될 자격이 있었으며, 이 모두가 연설과 토론, 논쟁을 위한 활기찬 포럼이었다. 이러한 회의들을 기록한 글은 심각한 의견 차이, 설득을 통해서 결국에는 합의와 동의로 해소되는 과정을 드러낸다. 한 차례 연설이 오고 간 뒤 "하지만 결국 모두가 동의했다"라고 1401년의 어느 의사록은 보고했다.[40]

연설에 관한 논고의 가치는 그러한 정치적 풍경에서 뚜렷했다. 한 피렌체 정치가는 "감정의 주인이 되는 것보다 더 좋은 게 무엇이 있겠습니까?"라고 물었다. "회계 감사관을 원하는 대로 어디든 보냈다가 감사와 애정을 품고 되돌아오도록 하는 데 말이죠."[41] 그러니 세월이 흐르면서 온전한 퀸틸리아누스 필사본이 있다는 소문이 조금만 떠돌아도 학자들의 심장은 두근거렸다. 하지만 이 전설의 사본은 결코 나타나지 않았다. 페트라르카는 《인스티투티오 오라토리아》 필사본 단편을 손에 넣고서 이미 저세상 사람인 퀸틸리아누스에게 자신의 행운을 자랑하는 열광적인 편지를 썼지만 한편으로 그의 "새 친구"가 "찢어지고 난자당했다discerptus et lacer"라고 한탄했다.[42] 보카치오도 마찬가지로 퀸틸리아누스를 소장했지만 그 필사본은 그의 장서 목록이 기술했듯이 불완전incompletus했다.[43] 수십 년 뒤에도 탐색은 계속되었다. 레오나르도 브루니는 소실된 키케로의 몇몇 저작 다음으로 퀸틸리아누스의 작품이 소실된 것이 "그 어떤 작품보다 애석"하다고 말했다.[44]

그러므로 고전 텍스트와 사상은 구체적인 정치적·사회적 문제들에 적용될 수 있기에 귀중했다. 만약 고대 그리스인과 로마인들의 작품이 발견된다면, 그리고 그 작품들이 제대로 연구되고 이해되기만 하면 그것들은 작금의 이탈리아인들에게 자식을 교육하는 법을 개선하고 더 감명을 주는 연설문을 작성하고, 스스로를 더 현명하고 적절하게 다스리고, 더 분별력 있게 성공적으로 전쟁을 치르는 법을 가르쳐주리라. 한마디로 지난 몇 세기 동안 살아왔던 사회보다 더 안전하고 더 안정적인 사회를 건설하는 법을 가르쳐주리라.

어쩌면 니콜리가 희망한 대로 퀸틸리아누스와 여타 저자들은 정말로 재발견되기를 기다리며 이 세상에 있을지도 모른다. 어쩌면 학문의 부흥이 결국 일어나고, 무지는 현재까지 이어지는 찬연한 과거의 영롱한 빛으로 걷힐 수 있으리라.

고대 문헌이 그토록 많이 소실된 것이 봉건 영주들의 무관심과 비양심적인 수도사들의 탐욕과 태만 탓만은 아니었다. 홍수와 화재 또는 쥐, 쇠파리, 좀벌레의 치명적 식욕이 야기한 불가피하고 무차별적인 파괴 탓만도 아니었다. 이것들도 모두 소실에 일조했지만 그렇게 극소수의 문헌들만 전해지는 데는 또 다른 이유가 있었다. 그것은 다름 아닌 테크놀로지, 다시 말해 책을 만드는 방식이었다.

그리스인과 로마인들은 종이나 양피지 같은 지지대 위에 글을 쓰지 않았다.[45] 그 대신 그들은 야자수 잎, 나무껍질, 밀랍 서판, 심지어 얇은 납판을 가지고 실험해보다가 마침내 이집트 습지에서 자라는 갈대로서 당연히 이집트인들이 자신의 기록물에 이용해온 파피루스로 눈길을 돌렸다. 이 갈대 식물을 가리키는 그리스어 단어는 비블로스βύβλος였는데 그리스인들이 파피루스를 수입해오는 페니키아 항구 도시 비블로스Byblos(지금의 레바논 해안 지역)에서 이름을 따온 것이다. 도시의 이름과 식물은 책을 가리키는 그리스어 단어 비블리온βιβλίον에도 각인되어, 영어의 bibliography(서지), bibliophile(애서가), bible(성서)의 뿌리가 되었다. 로마인들은 그리스인들을 따라 이 갈대 식물을 이용했지만 그 식물을 부르는 이름인 파피루스papyrus — 이 라틴명에서 paper(종이)라는 단어가 유래했다 — 대신에, 그 갈대 식물의 껍질이나 얇은 막을 가리키는 말을 따와서 책이라고 불렀으니 바로 리베르liber이다. 이 라틴어 단어에서 library(도서관)와 librarian(사서) 같은 단어가 나왔고, 이탈리아어와 에스파냐어(둘 다 libro), 프랑스어(livre), 아일랜드어(leabhar)에서 책을 가리키는 단어도 나왔다.

파피루스는 원래 땔감과 씹는 껌은 물론 포크와 숟가락, 그릇, 나일강을 오가는 배의 돛과 밧줄, 심지어 배를 만드는 데도 사용되었다. 대大플리니우스는 7세기에 《자연사Naturalis historia》〔한국어판 제목은 '박물지'〕를 쓰면서, 대략 기원전 332년 알렉산드리아를 창건했을 무렵에 알렉산드로스 대왕이 파피루스를 문방구로 이용했다며 그에게 공로를 돌렸다. 플리니우스는 갈대 박피(리브리libri)를 나일강의 흙탕물로 적신 판자 위에 격자로 엮는 공정을 기술했는데, 여기서 흙탕물이 접착제 역할을 했다. 박피 격자를 압착기에 넣어 납작하게 누른 다음 햇볕에 말리고 조개껍데기로 울퉁불퉁한 표면을 문질러 고르게 만들었다. 고대 로마에서는 그 파피루스가 제작되는 장소인 알렉산드리아 원형극장의 이름을 딴 '원형극장지amphitheatre paper'를 비롯해 다양한 품질의 파피루스가 존재했다. 아우구스투스 황제를 우쭐하게 해주는 차원에서 최상품의 파피루스는 '아우구스투스'로 불렸다(두 번째로 좋은 등급은 그의 아내를 기려서 '리비아'라고 불렀다).

이 파피루스 종이들은 책장처럼 접어서 하나로 묶을 수 없었다. 그 대신 한 장씩 이어 붙여 긴 두루마리를 만든 다음 양끝에 막대기를 달아서 돌돌 말았다. 말린 것이든 펼친 것이든, 그 위에 글을 쓸 수 있거나 이미 글이 쓰여서 읽을 수 있는 완제품은 볼루멘volumen이라고 불렀는데, '돌리다' 또는 '말다'라는 뜻의 라틴어 볼베레volvere에서 유래한 표현으로 여기서 영어의 volume(권)이 나왔다. 독자는 한 번에 한 단씩 두루마리를 펼치고 읽은 부분은 다른 쪽 막대기로 말았다. 그리하여 대략 세로 23~25센티미터, 다 펼치면 가로 9미터에 달하는 긴 두루마리를 펼치는 행위를 통해 지식이 습득되었다. 알렉산드리아의 프톨레마이오스 왕조의 도서관이나 기원전 1세기에 아시니우스 폴리오가 로마의 아벤티노 언덕에 세운 것과 같은 고대 세계의 도서관들은 이처럼 거대한 지식의 두루마리들로 가득했을 것이다.

이 형식은 지중해 세계 전역에서 친숙했다. 하지만 고대 도서관들 사이의 경쟁은 곧 신기술을 불러왔다. 기원전 200년 이후 언젠가 프톨레마이오스 5세 에피파네스로 알려진 프톨레마이오스의 왕이 알렉산드리아 도서관보다 훨씬 더 웅장한 도서관의 건립을 꿈꾸고 있던 페르가

몬의 지배자 에우메네스 2세를 좌절시키기 위해 이집트산 파피루스의 수출을 금지했다. 파피루스 공급이 막히자 대체재를 찾을 수밖에 없었던 페르가몬의 지배자(그의 영토는 오늘날의 튀르키예 서부였다)는 궁여지책으로 동물 가죽을 생각해냈다. 그 결과물은 그의 도시에서 이름을 따왔으니, 양피지를 가리키는 라틴어 단어 페르가메눔pergamenum은 그것이 유래했다는 곳을 상기시킨다. 율리우스 카이사르의 사서이자 다작多作 작가인 마르쿠스 바로가 처음 거론한, 파피루스 금수조치에 관한 사연은 아마도 순전히 지어낸 얘기일 것이다. 이 시기보다 앞선 파르티아(지금의 이란 북동부) 문서는 동물 가죽에 쓰였으며 (사해문서 대부분을 비롯해) 고대 히브리 문헌들 몇몇도 마찬가지다. 하지만 페르가몬에서 이용된 동물 가죽은 더 매끄럽고 얇고 내구성이 뛰어난 표면을 만들어내기 위해 특수 처리—무두질을 하고, 석회수에 담그고, 긁어내고, 팽팽하게 잡아당기는 공정—된 것이었다.[46]

양피지는 열등한 대체재라는 인식 때문이었는지 고대 로마인들에게 인기를 누리지 못했다. 그래도 1세기의 마지막 사반세기에 이르러 일부 로마 책방에서 양피지를 구할 수 있었는데 두루마리로 둘둘 말린 게 아니라 (초창기 일부 실험들은 이런 형태의 양피지도 보여주긴 한다) 작은 직사각형으로 잘라서 한데 묶은 형태였다. '묶다'라는 뜻의 라틴어 동사는 팡게레pangere인데 그 단어로부터 라틴어 파지나pagina를 거쳐 '페이지page'라는 단어가 유래했다. 갑작스레 파피루스 두루마리를 펼치지 않고도 양피지의 페이지를 넘기면서 문서를 읽는 것이 가능해졌다.

로마 시인 마르티알리스는 이 신기술로 전향한 사람이었다. 80년대 중반에 그는 이 새로운 형식으로 자신의 저작을 광고하는 짧은 경구를 지었다. "나의 작은 책을 어디에나 곁에 두고 싶고 긴 여정에도 휴대하

피렌체 서점 이야기

고 싶은 사람은 이것들, 작은 페이지로 압축된 양피지를 사시오." 이 책들의 장점이 작아서 이동할 때 휴대하기 간편한 것이라고 마르티알리스는 믿었다. 심지어 《일리아스》와 《오디세이아》도 이런 방식으로 "여러 겹의 가죽에 저장되어" 제작되었다. 호기심 많은 독자들이 이 작은 포켓북을 찾아서 "온 동네를 돌아다니는" 수고를 덜어주기 위해 그는 친절하게 주소도 알려주었다. 평화의 신전 뒤편에 전직 노예 세쿤두스가 차린 가판대의 주소였다.[47]

마르티알리스의 열광적 호응에도 불구하고 이 새로운 형식은 대중적 성공을 거두지 못했고, 파피루스 두루마리가 5세기 로마 멸망을 거쳐서까지 고전 문헌의 전달 매체로 남게 된다. 하지만 이교도들이 이 신기술에 퇴짜를 놨다면 이것은 또 다른 세력, 바로 그리스도교 신봉자들에 의해 열렬히 수용된다. 초기 기독교도들은 이 사각형의 종잇장들을 긴 두루마리보다 쉽게 수용했다. 그들은 파피루스보다 입수하기 더 쉽다는 점, 그리고 내구성과 페이지 매기기(본문의 특정 대목을 찾기가 훨씬 쉽다), 양면에 글을 쓸 수 있어 문방구를 효율적으로 이용할 수 있다는 등의 이점 때문에 이 형식을 선호했을지도 모른다. 아무튼 비블리온 또는 리베르는 '코덱스'라는 새로운 이름을 얻었다. 로마인들은 간단한 필기와 장부 정리 같은 일회성 글쓰기와 문학 작품의 초고를 작성할 때 때때로 밀랍을 바른 판자 여러 장을 가죽 끈으로 묶어서 필기도구로 이용했다. 이러한 밀랍을 바른 나무판자를 쌓아놓은 것을 카우덱스caudex라고 불렀는데, 문자 그대로는 '나무 둥치'라는 뜻이다. 매체가 식물에서 양피지로 바뀌면서 그 단어는 코덱스codex(복수형은 코디시스codices)로 변했다.

양피지 코덱스는 기독교의 도래와 함께 지식을 기록하고 보존하는 데 선호되는 형식이 된다. 성 히에로니무스와 성 아우구스티누스 같은 교부들은 파피루스와 양피지 둘 다를 사용했지만 히에로니무스는 어느 편지에서 나사렛에서 서쪽으로 65킬로미터 정도 떨어진 지중해 연안 카이사레아의 도서관에서 두 사제가 오래된 파피루스에 적힌 글을 양피지에 옮겨 적음으로써 썩어가는 두루마리들을 교체하는 작업을 하고 있더라고 설명했다. 이 형식의 변환 과정은 코덱스가 두루마리들을 대체하면서 틀림없이 지중해 전역에서 벌어지고 있었을 것이다. 331년에 콘스탄티누스 황제가 새로운 수도 콘스탄티노플에 있는 교회들을 위해 50부의 성서를 베껴 적으라고 지시했을 때 그는 "미리 준비된 양피지에 쓰여" "편리하고 휴대 가능한 형태"여야 한다고 명시했다. 그 결과 그는 파피루스 두루마리가 아니라 "정교하게 제본된 훌륭한 책들"을 받았다.[48](이때 의뢰받아 제작된 성서 가운데 유일하게 남아 있는, 무려 800장의 양피지로 만들어진 《코덱스 바티카누스Codex Vaticanus》는 현존하는 가장 오래된 성서 사본이다.)

그러므로 기독교는 도덕적·미적 가치 체계의 변화는 물론 지식 기술의 변화도 초래했다. 이러한 변화들은 모두 고대 지식이 미래의 세기들까지 살아남을 가능성을 위협했다. 파피루스는 매우 쉽게 상했다. 한 로마 시인은 "책벌레가 파피루스를 좀먹고 있다"라며 안타까워했고, 또 다른 시인 마르티알리스는 자신의 두루마리가 어떻게 바퀴벌레에게 갉아먹히고 올리브와 생선 포장지로 재활용되고 있는지를 유머러스하게 묘사했다.[49] 고대 로마의 라틴어 저작이 다음 몇 세기 후에도 살아남기 위해서는 양피지에 옮겨 적는 작업이 필수였다. 하지만 두루마리에서 코덱스로의 변환 작업은 초기 기독교도들—코덱스 제작자들—이 이교도 선조들의 저작을 얼마나 보존하고 연구할 가치가 있다고 여기는지에 달려 있었다.

많은 기독교도들이 이교도를 반대하는 목소리를 높였다. 200년 무렵 카르타고 전통 종교에서 기독교로 개종한 신학자 테르툴리아누스는 동료 기독교도들에게 콕 집어 물었다. "대체 아테네는 예루살렘과 무슨 상관이 있는가?"[50] 그보다 한술 더 뜬 어조로 고대의 이교를 배격한 이는 성 히에로니무스였다. 373년 무렵 그는 소아시아를 가로질러 예루살렘으로 가면서 로마에서 공부하던 이교도 저작들을 여러 권 챙겨갔다. 여행길에 키케로와 플라우투스의 저작들을 즐겁게 읽다가 그 작품들의 세련된 라틴어를 구약성서와 비교해보니 구약성서의 문체가 조잡하고 거슬리게 느껴졌다. 여행 도중에 병이 난 그는 신의 보좌 앞으로 끌려가 스스로를 변호해야 하는 환시를 체험했다. 그는 자신이 기독교도라고 항변했지만 그리스도가 아니라 키케로를 추종하고 있다는 반박에 기가 죽었다. 뒤이어 그는 채찍질을 당하고 불로 고문당하는 모습을 상상했다.

초기 기독교도가 하나같이 라틴어나 그리스어 고전에 적대적이었던 것은 아니다. 테르툴리아누스가 등장할 때마다 알렉산드리아의 클레멘스 같은 사람이 있었는데 그는 200년 무렵에 글을 쓰면서 이교의 철학을 신학의 "시녀"로 간주했다. 클레멘스는 그 철학이 "그리스도 안에서 완성되는 이를 위한 길을 닦으면서" 그리스인들에게 기독교 신앙의 탄생을 위한 "준비 과정" 역할을 했다고 썼다.[51] 마찬가지로 성 아우구스티누스는 플라톤 같은 이교도 작가들이 기독교의 가르침에 반하는 이상한 망상들로 가득 차 있긴 해도 한편으로 기독교 신앙과 조화를 이루는 내용을 많이 썼다고 지적했다. 아우구스티누스는 서른두 살에 기독교로 개종하고 여러 해가 지나 대략 390년에 쓴 《진정한 종교에 관하여On True Religion》에서 플라톤과 소크라테스가 만약 4세기에 살았다면 훌륭한 기독교도였을 것이라고 주장했다.

성 아우구스티누스는 이교도의 저작을 활용하는 기독교도란 이집트 신전을 약탈해 귀한 금은 그릇들을 갖고 가서 다른 경건한 용도로 변경한 이스라엘의 자식들과 같다고 믿었다. 심지어 성 히에로니무스도 결국에는 〈신명기〉 21장 10~14절에서 용기를 얻어 완고한 태도를 누그러뜨렸는데, 그 구절은 누군가가 적에 맞선 전투에서 승리한 다음 포로 중에 아름다운 여인을 보고 "그녀에 대한 욕망"을 느끼면 어떻게 해야 하는지를 설명하고 있다. 그가 할 일이란 그 여인의 머리를 밀고 손톱을 깎고 옷을 벗긴 다음 "제 아버지와 어머니를 위해 꼬박 한 달 동안 통곡"하게 하는 것이고 그런 뒤에 그녀와 결혼하면 아무 탈 없이 괜찮다는 것이다. 그것이 히에로니무스에게는 고전이 요구하는 오염의 제거 또는 검역 절차였다. 일단 조심스레 잘라내고 위생 처리를 하면 기독교도가 소비하기에 적합할 것이다.

히에로니무스와 아우구스티누스 시대로부터 천 년 뒤에 기독교가 더 이상 이교 문화에 맞서 격렬한 전투를 치르고 있지 않을 때 고대 그리스와 로마 작가들은 예전보다 실존적 위협을 그리 크게 받지 않았다. 카타리파, 롤라드파, 후스파와 같은 중세 이단들, 그리고 심지어 마녀들이 교회 당국에 훨씬 더 큰 우려를 자아냈다. 성서의 대부분은 사탄이 쓴 것이라는 카타리파의 믿음과 비교할 때 인간이 어떻게 지혜를 얻거나 고결한 삶을 살 수 있을지에 관해 고대 세계로부터 나온 온건한 성찰은 딱히 장작불을 필요로 하지 않는 것 같았다. 이단들은 박해를 받고 어떤 경우에는 떼로 학살을 당한 반면 대다수 고전 작가들의 운명은 인자한 방치였다. 1405년 피렌체의 어느 도미니크회 수도사가 기독교도들에게 고전 문학을 멀리하라고 훈계했을 때처럼 이따금 새된 목소리가 그들을 향해 높아진 것은 사실이다. 그 도미니크회 수도사는 "이교도의 책을 읽어선 안 될뿐더러 공식 칙령에 따라 불태워야 한다" 라고 열변을 토했다.[52] 하지만 1405년에 아무런 공식 칙령도 통과되지 않았고 어떤 필사본도 불태워지지 않았다. 그 수도사는 형편없는 문법으로 조롱받았고, 니콜리와 친구들이 연구를 이어가는 데 유일하게 방해가 되는 것은 책의 부족이었다.

3장

경이로운 보물

1431년, 베스파시아노를 만나기 여러 해 전 어느 날 니콜로 니콜리는 한쪽으로 비스듬히 기운 멋스러운 필체로, 자신이 열심히 구하고 있는 도서 목록을 작성해 체사리니 추기경에게 보냈다. 추기경은 교황 마르티누스 5세에 의해 독일, 보헤미아, 헝가리, 폴란드 전역을 아우르는 사절 임무를 띠고 파견된 참이었다. 니콜리 본인은 결코 여행을 하지 않았다. 그는 오랫동안 콘스탄티노플 여행을 계획했지만 여행 경험이 풍부한 포조는 니콜리에게 그가 여행의 불편과 애로 사항을 견디기엔 너무 까다롭고 참을성이 없다고 경고했다. 그는 식성이 무척 깐깐했고, 쥐가 찍찍거리는 소리나 당나귀 울음소리에도 신경이 곤두섰다. 그의 친구인 어느 수도사는 니콜리의 거처에 들어가기 전에 입고 있던 옷을 두들겨 먼지를 떨어내야 했다. "그는 불쾌한 것을 듣거나 보는 것을 참지 못했다"라고 한 친구는 썼다.[1]

결국 니콜리는 자신의 호화로운 피렌체 거처를 떠나지 않았다. 하지만 친구 중 누군가가 멀리 여행을 떠나려고 하면, 특히 알프스 너머로 가게 되면, 그에게 어디를 가야 하고 무엇을 해야 할지에 대해 긴급 제안을 했는데 프랑스와 독일 수도원들의 퀴퀴하고 어둑어둑한 은신처에서 고대의 많은 필사본이 발견되기를 기다리고 있을 것이라고 굳게 믿었기 때문이다.

체사리니 추기경은 따라서 니콜리가 찾기를 기대하는 도서 목록을 챙긴 채 교황의 특사 임무에 나섰다. 그 목록 중에는 키케로, 타키투스, 수에토니우스의 저작과 더불어 독일 중부 헤르스펠트에 있는 베네딕트회 수도원처럼 근래에 흥미진진한 발견이 이루어진 장소들도 포함되어 있었다.[2]

많은 고대 필사본들이 베스파시아노가 태어나기 20년 전에 프랑스, 독일, 스위스 칸톤[지금의 주州와 유사함]들에서 다수 발견되었다. 니콜리의 젊은 피후견인 가운데 한 명이 1416년에 간명하게 표현한 대로 "독일에는 라틴어 서적으로 가득한 도서관이 딸린 수도원이 많이" 있었다.[3] 소실된 고전들은 실제로 이탈리아인들이 야만적이라고 폄하하는 그 북부 지역의 수도원들에서 발견될 공산이 컸다. 따라서 니콜리에게는 어느 친구가 알프스산맥 너머에서 새로운 책을 발견해줄 것이라 기대할 이유가 충분했다. 하지만 체사리니가 사라진 걸작들을 찾아줬으면 하는 기대는 좌절되었다. 추기경은 다음 1~2년 동안 널리 여행했지만 너무 바빠서 곰팡내 나고 방치된 서적들을 찾아 독일 배후지들을 고생스럽게 우회할 여유가 없었다. 하지만 그보다 여러 해 전에 니콜리는 포조의 엄청난 성공을 만끽했었다.

훗날 포조는 자신의 놀라운 모험 이야기를 베스파시아노에게 들려주게 되고, 베스파시아노는 이 용감무쌍한 필사본 사냥꾼에 관한 전기에

필사본 사냥꾼 포조 브라촐리니(1380~1459).

그 일화를 서술했다. 베스파시아노는 처음에 그 이야기를 니콜리의 저택 만찬에서나 아니면 서점 바깥 길모퉁이에서 들었을지도 모른다. 그리고 그것은 혈관을 짜릿하게 자극하는 이야기였다.

1414년 가을에 포조는 그의 고용주인 교황 요하네스 23세와 함께 독일 남부 콘스탄츠시에 도착했고, 몇 주 뒤에 레오나르도 브루니가 그들과 합류했다. 1410년 교황 요하네스 23세로 선출된 전직 해적이자 악명 높은 유혹자인 발다사레 코사는 성 베드로의 보좌가 자기 것이라고 주장하는 세 대립 요구자 가운데 한 명이었다. 그는 이 골치 아픈 쟁점을 해소하고 교회를 개혁하고자 하는 보헤미아 신학자 얀 후스의 추종자들인 후스파 같은 이단을 처리하기 위해 콘스탄츠 호반에서 공의회를 주최했다. 후스파 문제는 후스의 저작을 불태우고 더 나아가 후스 본인을 화형에 처하는 해법으로 가혹하게 처리되었다. 대립 교황들의 난립이란 문제는 요하네스 23세에게는 만족스럽지 못하게 해소되었으니 그 자신이 폐위되었기 때문이다. 베스파시아노에 따르면 그는 어떤 사제를 창밖으로 내던지려고 하는 등 폭력적으로 성질을 부리다가 전직 교황의 처지로 전락해 변장을 한 채 콘스탄츠에서 도망쳐야만 했다. 그는 브루니와 함께 어느 수도원에 숨었고, 베스파시아노는 그들이 거기서 썩은 배를 먹으면서 연명했다고 말했다.[4]

포조는 콘스탄츠에 남아 있었지만 고용주가 느닷없이 폐위되는 바람에 류머티즘을 치료하기 위해 한가로이 바덴의 온천으로 갈 여유가 생겼다. 그곳에서 쓴 편지에서 그는 니콜리에게 알린 대로 물에 들어갈 때 "은밀한 부위와 엉덩이를 구경꾼들에게 드러내는" 노소의 여자들을 구경하며 즐거운 시간을 보냈다.[5] 니콜리는 친구의 체류에 좀 더 진중한 염원을 품고 있었다. 베스파시아노가 쓴 대로 "포조는 소실된 많은 라틴어 서적을 찾아서 수도원을 뒤져보라는 채근을 니콜리와 다른 여러 학자들로부터 받았다."[6] 포조는 바덴의 온천을 떠나서 콘스탄츠에서 남동쪽으로 40킬로미터 떨어져 있는 어느 아일랜드 수도사의 성소에 700년 전 건립된 베네딕트회 수도원인 장크트갈렌 수도원으로 갔다. 여기서 그는 엄청난 발견을 하게 된다.

기독교도들의 책이 양피지 코덱스였다면 그것의 복제와 전파는 장크트갈렌 같은 곳에서 이루어졌다. 로마제국 멸망 이후 기독교 교회는 서적과 문자 해득의 보루였다. 여러 세기 동안 책은 거의 전적으로 성직계의 일부였다. 도서관을 위해 필사본을 제작하고 보존하는 일은 양피지 위에 몸을 숙인 채 성실하게 (종종 다른 수도원에서 빌려온) 텍스트를 베껴 적는 수도사들의 몫이었다. 때로 수도원은 그런 필사 수도사들을 위해서 스크립토리움이라고 하는 특별실을 따로 배정해두었지만 보통은 자기 방이나 옥외 회랑에서 필사 작업을 하는 경우가 훨씬 많았다.

지중해 권역의 고전 문명은 햇살이 쨍쨍한 이탈리아—5세기에서 8세기 사이에 야만족의 침략으로 쑥대밭이 되었다—보다는 먼 북쪽 지방들, 안개 낀 아일랜드와 노섬브리아의 황무지, 독일 지방의 숲에서 가장 충실하게 보존되었다. "바다 이쪽의 식자識者들은 전부 도망갔다"라고 침공기 갈리아 지방에 있던 어느 관찰자가 썼다. "바다 건너편 지역들, 그리고 아일랜드의 〔식자들도〕 마찬가지다."[7] 라틴어 학문은 아일랜드 수도 단체들에서 열정적으로 열정되었으며, 약 560년에 렌스터 지방에서 출생한 콜룸바누스라는 대단한 인물에 의해 절정에 달했다. 전설에 따르면 그의 어머니는 임신 중일 때 빛나는 태양이 자신의 가슴에서 솟아나와 세상의 어둠을 밝히는 꿈을 꿨다고 한다. 아기가 태어나자 어머니는 성서를 비롯해 문법, 수사학, 기하학 등 다방면의 교육을 받게 하여 자식을 이러한 임무에 대비시켰다. 590년 무렵에 그와 열두 명의 추종자들은 영국해협을 건너 브르타뉴 해안으로 갔고 그다음 부르고뉴의 뤽세유 인근과 북부 이탈리아 보비오에 스크립토리움이 딸린 수도원을 건립했다. 퐁텐과 코르비에도 다른 분회 수도원들이 생겨났다. 장크트갈렌 수도원—포조의 탐색 목적지—은 콜룸바누스의 동행자 열두 명 가운데 한 명의 유물을 모신 사당 터에 건립되었다.

그다음으로 해협을 건너가 수도회를 건립하는 사람들은 (690년대부터 프리지아〔현재 네덜란드 프리슬란트 지방을 가리키는 고대 지명〕 사람들 사이에서 활동을 시작한) 윌리브로드와 (716년에 위트레흐트에 도착한) 보니파티우스 같은 앵글로색슨 선교사들이었다. 후자는 자신이 "게르만 종족의 어두운 구석구석을 밝히러"[8] 왔다고 썼다. 그들은 책을 잔뜩 짊어지고서, 콜룸바누스와 그의 동행들처럼 나중에 "인슐러insular체"('섬에서 온'이란 뜻)로 알려지는 특징적인 서체를 가져왔는데, 그 서체의 기원은 아일랜드, 스코틀랜드, 잉글랜드였다. 앵글로색슨 포교자들은 다른 것도 함께 가져왔는데, 바로 잘 갖춰진 도서관이 기독교 연구에 불가결하다는 확신이었다. 보니파티우스에 따르면 풍부한 서적 보급은 "육욕적 성향의"[9] 게르만인들에게 경건한 신심과 공경심을 심어주는 임무에 필수적이었다.

수십 년 뒤에는 요크의 앨퀸이 왔다. 780년 무렵, 박식하고 유능한 교사라는 명성을 누리고 있던 마흔 살 정도의 앨퀸은 프랑크족의 국왕이자 무서운 랑고바르드족의 정복자인 샤를마뉴를 만났다. 그리하여 위대한 '카롤링거 부흥'이 시작되었으니 샤를마뉴는 열성적으로 문헌 연구를 장려했고 앨퀸은 일종의 교육부 장관 역할을 했다. 비록 본인은 문맹이었지만 (그는 글자를 배우려고 머리맡에 석판을 놔뒀지만 허사였다) 샤를마뉴는 학문과 지혜에 커다란 존경심을 품고 있었다. 그는 새로 입수한 서적들을 보관할 왕립도서관을 설립하고, 신학·역사·자연과학 등 다양한 주제들에 관한 필사본 제작을 주재했으며, 수도원과 개인들이 책을 입수하도록 장려했다. 그렇게 하면서 샤를마뉴와 그의 필사자들은 그렇지 않았다면 분명 소멸해버렸을 많은 작품들을 보존해 후세에 남겼다. 700년대 말부터 800년대 말에 이르는 카롤링거 시대로부터 대략 7천 점의 필사본이 남아 있다.[10] 이 필사본 가운데 다수는 이미 수백 년 된 필사본들—4세기와 5세기 파피루스에서 양피지로의 형식 전환기에 제작된 것들—을 베껴 적은 것이다. 이 대량의 지식 뭉치들은 샤를마뉴의 필사자들이 우아한 서체로 적은 덕분에 보존되고 크게 증식했을 뿐 아니라 수도원 도서관 덕분에 북유럽의 '야만적' 땅이었던 곳에서 새로운 피난처도 찾았다.

1300년대 중반 페트라르카의 필사본 사냥이 시작되기 500년 전에 이미 별안간 고대 세계의 재생을 꿈꾸는 게 가능해졌다. 805년 무렵에 한 시인이 열정적으로 노래한 대로였다. "우리 시대는 고대의 문명으로 탈바꿈하고 있노라/ 황금기 로마가 부활하여 세상에 새롭게 되살아났노라!"[11] '황금기 로마'의 재탄생에 관한 주장은 몇 년 전인 800년 크리스마스에 로마의 성 베드로 대성당에서 교황 레오 3세가 샤를마뉴의 새

칭호 "신에게 왕관을 받은 카롤루스 아우구스투스, 위대하고 막강한 로마 황제"를 공포했을 때 대담하게 역설되었다.

이 고대 학문의 부흥은 804년 앨퀸, 814년 샤를마뉴의 죽음 이후에도 지속되어 신성로마제국으로 알려지게 되는 권역으로 퍼져나가고 리에주, 코르비, 헤르스펠트, 풀다는 물론이고 장크트갈렌(생갈) 같은 지역의 수도원과 학교들에서도 꽃피우게 된다. 830년에 이르자 장크트갈렌 수도원에는 분주히 필사본을 옮겨 적는 수도사들이 100명에 달했다. 그곳 도서관의 보물들 중에는 워낙 오래되어서 양피지나 심지어 파피루스도 아니라 나무껍질에 필사된 책들도 있었다.[12]

그러나 이 되살아난 제국의 영화는 그리 오래가지 못할 운명이었다. 샤를마뉴의 훌륭한 장서는 그의 죽음 이후로 그의 계승자들이 내분과 분쟁에 빠져들고 야만족의 침공을 받으면서 여기저기로 흩어졌다. 한때 아름답고 읽기 좋은 서체의 필사본을 자랑했던 코르비 수도원의 수도원장은 고작 몇십 년 만에 "미개인들이 저지른 흉측한 악행"과 "약탈과 유린, 선동과 협잡의 와중에 우리 민족 간에 무참하게 벌어진 전쟁"으로 인해 "그토록 찬란한 왕국"을 상실했음을 한탄했다. 샤를마뉴의 손자인 니타르트가 음울하게 평가한 대로 "왕년에는 어디를 가나 풍요와 행복이 있었으나 이제는 어디에나 결핍과 슬픔이 있을"[13] 뿐이었다. 아주 근래에 필사되어 소중히 간직된 고전 필사본들은 수 세기 뒤에 페트라르카와 포조 같은 열성적인 애호가의 도래를 기다리며 도서관 서가에서 곰팡이가 슬어가기 시작했다.

포조는 1416년 여름에 장크트갈렌 수도원에 도착했다. 젊은 친구 두 명이 그와 동행했는데, 둘 다 출중한 그리스어 학자이자 로마 쿠리아의 동료이기도 한 첸치오 루스티치와 바르톨로메오 아라가치였다. 그들은 장크트갈렌 도서관에 책이 엄청나게 쌓여 있다는 이야기를 들은 터라 부푼 기대를 안고 길을 떠났다. 루스티치가 나중에 회고한 대로 그들은 키케로, 바로, 리비우스, 그리고 "완전히 자취를 감춘 듯 보이는 다른 위대한 학자들"[14]의 저작을 발견하리라는 희망을 품고 있었다.

장크트갈렌의 도서관은 엉망인 상태였지만 그래도 재빨리 흥미로운 서적들을 내놓았다. 포조는 후에 베스파시아노에게 자신이 어떻게 "쓰레기장으로 갈 폐지 더미 속에서" 키케로의 연설문 여섯 편이 담긴 책을 발견했는지를 묘사했다. 또한 그들은 서가에서 비트루비우스의 《건축십서De architectura》와 로마 시인 발레리우스 플라쿠스의 미완성 서사시 〈아르고나우티카Argonautica〉의 필사본 등을 발견했는데 베스파시아노에 따르면 "모두 매우 중요한 작품들"이었다.[15] 하지만 아무리 중요하거나 흥미롭다 하더라도 그중 어느 것도 미지의 작품은 아니었다. 예를 들어 비트루비우스 사본은 최소 두 부를 피렌체에서 구경할 수 있었는데, 한 부는 조반니 보카치오가 자신의 나머지 필사본들—160점가량의 코덱스 컬렉션—과 함께 산토 스피리토 수도원 도서관에 보관하고 있는 것이었다.

세 사람은 도서관을 나와서 책들이 추가적으로 보관된, 혹은 포조가 말한 대로 어두침침한 암굴에 죄수처럼 갇혀 있던 수도원 교회의 성탑으로 갔을 때에야 정말로 대발견을 하게 되었다. 처음에 그들은 눈앞에 펼쳐진 광경에 경악했다. 책들은 끔찍하게 방치되어 있었다. 탑은 벌레가 들끓고 먼지와 곰팡이, 검댕으로 지저분하기 짝이 없었다. 세 사람은 라틴 고전이 이렇게 야만적인 취급을 받는 데 분통이 터져서 왈칵 눈물을 터트렸다. 수도원장과 수도사들은 "지옥에나 떨어질 인간쓰레기들"이었다며 루스티치는 분을 삭이지 못했다. 물론 이탈리아인들 역시 자신의 찬란한 유산을 홀대해왔다고 시인할 수밖에 없었지만 말이다. 하지만 그들이 이 안타까운 폐허 속에서 무려 500년 넘게 모두가 찾아 헤맸던 책을 발견했을 때 슬픔은 이내 믿을 수 없는 환희로 바뀌었다. 퀸틸리아누스의 《인스티투티오 오라토리아》의 온전한 사본을 마침내 찾아낸 것이다.

포조는 퀸틸리아누스가 "그 감옥의 오물, 누추함, 그리고 보관인들의 야만적 학대를 더는 견딜 수 없으리란 것"을 깨닫고 이 둘도 없는 사본을 수도사들한테서 얻어내려고 애썼다. 수도원장이 요청을 거부하자 포조는 그날부터 32일 동안 황급히 전문을 필사했다. 여러 해가 지나 포조가 이 필사본을 보여주었을 때 그때쯤이면 거의 전문 감식가가 된 베스파시아노는 "아름다운 글자들"에 찬탄했다.[16]

장크트갈렌에서 포조의 발견은 과연 획기적인 사건으로 널리 축하를 받았다. 이 발견을 전해 듣고서 브루니와 니콜리는 포조에게 다른 일은 모두 제쳐두고 그 필사본 사본 한 부를 피렌체로 보내달라고 채근했다. "오 경탄스러운 보물이여!"라며 브루니는 열광했다. "오 뜻밖의 기쁨이여! 마르쿠스 파비우스 그대를 온전히 손상되지 않은 상태로 보게 되는 겁니까? 그대는 이제 내게 얼마나 큰 의미가 되겠습니까?"[17] 1417년에 포조는 프란체스코 바르바로라는 베네치아 출신의 부유한 학자 친구로부터 그와 같은 현인을 되살려냈다고 칭찬하는 편지를 받았다. 포조의 발견 덕분에 "우리 후손들은 명예롭게 잘 살 수 있을 것"이라고 바르바로는 환호했다. 이 고대인들의 지혜는 일단 연구되고 응용되면 앞으로 "인류에 더 큰 혜택을 가져다줄" 것인즉 그러한 책을 통해 얻는 앎은 "사적인 관심사들만이 아니라 도시와 국가들, 그리고 마침내는 전 인류에게도" 이점을 가져올 것이기 때문이다. 그는 언젠가 "최고의 통치권"
을 쥔 누군가가 이 고전 저작들에 정통하고 인류에게 행복한 결과를 가
져오게 될 날을 기분 좋게 고대했다. 바르바로의 견해에 따르면 포조는
정부와 사회 전반에 커다란 공헌을 했다. 다시 말해 그의 발견은 "공공
선"을 드높일 것이었다.[18]

　퀸틸리아누스를 발견한 후 포조는 이듬해 프랑스의 랑그르, 독일의
쾰른, 스위스 칸톤의 아인지델른 같은 곳으로 떠났다. 그는 6세기 전
40명의 수도사들로 구성된 팀이 앵글로색슨 포교자들이 잉글랜드에서
가져온 코덱스들을 필사하는 작업을 했던 풀다의 유명한 수도원에도
갔다. 또한 라이헤나우도 방문했는데 그곳은 그보다 한 세기 후에 일단
의 수도사들이 풀다의 수도사들이 필사한 코덱스를 다시 옮겨 적은 곳
이었다. 이 도서관과 다른 도서관들에서 그는 많은 발견을 했는데, 그
중에는 지난 500년이 넘게 학자들이 구경하지 못했던 루크레티우스의
《사물의 본성에 관하여De Rerum Natura》의 불완전한 사본과 이전까지 알
려지지 않았던 키케로의 연설문 여덟 편도 있었다.
　포조는 이 모든 저술들을 필사하여 피렌체의 브루니와 니콜리에게
보냈다. 피렌체시는 유럽의 다른 어느 곳보다 고대 필사본이 많이 수집
되고, 고전이 연구·보존·존중되는 곳으로서 명성을 쌓아가고 있었다.
그러므로 베스파시아노가 태어난 1422년 무렵에 이르면 이 고대 지식
은 유럽 전역을 이리저리 떠돈 끝에, 영국해협과 알프스산맥을 넘어오
고 넘어간 끝에, 새로운 코덱스가 제작되는 수도원에서 피난처를 찾은
끝에, 그리고 수 세기에 걸친 방치와 퇴락 끝에 마침내 피렌체로 모두
돌아오고 있었다.

"우리 시대의 문인들이 이들에게 얼마나 큰 빚을 지고 있는가?"라고 훗날 베스파시아노는 "그토록 밝은 빛을 비춘"[19] 포조와 그의 친구들에 관해서 썼다. 따라서 그가 미첼레 과르두치의 서점에서 일하게 되었을 때 니콜리와 포조 같은 사람들 덕분에 이번에는 아르노강 변에서 고대 세계의 재생을 꿈꾸는 것이 가능해졌다.

4장

아르노강 변의 아테네

1434년 여름 베스파시아노가 서적상 거리에서 일을 시작한 직후 저명한 방문객이 피렌체를 찾았다. 그는 피렌체의 연례 최대 행사인 산 조반니 축제 전야에 도착했다. 축제 때 사람들은 가면을 쓰고 곳곳에 모닥불을 밝히며 행렬과 마상 창 시합, 경마, 들짐승 간 피 튀기는 싸움을 구경했다. 그해는 한층 더 들뜬 분위기였는데 방문객이 다름 아닌 교황 에우게니우스 4세였기 때문이다. 그를 보러 나온 군중 사이에 베스파시아노도 있었다. 그는 나중에 교황 성하가 피사에서 오는 길에 어떻게 환대를 받았고 "교황에게 마땅한 교회의 온갖 장려한 의례와 함께"[1] 피렌체 최고 시민들의 호위를 받으며 입성했는지를 묘사했다.

키가 큰 51세의 베네치아 귀족 가브리엘레 콘둘메르가 에우게니우스 4세 교황으로 선출된 지도 벌써 3년이 지났다. 하지만 직위의 위엄과 화려한 입성에도 불구하고 에우게니우스는 이제 집 없는 도망자였다. 에우게니우스가 젊었을 때, 한 은자는 그가 교황이 될 것이며 교황으로서 많은 고초를 겪게 될 것이라고 예언했다.[2] 예언은 모두 맞아떨어졌다.

1417년에 회기를 마감했던 콘스탄츠 공의회는 마침내 교황 난립 문제를 해소했다. 요하네스 23세를 폐위시킨 것 외에도 공의회는 또 다른 보위 주장자인 그레고리우스 12세의 퇴위를 수락했고, 세 번째 주장자인 아비뇽 교황 베네딕투스 13세의 주장을 기각했다(하지만 그는 1423년에 죽을 때까지 고집스럽게 추기경들을 계속 임명하며 자신이 진정한 교황이라는 뜻을 굽히지 않았다). 1417년 11월에 공의회는 오도네 콜론나라는 로마 추기경을 새로운 교황으로 선출했고, 콜론나는 마르티누스 5세라는 이름을 취했다. 1420년 9월, 그는 20개월 동안 피렌체에 머문 다음 로마로 옮겨갔다.

마르티누스 교황은 막강한 로마 귀족 가문 출신이었다. 수 세기 동안 콜론나 가문은 유서 깊은 오르시니 가문 및 프란지파네 가문 등과 숙적이었고, 로마의 지배권을 둘러싸고 서로 다툼을 벌였다. 그들은 고대 목욕탕과 신전의 잔해 위에 세워진 요새와 성탑에 단단히 자리를 틀고서 피비린내 나는 복수극을 이어왔다. 콜론나 가문은 가문의 일원이 교황으로 군림하는 동안 당연히 커다란 권력과 특권을 누렸다. 마르티누스는 가문의 거대한 영지에 과세를 면제해주었고 각종 공직과 성직을 아낌없이 하사했다. 한편 그는 바티칸을 버리고 트라야누스 포룸 근처에 있는 콜론나 궁전에서 더 큰 안락을 찾았다.

마르티누스는 1431년 2월에 가문의 궁전에서 뇌졸중으로 죽었다. 그의 후임인 에우게니우스는 추기경들로부터 만장일치로 선출되었음에도 로마 주민들은 그를 교황으로 받아들이지 않았는데, 베스파시아노의 견해로는 로마 사람들은 "다루기 힘들고 제멋대로"였다.[3] 에우게니우스가 콜론나 가문의 숙적인 오르시니 가문과 한편이 되자 전선이 그어졌다. 그는 콜론나 가문의 특권을 박탈하고 그들이 오스만튀르크에 맞선 성전에 쓸 자금을 횡령했다는 혐의를 제기했다. 관계 당국자들이 교황을 살해하려는 콜론나 가문의 음모를 적발했을 때 200명이 넘는 사람들이 재판을 받았다. 일부는 투옥되고 일부는 교수대로 끌려갔으며 콜론나 가문은 파문을 당했다. 3년 뒤인 1434년 5월 말에 콜론나 가문이 여전히 소요를 조장하고 있고 교황이 밀라노와 인기 없는 전쟁을 무능하게 이어가는 것에 대한 로마 주민들의 불만이 쌓여가자 에우게니우스는 로마시에서 도망칠 수밖에 없었다. 그는 수도사로 변장한 채 보트를 타고 테베레강에서 출발했지만 멀리 가지 못했다. 수도사가 네 명의 궁수에게 호위를 받는 진풍경이 의심을 불러일으켰던 것이다. 이내 여러 보트들이 추격에 나섰다. 돌덩이, 투창, 화살이 보트 안으로 쏟아지는 동안 교황은 가죽 방패 아래서 벌벌 떨었고, 보트는 성 밖 성 바오로 대성당(산 파올로 푸오리 레 무라 대성당) 곁에서 하마터면 뒤집힐 뻔했다. 강을 따라 내려가며 24킬로미터에 걸친 조마조마한 추격전이 이어진 끝에 에우게니우스는 마침내 오스티아 항에 닿았다. 항구에는 교황에게 우호적인 피렌체 주변 지역의 피난처로 그를 무사히 데려다줄 선박이 기다리고 있었다.

에우게니우스는 산타 마리아 노벨라 도미니크회 수도원에 마련된 호화로운 거처에서 교황으로 군림하면서 이후 10년의 태반을 피렌체에 머물게 된다. 그의 로마 퇴출은 베스파시아노의 경력에 중요한 결과를 가져올 운명이었다. 경건하고 세속적이지 않은 교황은 학식이 풍부한 사람이 아니었다. 하지만 교황의 피렌체 거주는 결정적으로 로마 쿠리아

(포조 브라촐리니와 같이 고등교육을 받은 외교관, 서기, 학자, 라틴어 전문가들로 구성된 교황청 관료 기구) 역시 피렌체로 함께 왔다는 뜻이었다.

포조는 오랫동안 떠나 있었던 피렌체로 돌아갈 기회를 반겼다. 1416년과 1417년에 장크트갈렌과 여타 지역에서 거둔 의기양양한 발견을 한 뒤 그는 쿠리아를 떠나 잉글랜드에서 윈체스터 주교 헨리 보퍼트의 비서로서 불만스러운 5년을 보냈다. 여기서 그는 재정난과 현지인들의 상스러운 습속―"탐식과 욕정에 빠진 사람들"[4]―, 그리고 고질적인 치질로 고생했다. 포조는 훗날 친구들을 즐겁게 해줄 잉글랜드인에 관한 재미난 이야기들을 잉글랜드 모험의 유일한 위안거리로 삼은 채 1423년에 쿠리아에서 일하기 위해 로마로 귀환했다. 1434년에 포조가 피렌체로 돌아온 직후에 그를 만난 베스파시아노는 "그는 그들의 생활방식에서 비난할 거리를 많이 찾아냈다"라고 썼다.[5]

이 시기에 로마에서 도망쳐 피렌체에 도착한 또 다른 저명한 난민이 있었다. 술고래에 탐식가인 잉글레시inglesi(잉글랜드인) 가운데 예외인 앤드루 홀스(1395?~1470)라는 젊은이였다. 옥스퍼드대학을 졸업한 홀스는 30대 중반인 1431년에 교황청에 파견된 잉글랜드 대사로서 이탈리아에 도착했다. 이후 10여 년 동안 그는 이탈리아, 주로 피렌체에 머물게 되고 베스파시아노가 좋은 의미로 언급했듯이, 거기서 동포들의 탐욕스러운 습관을 멀리하고 이탈리아식alla italiana으로 살기 시작했다. 예컨대 그는 식사를 한 끼만 했고 술을 자제했다. 그가 피렌체에서 주최한 만찬은 철학적 명제를 놓고 토론하는 학자들이 참석하는, 뱃속보다는 정신을 위한 연회였다. 그는 여가 시간을 기도하고, 필경사를 고용해 베껴 쓴 책들―베스파시아노에 따르면 "방대한 양의 서적들"―을 읽는 데 보냈다.[6] 놀랄 일도 아니지만 홀스는 서적상 거리의 정기적인 방문

베스파시아노의 믿음직한 고객
앤드루 홀스(가운데).
그는 술고래에 식탐이 있는
'잉글레시' 사이에서 예외적인
인물이었다.

객이자 그를 '안드레아 올스'라고 부르는 베스파시아노의 절친한 친구
가 된다.

홀스 같은 지혜의 애호가들이 피렌체에 모여들면서 활발한 토론 무
대가 마련되었다. 니콜리나 홀스가 주최한 만찬과 서점 바깥 길모퉁이
에서 벌어지는 토론에서, 사춘기의 베스파시아노는 이야기와 지식을
빠르게 흡수하면서 중요한 인맥을 쌓고, 대화 상대자들이 흘려주는 단
편적인 지혜들을 실컷 흡수하는 가운데, 결정적으로 자신의 지성과 능
력으로 그들에게 깊은 인상을 심어주고 있었다.

베스파시아노를 둘러싼 한 가지 수수께끼는 그가 기초적인 교육만
짧게 받았을 뿐인데도 어떻게 그런 방대한 지식과 전문성을 보유하게

되었는가 하는 점이다. 그는 5년간의 학창 시절 동안 라틴어 실력을 거의 쌓지 못했을 것이다. 알파벳을 숙달한 뒤 그는 도나토Donato 또는 도나투스Donatus, 도나델로Donadello라는 다양한 제목으로 알려진 책으로 라틴어에 입문했을 텐데 그 책은 성 히에로니무스의 스승인 아일리우스 도나투스가 지은 책에 기초한 라틴어 문법서였다. 열한 살에 입학하는 문법학교에서 학생들은 복잡한 라틴어 문법과 고대 작가들의 저작을 붙들고 본격적으로 씨름했다. 베스파시아노처럼 열한 살에 학교를 떠난 학생들은 라틴어 단어를 읽고 발음할 수는 있지만 그 의미를 이해하지는 못했다. 그들의 학업은 대체로 '속어'로 쓰인 저작, 도덕적 훈육과 애국적 헌신을 고취하기 위해 특히 피렌체 역사에서 영웅적인 순간들을 다룬 작품들을 읽는 일이었다. 한 교사의 계약서가 베스파시아노 같은 소년들이 보테구차에서 습득하는 문해력의 수준과 목적을 압축적으로 보여준다. 고용된 교사는 학생들이 "모든 숫자와 글자를 읽고 쓸 줄 알고 장인의 가게에서 일하는 데 필요한 것을 습득하도록" 하기 위한 교육을 제공하기로 되어 있었다.[7]

비록 장래에 장인의 가게에서 일할 예정이었지만 베스파시아노는 곧 글과 셈을 아는 수준을 한참 넘어설 때까지 학업을 이어갔다. 그의 배움 가운데 일부는 말 그대로 거리―과르두치 가게 바깥 모퉁이―에서 이루어졌다. 또 다른 만남의 장소는 시뇨리아 광장의 서쪽 방면 테토이아 데이 피사니(피사인들의 지붕) 아래에서 찾을 수 있었다.* 1364년 카시나

---

* 이 공공장소들은 확연하게 남성적이었다. 피렌체의 주교(이자 미래의 성인) 안토니노 피에로치는 여성이 "피아차를 싸돌아다니면" 안 된다는 단호한 입장을 고수했다. 여성들은 심지어 자기 집 문간에 서 있거나 창가에 모습을 드러내서도 안 된다는 훈계를 들었다. 그들이 거리에 나설 때는 오로지 교회를 갈 때여야만 했다. 물론 적절하게 보호자를 동반하고서 말이다.

전투에서 붙잡힌 피사인들 수백 명에 의해 지어진 이 공간은 햇빛과 비를 막아주는 데다 광장 전체가 한눈에 들어오는 곳으로서 철학자와 학자들의 격의 없는 만남의 장소가 되었다. 지붕 아래서 학자들이 라틴어 문법과 그리스어 번역의 미묘한 지점들에 관해 토론하는 소리가 들려왔다. 유명한 외교관이자 히브리어·그리스어 학자로서 베스파시아노에 따르면 눈부신 재기로 "도시(피렌체시)를 장식한" 잔노초 마네티는 이러한 토론을 통해 라틴어를 연마했고 나중에는 모어만큼 유창하게 구사할 수 있게 되었다.[8] 베스파시아노는 마네티와 가까워졌다. 그 연장자에 대한 친숙함과 칭송은, 마네티가 1430년대에 베스파시아노의 개인 교사 노릇을 했으며 베스파시아노의 경력은 성 아우구스티누스의 《신국론》과 아리스토텔레스의 《니코마코스 윤리학》을 달달 외우고 다녔던 이 뛰어난 다중 언어 사용자의 지도와 지적인 기량에 크게 빚지고 있다는 추측으로 이어졌다.[9]

또 다른 스승은 니콜로 니콜리였는데, 그의 서재의 보물들은 베스파시아노가 고전 필사본을 처음 접하는 기회를 제공했다. 니콜리는 북클럽이나 독서 모임 같은 것을 주최했다. 베스파시아노는 나중에 니콜리가 어떻게 젊은이들을 집으로 초대해 그들이 한 명씩 도착할 때마다 서재에서 가져온 책을 건네며 "가서 읽게"라고 말했는지를 묘사했다. "자그마치 열 명에서 열두 명에 이르는" 그 젊은이들은 니콜리가 이제 그만 내려놓으라고 할 때까지 푹 빠져서 필사본을 읽었다. 그다음 그는 각각 자신이 읽은 것을 설명해보라고 요청했다. "뒤이어 훌륭한 토론이 벌어졌다"라고 베스파시아노는 지적 자극을 주는 이 자그마한 독서 모임을 정겹게 회상했다. 그것은 시간이 지나면서 그도 참석하게 될 여러 독서 모임 가운데 하나였다.[10]

베스파시아노의 젊은 시절, 피렌체에는 배움을 위한 다른 기회들도 등장했다. 그 가운데는 그 지역의 대학 스투디오 피오렌티노도 있었다. 대성당 남쪽 방면으로 난 좁은 골목길의 수수한 건물에 자리한 스투디오는 과르두치의 가게에서 걸어서 3분 거리였지만 베스파시아노가 등록한 적은 없었다. 하지만 그는 스투디오의 몇몇 교수들을 잘 알게 되었고, 그가 가게에서 일을 시작한 지 몇 년 후에 시골에 살고 있던 한 친구는 구체적으로 스투디오에서 무슨 일이 벌어지고 있는지 궁금해하며 그에게 피렌체의 소식을 묻는 편지를 쓰기도 했다.[11] 교수들은, 베스파시아노가 훗날 쓴 대로, 피렌체 사람들에게 "문학에 대한 욕구를 채워주기" 위해 종종 공개 강연을 했다.[12] 그는 1430년대에 어떤 교수, 즉 프란체스코 필렐포가 어떻게 수백 명의 군중 앞에서 강연했는지를 묘사했다. 또 다른 교수이자 "피렌체 최고의 다독가" 카를로 마르수피니는 이런 공개 강연에서, 그때까지 알려진 그리스와 로마 작가들을 한 명도 빠짐없이 인용하여 입이 떡 벌어지는 박학다식을 과시하기도 했다. "멋진 광경이었다"라고 베스파시아노는 나중에 열정적으로 이야기하며 자신을 그 열성적인 청중 가운데 한 명으로 그렸다.[13]

필렐포나 마르수피니의 강연처럼 라틴 작가들과 더불어 그리스 작가들에 대한 깊이 있는 지식을 드러내는 강연을 접할 수 있는 곳은 유럽에 많지 않았을 것이다. 피렌체의 대학은 독특했다. 그곳은 각각 법학, 신학, 의학으로 이름난 볼로냐대학(1088년 설립)이나 파리대학(1200년 설립), 파도바대학(1222년 설립)처럼 오래되거나 명성이 높지 않았다. 스투디오 피오렌티노는 1348년—불길하게도 흑사병의 해—에야 개교했다. 설립 초창기에는 재정 상태가 워낙 불안정해 폐교 위기에 계속 시달렸다. 1370년대 내내 대학에는 교수가 딱 한 명뿐이었다. 하지만 여러 부유한 금융가들의 너그러운 지원과 뛰어난 교수들의 잇단 임용 덕분에 교세는 곧 피기 시작했다. 그런 교수들 가운데 첫 번째는 학생들에게 그리스어를 가르쳐달라는 요청에 이끌려 콘스탄티노플에서 온 1397년에 임용된 귀족이자 외교관 마누엘 크리솔로라스였다.

흔히 이야기되는 것처럼 1400년 이전에 서방에서 그리스어를 할 줄 아는 사람이 없었다는 것은 사실이 아니다. 오히려 서방에서 학자들이 페트라르카를 따라서 고대의 귀중한 유산에 관심을 갖게 될 때까지 그리스어 문헌과 교사의 공급은 수요를 크게 능가했다. 자원은 항상 가까이에 있었다. 수 세기에 걸쳐 수만 명의 그리스인이 시리아와 시칠리아에서 무슬림 정복을 피해 난민으로, 베네치아와 피사에서 사업을 하는 상인으로, 또는 피렌체에서 모자이크를 감독하는 장인으로서 이탈리아 반도로 건너왔다. 남부 이탈리아에서는 그리스어로 전례를 거행하는 수도원이 200군데나 있었다. 나폴리의 궁정 도서관은 그리스어 필사본을 보유했으며, 반도 뒤꿈치에 있는 오트란토 근처 산 니콜라 디 카솔레 수도원에서는 그보다 훨씬 많은 그리스어 필사본을 보관하고 있었다. 이 수도원은 그리스어를 배우길 원하는 누구에게나 기꺼이 그리스어를 가르쳐주는 학식 있는 수도사들의 본거지였다. 현지의 어느 학자는 그들이 "아무런 보상도 요구하지 않고 음식과 교사, 환대"를 제공했다고 전한다.[14] 잔노초 마네티는 그 언어를 배우는 데 자신만의 접근법을 취했다. 그는 그리스인 두 명을 초청해 집에서 같이 살면서 그들이 오로지 모어로만 말하게 함으로써 철저한 몰입식 언어 경험을 누렸다.

하지만 서방의 많은 학자들에게 그리스어는 여전히 난해한 언어였다. 필경사들은 필사본에서 그리스어 단어나 표현과 맞닥뜨리면—이를테면 키케로의 저작에서 흔히 그런 것처럼 말이다. 키케로의 서간에만 그리스어 단어와 표현이 850가지 들어 있다[15] ─ 넉살 좋게 이렇게 쓰곤 했다. "이건 그리스어다 ─ 읽을 수 없다Graecum est ─ non legitur." 애석하게도 페트라르카는 자신이 소장한 플라톤의 대화 열여섯 편과 1354년에 어느 비잔티움 사절이 건네준 호메로스 코덱스를 읽을 수 없었다. "아아, 나는 그대에게 귀먹었고 그대는 내게 말이 없구나"라며 그는 후자의 필사본에서 대문자를 간신히 해독하는 데 그치고는 한숨을 내쉬었다.[16]

전문적인 그리스어 지식은 15세기 많은 학자들을 중세의 선배들과 구별하는 기준이 된다. 이 같은 정통한 그리스어 능력은 사실상 스투디오 피오렌티노와 마누엘 크리솔로라스의 임용 덕이었다. "과거의 순수한 광휘"는 1397년 2월 2일 그가 도시에 도착해 재빨리 휘하에 니콜리, 포조, 레오나르도 브루니를 비롯해 열성적이고 우수한 학생들을 끌어들이면서 새롭게 반짝이기 시작했다. 비록 크리솔로라스는 3년만 재직했지만 다른 그리스어 전문가들, 과리노 다 베로나, 조반니 아우리스파, 프란체스코 필렐포가 그 뒤를 이었다. 그들은 모두 콘스탄티노플에서 그리스어 필사본을 수집하며 언어 실력을 갈고닦은 사람들이었다. 1423년 아우리스파는 238권의 필사본을 들고 이탈리아로 돌아왔는데, 그가 일부 필사본을 구입하기 위해 자기 옷가지를 판 일화는 유명하다. 그는 나중에 "그 일에 대해 부끄러움이나 후회를 느끼지 않는다"라고 썼다. 이런 교수들 덕분에 피렌체는 브루니의 말마따나 얼마 지나지 않아 "아르노강 변의 새로운 아테네"가 되었다.[17]

특히 필렐포는 피렌체를 단번에 사로잡았다. 1429년 스투디오 교수로 임용된 그는 피렌체에서 남동쪽으로 240킬로미터 떨어진 톨렌티노 출신의 눈부신 영재였다. 그는 그리스식 턱수염을 뽐내고 아름답고 귀족적인 그리스인 아내를 데리고 피렌체로 왔는데, 이는 막힘없이 완벽한 그리스어와 더불어 7년간의 콘스탄티노플 체류 생활의 유산이었다. 베스파시아노에 따르면 피렌체의 유력한 시민들의 모든 자제는 키케로와 리비우스 같은 라틴 작가들과 투키디데스와 크세노폰 같은 그리스 작가들에 관한 그의 강연을 들으러 몰려들었다. 필렐포는 아르노강 남쪽 방면 라마글리안티 거리에 있는 자택에서 귀중한 필사본에 둘러싸인 채 더 편안한 분위기의 강의도 진행

마누엘 크리솔로라스(1350?~1415): 그리스 학자이자 교수.

했다. 그가 소장한 필사본들은 니콜리가 돈을 낸 여섯 마리 노새의 등에 실려 피렌체까지 운반되었다.

필렐포의 피렌체 체류 시절은 번뜩이는 칼날과 흩뿌려진 피와 함께 끝이 났다. 너그럽게 잘 베푸는 성격의 니콜리는 앙심이 오래가고 질투가 심하기도 했다. 포조 같은 친구들조차도 그가 "괴팍하고 성질을 잘 부린다"라고 불평했으며, 마네티는 그가 "다른 사람을 비판할 때 지나치게 솔직하고 거침이 없다"라고 말했다.[18] 니콜리가 필렐포에게 쏟아지는 갈채를 질투하고 또 그 젊은 교수의 무지막지한 자만심(필렐포는 "나는 침이 마르도록 칭송을 받으며 내 이름은 모든 사람의 입에 오르내린다"[19]라고 으스댔다)을 질색하게 되면서 두 사람은 금방 사이가 틀어졌다. 베스파시아노가 나중에 필렐포에 대해 평가했듯이 "그는 천재적 재능을 갖췄지만 자제심은 거의 없었다."[20] 관계가 악화되면서 필렐포는 니콜리와 포

조가 술고래이고 남색꾼이며 그리스어는 하나도 모른다는 악의적인 독설을 퍼트렸다. 포조는 필렐포를 강간범, 사통인, 자신의 장모를 유혹하고 남창 클럽을 운영하는 소아성애자로 묘사하는 일련의 지독한 악담으로 맞대응했다. 그는 "너는 냄새나는 숫염소", "머리에 뿔난 괴물, 사악한 악담꾼, 거짓말의 아버지이자 혼돈의 장본인"이라고 거품을 물었다. 그러고는 필렐포에게 "네 아내와 바람을 피우는 자들"을 공격하는 데 시간을 더 유용하게 쓸 수 있을 것이라고 충고했다.[21] 하루는 필렐포가 집을 나서는데 아르노강 남쪽 골목길에서 괴한이 어둠 속에서 튀어나와 필렐포가 나중에 묘사한 대로 "위험천만하고 무시무시하게 칼을 휘둘러" 그의 얼굴을 벴다.[22]

필렐포는 여생 동안 얼굴에 흉터가 남게 된다. 하지만 그와 피렌체의 그리스 문학은 그 습격에서 살아남았다. 훗날 베스파시아노는 성미가 불같은 필렐포가 엮인 각종 다툼과 불화를 그저 "그에 대한 반감이 대단했다"라고 덤덤하게 전했다. 하지만 적어도 필렐포는 베스파시아노가 마누엘 크리솔로라스의 피렌체 도착이 가져온 "풍성한 수확"이라고 부른 것 가운데 일부였다.[23]

피렌체의 문학계를 뒤흔든 격한 감정들은 정치적 무대도 어지럽혔다. 에우게니우스 교황이 1434년 10월에 산타 마리아 노벨라에 자리를 잡기 무섭게 또 다른 갑작스러운 귀환이 많은 흥분을 불러일으켰다. 코시모 데 메디치가 망명에서 돌아왔던 것이다.

콜론나와 오르시니 가문이 로마의 지배권을 놓고 다툰 것처럼 막강하고 부유한 여러 가문들이 지난 수십 년 동안 피렌체의 지배권을 차지하려고 다툼을 벌였다. 가장 유력한 세력은 알비치가, 루첼라이가, 스트로치가처럼 오랜 상인 가문이었다. 피렌체는 도시의 어느 정치가가 자랑스레 말한 대로 "수천 명의 사람들"이 통치하는 공화국이었다. 하지만 권력은 실질적으로 이 부자 가문들로 이루어진 소규모 집단이 차지하고 있었다. 공직에서 일할 자격이 있는 시민들 가운데 10퍼센트 정도만이 선거제도를 영리하게 조작한 덕분에 실제로 선출되었다. 선거제도 중에는 주머니에서 이름이 적힌 종이를 뽑는 일종의 추첨제도 있었지만 희한하게도 몇몇 이름만이 거듭하여 뽑히고 다른 이들은 전혀 뽑히지 않았다.

1420년대에 이르자 인지도가 낮은 씨족 가운데 하나인 메디치가가 무시 못할 세력으로 부상했다. 피렌체 북쪽 산악지대의 농촌 무겔로에서 시작된 메디치가는 샤를마뉴 휘하에서 랑고바르드족과 싸웠으며 토스카나에서 어느 거인을 몰아낸 기사의 후예로 여겨졌다.[24] 이 용감무쌍한 기사가 실제로 존재했다면 그의 후손들 다수는 그보다 걸출하지 못했다. 1300년대에 많은 이들이 피렌체로 이주한 뒤로 메디치가는 소소한 사채업과 폭력 사태로 유명해졌다. 1343년과 1360년 사이에 메디치가 사람 가운데 다섯 명이 살인죄로 유죄 선고를 받았고, 1373년에는 여섯 번째로 코시모의 증조부인 키아리시모가 어느 농민을 살해했다고 고소당했지만 증거 부족으로 무혐의 처분을 받았다. 그들은 자기들끼리도 다퉜는데, 1377년에 니콜로 데 메디치라는 사람이 자기 삼촌에게 살해됐다.

메디치가는 1378년까지 피렌체 정치에서 별다른 역할을 하지 못하다가 살해당한 니콜로의 아버지 살베스트로 데 메디치가 이른바 치옴피 반란을 지지하면서 정치 무대에 등장했다. 극빈층의 시계 제조공들은 잠시 동안 시 정부를 장악하고서 그를 자신들의 구원자로 치켜세웠다.

20년 뒤에 살베스트로의 먼 친척인 안토니오의 정계 진출은 숙적 가문인 알비치가의 지도자를 살해하려고 음모를 꾸민 죄로 참수되면서 덜 행복하게 막을 내렸다. 1400년에 또 다른 음모가 실패하면서 메디치가의 공직 진출이 20년 동안 금지되었다. 이 20년의 정치적 망명생활 동안 조반니 디 비치 데 메디치는, 다시 말해 대책 없고 살인광적인 수많은 선조들과 비교할 때 신중하고 절제의 귀감이라 할 만한 그는 금융과 양모 사업을 통해 가산을 축적했다. 1429년 조반니가 유능한 두 아들 코시모와 로렌초의 손에 가업을 넘기고 세상을 뜰 무렵에 신흥 부자 메디치가의 부와 영향력은 알비치가처럼 더 오래되고 자리를 잘 잡은 가문과 맞먹었다.

막대한 부와 교묘한 권모술수 덕분에 1430년대 초에 이르자 당시 40대 초반이던 코시모는 피렌체시의 공공 재정과 외교 정책을 좌지우지하게 되었다. 알비치가는 반격을 준비했다. 베스파시아노에 따르면 1433년 니콜로 니콜리는 친한 친구인 코시모에게 흉흉한 한 해가 기다리고 있다고 경고했다. 그런 예언을 한 사람은 루카 근처 산악 지방의 경건한 공동체에서 살던 수도사였는데, 니콜리가 그리스어 필사본을 빌려주기도 했던 그 수도사는 베스파시아노에 따르면 "미래를 예언하는 신이 주신 재능"을 타고났다고 한다. 이 예언자는 코시모에게 죽음이나 추방이 손짓하고 있다고 니콜리에게 알렸고, 니콜리는 당연히 이 예언을 그에게 전달했다.[25]

비록 가까스로이긴 했지만 죽음과 추방 중 후자의 예언이 실현되었다. 1433년 리날도 델리 알비치는 코시모가 공직자에게 뇌물을 주고 선거에 관여했으며 자신의 주머니를 채우기 위해 공화국에 고리로 대부를 해주면서 이웃 도시 루카를 상대로 인기도 없고 돈만 축내는 전쟁을 연장해왔다고 고발했다. 1433년 9월에 메디치가에 비협조적인 정부가 선출되자 코시모는 리날도의 명령에 따라 시뇨리아궁의 탑에 투옥되었다. 그가 거기에 한 달간 갇혀 있는 동안 정적들은 그의 처형을 소리 높여 외쳤다. 정부의 주요 인사들에게 씨족 현금을 뇌물로 바친 뒤에야 그는 간신히 석방되어 수도사의 예언을 실현하듯 베네치아로 추방되었다.

코시모의 많은 친구들은 그의 베네치아 망명생활 동안 계속 충성했다. 베스파시아노는 니콜리가 추방된 코시모에게 편지를 보내는 모습을 목격했다. 그는 심부름꾼에게 편지를 건네면서 "이 편지를 코시모에게 주고, 이 도시에서는 매일같이 너무도 많은 잘못이 자행되고 있어서 그걸 다 적기에는 책 한 권도 모자랄 것이라고 내가 말하더라고 전하게"라고 큰 목소리로 모두가 들으란 듯이 외쳤다.[26] 코시모에게 계속 충성한 친구는 니콜리 말고도 많았다. 페루자와 볼로냐의 통치자들은 그에게 공감을 표시하며 도움을 줬는데 물론 과거에 그가 큰돈을 빌려준 것을 잊지 않아서였다. 그가 막대한 금액을 융자해준 베네치아 정부도 그를 내방한 군주처럼 맞아주었다. 이에 코시모는 베네치아가 "커다란 영예와 호의를 베풀어주어 이루 다 형용하기가 불가능하다"라고 행복하게 말했다.[27]

한편 피렌체에서는 도시의 새로운 주인들이 베스파시아노의 말마따나 "어떻게 다스려야 할지 전혀 모르고 있다"는 것이 분명해졌다.[28] 1년 만에 친메디치 정부가 선출되어 코시모의 귀환을 부르짖자 리날도는 충격에 빠진 채 권력을 유지하려는 필사적인 시도로 천 명의 지지자를 불러 모았다. 그는 어느 정도는 교황 에우게니우스의 권유를 듣기도 했지만 그보다는 자신의 사병私兵이 코시모 지지자들에 비해 수적 열세라는 사실을 깨닫고 폭력적 수단에 의지할 생각을 접었다. 코시모 지지자들 중에는 코시모의 먼 친척 파피의 지휘하에 무겔로에서 시내로 쏟아져 들어온 거칠고 험악한 농민 다수도 포함되어 있었다.[29] 이제 별안간 리날도가 유배지로 도망갈 차례였고, 500명의 리날도 일파도 마찬가지였다.

코시모는 가문의 근거지인 산 로렌초 교회 북쪽, 라르가 거리를 따라 자리 잡은 궁전들로 돌아왔다. 그 후 30년 동안 그는 피렌체 공화국의 정치와 문화생활을 지배하게 된다.

피렌체는 명목상으로는 여전히 공화국이었다. 하지만 코시모는 아낌없는 후원 활동을 펼치고, 특정 인물의 출세를 도모하거나 저지하고, 과세를 조작하여 정적들을 경제적으로 몰락시키는 방식으로 정무를 확실하게 장악했다. 그는 또한 투표용지와 추첨 주머니를 맡은 관리들을 세심하게 감독함으로써 공직 선거 결과를 조작하는 수법—많은 후보들이 호명되지만 실제로 뽑히는 사람은 극소수에 그치는 닳고 닳은 책략—을 완벽히 갈고닦았다. 코시모는 교묘하고 거의 보이지 않게 권력의 지렛대를 만지작거리면서 본인은 대체로 배후에 머물렀다. "그는 도시에 대한 자신의 권위를 최대한 감추려 애썼다"라고 베스파시아노는 평가했다. "그는 모든 일을 신중하고 극도로 조심스럽게 처리했다."[30]

베스파시아노는 코시모를 아주 잘 알게 되었다. 그 대인에 대한 전기—그의 열전에서 가장 긴 편에 속한다—는 "내가 그와 함께 있을 때"라든지 "내가 그의 방에 있을 때", "코시모가 이렇게 말하는 것을 들었는데"라는 식으로 둘 사이의 친밀함을 아무렇지 않게 드러내는 표현이 넘쳐난다. 우리가 알고 있는 체스를 두고 아침에 일찍 일어나 두 시간 동안 포도 덩굴을 손질하는 코시모에 대한 이미지들은 베스파시아노에게 빚지고 있는 것이다.[31] 두 사람은 아마도 니콜로 니콜리 덕분에 처음 만나게 되었을 것이다. 하지만 베스파시아노의 가족은 1420년대 그의 아버지 피포가 메디치가의 양모 사업에 하청업자로 일했을 때 이미 일을 함께한 바 있다. 피포는 죽었을 때 메디치가에 86플로린을 빚지고 있었다. 1431년에 이르러 이 부채는 65플로린으로 줄어들었고, 2년 뒤인 1433년에 베스파시아노가 서적상에서 일하기 시작한 해에 전액 상환되었다.

가난에 쪼들리던 비스티치 집안이 이 부채를 어떻게 청산했는지는 여전히 수수께끼다. 훗날 베스파시아노는 메디치 가문과의 관계에 대해 자신은 "알레바토 인 보스트라allevato in casa vostra"(당신의 집에서 자랐습니다)라고 쓰게 된다.[32] 그 진술을 문자 그대로 받아들여서는 안 되지만 분명히 베스파시아노는 젊은 시절부터 그 막강한 가문과 긴밀한 연계가 있었다. 어느 학자는 베스파시아노와 비스티치 집안의 다른 자식들 몇몇이 메디치가의 양모 사업의 일을 하게 되었다고 추측했고, 또 다른 학자는 코시모가 개인적으로 비스티치 집안을 도운 게 아닐까 추측했다.[33] 후자는 확실히 가능성이 있다. 베스파시아노는 나중에 코시모가 "글공부에 바쁜 이들에게" 크나큰 관대함을 보여주었는데 그들이 흔히 "재산은 변변찮지만 덕성은 넘치는" 이들이라는 것을 알고 있었기 때문이라고 썼다.[34] 그러한 실례는 그리스어 필사본을 사기 위해 자기 옷가지를 판 조반니 아우리스파에 대한 코시모의 대접에서 볼 수 있다. 코시모는 이탈리아에 코덱스를 부치는 비용으로 그에게 50플로린을 주었고, 10년 뒤에는 교황 에우게니우스의 비서 일자리를 구해줬다. 젊은 베스파시아노에게도 가난한 책벌레들에 대한 코시모의 관후함이 베풀어졌을 수도 있다.

두 사람이 처음에 어떻게 만났든지 간에 코시모는 다른 많은 이들처럼 그 젊은이의 지성과 재능에 분명 깊은 인상을 받았고, 그는 곧 베스파시아노에게 중요한 임무를 맡기게 된다. 나이와 사회적 지위의 격차에도 불구하고 두 사람은 떼려야 뗄 수 없게 되는데 이는 고대 문학에 열정을 품고 있긴 하나 다소 두서없이 노출된 코시모의 경험이 베스파시아노 본인의 경험과 어느 정도 맞닿아 있었기 때문일 것이다. 코시모의 학업은 금융계에서의 경력을 도모하기 위한 것이었으므로 그의 고전 소양은 대체로 친구들과의 격의 없는 대화에서 쌓은 것이었다. 베스파시아노에 따르면 처음에 코시모는 자택에서 유복한 집안의 자제들을 가르친 로베르토 데 로시라는 학자이자 정치가 밑에서 라틴 문학을 공부했다. 그 이후에는 베스파시아노처럼 브루니, 니콜리, 포조 같은 친구들과의 토론에 참여했다.

이러한 비정규적인 교육의 결과는 인상적이었다. 라틴어에 대한 풍부한 지식을, 베스파시아노의 주장에 따르면 "국사의 짐을 진 위대한 시민에게 사람들이 흔히 기대하는 것보다 훨씬 많이" 갖추게 되었다.[35] 그의 관심사와 전문 지식은 만만찮은 범위에 걸쳐 있었다. "그의 지식은 워낙 포괄적이라" 농업이나 점성술, 의학, 철학, 신학을 가리지 않고 "누구와도 대화할 수 있었다"라고 베스파시아노는 썼다.[36] 코시모는 70권이 넘는 장서를 소장하고 있었는데 니콜리의 장서에는 물론 비할 바가 못 되지만 평균적으로 추기경이 50권의 필사본을 소유하고 독일 수도원 도서관에 있는 장서가 고작 60권이던 시절에는 상당한 컬렉션이었다.[37] 그의 필사본 다수는 당대 최고의 필경사 중 한 명인 조반니 아레티노의 아름다운 서체로 특별히 필사된 것이었다. 로마 철학자 세네카의 필사본을 코시모를 위해 필사한 아레티노는 "Lege feliciter suavissime

Cosma"라는 개인적인 메시지를 담아서 작업을 마무리했으니, "기쁘게 읽기를, 다정한 코시모여"라는 뜻이다.

유럽 전역에 지점을 둔 은행의 경영자로서 긴급한 용무와 더불어 피렌체의 비공식 지배자라는 지위를 지키기 위해 필연적으로 지저분한 정치 공작에 관여했음에도 불구하고 코시모는 어쩌면 철학서를 읽을 때 가장 행복했을 것이다.

니콜로 니콜리는 1437년 초에 71세를 일기로 별세했다. 베스파시아노는 명사 열전에 그에 관한 긴 전기를 실었다. 니콜리의 마지막 순간—그 위인이 본인의 요청에 따라 카펫이 깔린 바닥에 누워 있는 가운데 주변에 친구들이 둘러앉아 눈물을 흘리는 광경—에 대한 묘사가 하도 자세해서 우리는 당시 열다섯 살의 베스파시아노가 뜬눈으로 임종을 지켰던 것이 아닌가 상상하게 된다. 니콜리는 괴짜이고 괴팍한 성격이었지만 베스파시아노는 그를 본받고 기릴 만한 영웅적 인물로 여겼다. 그는 니콜리의 전기에서 "니콜로 니콜리의 삶과 기질을 온 세상의 위대한 본보기로 여겨달라"고 독자들에게 간곡히 요청했다.[38]

니콜리의 죽음은 800권에 달하는 그의 방대한 필사본 컬렉션이 어찌 될 것인가라는 궁금증을 자아냈다. 그보다 앞서 페트라르카의 장서와, 1406년에 사망할 때까지 오랫동안 피렌체의 재상을 지냈고 레오나르도 브루니의 멘토였던 콜루초 살루타티의 장서는 두 사람이 죽은 뒤에도 컬렉션을 그대로 유지하려는 시도가 수포로 돌아갔었다. 페트라르카는 최소 200권의 코덱스를 소장하고 있던 한편 살루타티의 컬렉션은 무려 600권이 넘었다. 페트라르카는 원래 어느 궁전을 사용하는 대가로 베네치아 공화국에 장서를 기증했지만 이 같은 합의는 그가 남서쪽으로 65킬로미터 정도 떨어진 아르쿠아로 옮겨갈 때 다수의 장서를 챙겨가면서 깨지고 말았다. 베네치아에 남은 장서는 산 마르코 대성당에서 썩어가도록 심히 방치되었고, 아르쿠아에 있던 장서 대다수는 1388년 밀라노 공작이 몰수해 파비아의 도서관에 보관하고 있다가 결국에는 유럽 전역으로 흩어졌다. 살루타티의 장서도 사후에 뿔뿔이 흩어졌지만 그의 코덱스 상당수는 결국 코시모 메디치의 도서관에 자리를 잡았고 그보다 더 많은 수의 필사본은 다름 아닌 니콜리의 컬렉션으로 합쳐졌다. 다른 코덱스들은 시간이 지나면서 베스파시아노의 손을 거쳐가게 된다.

니콜리는 자신의 컬렉션은 그와 같은 운명을 맞지 않게 하려고 단단히 결심했다. 그는 자신의 장서가 해체되지 않고 안전히 보존될 뿐 아니라 공공자산으로서 대중이 이용할 수 있길 바랐다. 관심이 있는 모든 학자들이 자신의 어마어마한 장서를 이용할 수 있게 하려는 목적에서 그는 생전에 해왔던 일을 사후에도 지속하려고 했던 것인데, 그의 사망 당시 무려 200권의 필사본이 다양한 친구들한테 대출된 상태였기 때문이다.

니콜리의 컬렉션을 어디에 보존할지 결정하는 일은 포조, 브루니, 코시모 데 메디치를 비롯해 열여섯 명의 수탁인에게 맡겨졌다. 적절한 기구를 설립한 다음 알맞은 장소를 물색해 제대로 된 설비를 갖출 필요가 있다는 게 누가 봐도 분명했다. 1438년에 그의 필사본들을 피렌체 동쪽 끝에 있는 프란체스코회 산타 크로체 성당으로 이전하려는 계획이 세워졌다. 1423년에 어느 부주의한 수도사가 일으킨 화재로 성당의 도서관이 크게 손상되었고 결국 시 정부가 공공기금에서 2천 플로린을 배정해 재건축을 해야 했다. 몇 년 뒤인 1426년에 미켈레 디 과르디노라는 부유한 도축업자가 이 도서관을 재정비하는 데 200플로린을 남기고 자신의 필사본을 다수 기증하여 60개의 나무 벤치에 전시하도록 했다. 이 너그러운 유증 덕분에 그의 상속인들은 도서관 외벽에 가문의 문장인 날뛰는 수소를 그려 넣을 수 있는 권리를 얻었다. 1438년, 이번에는 니콜리의 컬렉션을 수용할 수 있도록 산타 크로체 도서관을 또 한 차례 정비하는 데 미켈레의 유언 집행 주체인 그의 소속 길드가 그의 기금을 사용하는 것을 허용했다. 하지만 귀중한 필사본들은 결코 산타 크로체에 도착하지 않았다. 다른 후원자가 끼어들었고, 또 다른 기관이 니콜리가 남긴 보물의 수혜자가 된다.

니콜리 장서의 궁극적 운명은 그가 죽기 대략 1년 전 피렌체에서 오고 간 대화에 기인한다. 그 일화는 베스파시아노의 열전 가운데 가장 유명한 것이며 틀림없이 그가 코시모 데 메디치 본인한테 들은 이야기일 것이다.

1436년 어느 날 코시모가 에우게니우스 교황을 만나러 갔다. 교황은 여전히 산타 마리아 노벨라에 기거하며 피렌체에 머물고 있었다. 그는 2년 전에 도착한 이래로 딱 한 차례만 거처에서 나왔는데 브루넬레스키가 갓 완성한 돔으로 장식된 산타 마리아 델 피오레 대성당의 주±제단 봉헌식을 위해서였다. 1436년 3월의 그 길이 기억될 날에 교황 성하는 화려한 장관을 아낌없이 연출했다. 평소의 까끌까끌한 모직 옷 대신 주교 제의祭衣를 차려입고 삼중관을 쓴 교황은 추기경 7인과 주교 31인, 그리고 프랑스 국왕과 신성로마제국 황제가 파견한 대사들을 비롯해 여타 고관대작을 휘장으로 장식되고 높이 3미터, 길이는 거의 500미터에 달하는 목재 고가 통로를 따라 행렬을 이끌었다. 20만 명이라는 어마어마한 군중이 브루넬레스키의 위업을 축하하기 위해 도처에서 몰려들었다. 그것은 "경탄할 만한 광경"[39]이었다고 베스파시아노는 전한다. 따라서 우리는 당시 열네 살이었던 그가 그 군중 가운데 있었다고 상상해도 될 것이다.

코시모는 당시 엄청난 권력과 위신을 누리고 있었다. 그는 물론 한 관찰자에 따르면 "크로이소스도 소유하지 못할 만큼"[40] 엄청난 부를 축적한 부자이기도 했다. 그리 머지않은 과거에 코시모 같은 갑부는 사치스러운 씀씀이를 감출 필요가 있었겠지만 부와 재물에 대한 새로운 태도가 피렌체에서 생겨나고 있었다. 그것은 엄격하게 기독교적인 가치 외에 다른 가치들도 인정하는 고대인들의 글을 읽음으로써 야기된 돈과 지출에 관한 혁명에 버금가는 태도 변화였다.

사람은 가난한 게 좋은가, 부유한 게 좋은가? 수 세기 동안 교회는 가난의 미덕을 설파해왔다. 성경은 돈이 모든 악의 근원이며, 하느님과 맘몬을 둘 다 섬기는 것은 불가능하고 부자가 하느님의 나라에 들어가는 것은 낙타가 바늘귀를 통과하는 것보다 더 어렵다고 가르쳤다. 성 아우구스티누스는 장사는 악행이라고 썼고, 성 히에로니무스는 상인은 주님을 좀처럼 기쁘게 하지 못한다고 썼다. 아버지가 물려준 유산을 포기한 성 프란체스코는 '청빈의 성모'를 침이 마르도록 칭송했다. "당신은 다른 모든 덕성을 능가합니다"라고 그 성인은 단언했다. "당신이 없다면 무엇도 덕성이 될 수 없습니다."[41] 아시시의 산 프란체스코 하부 성당의 아치형 천장에 그려진 프레스코화는 1300년대 전반기 조토의 추종자의 작품으로, 그리스도가 차분하게 의식을 주재하는 가운데 프란체스코가 손가락에 반지를 끼워주며 청빈의 성모를 신부로 맞이하는 광경을 묘사한다.

피렌체 서점 이야기

레오나르도 브루니는 지상의 재물을 천시하는 이러한 시각에 반대 의견을 제시하고자 했다. 그는 돈이 없다면 어떤 것도 덕성이 될 수 없으며 덕성은 사실 돈에 달려 있다고 주장했다. 브루니의 친구이자 멘토인 콜루초 살루타티는 일찍이 상인들을 칭찬하며 "도시를 아름답게 꾸미고, 천혜의 선물을 모두가 이용할 수 있게 도와주는 매우 정직한 족속"이라고 치켜세운 바 있다.[42] 이제 브루니는 자신이 라틴어로 번역한 몇몇 그리스 저작에 의해 유사한 시각을 갖게 되었다. 그중 하나는 그가 (그리고 당시 다른 모든 사람들도) 아리스토텔레스의 저술이라고 착각한 경제에 관한 논고였다(그 글은 이제는 '위僞아리스토텔레스'로 알려진 그의 제자들 중 한 명이 작성한 것으로 추정된다). 가계나 영지를 관리하는 최상의 방법을 설명하는 이 문헌에서 브루니는 부가 덕성을 저해하거나 저지하기는커녕 반대로 덕성의 함양에 풍성한 기회를 제공한다는 생각의 근거를 찾아냈다. "그러한 재산의 증식은 아무도 해치지 않는다면 비난받을 일이 아니라는 것이 현명한 이들의 견해다. 왜냐하면 부는 관후함이나 아량과 같은 덕성에 보조 수단이 될 수 있으며 그러한 덕성들은 공화국에 유용하기 때문이다"[43]라고 브루니는 썼다. 지상의 재물은 덕성의 도구가 될 수 있다. 궁극적으로 자선 활동부터 통치 행위에 이르기까지 모든 일은 사람이 많은 돈을 번 다음 공익을 위해 재분배하는 일에 달려 있다.

부는 그러므로 도시나 국가의 건강과 복지에 불가결했다. 아닌 게 아니라 피렌체는 그곳 상인들의 재부 덕분에 아름답고 강력해졌다. 도시의 웅장한 성당들과 그곳을 꾸미는 장식들, 도시를 휘감으며 보호하는 성벽, 거대한 성탑들, 아름다운 궁전과 여타 귀족들의 건축물, 보기 좋은 거리와 널찍한 광장, 이 모든 것은 피렌체 미술가와 건축가들의 기량뿐만 아니라 그곳 상인들의 재정적이고 지적인 자원들을 증언하는 것이었다.

브루니의 번역문과 주해는 빠르게 그 세기의 가장 인기 있고 영향력 있는 논고 가운데 한 편이 되었다. 그의 논고는 이후 수십 년 사이에 무수한 사본들이 제작되어 그 필사본이 지금도 230부 넘게 남아 있다. 브루니는 거대한 부의 소비를 덕성으로 취급한 아리스토텔레스의 《니코마코스 윤리학》을 새로 번역했을 때 추가적인 논거를 찾아냈다. 아리스토텔레스는 자기 돈을 후하게, 하지만 적절하게 쓰는 "대인大人"을 (하찮은 일에 천박하게 부를 과시하는 "저속한 사람"과 반대로) 칭찬했다. "대인은 지출의 예술가다. 그는 무엇이 적절한지를 알아보고 품위 있게 큰돈을 쓴다."⁴⁴ 브루니는 따라서 "관후함"의 덕성—극장 신축, 마상 창 시합 주최, 공공 연회와 같은 행사를 후원함으로써 "막대한 경비"를 지출하는 덕성—을 칭찬했다.⁴⁵

코시모는 브루니의 《니코마코스 윤리학》 번역 필사본(지금도 15세기 사본이 285부 남아 있는, 브루니의 또 다른 베스트셀러)을 소장했다. 터무니없을 만큼 헤픈 그의 씀씀이를 악덕이 아니라 미덕이라고 안심시켜주는 논리는, 피렌체의 궁전과 시골의 성채와 빌라에서 호사스럽게 살아가는 그에게 위안을 주었다.

그렇더라도 어떤 문제들은 코시모의 양심을 무겁게 짓눌렀다. 베스파시아노가 주장하길 코시모는 자신의 막대한 재산의 의심스러운 유래 때문에 마음이 편치 않았는데 그 상당 부분은 베스파시아노가 조심스럽게 표현한 대로 "미심쩍은 수단을 통해 획득"⁴⁶된 것이었기 때문이다. 바로 이자를 받고 돈을 빌려주는 사업이었다. 직업 활동이나 정직하게 땀을 흘려 돈을 버는 것과 고리대금업은 차원이 달랐다. 흘린 땀이 아니라 돈이 돈을 낳는 이자는 자연에 반한다고 공언한 아리스토텔레스도 여기서는 도움이 되지 못했다. 로마법은 낮은 고정 금리를 규정해두었고 기독교도들은 아무런 대가를 바라지 말고 돈을 빌려주라는 그리스도의 가르침에 따라 돈을 통해 이윤을 얻는 것을 옳지 않게 여겼다. 수 세기에 걸쳐 교회는 이자를 물리는 것, 특히나 부자가 가난한 이들의 불운으로부터 득을 보는 경우 죄악으로 규탄했다. 중세에 이르자 이러한 맹비난은 고리대금업을 엄격히 금지한 교회법으로 명문화되었다. 사실 1311년 비엔 공의회는 고리대금업을 옹호하는 자는 누구든 이단으로 처벌받아야 한다고 간주했다. 같은 시기에 단테는 고리대금업자들을 제7층 지옥 제3원에 두었는데, 그곳은 하늘에서 화염이 비처럼 쏟아지는 가운데 돈주머니를 목에 건 고리대금업자들이 울부짖는 불모의 사막이었다.

코시모는 그러므로 자신의 영혼의 운명에 걱정이 많을 수밖에 없었다. 베스파시아노가 썼듯이 "자신의 어깨를 짓누르는 이 무거운 짐을 덜기를 바라면서 그는 양심의 가책을 어떻게 해소할 수 있을지에 관해 당시 피렌체에 있던 에우게니우스 교황과 상의했다."[47] 교황은 교회에 1만 플로린을 기부하면 충분할 것이라고 권했다. 그것은 딱히 새로운 해법이라고 할 수 없었다. 지난 2세기 동안 갑부들은 자선 기부를 하고 브루니가 부를 미덕을 위해 사용한 사례들로 꼽은 것과 같은 종류의 선행을 베풂으로써—나쁘게 벌어들인 돈으로 예배당과 교회, 수도원을 건립하고 꾸미며 그리하여 고리대금업이라는 죄악을 속죄함으로써—양심을 달래고 사후세계에서의 안전한 운명을 도모했다. 파도바에서 부유한 고리대금업자 아버지와 할아버지를 두었던 엔리코 스크로베니는 스크로베니 예배당(엔리코로부터 자금을 받아 1303년과 1305년 사이에 조토가 프레스코화를 그렸다)을 "조상님들의 구원을 위해" 기증했다[48](그 조치는 단테에 따르면 실패했다. 엔리코의 아버지 리날도는 제7층 지옥에서 벌벌 떨고 있는 대금업자 중 한 명이었으니까).

에우게니우스가 코시모에게 수도원에 1만 플로린을 기증하라고 제의했을 때, 그는 어느 곳에 기증해야 할지를 정확히 알고 있었다. 교황은 얼마 전에 라르가 거리에 있는 코시모의 궁전에서도 마침 가까운 곳에 있는 산 마르코 수도원에서 실베스트리니파 수도사들을 쫓아냈다. 실베스트리니파[실베스트로 구촐리니가 창립한 베네딕트 수도회의 분파]는 이 수도원을 1290년에 건립했지만 근래에는 황폐한 수도원 건물에 거주하는 일단의 수도사들이 "가난하지도 순결하지도 않게"[49] 살아가며 사치스러운 생활과 문란한 품행으로 소문이 자자한 터였다. 에우게니우스는 실베스트리니파를 쫓아내고 그곳을 더 신실한 수도회인, 피렌체 북쪽 야산에 있는 피에솔레의 산 도메니코 수도원 출신의 도미니크회에 주었다. 도미니크회 수도사들은 새 수도원에 왔다가 실베스트리니파가 가구들을 모조리 가져가버리고 건물 일부에 불을 지르는 등 그들의 명성을 딱히 빛내주지 못할 행위를 했음을 알게 되었다. 새 거주자들은 제 손으로 오두막집을 지어야 했다.

코시모는 그들을 구제해주어야 한다는 에우게니우스의 말에 쉽게 설득되었다. 그는 수도원에 교황이 제시한 1만 플로린을 훨씬 뛰어넘는 막대한 금액을 썼다. 건축가 미켈로초 미켈로치를 고용해 기숙사, 성당, 성구 보관실, 회랑을 짓고 그곳들을 프레스코화로 장식하게 했다. 코시모의 넉넉한 씀씀이는 수련 수사들이 입을 튜닉과 더불어 빵과 소금, 의약품, 그리고 축일이면 수도사들에게 추가로 배급되는 생선, 달걀,

포도주 값까지 지불했다. 그는 자신이 설계한 대로 수도사들을 위한 아름다운 정원도 만들게 했다. 심지어 미켈로초를 설득해 기숙사 2층 안쪽에 2인용 수도실을 짓게 했는데, 영적 명상을 위해 자신이 시시때때로 찾아가기 위해서였다.

같은 시기에 미켈로초는 산타 크로체에서 화재로 훼손된 도서관—바로 니콜로 니콜리의 필사본을 보관하도록 선정된 도서관—을 재건하는 일에도 고용되어 있었다. 산 마르코에서 공사가 시작된 지 얼마 지나지 않아 코시모는 미켈로초에게 작업을 하나 더 의뢰하는데, 도미니크회 수도사들에게 기숙사와 튜닉, 특별 배급 생선을 주는 것 외에도 자선을 하나 더 베풀기로 결심했던 것 같다. 그것은 바로 공공도서관이었다.

5장

동방에서 온 현자들

로마 쿠리아의 피렌체 도착이 서적상들에게 커다란 특수를 불러왔다면 5년 뒤인 1439년, 베스파시아노가 열일곱 살이었을 때 서적상 거리는 그보다 한층 뛰어나고 안목 있는 고객, 혹은 베스파시아노의 말마따나 "이탈리아 전역과 그 너머에서 온 식자들"[1] 수십 명으로 별안간 가득 차게 되었다. 피렌체에 도착한 이들 가운데는 러시아인, 아르메니아인, 불가리아인, 에티오피아인, 메소포타미아인도 있었다. 하지만 이 저명한 학자들 대다수는 콘스탄티노플에서 왔다. 그들은 우아한 예복을 걸치고, 수염을 무성하게 길렀으며, 위엄 있는 거동으로 피렌체인들의 눈에 필시 성경 속 예언자나 그리스 현자처럼 비쳤을 이국적인 인물들이었다.

콘스탄티노플은 최초의 기독교도 황제 콘스탄티누스가 천 년도 더 전에 '새로운 로마'로 창건한 도시였다. 콘스탄티누스는 새 수도의 부지로 고대 그리스 식민지이자 보스포루스 해협의 요충지에 자리한 비잔티온(라틴식으로 비잔티움이라고 불렸다)을 골랐다. 비록 서로마제국은 476년에 멸망했지만 동방에서는 콘스탄티누스의 계승자들이 '로마의 황제'란 칭호를 받으며 수 세기 동안 중단 없이 로마제국의 명맥을 이어갔다. 그리고 만약 콘스탄티노플이 명목상으로나마 과거 로마의 위용을 이어갔다고 한다면 마찬가지로 고대 그리스의 유산도 계승되었을 것이다. 이 그리스 유산은 콘스탄티노플을 방문한 누가 봐도 뚜렷이 남아 있었다. 현지 주민들은 그리스어를 사용했고, 도시는 고대 그리스 문화와 학문의 거대한 저장고 역할을 했다. 중세에 이르자 콘스탄티노플의 학자들은 대단히 성실하고 엄밀한 자세로 고대 그리스 문학의 고전들을 수습하고 보존하는 임무에 착수했다. 오늘날 우리가 아는 사실상 모든 그리스 고전은 8세기와 9세기에 만들어진 비잔티움 필사본을 통해 전해진 것이다.

1439년, 동로마제국은 엄중한 해체의 위기에 처해 있었다. 제국의 영역은 역병과 내전, 무엇보다도 오스만튀르크의 정복으로 말미암아 급속히 줄어들고 있었다. 1390년대에 '일디림'(벼락)이라는 별명으로 알려진 술탄 바예지드 1세는 과거 동로마제국의 찬란한 영역의 사실상 전부를 지배했다. 심지어 1390년에는 콘스탄티노플까지 포위했다. 몇 년 뒤 비잔티움 황제 마누엘 2세 팔라이올로고스가 서방에 도움을 호소함에 따라 프랑스, 부르고뉴, 잉글랜드, 크로아티아, 왈라키아, 트란실바니아, 헝가리에서 온 기사들로 구성된 1만 6천의 십자군은 하늘이 무너진다면 자신들의 창끝으로 떠받칠 것이라고 큰소리치며 동쪽으로 달려갔다. 유서 깊은 제국을 해방시키겠다는 십자군의 꿈은 일디림의 군대가 니코폴리스 전투에서 그들을 전멸시키면서 끝났다. 바예지드는 그다음 로마 성 베드로 대성당의 계단에서 말먹이를 주겠다는 야심을 요란하게 드러내기 시작했지만 그 계획은 고통스럽고 오래가는 통풍이 엄습하면서 제지되었다.

이후 수십 년 동안 추가적인 전투와 오스만튀르크의 영토 잠식이 이어졌다. 일디림의 손자인 무라드 2세는 1422년 여름에 콘스탄티노플을 포위했고, 1423년에는 펠로폰네소스를 유린했고, 1430년에는 테살로니키를 함락했다. 1425년에 즉위한 마누엘의 아들 요안네스 8세는 다시금 구원의 희망은 서방의 십자군뿐임을 깨달았다. 이 절체절명의 임무를 위해 그와 그의 거대한 수행단이 1439년에 피렌체를 찾아왔다.

이 쟁쟁한 귀빈들이 찾아온 공식적인 이유는 기독교 교회의 공의회, 즉 그리스 교회와 라틴 교회 양측 최고위 성직자들의 모임이었다. 베스파시아노가 상황을 간명하게 요약한 대로 "그리스 교회는 오랫동안 로마 교회로부터 분리되어 있었기 때문에 에우게니우스 교황은 통합을 위해 그리스인들이 이탈리아로 오길 원했다."[2] 실제로 기독교권의 양측, 즉 라틴 서방과 그리스 동방은 지난 천 년에 걸쳐 분열을 거듭했다. 분열은 동방의 성직자들이 수염을 기르고(라틴인들이 보기에 유대교의 기미가 풍겼다) 서방에서 누룩을 넣지 않은 빵을 사용하는(그리스인들이 보기에 유대교의 기미가 풍겼다) 것과 같은 관습의 차이, 언어적 차이 들로부터 야기되었다. 위계 서열의 충돌도 문제였는데, 교황은 콘스탄티노플, 안티오키아, 예루살렘, 알렉산드리아의 총대주교에 대한 우위를 주장한 반면, 그들은 이 같은 위계를 수용하지 않았다. 1054년, 교황 레오 9세와 콘스탄티노플 총대주교 미카엘 케로울라리오스가 서로를 파문하면서 최종적으로 갈라섰다. 양측을 다시 합치려는 다양한 시도가 있었지만 몇몇 신학적 걸림돌—특히 (라틴 교회가 주장하는 대로) 성령이 성부와 성자 둘 다로부터 나오는 것인지, 아니면 (그리스 교회가 주장하는 대로) 그냥

피렌체 서점 이야기

성부한테서만 나오는 것인지를 둘러싼 의견 충돌—로 인해 모두 수포로 돌아갔다.

이제, 비잔티움 사람들은 서방 라틴 군주들로부터 군사적 원조를 기대하며 다시 한번 통합을 시도해볼 용의가 있었다. 그들은 페라라에서 회의를 하기 위해 1438년 초에 이탈리아에 도착했다. 주교, 수도사, 학자, 그리고 그들의 노예들로 구성된 700명가량의 무리였다. 페라라에서 황제가 150척의 함대와 15만 병력의 오스만 군대가 콘스탄티노플로 쳐들어올 태세라는 소식을 들었을 때 사정은 더욱 다급해졌다. 그럼에도 모임의 진전은 거의 없었고 결국 페라라에서 역병이 창궐하여 코시모 데 메디치가 여행 경비 4천 플로린과 더불어 무료 숙식 제공을 약속해 모두의 환심을 산 뒤에야 마침내 공의회는 피렌체로 올 수 있었다.

요안네스 8세 팔라이올로고스는 1439년 2월 중순 사육제 기간 중에 수행단을 이끌고 피렌체에 도착했다. 그는 그리스풍 수염과 다마스크 예복, 한 관찰자가 감탄했듯이 "비둘기 알보다 더 큰"[3] 루비가 박힌 모자로 치장한 잘생긴 용모와 화려한 위용을 과시했다. 그의 이국적인 복장에는 언월도, 활, 화살통도 있었다. 베스파시아노는 그를 "콘스탄티노플 황제"라고 불렀는데 축소되고 위험에 처한 그의 지배 영역을 적절하게 묘사하는 칭호였다.

황제는 피렌체 성문 앞에서 고관대작들의 영접을 받은 다음 도시로 입성해 거대한 캐노피 아래서 레오나르도 브루니의 그리스어 환영 연설을 들었다. 하지만 장중한 행사는 갑자기 하늘이 열리면서 허둥지둥 비를 피하러 다니는 소동으로 바뀌었다. 지붕과 발코니의 구경꾼들은 여기저기로 흩어진 한편 황제의 수행원들은 빗물이 흘러내리

요안네스 8세 팔라이올로고스
(1392~1448): 베스파시아노가
"콘스탄티노플 황제"라고 부른
사면초가의 군주.

는 포도鋪道를 황급히 달려 그들에게 배정된 웅장한 궁으로 향했다. 마침 그 궁전은 1434년에 코시모가 그곳의 소유주였던 부유한 상인을 추방해 비어 있었다. 갑작스러운 폭풍우는 두 개의 유성의 출현과 황제의 개의 끊임없이 낑낑대는 소리를 포함해 줄줄이 이어진 흉조들 가운데 첫 번째에 불과했다.

방문객들은 주변 환경에 깊은 인상을 받았다. 키이우 대주교 이시도르의 수행원 중 한 명인 한 러시아인은 "그 유명한 피렌체시"가 자신이 이탈리아를 여행하는 동안 거쳐온 도시들 가운데 가장 멋지다고 잘라 말했다.⁴ 궁전과 교회, 그리고 장엄한 대성당의 새로운 돔을 감상하는 것은 물론 방문객들은 도시에 머무는 동안 피렌체의 기발한 재간을 보여주는 화려한 전시를 대접받았다. 필리포 브루넬레스키는 산티시마 아눈치아타 성당과 산타 마리아 델 카르미네 성당에서 연출한 야외극에서 대담한 눈속임으로 관객들을 흥분에 빠뜨렸다. 러시아 주교인 수즈달의 아브라함은 전자의 공연 〈성모승천〉의 "굉장하고 감탄스러운 장관"을 묘사하며, 천사들을 연기한 아이들이 촛불로 밝힌 천당 그림 배경을 돌면서 공중을 떠다니는 모습은 "말로 표현할 수 없을 만큼 아름답고 행복한 장면"이라고 설명했다. 산타 마리아 델 카르미네에서 한 공연 〈그리스도 승천〉은 그리스도를 연기한 젊은이가 플루트를 연주하는 천사와 무수한 등불에 둘러싸인 채 "공중에 둥둥 떠 있는 듯한" 성부가 기다리는 천당으로 휙 끌어올려지면서 한층 경탄을 자아냈다. 아브라함은 숨이 막히고 "여태 본 적 없는" 특별한 것을 구경했다.[5]

수즈달의 아브라함은 "그 유명한 피렌체시"에서 이 모든 것을 목격했고 그 표현은 방문객들의 회고에서 거듭 등장한다. 세상을 널리 여행한 에스파냐 출신의 젊은 외교관은 로마, 베네치아, 예루살렘, 카이로, 그리고 콘스탄티노플로 이어진 3년간의 순방이 끝나갈 무렵, 자신이 피렌체에서 "기독교권에서 가장 놀라운 도시, 그 규모와 부, 정부에서 감탄을 자아내는 도시에서" 지냈다고 말했다. 그는 깨끗하고 질서정연한 거리, 쾌적한 가옥, 성당과 수도원, "거의 꼭대기까지 대리석 조각상들로 장식된" 종탑과 병원들이 "타의 추종을 불허한다"라고 찬탄했다. 그는 공직자가 추첨을 통해 선출되는 정치체제에서 "추첨으로 제화공이나 귀족 누구나 똑같이 뽑힐 수 있지만 그럼에도 불구하고 정부는 더할 나위가 없는" 구조에 놀라움을 금치 못했다. 그는 피렌체인들이 정말로 특별한 사람들이라고 결론 내렸다. "그토록 현명한 사람들이 못할 분야가 무엇일까?"[6]

일부 방문객이 보기에 피렌체인들에게 인상 깊고 어쩌면 놀라운 것은 또 있었다. 비잔티움 철학자이자 신학자로서 아리스토텔레스 전문가였던 겐나디오스 스콜라리오스는 제자들에게 보내는 편지에 새로운 발전상에 대해 다음과 적었다. "우리가 한때 야만인으로 간주했던 수 세대의 이탈리아인들이 이제는 학술 연구에 매진하고 있다."[7]

1439년 피렌체 방문객들이 그 도시가 비범하다고 느꼈다면, 이 이국적인 손님들 역시 그들을 맞은 주인장들에게 깊은 인상을 남겼다. 배의 앞머리처럼 챙이 툭 튀어나와 시선을 끄는 모자를 쓴 마흔여섯 살의 황제는 특히 피렌체인들의 마음을 사로잡았다. 아니나 다를까, 그와 그의 모자는 피에로 델라 프란체스카의 〈그리스도 책형〉을 비롯해 다양한 메달과 회화로 길이 기념된다.

황제는 탐독가였다. 그는 군사 전략서만이 아니라 매일같이 플라톤과 아리스토텔레스에 관한 저작도 읽어치웠다. 1425년에 제위를 물려준 그의 아버지는 철학과 문학에 대한 사랑이 아들에게 아무 득이 되지 않을 것이라고 생각했다. "이 가문의 쇠락이 그의 시가詩歌와 논쟁에서 비롯될까 봐 걱정이다."[8] 하지만 1439년에는 비잔티움 제국의 구원에 문인들이 반드시 필요했다. 황제는 라틴 사람들과 논쟁을 벌이고, 책과 사상으로 황제의 모자보다 더 생생한 유산을 남길 최고의 학자와 철학자들을 데려왔다.

이 현자들은 이미 페라라에서 존재감을 드러낸 바 있다. 1438년 봄에 라틴인들의 지도자인 체사리니 추기경은 비잔티움 대표단 가운데 가장 저명한 인사들을 초대해 잇따라 연회를 주최했다. 귀빈 중에는 게오르기오스 게미스토스 플레톤과 과거 그의 제자였던 바실리오스 베사리온이 있었다. 대화는 자연스레 연옥과 삼위일체에 관한 신학 논쟁으로부터 플라톤 및 아리스토텔레스와 관련한 철학적 주제들로 이어졌다.

플레톤은 사람들을 사로잡는 인물이었다. 이탈리아에 도착했을 때 80대였던 그는 콘스탄티노플 토박이로서 페라라에서 황제의 자문이었다고 한다. 하지만 그는 교리 문제를 붙들고 지나치게 머리를 싸매지는 않았는데 내심으로는 기독교도보다 이교도였기 때문이다. 그는 "모든 현실을 주재하고 그 신성이 모든 것을 초월하는" 신이란 다름 아닌 제우스라고 믿었다.[9] 그는 그리스도와 무함마드가 차츰 자취를 감추고 세상의 모든 민족들이 그들 대신 진정한 신학, 그러니까 플라톤 신학을 따르게 될 날이 올 것이라고 믿으며 영성적 재생을 고민했다. 플라톤에 대한 열정이 하도 깊어서 자기 이름마저 조금 손볼 정도였는데, 자신의 성씨 Γεμιστός('가득하다'라는 뜻인 게미스토스)를 동의어인 Πλήθων('풍성하다'라는 뜻인 플레톤)으로 바꿔 덧붙였으니, '플라톤'과 기분 좋게 동음이의인 별명cognomen〔고대 로마 시대 개인 명, 씨족 명 다음에 붙는 애칭이나 별칭의 제3명〕이었다. 그리고 정말이지 그는 아테네 황금기에서 날아온 시간 여행자처럼 다시 태어난 플라톤 같았다.

만약 그가 시간 여행자였다면 수 세기를 가로질러 가져왔을 법한 특별한 것을 밀수해왔다. 더 이르지는 않더라도 최소한 페라라에서 열린 어느 저녁 만찬에서 체사리니 추기경은 플레톤이 소유한 필사본 가운데 하나의 존재를 틀림없이 알게 되었으니, 체사리니의 작고한 친구 니콜로 니콜리는 감히 꿈꿀 수 없었을 보물, 바로 플라톤 전집이었다.[10]

플라톤의 저작들은 아리스토텔레스의 저작들보다 서방에 도달하는 데 훨씬 더 오랜 시간이 걸렸다. 아리스토텔레스의 경우 현존하는 문헌들은 1200년대 중반이 되자 라틴어로 전부 번역되었다. 《니코마코스 윤리학》 같은 저술은 심지어 이탈리아어로도 번역되어, 그가 서양 교육과 문화에 얼마나 매끄럽게 동화되었는지를 방증했다. 처음에는 얼마간 문제와 반발이 있었던 것이 사실이다. 아리스토텔레스의 특정 가르침, 특히 영혼의 불멸성에 반하는 논증은 기독교 신앙에 정면으로 위배되었다. 그의 다양한 주장들(신은 진공이나 무한한 우주를 창조할 수 없다는 주장 등등)은 13세기에 수시로 파리대학, 툴루즈대학, 옥스퍼드대학에서 금지되었다. 하지만 교회의 금지 조치는 효력이 없었고, 그 세기 중반에 이르자 이 대학들과 여타 대학들은 형이상학부터 의학에 이르기까지 모든 분야에서 그의 저작을 가르치고 있었다. 1240년대에 그의 저작들은 남부 이탈리아 출신으로 당시 파리대학에서 수학 중이던 명석한 젊은 귀족에 의해 열심히 탐독되고 있었으니, 그는 바로 토마스 아퀴나스였다. 도미니크회 신학자이자 장래에 시성될 아퀴나스는 그가 그저 '그 철학자The Philosopher'라고 부른 아리스토텔레스의 헌신적인 추종자가 되었다.

아퀴나스는 아리스토텔레스 철학을 성경과 솜씨 좋게 그리고 교묘하게 조화시켰다. "만약 거기서 신앙과 조화를 이루는 것을 발견한다면 우리는 그것을 취하겠지만 가톨릭 교리에 어긋나는 것은 무엇이든 반박할 것이다"라고 그는 공언했다.[11] 그리고 반박할 것보다 수용할 것이 더 많음을 발견했다. 그는 영혼의 본질, 삼위일체의 신비, 천사의 존재를 논증하기 위해 아리스토텔레스의 사상을 동원함으로써 기독교 교리를 위한 확고한 철학적 기반을 제공했다. 아리스토텔레스가 서양 유럽에서 막강한 지적 권위를 갖게 된 데는 아퀴나스와 대학들의 공로가 적지 않았다. 1305년경 단테는 아리스토텔레스를 "어디서나 교육에 있어 보편적 영향력을 행사하며", 그의 학설들이 "거의 보편적인 견해라고 불릴 수 있는" "최고의 철학자"라고 일컬었다.[12] 1367년에 이르자 페트라르카는 "'아리스토텔레스'라는 한갓 이름에 대한 사랑에 사로잡힌 나머지 어떤 주제에서든 그와 견해가 다르면 신성모독이라고 천명하는" 이들에게 불만을 토로하며 도전받지 않는 권위에 반발했다.[13] 거의 한 세기 뒤에 어느 피렌체 학자가 개탄한 대로 "전 세계가 아리스토텔레스주의자들에게 장악되었다."[14]

반면에 플라톤은 중세 내내 아리스토텔레스보다 존재감이 미미하고 눈에 띄지 않았다. 그의 저작이 완전히 잊힌 것은 아니었다.[15] 중세 학자들은 키케로와 세네카 같은 이교도 작가들뿐 아니라 성 히에로니무스와 성 아우구스티누스를 비롯한 기독교 문헌 덕분에 그의 사상의 여러 측면이 친숙하게 느껴졌다. 플라톤의 스승이자 그의 대화편의 주인공이기도 한 소크라테스의 초상이 샤르트르 대성당 파사드〔장식 외벽〕에 등장할 정도였다. 하지만 플라톤의 저작 중 어느 것도 대학에서 가르치지 않았고, 비록 그는 36편의 대화편을 남겼지만 1100년대까지 서방에 알려진 유일한 (그것도 단편적 형태로만) 저작은 《티마이오스》였다. 《티마이오스》는 다름 아닌 키케로가 라틴어로 번역한 판본과 함께 역시 단편적인 형태로 수 세기 뒤에 칼키디우스라는 철학자가 번역한 두 번째 라틴어 역본으로 전해졌는데, 칼키디우스에 관해서는 (그가 누구를 위해 번역했는지를 포함해서) 알려진 바가 거의 없었다. 마누엘 크리솔로라스가 피렌체에 도착한 1397년에 이르러서도 서방에서 플라톤의 번역 비중은 개탄스러울 만큼 저조하여, 《파르메니데스》의 상당 분량과 더불어 대화편에서 딱 두 편 《메논》과 《파이돈》만이 전체가 번역됐을 뿐이었다.

서방의 학자들은 플라톤의 저작들이 이 몇몇 대화편보다 훨씬 분량이 많음을 여러 고대 문헌을 통해 알고 있었다. 그의 전작은 고대 그리스인들과 그들을 계승한 비잔티움인들 덕분에 기적적으로 멀쩡했다.

현존하는 가장 오래된 필사본들은 9세기 후반에 콘스탄티노플에서 필사된 것으로, 단 한 명의 필사자에 의한 최소 네 편의 사본이 전해진다.[16] 이 비잔티움 코덱스 가운데 하나가 페트라르카의 수중에 들어왔으니, 서방에 상당한 분량으로 도달한 최초의 플라톤 대화편 컬렉션이었다. 하지만 페트라르카의 필사본은 두 권짜리 판본 가운데 절반뿐이었기에 불완전했다. 그렇더라도 그 필사본에는 《공화국》을 비롯해 서방에 알려지지 않은 플라톤의 저작 다수가 담겨 있었다. 하지만 절망스럽게도 페트라르카는 거의 한 글자도 읽을 수 없었다. 페트라르카의 사후, 그 필사본은 파비아 도서관으로 사라졌고 필사되고 번역되지 않은 채 거기에 줄곧 남아 있었다.

크리솔로라스의 피렌체 도착은 플라톤의 신비가 점차 풀리게 되었음을 의미했다. 학생들을 돕기 위해 그리스어 문법서를 집필한 것 외에도 크리솔로라스는 《공화국》 번역에 착수했다. 그의 제자들은 열 편의 대화편을 라틴어로 옮겼고 레오나르도 브루니 혼자서만 《고르기아스》, 《크리톤》, 《파이드로스》 번역에 공헌했다. 그는 또한 더 훌륭한 《파이돈》 번역본 신판과 더불어 소크라테스가 기원전 399년 불경죄로 고발당한 재판에서 자신을 변호할 때 했다는 연설문인 《변론》의 번역본도 내놓았다(이 《변론》에서 그는 "반성하지 않는 삶은 사람이 살기에 적합하지 않다"라는 유명한 발언을 했다).[17]

이러한 문헌들에 접근할 기회가 늘어나긴 했어도 플라톤을 이해하는 데는 여전히 장애가 많았는데, 크리솔로라스나 브루니 누구도 플라톤 철학의 전문가가 아니었기 때문이다. 1402년에 완성된 《공화국》 번역본은 오류와 누락이 한둘이 아니었고, 브루니는 전문 용어와 더 미묘한 세부 사항들을 붙들고 씨름해야 했다. 다행히 왕년에 크리솔로라스의 제자 중 한 명이 또 다른 그리스어 저작을 번역한 덕분에 약간의 도움을 받을 수 있었다. 1433년에 카말돌리회 수도사 암브로조 트라베르사리가 코시모 데 메디치의 요청을 받아 3세기에 그리스어로 쓰이고 1416년에 콘스탄티노플에서 피렌체로 필사본 형태로 들어온 디오게네스 라에르티오스의《철학자 열전》을 최초로 완역했다. 디오게네스는 플라톤을 모든 철학자 가운데 가장 위대한 철학자로 여기고, 그의 학설을 다른 무엇보다 드높여야 한다고 생각했으므로 플라톤은 이 작품에서 두드러지게 등장했다. 그의 플라톤 전기는 일단 트라베르사리에 의해 번역되면서 피렌체인들에게 플라톤 철학에 대한 종합적인 (다소 정석에서 벗어나긴 했지만) 설명을 제시했다. 플라톤의 사상을 요약한 것 외에도 디오게네스는 플라톤이 실력이 뛰어난 레슬링 선수였고 사실 그의 본명은 아리스토클레스이지만 레슬링 스승이 그의 탄탄한 체격을 두고 "어깨가 떡 벌어진"이란 뜻의 플라톤이란 별명을 붙여주었다는 등의 시시콜콜한 전기적 정보를 풍성히 제공했다. 전에는 철학적 배후지에 숨어 있는 흐릿한 인물이었던 위대한 철학자는 처음으로 전면에 나와 인간적 모습을 띠게 되었다.

번역서를 코시모에게 헌정한 트라베르사리는 공의회를 위해 페라라에 모인 피렌체 사람들 가운데 한 명이었다. 그는 체사리니 추기경이 주최한 연회에 참석해, "플라톤의 모든 저술을 망라한, 아름답게 쓰인 책 한 권"을 비롯해 자신이 페라라에서 본 "대단한 책들"에 대해 신이 나서 친구에게 편지를 썼다.[18] 코시모도 1438년 1월 말부터 6월 초까지 페라라에 파견된 피렌체 대사로 일했으므로 체사리니의 연회들에 참석했다. 그는 플라톤 코덱스―그는 그것을 손에 넣으려고 작심했다―는 물론 게오르기오스 게미스토스 플레톤한테도 마음을 빼앗겼다. 그 비잔티움 마구스(원래는 고대 페르시아 사제를 가리키는 표현이었으나 뜻이 확대되어 막연하게 동방의 사제나 마법사, 현자를 지칭한다)가 플라톤적 신비에 관해 "또 다른 플라톤"처럼 한참을 논하는 동안, 코시모는 한 친구가 나중에 쓴 대로 "열변을 토하는 그 입"에서 나오는 말을 한마디도 놓치지 않았다.[19] 심지어 1438년 초여름에 페라라를 떠나기 전에도 코시모는 공의회와 그 기라성 같은 석학들을 그들이 소장한 군침 도는 책자들과 더불어 피렌체로 데려오기로 결심했을 것이고, 결국 페라라에서 발생한 역병과 비잔티움 사람들의 바닥난 금고가 장소의 변경을 가능케 했다.

그리하여 황제와 그의 수행단은 그리스 학자들과 필사본—라틴인들과의 교리 논쟁 전장에 배치할 무기들—으로 무장하고 피렌체에 도착했다. 수행단의 이동 과정을 총괄한 체사리니 추기경은 다시금 주인장 역할을 맡았다. 그는 게오르기오스 게미스토스 플레톤을 피렌체에 있는 자신의 궁으로 초대하여, 플라톤과 아리스토텔레스에 관한 비공개 강연, 특히 어째서 플라톤이 아리스토텔레스보다 우월한지에 대해 설명해줄 것을 청했다. 플레톤은 강연에 초대된 피렌체인들의 이해를 돕기 위해 두 철학자의 차이점을 설명한 짤막한 논고《플라톤과 아리스텔레스의 차이점De differentiis Platonis et Aristotelis》을 작성했다.

플라톤과 아리스토텔레스 간의 차이는 이미 많이 논의되어왔다. 논쟁은 아리스토텔레스가 스승인 플라톤을 비판하고 바로잡았던 고대 그리스로 거슬러 올라간다. 기원전 367년에 열일곱 살의 아리스토텔레스는 대략 예순 살이던 플라톤 밑에서 공부를 시작했다. 알렉산드로스 대왕의 조부의 어의로 일했던 아버지 밑에서 생물학을 조금 터득한 아리스토텔레스가 그리스 북부의 집을 떠나 아테네에 도착했을 당시 플라

라파엘로가 바티칸의 〈아테네 학당〉에서 묘사한
플라톤(왼쪽)과 아리스토텔레스(오른쪽).

톤 아카데미는 20년 정도 활동 중이었고 《공화국》이 완성된 뒤로 거의 10년이 흐른 때였다. 비록 아리스토텔레스는 이후 20년 동안 플라톤 곁에 머물렀지만 두 사람 간의 관계에는 다소 전투적인 구석이 있었던 모양이다. 플라톤이 한번은 "망아지가 자신을 낳아준 어미를 걷어차듯 아리스토텔레스는 내게 퇴짜를 놓는다"라고 불평했다는 이야기가 디오게

네스 라에르티오스의 책에 반영되어 있다.[20]

아리스토텔레스는 확실히 늙은 스승한테서 비판할 거리를 많이 발견했다.[21] 《정치학》에서 그는 플라톤의 《공화국》의 잘못된 점을 지적했고, 《영혼에 관하여》에서는 영혼이 육체로부터 떨어져 존재할 수 있다는 플라톤의 시각을 반박했다. 《물리학》에서는 플라톤의 시간과 영원 개념들을 공격했다. 두 사람 사이의 가장 유명한 차이점은 형상 이론을 둘러싼 것으로, 추상적이고 보편적인 본질인 형상은 플라톤에 따르면 일시적인 사물들에 의해 모방된다. 이를테면 아름다운 대상은 아름다움의 형상Form of Beauty을 모방하거나 거기에 "관여"함으로써 그 아름다움을 얻는다. 우리가 감각을 통해 인식하는 자연 세계는 플라톤이 보기에 더 완벽하고 시간을 초월한 이 영역의 결함 있고 불완전한 판본이다. (《공화국》 제7권에 나오는 유명한 은유에서) 동굴에 갇힌 죄수들이 보는 이미지들은 실제 대상의 그림자일 뿐이며, 죄수들은 무지하기 때문에 그림자를 실제로 착각하는 것과 같은 이치다.

플라톤이 죽고 얼마 지나지 않아 아리스토텔레스는 《철학에 관하여》에서 그 이론을 공격했고 나중에 《형이상학》에서 자신의 비판을 더 상세히 확장했다. 그는 형상이 물질 없이 존재할 수 있음을 부정했고 형상계가 아무런 객관적 타당성이 없다고 믿었다. 플라톤은 말들, 아리스토텔레스가 "공허한 표현과 시적 은유"[22]라고 폄하한 말들을 내놓았을 뿐이다. 플라톤의 이데아론에 반하여 그는 지식에 대한 더 과학적이고 경험적인 접근법, 보편적인 것보다는 개별적인 것에 집중하는 접근법을 내놓았다.

철학적으로 주목을 덜 받았음에도 불구하고 플라톤은 서방에서 몇몇 옹호자들을 얻었다. 페트라르카는 플라톤의 초기 옹호자로서, 키케로와 성 아우구스티누스 같은 작가들이 플라톤을 아리스토텔레스보다 우위에 두었다는 점을 주목했다. 페트라르카는 이를 다음과 같이 표현했다. "더 많은 사람들이 아리스토텔레스를 칭송한다. 더 훌륭한 사람들이 플라톤을 칭송한다."[23] 그는 대화 형식의 잠정적이고 열린 탐구(적어도 그는 그렇게 이해했다)가 자신이 아리스토텔레스 논리학의 엄격한 형식성이라고 간주한 것과 대립된다고 보고 이를 기꺼이 환영했다. 니콜로 니콜리도 플라톤 지지자가 되었고 (유사하게 키케로와 성 아우구스티누스를 증거 삼아) 둘 중에 플라톤이 더 세련된 철학자라고 생각했다.

또 다른 플라톤 옹호자는 디오게네스 라에르티오스의 번역가 암브로조 트라베르사리였다. 원래 트라베르사리는 이교 철학자 열전을 번역하는 게 내키지 않았고 오로지 코시모의 열성적인 간청에 못 이겨 번역을 했다. 하지만 그 경험으로 그는 새롭게 눈을 떴다. 트라베르사리로서는 천만다행스럽게도 "이름난 철학자들이 오히려 기독교의 진실과 대체로 일치"[24]한다는 사실을 발견했다. 디오게네스의 플라톤 전기로부터 트라베르사리는 그 위대한 철학자한테서 기독교 신앙과 유사하고 조화를 이루는 측면을 부각시키는 특정한 요소들을 가져왔다. 순결, 경건, 금욕적 생활방식 등이 그것이다. 게다가 디오게네스에 따르면 플라톤은 신성의 아우라를 갖고 있었다. 이를테면 플라톤의 어머니 페리크티오네는 해신 포세이돈의 후손으로 처녀인 상태에서 그를 낳았다고 한다. 디오게네스는 이 이야기를 플라톤의 장례식 때 조카인 스페우시포스가 한 추도 연설에서 알게 되었는데 스페우시포스는 플라톤의 아버지가 "당시 한창 때였던" 아름다운 페리크티오네를 억지로 취하려고 했지만 어떻게 실패했는지를 전한다. 아폴론이 그의 꿈에 나타났고 "그에 따라 그는 그녀한테서 아이가 태어날 때까지 건드리지 않았다."

디오게네스는 플라톤이 타르겔리온 달의 일곱째 날에 태어났다는 행복한 우연의 일치를 지적하는데, 그날은 바로 아폴론의 생일이다.[25]

원래 레오나르도 브루니도 다른 사람들과 마찬가지로 플라톤 철학이 기독교의 주제들과 일치함을 발견하고 그를 애호했다. 그는 1405년 무렵에 끝마친 자신의 첫 플라톤 번역서 《파이돈》의 제목을 누가 봐도 내용을 쉽게 짐작할 수 있도록 '영혼의 불멸에 관하여De immortalitate animae'라고 붙였는데 영혼의 불멸성을 주장하는 세련된 논증을 제시했기 때문이다. 한술 더 떠 그는 그 번역본을 교황 인노켄티우스 7세에게 헌정했다. 1409년에는 《고르기아스》의 번역본—서문에서 그는 플라톤의 저작이 "우리의 신앙과 일치하는 듯 보인다"라고 기분 좋게 밝혔다[26]—을 "대립 교황" 요하네스 23세에게 바쳤다. 하지만 플라톤은 그렇게 세속적인 성직자와 연결되는 것으로부터 그다지 득을 보지 못했을지도 모른다.

브루니의 플라톤스러운 불장난은 오래가지 못했다. 플라톤의 작품을 서양의 독자들에게 소개하는 데 그렇게 많은 일을 한 사람치고는 아이러니하게도 그는 이전의 입장을 버리고 아리스토텔레스 편으로 넘어왔고 플라톤 대신 아리스토텔레스의 저작들을 번역하는 데 집중했다. 브루니는 트라베르사리의 디오게네스 라에르티오스 번역서가 아리스토텔레스에 대해 확연히 비호의적인 초상을 내놓았을 때, 다시 말해 그를 깡마른 다리와 번뜩이는 작은 눈에 혀짤배기소리로 말하는 사람으로, 그리고 헤르미아스라는 이름의 환관이자 이전에 노예였던 아타르네우스 참주의 연인이 된 사람으로 묘사했을 때 화가 났다. 디오게네스는 아리스토텔레스가 이 관계로 인해 불경죄로 기소되자 음독자살했다고 주장했다. "이것은 당시 부당한 중상모략을 분쇄하는 손쉬운 방법이었다"라고 디오게네스는 빈정거림이 뚝뚝 묻어나는 말투로 썼다.[27]

브루니는 디오게네스의 악의적인 주장을 반박하기 위해 (아니 그보다는 그냥 무시해버리기 위해) 스스로가 쓴 아리스토텔레스 전기로 그를 변호하고자 용감하게 나섰다.[28] 그는 아리스토텔레스가 사람들이 문명사회에서 어떻게 다 함께 살아갈 수 있는지를 가르쳐주는 더 뛰어난 안내자라고 여겼다. 반면에 플라톤은 위험한 사상가, "우리의 관습과 삶의 방식에 전적으로 어긋나는 의견들"[29]을 옹호하는 사람이었다. 브루니는 특히 《공화국》 5권에서 제시된 제안에 불쾌해했다. 플라톤은 "여자들은 모든 남성들의 공동 소유가 되어야 한다. 어느 여자도 남자와 사사로이 살아서는 안 된다. 그들의 자식들도 공동 소유이며 어느 부모도 누가 자기 자식인지 모르고 어느 자식도 누가 자기 부모인지 몰라야 한다"[30]라고 주장한 것이다. 플라톤의 《공화국》이 크리솔로라스에 의해 "형편없이 번역되었다"라고 비판한[31] 브루니는 그럼 그만의 번역본을 내놓으라는 요청을 받았다. 그는 단칼에 거절했다. 그 책에는 서양의 도덕관념에 비췄을 때 불쾌한 사상들이 너무 많다고 믿었기 때문이다.

플라톤에 대해 그러한 의구심을 품은 사람이 레오나르도 브루니가 처음은 아니었다. 모든 이교도 철학자들 가운데 당대의 플라톤주의자들이 기독교도에 가장 가깝다고 성 아우구스티누스가 《신국론》에서 펼친 유명한 주장과, 플라톤 철학이 "기독교 신앙과 대체로 일치한다"라는 암브로조 트라베르사리의 확신에도 불구하고 부도덕성과 이단에 대한 의혹은 플라톤 저작 주변을 오랫동안 휘감았다. 최초로 완역된 대화편인 《메논》과 《파이돈》은 확연한 신학적 위반 때문에 그다지 연구되지 못했다. 이를테면 《메논》은 인간의 탄생 이전부터 영혼의 선재先在를 전제하는 한편, 《파이돈》은 육체의 부활을 부정했다. 《파이드로스》,

《리시스》, 《카르미데스》 같은 플라톤의 다른 저작들은 동성애적 감정과 애정을 암시하는 한편, 소크라테스는 다양한 대화편에서 자신이 다이몬에게 귀를 기울였다고 자랑했는데, 이 때문에 "새로운 신성들을 도입했다"라는 죄목으로 재판을 받게 되고 결국에는 독미나리 즙이 든 잔을 들이켜야 했다.[32]

동성애와 이단은 제쳐두더라도 플라톤은 정치적 자유와 민중 정부에 대한 헌신을 오랫동안 자랑스레 여겨온 피렌체 사람들에게 호소력을 갖기에는 놀라운 철학자였다. 플라톤은 아테네의 민주적 문화와 날카롭게 대립하는 귀족 속물이었다. 과두 지배층 가문에서 태어난 그는 동시대의 크세노폰이, 아테네 민주정이 전복된 뒤 집권한 '30인 참주' 통치위원회 가운데 가장 도둑놈 같고 흉악하고 폭력적이라고 일컬은 크리티아스의 조카였다. 크리티아스와 (플라톤의 또 다른 삼촌 카르미데스를 비롯한) 그의 패거리가 기원전 403년에 아테네를 장악한 뒤 8개월 동안 공포정치를 폈을 때 수천 명이 목숨을 잃었다. 플라톤은 이 지배에 환멸을 느끼게 되었지만 기원전 399년에 소크라테스를 죽음으로 몰아넣은 민주주의자들의 권력 복귀에도 마찬가지로 환멸을 느꼈다. 소크라테스의 죄목은 명목상으로 새로운 신을 들먹이고 아테네 젊은이들을 타락시켰다는 것이었지만 크리티아스, 카르미데스와의 인맥이 눈엣가시가 되었을 공산이 더 크다. 민주 정부를 어느 때보다 미심쩍어 하게 된 플라톤은 정치가 제어되지 않고 비합리적인 격정들의 작용이라고 간주하게 되었다.

아테네의 쇠퇴에 대한 플라톤의 반응은 시민의 참여 의식과 애국적인 시정 참여와 같은 피렌체의 이상들과 퍽 달랐다. 그의 처방은 정치 세계로부터의 후퇴와 아테네로부터의 자발적 유배였다. 그는 영구불변한 이

데아 영역으로의 상승—《공화국》에서 "위로 향하는 영혼의 여정"[33]이라고 부른 여정—을 통해 감각에 의해 속박된 평민들의 무지와 혼란으로부터 벗어나길 원했다. 그러한 행위는 제대로 교육을 받았고 그다음 아내와 자식, 재산을 공유하는 것과 같은 실천들(브루니를 그토록 경악하게 했고, 20세기에는 사적 소유의 폐지에 기겁한 반공주의자들을 공포에 빠뜨린)을 통해 그러한 임무에 준비된 극소수의 사람에게만 가능했다.[34] 그는 또한 "진실을 따르는 것"을 사랑하는 사람—지혜와 권력을 통합할 수 있고 따라서 정의를 인식하고 올바르게 집행할 수 있는 특별한 사람인 철인왕(또는 정말이지 철인여왕)—으로 정의된 철학자의 통치를 요청했다. 하지만 그러한 사람은 "매우 드물다"[35]라고 플라톤은 믿었다.

플라톤이 제시한 문제나 딜레마가 무엇이든 간에 플레톤과 과거 그의 제자인 바실리오스 베사리온—스승보다 훨씬 더 만만찮은 지성인—이 피렌체에 도착함에 따라 그 철학자는 새롭고 강력한 옹호자들을 얻었다. 바야흐로 플라톤은 아리스토텔레스의 그늘에서 빠져나올 참이었다. 사실 여태까지 플라톤을 둘러싼 논쟁의 대부분은 스승을 트집 잡는 아리스토텔레스의 논평에 의해 규정되어왔다. 플레톤의 《플라톤과 아리스토텔레스의 차이점에 관하여》는 아리스토텔레스의 비판을 샅샅이 검토함으로써 플라톤을 (특히 그의 형상론을) 결연히 변호했다. 플레톤은 스승에 대한 지적인 부채를 인정하지 않은 오만과, 플라톤이 아직 살아 있을 때 아카데미에서 떨어져 나와 새로운 학파를 세운 야심을 거론하며 아리스토텔레스를 공박했다. 그는 아리스토텔레스가 궤변을 늘어놓으며, 부주의한 이들을 혼란시키기 위해 애매모호한 단어들을 사용했다고 비난했다. 플레톤도 그가 굴이나 배아 같은 사물들에 주의를 돌렸을 때는 유능했다고 인정했지만, 자질구레한 사물에 대한 이러한 예리한 시선은 벌건 대낮에는 앞을 못 보는 박쥐의 시각과 같다고 비꼬았다.[36]

신新이교도인 플레톤은 플라톤과 아리스토텔레스를 대립시킬 때 다른 속셈이 있었다. 라틴인과 그리스인의 통합에 대한 제안을 반대하는 그는 로마 가톨릭교회의 지적 체계를 허물어뜨리길 희망했고, 그가 제대로 인식한 대로 그 체계는 아퀴나스와 여타 신학자들 덕분에 아리스토텔레스적 토대 위에 세워진 것이었다. 그는 전통적인 철학적 위계를 뒤집으면서 플라톤의 경건성을 강조한 반면, 아리스토텔레스는 무신론자로 그렸다. 그는 아리스토텔레스에게 원동자Prime Mover — 우주의 모든 운동의 제1원인 — 는 하나의 천상계에서만 존재하며, 이것은 만물 위에 주재하는 신이라는 기독교적 관념을 허물어뜨린다고 지적했다. 그는 형상에 대한 거부는 영원한 실체들substances의 존재를 부정하는 것과 마찬가지라고 주장하여 형상에 대한 아리스토텔레스의 공격을 반박했다. 마지막으로 플레톤은 아리스토텔레스가 다양한 신성들에 말로는 경의를 표했을지 몰라도 궁극적으로는 무신론자라고 주장했다. 반면 플라톤은 신을 "만물 위에 존재하는 보편적 군주, (…) 시초들의 시초, 창조자들의 창조자"[37]로 이해했다.

소수의 학계 사람들을 제외하면 그리스어로 작성된 플레톤의 소고를 읽을 수 있는 사람은 거의 없었다. 하지만 그는 이같이 충격적이고 급진적인 시각을 체사리니 추기경의 궁에서 행한 비공개 강의에서 자세히 설명했고, 거기서 트라베르사리나 다른 그리스어 사용자들이 코시모 같은 방청객을 위해 강의 내용을 번역했다. 플레톤의 아리스토텔레스 해체, 그리고 더 나아가 중세 기독교 신앙 체계의 토대 흔들기는 길

피렌체 서점 이야기

고 더 흥미진진한 과정의 시작을 알렸다. 비록 그 자신은 권위에 대한 호소를 설득력 없는 논증이라고 취급했지만 아리스토텔레스는 아이러니하게도 의심할 여지없는 궁극적 권위로 취급되어왔다. 그는 단테가 주장한 대로 "보편적인 힘"을 휘둘렀고 그의 논증들은 다른 출전들의 논증을 폄하하거나 반증하는 데 활용되었다. 아리스토텔레스의 권위를 무너뜨린 것은 일반적으로 1632년에 갈릴레오가《두 가지 주요 우주 체계에 관한 대화》에서 신경 다발이 뇌에서 뻗어 나온다는 엄연한 해부학적 증거에도 불구하고 신경의 발단이 되는 지점에 관한 아리스토텔레스의 의견을 수용하는 편을 택한 어느 철학자를 패러디했을 때로 여겨진다. 여기서 철학자는 절개된 시신 위로 몸을 숙인 채 해부학자에게 말한다. "당신이 이 문제를 너무도 명명백백하게, 그리고 손으로 만질 듯이 볼 수 있게 해줘서 만약 아리스토텔레스의 문헌이 눈앞의 광경에 반하여 신경은 심장에서 시작된다고 분명하게 서술하지만 않았어도 나는 이것이 사실이라고 어쩔 수 없이 인정해야 했을 것이다."[38]

하지만 이보다 대략 2세기 전에 플레톤은 체사리니 추기경의 궁에서 자신의 필사본과 강의를 통해 의문을 제기할 수 없는 권위, 실제로 서양 기독교권의 지적 버팀목이 된 철학자를 과감히 공격했다. 이로써 철학적 질문과 가능성들에 대한 좀 더 제약 없는 탐구를 향한 길이 열리기 시작했고, 이러한 탐구는 문화 지형에 걸쳐 깊고도 지울 수 없는 발자취를 남기게 된다.

역사는 체사리니 추기경의 궁에서 열린 비공개 강연에 누가 참석했는지 기록을 남기지 않았다. 어느 그리스인 아리스토텔레스 학자(그러므로 플레톤의 앙숙)는 플레톤이 피렌체에서 "그가 춤에 대해 아는 것만큼 철학을 아는 사람들"[39]에게 둘러싸여 있었다고 주장했는데, 그 말인즉

슨 그 사람들이 정말이지 철학에 관해 아는 게 거의 없었다는 소리다. 베스파시아노는 이러한 철학 초짜 가운데 한 명이었을지도 모른다. 이 시기에 체사리니는 그를 알고 있었으므로 교육과 안녕에 관심이 있는 젊은이를 이 존경받는 스승에게 소개하는 일은 자연스러웠을 것이다. 다른 한편으로 베스파시아노는 자신의 저술 어디에서도 플레톤을 언급하지 않았는데, 그가 수염이 무성한 비잔티움 현자를 만났다면 분명히 강한 인상을 받았을 것이기에 이해할 수 없는 누락이다.

베스파시아노는 피렌체 공의회에 온 다른 누군가와 실제로 안면을 트게 되었는데, 저명한 학자이자 성직자인 파도바의 대주교 피에로 도나티였다. 베스파시아노는 나중에 도나티를 "민법과 종교법, 인문학에 정통한 베네치아 신사"라고 묘사했다. 게다가 그는 베스파시아노가 "거대한 서적 컬렉션"[40]이라고 부른 것을 소유하고 있었다. 도나티 대주교는 실제로 유럽 최대, 최고의 개인 컬렉션 가운데 하나인 300편이 넘는 필사본을 소장한 열렬한 애서가였다. 교황을 대표해 독일과 스위스 곳곳을 여행하는 동안 그는 슈파이어 대성당 도서관에서 테렌스라는 서기가 그를 위해 필사해준 고대 지리학 저술인 카롤링거 필사본과 같은 다양한 필사본을 새롭게 발굴해냈다. 그는 젊은 베스파시아노를 포조 브라촐리니 같은 친구이자 동료 책벌레들의 소개로 서적상 거리에서 처음 만났을 것이다. 다음 몇 년 사이에 그는 젊은 서적상의 초창기 주요 고객이 된다.

1439년 여름에 동방에서 온 대표단은 피렌체에서 하나둘씩 빠져나와 귀환 여정에 올랐다. 유성과 울부짖는 개는 정확한 전조로 드러났다. 최소한 동방과 서방의 통합과 관련해서 피렌체 공의회는 성과가 거의 없었던 것이다.

물론 7월 5일에 통일 칙령이 서명되고, 7월 6일에 산타 마리아 델 피오레 대성당에서 엄숙한 미사를 거행한 뒤 체사리니 추기경이 교황 칙서 〈라이텐투르 카일리 Laetentur caeli〉를 낭독하고, 바실리오스 베사리온이 그리스어로 동일한 내용을 반복하기는 했다. 두 사람은 "하늘과 땅은 크게 기뻐하라"라고 선언했다. 하지만 다수의 비잔티움 사람들은 누룩을 넣지 않은 빵으로 성체Host를 받는 것을 거부함으로써 축하를 외면했다. 막강한 베사리온을 필두로 하는 통합 찬성파와 플레톤의 또 다른 제자인 에페소스 총대주교 마르코스 에우게니코스가 이끄는 통합 반대파로 깊이 분열된 비잔티움 대표단에는 험악한 분위기가 감돌았다. 6월 10일, 그동안 몸이 좋지 않았던 일흔아홉 살의 콘스탄티노플 총대주교 이오시프 2세가 산타 마리아 노벨라 대성당의 거처에서 숨지면서 비극이 발생했다. 그의 마지막 행위는 유언장 작성이었는데, 유언장에서 그는 교황의 권위를 비롯해 "우리 주 예수 그리스도의 가톨릭 사도 교회, 상위의 로마 교회가 옳다고 믿고 가르치는 모든 것"에 동의한다고 선언했다.[41]

베스파시아노 같은 젊은 서적상에게 피렌체 공의회는 많은 참석자들의 이국적인 복장과 수염, 심지어 통일령 서명과 같은 이유를 넘어서는 흥미진진한 행사였을 것이다. 논쟁으로 점철된 이 몇 달 동안 얼굴을 비춘 많은 책들은 제왕들의 도서관을 장식하거나 일상생활의 근심, 걱정으로부터 잠시 벗어나게 해주는 것을 훨씬 뛰어넘는 역할을 했다. 실제로 극히 중요한 종교적·정치적 사안들, 여러 국가의 운명이 고대의 지혜를 담고 있는 이러한 필사본들에 달려 있었다. 사람들이 양피지 한 장 한 장을 그렇게 면밀하게, 걱정스레, 전문적인 주의를 기울여 뜯어본 적은 좀처럼 없었다. 다양한 언어에 능통한 많은 학자들이 두툼한 필사본을 잔뜩 짊어지고서 한자리에 모였다는 것은 고대 문헌들의 권위를 검토하고 거기에 이의를 제기하고, 번역의 정확성을 살펴볼 기회였다는 뜻이다. 공의회의 학자들은 얼마나 해석이 중요한지, 특정 대목의 그리스어 단어나 표현을 어떻게 읽는지, 그리고 이 단어와 표현들이 어떻게 정의되고 라틴어로 번역되는지에 대해 지적했다. 동일 작품의 여러 필사본들을 비교해보고 대조함으로써, 어느 필사본이 진짜로 오래되었고 어느 것이 근래의 사본인지, 어느 필사본을 신뢰할 수 있고 어느 필사본이 실수로 변질되었거나 아니면 의도적인 수정이나 가필이 이루어졌는지 판단하는 것이 가능해졌다.

오래된 최상의 출전을 찾아내는 것이야 말로 신학적 논쟁에서 이기는 열쇠였다. 공의회를 앞두고 라틴인들은 인용문을 확인할 수 있고 자신들의 입장을 뒷받침해주는 그리스 필사본들을 찾아내도록 도미니크회 신학자 라구사의 이반을 콘스탄티노플로 파견했다. 그는 11세기와 12세기에 나온 아름다운 채식 사본을 비롯해 일부 책은 구매했지만 다른 일부 책들은 비잔티움 수도사를 기용해 사본을 제작했다. 한편 비잔티움 대표단을 이탈리아로 데려오는 배에는 쿠사의 니콜라우스(체사리니 추기경의 이전 제자)가 획득한 필사본 컬렉션이 잔뜩 실려 있었다. 그도 마찬가지로 콘스탄티노플의 시장과 수도원들을 이 잡듯이 뒤졌다. 증거로 쓰기 위해 피렌체로 보내진 이 저작들 다수는 암브로조 트라베르사리에 의해 라틴어로 번역되었다.

트라베르사리는 성심을 다하는 학자였다. 1424년부터 1433년까지 10년의 태반이 걸린 과업인 디오게네스 라에르티오스를 번역할 때 그는 그리스어 코덱스 두 판본을 주의 깊게 비교해봤다. 어느 쪽도 딱히 신뢰하기 어렵다고 판단한 그는 세 번째 판본, 14세기 비잔티움 필사본을 보내달라고 요청했다. 이런 종류의 판본 감별과 번역에 대한 미묘한 접근은 피렌체에서 신학 논쟁을 벌이는 동안 필수불가결해진다. 예를 들어 라틴인 대표단의 조반니 다 몬테네로라는 도미니크회 신학자가 성령은 성부와 성자 양쪽에서 나온다고 주장하면서 트라베르사리가 번역한 살라미스의 에피파니우스의 한 대목을 근거로 내놓았을 때 마르코스 에우게니코스는 반발했다. 그는 잘못된 가필로 망가지고 오염된 필사본의 부산물인 트라베르사리의 번역이 틀렸다고 주장했다.[42]

라틴인들도 오류를 잡아내고 더 진본에 가까운 고대 문헌들의 권위에 호소하는 데 똑같이 능숙했다. 또 다른 토론에서 조반니 다 몬테네로는 마찬가지로 성령에 관한 라틴인들의 논증을 입증하는 것처럼 보이는 성 바실레이오스의 《에우노미우스에 반하여Against Eunomius》에서 한 대목을 인용했고, 에우게니코스는 다시금 반박했다. 그는 피렌체와 콘스탄티노플 양쪽에서 돌아다니고 있는 《에우노미우스에 반하여》의 몇몇 필사본들에 실제로 그 대목이 있다는 사실은 인정했지만 문제가 되는 그 표현은 라틴인들이 고의적으로 손을 댄 결과라고 주장했다. "당신네 교리를 옹호하는 누군가에 의해 이 대목은 의도적으로 변질되었을 가능성이 매우 높다"라고 에우게니코스는 단언했다. 콘스탄티노플에서는 "성부聖父의 의미와 표현이 변하지 않은"[43] 사본을 수천 부 찾아볼 수 있다는 것이다. 이번에는 조반니 다 몬테네로가 인상적인 방어 능력을 선보일 차례였다. 그는 자신이 인용한 필사본은 600년 전―라틴 교회와 그리스 교회가 분열되기 오래전에 기인한―의 것이며 최근에야 콘스탄티노플에서 가져온 것이라고 주장했다. 성 바실레이오스의 진짜 주장이라는 그 권위는 흠잡을 데가 없었다.

조반니 다 몬테네로의 필사본과 그의 논증은 (플레톤과 달리) 통합의 발상에 언제나 동조적이었던 베사리온의 마음을 이내 얻어냈다. 베사리온은 두 교회 간 화해의 열쇠는 플라톤에 대한 올바른 이해에서 찾을 수 있다고 믿었다. 플라톤에게는 일상적인 감각-경험 영역 너머에 형상계가 존재했고, 언어 자체와 같은 상징을 비롯해 외적 양상들과 지상의 양상들은 형상계에 대한 한낱 그리고 빈약한 표상일 뿐이었다. 말로써 이 신성한 영역을 정확하게 묘사하거나 설명하는 것은 도저히 불가능하다. 아리스토텔레스주의자들의 논리와 이성은 감각-경험의 영역—플레톤이 굴과 배아의 세계라고 아무렇지 않게 무시해버린 영역—에서만 진정한 거처를 찾을 수 있다. 서양 기독교가 의존하고 있는 아리스토텔레스 철학은 그러므로 표현 불가능한 진리와 영원한 진실을 추구하는 탐구 활동에 그릇된 출발점을 제공한다. 신경, 전례문, 교리들의 어색한 자구들. 그런 것들은 플라톤의 동굴 벽에 비친 그림자일 뿐이다. 아리스토텔레스 철학의 틀에 갇힌 논쟁들은 올바른 형상에 접근하거나 그것을 포착하길 기대할 수 없다.

다른 한편으로 여기저기 흩어진 차이점들을 끌어안는 통일에 대한 믿음을 간직한 플라톤 철학은 그리스인과 라틴인 간의 화합을 이끌어낼 더 유망한 기회를 제공했다. 베사리온과 트라베르사리는 그에 따라 성령의 발출(흘러나옴)이라는 골치 아픈 문제에 대한 타협을 이끌어냈다. 두 사람은 동방과 서방의 성인들이 동일한 성령의 영감을 받았으므로 이 성령이 성부와 성자한테서 나온 것인지 아니면 성부한테서만 나온 것인지는 그다지 중요하지 않다는 논법을 들고 나왔다. 그것은 결국 의미론의 문제, 다시 말해 '로부터ἐκ'와 '통해서διά'가 같은 것을 뜻하는지를 믿느냐 마느냐의 문제였다. 베사리온이 또 다른 논쟁의 맥락에서 표현한 대로 양측은 "내용에서는 동의하고 오로지 표현에서만 달랐다."[44]

하지만 에우게니코스는 그 타협을 반박하고 통일령에 서명하기를 거부했다. 그리스 대표단 전원이 그렇게 비타협적이지는 않았지만 일부의 경우 통일령에 서명한 비잔티움인들은 귀국한 뒤 적대감을 샀다. 러시아에서는 저명한 통합론자로서 전에 플레톤의 제자였던 키이우의 이시도르가 특히나 험한 대접을 받았다. 그는 라틴십자가를 뒤에 짊어지고 모스크바에 입성하면서—다소 외교적 수완이 없는 제스처로서—강경파 반통합론자 수도사를 쇠사슬에 묶어 끌고 왔다. 통합에 반대한 모스크바 대공 바실리 2세는 이시도르를 이단이자 영혼을 타락시키는 자로 규정해 재빨리 감옥에 처넣었다.

플레톤으로 말하자면 그는 이오시프 2세의 장례식이 끝난 뒤 6월 중순에 피렌체를 떠났다. 그가 떠난 자리에는 플라톤 전작 필사본이 남겨졌다. 필경사이자 학자이며 성 굴리엘무스〔베네딕트회의 분파〕 은자인 크리스토포루스 페르소나가 그 필사본을 베껴 적었다. 크리스토포루스는 1416년에 로마에서 태어났지만 그리스를 두루두루 여행했고 그리스어에 매우 유창해서 그리스인들조차 그를 현지인으로 착각할 정도였다. 그리스어로 적힌 이 필사본이 플레톤이 이탈리아로 가져온 원본인지 아니면 그의 필사본을 당시 키이우의 이시도르의 일행으로 참석했던 크리스토포루스가 다시 베껴 적은 사본인지는 확실치 않다. 하지만 분명한 사실은 1439년 여름에 이르자 그 필사본이 코시모 데 메디치의 수중에 있었다는 것이다.

6장

책 탐식가 베스파시아노

피렌체 공의회가 열린 지 몇 년이 지난 어느 날 피렌체에서 남동쪽으로
약 70킬로미터 떨어진 아레초에 있는 어느 베네딕트회 수도원에서 한
수도사가 친구에게 필사본 한 편을 옮겨 쓸 계획을 설명하는 편지를 썼
다. 수도사 지롤라모 알리오티는 산타 플로라의 수도원장으로서 포조
브라촐리니를 비롯한 피렌체의 지혜 애호가들의 친구였다. 그는 이 저
명한 인문주의자들에게 쓴 장문의 편지를 묶은 책을 비롯해 필사본을
제작·수집하면서 스스로를 학자라고 자부하는 편이었다. 하지만 그는
필사본을 수집하는 작업에 난항을 겪곤 했는데 아레초에서는 좋은 서
적상을 눈 씻고 봐도 찾을 수 없었던 것이다. 그는 또한 그 지방 필경사
들의 어설픈 철자법과 처참한 악필을 한탄했다.[1]

알리오티는 친구에게 자신이 고대 저작의 새로운 필사본—고대 로
마에서 나온 역사상 가장 위대한 저술 가운데 한 편의 사본—을 의뢰할
계획이라고 설명했는데 바로 플리니우스의 《자연사》였다. 기원후 23년

120   피렌체 서점 이야기

에 태어난 플리니우스는 기병 장교, 해군 사령관으로 복무하고 고위 공직을 맡으며 국가에 대한 의무라는 로마의 덕성을 구현했다. 그는 무수한 책무들 속에서도 짬을 내어 학술적이고 과학적인 조사를 광범위하게 수행한 대단한 학자이기도 했다. 조카인 소小플리니우스에 따르면 그는 "예리한 지성과 놀라운 집중력과 최소한의 수면만 취하는 능력"[2]이 결합된 인물이었다. 동이 트기 전에 일어나 식사 중에도, 목욕을 마친 뒤 몸을 말리고 마사지할 때도 업무 보고를 받았고 남는 시간은 전부 연구에 헌신했다. 문법과 수사학부터 말 위에서 투창을 던지는 기술에 이르기까지 모든 것에 관한 저술은 그의 아낌없는 근면성의 결과였다. "문필에 평생 헌신해온 누구라도 나의 삼촌 옆에 서면 자신이 잠과 게으름의 노예가 되었다고 느끼며 얼굴을 붉힐 것"[3]이라고 소플리니우스는 자랑스레 말했다.

이 빛나고 생산적인 경력은 고대 로마 최대의 자연 재해가 낳은 화염과 재, 유독한 증기 한복판에서 끝나고 말았다. 79년 8월, 베수비오 화산 위로 우산소나무처럼 생긴 이상한 구름이 솟아오르는 것을 미세눔 자택에서 본 플리니우스는 조카가 일컬은 그의 "학구적 감각"에 자극받아 더 자세히 살펴보기 위해 배를 타고 나폴리만을 가로질러 갔다. 그 구름은 알고 보니 베수비오 화산 폭발의 분출물이었고 폼페이에서 남쪽으로 6.5킬로미터 떨어진 스타비아이 해변에 상륙한 플리니우스는 유독한 연기에 질식사했다.[4]

플리니우스의 저작은 가장 야심찬 대작인 《자연사》를 제외하면 수세기에 걸쳐 전부 소실되었다. 이 작품은 저자 자신이 자랑스레 밝힌 대로 무려 2만 가지 사실—그가 "설명하기에 흥미롭거나 읽기에 재미있는 소재들"[5]이라고 불렀던 것—을 담은 고대 세계의 방대한 지식 백과사전이었다. 그 중에는 다리가 하나뿐이지만 "놀라운 속도로 깡충깡충 뛰어다니는" 사람들과 더운 날씨에는 바닥에 드러누워 거대한 발을 하늘로 치켜들어 그늘을 드리우는 "우산 발"을 가진 사람들처럼 머나먼 곳에 사는 기이한 종족에 관한 이야기도 있었다.[6] 그는 또한 개의 머리를 먹어서 공수병을 치료하는 법과 뱀 이빨로 잇몸을 문지르고 미라를 가루로 빻아 치약으로 사용하여 구강 위생을 개선하는 법과 같은 실용적인 조언도 내놓았다. 탄탄한 젖가슴을 유지하고 싶은 여자들은 거위 지방에 거미줄을 섞어서 가슴에 바르라는 조언도 있었다. 흰머리는 지렁이를 태운 재로 예방할 수 있고, 원치 않는 체모를 제거하고 싶으면 염소젖, 박쥐의 뇌, 고슴도치의 쓸개로 만든 제모제를 쓰면 된다. 독자들이 이러한 '영원〔도마뱀과 비슷하게 생긴 소형 양서류〕 눈알'과 '개구리 발가락' 처방을 얼마나 진지하게 받아들였을지는 알 수 없다. 하지만 이 책은 엄청난 인기를 누렸다. 1400년대 중반에 이르자 약 200개의 필사본 판본이 유럽 전역에 돌아다니고 있었고 가장 오래된 판본은 9세기 것이었다. 당시에는 책이 대량 제작되지 않았으므로 이 200권의 필사본은 한 개별 필사자가 또 다른 개별 필사자의 필사본을 어느 시점에 베껴 적은 반복적인 과정의 산물로서, 서로 조금씩 달랐다. 필사본들은 여러 세기를 거치는 동안 도입된 오류와 부정확한 내용들 탓에 종종 신뢰할 수 없었고, 결함 있는 필사본이 더욱 결함이 많은 판본을 낳음에 따라 문제는 한층 심각해졌다. 그리고 이러한 오류들은 보통 필경사 탓으로 여겨졌다. 학자들은 흔히 알리오티를 그토록 좌절시킨 것과 같은 필경사들의 한심한 실력을 개탄하며 그들의 무지와 무능력을 맹비난했다. 페트라르카는 당대 필경사들의 일처리가 워낙 엉성하고 그들이 내놓는 필사본에 오류가 한가득해서 "저자도 자기 작품을 못 알아볼 것"

이라고 불평했다.[7]

베껴 쓰는 과정에서 필사본에 오류가 생겨나기는 너무 쉬웠다. 새로운 사본을 만들기 위해서 필경사들은 때로 수백 년이나 되었고 자신이 아는 것과는 매우 다른 스타일의 필체를 해독해야 했다. 샤를마뉴 궁정의 필경사들은 아일랜드와 앵글로색슨 수도사들의 필체를 알아보는 데 애를 먹었는데 r과 n, r과 p, n과 p가 특히 헷갈렸다. 그들은 특이한 축약형과 단어 분철〔행 끝에서 다음 행으로 넘어갈 때 단어를 끊는 방식〕 방식에도 적응해야 했을 것이다. 그만큼 헷갈리는 것은 서기만의 속기법이었다. per(~을 통해서), pro(~을 위하여), prae(~전에)는 모두 의아할 만큼 서로 비슷해 보이는 부호들—미묘하게 차이가 나는 구별 기호가 붙은 소문자 p—로 표시되었다. 심지어 누구보다 성심을 다하는 필경사라도 원래 보던 대목에서, 더 아래쪽에 (혹은 맞은편 세로 칸에) 자신이 막 옮겨 적은 단어나 구문과 유사하거나 동일한 단어나 구문으로 어쩌다 시선이 꽂히게 되면, 한 문장이나 심지어 한 문단 전체를 빠뜨리기 십상이었다. '파라블렙시스parablepsis'라고 알려진, 의도하지 않은 건너뛰기 현상 말이다. 샤를마뉴 시대 필경사들을 위한 기도문이 "그들의 손이 실수하지 않도록 (…) 조심하고 (…) 그들의 펜이 올바른 길을 따라 술술 움직이기를"[8]이라고 기원한 것도 놀랄 일이 아니다.

일부 수도회들은 필사본 제작에 엄격한 품질 관리를 실시했다. 이탈리아반도 아래쪽 뒤꿈치에 위치한 바실레이오스회 산 니콜라 디 카솔레 수도원의 이름 난 스크립토리움에서 서투르거나 부주의한 수도사들에게는 불운이 닥치기도 했다. 그리스어 필사본을 올바르게 다루지 않거나 텍스트를 베껴 적다가 조심성 없이 실수를 하면 엄벌이 기다리고 있었다. 규칙서는 130회의 μετανοίας('참회')—굴종을 보인다는 의미에서 배를 대고 납작 엎드리는 행위―를 규정했다. 규칙서는 또한 다음과 같이 명시했다. "만약 순간적으로 화가 나서 펜을 부러뜨리면 참회 30회를 행하라." 올바른 서체를 구사하지 못하는 수도사에게는 더 나쁜 운명이 기다리고 있었다. 그는 이틀간 파문을 당했다.[9]

일부 대학들도 필사본 관리인 역할을 하는 면허 판매상인 스타티오나리우스stationarius라는 수단을 이용해 수업에서 쓰는 필사본의 통일성을 유지하고자 했다. 대학이 엑셈플라리움exemplarium이라고 하는 한 사본을 승인하면, 스타티오나리우스가 필경사나 학생들이 베낄 수 있도록 그 사본을 제본하지 않고 일정 범위만큼 단기간 대여해주었다. 대여해간 사람은 다음에 베낄 범위를 받기 전에 먼저 빌려간 범위를 반납해야 했다. 언제든 한 사람 이상이 필사 작업을 하고 있었으므로 이 시스템은 복사 과정의 속도를 높이고 대학 교과서의 급속한 (그리고 바라건대 오류가 없는) 증대를 가져왔다. 이런 식으로 필사본의 품질을 관리하는 관행은 1200년대에 볼로냐에서 발전했다. 스타티오나리우스라는 표현이 이곳에서 처음 등장했으며, 그 명칭은 판매상이 종이 짐을 잔뜩 지고 거리를 돌아다니는 행상인이 아니라, 고정된 장소에 가게가 있고 대학으로부터 허가를 받은, '머물러 있는stationary' 상인을 일컫는 것이었다.

이를 제외한 유일한 교차 검증과 검토 체계는 의지 결연한 다양한 학자들의 자발적인 노력이 개입된 것이었다. 가장 부지런한 학자들은 텍스트 변질을 찾아내고 새로운 판본에서는 그 변질 사례들을 제거하기 위해 가능한 한 많은 필사본을 참고했다. 고대에는 다름 아닌 아리스토텔레스와 같은 권위자가 알렉산드로스 대왕이 읽을 《일리아스》 사본에서 오류들을 교정했다(알렉산드로스는 그 소중한 두루마리를 머리맡에 단검과 함께 두었다). 성 아우구스티누스도 아들과 두 제자와 함께 베르길리우스의 《아이네이스》 1권 필사본을 검토하고 수정하는 데 온종일을 보내고 나서 다음 3권을 살펴보는 데 또 한 주를 보냈다. 중세의 수도 사들은 종종 필사본에 Legi("내가 그것을 읽었다")나 Emendabi semel deo gratis("전에 내가 이것을 고쳤다. 하느님께 감사")라는 자기만의 확인 표시를 남겼다. 이 일은 퍽 중요한 임무로 여겨져서 11세기에 사망한 빌리람 이라는 어느 독일 수도원장의 묘비에는 Correxi libros("나는 책들을 교정 했노라")라는 비문이 자랑스럽게 새겨져 있을 정도였다.[10]

알리오티는 자신의 플리니우스 《자연사》 필사본을 최대한 오류가 없게 해야겠다고 결심했다. 따라서 그가 자신만의 사본을 제작하기 위해 찾아야만 하는 것은 모본母本, 즉 학자들이 가장 믿을 만하고 권위 있다고 합의한 플리니우스 필사본, 필사상의 오류와 무능한 편집상의 개입으로 인한 텍스트 변질이 가장 적은 판본이었다.

알리오티는 이 어려운 과제에서 누구에게 도움을 구해야 할지 정확히 알고 있었다. "우리 베스파시아노는 그런 일에 최상의 안내자다"라고 그는 1446년에 친구에게 보내는 편지에 썼다.[11]

"베스파시아노 노스테르 퀴 에스트 옵티무스 후이우스 레이 엑스플로라토르Vespasiano noster qui est optimus huius rei explorator." 이 문장은 놀랍다. 알리오티 수도원장은 이 편지를 1446년, 베스파시아노가 20대 중반일 때 썼다. 분명 그 젊은이는 10여 년 전에 서적상 거리에서 일을 시작한 이래로 대단한 명성을 쌓은 모양이었다. 그는 더 이상 과르두치의 뒷방에서 활톱과 망치를 힘겹게 휘두르거나 양피지 낱장들을 꿰매고 있지는 않았다. 그는 심지어 그렇게 젊은 나이에, 그리고 피렌체처럼 쟁쟁한 학자들이 많은 도시에서 고대 작가 필사본의 전문가로 인정받았다.

고대 작가들에 대한 베스파시아노의 전문성은 이 시기에 이르자 아리스토텔레스와 플라톤도 아울렀다. 같은 해에 피렌체 바깥 시골에 체류하던 한 학자가 레오나르도 브루니 번역판 플라톤의 《파이돈》 필사본을 반납하고 그에게 《티마이오스》의 모본을 찾아줄 것을 부탁했다.[12] 그리고 1446년에 베스파시아노는 브루니가 번역한 아리스토텔레스의 《니코마코스 윤리학》의 중고 필사본을 5플로린에 장 주프루아라는 서른네 살의 학구적인 프랑스인 수도사에게 팔았다. 피렌체 외곽의 소형 가옥 한 채를 1년에 몇 플로린이면 임대할 수 있고 가게의 심부름꾼 소년—베스파시아노가 고작 10년 전이나 그보다 더 전에 그랬던 것처럼—의 연봉이 4플로린이었음을 감안하면 5플로린은 괜찮은 액수였다.[13]

베스파시아노가 그렇게 짧은 기간에 어떻게 대단한 실력을 쌓았는지는 여전히 수수께끼 같은 구석이 있다. 구할 수 있는 플리니우스 《박물지》의 다양한 필사본들을 비교·대조하고 품질을 평가하기란 굉장히 힘든 작업이었을 것이다. 베스파시아노는 당시 남아 있던 약 200부의 필사본 가운데 기껏해야 몇 안 되는 사본들만 구경할 수 있었을 것이다(몇 년 뒤에 인맥이 좋고 자원이 풍부한 어느 피렌체 학자도 총 다섯 가지 플리니우스 필사본을 살펴볼 수 있었다).[14] 심지어 조그만 견본만 대조해봐도 사본들 사이에 무수한 차이들이 드러났을 것이다.

베스파시아노의 전문성은 필시 힘겹게 얻어졌을 것이다. 그는 고대 작가들에 대해 최대한 많이 알아야 했다. 다시 말해 플리니우스와 플루타르코스를, 대플리니우스와 소플리니우스를 바로 구별할 줄 알아야 했다. 필사본의 품질과 소재所在에 대한 지식을 쌓으려면 수많은 방대한 컬렉션들에 접근할 수 있어야 했다. 포조와 조반니 아우리스파는 독일과 콘스탄티노플의 수도원들을 뒤졌던 데 반해 베스파시아노의 필사본 사냥은 이탈리아에 훨씬 더 국한되어 있었지만 그들 못지않게 끈질긴 탐색 작업과 필사본 주인들을 살살 구슬려 마음을 열게 하는 작업이 요구되었다. 니콜리의 컬렉션은 분명 그의 생전과 사후에 어느 때나 접근 가능했다. 1440년대 중반에 이르면 다른 유명한 컬렉션 두 군데에서 나온 필사본에도 접근할 수 있게 되었는데, 콜루초 살루타티 컬렉션과 1444년에 사망한 레오나르도 브루니의 컬렉션이었다. 두 유산 상속인들은 베스파시아노에게 자신들을 대신해 필사본들을 매각하는 일—그와 같은 젊은이에게는 틀림없이 엄청난 성공이었을 일—을 허락했다.[15]

그가 자유롭게 이용할 수 있는 또 다른 훌륭한 컬렉션은 서적상 거리, 과르두치의 책방 바로 맞은편에 있는 베네딕트회 수도원 바디아에서 찾을 수 있었다. 바디아에는 스크립토리움뿐만 아니라 그리스어와 라틴어 고전 280권가량을 소장한 훌륭한 도서관도 있었다. 이 작품들은 안토니오 코르비넬리라는 수집가가 기증한 덕분에 수도원으로 오게 되었다.[16] 예전에 마누엘 크리솔로라스의 학생이었던 코르비넬리는 니콜리와 포조 같은 수집가 및 학자들과 친구였다. 1425년 여름 그의 별세에 사람들은 몹시 애석해했다. 하지만 수도사들에게 장서를 기증하기로 한 결정에 대해 포조는 격노했는데, 바디아의 "두 발 당나귀들"이 너무 무식해서 이 귀중한 책들을 이해하기는커녕 읽을 줄도 모른다고 믿었기 때문이다. 그 유증은 "멍청한 짓거리"이자 안타깝게도 서적들을 "먼지와 벌레들"[17]에 바치는 일이었다고 포조는 한탄했다. 다행히도 이후에 수도사들이 다년간 베스파시아노에게 모본을 선뜻 제공해주었으므로 귀중한 컬렉션은 수도원에서 곰팡이가 슬어가는 운명을 피하게 된다.

베스파시아노는 친구들로 이루어진 넓은 인맥을 비롯해 다른 자원들도 보유했는데, 그들은 필사본과 그 소재에 관한 조언을 구할 수 있는 학자들이었다. 그다음으로 그는 서적상 거리를 따라 자리 잡은 다른 서점들에 문의했을지도 모른다. 베스파시아노 다음으로 가장 중요한 서적상 두 사람은 근처에 있었다. 과르두치와 마찬가지로 바디아로부터 건물을 세낸 차노비 디 마리아노와, 과르두치의 이전 파트너로서 바로 옆집에 가게를 두었으며 다년간에 걸쳐 포조와 니콜리에게 필사본을 판매해온 피에로 베투치가 그들이다. 마지막으로 비록 과르두치는 제본이 전문이었지만 베스파시아노에 대한 그의 영향을 무시해서는 안 되며, 십중팔구 도서 입수에 훌륭한 멘토였을 것이다.

베스파시아노의 능력이 그 정도로 특출했으므로 고객들은 이제 필사본에 관한 조언을 듣기 위해 과르두치 대신 그를 찾았다. 알려진 최초의 단독 판매는 1442년, 그가 간신히 약관에 이르렀을 때 이루어졌다. 그의 의뢰인은 파도바의 대주교 피에로 도나티였다. 베스파시아노는 피렌체 공의회에서 그를 만난 적이 있고 "거대한 장서 컬렉션"을 보유한 쟁쟁한 학자인 그를 위해 어느 필사본을 찾아주는 (또는 새 필사본을 하나 제작해주는) 일을 맡았다.

대주교가 베스파시아노한테 의뢰한 책은 페트루스 코메스토르의 《히스토리아 스콜라스티카Historia Scholastica》로, 원래 파리 노트르담 대성당 학교의 학생들을 대상으로 1170년경에 작성된 성경 속 이야기들을 모아놓은 인기 있는 전서全書였다. 코메스토르는 '탐식가'란 뜻의 라틴어로 저자의 별명이었다. 프랑스에서는 피에르 르 망죄르로, 이탈리아에서는 피에트로 만자도레Pietro Mangiadore—탐식가 피터—로 알려져 있었는데, 책에 대한 그의 왕성한 욕구를 가리키는 표현이었다. 그는 성서뿐만 아니라 많은 히브리어 문헌들을 비롯해 엄청나게 인상적인 수의 여타 출전들도 읽어치우고 완전히 소화함으로써 박학다식하다는 명성을 얻었다.

도나티 대주교는 파도바에 설립하려고 계획 중인 대학의 교재용으로 《히스토리아 스콜라스티카》 필사본을 원했다. 도무스 사피엔티에Domus Sapientie, 즉 '지혜의 집'이라는 이름의 이 대학에서 스무 명의 학생들이 교회법을 배울 예정이었다. 베스파시아노가 대주교를 위해 그냥 중고 필사본을 구해줬는지 아니면 양피지를 구입하고 필경사를 고용해 새 필사본을 제작했는지는 분명하지 않다. 대주교의 그 책은 소실되었는데 나중에 베스파시아노가 매우 애석해하며 설명한 대로 아마도 그의 죽음을 둘러싼 꼴사나운 정황 탓이었던 듯하다. 그는 이 필사본 주문 이후 여러 해 뒤에 파도바에 역병이 들이닥쳐 도시 바깥에 "쾌적한 부동산"을 소유한 대주교가 다수의 소유물을 챙겨 황급히 그곳으로 물러갔다고 설명했다. 그러나 이렇게 조심했음에도 불구하고 대주교 역시 역병에 걸렸다. 그가 죽어가는 동안 식솔들, 친지와 하인들로 이루어진 측근들은 기회를 놓치지 않고 그의 소지품을 모조리 약탈했다.[18]

코메스토르처럼 베스파시아노도 만자도레, 책 탐식가였다. 대주교한테서 의뢰를 받은 뒤 곧이어 더 많은 일감이 들어왔다. 1442년 후반에 그는 또 다른 중요한 수집가인 윌리엄 그레이와 친분을 맺게 되었다. 스물여덟 살의 옥스퍼드 졸업생인 그레이는 근래에 콜로뉴에서 논리학, 철학, 신학을 공부하며 학업을 이어가고 있었다. 콜로뉴대학은 후대의 한 학자가 "삼단논법적 잔꾀와 변증법의 말꼬리 잡기"라고 혀를 찬 분야, 다시 말해 아리스토텔레스 논리학을 전문으로 가르쳤다. 그 후대의 학자는 베르길리우스와 키케로 같은 작가들은 (당대의 무신경한 반유대주의적 표현으로는) "유대인이 돼지고기를 질색하는 것처럼 천대받았다"[19]라고 썼다. 그러므로 그레이는 1442년에 입학 허가를 받은 뒤 알프스를 넘어 이탈리아로 내려가 인문학을 배워야겠다고 결심했는데, 베스파시아노의 말마따나 이탈리아가 "그러한 학문을 추구하기에 가장 좋은 곳임을 알고 있었던" 것이다.[20]

이탈리아로 가는 여정은 쉽지 않은 여행이 될 것 같았다. 베스파시아노는 그레이가 '왕족' 출신, 즉 잉글랜드 국왕 헨리 6세의 친족이었다고 썼다. 그레이의 의붓할머니는 헨리 6세의 증조부인 곤트의 존의 사생아 조앤 보퍼트였다. 그레이는 외가 쪽으로 잉글랜드 북부의 권문세가 중 하나인 웨스트모어랜드 백작가와 남부에서 그만큼 유력한 버킹엄 공작가의 후손이었다. 한편 친가 쪽으로는 교황의 공식 문서에서 그의 삼촌인 런던 주교를 두고 명시한 대로 "백작과 봉건 남작들로 이루어진 고귀한 혈통"[21] 출신이었다. 하지만 그 쟁쟁한 족보도 그레이의 아버지인 토머스 경을 구해주지는 못했다. 결국 그는 국왕 헨리 5세를 해칠 역모를 꾀했다는 죄목으로 1415년에 교수척장분지형[목매달고, 내장을 바르고, 거세하고, 사지를 토막 내고, 참수하는 극형]을 당했다. 셰익스피어의 《헨리 5세》에는 불행한 운명 앞으로 끌려가면서 이 "저주받은 모험"을 뉘우치는 처량한 토머스 경이 등장한다.

그러니까 그레이는 아버지 없이, 하지만 엄청나게 부유한 집안에서 장성했다. 1437년에는 스물두 살에 옥스퍼드 학위를 받은 뒤 마침 그의 삼촌이기도 한 솔즈베리 주교에 의해 사제로 서품되었다. 그다음 유럽에서의 학업과 여행이 그를 기다리고 있었다. 콜로뉴에서 그는 수행원들과 여러 마리 말들에 둘러싸여 호화롭게 살았다. 엄청난 부에 대한 이 같은 명성—그리고 어쩌면 잉글랜드 국왕과 친족 관계라는 풍문—

이 그가 이탈리아로 떠나기로 결심했을 때 문제와 걱정을 야기했다. 그는 콜로뉴의 불한당들이 노상에서 그를 공격하여 재물을 강탈하거나 인질로 삼아 몸값을 뜯어내기 위해 호시탐탐 엿보고 있음을 알고 있었다. 그레이는 묘책을 짜냈다. 그는 병이 난 척 자기 숙소로 왕진 의사를 불렀다. 여러 날 동안 의사가 왕진을 하자 그가 아프다는 소식이 시내로 퍼져나갔다. 그제야 그는 동행자와 함께 망토와 지팡이까지 갖춰서 아일랜드 순례자로 변장하고서 집을 몰래 빠져나와 도시를 벗어났다. 다음 여드레 동안 쇠약해져가는 환자를 치료하는 척하면서 의사가 그레이의 텅 빈 숙소를 계속 찾아가는 사이 그레이와 그의 친구는 강도들로부터 안전거리를 확보했다. "이런 빈틈없는 계획으로 굴리엘모 그라임은 자기 몸을 지켰다"라고 베스파시아노는 썼다.

굴리엘모 그라임—베스파시아노는 그를 그렇게 불렀다—은 자신의 이야기를 베스파시아노에게 직접 들려줬다. 그 역시 책 탐식가였다. 그는 옥스퍼드 재학 시절 그곳의 서적상들로부터 합법적이거나 그렇지 않은 경로를 통해 시중에 나온 12세기, 13세기 수도원 필사본들을 구입하면서 필사본 수집에 뛰어들었다. 콜로뉴에서는 광범위한 가솔 가운데 리처드 볼이라는 필경사를 따로 두어 작품들을 베끼게 함으로써 인상적인 컬렉션을 계속 넓혀갔다. 그레이는 인문 고전 연구를 위해 파도바로 가져갈 책을 구입할 목적으로 피렌체에 도착했다. 그리고 그는 이 컬렉션을 마련하는 일에 정확히 어떻게 착수해야 하는지 알고 있었다. "그는 피렌체에 도착하자마자 나를 불렀다"라고 베스파시아노는 썼다.

그레이는 에우게니우스 4세의 궁정에서 활동한 외교관이자 애서가로서 당시에 자신만의 컬렉션을 구축하고 있던 동포 잉글랜드인 앤드루 홀스로부터 베스파시아노에 관한 이야기를 전해 들었을지도 모른다.

아무튼 간에 1442년에 이르면 베스파시아노의 명성은 이탈리아에 막 도착한 잉글랜드인도 그를 알 정도로 대단했다. 그리고 곧 또 다른 고객, 도나티 대주교나 윌리엄 그레이보다 더 부자이고 더 막강한 인물의 주의를 끌 만큼 대단하기도 했다.

코시모 데 메디치가 에우게니우스 교황과 "미심쩍은 수단으로 획득한" 재부에 대해 근심 어린 대화를 나눈 후 7년 뒤 코시모가 자금을 댄 산 마르코 수도원은 거의 완공되었다. 새 수도원은 1443년 1월, 예수 공현 축일에 에우게니우스 교황이 주재하고(그는 로마로 돌아가기에는 여전히 안전하지 않다고 여겼다) 도시와 교회의 고위 인사들이 참석한 가운데 축성되었다. 도미니크회 수도사들은 실베스트리니파 수도사들이 쫓겨난 자리에 있던 허물어져가는 판잣집에 더는 거주하지 않아도 됐다. 건축가 미켈로초는 매력적인 교회와 널찍한 회랑, 대형 회의실, 길쭉한 식당을 만들어주었다. 심지어 이발사가 능력을 발휘하며 수도사들의 머리를 삭발해줄 수 있는 이발실도 갖추었다. 한 층을 올라가면 기숙사가 있었다. 40개가 넘는 방들은 수도사들이 기도를 드리고 공부하고 잠을 자고 특별한 경우에는 자책질〔채찍이나 회초리로 스스로를 매질하는 고행〕을 하는 데 마음대로 이용할 수 있었다.

성인과 천사에 둘러싸인 황금 보좌에 앉아 있는 성모와 아기 예수가 묘사된 제단화를 포함한 모든 경비는 코시모가 부담했다. 수십 편의 프레스코화가 회의실과 회랑, 복도, 수도실을 장식했다. 이 아름다운 작품들은 전부 스물한 살에 도미니크회에 입회한 뒤 프라 조반니Fra Giovanni(조반니 형제)라는 이름을 취한 상주 수도사인 귀도 디 피에트로가 그렸다. 어느 동료 수도사가 부른 대로 "아주 겸손하고 경건한 사람"인

프라 조반니는 전설에 따르면 회의실에 있는 장엄한 광경의 십자가 위에서 예수의 죽음 같은 장면들을 그릴 때 눈물을 흘렸다고 한다.[22] 조반니는 역사에 프라 안젤리코Fra Angelico('천사 같은 형제')라는 별명으로 더 잘 알려져 있다.

1443년 초 그날, 산 마르코에서 아직까지 완성되지 않은 건물은 도서관뿐이었다. 2년 전 니콜로 니콜리의 유언 집행인들은 도미니크회 수도원을 니콜리의 귀중한 그리스어 및 라틴어 코덱스 수백 권의 보관소로 삼기로 합의했다. 그 코덱스들은 수도사들은 물론 니콜리의 소망에 따라 교육에 열심인 누구나 이용할 수 있게 할 예정이었다. 포조가 니콜리의 장례식 추도사에서 공언한 대로 이 수백 권의 필사본들은 공중에게 커다란 혜택이 될 터였다. "웅변술과 기타 모든 훌륭한 기예를 위한 일종의 훌륭한 집무실이 될 수 있는 공공도서관이 만들어지거나 성사된다면, 그보다 더 멋지고, 더 기분 좋고, 인문학에 알맞고, 지역 사회에 유용한 일이 어디 있겠습니까?"[23] 다시 말해 도서관은 고대 학문의 중심지이자 브루니가 믿은 대로 피렌체를 다른 도시들은 따라올 수 없는 지식의 보고로 만들어주리라.

세계 최고의 지혜를 망라한 도서관을 설립하여 공중이, 혹은 적어도 공중의 절반인 남성이 이용할 수 있도록 하는 꿈은 오래된 것이었다. 코시모와 친구들은 고대 도서관에 관해 읽은 많은 서술들에 영감을 받았다. 플루타르코스 사본을 통해 그들은 기원전 66년에 철학을 사랑하는 로마 장군 루쿨루스가 지휘권을 반납한 뒤 많은 장서를 한곳에 모아서 누구나 볼 수 있게 했으며 그리하여 평범한 로마인들이 "일터에서 즐겁게 벗어나 함께 하루를 보내게" 되었음을 알게 되었다.[24] 수에토니우스로부터 그들은 율리우스 카이사르가 바로에게 공공이 이용할 수 있도록 그리스와 로마 문헌 컬렉션을 구축하는 임무를 맡겨서 루쿨루스에 이어 10년 혹은 20년 뒤에 그와 유사한 일을 계획했음을 알게 되었다. 비록 이 도서관은 지어지지 않았지만 플리니우스의 《자연사》를 통해 그들은 기원전 39년, 카이사르가 죽은 지 5년 뒤에 역사가이자 정치가인 아시니우스 폴리오가 마침내 그 꿈을 실현했음을 알았다. 플리니우스에 따르면 아벤티노 언덕 위 자유의 아트리움에 도서관을 건립함으로써 폴리오는 "천재의 작품들을 공공 재산으로 만들었다."[25] 그것은 정확히 코시모와 니콜리, 그리고 그 친구들의 염원이었다.

고대 로마는 궁극적으로 스무 군데가 넘는 공공도서관을 자랑했다. 로마의 언덕과 포룸 주변에 점점이 박혀 있는 도서관은 신전과 궁전, 포르티코, 심지어 욕장 안에도 있었다. "옛 사람이나 현대의 사람들이 박식한 마음속에 생각해낸 것은 무엇이든 책으로 읽고자 하는 사람들이 살펴볼 수 있도록 개방되어 있다"[26]라고 시인 오비디우스는 행복하게 말했다. 피렌체 인문주의자들은, 마르쿠스 아우렐리우스가 소파에 편안히 기대어 팔라티노 언덕 위 아폴론 신전 도서관에서 빌려온 카토의 저작을 감상했다는 대목을 읽거나, 《아티카의 밤》에서 아울루스 겔리우스가 친구들과 함께 티베리우스의 궁전 내에 도미티아누스가 건립한 도서관에서 느긋이 휴식을 취하곤 했다거나, 평화의 신전에 베스파시아누스가 건립한 도서관에서 루키우스 아일리우스의 저작을 마침내 찾아냈다는 대목을 읽으면서 황홀한 한숨을 내쉬거나, 아니면 부러움에 입술을 깨물지 않았겠는가.

겔리우스는 고대 로마에서 정보 접근이 얼마나 용이했는지를 보여주는 일화를 들려준다. 로마시 바깥 언덕에 있는 티부르를 방문했을 때 그는 한 남자를 만났는데, 기운을 차리기 위해 눈이 녹은 물을 들이키고 있는 겔리우스에게 그 사람은 그 물이 건강에 나쁘다고 말했다. 겔리우스가 그걸 어떻게 아느냐고 묻자 그는 헤라클레스 신전에 있는 "책이 풍부한" 현지 공공도서관으로 가서 아리스토텔레스 책을 한 권 빌리더니 겔리우스에게 융해수融解水가 인간에게는 해롭다고 설명하는 대목을 보여주었다. "그래서 나는 나대로 눈에 대해 즉시 전쟁을 선포했다"라고 겔리우스는 밝혔다.[27]

피렌체인들도 공공도서관을 만들기로 결심했다. 그 목적을 위해 코시모는 니콜리 사후 그의 코덱스 컬렉션을 곧장 입수해 안전하게 보관하고자 산 로렌초 교회 근처 니콜리의 저택에서 조금 떨어진 자신의 궁전으로 실어왔다. 1441년에는 700플로린에 달하는 니콜리의 상당한 빚을 대신 갚음으로써 그의 유산 가운데 장서들을 직접 사들였다. 니콜리의 컬렉션을 산 마르코 수도원에 기증하면서 코시모는 장서들을 수용할 도서관의 건립 비용과 더불어 그 필사본들의 제본 비용도 대기로 약속했다.

다시금 미켈로초가 공사를 의뢰받아 1444년에 길이 45미터, 너비 11미터가량의 웅장한 열람실이 완공되었다. 창턱이 깊이 파인 24개의 창문으로 햇살이 비스듬히 비쳐들었고 서쪽으로 난 창문들 너머로는 코시모가 직접 설계한 정원이 내려다보였다. 벽은 초록색이 눈의 피로를 덜어주기 때문에—코시모와 친구들이 세비야의 이시도루스의 《어원Etymologies》을 읽어서 알고 있는 대로—고대인들이 도서관 벽을 꾸밀 때 사용한 카리스티움 대리석을 모방해 초록색으로 칠했다. 벽에 붙인 대리석 명판에는 산 마르코의 새 도서관이 코시모 데 메디치의 커다란 후의 덕분에 보존된 니콜리의 컬렉션을 소장하고 있다는 글귀를 새겼다.

각 코덱스마다 "가장 학식 높은 사람, 피렌체의 니콜로 니콜리의 유산 Ex hereditate doctissimi viri Nicolai de Nicholis Florentia"이라는 글귀가 박혀 있었다.

수도원과 여타 기관들에 소장된 필사본들은 오늘날과 같이 벽을 따라 줄줄이 늘어선 책장 선반이 아니라 아르마리아armaria라고 하는 캐비닛이나 장롱, 때로는 긴 탁자나 벤치 위에 보관되었다. 코덱스들은 세우지 않고 평평하게 눕혔고, 특별히 귀중한 것은 쇠사슬로 탁자에 고정시켰다. 열람자들은 보고 싶은 책을 가져오는 대신 자신이 책을 찾아가는 방식으로 열람실을 돌아다녔다. 1380년대에 이르자 아시시의 프란체스코회 수도원 도서관에는 쇠사슬에 묶거나 묶지 않은 형태로 필사본 170권을 보관하는 벤치가 18개 있었다. 또 다른 520권의 필사본은 11개의 캐비닛에 보관되었다.[28]

산 마르코 도서관에 있는 니콜리의 책들은 총 64개의 책상에 두 줄로 배치되었는데, 교회의 신도석처럼 생긴 두 줄의 책상들은 긴 중앙 통로와 반원형 아치를 그리는 우아한 석조 기둥과 더불어 도서관에 교회 같은 인상을 주었다. 책상은 열람자가 읽기 편하도록 독서대처럼 기울어져 있었다. 책상 아래에는 선반들이 있어서 이용 중이 아닌 책들을 놔둘 수 있었고, 그 선반들 아래로는 역시 이용자의 편의를 위한 발받침이 있었다. 일부 도서들은 6개월간 대출이 가능했지만 필사본 중에 어떤 책이라도 분실되면 수도사들은 그해가 가기 전에 채워놔야 했다. 만약 수도사들이 한 해 동안 50플로린어치 책―값어치에 따라서는 코덱스 두세 권밖에 안 되는―을 분실할 만큼 매우 부주의하거나 무능한 관리인으로 드러난다면 코시모는 컬렉션 전체를 다른 곳으로 이전하는 방안도 고려하고 있었다.[29]

산 마르코 도서관은 양피지가 가볍게 바스락거리고 깃펜이 사각사각 움직이는 고요하고 평온한 공간이었다. 열람실 안에는 톡 쏘는 향도 감돌았을 텐데 모든 책상이 삼나무로 만들어졌기 때문이다. 삼나무 향은 코덱스의 썩은 내를 가리는 데 도움이 되기 때문에 도서관 건축 자재로 권장되었다. 하기야 서체가 아무리 우아하고 채식과 제본이 아무리 아름다운들 본문 내지는 결국 죽은 동물의 가죽으로 만들어진 것이었다.

도서관이 1444년에 문을 열었을 때 니콜리 컬렉션의 절반에 해당하는 400권만이 선반에 모습을 드러냈다. 여전히 많은 책들이 니콜리가 너그럽게 나눠준 친구들에게 대출 중인 상태였고, 시간이 흐르면서 유산 수탁 관리자들도 다른 책들을 여기저기 빌려주었다. 어떤 것들은 요청을 받아 로마로 보내졌고, 어쩌면 60~70권 정도의 또 다른 책들은 그의 유언장에 명시된 대로 니콜리의 조카딸과 하녀의 지참금을 마련하기 위해 매각돼야 했다.[30] 코시모는 니콜리의 장서 목록을 살펴보고 빠진 책들을 꼼꼼하게 추적해 가능하다면 컬렉션으로 도로 가져오고 불가능하다면 사본을 만들게 했다. 이렇게 하여 니콜리의 필사본들은 점차 복원되었고 삼나무 벤치 위에 자리를 잡았다.

그럼에도 코시모는 여전히 컬렉션에 심각한 빈틈이 있다는 것을 알았다. 성서 주해서, 교회법 책들, 토마스 아퀴나스 작품 등이었다. 니콜리는 이 작품들은 많이 모으지 않았다. "그래서 코시모는 도서관에 빠진 것을 전부 채워 넣기로 했다"라고 베스파시아노는 썼다.[31] 다시 말해 코시모는 산 마르코 도서관을 온갖 분야의 지식을 갖춘 모범적 도서관으로 만들기로 결심했다. 그러므로 그는 톰마소 파렌투첼리라는 친구에게 고개를 돌려, 그러한 도서관─도미니크회에만 그치는 게 아니라 공중에게도 유익할 도서관─에 필요한 저작 목록을 빠짐없이 작성해달라고 부탁했다.

파렌투첼리는 기꺼이 도움을 베풀었다. 그는 지적인 천공에서 환하게 반짝이는 또 하나의 신성, 볼로냐에서 공부한 뒤 1420년대 초에 피렌체 부잣집 자제들의 가정교사가 되기 위해 처음 이곳에 온 사제였다. 명석한 두뇌와 정감 가는 성격으로 그는 금방 윗사람들의 주목을 끌었고 이내 책임이 막중한 볼로냐 주교와 교황 마르티누스 5세 밑에서 일하게 되었다. 로마에서 그와 친구들은 문학적 담소를 나누기 위해 바티칸 근처 야외에서 만나곤 했다. 그가 피렌체에 있을 때마다 피사인들의 지붕 아래서나 미켈레 과르두치의 서점 바깥에서 포조와 레오나르도 브루니 같은 학자들과 즐겁게 토론하기 위해 노새를 타고 거리를 지나가는 모습을 볼 수 있었다.

파렌투첼리의 박식함은 전설적이었다. 베스파시아노에 따르면 그는 성서를 통째로 외우고 있었다. 그는 교부들의 저술을 모두 공부했고 "분야를 막론하고 그리스어나 라틴어 저술 중에 그가 모르는 작가는 거의 없었다." 그는 마르티누스와 나중에는 에우게니우스를 대리해 잉글랜드, 프랑스, 독일, 스위스로 출장을 갈 때마다 필사본을 갖고 돌아오는 열정적인 애서가였다. 본인의 장서 컬렉션도 그 범위와 품질에서 만만치 않았다. 베스파시아노는 파렌투첼리가 최고의 필경사들과 채식사들을 고용하고 그들에게 수고료를 후하게 지불했다고 밝히면서 "그는 모든 주제에 걸쳐 책을 보유했다"라고 썼다.[32] 파렌투첼리는 중고 책도 구입했다. 그의 컬렉션에는 한때 콜루초 살루타티가 소장했던 14세기 중세 철학 필사본도 있었다. 파렌투첼리는 면지에다 살루타티의 상속인들로부터 "베스파시아노의 손을 통해per manum Vespasiani" 그 책을 얻었다고 적어놓았다.[33]

파렌투첼리는 예정대로 코시모를 위해 대형 도서관이라면 반드시 갖추어야 한다고 생각하는 작품 목록을 작성했다. 코시모는 그러므로 산 마르코 도서관을 완전하게 갖추기 위해서 더 많은 필사본을 구입해야만 한다는 것을 깨달았다. 고대 필사본을 찾기 위한 "최고의 안내자"로서 베스파시아노의 조숙한 능력은 그가 스물세 살에 코시모 데 메디치 밑에서 일하게 되었음을 의미했다.

1445년 말 토스카나의 언덕들에 겨울 추위가 한창인 가운데 베스파시아노는 피렌체 서쪽으로 약 70킬로미터 떨어진 루카로 출발했다. 그의 신원 증명서는 그가 코시모 데 메디치의 프로쿠라토레procuratore, 즉 〔조달〕 대리인이라고 밝히고 있었다.[34] 이 지위는 문을 활짝 열어젖히기 마련이라 그는 루카에서 가장 좋은 집인 미켈레 귀니지의 집으로 따뜻하게 환영받았다. 마흔 살의 귀니지는 부유한 비단 상인과 금융가 집안 출신으로 그의 가문의 사업은 플랑드르, 프랑스, 잉글랜드까지 뻗어 있었다. 그가 소유한 재산 가운데는 남부럽지 않은 장서도 포함되어 있었다. 다수의 장서는 1400년부터 1430년 사이에 루카를 통치했던 사촌 파올로한테서 상속받은 것이었고, 파올로는 약종상 겸 서적상인 현지 거래상으로부터 필사본을 구입했었다.[35] 아름다운 궁전과 시골에 보유한 다양한 농장들 외에도 미켈레는 루카에서 가장 유명한 랜드마크를 소유했는데, 흙벽에 오크나무들이 자라나온 성탑이었다.

이 서적 구매 출장은 성공적이었다. 현지 수도원의 프란체스코회 수도사들로부터 베스파시아노는 250플로린에 49권의 필사본을 구입했다. 그 중에는 성서에 관한 무수한 주해와 주석이 달린 책들도 있었다. 하지만 루카 출장에서 구입한 책이 전부 산 마르코 도서관으로 간 것은 아니었다. 베스파시아노는 루카에서 자비를 들여 15권가량의 책을 구입했는데 분명 과르두치의 서점에서 판매할 요량이었을 것이다. 이는 그의 혁신적인 상업적 전략을 보여주는 징표다. 이 필사본들 가운데 적어도 두 권, 키케로의 작품은 귀니지 본인한테서 구입한 것이었다.

산 마르코 도서관의 장서를 갖추는 작업 외에도 베스파시아노는 코시모한테서 또 다른 의뢰를 받았다. 대다수의 코덱스들은 열람자가 값나가는 서책들을 훔쳐가지 못하도록 철책에 부착된 쇠사슬로 책상에 묶어둬야 했다. 베스파시아노는 쇠사슬을 책에 부착하고 제본하는 임무를 맡았다. 그러한 작업은 지적이라기보다는 수공 장인의 육체노동이었을지도 모르지만 베스파시아노는 고객들을 위해 호화로운 장정을 제작하고, 필사본을 아름다운 공예품으로 탈바꿈시키는 일을 즐겼던 듯하다. 그는 소小세네카와는 의견이 달랐는데 세네카는 내용보다는 책의 외양에 더 신경 쓰고, 책을 "배움의 도구가 아니라 응접실의 장식품으로" 이용하는 수집가들을 지탄했었다. 페트라르카도 마찬가지로 집을 꾸미는 장식품처럼 필사본을 모으는 수집가들을 비판했다. 그는 "정신을 가꾸기 위해 고안된 가구로 자기 방을 가꾸는 사람들이 있다. 그들은 코린토스 양식 꽃병을 이용하듯 책을 이용한다"라고 코웃음을 쳤다.[36] 하지만 베스파시아노에게 아름다운 필사본은 정신과 방 둘 다를 아름답게 꾸밀 수 있는 것이었다.

베스파시아노는 구입할 필사본을 찾아서 루카의 산 프란체스코 수도원 도서관의 책상과 서가를 뒤지는 일이나 귀니지의 멋진 컬렉션 가운데 키케로와 여타 작가들의 책을 들여다보는 일을 틀림없이 즐겼을 것이다. 하지만 이때쯤에 그는 이미 다른 사업들, 더는 아니라 해도 그만큼 흡족한 작업에 몰두해 있었다.

잉글랜드 외교관 앤드루 홀스가 이탈리아에서 10여 년을 지낸 뒤 1444년에 고국으로 귀환했다. 베스파시아노에 따르면 이탈리아 체류 시절 동안 그는 대형 필사본 컬렉션을 구축해 책을 배에 실어 잉글랜드로 보내야 했다. 로마 쿠리아에서 헨리 6세의 대표로 온 그의 후임자는 또 다른 해외 체류 잉글랜드인 애서가 윌리엄 그레이였다. 1442년 피렌체를 방문한 뒤 그레이는 파도바에서 인문학 연구를 이어갔고, 국왕의 대리인으로 임명되기 몇 주 전인 1445년 9월에 신학 박사 학위를 받았다. 대표로 임명되자 그는 파도바를 떠나 로마로 갔고, 마침내 에우게니우스 교황은 드센 로마 군중 틈에서 지내도 괜찮겠다고 판단하고서 1443년에 로마로 귀환했다. 하지만 우선 그레이는 중요한 일을 처리하기 위해 피렌체에 들렀다.

홀스처럼 그레이는 키케로 저작의 사본들을 구하고 싶어서 피렌체 첫 방문 당시 베스파시아노에게 키케로 컬렉션을 미리 주문해둔 바 있었다. 키케로는 성 히에로니무스와 성 아우구스티누스 같은 초기 기독교도들, 그리고 천 년 뒤에는 페트라르카에 의해 가장 추앙받는 라틴 작가였다. 페트라르카는 그의 우아한 산문 문체 때문에 다른 모든 작가들 "만큼, 아니 심지어 그들보다 더" 키케로를 높이 평가했다. 키케로는 로마의 고위 행정관, 잘나가는 변호사, 수사학부터 정치학과 철학까지 폭넓은 주제에 관해 글을 쓴 다작의 작가였다. 1300년대와 1400년대 초에 그의 연설문, 서한, 여타 저술의 재발견은 수 세대 동안 학자들을 열광시키고 고무했다. 그 영향은 피렌체, 바로 콜루초 살루타티가 키케로 문체에 대한 찬양과 모방 때문에 키케로니스 시미아Ciceronis simia(키케로의 원숭이)로 알려지게 되는 곳에서 특히 강했다. 그 별명은 칭찬하는

말이었으니, 살루타티와 그의 친구들은 키케로의 라틴어를 최고의 표준으로 간주했기 때문이다.[37]

기원전 106년에 로마에서 남동쪽으로 110킬로미터 떨어진 소읍에서 태어난 마르쿠스 툴리우스 키케로는 전기 작가인 플루타르코스에 따르면, 자신의 제3명을 병아리콩(라틴어로 cicer)의 움푹 들어간 틈처럼 코 한 군데가 움푹 들어간 조상한테서 물려받았다고 한다. 키케로의 총명함은 어려서부터 드러나서 그의 놀라운 학업 성과를 구경하기 위해 어른들이 학교로 몰려들 정도였다. 청소년이 되어 로마에 도착한 그는 두 법정 웅변가 밑에서 공부했고, 능숙한 두 변호사가 포룸에서 변호를 펼치거나 원로원에서 발언하는 동안 그들을 지켜보고 보조했다. 그는 시도 지었다. 그러다 기원전 91년, 아직 열다섯 살일 때 군 복무를 시작해 10년 안에 군단 하나를 지휘할 만큼 진급했다. 그는 로마의 법정으로 돌아온 뒤 곧장 자신이 훌륭한 웅변가임을 입증했으나 스물일곱 살 때 로마에서 일어난 정치적 사건들 탓에 출세가도에서 잠시 벗어나 아테네에서 6개월 머문 것을 비롯해 (교양 있는 모든 로마인들처럼 그는 그리스어를 유창하게 구사했다) 2년 동안 외국에서 지냈다. 마침내 기원전 75년, 서른한 살의 그는 로마 원로원 내 종신 의원직을 자동적으로 부여하는 고위직인 콰이스토르(재무관)로 공적 경력을 시작했다. 일련의 법무직을 거친 신속한 승진은 기원전 63년 최고 정무관인 집정관에 선출됨으로써 절정에 달했다.

로마 공화국 정치에 깊숙이 관여함으로써 키케로는 파테르 파트리아이Pater Patriae, 즉 '조국의 아버지'란 칭호를 비롯해 여러 영예를 안았다. 하지만 막강한 정적들도 얻었다. 그의 공무 수행은 신중한 후퇴의 기간들로 간간이 중단되었다. 공직에서 물러나 있는 시기에, 이를테면 50대 중반에 그는 그리스로 도피한 뒤에 쓴 유명한 《데 오라토레De Oratore》(웅변가를 훈련시키는 일에 관한 대화편)와 《공화국에 관하여》 같은 책을 집필하는 데 전념했다. 10년 뒤인 기원전 44년 율리우스 카이사르 암살 이전에 또 한 차례 어쩔 수 없이 칩거하는 동안 《브루투스》와 《웅변가》를 비롯한 작품들을 썼다.

키케로는 카이사르에 맞선 모의에 가담하거나 그 흉행이 벌어지던 당시 원로원에 있지 않았다. 하지만 이틀 뒤에 모의 가담자들에 대한 사면을 지지하는 발언을 했다. 공화국의 대변자로 빠르게 부상한 그는 열네 차례의 연설로 마르쿠스 안토니우스를 공격했고(그의 "필리픽스Philippics") 〔필리픽스는 원래 아테네 정치가 데모스테네스가 마케도니아의 필리포스 왕을 공격하며 한 열두 편의 연설을 가리켰지만 이후 격한 규탄 연설이나 탄핵 연설로 의미가 확대되었다〕 열아홉 살의 옥타비아누스(장래의 아우구스투스 황제)를 자기편으로 끌어들이려고 했다. 하지만 그의 유명한 웅변술은 그를 저버렸다. 기원전 43년 11월에 그는 안토니우스의 명령에 의해 처형되었고 잘린 머리와 오른손은 그의 무수한 웅변적 승리의 현장이었던 포럼에 내걸렸다. 안토니우스의 아내 풀비아는 손수 원수를 갚았다. "머리가 치워지기 전에 풀비아는 그것을 손에 들고 원한에 차서 능욕하고 침을 뱉었으며, 자기 무릎에 올린 다음 입을 벌려 혀를 끄집어내고는 머리를 고정할 때 쓰던 핀으로 찌르면서 잔인한 조롱을 퍼부었다"[38]라고 역사가 카시우스 디오는 전했다.

사후 천 년 넘게 키케로의 유산은 그를 죽음으로 몰아넣은 정력적인 정치 참여와 날카롭게 대비되었다.[39] 그의 저작 가운데 극소수만이 알려지거나 읽혔던 시절, 그리고 기사와 수도사들은 어쨌거나 공화정의 정치적 사안에 관한 논고들에 별다른 관심을 보이지 않았던 중세 내내 키케로는—잘못된 인용과 오해 덕분에—활동적 삶보다는 관조적 삶의 대표로 간주되었다. 키케로에 대한 이러한 시각은 1345년 페트라르카가 베로나 도서관에서 키케로가 친구 아티쿠스에게 보낸 서신의 필사본을 발견하면서 완전히 깨졌다. 이 사적인 편지들은 키케로가 영원한 진리를 사색하며 시골 영지에서 조용한 삶을 추구하는 대신 세속적 영광의 "가짜 광휘"를 좇아 (실망한 페트라르카가 표현한 대로) "쓸데없는 다툼들"에 몰두했음을 드러냈다. "오, 그대가 집정관의 휘장이나 승리를 염원하지 않았더라면 좋았을 것을!"이라고 풍진 세상으로부터 멀리 떨어져 자기만의 삶을 사는 편을 선호했던 《고독한 삶에 관하여De Vita Solitaria》의 작가 페트라르카는 한탄했다.[40]

키케로가 활동적 삶에 헌신했다는 사실에 페트라르카는 충격을 받고 실망했던 반면, 살루타티와 레오나르도 브루니—둘 다 피렌체의 재상으로서 정치에 깊이 관여했다—같은 이후의 학자들은 키케로의 공직수행과 애국적 열성을 칭송했다. 1415년 브루니는 키케로 노부스Cicero Novus, 즉 새로운 키케로라는 제목으로 키케로 전기를 집필해 학자이자 정력적인 정치활동가였던 면모를 드러내고 또 기렸다. 그다음 6년 뒤에는 《브루투스》를 비롯해 수 세기 동안 소재가 묘연했던 키케로의 수사학 저술 전집 사본이 북부 이탈리아 로디에서 발견되었다(《브루투스》 필사본은 1425년에 자취를 감췄지만 그전에 여러 편의 사본—그 가운데 최소 3부가 현존한다—이 만들어졌다). 거의 1500년이 흐른 뒤에 피렌체 공화국에서 키케로는 새 시대에 말을 걸기 시작했다. 의사 결정이 "다수의 회합"에 의해 이루어지는 도회 중심지에서 연설과 시민의 활동에 관한 그의 조언에 마침내 열성적으로 주의를 기울이고자 하는 시대에.

이상이 당시 베스파시아노가 앤드루 홀스와 윌리엄 그레이 같은 고객들을 위해 제작하고 있던 사본에 나타난 키케로였다. 그레이는 베스파시아노가 호의적으로 밝힌 대로 고대 서적들로 이루어진 "매우 훌륭한 장서"를 구축하고 싶어 했다.[41] 키케로의 저작들은 이러한 컬렉션에 필수 불가결했고 따라서 그레이는 피렌체의 서적상 거리를 방문해 자신의 필사본이 제작되는 과정을 지켜봤다. 베스파시아노만 한 자원을 갖춘 카르톨라이오라면 별다른 어려움 없이 다양한 중고 키케로 필사본을 구할 수 있었겠지만, 그레이처럼 막대한 자산가라면 완전히 새것인 필사본을 따로 주문할 여력이 있었다. 그리고 키케로만이 아니었다. 그레이는 플리니우스의 《자연사》 사본과 더불어 또 하나의 필수 인문학 고전인 퀸틸리아누스의 《인스티투티오 오라토리아》 사본도 원했다.

1445년 가을에 이르자 베스파시아노는 다섯 권짜리가 될 키케로 작품집 가운데 첫 한두 권을 완성했다. 그 가운데 하나인 키케로의 수사학 저술은 마지막 페이지에 베스파시아노가 본문을 필사하기 위해 고용한 서기인 세르 안토니오 디 마리오의 글귀가 적혀 있다. 세르 안토니오는 붉은색과 검은색으로 번갈아 쓴 블록체 대문자로 자신이 이 작업을 1445년 11월 12일에 피렌체에서 끝마쳤다고 밝혔다.[42]

베스파시아노의 친구 포조는 잉글랜드인들더러 "문학을 사랑하는 이는 거의 없는" "저 야만인들"이라고 표현했다.[43] 하지만 두 잉글랜드인 홀스와 그레이는 베스파시아노에게 첫 일감들 다수를 의뢰했고, 그들의 주문과 구매는 그의 명성을 굳히는 데 보탬이 되었다. 특히 그들은 베스파시아노에게 비즈니스 모델—부유하고 박식한 고객들을 위해 라틴 고전들의 호화 필사본을 제작하는 것—을 깨우쳐줬던 것 같다.

7장

고서체

키케로 저작들의 새 필사본을 제작하는 일은 방치된 코덱스를 찾아 졸음이 몰려오는 프란체스코회 수도원 도서관의 서가를 뒤지는 것보다 더 힘들고 기획력이 필요한 사업이었다. '필사본manuscript'이라는 말은 "손으로 쓴"이란 의미의 라틴어 단어 마누 스크립투스manu scriptus에서 왔지만 어느 필사본이든 그저 손으로 글자를 쓰는 일보다 훨씬 더 많은 공력이 들어간 산물이었다. 그것은 양피지 제조공부터 필경사, 세밀화가, 금박공, 심지어 약종상과 목수, 대장장이까지 일련의 장인들과 수공업자들의 전문 기술을 요구하는, 몇 달 심지어 몇 년이 걸리는 다단계 공정이었다.

첫 단계는 모본, 즉 필경사가 베껴 쓸 믿음직한 판본을 찾는 일이었다. 1445년 루카 출장 때 베스파시아노가 미켈레 귀니지로부터 키케로 사본 두 권을 구입한 것은 우연이 아니었다. 그의 예리한 눈은 분명 이 필사본들이 그레이를 위해 준비하고 있던 필사본들과 비교해보기에

피렌체 서점 이야기

탁월한 판본이 될 것임을 알아봤다.

베스파시아노는 이따금 종이로도 책을 제작했고 모든 카르톨라이오와 마찬가지로 종이는 언제든 공급할 수 있게 재고를 비축해두었다. 하지만 대체로 그의 고객들은 양피지를 선호했다. 카르톨라이오는 양피지 재고를 준비해두었는데, 양이나 염소의 가죽으로 만들고 때로는 당나귀 가죽으로도 만들었다. 가장 아름답고 값비싼 문방구 재료는 벨럼이라고 하는 송아지 가죽이었다. 벨럼vellum이란 단어는 ('veal[송아지 고기]'과 마찬가지로) '송아지'를 뜻하는 라틴어 비툴루스vitulus(이탈리아어로는 비텔로vitello)에서 나왔다[벨럼의 우리말 역어는 독피지犢皮紙다]. 송아지가 어릴수록 가죽도 더 곱고 하얬다. 자궁 독피지는 유산되거나 사산된 송아지에서 나온 것으로 결이 가장 곱고 하얬지만 희소한 탓에 어쩌다 한 번씩만 이용되었다.

양피지 제작을 위한 가죽 공급은 언제나 현지 주민들의 식이 선호에 달려 있었다. 이탈리아에서 염소 요리에 대한 왕성한 식욕(한 요리책에는 염소를 어떻게 꼬챙이에 꿰어 굽거나, 끓이거나, 푹 고아 먹을 수 있는지, 염소의 눈·귀·허파·불알을 어떻게 요리할 수 있는지, 머리로는 어떻게 파이를 만들 수 있는지에 관한 조리법이 적혀 있다)[1]은 이탈리아의 필사본이 흔히 염소 가죽으로 만들어졌음을 의미했다. 서적업이 현지인들의 입맛에 의존하는 사정 때문에 13세기 키프로스의 대주교 그레고리 2세는 사람들이 다시 고기를 먹기 시작하는 사순절이 지난 다음에야 데모스테네스 필사본 제작에 필요한 가죽을 얻을 수 있을 것이라고 한탄했다. 수백 년 동안 지식 전달은 육식성 식욕과 훌륭한 축산업에 달려 있었다. 수백 쪽짜리 대형 도서에는 많은 동물 가죽이 들어갔다. 교송交誦[번갈아가며 부른다는 뜻] 성가집 같은 대형 전례서의 경우 양피지 한 장을 만드는 데 종종 염소 한 마리가 필요했던 한편, 성서 한 권에는 무려 200마리―염소 떼나 양 떼 하나가 통째로―가 들어가기도 했다.

피렌체에서 양피지 제조공들은 카르톨라이오처럼 서적상 거리 바디아 주변에 몰려 있었다. 그들이 가죽을 구입하려면 베키오 다리에 있는 도축업자를 찾아가야 했다. 1422년 위생 문제로 정부는 도시의 도축업자들에게 무두장이, 생선 장수, 혁대 제조공들이 자리해 있던 베키오 다리로 가게를 옮기라고 지시했다. 옮겨간 곳에서 도축업자들은 예전처럼 도시의 거리를 더럽히는 대신 피와 다른 찌꺼기들을 곧장 아르노 강으로 버릴 수 있었다. 무두장이와 경쟁관계인 양피지 제조공들은 도축업자로부터 가장 질 좋은 가죽, 다시 말해 칼에 베인 흔적이나 상처, 흉터가 가장 적고 진드기와 파리한테 물린 자국이 없는 가죽을 먼저 얻으려고 했다.

양피지 제조 공정은 무두장이의 작업과 막상막하로 악취가 진동했는데, 둘 다 가죽을 보존 처리하는 데 오줌과 똥을 이용했기 때문이다. 제조공은 도축업자로부터 가죽 더미를 받아 수레에 싣고 작업장으로 가져가서 부식성 생석회를 바르고 세로로 접은 다음 발효시키기 위해 큰 통에 담근다. 1~2주가 지나면 가죽을 통에서 건져서 석회수로 헹군 다음 못으로 나무틀에 부착시키고 팽팽하게 잡아당겨 남아 있는 털과 살점을 초승달 모양의 나이프로 벗겨낸다. 가죽이 여전히 나무틀에 팽팽히 고정된 상태에서 백악 가루나 뼛가루를 비비고, 속돌이나 갑오징어 뼈로 박박 문지른다. 그다음 양쪽 표면이 매끄럽고 희뿌옇게 될 때까지 계속해서 문지르는데 흰빛을 띠게 되더라도 양가죽은 언제나 누르스름한 기가 돌고 염소 가죽은 살짝 잿빛 기가 남게 된다. 그다음 가죽을 나무틀에서 직사각형으로 가지런하게 잘라낸다. 여러모로 책의 직사각 형태는 (중세 내내 코덱스는 일반적으로 가로세로 비율이 2 대 3이었다) 일단 사지를 잘라내어 다듬은 동물 가죽의 형태에 따라 결정되었다.[2] 말단 부위 조각들은 풀을 만드는 데 들어간 한편, 어깨·목·옆구리에서 나온 자투리 조각들은 더 거친 입자와 더 처치 곤란한 모양 때문에 《산타크로체Santacroce》 같은 아동서를 위한 값싼 양피지로 이용되기도 했다.

다음 공정은 또 다른 예리한 연장으로 가죽을 얇게 펴는 과정인데, 원래 두께의 대략 절반으로 줄게 된다. 양피지 제조공은 가죽이 찢어지거나 두께가 고르지 못해 표면이 울퉁불퉁하지 않도록 주의해야 한다. 크고 호화로운 필사본에 들어갈 양피지는 덜 문질러서 장식을 부착할 수 있을 만큼 튼튼하게 남겨둔다. 그렇더라도 이 낱장들은 0.1밀리미터, 즉 250분의 1인치 두께로 줄어든다. 이 시점에서 벌레에 물리거나 예전에 베인 상처 자국으로 인한 일체의 흠은 표면에 자그마한 타원형 구멍으로 남게 되는데 필경사들은 그 구멍을 피해서 작업해야 했다. 양피지의 품질 불량—너무 거칠거나 기름기가 많거나 푸석푸석하거나—은 필경사들이 불만을 가장 많이 토로하는 요소 중 하나였다. "이 양피지는 털이 많다"라고 한 중세 필경사는 투덜거렸다.[3]

커다란 직사각형 양피지는 넉 장 또는 여덟 장으로 절단되었다. 양피지는 책의 유형에 따라 다양한 크기로 팔렸다. 가장 큰 사이즈는 교송 성가집에 쓰이는 것으로, 멀리서도 동시에 여러 사람의 눈이, 다시 말해 성가대원들이 악보를 볼 수 있어야 하기 때문이었다. 성가집은 흔히 세로가 60센티미터가 넘고 가로도 30센티미터가 넘었으며 오선(음표가 그려진 가로줄)의 높이는 거의 5센티미터에 달했다. 베스파시아노가 윌리엄 그레이를 위해 제작한 키케로 판본에 쓰인 양피지는 가로 10인치,

세로 14인치(25.4×35.56센티미터) 크기로, 포글리오 코무네foglio comune (보통판)라고 알려진 판형이었다.

피렌체에서 양피지는 보통 다섯 장을 반으로 접어 만든 10매를 한 첩으로 쳐서 팔았는데 양면에 글을 쓸 수 있으므로 총 20쪽이 나왔다. 이 포글리오 코무네 한 첩의 값이 10솔도가 나갈 수도 있었다.[4] 키케로의 수사학 저술 필사본에 양피지가 125매, 즉 12첩 이상이 필요했음을 감안할 때, 이 책 한 권에 들어가는 양피지 비용만 틀림없이 대략 1.5플로린에 달했을 것이다. 이는 어림잡아 서적상 거리 상점의 한 달 월세에 맞먹는 상당한 액수였다. 가장 비용이 많이 드는 노동과 자재는 아직 투입도 되기 전이었다.

양피지를 마련했으니 베스파시아노는 이제 필경사를 고용할 차례였다. 베스파시아노의 가게 길 건너편 바디아의 수도사들은 여전히 필경사로 일했다. 산타 브리기다 델 파라디소 수녀원의 수녀들, 산티시마 아눈치아타 델라 무라테의 베네딕트회 수녀들, 그리고 실제로 피렌체 안팎에 흩어져 있는 다섯 군데가량의 다른 수녀원의 수녀들도 마찬가지였다. 하지만 그들이 내놓는 필사본은 전례용이었다. 성무 일과서, 성구집聖句集, 미사 전서 등이 그것이다. 유럽의 나머지 지역들도 대체로 그렇지만 피렌체에서 라틴어 고전 같은 세속 작품을 베껴 쓰는 필경사들은 수도원과 수녀원의 스크립토리움이 아니라 공증인의 사무소와 부유한 재산가의 비서나 그 아들들의 가정교사로 일하기도 하는 잡다한 학자들의 서재에서 찾을 수 있었다. 공증인은 필경사로 이상적이었는데 직업상 쉽게 알아볼 수 있는 필체로 양피지에 라틴어 계약서나 여타 문서를 작성해야 했기 때문이다. 게다가 공증인은 15세기 전반기에 피렌체에서 흔한 직업이었기 때문에 부족하지도 않았고,[5] 공증인 사무소 다수는 서적상 거리와 궁전 거리를 따라 늘어서 있었다.

세르 안토니오 디 마리오처럼 오랜 세월에 걸쳐 베스파시아노에게 고용된 대다수의 필경사들도 공증인이었다(변호사의 이름 앞에 '에스콰이어Esq.'가 붙듯이 공증인 앞에는 '세르ser'라는 경칭을 붙였다). 많은 공증인들이 자기 가게나 집에서 파트타임으로 필사를 하여 수입에 보탰지만 세르 안토니오 같은 이들은 아예 공증인을 그만두고 온전히 필경사로 일하며 종종 제법 많은 돈을 벌었다. 실제로 필경사는 필사본 한 권의 생산 비용 가운데 3분의 2, 즉 양피지 비용의 최소 두 배를 차지할 만큼 서적상의 경비에서 가장 큰 비중을 차지했다.[6] 그들은 일반적으로 한 첩 단위로, 다시 말해 양피지 10매, 앞뒤 면을 합쳐 20쪽당 얼마씩 정해진 액수를 받았다. 평균 필사료는 한 첩당 30~40솔도였다.[7] 따라서 세르 안토니오는 윌리엄 그레이를 위한 키케로 필사 작업으로 5플로린 이상을 받았을 것이다. 1년에 10권이나 12권을 필사하면 필경사는 안락한 삶을 누리고도 남았으리라.

필경사는 고객의 요구와 모본을 빌려준 사람이 정한 기한, 그리고 자신의 재정적 필요에 따라서 종종 빠르게 다작해야 했다. 피렌체에서 가장 대단한 위업 가운데 하나는 1300년대 중반에 그루포 델 첸토gruppo del Cento('100편'이란 뜻)의 전설로 알려지게 되는 것, 바로 단테의 《신곡》 필사본 100권을 20년의 기간에 걸쳐서 필사해낸 어느 필경사의 업적이었다. 이 필사 작업으로 얻은 수익은 필경사의 수많은 딸들의 지참금으로 들어갔다. 이 딸들이 혼인하여 낳은 자식들은 스스로를 '100편의'란 뜻의 데이 첸티dei Centi라고 불렀는데, 부지런히 펜을 움직인 할아버지의 수고로부터 자랑스럽게 성을 따온 것이다.[8]

이것 말고도 굉장한 필사 기록들이 많이 존재한다. 피렌체에서 활동한 어느 필경사는 이틀에 한 첩(양면으로 20쪽)씩 필사를 완성해냈다.[9] 포조는 하루에 한 첩씩, 32일 만에 퀸틸리아누스 필사를 마쳤을 때 그 두 배 속도로 작업했다. 한번은 12일 만에 152쪽짜리 작품을 필사했고, 1425년에는 니콜로 니콜리에게 루크레티우스의 《사물의 본성에 관하여》 새 사본을 2주 만에 필사해주겠다고 약속하기도 했다. 결국 그 작업은 한 달이 걸렸지만 말이다. 가장 빠르게 움직이는 깃펜은 조반마르코 치니코라는 필경사의 것으로, 그는 플리니우스의 《자연사》 1270쪽을 120일 만에 아름답고 읽기 좋은 필체로 필사했다. 그는 매우 적절하게도 벨렉스Velex('속필速筆')라는 서명을 남겼다.[10]

세르 안토니오가 윌리엄 그레이를 위한 필사본 250쪽을 필사하는 데 며칠이 걸렸는지는 기록이 남아 있지 않다. 그러나 그는 대체로 신속하게 많이 생산해냈다. 그는 베스파시아노를 위한 키케로 필사를 계약하기 고작 7개월 전인 1445년 4월에 베르길리우스 필사본을 완성한 바 있다. 앞선 12개월 사이에는 양피지 300매, 즉 600쪽에 달하는 대작인 레오나르도 브루니의 《피렌체의 역사》 필사본 2부를 완성했다.* 1년 사이에 그는 브루니의 플라톤 대화편 번역서를 비롯해 최소 7부의 필사본을 작업했다.[11]

세르 안토니오에게 일을 맡기면서 베스파시아노는 이 중요한 초기

---

* 1444년에 세상을 뜬 뒤 브루니는 우아한 추모 기념물과 함께 산타 크로체 성당에 매장되었는데, 그 조형물은 가슴에 필사본, 바로 자신의 《피렌체의 역사》를 안고 누워 있는 브루니의 모습을 보여준다.

의뢰건을 위해, 거의 30년 경력의 재능 많고 유능한 베테랑을 고르는 현명한 선택을 했다. 세르 안토니오의 아름다운 필체는 중요하고 귀중한 저작들 다수의 필사본을 아름답게 빛냈다. 겔리우스의 《아티카의 밤》, 플루타르코스의 《영웅전》, 바로의 《라틴어에 관하여》, 브루니의 플라톤과 아리스토텔레스 번역서 등등 그는 피렌체 최고의 컬렉션들을 위한 필사본을 내놓았다. 그는 필사본 말미에 "기쁘게 읽기를, 다정한 코시모여" 같은 애정 어린 인사말을 남기는, 코시모 데 메디치가 가장 좋아하는 필경사였다.

필사본 말미에 세르 안토니오가 남긴 문구는 나중에 콜로폰으로 알려지게 된 것이다. 콜로폰colophon은 꼭대기나 정상을 뜻하는 그리스어 κορυφή에서 유래한 단어이지만 언제부터인가 '마무리 손질'이나 '화룡점정'과 같은 은유적 의미를 띠게 되었다. 예컨대 고대 그리스 철학자들은 어떤 논쟁에 "콜로폰을 찍는다"라고 말했다. 필경사가 수백 쪽의 필사본을 옮겨 적은 뒤 마치 정상에 오른 것 같은 느낌을 받는 것도 충분히 이해가 가는 일이며, 결국 그 표현은 필사본 말미에 필경사가 종종 추가하는 문양이나 화려한 장식체, 또는 문구를 가리키는 용어로 채택되었다.[12] 토마스 아퀴나스의 대작 《신학대전》의 일부를 필사한 필경사는 진이 빠진 승리의 함성으로 끝맺었다. "여기서 필경사에게는 엄청나게 길고, 장황하며, 지루한 도미니크회 토마스 아퀴나스 수사의 작품 2부가 끝난다. 감사, 감사, 신께 감사!"[13] 또 어떤 경우 필경사들은 장래의 독자에게 필사본을 조심히 다루라고 주의를 주기도 했다. "친구여, 나의 필사본을 읽을 때 양손을 등 뒤에 두라고 간청하노니 불쑥 움직이다가 책에 해를 입힐까 걱정이 되어서다."[14] 필경사들은 종종 독자들에게 자신의 영혼을 위해 기도해줄 것을 청하기도 했다. 이런 관습의 익살스러운 변형이 사라라는 어느 피렌체 수녀의 필사본에 등장한다. "이 경건한 삶을 읽는 사람은 누구든 나를 위해 하느님께 기도해주시오"라고 운을 뗀 뒤 "안 그러면 내가 죽은 다음 네 목을 조를 것이다"라고 덧붙였다.[15]

세르 안토니오는 컴퍼스로 원을 그리고 그 원을 따라서 자기 이름과 날짜를 적고 때로는 당시 일어나고 있던 사건을 기록하는 콜로폰을 남기기도 했다. 그는 긴 경력을 시작한 1417년 여름에는 "토스카나에서 역병이 도는 동안 힘들게 일했다"라는 말로 필사본을 끝마쳤다. 1426년 5월에 서명된 그의 또 다른 필사본은 피렌체가 "불법적이고 불의한 전쟁을 벌이고 있는 밀라노 공작의 폭정"[16]에 용감하게 맞서 싸우고 있다고 진술했다.

베스파시아노는 세르 안토니오를 위해 양피지를 마련하면서 가로로 줄을 긋고 또 행의 끝을 나란히 맞추기 위해 여백에 세로 줄도 그었다. 이 작업은 그가 미켈레 과르두치한테서 배운 첫 번째 작업 중 하나였을 것이다. 카르톨라이오는 바늘이나 핀 톱니바퀴로 양피지 여백에 작은 구멍을 뚫었는데 흔히 한 번에 한 첩을 뚫을 만큼 세게 밀어 넣었다. 이 공정은 일정한 근력을 요구했다(물론 때로 자잘한 부상도 낳았다). 여백에 뚫린 작은 구멍은 가로줄을 그어야 할 지점을 가리키는데 가끔은 줄을 긋는 대신 철필로 자국을 내기도 했다. 한 첩을 한 번에 뚫는 것은 페이지의 줄 간격을 일정하게 하기 위함이었다. 세르 안토니오의 키케로 필사본은 한 페이지에 36행이 들어 있으며, 옅은 잉크로 그은 선이 지금도 희미하게 보인다. 양피지에 줄을 긋는 일은 지루하고 반복적인 작업이었지만 일정한 줄 간격에 따라 페이지 위에 본문이 가지런히 놓이게 하는 데 분명히 중요한 역할을 했다. 피렌체 건축과 마찬가지로 피렌체

피렌체 서점 이야기

필사본의 아름다움은 단순성, 규칙성, 균형에 있었다.

양피지가 준비되면 세르 안토니오는 책상 앞에 자리를 잡는다. 30도 정도로 비스듬하게 기울어진 그의 필기용 작업대에는 모본과 백지 양피지 한 첩이 놓여 있고, 작업대 구멍에 뿔로 만들어진 잉크병 2개가 꽂혀 있다. 양피지에 남아 있는 기름기를 제거하기 위해 백악, (어느 설명서에서 충고한 대로) 혹은 양의 다리나 어깨뼈를 태운 다음 그 재를 반암 판에 갈아서 얻은 뼛가루를 뿌린다. 그다음 과도한 가루를 제거하기 위해 양피지 표면을 토끼 발로 쓸어내린다.[17]

다음은 필사 작업에서 가장 중요한 도구를 준비하는 일이다. 깃펜은 거위의 날개깃 가운데 하나로 만든다(펜pen이라는 단어는 '깃털'을 뜻하는 라틴어 페나penna에서 유래했다). 그가 오랫동안 오른손으로 쥐면서 길이 들었지만 여전히 유연한 깃대에서 뻗어 나온 깃가지는 미리 세심하게 다듬어두었다. 그는 깃대 끝을 뾰족하게 깎은 다음 펜촉을 더 유연하게 만들고 잉크가 잘 흐르도록 세로로 짧게 절개했다. 이 과정을 그는 하루에도 무수히 반복할 것이고, 그가 조금씩 깎아내면서 깃펜은 서서히 짧아질 것이다.

다음으로 세르 안토니오는 2개의 뿔 잉크병 가운데 하나에 깃펜을 담갔다. 하나에는 검은 잉크가, 다른 하나에는 붉은 잉크가 들어 있다. 검은 잉크의 주재료는 포도주와 다양한 나무의 껍질과 수액이며, 여기에는 혹벌이 오크나무 가지에 알을 낳아 생기는 타닌이 풍부한 작은 오크 혹oak gall이 포함된다. 이탈리아의 어느 검은 잉크 제조법은 으깬 오크 혹 약 113그램에 강한 백포도주 한 병과 석류 껍질, 마가목 껍질, 호두나무 뿌리, 아라비아고무(아카시아 나무의 수액)를 섞으라고 조언하고 있다. 이 재료들을 햇볕에 둔 다음 몇 시간에 한 번씩 저어준다. 일주일이 지나면 이 혼합물에 '로마 황산염', 즉 황산구리를 약간 첨가한다. 그다음 혼합 제재를 며칠 더 놔두면서 주기적으로 저어준다. 그다음에는 불에 얹고 "미제레레 한 번 동안", 즉 《시편》 51편 열아홉 절을 암송하는 시간 동안 끓여준다. 부글부글 끓는 검은 액체를 식혀서 리넨 천으로 거른 다음 다시 이틀 동안 햇볕에 둔다. "그다음 그 안에 명반석을 조금 넣으면 훨씬 더 윤기가 흐르게 되고, 훌륭하고 완벽한 필기용 잉크가 될 것"[18]이라고 제조법은 말한다.

세르 안토니오는 검은 잉크를 카르톨라이오(거위 깃펜도 팔았다)나 피렌체의 한 수도원에서 구입했다. 그는 종이나 양피지 조각 위에 잠시 끄적거리며 펜촉과 붉은 잉크를 시험해본다. 붉은 잉크는 달걀흰자와 아라비아고무에 토스카나에서 나오는 붉은빛이 도는 암석인 진사辰砂를 배합해 직접 만들 수 있는데, 진사는 현지 약종상한테서 이미 갈아둔 형태로 구입하면 된다. 그는 몸을 숙여 뿔 잉크병에 펜을 한 번 더 담근 다음 왼손에 쥔 나이프로 살짝 뜬 양피지 표면을 누르면서 잠시 기다린다. 중지는 검지보다 깃대의 더 아래쪽에 둔다. 펜촉을 더 잘 제어하기 위해서다. 깃펜은 양피지 표면에 직각이 되게 쥔다. 그러면 펜촉에서 페이지로 잉크가 더 잘 흐른다.

모본을 흘깃 살펴본 뒤 세르 안토니오는 펜촉을 표면으로 가져와—그는 더 매끄러운 가죽 안쪽 면에 글씨를 쓴다—첫 획을 긋는다. 세 번의 짧은 움직임, 세 번의 재빠른 각도와 압력의 변화. 표면에서 펜을 떼지 않은 채로 그는 잽싸게 오른쪽으로 펜을 살짝 움직였다가 더 힘을 줘서 천천히 아래로 그은 다음 또 한 번 스치듯이 가로로 가볍게 긋고 나서 펜촉을 들어올렸다. 이렇게 해서 위아래로 자그마한 세리프(로마

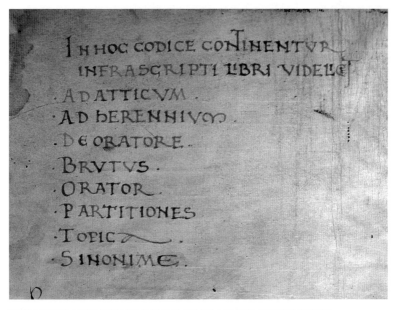

윌리엄 그레이가 의뢰한 키케로 필사본을 위해 세르 안토니오 디 마리오가 작성한 '목차'.

자의 활자와 글씨에서 획의 시작이나 끝부분에 있는 작은 돌출선)가 붙은 글자 I 가 완성되었다.

세르 안토니오는 여전히 붉은 잉크로 블록체 대문자를 이어간다. 인 호크 코디체 콘티넨투르IN HOC CODICE CONTINENTUR. "이 책에는 [다음 과 같은 내용이] 들어 있다…." 그는 눈으로 필사할 텍스트와 양피지 사이 를 왔다 갔다 하는 사이 더 잘 기억하기 위해 글자를 크게 소리 내어 읽 어가며 쓴다. "세 손가락으로는 펜을 쥐고, 두 눈으로는 글자들을 보고, 한 혀로는 글자들을 소리 내어 말하며, 온몸으로 글을 쓴다"[19]라고 어느 필경사는 썼다.

세르 안토니오는 붉은 잉크로 목차를 적으면서 페이지 아래쪽으로 작업해나간다. 그것은 키케로의 가장 유명하고 영향력 있는 저작들, 이를테면 1345년 베로나에서 페트라르카에 의해 재발견된 《아티쿠스에게 보내는 편지》와 둘 다 근래에 로디에서 재발견된 《웅변가》와 《브루투스》 같은 저작들의 출석부인 셈이다. 베스파시아노는 코시모 데 메디치한테서 세르 안토니오에게 모본들을 얻어다 준 듯한데 코시모 데 메디치 본인은 1420년대에 그 필사본들을 주문 제작해 소장했다. 또한 산 마르코 도서관에서도 모본들을 얻었을 가능성이 있는데 1423년에 니콜리가 《웅변가》와 《브루투스》를 자신만의 특징적인 필체로 필사했기 때문이다.

세르 안토니오는 목차를 완성하고 다음 쪽으로 넘어간다. 베스파시아노가 양피지 한 첩을 잘 배열하여 본문의 첫 페이지인 이 맞은편 면도 역시 더 매끄러운 가죽 안쪽 면으로 되어 있다. 가죽 안쪽은 언제나 살과 맞닿아 있고 가죽 바깥쪽은 언제나 털 난 면과 맞닿아 있다(이쪽 면들은 조금 더 거칠고 모낭으로 인해 살짝 점이 박혀 있는 경우가 많다). 세르 안토니오는 이번에는 더 날카롭게 깎아서 새 깃펜을 가다듬은 다음 펜촉을 검은 잉크에 담근다. 또 한 번 펜을 시험해보고는 필사를 시작한다. 첫 번째 텍스트는 키케로가 친구인 가이우스 헤렌니우스에게 어떻게 연설해야 하는지 가르쳐주는 《레토리카 아드 헤렌니움Rhetorica ad Herennium》이다. 《레토리카》는 피렌체의 인문주의자들이 무척 좋아하는 논고로서, 연설이 성공하느냐 마느냐는 다른 사람들을 설득하기 위해, "청자를 굴복시켜 자신이 원하는 어디로나 가게 만들기 위해" 논리와 이성을 이용하는 능력에 달려 있다고 주장한다.

세르 안토니오는 키케로의 말들을 블록체 대문자가 아니라 더 작은 글씨로, 우아하고 읽기 좋은 서체로 필사하기 시작하는데 본인이 그런 서체의 가장 초창기이자 가장 유능한 선구자 가운데 한 명이었다. 이

고딕체의 일례: "읽기가 아닌 다른 뭔가를 위해 고안된."

이른바 인문주의자 서체는 피렌체의 필경사들이 세상에 남긴 선물, 키케로나 퀸틸리아누스의 작품 재발견이나 브루넬레스키의 원근법 투시도와 마사초의 회화들 못지않게 중요한, 필사본 전문가 알버트 데롤러스Albert Derolez가 "인간 정신의 위대한 창조물 가운데 하나"[20]라고 일컬은 선물이었다.

베스파시아노는 서체에 개혁이 일어난 직후에 필사본을 제작하기 시작했다. 앞선 세기에 페트라르카는 필경사들에게 대단히 비판적이었는데, 그들 중 많은 이들이 그가 보기에는 개탄스러울 정도로 세세한 사항에 신경을 쓰지 않은 채 일을 대충했을뿐더러 글씨도 거의 알아볼 수 없었기 때문이다. 그들의 서체는 멀리서 보면 매력적으로 보일지도 모르지만 내용을 읽어보려고 가까이 다가가면 글자와 단어들이 빽빽하게 붙어 있어서, 깨알 같은 글자들이 어지럽게 엉켜 있는 본문을 읽다 보면 눈과 머리가 금방 피곤해졌다. 그것은 마치 페트라르카가 한탄한 대로 "읽기가 아닌 다른 뭔가를 위해 고안된 것" 같았다.[21]

이런 서체는 1100년대 중반 북부 프랑스에서 발전했는데 우리가 고딕 건축으로 알고 있는 것도 바로 그 시대, 그 장소에서 발전했다. 오늘날 우리는 이 서체를 그 건축 양식처럼 고딕체라고 부른다. 14세기에 이르면 이 서체는 고딕 건축의 뾰족한 아치가 오푸스 모데르눔, 즉 '현대 작품'으로 알려진 것처럼 리테라이 모데르나이 litterae modernae('현대 글자')라고 불렸다. 다음 두 세기를 거치면서, 대학의 등장에 힘입어 고딕체는 유럽 전역으로 퍼져나갔고 텍스투라체 textura(텍스투알리스체 textualis라고도 한다) 같은 다수의 변형들이 생겨났다. 텍스투라라는 명칭은 '엮다'라는 뜻의 라틴어 동사 텍세레 texere에서 유래했는데 다닥다닥 붙어 있는 글자들이 마치 서로 엮여 있는 것처럼 보였기 때문이다. 실제로 텍스투라체로 쓴 면은 마치 수를 놓은 태피스트리처럼 보였다.

이 중세 서체들은 기본적 특징들이 있었다. 필경사들은 굵은 획과 가는 획을 결합하여 글자를 쓰기 위해 끝이 갈라진 굵은 촉의 깃펜을 사용했다. 당시에는 약자가 흔했고, 글자 밑에 있는 '발'(오늘날 세리프라고 부르는 것)로 글자들을 연결해 연자가 발생했다. 둥근 형태는 마름모꼴이 되었다. 글자들이 옆으로 다닥다닥 눌리면서 (고딕 건축에서처럼) 높이가 너비에 비해 강조되었다. 어떤 글자 조합들, 이를테면 pp와 db는 심지어 아예 합쳐졌는데 이런 특징을 고문학자들은 '물기 biting'라고 불렀다. 페트라르카는 이 글자들이 서로 목말을 타고 있는 것처럼 보인다고 말했다.

이 서체를 읽는 데 한 가지 문제점은 많은 글자들이 거의 똑같아 보인다는 점이었다. 예를 들어 글자 i에는 점이 없어서 2개가 나란히 있을

피렌체 서점 이야기

때 u와 구별이 안 되었기 때문에 결국 필경사들은 이중 i 위에 짧은 대시(-)를 넣기 시작했다. 이것이 지금 우리가 쓰고 있는 i의 선조다. 그럼에도 불구하고 여전히 i, u, m, n 같은 글자들은 서로 구분하기가 굉장히 어려웠다. 그런 문제들을 피하기 위해 잉글랜드 필경사들은 때로 i와 u 같은 글자에서 세로획을 o로 대체하여 특정 단어의 철자를 바꿨다. 그리하여 wimen은 women이, munk는 monk가 되었다.

1300년대에 이르자 이탈리아 필경사들은 14세기에 가장 많이 필사된 작품인 단테의 《신곡》 같은 세속 텍스트 독자를 포함해 확장되고 있는 서적 시장을 위해 더 읽기 편한 서체를 실험하고 있었다. 또한 종이의 도래—1260년대에 이탈리아에 첫 제지소가 문을 열었다—로 더 단순하고 자연스러운 서체들이 생겨났는데, 양피지보다 표면이 더 매끄러운 덕분에 필경사가 펜을 지면에서 뗄 필요 없이 더 빠르게 필사를 할 수 있었기 때문이다.

페트라르카는 가독성이 뛰어난 필사본을 가장 강력하게 지지한 사람이었다. 그는 훌륭한 필체는 단순하고 알아보기 쉬워야 한다고 주장했다. 마침 그는 바로 그런 필경사를 알고 있었다. 그는 친구인 보카치오에게 편지를 써서 "위엄과 조화, 차분한 장식성"을 보여주는 성 아우구스티누스 필사본에 대해 묘사했다.[22] 이 필사본은 당시로부터 300년 전에, 오늘날 우리가 카롤링거 양식으로 알고 있는 서체로 필사한 것이었는데, 멀리까지 뻗어 있는 제국 곳곳의 사람들이 쉽게 읽을 수 있는 균일한 알파벳이 필요했던 샤를마뉴의 스크립토리움에서 유래해서 그런 이름이 붙었다. 둥글둥글하고 글자가 서로 떨어져 있는 카롤링거체는 800년대(이때 북부 프랑스의 코르비 수도원에서 처음 등장했다)부터 1100년대(이 무렵에는 더 '현대적' 양식의 고딕체로 대체되었다) 사이 유럽 전역에서 카롤링거 양식 '고서체'.

성행했다. 장크트갈렌이나 풀다 같은 수도원에서 4~5세기 전에 필사된 고대의 고전들은 고딕체보다 더 오래되었을 뿐 아니라 페트라르카와 그의 추종자들이 보기에는 더 분명하고 아름다우며, 그들이 상상하는 고대 로마인들이 썼을 법한 글자에 더 가까운 서체로 쓰였다.

이 명료하고 우아한 양식의 까마득한 조상은 고대 로마인들이 구사한 필기체인 것으로 추정되는데 카롤링거 필경사들은 수백 년 전에 작성된 텍스트들을 베껴 적고 있었기 때문이다. 페트라르카와 이후의 인문주의자들은 고대 로마인의 서체가 실제로 어떻게 생겼는지 알 길이 없었다. 밀랍 서판과 파피루스 같은 로마 문방구들은 썩기 쉬웠으므로 거기에 쓰인 글들은 아무것도 전해지지 않았다. 하지만 카롤링거체의

피렌체 서점 이야기

우아함과 명료성은 키케로가 그토록 찬사를 보낸 아티쿠스의 "아름답고 정확하고 읽기 좋은" 필체에 필적하는 듯했다.[23] 포조와 콜루초 살루타티 둘 다 카롤링거 서체를 리테라이 안티콰이litterae antiquae, 즉 우리가 고딕체로 알고 있는 '현대적' 서체에 대비해 '고서체'라고 불렀다.

페트라르카와 살루타티 둘 다 둥글둥글하고 자간이 넉넉한 글자를 가지고 실험을 하면서 자신만의 서체를 시도해봤다. 어느 쪽도 카롤링거 양식을 그대로 따라 하지는 않았지만 1390년대에 눈이 점점 침침해지던 살루타티는 카롤링거 서체를 모방한 필사본들을 의뢰하기 시작했다. 학자들은 그를 피렌체에서 일하는 적어도 40명의 필경사들과 연결시켰다.[24] 특히 중요한 해는 마누엘 크리솔로라스가 피렌체에 도착한 1397년이었던 것으로 보인다. 그해에 니콜리는 락탄티우스의 《디비네 인스티투티온스Divine Institutions》〔신의 교훈〕 사본을 만들면서 처음으로 리테라이 안티콰이를 실험해봤다. 같은 해에 익명의 필경사—학자들에게는 '1397년 필사자'로만 알려져 있다—가 키케로와 루카누스를 비롯해 여러 필사본을 유사한 실험적 서체로 작업했다.

이 새로운 접근법은 글씨의 굵은 획과 가는 획을 구분해서 구사하지 않고, 또 고딕체에서 사용되는 굵은 펜촉보다 더 가늘게 다듬은 깃펜을 가능한 한 필기 면에서 떼지 않으면서 필경사의 손이 양피지 위에서 더 빠르게 움직인다는 점에서 고딕체 또는 흑체black letter와 달랐다. 글자들은 각이 져 있기보다는 둥글둥글했고 글자가 쓰인 본문의 전체적인 모양새는 글자가 가득한 단단한 사각 텍스트 뭉텅이에서, 지면의 한쪽 여백에서 다른 쪽 여백까지 더 고른 간격으로 배열된 글자들의 조합으로 바뀌었다.

이 새로운 서체는 포조의 깃펜 아래서, 구체적으로는 1400년에서 포조 브라촐리니의 '옛 양식' 필체.

1403년 사이 어느 때에 그가 니콜리를 위해 필사한 일련의 필사본들, 플라우투스의 희극들, 키케로의 《데 오라토레》, 프로페르티우스와 성 아우구스티누스의 저작들에서 더 우아하고 일관되게 "옛스럽게" 되었다.[25] 브루넬레스키의 단순하고 우아한 반원형 아치들이 곧 성당 건축의 뾰족한 고딕 아치들을 대체하는 것처럼 포조와 여타 필경사들의 둥그스름한 윤곽과 고른 자간의 필체는 점차 고딕체의 각진 획과 까치발을 대체하기 시작했다.

이 같은 전환은 처음에는 피렌체에서, 나중에는 이탈리아 다른 지역에서 수십 년에 걸쳐 일어난 변화의 산물이었다. 필경사들은 무엇보다도 이 '고서체'를 쓰는 법을 배워야 했다. 아마도 포조가 교사로 앞장섰을 것이다. 1420년대에 그는 로마에서 니콜리에게 보내는 편지에 자신의 새로운 알파벳, 다시 말해 그가 "옛 양식"이라고 부른 것을 가르치는 과제에서 빚어지는 좌절을 묘사했다. 1425년에 그는 나폴리 출신 필경

사를 고용했는데 "그에게 옛 양식을 가르치느라 힘들었다." 알고 보니
이 필경사는 한심할 정도로 미덥지가 못했다. "최악의 습관이 몸에 밴
가장 추잡한 인간 (⋯) 그는 지상의 쓰레기 자체다. (⋯) 그는 너무도 조
심성이 없고, 경박하고, 걸핏하면 다투려 든다." 2년 뒤에 그가 다른 필
경사를 훈련시키기 시작했을 때도 사정은 별반 나아지지 않아서, 그를
가르치는 데 넉 달을 보냈지만, "날이 갈수록 그는 더 멍청해진다. 그래
서 나는 소리 지르고, 고함을 치고, 불호령을 내리고, 야단을 치고 꾸짖
는다. 하지만 쇠귀에 경 읽기다. 그는 답답하고 우둔한 돌대가리, 얼간
이, 그밖에 더 둔하고 얼빠진 무엇으로도 불러도 된다. 저주나 받아라."
포조가 1년 뒤에 자신의 필사본들이 "적대감이 감도는 분위기"에서 만
들어졌다고 토로한 것도 놀랄 일이 아니었다.[26]

　이러한 어려움에도 불구하고 1413년에 이르면 포조와 친구들의 노
력 덕분에 100권에 달하는 필사본이 이 새로운 양식의 서체로 필사되
었다. 피렌체의 필사본이 그 대다수를 차지했는데, 피렌체 필경사들에
의한, 또는 피렌체 고객들을 위한 것이었다.[27] 게다가 그들 대다수는 피
렌체 인문주의자들이 흠뻑 빠져 있던 라틴어와 그리스어 문헌들의 사
본이었다. '고대의' 서체는 이 고대의 문헌들에 잘 어울렸다. 세네카, 베
르길리우스, 프톨레마이오스, 그리고 물론 키케로까지 모두 고서체로
필사되었다. 키케로는 그중 가장 많이 필사되어 1413년에 이르면 이 서
체로 무려 20권이 넘는 필사본이 등장했다. 고대의 위대한 작가들은 고
전고대를 의도적으로 적절하게 환기시키는 우아한 서체로 제시되었고,
그 서체는 '인문 연구' 문헌들과의 연관성 덕분에 궁극적으로 인문주의
자체로 알려지게 된다.

　코시모 데 메디치의 1418년 장서 목록은 컬렉션 가운데 어느 책들이

고서체로 필사된 것인지를 자랑스럽게 밝히고 있다. 나중에 메디치 장서 목록은 이 양식을 아주 인상적이고 얼핏 봐서는 모순적인 표현으로 지칭하게 된다. 렉테라 안티카 누오바lectera anticha nuova, '신新고서체'.[28] 옛것이 다시 새롭게 되는 이 오래되고도 새로운, 새롭고도 오래된 크로스오버는 코시모의 피렌체에서 벌어지고 있는 일에 꼭 들어맞는 알레고리였다.

8장

고위층 친구들

베스파시아노의 활동 덕분에 1440년대 중반에 이르자 미켈레 과르두치의 서점은 피렌체에서 가장 유명한 가게 가운데 하나가 되었다. 실제적인 묘사는 남아 있지 않지만 책방의 한쪽 문이나 양쪽 문 위에는 간판이 걸려 있었을 테고 날씨가 좋은 날이면 캔버스 차양 아래로 테이블이나 벤치로 된 좌판 위에 책을 진열해두었을 것이다.[1] 상점 내부로는 커다란 방 두 개가 서로 연결되어 있었다. 방 하나는 책과 필사본은 물론 잉크, 종이, 양피지, 라틴 문법서와 회계장부용 공책을 진열해두는 곳이었다. 손님들은 책상 앞에 앉을 수 있고, 원한다면 필사본을 넘겨볼 수도 있어서 책방은 도서관이나 열람실 같은 분위기였다. 무서운 재판소 건물이 보이는 쪽에 있는 다른 방은 창고 겸 필사본을 제본하고 거기에 사슬을 부착하는 작업장이었다. 연장이 슥슥 움직이고 쇠사슬이 쩽그랑거리며, 톱밥과 땀이 범벅된 이 공간은 필시 목수나 통장이의 작업장을 방불케 했을 것이다.

1440년대에 서점은 피렌체에서 내로라하는 지성인들의 만남의 장소가 되었다. 방문객들은 키케로나 플리니우스 필사본의 구매만이 아니라 그 저자들에 관한 지적이고 철학적인 논의에 참여하거나 귀를 기울이기 위해 문간을 드나들었다. 철학적·문학적 토론이 이제 궁전 모퉁이에서가 아니라 바로 그 모퉁이에 있는 서점 내부에서 벌어졌다. 한 방문객은 서점이 "철학으로 진동한다"라고 말했다.[2] 또 다른 방문객은 명망 높은 학자들이 "우리 베스파시아노의 서점에 모여, 젊은이 무리에 둘러싸인 채 중대한 문제에 대해 훌륭한 논쟁"[3]을 벌이는 모습을 어떻게 목격했는지 묘사했다. 그 대단찮은 점포는 열람실, 토론회장, 열성적인 학생들을 위한 교실, 그리고 심지어 체사리니 추기경과 코시모 데 메디치 같은 고위 권력자들과 베스파시아노의 긴밀한 인맥 덕분에 정치적 사건의 최신 소문을 들을 수 있는 공간이 되었다. 한 친구는 피렌체를 떠나 있는 동안, 베스파시아노가 도시를 돌아다니면서 "그날의 사건을 수집하는" 모습을 머릿속에 떠올렸다고 말했다.[4] 또 다른 친구는 1448년에 다음과 같이 표현했다. "무슨 소식거리가 있다면 우리 베스파시아노가 알 것이다."[5]

그보다 1년 전인 1447년 늦여름, 책방에서의 화제는 베스파시아노가 일컬은 "중병"으로 인해 교황 에우게니우스 4세가 로마에서 사망한 일이었을 것이다.[6] 교황이 16년의 재임 기간 가운데 절반을 피렌체에서 보내며 코시모와 긴밀한 우정을 나누었음을 고려할 때 그의 죽음은 피렌체의 명운의 하락세를 상징했을지도 모른다. 하지만 교황 선종 열하루 뒤에 로마에 모인 추기경들은 후임자로 톰마소 파렌투첼리를 선출했다. 니콜라우스 5세라는 이름을 취한 파렌투첼리는 뛰어난 학자이자 애서가, 그리고 산 마르코 도서관을 채울 도서 목록을 작성한 코시모의 친구였다. 그는 베스파시아노와 포조 브라촐리니 같은 피렌체 책벌레들의 친구이기도 했다. 실제로 톰마소는 업무차 피렌체에 올 때마다 베스파시아노의 책방에서 "중대한 문제들에 대해 훌륭한 논쟁을 벌이는" 그 학자들 가운데 한 명이었다.

여러 해 뒤에 베스파시아노는 애정과 존경을 담아 각종 일화와 개인적 반추로 이루어진 톰마소에 관한 전기를 썼다. 본인의 설명에 따르면 1446년에 스물네 살의 서적상은 심지어 교황 에우게니우스가 당시 볼로냐 주교였던 톰마소를 독일에 대사로 파견했을 때 톰마소와 코시모 간 중개인 역할을 했다. 톰마소는 피렌체까지 왔을 때 자신의 열악한 재정 상태로는 더 이상 여정을 이어갈 수 없음을 깨달았다. "그가 피렌체에서 내게 처음 꺼낸 말은 에우게니우스는 돈이 없고 자신은 그보다 더 돈이 없다는 말"이었다고 베스파시아노는 썼다. 그는 그러므로 코시모에게 접근해 일일 여행 경비로 (다소 사치스럽게) 100플로린을 내어달라고 자기 대신 청탁해줄 것을 베스파시아노에게 요청했고, 코시모는 기꺼이 경비를 제공했다. 베스파시아노는 그다음 톰마소가 독일로 출발하는 날 아침에 자신과 함께 식사를 했는데, 그날은 사순절이었으므로 톰마소가 아무것도 먹지 않고 물로 많이 희석한 적포도주와 백포도주만 작은 병으로 한 병씩 총 두 병을 마셨다고 설명했다. 베스파시아노는 "내가 이 이야기를 밝히는 것은 음주와 관련하여 그를 중상하는 악의적이고 시기심이 많은 사람들 때문"[7]이라고 콕 집어 말한다.

베스파시아노는 그러므로 현 교황이 속이야기를 믿고 털어놓는 사람이 되었다. 톰마소가 교황으로 즉위하면서, 베스파시아노는 1447년 봄에 로마에 가게 되었는데 그가 그곳을 처음 방문한 것으로 알려진 사례다. 그는 주간 공개 접견에 모습을 드러낸 뒤 니콜라우스의 따뜻한 환

니콜라우스 5세(톰마소 파렌투첼리): 교황이 된
종치기 사제.

영을 받았다. 신임 교황은 내빈들로 붐비는 알현실에서 베스파시아노를 금방 알아봤다. "그는 큰 소리로 나를 부르더니 대단히 반갑지만 따로 만나고 싶으니 참고 기다려달라고 말했다." 접견이 끝난 뒤에 시종이 베스파시아노를 교황의 거처 안, 정원이 내려다보이는 발코니가 있고 촛불로 밝힌 방으로 안내했다. 교황은 종이나 치던 평범한 사제가 교황이 되다니 피렌체 사람들이 깜짝 놀랐을 것이라고 농담을 건넸다. 어쩌면 그보다 놀라운 것은 피렌체 바깥 산촌에서 온 아비 없는 소년이 이제 교황과 친구라는 사실일 것이다.

니콜라우스는 베스파시아노에게, 과거에 일일 여행 경비로 100플로린을 내준 것 같은 친절을 생각해 코시모를 자신의 은행가로 삼을 생각이라고 밝혔다. "아무 경험이 없던 나는 아무것도 청하지 않았다"라고 베스파시아노는 썼다. 하지만 교황에게 자신의 친구를 위해 힘 써달라고 한 가지 청탁을 했는데, 그 친구란 필경사로 일하고 있던 피에로 스트로치 사제였다. 니콜라우스는 기꺼이 청을 들어주었다. 피렌체 바깥 리폴리의 사제직이 공석이 되자 교황은 약속대로 피에로를 교구 사제로 임명했다.[8]

니콜라우스는 교황의 거처에 하룻밤 묵어가도록 베스파시아노를 초대했고, 에우게니우스의 수행원들이 유서 깊은 전통에 따라 교황이 죽은 뒤 침대까지 훔쳐갈 정도로 교황 관저를 싹 털어갔다고 설명하며,

집안 꼴이 말이 아님을 사과했다. "그는 다른 여러 일들을 들려주었다. 내가 여기에 그 이야기들을 다 쓰면 니콜라우스 교황이 아니라 나에 대해 쓰는 것처럼 비칠 수도 있으니 생략하겠다"[9]라고 베스파시아노는 겸손하게 썼다.

1447년 베스파시아노가 찾은 로마는 분명 피렌체에 비해 퇴락하고 빈곤에 처한 것처럼 보였을 것이다. 그보다 몇 년 전 포조는 카피톨리노 언덕에서 도시의 유적을 훑어보고는 "세계의 엄청난 장관이 이렇게 무너져 버렸다니!"라고 음울하게 소회를 밝혔다. 지붕이 사라진 고대 신전들은 무성한 관목과 가시덤불에 뒤덮여 있고, 그나마 멀쩡한 석재들은 멀리 웨스트민스터 사원과 아헨 대성당의 건축 자재로 쓰기 위해 실어가고 없었다. 돼지와 물소가 포룸 로마눔의 폐허를 배회했다. 원로원은 똥 무더기로 바뀌었다. 고대의 엄청난 건축물들은 "거인의 팔다리처럼 부러지고 벌거벗은 채 힘없이 스러져" 있었다.[10]

물론 카라칼라의 대욕장과 판테온—오래전에 교회로 바뀌었다—과 잡다한 원주colonna와 개선문들처럼 옛날의 화려한 자태가 여전히 남아 있는 곳도 있었다. 게다가 콜로세움도 있었다. 가경자 비드 시대까지 거슬러 올라가는 오래된 속담이 있다. "콜로세움이 서 있는 한 로마도 서 있을 것이다. 콜로세움이 무너지면 로마도 무너질 것이다. 로마가 무너지면 세계도 무너질 것이다."[11] 로마 사람들은 세계의 운명을 예고하는 이 결정적인 전조에 심히 무관심한 듯했다. 이곳은 석회암 채석장으로, 옥외 시장으로, 그리고 프란지파네와 안니발디 씨족의 경우 숙적들에 맞서 격렬한 분쟁을 이어가는 요새화된 궁전으로 이용되었다.

포조와 니콜로 니콜리는 고전고대의 문학적 유물을 구해내려고 애썼다. 니콜라우스 교황이 로마를 얼마간 과거의 영화로운 모습으로 복원하려고 결심했듯이 이제는 그 물리적 유물이 구조되어 보존될 차례였다. 허물어져가는 성벽, 금방이라도 무너질 듯한 기념물들, 칙칙한 거리들. 모든 것이 개보수될 예정이었다. 교황은 툭하면 홍수가 나는 안타까운 테베레강의 둑을 보강하고 정비할 계획을 세웠다. 복원된 비르고 수도교에서 흘러온 물은 새 분수에서 보글보글 솟구치리라. 산탄젤로성—이곳도 대규모 개보수가 예정되어 있었다—에서 강 건너편에 있는 광장은 싹 뜯어고쳐질 것이다. 무엇보다 야심찬 계획은 레온 바티스타 알베르티가 건축을 맡은 바티칸 궁전의 새 건물과 1100년된 성 베드로 대성당의 새 주교좌의 신축공사였는데, 대성당은 1436년 로마를 찾은 방문객이 "몹시 누추하고 더럽고 상태가 좋지 않으며, 곳곳이 폐허가 되었다"라고 표현한 곳이었다.[12] 베르나르도 로셀리노가 궁전 공학자로서 성 베드로 옆 지저분한 보르고 지구에 아름답고 널찍한 가도들을 닦는 임무를 맡았다.

또한 니콜라우스는 로마를 단장할 다른 계획들도 갖고 있었다. 그가 남길 유산에는 건물들과 더불어 책도 포함될 터였는데, 언젠가 그는 베스파시아노에게 자신이 돈을 쓰고 싶은 곳이 딱 두 가지인데 건물과 책이라고 말했다. 베스파시아노는 "세계 최고의 학자들이 교황청으로 왔다"라고 썼다. "학자들이 그곳에 상주하길 원하는 교황의 부름을 받고 왔다."[13] 니콜라우스는 그들의 연구를 돕고 로마가 인문주의 학문의 중심지가 되길 바라며 도서관에 소장할 필사본을 모으기 시작했다. 그는 또 다른 친구인 아스콜리의 에녹에게 "학자들 공동의 편의를 위해 라틴어와 그리스어로 쓰인 모든 책을 소장한 도서관을 만들고" 싶다고 밝혔다.[14] 니콜라우스는 그러므로 비용을 아끼지 않고, 라틴어와 그리스어 필사본을 철저히 뒤져서 입수할 것을 주문했다. 그는 교부들의 저술과 같은 신학 저작만이 아니라 호메로스의 《일리아스》, 헤로도토스와 투키디데스의 역사서, 플라톤의 저작들을 비롯해 고대 그리스 저작들도 수집했다. 필경사들이 고용되어 필사본들을 베껴 썼고, 번역가들은 그리스어와 히브리어로 적힌 필사본을 라틴어로 옮겼다. 모두가 넉넉한 보수를 받았다. 과리노 다 베로나는 플레톤이 근래에 서방에 소개한 작가인 스트라본의 그리스어 저작을 라틴어로 번역하는 데 1500플로린이라는 큰돈을 받았다.

니콜라우스는 이 장서들을 관리할 사서로 조반니 토르텔리를 임명했다. 그는 1430년대에 콘스탄티노플에서 2년간 그리스어를 배우며 지냈던 아레초 출신의 인문주의자였다. 도서관은 바티칸 궁전 내, 이전에 곡창으로 사용되었던 두 개의 방에 들어설 예정이었다. 토르텔리는 궁극적으로 표제어가 천 개가 넘어가는 장서 목록 작성에 착수했다. 베스파시아노는 프톨레마이오스가 알렉산드리아 도서관에 책을 모은 이래로 니콜라우스가 세계 최대의 도서 컬렉션을 구축하고 있다고 썼을 때 약간 과장을 보탰을 뿐이다.[15]

피렌체로 돌아온 베스파시아노는 산 마르코 도서관 일로 여전히 바빴다. 로마를 여행하고 온 지 몇 주 만에 그는 필사본을 베껴 쓸 필경사로 산타 마리아 노벨라의 어느 도미니크회 수도사를 기용할 준비를 하고 있었다. 그는 또한 일단의 대형 성가집을 비롯해 산 마르코 도서관 소장 도서의 제본 작업도 감독하고 있었다. 1447년 여름에는 윌리엄 그레이 컬렉션에 들어갈 추가적인 필사본 제작을 완료했다. 비록 그레이는 니콜라우스 5세만큼 저명한 학자는 아니었지만 그 역시 출세가도를 달리는 성직계의 애서가였다. 시간이 지나면서 그는 니콜라우스가 힘써준 덕분에 일리 주교가 된다.

베스파시아노는 그레이를 위한 필사본 제작에 세르 안토니오 디 마리오 외에도 여러 명의 필경사를 기용했다. 그중 한 명은 1447년 9월 말에 키케로 연설문집 필사를 완료하며 "피렌체 시민이자 공증인 나 게라르도 델 치리아조가 씀scriptus fuit per me Gherardum Cerasium civem et notarium Florentinum"이라는 서명을 남겼다. 실크 염색업자의 아들인 게라르도는 아름다운 인문주의자체로 이 키케로 필사본을 필사했을 때 30대 중반이었다. 그는 베스파시아노에게 처음 발탁된 사람으로 보이긴 하나 그의 작품이 워낙 전문가답고 우아하여 이 필사본이 그의 첫 작품이라고는 도저히 믿기 힘들다. 우아한 서예로 베스파시아노에게 귀중한 자산이 된 그는 당대 최고의 필경사가 된다.

이 키케로 필사본이 단지 게라르도의 필체 덕분에 매력적인 공예품인 것만은 아니다. 대다수 필사본은 각 장章 첫머리의 장식 대문자, 가두리 장식과 여타 정교한 문양들, 책 주인을 나타내는 문장紋章, 세밀화 같은 미술로 꾸며져 있었다. 이 가운데 세밀화는 본문 내용과 관련이 있는 초상화나 장면이거나, 성무일도서, 화답송집, 미사전서, 교송성가집 같은 전례서의 경우에는 종교적 장면을 묘사한 그림인 경우가 많았다. 여기에는 뛰어난 솜씨와 창의력이 요구되었다. 채식사는 프레스코 화가가 예배당 전체의 궁륭 천장과 벽에 구현한 성경의 동일한 장면을 몇 제곱센티미터밖에 안 되는 양피지 한 귀퉁이에 끼워 넣어야 했다.

이 삽화들은 언제나 필경사가 필사를 완료한 뒤에 필사본 지면의 빈 공간에 첨가되었다. 때로 고객이 원하는 그림에 대한 상세한 설명이 문서로 작성되기도 했다. 차노비 스트로치라는 세밀화가(프라 안젤리코와

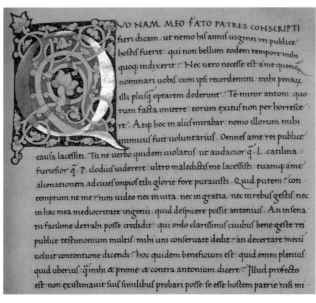

윌리엄 그레이가 의뢰한 키케로 필사본에서 게라르도 델 치리아조의 필체.

자주 협업한 화가)가 피렌체 대성당을 위한 교송성가집 두 권을 장식해
달라는 의뢰를 받았을 때 관계자들은 성전에 있던 사가랴에게 나타난
천사부터 "레파라타 성녀 참수 이야기 가장자리를 장식하는 잎사귀
문양"[16]에 이르기까지 그에게 요구하는 작품을 하나하나 묘사한 개요서
를 제공했다. 그와 반대로 삽화에 관한 지시 사항을 삽화가 들어갈 여
백에 필경사가 적어 넣기도 했다. 이따금 무슨 까닭인지 삽화가 들어가
지 않은 공간에 이런 지시 사항들이 남아 있는 경우도 있다. "여기에는
스코틀랜드 국왕을 그리시오"라고 한 필경사는 어느 필사본의 빈칸 한
복판에 써놓았다. "여기에는 한 남자가 두 마리 사자와 사람 한 명을 죽
이고 있다"[17]라는 설명도 있다. 게라르도의 키케로 필사본 한 페이지에
는 세밀화가가 장식 대문자 M을 그려야 하는 지점을 표시하기 위해 여

백에 아주 작게 써놓은 M이란 글자가 남아 있다. 세밀화가가 장식 대문자를 그리고 나서 그 지시 사항을 지우는 것을 깜빡했던 것이다.

조반니 보카치오는 먼지를 뒤집어쓰고 잡초가 무성한 몬테카시노 도서관에서 1350년대에 자신이 목격했던 고대 필사본 다수가 난도질을 당하고, 수도사들이 여자들에게 부적으로 팔아먹기 위해 양피지 가두리 장식들을 잘라내어 없어진 상태였다고 주장했다. 베스파시아노가 윌리엄 그레이를 위해 마련한 키케로 필사본 다섯 권도 어느 시점에 몬테카시노 필사본들과 여타 무수한 채식 필사본들과 동일한 봉변을 당했다. 누군가가 필사본의 삽화 다수를 오려냈는데 그레이가 책을 모교인 옥스퍼드대학 베일리얼 칼리지 도서관(그가 건립에 자금을 보탠 도서관)에 기증한 뒤에 벌어진 일로 짐작된다. 남아 있는 증거로 보건대 키케로 필사본 첫 페이지마다 정교한 가두리 장식으로 둘러싸인 그레이의 문장이 박혀 있었고 각 장과 단락이 시작되는 곳마다 대형 장식 대문자가 있었던 게 확실하다. 사실상 모든 가두리 장식이 반달족(문화재나 예술품을 훼손, 파괴하는 사람)에 의해 잘려나갔지만 그나마 남은 흔적들은 나팔을 불고 있거나 황금빛 새들을 향해 활과 화살을 겨누고 있는 날개 달린 푸티(벌거벗은 통통한 사내아이 그림)를 보여준다.

필사본을 장식하는 미술가들은 흔히 역사에 "브뤼셀 머리글자의 화가"나 "스콰르치알루피 코덱스의 화가" 같은 미술사가들이 지어낸 이름으로만 알려져 있다. 베스파시아노가 그레이 필사본을 위해서 고용한 미술가들의 이름도 마찬가지로 전해지지 않는다. 하지만 그가 골라 쓸 수 있는 화가는 부족하지 않았다. 피렌체에는 여러 해 동안 암브로조 트라베르사리의 본거지였던 유명한 산타 마리아 델리 아넬리 카마돌 수도원의 스크립토리움과 연계된 다수를 비롯해 뛰어난 채식사들이 있었다. 그곳은 베스파시아노의 가게에서 걸어서 10분 거리였고 그의 인문주의자 친구들이 즐겨 찾는 곳이었다. 프라 안젤리코는 십중팔구 그곳에서 채식사로 수련을 쌓았을 것이다.

필사본 채식사들은 양피지에 아주 작은 크기로 그림을 그리는 기법을 통달해야 하는데 그런 수련 과정은 8년에서 10년이 걸리기도 했다. 그들은 수도원 스크립토리움의 수도사들 밑에서나 채식사의 공방에서 수련을 쌓는다. 많은 사람들이 대형 회화를 작업하기 위해서도 소형 세밀화 기법을 배웠다. 프라 안젤리코는 세밀화는 물론 제단화와 거대한 프레스코화도 그렸다. 이 모든 것은 상이한 능력과 기법, 재료를 요구했다. 프레스코화는 신속한 붓질과 높이에 대한 감각이 필요하며, 채식사에게는 침착한 손과 무한한 인내가 요구되었다. 프레스코 화가들은 석회 반죽의 부식 작용을 견딜 수 있는 돼지 털로 만든 붓으로 그림을 그렸다. 세밀화가들은 북방족제비와 다람쥐의 꼬리털로 만든 훨씬 더 곱고 섬세한 붓을 사용했다. 꼬리는 우선 모피 상인한테서 구입한 다음 털을 뽑아서 물에 넣고 삶았다가 필요한 붓의 크기에 따라서 독수리나 거위, 암탉이나 비둘기 날개깃의 빈 깃대에 끼워 넣고 밀랍을 칠한 명주실로 단단하게 묶었다. 보강용으로 단풍나무나 밤나무의 아주 가는 가지 조각을 깃대 안쪽에 밀어 넣는 한편, 붓털을 알맞은 크기로 다듬고, 만약 금박을 입히는 용도라면 부드러워지도록 붓을 반암 판에 대고 문지른다. 붓털이 좀먹지 않도록 어느 안내서는 붓을 사용하지 않을 때는 백악이나 점토 반죽에 담가두라고 충고했다.[18]

채식사는 카르톨라이오나 필경사한테서 필사된 양피지 첩들을 받으면 작업에 들어갔다. 그(피렌체에서는 많은 수녀들이 채식사로도 일했으므로 그녀일 수도 있다)는 보석 세공인한테서 구한 은침銀鍼으로 양피지에 채식을 위해 비워둔 공간에 우선 윤곽선을 따라가며 밑그림을 그렸다. 백악으로 살짝 거칠어진 양피지 표면 위로 은침이 움직이면서 은 성분이 남게 되고 은은 산화되어 약한 회갈색을 띠게 된다. 일단 도안을 다 그리고 나면 화가는 깃펜으로 윤곽선 위에 잉크를 덧대어 은필화를 더 또렷하게 하기도 한다.

처음 칠하는 색깔은 언제나 금색이었다. 화가는 피렌체에 서른 명이 존재하는 바틸로리battilori, 즉 직물업에서 이용하는 금실과 은실을 제작하는 금박공에게서 금박을 구입했다. 금박공은 두카트나 플로린 같은 금화를 겹겹이 쌓아올린 양피지와 "금박공의 피부"—소의 내장으로 만든 얇은 막—층 사이에 놓는다. 그다음 이렇게 여러 층의 피부로 보호한 금화를 반반한 판 위에 놓고 7킬로그램 정도 나가는 망치로 몇 시간 동안 쉬지 않고 두들긴다. 쉴 새 없는 망치질로 금은 아주 유연해져서 1온스—각설탕 크기 금덩이—의 금의 두께가 30만 분의 1인치만큼 줄어들고, 대신 표면적은 13제곱미터가 넘게 펴진다.

손만 대면 날아갈 것 같은 가벼운 물질을 양피지에 부착하는 것은 섬세한 작업이다. 잠깐 기침이나 재채기를 하거나 한숨만 쉬어도 금박이 곡예비행을 할 수 있다. "금박을 붙이는 동안 숨을 참으라"고 한 수도사는 수련생들에게 경고했다. "안 그러면 금박이 날아가서 한참을 찾아야 할 수도 있으니까."[19] 베스파시아노의 채식사들은 오늘날 금박을 가지고 작업하는 미술가들처럼 아마도 붓을 자기 머리카락에 대고 문질러 일으킨 정전기로 얇디얇은 금박들이 날아가지 않게 붙들어두었을 것이다. 그다음 채식사는 제소 바탕에 붓으로 금박을 붙여넣기 전에 양피지에 입김을 훅 불었다. 금박을 입히기 전에 반드시 덧바르는 제소는 백악과 달걀흰자를 혼합한 다음 붉은 점토로 알려진 아르메니아산 유성油性 적갈색 점토를 소량 첨가해 만든 접착제였다. 이 혼합제에 때로는 꿀이 첨가되기도 했다. 일단 양피지 표면에 제소를 발라서 하루나 이틀쯤 마르게 둔 다음 개이빨로 알려진 도구—실제 개 이빨을 비롯해 짐승의 이빨이나 아니면 매끄러운 돌에 손잡이가 달린 도구라 그런 이름이 붙었다—로 윤이 나게 닦았다. 채식사illuminator의 입김으로 제소가 습기를 머금으면서 접착력이 되살아났다. 일단 금박을 원하는 자리에 고정시키면 빛을 반사해 반짝이도록—즉 그 페이지를 '빛나게illuminate' 하도록—개이빨로 접힌 곳이나 주름을 반들반들하게 펴서 표면에 광택을 냈다.

금색이 필사본 채식에서 가장 값비싼 색깔은 아니었다. 그보다 더 귀한 색은 울트라마린으로 알려진 아름다운 푸른색으로, '바다 너머 oltremare' 아프가니스탄 북동부 힌두쿠시산맥의 험준한 지형에서 나오는 청금석이 재료였다. 그 지역에서 청금석은 수천 년 동안 채굴되어왔고 일찍이 6세기나 7세기부터 동굴 벽화에 이용되었다. 울트라마린은 1400년 무렵에 피렌체에서 쓰인 화가를 위한 교본에서 열광적으로 늘어놓은 대로 "고귀하고 아름답고 다른 모든 색깔을 뛰어넘은 완벽"한 색이었다. 울트라마린 1온스의 가격이 미켈레 과르두치의 가게 1년 임대료의 절반인 8플로린에 이르기도 했다. 곱게 간 울트라마린 물감을 얻을 수 있는 가장 좋은 공급원 가운데 하나는 피렌체 북동쪽 구석 성벽 바로 바깥에 있는 산 주스토 알레 무레 수도원의 제수아티 수도사들이었다. 하지만 화가 교본은 여자들이 "더 참을성이 있고 손이 더 섬세하므로" 남자보다 울트라마린 제조에 더 뛰어나다고 주장했다.[20]

울트라마린 제조는 시간이 많이 드는 공정이었다. 경질석을 불에 가

열한 다음 물속에 담가 급속 냉각시킨 뒤 청동 막자사발에 갈아서 나온 가루를 체에 곱게 거르고 송진, 밀랍, 아마 씨 기름과 세심하게 배합한 다. 배합된 덩어리는 며칠 동안 유약을 바른 도기에 넣고 푸른색 안료가 추출되기에 알맞을 때까지 반죽하는데, 반죽 덩어리에 잿물(너도밤나무를 태운 재로 만든 알칼리성 용액)을 섞는다. 이 혼합물은 잿물이 선명한 파란색으로 바뀔 때까지 한 쌍의 방망이로—어느 설명서에 따르면 "밀가루 반죽을 만들 때와 정확히 똑같은 방식으로"—반죽해준다. 그다음 푸른빛이 도는 잿물은 다른 대야에 따라 내고, 반죽하고 잿물을 따라 내는 과정을 반죽 덩어리에서 잿물기가 완전히 빠질 때까지 여러 차례 반복한다. 푸른빛이 도는 잿물을 조심스레 따라 내면 선명한 푸른색 침전물만 남는다. 침전물을 "건조시켜 가죽 자루나 주머니에 넣어두면 기뻐하라, 훌륭하고 완벽한" 울트라마린이 나온다고 안내서는 설명했다.[21]

좀 더 저렴한 파란색 물감은 역시 곱게 간 돌이 재료인 남동석으로, 그나마 이 광석의 주요 산지는 헝가리와 아르메니아였으므로 비교적 쉽게 구할 수 있었다. 또 다른 물감은 코발트를 함유한 유리를 분말로 갈아서 만든 물감인 화감청이었다. '도깨비'를 의미하는 독일어 코볼트 Kobold에서 온 단어인 '코발트'는 원광에서 출몰한다는 장난꾸러기 귀신을 상기시키는데, 원광에 포함된 유독한 성분으로 인해 광부들이 탈이 나곤 했기 때문이다.[22]

울트라마린 못지않게 값비싼 물감은 노란색을 칠할 때 쓰는 사프란이었다. 사프란 1온스를 제조하는 데 4천 송이가 넘는 크로커스의 암술머리가 들어갔다.[23] 최상의 사프란 물감은 페르시아산이었지만 에스파냐, 시칠리아, 그리고 한 순례자가 성지에서 돌아올 때 속이 빈 지팡이 안에 크로커스 구근을 몰래 숨겨 들여온 뒤에 '사프란 월든'으로 알려지게 된 잉글랜드 동부의 마을에서도 얻을 수 있었다. 사프란의 대체재로는 웅황雄黃이 있는데 샛노란색을 얻을 수 있지만 화감청처럼 독성이 있는 비소 황화물이었다. "그것을 입에 묻히지 않도록 조심해라"라고 화가 교본은 주의를 주었다. "안 그러면 해를 입게 된다."[24] 독성이 있지만 널리 쓰인 또 다른 물감으로는 초산을 담은 그릇에 납 부스러기를 뿌린 다음 독한 증기가 가라앉으면 흰색 침전물을 모아서 만드는 연백鉛白이 있었다. 그 유독한 성질은 플리니우스 시대 이래로 잘 알려져 있었지만, 까맣게 태운 닭 뼈의 재로 만드는 대체재보다 월등하게 우수해서 구할 수 있는 단연 최상의 흰색 물감이었다.

마찬가지로 납을 재료로 하여 유독한 또 다른 물감은 선홍빛의 연단鉛丹인데, 필경사와 채식사들이 중요한 글자나 단어, 문구를 쓸 때 이용했다. '주서朱書' 작업은 흔히 주서가, 이탈리아어로는 미니아토레miniatore('붉게 칠하다'라는 뜻의 라틴어 미니아레miniare에서 왔다)로 알려진 전문 필경사의 몫이었다. 연단으로 이 글자들을 칠하는 공정은 미니아투라miniatura라고 불렀다. 미누오minuo, 미니무스minimus, 미노르minor, 미누스minus 같은 라틴어 단어들이 모두 크기가 축소된 것을 나타냈으므로 미니아토레와 미니아투라라는 표현도 결국에는 빨간색과의 연관성을 상실하고 크기가 작은 것을 그린다는 의미를 띠게 되었다. 베스파시아노의 시대에 이르면 계약서에서 채식사를 '미니아토리', 그들이 수행하는 작업을 '미니아투라'라고 지칭했다. 그들은 단순히 붉은 잉크를 쓰는 화가라기보다는 작은 장면들을 그리는 세밀화가였다.

필사본 장식은 때로 세밀화를 그리는 화가와 가두리 장식을 덧그리는 화가가 나눠서 맡기도 했다. 필사본의 가장자리는 열매나 꽃, 새, 나비, 천사, 활과 화살을 든 큐피드, 그리고 엉뚱한 동물 그림들로 화려하게 꾸며지기도 한다. 중세에 이 가두리 장식은 무섭기도 하고 재미나기도 한 인물들이 살고 있는 본문 내 일종의 야생 배후지가 되었다. 중세 채식사들은 음흉한 눈초리로 노려 보는 괴기 조각상과 엉덩짝 모양의 미제리코르디아[교회의 수도사석이나 성가대석의 접히는 의자 아랫면에 달린 판자나 조각. 의자를 접고 반쯤 일어선 자세로 거기에 기댈 수 있다]를 조각한 중세 조각가들과 같은 종류의 익살을 좋아했다. 그런 장난기 가득한 괴기 조각상들에 대해 독선적인 클레르보의 베르나르 성인은 "수도사들이 독서를 하는 수도원 회랑에 이 우스꽝스러운 흉물들이 존재할 무슨 핑계를 댈 수 있는고?"라고 묻기도 했다.[25]

베르나르 성인은 괴기 조각상을 두고 수선을 피운 극소수 중 한 명이었다. 1412년에서 1416년경 사이에 장 드 베리를 위해 제작된《베리 공작 기도서Très Riches Heures》처럼 호화로운 필사본도 성을 공격하는 거대 달팽이와 백파이프를 연주하는 돼지를 묘사하는 일에 거침이 없었다. 중세 필사본의 여백들은 토끼가 사냥꾼을 뒤쫓고 쥐가 고양이의 네 발을 꽁꽁 묶으며, 어느 인상적인 그림에서는 수녀가 나무에서 음경들을 따서 바구니에 담는 역할 전도의 요지경 세상을 과감하게 묘사했다. 매클스필드 시편집의 죽은 자들을 위한 기도문 단락에서는 엉덩이를 드러낸 괴물이 친절히 들고 있는 단지에 오줌을 누는 벌거벗은 남자를 보여준다. 어떤 생리 현상도 그냥 넘어가는 법이 없었다. 1320년대 프랑스 북동부에 사는 어느 여성을 위해 필사된 기도서는 성서의 시편들과 축일 목록들 사이에 대변을 보거나 아니면 엉덩이를 드러낸 남자와 원숭이 그림들을 100점 넘게 담고 있다.

중세의 화가들은 이렇게 성聖과 속俗의 나란한 짝짓기를, 다시 말해 성당에 괴기 이무깃돌을 붙이거나 기도서를 궁둥이 나팔과 사람 잡는 토끼로 장식하길 즐겼다. 그러나 1400년대 초반이 되자 변화가 일어났다. 괴물들이 교회 건물의 홈통에서 사라진 것처럼 책의 가장자리를 장식하던 저속하고 불경스러운 공상적 그림들도 점차 자취를 감췄다. 이탈리아에서는 공상적인 장식 그림들이 북유럽에서만큼 그렇게 신나게 열성적으로 그려지지 않았다. 확실히 이 기묘한 희작들은 포조와 여타 필경사들이 니콜로 니콜리를 위해 베껴 쓴 필사본들에서는 찾아볼 수 없다. 니콜리와 그의 인문주의자 친구들은 시각적 눈요기를 덜어낸 더 품위 있고 우아한 무늬, 지나치게 화려하거나 경박하지 않은 무늬를 선호했다. 그들의 필사본 본문 재#디자인 역시 그들의 새로운 서체처럼 명료성과 단순성을 강조했다. 건축에서처럼 삽화에서도 피렌체인들은 명쾌함, 절제, 합리적 질서를 중시했다.

피렌체식 새로운 본문 디자인은 경제성과도 관련이 있었다. 이 인문주의 필사본들은, 용기와 예를 갖춘 기사 장 드 부시코와 프랑스 국왕의 숙부인 베리 공작 같은 고객들을 위해 프랑스와 플랑드르 지방에서 다수의 기도서들이 엄청난 비용을 들여 호화롭게 채식되고 있던 시기와 사실상 같은 시기에 제작되었다. 《베리 공작 기도서》는 금박으로 강조된 2천 개의 머리글자와, 당초무늬로 둘러싸이고 큐피드와 곰, 백조, 천사들이 곳곳에 그려진 울트라마린 가두리 장식을 자랑한다. 그렇게 정묘하고 값비싼 화려함은 왕관을 쓰고 화려하게 치장한 말을 타고 다니는 북유럽 궁정에 속한 것이었다(《베리 공작 기도서》에서는 반란 천사들도 갑옷을 입은 기사로 묘사된다). 그렇게 사치스러운 책은 피렌체 공화국의 현실적인 상인, 은행가, 정치가 들의 상업적 세계에는 어울리지 않았다. 포조와 친구들이 재발견한 라틴 고전들은 적어도 처음에는 정중한

아타반테 아타반티가 그린 베스파시아노 다 비스티치.

기사들과 왕후장상 고객들을 위한 필사본으로 제작되지 않았다. 그보다는 대체로 재력이 대단치 않은 사람들, 필사본을 우쭐한 허영심을 채워주고 재산과 취향을 과시하는 트로피로서 소유하기 위해서가 아니라 실제로 그 고전들을 읽고 싶어 하는 지혜 애호가들의 장서로 염두에 둔 것이었다.

피렌체 채식사들은 그에 따라 새롭고 담백한 장식 양식을 제공했는데, 그들이 '예스러운' 포도 덩굴무늬라고 믿은 것에 바탕을 둔 양식이었다. 꾸불꾸불한 포도 덩굴grapevine은 흔히 가장자리를 장식하는 데 이용되었다('비네트vignette'란 단어는 중세 필사본 가장자리를 따라 기어가는 이 문양에서 유래했다). 하지만 15세기 피렌체 라틴어 필사본—그리고 베스파시아노가 윌리엄 그레이를 위해 제작한 필사본—에서 가두리 장식과 장식 머리글자를 특징짓는 것은 비안치 지라리 bianchi girari라고 알려진 특수한 변형이었다. 이 이름은 '흰 덩굴'이나 '흰 소용돌이꼴'이라고 번역할 수 있겠지만 영어에서는 흰 포도 덩굴 장식으로 알려지게 되었다.

베스파시아노가 윌리엄 그레이를 위해 제작한 필사본들에서 이 장식들은 새 단락의 도입부에 금박으로 된 대문자를 휘감고 있다. 많은 필사본들에서 이 도입부 글자들은 일종의 장 번호처럼 쉽게 알아볼 수 있는 제목 역할을 했고 따라서—그레이의 키케로 필사본에서처럼 때로 높이가 본문의 아홉 줄이나 열 줄을 차지할 만큼—더욱 확대되고 멋지게 장식되었다. 금박을 입힌 다음 베스파시아노의 채식사는 머리글 자 둘레를 네모지게 청금석으로 에워싸고 그 위에 반짝이는 별처럼 노란 물감으로 점을 찍었다. 그다음 '포도 덩굴'이 추가되었고, 정교한 덩굴손, 잎사귀, 여타 식물 무늬가 백연으로 그려져서 마치 담쟁이덩굴이 격자창을 휘감고 에워싸듯이 글자를 휘감아 올라갔다.

이 세밀화가 중 한 명 덕분에 우리는 베스파시아노의 유일한 생김새 묘사로 알려진 초상화를 볼 수 있는데, 만년에 그의 필사본 가운데 하나에 그려진 것이다. 화가가 작업할 공간은 약 10제곱센티미터에 불과했고 따라서 베스파시아노는 대문자 E 안쪽에 수수하게 카메오로 등장한다. 그럼에도 화가는 서적상의 모습을 생생하게 그려냈다. 매부리코, 굵은 주름이 진 이마, 두툼한 입술, 또렷하지 않은 턱선을 지닌 그는 시무룩해 보인다. 눈꺼풀이 크고 처진 눈은 걱정스러운 듯 양피지를 가로질러 구불구불 움직이는 글자 획들을 응시한다. 그의 수심 어린 얼굴은 그때쯤이면 이 초창기, 이 황금기에는 거의 상상도 못했을 것들을 이후 30년간 목격한 사람의 표정이다.

9장

그리스 함락

미켈레 과르두치는 1452년 2월, 베스파시아노와 함께 일한 지 거의 20년 후에 죽었다. 서점에서 변화는 거의 없었다. 수년 전에 과르두치는 베스파시아노를 동업자로 삼았다. 그는 이제 서점 지분의 37.5퍼센트를 소유하고 있었다.[1] 남은 지분은 과르두치의 두 아들이 소유했는데, 둘 다 아버지가 그랬듯이 코시모 데 메디치, 교황 니콜라우스 5세 그리고 피렌체와 해외의 저명한 학자들 다수와 연줄이 든든한 베스파시아노가 사업을 주도하도록 기꺼이 내버려뒀던 것 같다. 베스파시아노는 계속해서 길 건너편의 건물주인 바디아의 수도사들에게 1년에 임대료로 15플로린과 왁스 1파운드를 냈다. 그는 야코포 디 니콜로라는 조수를 들였는데, 가게를 거쳐갈 많은 젊은이들 중 첫 번째였다.[2] 피렌체, 로마, 나폴리의 중요한 수집가들로부터 계속 주문이 들어오면서 다음 몇 년은 특히나 성공적인 것으로 드러난다.

과르두치가 죽은 이듬해인 1453년 여름에 베스파시아노는 중요한 컬렉션 구축에 관여하게 되었다. 세계 최고의 학자 중 한 명이 도움을 청해온 것이다. 주먹코에 긴 수염, 수도사의 두건을 쓴 50세의 남자였다. 그 방문객은 필사본을 제작하기 위해 프톨레마이오스의 《지리학 Geographia》 모본을 물색하고 있었다.

바실리오스 베사리온은 14년 전 피렌체 공의회에서 주도적 역할을 한 이래로 엄청난 권력과 명성을 얻었다. 1439년 여름 통일 칙령이 내려진 뒤 그는 콘스탄티노플로 돌아가 그리스인들 가운데 다수의 통합 반대론자들에 맞서 논쟁을 확실히 매듭지을 증거를 찾을 요량으로 수도원을 열심히 뒤졌다. 1439년 말에 비잔티움인들이 라틴인들과의 통합에 계속해서 적대적인 것에 좌절한 그는 이탈리아의 더 우호적인 환경으로 돌아왔다. 교회를 대신한 그의 노력을 고맙게 여긴 에우게니우스 교황은 베사리온이 여전히 수도복을 걸치고 턱수염을 길렀음에도 추기경으로 서임했는데, 특히나 후자는 턱수염을 기른 성직자는 강제로라도 수염을 깎아야 한다고 규정한 교회법에 정면으로 위배되는 것이었다. 그 점만 뺀다면 그는 교회의 제후Princes of the Church〔추기경을 가리키는 칭호〕 중 한 명으로서 호사스러운 생활방식에 안착했다. 그는 로마의 트라야누스 원주 바로 옆에 대저택을 지었고 더운 여름 몇 달 동안은 아피아 가도에 지은 아름다운 빌라에서 지냈는데, 그 별장은 프레스코화가 그려진 로지아〔정원과 통하도록 한쪽은 벽이 없이 트인 방이나 복도〕와 오렌지나무, 우물이 있는 정원을 자랑했다. 그의 측근 중에는 한때 윌리엄 그레이가 후원했던 니콜로 페로티 같은 뛰어난 젊은 학자들이 있었다.

베사리온 추기경은 베스파시아노가 적은 대로 "교회에서 대단히 권위 있는 사람"[3]이었다. 그는 자신의 적잖은 권력을 두 가지 목적에 이용하고자 했다. 그리스인과 라틴인 사이의 분열을 끝내는 것과 오스만튀르크에 맞선 십자군을 조직하는 것이었다. 두 프로젝트는 긴밀하게 엮여 있었다. 그는 피렌체 공의회에서 지적한 대로 콘스탄티노플에 대한 오스만튀르크의 엄중한 위협 앞에 그리스인이 한 국가와 기독교도로서 생존할 수 있는 유일한 길은 그들과 참된 하나의 신앙을 공유하는 서방 형제들과의 통합이라고 믿었다. 1452년에 이르면 그는 두 방면에서 얼마간 성공을 거둔 것처럼 보였는데, 그해 12월에 오스만튀르크에 맞서 군사 지원을 하기로 유럽 군주들이 약속한 대가로 통합령이 마침내 콘스탄티노플 교회들에서 선포되었기 때문이다.

베사리온 추기경은 이미 인상적인 장서를 보유하고 있었다. 하지만 1453년 여름에 그는 긴급하게 특별한 목적을 띠고 책을 수집하기 시작했다. 그는 유럽 내 최고의 그리스어 필사본 컬렉션을 구축할 계획을 세웠으니, 그가 바란 것은 그리스 문명 자체를 글로 옮기는 것이었다. 이 임무를 위해 그는 베스파시아노를 찾아왔다.

베사리온 추기경은 1453년 여름에 베스파시아노와 접촉하기 고작 몇 주 전에야 자세한 사정을 알게 된 한 사건 때문에 필사본 수집에 서둘러 나서게 되었다. 그해 7월 초에 오스만튀르크가 콘스탄티노플을 함락했다는 소식이 이탈리아에 당도했던 것이다.

스물한 살의 술탄 메메트 2세는 아랍인들이 처음 콘스탄티노플을 포위했던 800년 전으로 거슬러 올라가는 이슬람권의 야망을 달성했다. 비잔티움 제국의 수도를 함락하는 영예는 1390년 메메트의 증조부 일디림 바예지드와 더불어 1411년 그 도시를 공격한 삼촌 무사의 손에 주어지지 않았다. 1422년 6월 메메트의 아버지 무라드 2세의 함락 시도도 수포로 돌아가긴 마찬가지였다. 그해에 콘스탄티노플이 무너질 것이라는 예언자들과 점성술사들의 장담에 사기충천한 거대 군대가 콘스탄티노플 성벽 아래 모습을 드러냈다. 하지만 그때 오스만 병사들이 두 달간의 공성전 끝에 성벽을 타넘으려고 준비하고 있을 때 갑자기 자줏빛 옷을 입은 여인이 홍벽[총안을 낸 성벽] 위에 나타났다. 오스만 병사들은 겁을 집어먹고 공격을 포기했다. 성모 마리아가 기적적으로 도시를 구원했던 것이다.

1453년 5월 29일 아침에는 자줏빛 옷을 입은 어떤 여인도 홍벽 위에 나타나지 않았다. 그 대신 이번에는 각종 신탁과 징조들이 술탄 편을 들었다. 53일간의 공성전에 뒤이어 오스만 대포들이 날려 보내는 540킬로그램의 탄알들이 마침내 성벽을 무너뜨렸다. 메메트가 출격시킨 엘리트 전사들인 예니체리 부대는 재빨리 방어자들을 압도했다. 황제 콘스탄티누스 11세(1448년에 죽은 요안네스 8세의 동생)는 "불경한 튀르크인들에게 죽임을" 당했고 "그의 머리가 창끝에 꿰어져 뭇사람들에게 전시되는" 사이, "불행한 시민들과 그 부인들은 가장 끔찍한 죽음을 맞았다"[4]라고 베스파시아노는 나중에 썼다.

콘스탄티노플에 남아 있던 주민의 4분의 1에 해당하는 2천 명가량이 학살되었다. 시신들은 보스포루스 해협에 내던져졌고 몸뚱이에서 분리된 머리들이, 어느 베네치아 사람이 생생한 은유로 묘사한 대로 "멜론이 운하를 따라 떠다니듯"[5] 보스포루스의 파도에 둥둥 떠올랐다. 겁에 질린 생존자들은 하기아소피아 성당 안에서 피난처를 찾았다. 그들은 튀르크인이 콘스탄티노플로 입성하면 하기아소피아 성당 앞 광장에 3미터 높이의 기둥이 서 있는 곳을 넘어오지 못할 것이며, 그때 하늘에서 칼을 든 천사가 내려와 그들을 몰아낼 것이라는 예언을 철석같이 믿으며 옹기종기 모여 있었다. 하지만 자줏빛 옷의 여인과 마찬가지로 칼을 든 천사는 나타나지 않았다. 예니체리들이 10센티미터 두께의 나무 대문을 부수고 쳐들어와 성당 안의 사람들을 모조리 붙잡았다. 나중에 통합 찬성파인 어느 그리스 성직자는 만일 실제로 천사가 나타나 라틴인과의 통합에 동의하는 그리스인들을 보호해주는 조건으로 튀르크 병사들을 말살시켜주겠다고 제의했더라도 그들은 구조를 거부했을 것이라고 통렬히 회고했다. 실제로 일부 비잔티움 사람들은 통일령에 격렬히 반발하며 라틴 교회의 주교관보다 차라리 튀르크인의 터번이 더 낫다고 주장할 정도였다.[6]

메메트는 병사들에게 콘스탄티노플의 관공서와 기념물들을 훼손하지 않는 조건으로 사흘 동안 도시를 맘껏 약탈해도 된다고 허락했다. 그에 따라 민가와 상점, 수도원이 탈탈 털리고, 성상들이 파괴되었으며, 교회에서는 의례용 잔과 십자가, 성유물들이 싸그리 약탈당했다. 심지어 무덤들도 풍성한 전리품을 기대한 병사들에 의해 섬뜩하게 파헤쳐졌다. 250년 전 콘스탄티노플을 약탈했던 베네치아 도제 엔리코 단돌로의 무덤에서는 유골밖에 나오지 않았고, 실망한 도굴꾼들은 그의 뼈다귀를 거리의 개들에게 먹잇감으로 던져주었다.

필사본들도 수난을 당했다. 비잔티움 학자이자 역사가 미카엘 크리토불루스는 장정에서 보석을 도려낸 후 책을 불길에 던지거나 마구 짓밟는 광경을 목격했다. 그런 책들 가운데는 신학 저작들과 더불어 플라톤과 아리스토텔레스의 저작도 있었다. 콘스탄티노플 함락 소식이 전해졌을 때 다수의 이탈리아인들이 처음 떠올린 생각은 이 위대한 문학적 유산의 운명에 대한 걱정, 시인이자 외교관인 에네아 실비오 피콜로미니가 7월 12일에 교황 니콜라우스 5세에게 보낸 편지에서 절망적으로 말한 대로 "라틴인들에게 아직 알려지지 않은 무수한 책들"에 대한 걱정이었다. "오호통재라. 지금 얼마나 많은 위대한 이름들이 소멸하겠습니까? 호메로스와 플라톤도 두 번 죽는 일입니다. 이제 우리는 어디서 천재적인 철학자와 시인들의 작품을 구할 수 있겠습니까? 뮤즈의 샘이 파괴되고 말았습니다."[7]

이레 뒤에 교황은 베사리온 추기경의 친구이기도 한 크레타의 인문주의자 라우로 퀴리니로부터 한층 더 우려를 자아내는 편지를 받았다. 그는 무려 12만 권의 필사본이 콘스탄티노플 약탈 동안 파괴되었다고 주장했으니 이루 말할 수 없는 손실이었다. "그리스라는 이름이 깡그리 지워졌다"며 퀴리니는 절망했다. "온 지구를 환하게 빛내고 우리에게 구원의 법과 거룩한 철학, 삶을 아름답게 꾸며주는 훌륭한 학문과 예술을 선사한 문헌들이 사멸했습니다." 그것은 "기만과 배반으로 가득한 (…) 거칠고 야만적인 종족"[8]에 의해 악랄하게 지워지고 말았다.

베사리온 추기경은 자신이 "그리스의 몰락"[9]이라고 부른 사태의 문화적 함의에 깊이 동요했다. 7월 중순, 소식을 들은 지 며칠 만에 그는 베네치아 도제 프란체스코 포스카리에게 편지를 보내 오스만튀르크가 이제 그리스 섬들만이 아니라 이탈리아를 비롯해 아드리아해가 철썩이는 해안의 모든 땅들도 넘볼 것이라고 주장하며, 다른 기독교인들과 손을 잡고 튀르크인에 맞서 무기를 들어야 한다고 촉구했다.

무슬림들은 성지를 정복하면서 그리스도의 고향을 빼앗았다. 이제 콘스탄티노플을 함락하면서 그들은 플라톤과 아리스토텔레스의 영토를 차지한 것이다. 베사리온은 자신과 피렌체에 있는 그의 친구들이 그토록 사랑한 고전 세계가 야만족에 의해 끔찍하게 끝장났다고 믿었다.

그들에게 튀르크인들은 문명 세계의 재앙, 대략 2천 년 전에 고대 그리스인을 위협했던 페르시아인들에 버금가는 존재였다. 근대 유럽인은 고대 그리스인처럼 서방의 문명 세계를 대변한 반면, 튀르크인과 고대 페르시아인은 반대로 동방의 야만주의를 대변했다.[10]

튀르크인들도 마찬가지로 긴 역사적 시각에서 바라보기는 했지만 상황을 퍽 다르게 인식했다. 그들은 자신들이 트로이의 후예라고 믿었다. 베르길리우스가(호메로스가 아니라) 트로이인들에게 테우크리Teucri라는 이름을 부여했으니, 튀르크인(라틴어로는 투르키Turci, 이탈리아어로는 투르키Turchi)들과 동일시하기 쉬운 이름이었던 것이다. 비잔티움 제국의 정복은 그러므로 트로이 전쟁의 재대결, 그리스인들에 맞서 진즉 일어났어야 할 트로이인들의 복수전이었다. 이 동일시는 교황 니콜라우스 5세에게 보낸 메메트 2세의 서신에서 강조되었는데 그는 편지에서 "트로이를 회복하고 헥토르의 피에 복수할"[11] 의사를 밝혔다. 콘스탄티노플 함락을 지켜본 한 목격자는 메메트가 "위대한 트로이를 멸한 자들을 멸했다"[12]라고 주장했다.

학식이 높은 인문주의자 외교관 피콜로미니는 이런 평행 이론을 좌시할 수 없었다. 그는 튀르크인이 트로이인이 아니라 시베리아에서 온 유목 전사 부족인 스키타이인의 후예라고 주장했는데 스키타이인의 이탈리아어 이름 스키티코scytico는 '야만인'과 동의어였다(야만인barbarian은 그리스어 바르바로이barbaroi에서 유래한 단어로 그리스인들의 귀에는 이민족의 언어가 "바, 바, 바"로밖에 들리지 않았기 때문이다). 플리니우스는 《자연사》에서 "사람의 살을 먹는 식인종 스키타이인"을 묘사했다. 피콜로미니는 그들이 동일한 민족이라고 철석같이 믿으며 자신 있게 공언했다. "튀르크인은 스키타이 야만족으로, 암말, 늑대, 독수리, 사산된 뱃속 새끼의 고기와 같이 다른 민족들이 질색하는 것을 먹는 잔혹하고 천하고 음탕한 족속이다."[13]

이슬람 일반과 특히 튀르크인에 대한 피콜로미니의 공격은 그 시대에 전형적인 것이었다. 이슬람 세계의 문화와 관습은 서양에서 제대로 이해되거나 인식되지 못했다. 이러한 적대감은 어느 정도는 성지에서 돌아온 순례자들의 의심스러운 보고들과 침을 튀겨가며 새로운 십자군을 부르짖는 설교자들과 정치가들, 그리고 예언자(무함마드)가 만취해 곯아떨어졌다가 돼지 떼에 산 채로 잡아먹혀서 끔찍한 최후를 맞았다고 묘사한 (술과 돼지고기를 금하는 이슬람의 계율을 폄하하는 설명)[14] "무함마드의 전설" 같은 지독하게 중상모략적인 이야기들 탓이었다. 장래의 교황인 피콜로미니의 흑색선전은 너무나 상스럽고 천박해서 입이 떡 벌어진다. 그에 따르면 예언자는 "부유한 과부를 꾀어서 출세"하고 도적 떼의 우두머리가 되었으며, "마법과 속임수"를 쓰고, "이루 말할 수 없는 온갖 종류의 성교"[15]를 허용함으로써 미개한 족속이 자신을 추종하도록 이끄는 바람둥이 이단자였다. 피콜로미니의 악담은 콘스탄티노플 함락 이후에 나온 것이지만 수 세기는 아니라 해도 수십 년에 걸쳐 이어진 유사한 성향의 비방들로부터 유래한 것이었다.

그러한 맹비난은 이슬람이 고대 로마 이래로 지중해 세계에서 가장 선진적인 문명 가운데 하나를 이룩했다는 사실을 편리하게 무시했다. 서방의 수도원들이 고대의 지적 유산을 보존하고 육성해온 유일한 공간은 아니었다. 800년 전후의 수십 년 사이, 샤를마뉴와 앨퀸이 이른바 카롤링거 부흥을 촉진하는 사이에 동방에서는 "이슬람 황금기"가 아바스 왕조 칼리프 치하에서 시작되고 있었다.[16] 아바스 제국의 수도 바그다드에서 잇따라 재위한 칼리프들은 그리스어, 산스크리트어, 페르시아어, 시리아어 문헌들을 바이트 알히크마, 즉 지혜의 집으로 알려지게 되는 방대한 필사본 도서관에 모았다. 학자들은 팀을 짜서 그 문헌들을 아랍어로 번역하고 주석을 달았으며, 천문학·물리학·의학·광학에 관한 박식한 논고들을 스스로 작성하기도 했다. 고전고대 텍스트들의 부지런한 재발견과 함께 세속주의와 개인주의에 대한 강조를 두고 학자들은 이 시기를 '이슬람 르네상스'라고 부른다.[17] 이슬람 학자들이 주도한 고대 지혜의 생산성 넘치는 부흥과 급증은 이베리아반도로 퍼져나갔고, 이 아랍어 번역문과 주해 다수는 이슬람과 유대교, 기독교 학문 연구로 활기 넘치는 국제적 중심지이자 무슬림 치하의 톨레도 타이파로 흘러들어갔다. 코르도바 칼리프국은 또 다른 놀라운 지적 중심지였다. 코르도바는 70군데의 도서관을 자랑했을 뿐 아니라 976년에 사망한 칼리프 알하캄 2세가 설립한 알카사르 도서관은 그곳의 사서인 바키야라는 환관에 따르면 40만 권의 서적을 보유했다고 한다. 그 칼리프의 손자는 장서 컬렉션 전부를 4만 디나르, 즉 말 100마리 가격에 매각했다.[18]

훤칠하고 원기왕성하며, 대담하고 의지가 굳은 메메트 2세는 좀처럼 미소를 짓는 법이 없었고, 한 유럽인 방문객에 따르면 공경보다는 공포심을 불러일으켰다고 한다.[19] 누가 자기 멜론을 먹었는지 알아내려고 시동 열네 명의 배를 갈라봤다는 것과 같은 소름 끼치는 소문들이 그의 주위를 떠돌았다. 멜론 이야기는 허구이지만 또 다른 이야기는 사실이었다. 그는 생후 8개월 된 의붓동생 아흐메드를 욕조에 빠뜨려 죽인 다음 제위를 차지하는 자는 누구든 "세계 질서를 위해서" 형제들을 처치해야 한다는 "형제 살해의 법령"을 제정했다.[20]

하지만 메메트는 교양과 학식을 갖춘 인물이기도 했다. 아침마다 그는 세 명의 철학자들로부터 가르침을 받았는데 한 사람은 아랍어로, 두 사람은 이탈리아어, 라틴어, 그리스어로 가르쳤다. 그는 페르시아어와 슬라브어도 알아들었으며 역사가 그를 기억하게 된 이름('정복자') 대신 '도와주는 자' 또는 '보호자'라는 뜻의 '아브니'라는 필명으로 튀르크어 서정시를 짓기도 했다.

메메트가 콘스탄티노플의 유린을 목격하고는 눈물을 흘렸다는 일화도 있다. "우리가 참으로 위대한 도시를 약탈과 피폐에 내주고 말았구나!"[21] 파괴에 경악한 그는 사흘간의 약탈 첫날 밤에 노략질을 중단시켰다. 그는 도시의 역사적 건물들을 매우 아꼈다. 그는 하기아소피아의 이름(하기아소피아는 결국 아야소피아로 알려지게 되었다)과 도시 자체를 보존했고, 도시는 대중적으로 이스탄불('도시로'라는 뜻의 그리스어 에이스 텐 폴린eis ten polin에서 왔다)로 알려지게 되었지만 공식적으로는 여전히 콘스탄티노플이라고 불렸다. 그는 하기아소피아의 아름다운 기독교 모자이크화(성모 마리아, 아기 예수와 기타 등등)를 그대로 보존했고 기독교의 귀중한 유물인 성탄의 돌the Stone of the Nativity을 계단식 걸상으로 사용하는 것을 두고 사서를 신랄하게 꾸짖었다. 메메트는 성聖사도 교회에서 나온 반암 석관을 비롯해 황궁의 성유물과 비잔티움 조각들을 수집하고 보존했다. 뽕나무가 전차 경주장(술탄 아흐메드 광장)의 뱀기둥을 위협했을 때 메메트는 뽕나무 뿌리를 불로 지지도록 지시했다. 그가 하기아소피아 바깥의 기둥에서 8미터 높이의 유스티니아누스 기마상, 즉 말을 탄 황제가 한 손에는 보주를 들고 다른 한 손은 야만족의 땅인 동방을 향해 위협적으로 뻗고 있는 형상을 한 청동 거상을 인정사정없이 철거해버린 것은 사실이다. 하지만 메메트는 오로지 점성술사들이 그것이

액운을 가져온다고 말했기 때문에 그 기마상을 철거했다. 비록 그 기마상이 5월 29일 아침 하기아소피아 안에서 벌벌 떨고 있던 술탄의 불운한 반대자들을 가차 없이 저버렸음에도 말이다.

메메트가 최선을 다해 보존한 것으로 보이는 콘스탄티노플의 보물 중 하나는 황궁 도서관 또는 그 도서관에서 그나마 잔존한 것들이었다. 대략 15년 전 콘스탄티노플에 파견된 에스파냐 대사 페로 타푸르는 이 도서관이 "많은 서적, 고대 문헌과 역사서"를 보유하고 있으며 소장 도서는 전부 황궁 1층의 로지아 안쪽 대리석 테이블 위에 정리되어 있었다고 묘사했다.[22] 타푸르는 장서의 규모가 어느 정도인지 전혀 암시하지 않았고 그 안에 들어 있는 것들을 자세하게 기술하는 식으로 독자를 감질나게 하지도 않았다. 하지만 비잔티움 황제들의 도서관은 길고도 비극적인 역사를 간직하고 있었으므로 이전의 휘황찬란한 위용의 잔영에 불과했을 것이다. 콘스탄티누스 황제는 330년에 수도를 그 도시로 이전한 직후 황궁의 설비 가운데 하나로 도서관을 건립했고 7년 뒤에 그가 죽을 때쯤에는 거의 7천 권의 도서를 소장하고 있었다. 그의 아들 콘스탄티우스 2세는 일련의 방들에 장서를 보관하게 하고 추가로 도서를 기증했다. 370년대에 이르러 발렌스 황제는 일곱 명의 안티콰리 antiquarii, 즉 네 명의 그리스인과 세 명의 라틴인으로 구성된 고문古文 필경사들을 기용해 작업을 맡겼다. 그들의 임무 가운데 하나는 파피루스 두루마리의 내용을 양피지 코덱스에 옮겨 적는 일이었다.

황궁 도서관의 컬렉션은 5세기 중반에 이르면 약 12만 권으로 불어나, 여태까지 한곳에 모인 그리스어와 라틴어 문헌 최고의 보고 가운데 하나가 되었다. 하지만 475년의 화재로 도서관이 사실상 전소되는 등 콘스탄티노플 상당 부분이 불탔다. 다음 몇 세기에 걸쳐 장서가 서서히

피렌체 서점 이야기

다시 채워졌지만 726년에 이르러 다시금 화마가 덮쳤을 때 도서관의 장서는 7천 권이 채 못 되었다. 황제 레오 3세가 '우상'을 섬기지 말라는 성서 구절을 앞세워 이미지가 담긴 필사본을 모조리 파괴하라고 지시했을 때 우상 파괴의 광란에 뒤따른 수십 년 사이에 더 많은 책들이 소실되었다. 그때 파괴된 필사본 중에는 금박 글자로 쓰인 호메로스의 시와 금박으로 제본되고 보석으로 장식된 복음서 필사본도 있었다고 한다. 다음 몇 세기에 걸쳐 정무와 교무(敎務)를 돌보는 데 자체적인 필사본이 충분히 축적되어 있지 않았으므로 황제들은 아쉬운 대로 콘스탄티노플의 수도원 도서관들에서 얻어온 책들에 만족해야 했다. 10세기 초에 본인이 어엿한 학자이기도 했던 황제 콘스탄티누스 7세는 세계 전역으로부터 도서를 사들여 장서를 채워나가기 시작했다. 하지만 끔찍한 운명이 다시금 개입했다. 1204년 도서관은 제4차 십자군 원정 동안 쑥대밭이 되었다. 그나마 남아 있던 컬렉션은 황궁의 부속 건물 한쪽에 들어가게 되었고, 바로 그곳에서 1437년에 타푸르가 장서를 목격한 것이었다.

이 컬렉션에 어떤 책들이 포함되어 있었는지, 그리고 얼마나 많은 책들이 1453년에 전리품을 노리는 약탈자들에 의해 파괴되었는지는 막연히 추측해볼 수밖에 없다.[23] 세비야의 이시도루스는 어느 컬렉션에서 나온 필사본들이 약탈당하고 파괴되었는지 구체적으로 명시하지 않았으며 12만 권의 필사본이 사라졌다는 그의 주장은 공분을 유발하기 위한 과장이 거의 틀림없다. 베사리온 추기경은 숫자나 저자를 거론하지 않고 "아주 오래 전 저 신과 같은 사람들의 아름다운 기념비들 다수"의 손실에 대해 막연하게 언급할 뿐이다.[24]

물론 이 시기에 황궁과 도시의 수도원에서 많은 필사본이 소실되었다. 하지만 메메트 본인은 그리스나 로마, 기독교 필사본의 파괴를 결코 허락하거나 용인하지 않았을 것이다. 애서가였던 그는 궁극적으로 약 8천 권의 장서를 구축하게 된다. 여기에는 아랍어, 페르시아어, 오스만튀르크어와 차가타이튀르크어로 된 저작은 물론 프톨레마이오스의 《지리학》과 게오르기오스 게미스토스 플레톤의 플라톤에 관한 저술 같은 다른 언어로 쓰인 저작들의 아랍어 번역본도 들어 있었다. 그의 다언어 장서 목록에는 심지어 《피렌체시에 관한 논고Risala fi bayan madinat Filorindin》라는 저작—분명 레오나르도 브루니의 작품 가운데 하나—의 번역본도 있었다. 8천 권이라는 수치를 신뢰할 수 있다면 메메트의 장서는 1400년대 후반에 세계 최대의 컬렉션이었을 것이다.[25]

메메트는 니콜로 니콜리 같은 초연한 수집가처럼 낡고 닳은 서책 자체에 관심이 있는 수집가는 아니었다. 오히려 정반대였다. 그의 문학적 관심사의 배후에는 공공연한 정치적 야심이 도사리고 있었고, 그 관심사들은 그에게 본보기와 영감을 제공했다. 한 방문객은 "세계의 지리와 군사적 사안의 학문을 공부하는 것보다 그가 더 좋아하는 것은 없다"라고 전했다.[26] 역사는 무엇보다도 그의 흥미를 끌었다. 개인교사들과 함께 그는 헤로도토스의 《역사》, 리비우스의 《로마 건국사》와 더불어 교황과 황제, 유럽의 국왕들에 관한 더 근래의 연대기들을 탐독했다. 그가 가장 좋아하는 책은 1세기에 집필된 퀸투스 쿠르티우스의 《알렉산드로스 대왕의 역사》였다. 그는 알렉산드로스의 정복을 본받는 게 아니라 그것들을 능가하고 싶었다. 메메트의 연대기 작가 중 한 명이 주목한 대로 술탄은 "숙고한 끝에 전 세계를 석권했고, 알렉산드로스와 폼페이우스, 카이사르 들 그리고 그들과 같은 유의 왕과 장군 들을 본받아 세상을 다스리기로 결심했다."[27]

성 베드로 대성당의 계단에서 말을 먹일 희망을 품었던 증조부 일디림처럼 메메트는 자신의 여러 칭호들—최고의 황제, 왕중왕, 두 대륙과 두 바다의 술탄—에 '카이세리 룸', 즉 로마의 카이사르라는 칭호도 덧붙였다. 베네치아 출신의 그의 어의는 그가 커다란 유럽 지도를 갖고 있었으며, 불길하게도 이탈리아 지리와 "교황과 황제의 소재지"에 각별히 주의를 기울이며 그 지도를 열심히 살펴봤다고 주장했다.[28]

서방에서 오스만튀르크의 정복은 그리스 교회와 라틴 교회의 통합 실패에 신이 내린 벌로 여겨졌다. 동방의 특정 그리스인들에게는 그것이 라틴 교회의 이단을 수용한 것에 대한 징벌이었다. 통일령이 마침내 콘스탄티노플에서 선포된 지 고작 몇 달 만에 콘스탄티노플이 함락되었으니까 말이다.

하지만 다른 이들은 여전히 메메트의 승리를 튀르크의 위협에 맞서기 위해 힘을 합치기보다는 자기들끼리 싸웠던 기독교도에 대한 냉엄한 교훈으로 받아들였다. 실제로 유럽의 기독교 열강은 지난 1~2년 사이에 서로 열심히 전쟁 중이었다. 프랑스와 잉글랜드가 대립하고 있었고, 독일의 제후들은 자기들끼리 옥신각신 다투고 있었으며, 부르고뉴에서는 반란이, 나바라에서는 내전이, 제노바에서는 통상적인 파벌싸움과 알력 다툼이 벌어졌다. 베네치아와 나폴리 국왕이 한편이 되어 피렌체와 밀라노 공작에 맞서 결판이 나지 않고 돈만 잡아먹는 파멸적인 대결을 벌이고 있었다. 콘스탄티노플의 파국은 교황 니콜라우스 5세가 슬픔에 잠겨 말한 대로 "기독교권의 수치"였다.[29] 그는 메메트를 〈요한 계시록〉에 나오는 짐승과 동일시했다. 한편 키이우의 이시도르에게 그 젊은 술탄은 적그리스도의 전조였다.[30]

베스파시아노는 이러한 종말 정서와 기독교도들이 스스로의 잘못과 실패로 응징을 자초했다는 생각을 공유했다. 그는 튀르크인들—"가장 잔혹한 저 야만인들"[31]—의 침략이 라틴인과 그리스인 기독교도 둘 다의 정치적·도덕적 파산의 결과라고 믿었다. 그는 나중에 "튀르크인들에게 짓밟히던" 비잔티움 황제가 "교황과 이탈리아와 그 너머의 모든 열강에"[도움을] 호소했지만 냉대와 무시만 받았다는 콘스탄티노플 함락의 전주곡에 해당하는 서사를 제공했다. "그들은 그를 비웃고 철저히 무시했으며, 그를 구할 수도 있었을 500명의 병사들은 단 한발자국도 움직이지 않았다." 그러자 황제는 자기 백성에게 고개를 돌려 도시를 보호하기 위해 준비해둔 돈을 풀었고, 이제 시민들이 지갑을 열어서 자신을 도와준다면 "나는 나 자신은 물론 너희와 너희 자식들을 위해 이 땅을 지킬 것이다. 반대로 너희가 그렇게 하지 않는다면 우리의 최후가 기다리고 있다"라고 설명했다. 하지만 콘스탄티노플의 "훌륭한 양반들"은 탐욕 때문에 황제의 제의를 거절했고 그리하여 튀르크인들이 도시를 유린하자 황제는 머리를 잃고, 시민들은 죽임을 당했으며, 그들의 집은 약탈당했다. "남은 자들은 유대인들에게 팔려갔다"라고 베스파시아노는 주장했다. 그는 콘스탄티노플의 이 같은 역사를 다음과 같은 엄격한 교훈으로 요약했다. "믿기를 거부하고 불순종한 고집스러운 죄인들은 그렇게 끝이 난다."[32]

10장

기적의 사내

1453년 오스만튀르크의 콘스탄티노플 함락은 세계 전역에서 주목한 획기적인 사건이었다. 그해에 작은 엽서 크기의 종이 쪼가리 형태로 또 다른 일이 일어났다. 주목을 덜 받았지만 콘스탄티노플 함락보다 더 중요하지는 않더라도 그와 동등하게 중요한 일이 된다. 그것은 지식의 전파 방식을 영구히 바꾸어놓은 사건이었다.

1453년에 잠깐 출현한 뒤 이 종잇조각은 수 세기 동안 자취를 감췄다가 1892년에 에두아르트 벡이라는 마인츠의 어느 은행원의 손에 들어가게 된다. 헤어 벡Herr Beck은 마인츠대학 문서고에서 그 종이를 우연히 발견했는데 아주 오래 전 마인츠의 어느 제본가가 오래된 문서를 보관할 판지 상자를 만들기 위해 재활용한 것이었다. 1904년, 중세 연구자인 에드바르트 슈뢰더 교수가 일컬은 대로 이 "아리송한 낱장"[1]에는 앞뒤 면에 운율을 맞춘 시행이 실려 있는 한편, 낱장의 맨 위쪽과 아래쪽의 2행 연구들은 그 낱장 가장자리를 다듬을 때 잘려나갔다. 앞면의 열여섯 행은 독자들에게 신앙과 선행에 힘쓸 것을 권유하고, 뒷면의 열네 행은 최후의 심판을 묘사하는데, 그런 까닭에 슈뢰더 박사는 그 종잇조각을 "최후의 심판 단편Fragment vom Weltgericht"이라고 이름 붙였다.

몇 년 뒤인 1908년에 그 종잇조각에 관한 더 많은 단서가 발견되었다. 카를 로이셸이라는 독일 민속학자가 단편의 시행이 실은 지금까지 40부 이상 남아 있는 필사본 사본을 통해 알려진 〈지빌렌부흐Sibyllenbuch〉('무녀의 책')라는 14세기의 예언적 시에서 나온 것임을 밝혀낸 것이다. 이 시는 참 십자가 전설을 들려주는데, 여러 형태로 전해지는 이 전설에 따르면 아담의 무덤에 그의 아들 세트가 생명나무를 심었고 그것이 거대하게 자라자 솔로몬 왕이 개울을 건너는 다리를 지을 때 그 목재를 이용했으며, 그 섭리의 운명에 따라 구세주가 못 박힌 십자가를 만드는 데도 쓰였다고 한다. 시는 이름을 밝히지 않은 여러 군주들이 최후의 심판의 사전 단계로서 서로 권력을 다투는 가운데, 신성로마제국의 정치와 관계된 미래 사건들과 관련해 애매모호한 일련의 암시적 예언들로 마무리된다. 〈지빌렌부흐〉는 1892년에 종잇조각에서 발견된 시행들로 끝을 맺는다.

〈지빌렌부흐〉의 작가를 둘러싸고 많은 논쟁이 벌어졌고, 작품 내적 증거로 볼 때 1360년대 작품인 듯했다. 마인츠 문서고에서 발견된 낱장은 소책자의 일부였던 것으로 추정되는데, 〈지빌렌부흐〉 본문 전체를 담았다면 소책자는 대략 16쪽에 달했을 것이다. 그 작품은 1453년에 그것을 본 사람이 특이하고 살짝 생소한 외양에 이상한 느낌을 받았으리라는 사실만 빼면 딱히 주목할 게 없었을 것이다. 글자들은 북유럽에서 익숙한 고딕체로 구성되어 있었지만 일반적인 필경사의 작품에서 보이는 조화와 정확성이 결여되어 있었다. 개별 글자들은 꼼꼼하게 구

　　　　　　　　　　　　　피렌체 서점 이야기

성되어 있지만 이따금씩 행 위로 삐뚜름하게 솟아 있으며, 어떤 글자들은 살짝 아래로 내려가 있어 마치 필사자가 울퉁불퉁한 길을 달리는 탈것에 앉아서 글씨를 쓴 것 같았다. 어떤 글자들은 짙은 검은색인 반면 어떤 글자들은 매우 희미했다. 하지만 예술적인 장식미가 있었는데 대문자들은 전부 주서朱書, 다시 말해 얼마간의 붉은 잉크로 마감되어 있었기 때문이다.

하지만 이 낱장이 나온 〈지빌렌부흐〉 사본은 필경사가 필사한 것이 아니라 요하네스 구텐베르크가 새로 발명해 운용하는 마인츠의 인쇄기로 제작된 것이었다. 그 종잇조각은 그의 인쇄기에서 나온 가장 초기 인쇄물 가운데 하나—그가 비밀리에 새 발명품을 실험하면서 처음 내놓은 결과물 가운데 하나—로서, 가동활자로 인쇄된 현존하는 가장 오래된 텍스트 가운데 하나가 된다.

구텐베르크가 동일한 활자를 이용해 1~2년 뒤에 내놓은 다음 작품 가운데 하나는 '튀르크 문제'를 직접적이고 확실하게 다루는, 성격상 명백히 더 시의성 있는 소재였다. 1454년 12월에 인쇄된 튀르켄칼렌더 Türkenkalender(튀르크인 연감)는 반反오스만튀르크 선전물이었다. 그것은 튀르크의 위협을 다루면서 1455년도 연감으로 가장한 점성술 시였다. "튀르크인에 맞서 기독교권에 보내는 고언Eyn Manung der Cristenheit widder die Durken"이란 제목을 단 이 9쪽짜리 소책자는 교황 니콜라우스 5세와 신성로마제국 황제 프리드리히 3세부터 다양한 공작과 대주교, 심지어 인케르만 국왕(그의 왕국은 크림반도에 있었다)에 이르기까지 열세 명의 지도자들에게 열세 가지—1455년에 초승달이 뜰 때마다 하나씩—긴박한 호소를 했다. 모두가 무기를 들고 강력한 십자군에 투신해야 한다는 권고도 했다. 만연한 암울함 속에서도 연감은 독자들에게 세시 인사를 보내기도 했다. "행복하고 축복받는 새해를 맞으세요! Eyn gut selig nuwe Jar!" 연감은 콘스탄티노플에서 튀르크인을 몰아내고 그리스, 아시아, 유럽 어디에서도 그들을 한 명도 살려두지 않게 해달라고 주님께 간청하는 기도로 끝을 맺는다.

오스만튀르크는 구텐베르크에게 또 한 가지, 아니 오히려 수천 가지의 사업을 제공했다. 1452년 5월 니콜라우스 5세는 오스만튀르크의 침입에 맞서 키프로스 방어에 돈을 기부하는 사람 전원에게 전대사全大赦〔벌에 대한 일반 사면〕를 내린다고 공표했다. 사제들이 대사를 내리고, 헌금을 걷고, '면벌부'—그것을 소지하는 이들은 자신이 저지른 다양한 죄에 대해 사후의 처벌을 면제받는다는 내용이 적힌 증서—를 내주도록 유럽 곳곳으로 파견되었다. 흔히 대량으로 유통된 이 문서들은 필경사들이 손으로 일일이 필사했고, 따라서 그들이 받는 임금은 면벌부 판매에서 나오는 수익을 깎아먹었다. 자신의 관구인 마인츠시의 모금을 책임지고 있던 디터 대주교는 구텐베르크에게 관심을 돌렸거나 아니면 구텐베르크가 대주교에게 접근해왔다. 구텐베르크는 자신의 새로운 발명품이 어떻게 마인츠의 필경사들보다 더 빠르고 저렴하게 이 문서들을 대량으로 제공할 수 있는지 깨달았을 것이다. 전부 양피지에 인쇄된 면벌부의 예시는 현재 50부가 남아 있지만 그의 인쇄소는 면벌부를 무려 1만 부를 생산했을 수도 있다.[2]

1454년 10월 22일, 마인츠에서 240킬로미터 떨어진 에르푸르트에서 면벌부를 구입한 마르가레테 크레머가 이 새로운 양식의 문서를 받아들고 무슨 생각을 했을지는 알 수 없다. 아무튼 사후에 그녀의 영혼의 운명에 관해 설명하는 이 문서는 가동활자로 인쇄되고 날짜가 명시된 현존하는 가장 오래된 문서의 실례다.

물론 구텐베르크는 인쇄기를 돌리고 책을 제작할 새로운 기법을 완벽하게 연마하는 데 필요한 돈을 벌기 위해 이 소형 문서를 이용하고 있었다. 하지만 그는 다른 뭔가도 작업 중이었다. 마르가레테 크레머가 면벌부를 구입한 그달에 외교관 에네아 실비오 피콜로미니—콘스탄티노플에서 "무수한 책들"의 소실에 절망했던 사람—가 마인강 변의 프랑크푸르트에 도착했다. 그는 오스만튀르크에 맞선 십자군에 대한 독일의 성원을 얻기 위해 왔지만 한편으로 프랑크푸르트에서 열리는 정기시定期市를 찾아가볼 기회도 놓치지 않았다. 그곳에서 그는 특히 박식한 애서가의 호기심을 자극하는 특별한 것을 목격하고 곧장 로마에 있는 친구에게 편지를 써서, 어느 '기적의 사내'가 판매하는 놀라운 물건에 대해 알렸다.[3]

이 '기적의 사내', 요하네스 겐스플라이슈 추르 라덴 춤 구텐베르크는 나이가 육십 줄에 가까운 사람이었다. 그는 인구 6천의 라인강 변 도시 마인츠에서 1390년대 중후반경에 태어났다. 그의 초창기 생애, 아니 더 나아가 그의 인생 중후반기에 대해서도 알려진 것은 거의 없다. 그는 1420년대 후반 무렵에 마인츠에서 라인강 상류로 약 180킬로미터를 거슬러 가면 나오는 스트라스부르로 이주했는데, 아마도 중간계급 길드 조합원들과 구텐베르크 가족이 속한 상류계급이 대립한 마인츠시 정부 내 소요 사태에 따른 망명이었을 것이다. 그에 관해 알려진 내용 중 상당 부분은 그가 얽힌 이런저런 법적 분쟁에서 나온다. 첫 번째 사건은, 1437년에 그가 에넬린 추 데어 이제린 튀르Ennelin zu der Yserin Tür(철문의 에넬린)라는 여성과의 혼약을 어겼다는 이유로 고소를 당한 것이었다. 또 원고 측 증인 중 한 명으로부터 명예훼손으로 고소를 당했는

'기적의 사내' 요하네스 구텐베르크.

데, 구텐베르크가 제화공인 그 증인을 "거짓말과 속임수로 먹고사는 비루한 놈"이라고 부른 탓이었다. 구텐베르크는 그 제화공의 명예훼손에 대해 손해 배상을 해야 했지만 에넬린과의 혼인은 용케 피한 듯하다.[4] 이 무렵 그는 스트라스부르 금세공인 길드의 일원으로 보석을 연마하며 생계를 꾸리는 한스 리페라는 동업자와 손을 잡고, 예수의 수의나 성모 마리아의 외투처럼 7년마다 아헨에서 공개 전시되는 유명한 성유물을 구경하기 위해 몰려들 군중을 겨냥한 순례자의 거울을 제작하고 있었다. 순례자들은 당대의 종교 관행에 따라 이 거울들을 이용해 성유물의 상을 포착하고 반사된 상을 '간직'한 다음 그 거울을 자랑스럽게 목에 걸고 집으로 돌아갔다.

구텐베르크와 리페에게는 안타깝게도 1439년부터 1440년까지 순례 행사는 (아무래도 역병 때문에) 연기되었고, 그 바람에 재고가 잔뜩 쌓였다. 하지만 거울 제작은 구텐베르크가 야금과 주형 찍기, 하나의 형판으로 사본을 무제한 찍어낼 수 있는 기계적 복제 공정을 실험해보는 계기가 되었을 수도 있다.[5] 그는 스트라스부르 시절 동안 다른 동업자들과 손을 잡고 인쇄 공정을 연구해본 듯하지만 그의 사업 시도의 성격과 최종 성과는 여전히 수수께끼에 싸여 있는데 어느 정도는 그가 당연히 사업상의 비밀 엄수를 중시했기 때문이다.

1745년 요한 하인리히 바르트라는 기록 관리인이 스트라스부르의

피렌체 서점 이야기

중세 성탑에서 발견한 문서들은 구텐베르크가 보석 연마와 거울 제작을 넘어서는 비밀스러운 사업에 관여했음을 암시한다. 1439년에 그는 사망한 동업자 안드레아스 드리첸의 형제들로부터 고소를 당했다. 형제들은 1438년 크리스마스에 사망한 안드레아스가 거액의 수익을 기대하며 구텐베르크의 프로젝트 가운데 하나에 재산의 상당 부분을 투자했다고 주장했다. 형제들은 드리첸의 유산 상속인으로서 자신들도 동업자로 인정되거나 아니면 안드레아스가 투자했던 금액을 돌려받아야 한다고 생각했다. 구텐베르크는 그사이 안드레아스의 집으로 하인을 보내 정체를 알 수 없는 기계를 아무도 그게 뭔지 알 수 없게 해체해 부품을 회수해오도록 시켰다. 증인 스물여섯 명이 드리첸의 두 형제를 위해서, 그리고 열네 명이 구텐베르크를 위해서 법정에 출두했다. 증언이 남아 있는 증인들 가운데 누구도 그 정체를 알 수 없는 기계의 용도를 알거나 누설하지 않았지만 최종 증인으로 나온 한스 뒤네라는 금세공인만은 달랐다. 그는 지난 2~3년에 걸쳐 자신이 "인쇄와 관련된 작업으로" 구텐베르크로부터 대략 100굴덴*을 받았다고 증언했다. 법정은 최종적으로 구텐베르크에게 드리첸 형제에게 미변제 잔액 15굴덴을 지불한 다음 그들과 "더는 엮이지 말라"고 명령했다.[6]

구텐베르크의 다음 10년은 추적이 힘들지만 1448년에 이르면 그는 마인츠로 돌아와 자신의 발명품을 개량하고 있었다. 1450년 8월에 그는 부유한 금세공인이자 금융가인 요한 푸스트와 동업 관계를 맺었다. 푸스트는 장비와 활자 제작 비용으로 구텐베르크에게 6퍼센트의 이자율로 총 800굴덴—당시에 수소 100마리를 살 수 있는 큰돈[7]—을 대출

---

* 굴덴은 플로린이나 두카트처럼 3.5그램 정도가 나가는 금화였다.

해주었다. 1452년, 푸스트는 임금과 임대료, 양피지, 종이, 잉크 비용, 그리고 '도서 작업Werke der Bücher'이라고 명시된 합작 사업을 위해 추가로 연간 300굴덴을 지급하기 시작했다. 동업 관계는 4~5년간 이어졌다가 1454년 10월에 피콜로미니가 프랑크푸르트에서 열린 도서 정기시를 찾았을 무렵에 소송과 함께 험악하게 깨졌다.

정기시에서 피콜로미니가 본 것은 곧 발매될 성서 인쇄본의 견본인 인쇄물 여러 첩이었다. 그는 로마에 있는 친구에게 "아직 완성된 성서를 보지는 못했지만 예하께서 안경 없이도 어렵잖게 읽을 수 있는 극히 깔끔하고 정확한 글자로, 오류 없이 인쇄된 여러 첩의 다양한 책들을 구경했습니다"라고 썼다. 친구인 추기경은 사본을 요청했지만 피콜로미니는 158부에서 180부(그는 두 숫자를 모두 거론했다) 사이의 인쇄 부수에도 불구하고, "책이 완성되기도 전에 이미 구매자들이 줄을 서 있어서"[8] 그중 한 권을 입수하기는 불가능할 것이라고 보고했다.

전체나 일부로 지금까지 49권이 남아 있는 그 책들은 인쇄된 본문의 분량을 다 합쳐 1200쪽이 넘는다. 그 책들은 본문 한 페이지에 42행이 들어가 있어 출판 연구 역사가들에게 'B42'로 통한다. 하지만 더 대중적으로는 《구텐베르크 성서》로 알려져 있다.

에네아 실비오 피콜로미니가 '기적의 사내'—짐작건대 구텐베르크—를 만난 정기시는 유럽 최대의 정기시였다. 마인츠에서 겨우 40킬로미터 떨어진 프랑크푸르트 정기시는 잉글랜드부터 발칸반도와 그 너머까지 무역상들과 상품을 끌어당겼다. 포도주는 알프스 너머 이탈리아에서, 유리는 보헤미아에서, 직물은 프랑스와 잉글랜드에서, 후추·육두구·정향·계피·생강은 동양에서 왔다. 15세기 후반에는 아프리카산 코

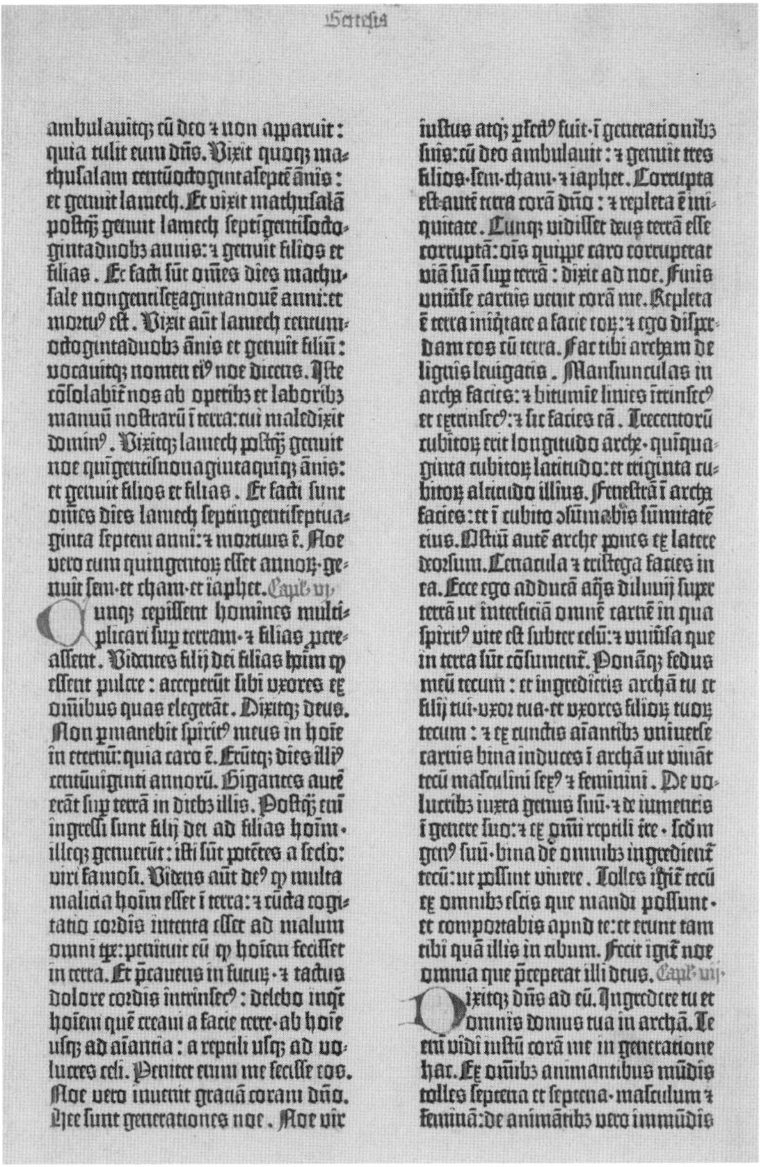
Genesis

ambulauitq; cũ deo ⁊ non apparuit:
quia tulit eum dñs. Vixit quoq; ma=
thusalam centũoctoginta septẽ ãnis:
et genuit lamech. Et vixit mathusalã
postq̃ genuit lamech septĩgentiſocto=
gintaduob; annis: ⁊ genuit filios et
filias. Et facti sũt omnes dies mathu=
sale nongentisexaginta nouẽ anni: et
mortu⁹ est. Vixit aũt lamech centum=
octogintaduob; ãnis et genuit filiũ:
vocauitq; nomen ei⁹ noe dicens. Iste
cõsolabit nos ab operib; et laborib;
manuũ nostrarũ ĩ terra: cui maledixit
domin⁹. Vixitq; lamech postq̃ genuit
noe quĩgentisnonagintaquinq; ãnis:
et genuit filios et filias. Et facti sunt
omnes dies lamech septingentiseptua=
ginta septem anni: ⁊ mortuus ẽ. Noe
vero cum quingentoȝ esset annoȝ: ge=
nuit sem et cham et iaphet. Capl'm vj.
Cumq; cepissent homines multi=
plicari sup terram ⁊ filias pcre=
assent. Videntes filij dei filias hoim q̃
essent pulcre: acceperũt sibi uxores ex
omnibus quas elegerãt. Dixitq; deus.
Non pmanebit spirit⁹ meus in hoĩe
in eternũ: quia caro ẽ. Eruntq; dies illi⁹
centũuiginti annorũ. Gigantes autẽ
erãt sup terrã in dieb; illis. Postq̃ enĩ
ingressi sunt filij dei ad filias hoim.
illeq; genuerũt: isti sũt potẽtes a seclo:
viri famosi. Videns aũt de⁹ q̃ multa
malicia hoim esset ĩ terra: ⁊ cũcta cogi=
tatio cordis intenta esset ad malum
omni tpe: penituit eũ q̃ hoiem fecisset
in terra. Et pcauens in futurũ ⁊ tactus
dolore cordis intrinsec⁹: delebo inq̃t
hoiem quẽ creaui a facie terre: ab hoie
usq; ad aĩancia: a reptili usq; ad uo=
lucres celi. Penitet enim me fecisse eos.
Noe vero inuenit graciã coram dño.
Hee sunt generationes noe. Noe vir
iustus atq; pfect⁹ fuit ĩ generationib;
suis: cũ deo ambulauit: ⁊ genuit tres
filios. sem. cham. ⁊ iaphet. Corrupta
est autẽ terra corã dño: ⁊ repleta ẽ ini=
quitate. Cumq; vidisset deus terrã esse
corruptã: oĩs quippe caro corrupterat
viã suã sup terrã: dixit ad noe. Finis
uniuse carnis venit corã me. Repleta
ẽ terra iniq̃tate a facie eoȝ: ⁊ ego dispe=
dam eos cũ terra. Fac tibi archam de
lignis leuigatis. Mansiunculas in
archa facies: ⁊ bitumie linies ĩtrinsec⁹
et extrinsec⁹: ⁊ sic facies eã. Trecentorũ
cubitoȝ erit longitudo arche. quinqua=
ginta cubitoȝ latitudo: et triginta cu=
bitoȝ altitudo illius. Fenestrã ĩ archa
facies: et ĩ cubito osũmabis sũmitatẽ
eius. Ostiũ autẽ arche pones ex latere
deorsum. Cenacula ⁊ tristega facies in
ea. Ecce ego adducã aq̃s diluuij sup
terrã ut interficiã omnẽ carnẽ in qua
spirit⁹ vite est subter celũ: ⁊ uniũsa que
in terra sũt cõsumentur. Ponãq; fedus
meũ tecum: et ingredieris archã tu et
filij tui. uxor tua et uxores filioȝ tuoȝ
tecum: ⁊ ex cunctis aĩantib; uniuerse
carnis bina induces ĩ archã ut viuãt
tecũ masculini sex⁹ ⁊ feminini. De vo=
lucrib; iuxta genus suũ ⁊ de iumentis
ĩ genere suo: ⁊ ex omni reptili terre. scdm
gen⁹ suũ. bina de omnib; ingredientur
tecũ: ut possint viuere. Tolles igitur tecũ
ex omnib; escis que mandi possunt.
et comportabis apud te: et erunt tam
tibi quã illis in cibum. Fecit igitur noe
omnia que pceperat illi deus. Capl'm vij.
Dixitq; dñs ad eũ. Ingredere tu et
omnis domus tua in archã. Te
enĩ vidi iustũ corã me in generatione
hac. Ex omnib; animantibus mũdis
tolles septena et septena. masculum ⁊
feminã: de animãtib; vero inmũdis

42행으로 된 《구텐베르크 성서》의 한 페이지.

끼리까지 출현했다.[9]

책도 프랑크푸르트 정기시에서 전시되고 거래되었다. 서적상과 출판업자들이 성 레온하르트 교회 뒤편 부흐슈트라세('책거리')에서 북적거리는 찬란한 나날은 1454년의 시점에서는 여전히 20년 뒤의 일이었다. 하지만 뢰머플라츠와 마인강 변을 따라 쭉 뻗은 거리들에 들어선 매대는 제지업자, 제본업자, 채식사, 목판화가의 제품들을 선보였다. 필사본도 구할 수 있었다. 1370년 네덜란드 출신의 헤이르트 흐로터라는 성직자는 프랑크푸르트 정기시에서 공동생활형제회를 출범시키는 데 필요한 필사본들을 구할 수 있었다. 일종의 필사자 센터인 이곳에서 그는 가난한 젊은 학자들을 필경사로 고용했던 것이다.

프랑크푸르트 정기시를 찾은 사람들은 필경사가 종이나 양피지에 쓴 것과는 퍽 다른 종류의 책, 다시 말해 목판 인쇄본도 구입할 수 있었다. 목판은 옷감에 무늬를 찍는 데 여러 세기 동안 이용되어왔지만 1300년대 말에 이르러 유럽에 자리 잡은 제지소는 (독일 땅에 최초로 들어선 제지소는 1390년에 뉘른베르크에서 종이를 생산하기 시작했다) 목판에 부조를 새기는 숙련 장인들에게 그들의 도안을 대량으로 제작할 수 있는 비교적 저렴한 매체를 내놓았다. 복제화, 트럼프 카드, 그림책은 전부 장인들에 의해 목판 위에 반대로 새겨진 부조 도안에 잉크를 바른 다음 종이에 대고 찍는 방식으로 생산되었다. 목판화로 생산되는 그림책은 보통 성경의 이야기를 주제로 했으며, 이따금 성서에서 가져온 짧은 문장들이 삽화의 설명문으로 달려 있기도 했다. 문맹자들이 설명문을 읽지 못하더라도 그림은 이해할 수 있으므로 이런 소형 목판화 책은 '빈자의 성경'이란 뜻의 비블리아 파우페룸Biblia Pauperum으로 알려지게 되었지만, 아름답고 훌륭하게 제작되어서 가난한 일자무식자의 수입을 훌쩍 넘어서는 경우도 많았다.

목판화는 딱히 놀라운 발명이라고 할 수 없었다. 고대 아시리아인들은 기원전 3500년에 조각한 적철석 원통을 축축한 점토에 굴리는 방식으로 이와 매우 유사한 기술을 이용했다. 인간 창의성의 등급에서 판화의 발명은 "수플레 만드는 법 발견 아래 어딘가"[10]에 위치할 것이라는 말이 있지만, 한편으로 그 결과는 예술뿐 아니라 생각의 확산과 교환에도 심오한 영향을 미쳤다.

신기하게도 1450년 무렵에 이 매체는 폭발적으로 성장해 무려 5천 점이 넘는 15세기 판화가 지금까지 전해지는 반면, 그 중 15세기 중반 이전에 제작된 것은 50~60점밖에 안 된다.[11] 분명히 수요가 이런 생산의 가속화를 촉진했을 것이다. 이 수요는 흔히 한 역사가가 "보통 시민"[12]이라고 부른, '빈자의 성경' 사본들이 독자층으로 겨냥한 도시의 장인과 가난한 문맹자 계층에서 나온 것으로 여겨진다. 하지만 증거들은 이 목판화 책과 그림의 수용자는 문맹의 농민이나 미천한 수공 장인들이라기보다는 사회의 중간과 상류계층, 즉 필사본 서적 구입자들과 동일한 부류의 사람들임을 시사한다.

목판본의 한계는 분명하다. 40쪽짜리 책 한 권에는 40장의 각기 다른 목판이 필요했다. 구텐베르크의 1454년 성서와 같은 책 한 권에는 본문 1282쪽마다 별개의 목판이 필요했을 것이고 목판 하나에 평균 2500자를 새겨야 했을 것이다. 그러므로 목판 인쇄는 짧은 논고, 트럼프 카드, 유럽 전역의 성소에서 순례자들에게 파는 종교 목판화처럼 이 업종에 종사하는 사람에게 고수익을 올릴 수 있는 사업 분야가 아닌 다른 인쇄에는 비현실적인 수단이었다.

구텐베르크는 텍스트 인쇄 기술에 다른 접근법을 취했다. 목판 한 장에 글자들을 모조리 새겨서 찍는 대신 금속으로 주조한 다수의 개별 글자들을 마치 2500조각의 직소퍼즐처럼 정성스레 음절과 단어, 문장으로 배열해 각 면을 짰다. 일단 글자들에 잉크를 묻혀 (1454년 성서의 경우처럼 어쩌면 180회 이상) 조판을 찍어내면 그 조판의 활자들을 해체해 다음 면의 판을 짜는 데 재사용했다. 이러한 조립식 활자를 가동활자라고 하며, 인쇄된 글자의 또렷함은 글자들이 나무에 조각되는 대신 금속으로 주조되었다는 사실로 강화되었다.

구텐베르크는 그런 착상을 처음으로 떠올리거나 최초로 실험한 사람이 아니었다. 중국인들은 11세기 중반에 이미 불에 구운 점토로 만든 가동활자로 인쇄를 하고 있었는데, 당시 필승이라는 대장장이 겸 연금술사는 우선 가열하여 부드럽게 만든 밀랍과 수지樹脂(나뭇진)로 된 납작한 틀에 활자들을 배열하여 고정시킨 다음 활자들이 다 "조판"되면 차갑게 식혀서 굳혔다. 그러다 1300년대 중반에 왕정이라는 중국의 문인이 나무에 조각한 가동활자로 인쇄된 서책들을 묘사했다. 금속활자는 이미 1200년대에 모래 주조 방식砂型鑄造(쇳물을 모래 주형에 부어서 주물을 만드는 방식)으로 동활자를 제작하기 시작한 한국인의 특별한 발명품으로 보인다. 이 공정에는 글자들을 (반대 방향으로) 너도밤나무 재질 정육면체에 새긴 다음 "갈대가 자라는 바닷가에서 가져온" 모래를 채운 틀에 찍어서 주형틀을 만드는 과정이 필요하다. 그다음 놋쇠를 녹여서 이 주형틀에 붓는다. 쇳물이 식으면, 결함이 있는 부분은 깔끔하게 깎아서 다듬고 활자들을 대나무 틀에 가지런히 배열하여 먹을 바르면 인쇄할 준비가 끝난다. 인쇄가 마무리되면 활자들은 다른 면을 찍기 위해 재사용된다. 이 기법은 1400년 무렵 국고의 지원을 받았는데, 당시 태종은 유학자들이 보는 책을 제작하기 위해 주자소를 설립했다. 단 몇 달 만에 수십만 개의 활자가 만들어졌고, 1409년 청주 홍덕사에서 가동활자로 찍은 현존 최고最古 인쇄본인《직지심체요절》을 간행했다.[13]*

구텐베르크가 가동 금속활자를 발명한 게 아니라면 인쇄술에 대한 그의 공헌은 (광산들 덕분에) 유럽의 금속 공급이 더 원활하고 주조 기술이 더 우수했다는 사실을 잘 활용한 것이었다. 그는 한쪽 끝에 글자가 거꾸로 돋을새김이 된, 이를테면 대문자 E가 ⅎ로 새겨진 약 6.35센티미터 길이의 강철 막대인 펀치라는 도구로 활자를 만들었다. 필경사가 깃펜을 몇 번만 놀리면 그릴 수 있는 우아한 형상들을 금속 장인이 단단한 금속에 고생스레 새기고 살살 깎아내는 펀치 조각은 축소된 크기로 정밀하게 양각을 해야 하는 정교한 작업이었다. 그렇게 조각된 펀치 끄트머리는 그다음 가단可鍛[두드려서 펴 늘일 수 있다는 뜻] 구리에 대고 두들겨 제대로 된 방향의 글자 자국을 남긴다. 글자가 찍힌 이 작고 납작한 구리 토막을 매트릭스라고 하는데 라틴어 마테르mater(어머니)와 어원상 연관된 이 단어는 '자궁'을 뜻하는 라틴어 단어 마트릭스matrix에서 유래했다. 움푹 파인 이 작은 공동空洞이 글자가 탄생하고 만들어지는 곳인 셈이다. 그다음 매트릭스를 주형에 끼워 넣고 글자 모양의 공동에 납과 주석, 안티몬으로 이루어진 구텐베르크만의 특별한 혼합 쇳물을 부어넣는다. 주형에서 나온 활자는 다시금 펀치에 새겨진 모양처럼 좌우 반전된 양각 글자(ⅎ)다. 구텐베르크의 새로운 합금은 주형에서

---

* 이 부분은 오류로 보인다.《직지심체요절》은 1377년에 홍덕사에서 인쇄되었고, 태종은 주자소를 설립하여 수십만 개의 활자(이른바 계미자)를 주조해《송조표준통류》등과 같은 책을 찍어냈다—옮긴이.

잘 분리되었고 잉크를 효율적으로 머금어 종이 위에 깨끗하고 또렷하게 방출했다.

이 활자 주조 과정은 수백 번 반복되었는데 구텐베르크에게는 [성서를 인쇄할] 알파벳을 만드는 데 290개의 펀치와 매트릭스가 필요했기 때문이다. 알파벳은 대문자 47개와 소문자 63개였다(이는 24개의 로마자보다 훨씬 많은 수인데, 행을 가지런히 정렬할 수 있도록 같은 글자라고 해도 상이한 사이즈와 너비로 여러 개 만들었기 때문이다). 게다가 그는 92개의 약자, 83개의 연자, 즉 합자와 5개의 문장부호도 필요했다.[14] 그다음 이를테면 소문자 i는 한 페이지에서만 500번이 나오는 경우가 왕왕 있으므로 본문 한 페이지를 조판할 때 활자가 부족하지 않도록 매트릭스 하나당 수백 개의 활자를 주조해두었다.

이 고딕 알파벳은 파리에서 직업 훈련을 받은 필경사인 페터 쇠퍼가 구텐베르크를 위해 디자인한 서체였다. 쇠퍼는 자신이 정성스레 쓴 고딕체 획들이 금속에 조각되고 좌우가 뒤집혀서 수백 개로 복제된 다음 다시 좌우가 바뀌어서 산뜻한 검은 자국으로 종이에 찍혀 나오는 것을 보고 틀림없이 감탄했을 것이다.

구텐베르크와 요한 푸스트의 관계는 1454년 후반 어느 시점에, 에네아 실비오 피콜로미니가 프랑크푸르트 정기시에서 전시된 성서를 본 지채 몇 주가 지나지 않아 깨졌다. 이듬해 푸스트는 2020굴덴(원금 800굴덴에 추후 융자금 800굴덴과 이자까지 합친 액수)을 돌려받기 위해 구텐베르크를 마인츠 법정에 고소했다. 800굴덴과 이자만 상환하도록 규정한 원래 합의 조건을 고려할 때 이 수법은 가혹하고 심지어 부정직했다. 이 소송 사건은 마인츠 대주교에 의해 세속 법정에서 처리되었다. 자세한 사정은 알 수 없다. 소송과 관련한 유일한 증거는 1455년 11월자 공증 문서인데 사후의 사건들을 요약하고 있을 뿐이다. 또한 구텐베르크와 푸스트 어느 쪽도 자신들의 모험적인 사업 내용을 공개하고 싶은 마음이 없었다. 어쨌거나 최종 재판 결과 구텐베르크는 푸스트에게 약 1천~1250굴덴을 갚아야 했고, 활자와 인쇄기 일부도 내줘야 했던 것 같다. 구텐베르크의 장비 상당 부분이 결국 푸스트의 수중으로 넘어갔는데, 그게 바로 금융가가 소송을 제기한 목적이었을 수도 있다. 그는 구텐베르크의 글자와 구두점 290개를 디자인했던 필경사인 페터 쇠퍼와 손을 잡고 즉시 인쇄소를 차렸다. 두 사람은 이제 새로운 출판물을 계획하기 시작했다.

커뮤니케이션에 혁명을 가져온 장본인이 정작 자신에 관해서는 도통 커뮤니케이션하지 않았다는 점은 역설적이다. 구텐베르크의 동기, 1430년대에 그가 왜 가동활자를 가지고 실험하기 시작했는지, 또는 필사본을 생산하는 새로운 방식이 가능할뿐더러 필연적이며 바람직하다는 결론에 어떻게 도달했는지에 관해서는 알려진 바가 전혀 없다. 도서 제작은 많은 측면에서 그다지 혁신이 필요해 보이지 않았다. 필사본 기술은 천 년 전 두루마리에서 코덱스로 전환된 이래 최소한의 변화만 겪은 채 이어져왔다.

그렇기는 해도 다수의 중요한 변화가 중세를 거치며 15세기로 진입할 때까지 일어났다. 기원후 1000년 이후 중세 성기 동안 독자층이 유럽 전역에서 확대되면서 다음 세기마다 훨씬 더 많은 필사본이 제작되었다. 필사본의 주요 소비자는 더는 농촌 공동체—수도원과 여타 종교 기관—에 있지 않았고 그보다는 점차 문해력을 갖춘 인구가 거주하며 새롭게 성장하는 도회 중심지와, 어떤 경우에는 대학에 있었다. 역사가들은 11세기에 서유럽에서 21만 2천 권이 새로 필사된 반면, 12세기에는 그 수가 76만 8천 권으로 급증했다고 추산한다. 그다음 신규 필사본의 총 제작 부수는 1200년대에 170만 권으로 뛰었는데, 대학이 생겨난 영향이 적지 않았다. 실제로 이전 700년보다 13세기 한 세기 동안 더 많은 필사본이 제작되었다. 이 필사본 가운데 대략 50만 권은 1200년대에 오로지 프랑스에서 필사된 것인데 대다수는 물론 파리에서 제작되었다. 그다음 흑사병과 교회의 대분열, 백년전쟁의 참화에도 불구하고 1300년대에 그 수치는 270만 권으로 늘었고, 이 가운데 이탈리아(88만 권)가 프랑스(56만 4천 권)를 추월했다. 한 통계 연구에 따르면 14세기를 거치면서 이탈리아 필사본 제작이 326퍼센트 증가했다고 한다. 15세기에는 500만 권에 가까운 필사본—인쇄된 책이 아니라 손으로 쓴 코덱스—이 제작되었다. 이탈리아는 이번에도 2등과 격차가 큰 최대 생산지였다. 더욱이 서유럽에서 필사본 제작은 1420년대와 1450년대 사이에 10년마다 약 40퍼센트씩 증가했다.[15]

이 세기들 동안 제작된 필사본의 수만 증가한 것이 아니다. 대학에서 학생과 학자들을 위해 얇은 발췌 선집 대신 텍스트 전문을 요구하면서 필사본들은 점점 더 커지고 길어졌다. 필사본의 수요가 급증하자 필경사들도 덩달아 신속하게 작업해야 했다. 그들의 임무는 중세에 가장 중요하고 인기 있는 몇몇 작품들이 대단히 길다는 사실로 인해 몹시 힘들어졌다. 단테의 《신곡》은 1만 4233행에 달했고, 《장미 이야기》는 2만 행이 넘었다. 토마스 아퀴나스의 대작 《신학대전》은 대략 90만 자 분량이었다(현대의 라틴어-영어 대역판으로는 5천 쪽이 넘는다). 우리로서는 진이 빠져서 짜증과 안도가 뒤섞인 서명과 함께 필사를 마친 14세기 필경사에게 공감하지 않을 수 없다. "감사, 감사, 다시금 주님께 감사!"

필사본 제작에서 또 다른 변화는 15세기 전환기에 이르면 적어도 부분적으로는 급증하는 수요에 대처하기 위해 필기도구가 양피지에서 종이로 바뀌기 시작했다는 것이다. 종이는 신기술이 아니었다. 그것은 전한 시대(기원전 206~기원후 9)에 중국에서 발명되었다. 중국과 뒤이은 몇 세기 동안 일본과 한국에서 고대 제지업자들은 으깬 닥나무 껍질, 등나무, 잘게 썬 고기잡이 그물, 심지어 해초를 대나무 망에 걸러서 글을 쓰고 그림을 그리는 종이를 만들었다. 무슬림은 8세기에 종이를 도입했다. 전설에 따르면 751년 사마르칸트 근처 탈라스 강둑에서 벌어진 전투에서 붙잡힌 중국인 포로들한테서 제지 비법을 알아냈다고 한다. 이 이야기가 사실이든 아니든 간에 오늘날 우즈베키스탄 비단길에 있는 사마르칸트는 실제로 중요한 제지 중심지가 되었다. 무슬림들은 종이의 원료를 누더기와 낡은 밧줄에서 나온 삼으로 대체했고, 섬유질을 잘게 분쇄하기 위해 수력으로 작동하는 기계식 망치를 발명했다. 종이는 이슬람교와 더불어 중동과 지중해 세계로 퍼져나갔고, 1100년대에 이르러 제지술은 무슬림이 지배하는 에스파냐에 도달했다. 에스파냐의 유대인들은 자신들의 경전에는 계속 양피지를 이용했지만 제지술을 받아들였다. 반면에 무슬림은 코란의 필사본에도 종이를 사용하기 시작했다.

북유럽의 기독교도들은 이 새로운 상품을 의혹의 눈초리로 바라봤다. 베네딕트회 수도원장 가경자 피에르가 1142년 무렵에 에스파냐를 방문하는 동안 종이를 접했을 때 그는 유대인들이 동물 가죽이나 습지 식물로 만든 것이 아니라 "낡은 누더기와 그보다 더 고약한 재료"로 만든 문방구에 책을 쓰더라고 경멸조로 언급했다.[16] 넝마의 부족은 실제로 이슬람 세계에서 제지업자들이 때로는 엽기적인 수단에 의존해야 했음을 의미한다. 피에르의 순례 시기 무렵에 이집트의 어느 일기 작가는 미라를 둘둘 감싼 헝겊으로 종이를 만들기 위해 피라미드가 도굴되었다고 적었다.

서양에서 다른 걱정거리는 종이의 내구성과 관련이 있었다. 12세기 전반기, 종이의 변질에 관한 걱정 때문에 시칠리아의 로제르 2세는 고작 10년이나 20년 전에 선왕이 종이에 적었던 글자들을 양피지에 새로 쓰기 시작했다. 로제르의 조카인 신성로마제국 황제 프리드리히 2세도 유사한 근심을 품었다. 1231년에 그는 양시칠리아 왕국의 모든 공문서는 "향후에도 증거가 되고 세월이 지나 파괴될 위험에 빠지지 않도록"[17] 양피지에 작성하라는 칙령을 내렸다. 종이의 손상에 관한 이 같은 걱정들은 근거가 없었는데, 제지소에서 강한 압력으로 분쇄된 넝마는 길고 질긴 섬유가 되어 견고하고 유연한 제품을 내놓았기 때문이다.

13세기 동안 에스파냐에서 수입된 이 '넝마 양피지'는 이탈리아와 여타 서양 기독교권에서 점차 공증인과 성직자들에 의해 널리 사용되었다. 1260년대에 이르자 수압식 제지소가 이탈리아 파브리아노에서 설립되었다. 제지술이 어떻게 이탈리아로 전파되었는지는 분명하지 않지만 이슬람권의 도움이나 영향은 아랍 용어에서 유래한 이탈리아 파생어에 여전히 남아 있다(연連〔종이를 세는 단위. 보통 500장이 1연이다〕을 뜻하는 이탈리아어 리스마risma는 아랍어 라즈마razmah에서 왔다). 파브리아노 제지소의 생산 능력은 금방 입증되어 1280년대에 이르자 여덟 명의 제지업자가 영업 중이었고, 14세기에 이르면 이곳은 연간 100만 장의 종이를 생산할 수 있었다. 파브리아노의 고품질 제품은 이슬람 세계를 비롯해 지중해 전역으로 수출되었다. 다수의 코란이 심지어 십자가나 기타 기독교 상징 문양이 박힌 종이에도 필사되었다. 이런 난감한 상황은 궁극적으로 1409년 유럽산 종이 사용에 대한 파트와 fatwa(이슬람 율법에 따라 무슬림 지도자가 내리는 결정이나 명령)로 이어졌다.[18]

제지소를 돌리는 데는 유속이 빠르고 맑은 물이 필요했다. "물이 맑을수록 더 좋고 아름다운 종이"[19]가 나온다고 한 논고는 충고했다. 다량의 넝마도 필요했다. 제지업자들은 1200년대에 유럽 인구가 시골에서 소읍이나 도시로 이동하기 시작하면서 일어난 패션의 변화 덕분에 넝마를 풍성히 공급받게 되었다. 도시 사람들은 서로 더 가깝게 붙어살고 이성과 더 자주 접촉하게 되면서 짧은 바지와 레깅스 안에 아무것도 입지 않는 농민의 습관을 버렸다. 그 결과 도시민들은 아마와 삼으로 만든 속옷을 입기 시작했고, 그들이 집집마다 돌아다니는 넝마주이에게 파는 낡은 의복의 양도 늘어났다. 그러므로 도시화에서 기인한 미묘한 사회적 예법은 제지업자들이 원자재 공급을 풍부하게 누릴 수 있었음을 의미했다.[20]

14세기의 비극은 시장에 넝마의 거대한 공급을 초래했다. 1348년 흑사병이 기승을 부릴 때, 피렌체 같은 도시들은 희생자의 옷가지와 침구를 판매하는 것을 금지했고 불에 소각하라고 명령했다. 하지만 그러한 훈령은 흔히 무시되었고 유럽 전역에서 5천만 명으로 추산되는 사람들이 사망한 여파로 엄청난 수량의 옷가지가 시중으로 쏟아져 나왔다. 흑사병 이후 몇 년간 죽은 사람의 의복은 책으로 바뀌었다.[21]

흑사병은 다른 방식으로도 도서 산업에 영향을 미쳤다. 역병은 엄청난 수의 가축(양피지의 원료)도 몰살시켰는데, 그 질병이 목부들의 목숨을 앗아가서 간접적인 피해를 입혔을 뿐 아니라 동물들이 가래톳페스트에 걸려 죽기도 했기 때문이다. 잉글랜드에서는 한 목초지에서만 "셀 수 없이 많은" 소가 죽었다고 보고되었다.[22] 탄저병, 우역, 기타 질병이 양 떼, 염소 떼, 소 떼를 몰살시키면서 가축은 1300년대 내내 다양한 전염병에 시달렸다. 일부 지역에서 가축의 개체 수는 무려 70퍼센트나 감소했다. 이 같은 가축 부족 사태가 넝마의 과다 공급과 시기적으로 일치하는 것을 감안할 때 양피지에서 종이로 전환되는 과정에서 속옷의 유행과 더불어 질병이 한 역할도 숙고해볼 만하다.

우연의 일치든 아니든 양피지에서 종이로의 이행은 흑사병 이후로 수십 년 사이에 가속화됐다. 1300년대에 유럽의 필사본 가운데 3분의 2는 양피지로 만들어졌고, 종이로 만들어진 것은 3분의 1에 불과했다. 다음 세기에는 28퍼센트만이 양피지에 쓰였고 72퍼센트는 종이에 필사되었다.[23] 이 극적인 반전은 4세기와 5세기에 파피루스에서 양피지로 이행한 것과 유사하다. 하지만 베스파시아노가 제작한 필사본 다수는 고급 호화 장정본으로서 양피지에 쓰였기 때문에 그는 이러한 시류에 역행했다. 비록 모든 카르톨라이오와 마찬가지로 그도 종이를 쌓아놓고 팔았지만 앤드루 홀스와 윌리엄 그레이 같은 고객들을 위한 맞춤 제작 코덱스는 옛날 방식대로 동물 가죽에 필사하게 했다.

홀스와 그레이는 양피지 필사본 가격을 감당할 만한 재력이 있고 일하지 않아도 되는 부자였지만, 다른 많은 독자들은 그렇지 않았다. 종이의 이점 가운데 하나는 가격이었다. 종이는 양피지 가격의 6분의 1 이하였다. 그러므로 인쇄기로 종이에 찍힌 작품은 필경사가 양피지에 손으로 베껴 적은 작품보다 훨씬 값쌌다. 에네아 실비오 피콜로미니는 '기적의 사내'가 프랑크푸르트에서 상품을 얼마에 팔고 있는지는 말하지 않았지만 그의 성서는 필경사가 손으로 쓴 것보다 다섯 배 이상 비용이 덜 들었다. 지식은 바야흐로 훨씬 더 저렴해지고 풍부해질 참이었다.

11장

왕의 데카데스

1454년 10월 니콜로 페로티라는 볼로냐의 젊은 학자가 베스파시아노에게 책 몇 권을 요청하는 편지를 썼다. 두 사람은 잘 아는 사이였다. 페로티는 1440년대 중반 열다섯 살 때 페라라에서 급우인 윌리엄 그레이를 만났을 때 총명하지만 무일푼의 그리스어를 배우는 학생이었다. 그레이는 페로티를 자기 집으로 불러들였고, 나중에는 피렌체에 데려갔으며, 베스파시아노에 따르면 "학업을 위해 책을 살 수 있도록 넉넉히 돈을 주었는데" 그 책들 대다수는 베스파시아노가 조달했다.[1] 그때 이후로 페로티의 운수는 트였다. 1447년 아직 청소년이었을 때 그는 로마의 베사리온 추기경 밑으로 직무를 옮겼고, 4년 뒤에는 베사리온의 도움으로 볼로냐대학의 수사학 교수가 되었다.

페로티는 계속해서 베스파시아노를 자신의 서적상으로 삼았다. 그는 까다롭고 성가신 고객이었다. 1453년 여름에 그는 볼로냐에서 베스파시아노를 "가장 친애하는 형제"라고 부르며, 서간집(십중팔구 키케로 서간집일 것이다) 한 권을 요청하는 편지와 함께 18플로린을 동봉했다. 그는 그 필사본이 검은 가죽으로 아름답게 제본되고 "최대한 화려하게" 돋을새김 장식이 들어가야 한다고 강조했다. 그는 다음과 같이 베스파시아노를 닦달했다. "만약 당신에게 제대로 제본해야 할 책이 하나 있다면 이게 바로 그 책입니다. 하지만 제가 지금 그 책이 매우 절실하므로 무엇보다 작업을 신속히 해주시길 부탁드립니다." 뒤이어 그는 베스파시아노에게 주문한 또 다른 책, 근래에 장 주프루아가 프랑스의 어느 수도원에서 발견한 베르길리우스에 관한 티베리우스 클라우디우스 도나투스의 주해본 사본이 아직 준비가 되지 않았다며 짜증을 냈다. 그는 또한 지금까지 알려진 플루타르코스의 《영웅전》 번역본의 제목을 망라한 목록을 보내줄 것을 요청했는데, 이는 여러 판본을 비교·대조해야 하는 골치 아픈 작업으로, 베스파시아노는 자타가 인정하는 이 분야의 전문가였다. 마지막으로 그는 베스파시아노에게 각각 음악과 기하학에 관한 두 권의 필사본을 옮겨 써줄 필경사를 찾아달라고 부탁했다. 이번에도 속도가 생명이었다. "가급적 빨리 [필경사를] 얻을 수 있다면 무척 감사하겠습니다."[2]

요구가 많고 성마른 페로티의 이 편지는 베스파시아노의 재능과 역량을 잘 요약한다. 필경사를 물색하고, 책을 제본하고, 다각적인 정보원을 이용해 고대사부터 음악과 기하학에 이르기까지 모든 주제에 걸쳐 최상의 판본을 찾아내는 능력, 그리고 대단히 까다로운 고객을 참을성 있게 효과적으로 다룰 줄 아는 능력 말이다. 그가 제작한 필사본은 우수한 품질로 명성이 자자했으므로 필경사들은 이제 자신이 필사하는 필사본의 앞뒤 백지에 "베스파시아누스 리브라리우스 플로렌티누스 벤디티드VESPASIANUS LIBRARIUS FLORENTINUS VENDIDIT"[3]라고 그의 이름을 덧붙였다. "피렌체 서적상 베스파시아노가 판매함"이라는 뜻이다. 그의 구매자들도 마찬가지로 자신이 필사본을 입수한 경로를 기록했다. 페로티와 거래하고 있을 무렵 베스파시아노는 로마 철학자 소(小)세네카의 《위안》이탈리아어 번역본을 볼로냐에서 일하고 있던 피렌체 상인 니콜로 다 멜레토에게 팔았다. 자신의 필사본 앞표지 안쪽 면에 니콜로는 훌륭한 상인답게 매입의 세부 사항을 적어놓았다. "니콜로 디 피에로 다 멜레토가 피렌체에서 카르톨라이오 베스파시아노에게 1455년 9월에 구입하다. 가격은 2.5플로린."[4]

1454년 니콜로 페로티는 베스파시아노에게 또 다른 힘든 과제를 맡겼다. 교황에게 바칠 필사본이었다. 이 의뢰는 바티칸 도서관에 《일리아스》와 《오디세이아》의 새로운 라틴어 개역판을 갖추려는 니콜라우스 5세의 야심과 관련이 있었다. 호메로스 걸작의 라틴어 역본은 실제로 매우 어려운 주문이었다. 《오디세이아》는 대략 1만 2천 행에 달했고, 《일리아스》는 거의 1만 6천 행 분량이었다.

이 두 대서사시는 기원전 8세기에 (고대 전승에 따르면) 호메로스라는 눈먼 시인에 의해 처음 읊어졌다. 호메로스에 관해서는 확실하게 알려진 사실이 거의 없다.[5] 하드리아누스 황제(재위 117~138)는 언젠가 델포이의 무녀에게 그에 관한 정보를 물었지만 무녀는 호메로스가 이타카섬에서 태어났다는 사실(다른 정보원들에 의해서 반박된) 말고는 이렇다 할 답변을 내놓지 못했다. 기원전 6세기로 거슬러 올라가는 다양한 고대 작가들은 호메로스의 어머니는 님프이고 아버지는 스미르나의 멜레스강이며, 그로부터 멜레시게네스라는 이름을 얻었다는 이야기와 같은 공상적이고 흥미를 자극하는 전기적 세부 사실을 서슴지 않고 내놓았다.

젊은 시절 그는 바다를 누비는 모험을 떠났다가 이타카에 잠시 머무는 동안 눈병을 얻어서 뱃사람으로서의 경력이 끝나게 되었다. 그는 눈이 완전히 멀게 되었고, 이는 그의 신상과 관련한 유명한 특징이 되었지만, 현지의 친한 주민들로부터 오디세우스 이야기를 들었다. 가난과 고생이 뒤따랐으나 마침내 스미르나 북쪽으로 대략 50킬로미터 떨어진 네온테이코스에서 눈먼 떠돌이를 불쌍히 여기는 어느 신기료장수(헌신을 깁거나 꿰매어 고치는 사람)를 만나게 되었다. 멜레시게네스는 신기료장수의 가게에서 신에게 바치는 찬가와 시를 읊어주는 일로 먹고살게 되었고 나중에 청중이 많아지자 포플러 나무 아래(고대에 네온테이코스를 찾아온 방문객들에게 유명한 명소)로 옮겨갔다. 그는 결국 호메로스로 알려지게 되는데, 맹인을 뜻하는 아이올로스어(그리스 방언 가운데 하나) 호메로이homêroi에서 유래한 것이다.

호메로스는 시를 읊으며 읍락과 읍락, 섬과 섬을 떠도는 방랑의 삶을 이어갔다. 그의 명성이 워낙 높아져서 값비싼 선물을 받고 청동상으로 기념되었으며 그의 앞에 희생 제물까지 바쳐질 정도였다. 그의 죽음은 노년에 찾아왔다. 과거에 델포이의 무녀가 그에게 이오스섬에서 죽을 것이며 어린 소년들이 내는 수수께끼를 조심하라고 경고했다. 음악 축제에 참가하러 테베로 가는 길에 호메로스는 이오스섬에 들렀고, 거기서 고기잡이 소년들에게 뭘 좀 잡았느냐고 물었다. 소년들은 "우리가 찾지 못한 것은 갖고 있고 우리가 찾아낸 것은 버렸다"라고 대답했다. 이 수수께끼 같은 대답을 이해할 수 없던 (소년들은 사실 몸의 이를 잡고 있었다) 호메로스는 문득 무녀의 예언을 떠올렸고, 진흙에서 발이 미끄러져 죽고 말았다. 그는 자신의 묘비명을 이미 준비해두었다.

여기 대지가 성스러운 머리를 감추고 있노라,

전사 영웅의 찬미자, 경건한 호메로스를.[6]

2천 년의 역사를 넘어 호메로스의 서사시가 살아남은 것은 기적에 가까운 일이었다. 비슷한 시기에 나온 다른 여러 서사시, 아르고호의 항해, 그리고 헤라클레스와 테세우스의 영웅적 행적을 다룬 서사시 등은 완전히 소실되었거나 단편과 다른 작품 속에서 해설로만 남아 있다. 일부는 호메로스의 것으로 여겨지기도 하는 이런 서사시들처럼 《일리아스》와 《오디세이아》 역시 활기찬 구비 전승의 일부였다. 그것은 음유시인들, 처음에는 호메로스 본인이 노래로 부르다가 어느 시점에 (어쩌면 호메로스 생전에) 고대 그리스 세계에 글자가 등장하면서 영구적인 형태를 갖추게 되었다. 그 시대를 연구한 한 학자는 이를 "인류 역사의 천둥소리"[7]라고 불렀다. 수 세기를 거치면서 호메로스의 서사시는 처음에는 파피루스에 적힌 형태(현존하는 가장 오래된 것은 기원전 3세기 것이다)로, 나중에는 페트라르카가 소장했던 것과 조반니 아우리스파가 콘스탄티노플에서 가져온 것을 비롯해 양피지 코덱스 형태로 전해졌다. 현존하는 호메로스 필사본 가운데 가장 뛰어난 것으로 오늘날 '베네투스 A'로 알려진 10세기 《일리아스》 코덱스는 어느 시점에는 베사리온 추기경의 소유였다.

15세기 현인들은 호메로스의 위대함을 의심하지 않았다. 그들은 퀸틸리아누스의 찬사를 읽을 수 있었다. "호메로스는 그의 말과 생각, 인물, 그의 작품의 전체적 성격에서 인간 재능의 한계를 뛰어넘지 않는가?"[8] 그들은 플리니우스의 《자연사》에서 알렉산드로스 대왕이 호메로스의 서사시에 대해 "인간 정신의 가장 귀중한 위업"이라고 말했으며 플리니우스 본인은 "지금까지 호메로스보다 더 성공한 천재는 없다"[9]라고 믿었음을 알고 있었다. 하지만 안타깝게도 마누엘 크리솔로라스와 그 제자들의 노력에도 불구하고 서방에서 그리스어 텍스트를 제대로 읽을 줄 아는 학자는 소수에 불과했다. 호메로스의 유일한 라틴어 완역판은 페트라르카와 보카치오의 요청에 따라 레온티오 필라토라는 칼라브리아인의 번역으로 1360년대에 피렌체에서 나온 판본이었다. 보카치오 덕분에 필라토는 스투디오 피오렌티노에서 그리스어 교수가 되었고 거기서 2년간 가르치며 호메로스를 라틴어로 번역했다. 하지만 그가 내놓은 번역본은 콜루초 살루타티에 따르면 "미개하고 조야"[10]했다. 즉 다소간 필라토 본인과도 같았는데, 페트라르카는 필라토의 개인적 습관이 꼴불견이고 사람을 짜증나게 하는 성격이라고 느꼈다. 그의 번역은 터무니없는 오역투성이였다. 호메로스의 그리스어에 대한 이해가 하도 형편없어서 "아이기스(염소 가죽 방패)를 든 제우스의 딸"이라고 묘사하는 대신 아테나가 염소젖을 짜고 있다고 생각했다.

이후로 수십 년 동안 학자와 번역가들은 더 우아하고 정확한 라틴어로 옮겨진 호메로스를 꿈꿨다. 이탈리아의 내로라하는 그리스어 학자들—그들 중 다수는 왕년에 크리솔로라스의 제자였다—이 이 과업에 용감히 나섰다가 호메로스의 눈부신 6보격의 집중포화 앞에 황급히 물러났다. 레오나르도 브루니는《일리아스》9권에서 몇몇 연설만을 그가 겸손하게 이야기한 대로 "순전히 재미삼아" 번역했다. 브루니가 후원한 후배 중 한 명인 로렌초 발라는 16권까지만 산문으로 번역하고는 이 과업을 제자에게 넘겼는데, 제자는 여태껏 누구도 "이 유려한 시인을 우아하게 번역해내어 그를 유치하지 않게 들리게 하는 데" 성공하지 못했다고 침울하게 결론 내렸다. 또 다른 학자는《일리아스》의 번역을 두고 씨름했지만 필라토의 번역본을 혹평("이보다 더 우스꽝스러운 것은 상상할 수 없다")했음에도 불구하고 그의 시도는 필라토의 번역에 대한 그저 그런 보정에 불과한 것으로 드러나 프란체스코 필렐포로부터 표절 의혹만 제기됐을 뿐이다.[11]

이 같은 실패들에도 굴하지 않고 니콜라우스는 1447년 교황이 된 이래로 줄곧 번역가를 물색해왔다. 그는 바시니오 다 파르마라는 시인이자 그리스어 학자에게 접근했지만 바시니오는 도저히 극복할 길 없는 장애물들을 이유로 들어 거절하는 달변의 장시를 보내왔다. 다음으로 교황은 카를로 마르수피니에게 접근했는데 이미 피렌체의 재상이었음에도 불구하고 그는 교황의 요청을 거절할 수 없다고 느꼈다. 재상은 일단의 공증인을 이끌고 정부의 모든 외교 서신을 작성해야 하는 바쁜 요직이었다(그는 이 업무를 대단히 진지하게 여겼다. 그의 서신들은 중간 중간에 고전에 대한 해박한 지식을 뽐내는 논고 형식을 띠었다). 무거운 마음으로 일을 떠맡은 마르수피니는 고작 1권과 9권의 저명한 연설만 번역한 상태에서 1453년 4월에 사망하고 말았다.[12] 그 과업은 이제 두둑한 봉급과 대저택에 대한 약속에 혹해 밀라노에서 로마로 온 필렐포가 떠맡았다(그는 20년 전 피렌체에서 자극적인 언행을 보인 뒤에 밀라노로 떠났었다).

호메로스 필사본에 대한 페로티의 요청은 아마도 수포로 돌아간 마르수피니의 시도와 관련된 것인 듯했다. 그의 요청은 늘 그렇듯이 다급했다. 그는 베스파시아노에게 "제발, 당신이 저를 기쁘게 해주고 싶다면 바로 지금입니다"라고 썼다. 그는 다시금 제본에 관해 엄밀한 지시 사항—"가죽을 씌워 아교로 붙이라"—을 전달했고, 가급적 빨리 부쳐달라고 힘주어 말했다. 놀랍게도 그는 주문한 지 열흘 안에 필사본을 받아볼 수 있기를 원했는데 이 정도의 기간은 그가 브루니나 마르수피니가 번역한 발췌본을 원했음을 시사하며, 그 발췌 번역본은 교황이 원한 번역본에 사용되었을 수도 있다.[13]

베스파시아노는 성가신 페로티 말고도 다른 여러 고객들을 상대하느라 바빴다. 아레초의 수도사 지롤라모 알리오티가 그를 필사본을 물색하고 만드는 데 "최상의 안내인"이라고 칭찬한 이래로 10년 사이에 그의 고객들은 다방면으로 널리 뻗어나갔다. 그는 볼로냐의 성당과 페라라의 어느 수도원 도서관을 위해 일했다. 또 피렌체 대주교 안토니노를 위해 여러 책을 만들었는데 (향후 성인이 되는) 대주교는 그 책들을 구제救濟의 일환으로 피에솔레 수도원에 기부했다. 피렌체에 파견된 밀라노 대사를 위해서는 퀸틸리아누스 한 권을 찾아줬다. 피렌체 정부를 위해서는 50플로린을 받고 레오나르도 브루니의 《피렌체의 역사》를 아름다운 필사본으로 제작했다. 피렌체 바깥에 있는 어느 수도원에는 교송성가집에 쓸 양피지를 제공했다. 다수의 법학서를 찾아내어 로마에 있는 친구에게 보냈다. 명성이 하도 높아져서 그는 당대 이탈리아 최고 권력자 중 한 명과도 거래를 시작했는데 바로 겸용왕〔도량이 넓다는 의미〕 알폰소로 알려진 아라곤과 나폴리의 국왕 알폰소였다.[14]

알폰소는 아버지의 뒤를 이어 1416년 스무 살에 아라곤(현재 에스파냐 북동부)의 왕으로 즉위했다. 사반세기도 더 지나 1442년에는 긴 공성전 끝에 병사들을 이끌고 지하 수로를 통해 나폴리 성내로 몰래 들어가 왕위를 놓고 경쟁하던 앙주의 르네 1세를 패주시켜 나폴리 왕국을 자신의 영토에 추가했다. 이후로 알폰소는 칼라브리아에 있는 장화의 발가락부터 아브루초에 있는 아펜니노산맥 중심부까지 이탈리아반도의 절반에 이르는 광대한 땅을 다스렸다. 이후 10년에 걸쳐 알폰소의 영토 야심은 피렌체에 지속적인 위협이 되었다. 나폴리 왕국의 병사들은 여러 차례 토스카나를 침공해 여러 도시에서 공성전을 벌이고 약탈을 벌였는데 알폰소의 배들이 그의 또 다른 영토인 코르시카섬으로 건너가는 해로를 순찰할 수 있도록 그 지역 해안에 교두보를 마련하려는 속셈이었다. 1455년 초 그가 로디 조약에 다소 뒤늦게 마지못해 서명함으로써 토스카나 침략은 마침내 막을 내렸다. 1454년 4월에 다른 당사자들이 먼저 서명한 로디 조약을 통해 이탈리아반도의 주요 세력들―피렌체 공화국과 베네치아 공화국, 밀라노 공국, 나폴리 왕국, 교황령―은 평화를 보존하기로 결의했다. 협약은 각자의 국경선과 영토를 존중할 마음이 별안간 생겨서가 아니라 (지난 30년간 그들은 피와 재물을 낭비해가며 끊임없이 영토 다툼을 벌여왔다) 국고가 텅텅 비었고, 정복자 메메트가 서쪽으로 눈길을 던지면서 향후 행보를 불길하게 숙고 중이었기 때문에 체결되었다.

1449년에 피사넬로의 도안을 바탕으로 주조된 알폰소 국왕의 초상화 메달은 매부리코에 바가지 머리를 한 잘생긴 남자를 보여준다. 그는 쇠미늘 갑옷 위로 무구를 걸치고 있다. 하지만 그는 전사왕 그 이상의 존재였다. 에네아 실비오 피콜로미니는 알폰소가 군사 원정을 떠날 때 장서를 챙겨가서 자신의 막사 옆 텐트 안에 보관하기 때문에 진지에서도 "손에서 책을 놓는 법이 없다"라고 감탄했다.[15] 또 그의 병사들은 도시를 약탈하다가 책을 발견하면 그 전리품을 왕한테 바치겠다고 서로 다퉜으니, 그에게 책보다 더 큰 기쁨을 주는 것도 없었기 때문이다. 한 군사 원정은 그가 시인 오비디우스의 탄생지에 경의를 표하기 위해 발길을 멈췄을 때 일종의 [문학] 순례로 바뀌기도 했다. 한번은 나폴리와 로마 중간쯤에 있는 해안에 위치한 가에타를 포위하고 있던 중에 그는 공병들에게 키케로의 빌라에서 가져온 돌덩이들을 발사체로 쓰지 말라고 명했다. 그는 그토록 중요하고 이름난 작가의 생가가 파괴되느니 차라리 자기 무기를 놀리는 게 낫다고 여겼다.

알폰소 국왕은 플라톤의 발언을 살짝 바꿔 "국왕은 자신이 학자가 되거나 적어도 학자를 사랑하는 사람이 되어야 한다"라고 말하기를 좋아했다.[16] 그의 별명인 일 마냐니모Il Magnanimo는 대체로 그의 너그러운 문학적 후원에서 기인한 것이다. 그를 개인적으로 상징하는 문장紋章은 펼쳐진 책이었으며, 그의 장난스러운 좌우명은 리베르 숨Liber sum("나는 자유롭다"와 "나는 책이다" 둘 다를 의미했다)이었다. 그는 나폴리 궁정을 새로운 인문학 연구의 중심지로 만들기로 결심했다. 그의 궁정에 상주하는 한 학자는 알폰소가 "둘도 없는 학문의 친구이자 후원자"라고 주장하며 "과연 어느 누가 책을 구하는 데 그토록 애를 쓰고 고심하는가?"[17]라고 반문했다. 그는 트리부날리 거리가 내려다보이는 탁 트인 주랑에서 모이는 아카데미를 후원했다. 또한 나폴리만이 한눈에 들어오는 누오보성의 널찍한 방으로 왕실 도서관을 이전했다. 여기서 그의 필경사들—세계에서 급료를 가장 넉넉히 받는 필경사들[18]—은 아름다운 필사본을 만들어내는 임무를 맡았다. 그들은 양피지에 남부 이탈리아의 일반적인 서체이자 베네벤타나체로 알려진 고서체 대신 포조가 개척하고 베스파시아노의 수많은 필사본에서 재현된 또렷하고 새로운 피렌체 양식으로 필기했다. 알폰소는 시인과 철학자들에게 책을 의뢰했다. 그의 감언은 레오나르도 브루니를 나폴리 궁정으로 불러들이는 데는 실패했지만, 다른 많은 저명인사들—베스파시아노에 따르면 "각 분야마다 두각을 나타낸 무리"였다[19]—은 알폰소의 궁정을 화려하게 빛냈다. 베스파시아노가 지적한 대로 알폰소는 학자와 문사들을 부양하는 데 연 2만 플로린을 아낌없이 내줄 수 있었기에 그들을 궁정으로 끌어들일 수 있었다. 그는 아리스토텔레스가 "지출의 예술가"라고 부른 사람의 최상의 실례였다.

알폰소 국왕이 가장 좋아하는 작가는 로마 역사가 티투스 리비우스였다. 베스파시아노에 따르면 국왕은 군사 원정 동안에 종종 궁정 학자 중 한 명에게 시켜서 자신과 병사들이 들을 수 있도록 리비우스를 큰 소리로 낭독하게 했다고 한다. "그건 볼 만한 광경이었다"라고 베스파시아노는 썼다.[20]

1451년 베네치아에 파견된 알폰소 대사 안토니오 베카델리는 파도바의 현지 당국자들을 설득해 무덤에서 리비우스의 유해를 발굴하는 데 성공했다. 이미 1413년에 도시민들의 의기양양한 환호성 속에서 무덤의 납관 하나가 발견되었다고 알려져 있었다. 파도바 시민들은 유해 발굴에 기꺼이 찬성했고, 심지어 뼈 하나를 알폰소에게 유물로 바치자는 베카델리의 제안도 선뜻 승낙했다. 알폰소는 리비우스의 오른팔에서 나온 뼈 한 조각이라는 귀중한 선물을 감사히 받았고 그것을 마치 성인의 유골처럼 떠받들었다. 물론 라틴어 각문을 해독하는 데 더 우수한 능력을 갖춘 학자가 나타나 이 유물의 출처가 실은 해방된 로마 노예의 유골임을 밝혀내어 흥이 깨지고 말았지만 말이다.[21]

유골은 가짜였을지 모르지만 리비우스와 그의 작품에 대한 알폰소 국왕의 열광은 진심이고도 남았다. 리비우스의 기념비적인 로마인의 역사, Ab Urbe Condita Libri (문자 그대로는 "도시가 세워진 이래로의 책") 《로마 건국사》는 고대 세계에서 나온 가장 위대한 작품 가운데 하나였다. 역사 서술과 스토리텔링의 이 걸작을 한 권 소장하고 싶은 욕구에서 알폰소는 베스파시아노를 기용하게 된다.

기원전 59년 파도바(파타비움)에서 태어난 리비우스는 기원전 27년 무렵에 로마인의 역사를 집필하기 시작했다. 로마 공화국에 대한 평가는 그 시대에 필시 적절해 보였을 것이다. 기원전 27년에 원로원은 율리우스 카이사르의 종손인 서른여섯 살의 옥타비아누스에게 아우구스투스(존엄자)라는 칭호를 수여해 500년간 지속된 공화국을 사실상 종식시키고 로마제국을 수립했다. 리비우스가 쓴 대로 그의 역사서는 "도시 창건부터" 자신의 시대까지, 그러니까 아이네이아스가 트로이에서 도망쳤을 때부터 기원전 10년대까지, 그가 자랑스럽게 단언한 대로 "700년이 넘는 세월"에 걸쳐 "로마인의 위업"을 되짚어봤다. 이를 통해 그는 "세계에서 으뜸가는 민족의 행적"[22]의 전역사를 남김없이 드러냈다.

또 다른 역사가인 아시니우스 폴리오는 리비우스가 파도바 태생임을 언급하면서 자신이 리비우스의 파타비니타스patavinitas라고 부른 것, 즉 지방 근성을 속물스럽게 조롱했다. 물론 리비우스가 시골 억양이 들어간 라틴어로 말했을지도 모르지만 (그와 동시대 사람으로 만토바 근처 촌락 출신인 시인 베르길리우스도 그랬다) 폴리오가 의미한 바가 정확히 뭔지는 불분명하다. 하지만 리비우스의 천재적인 필력, 극적인 서사에 대한 타고난 감각, 번뜩이는 상상력의 범위는 교양의 미비나 촌구석 정신 상태라는 비난을 모조리 반박한다. 그의 책 21권에서 한니발이 알프스를 넘는 대목은 특히 배경 묘사와 스토리텔링의 마스터클래스라 할 만하다.

리비우스는 40년을 바친 필생의 역작으로 엄청난 명성과 존경을 얻었고,《로마 건국사》는 고대 세계에서 가장 인기 있는 작품 가운데 하나가 되었다. 그의 유명세가 얼마나 대단했는지 소플리니우스에 따르면 어느 에스파냐인이 "리비우스의 명성에 마음이 혹해 지구 반대편에서 찾아와서 그를 한 번 보고는 돌아갔다"라고 한다.[23] 심지어 리비우스는 젊은 플리니우스의 목숨을 구했을지도 모르는데 베수비오 산등성이 너머로 구름이 피어오를 때 《로마 건국사》를 읽는 데 푹 빠져 있던 그 젊은이는 백부(대플리니우스)가 더 가까이 가서 구름을 살펴보자고 했을 때 그 돌이킬 수 없는 여정에 함께하지 않았던 것이다. 리비우스의 극소수 비판자 중 한 명은 미치광이 황제 칼리굴라(재위 37~41)였다. 그의 전기 작가인 수에토니우스에 따르면 칼리굴라는 리비우스를 "장황하고 부주의한 역사가"라고 혹평한 뒤 리비우스의 책을 황궁 도서관에서 치워버렸다. 칼리굴라는 베르길리우스도 "문학적 재능이 전혀 없는 사람"이라고 여겼고 호메로스의 작품을 없애버리고 싶다는 소망을 표명하기도 했다.[24]

그의 글이 칼리굴라의 광란에서 살아남기는 했지만 리비우스는 니콜로 니콜리가 작품의 소실을 심히 애석해한 고대 작가들 가운데 한 명이었다. 그의 《로마 건국사》는 142권에 달하며 한 권은 대략 1만 5천 자 분량이므로 다 합치면 (리비우스는 "끝없는 노역"의 소산이라고 말했다) 필시 200만 자가 넘었을 것이다. 이 정도면 성경의 2.5배가 넘는다. 마르티 알리스가 "방대한 리비우스, 내 서재에는 그의 전작을 놔둘 공간이 부족하다"[25]라고 쓴 것도 무리는 아니었다. 이 역대급 규모 때문에 리비우스의 역사서는 소실되기 쉬웠다. 전체 142권 가운데 35권만이 그럭저럭 온전한 형태로 남아 있다(1권~10권과 21권~45권이 현존). 하지만 전작의 4분의 1만 남아 있음에도 《로마 건국사》는 고대부터 지금까지 전해지는 가장 긴 라틴어 저작이다.

그 작품의 생존에 한 가지 명백한 문제점은 두루마리 한 점이나, 심지어 4세기와 5세기에 파피루스에서 양피지로 이행하면서 코덱스 한 권에 들어가기에도 분량이 너무 많다는 점이었다(양피지 필사본 한 권에 들어가려면 약 5천 쪽이 필요했다). 필경사들은 리비우스의《로마 건국사》의 거추장스러운 방대함을 호메로스나 아리스토텔레스의 작품처럼 다수의 긴 작품들을 취급할 때와 똑같은 방식으로 대처했다. 다시 말해 그들은 일반적으로 장편 대작을 다섯 권이나 열 권 단위로 나눴는데, 각각 '펜타데Pentades'와 '데카데decades'라고 불렀다. 400년 무렵에 시마쿠스라는 어느 로마 귀족 정치가가 친구에게 리비우스 전작을 선물로 주겠다고 약속한 것을 보면《로마 건국사》는 그때까지는 완전한 형태로 존재했을 것이다. 이 전집(필시 파피루스 두루마리 전집이었을 것이다)은 남아 있지 않지만 다음 세기들 동안에 무수한 필사본들이 시마쿠스의 두루마리에서 필사되면서 리비우스의 142권 가운데 전부는 아니라 해도 대다수는 파피루스에서 양피지로 전환되었다.

그리하여 수 세기에 걸친 리비우스의 위태로운 내리막길이 시작되었다. 추후에 다른 사본들이 이 필사본들을 바탕으로 제작되면서 리비우스의 가계도는 가지들을 뻗어나갔지만 세월과 우연의 부침으로 가차 없이 가지치기를 당했다. 통상적인 재활용과 수모의 운명이 이 텍스트에도 떨어졌던 것이다. 전설에서 말하는 대로 그레고리우스 대교황이 리비우스의 사본들을 이교도 저작에 대한 반대 운동의 일환으로 불태우지는 않았을 것이다. 하지만 파피루스에서 양피지로 전환한 이후로 천 년이 지나면서 리비우스의 걸작의 75퍼센트가량이 영영 사라지고 말았다.

리비우스의《로마 건국사》필사본 가격은 특히 제작에 투입되는 노동력과 원자재 때문에 굉장히 높았다. 안토니오 베카델리는 그 책을 한 권 구입하기 위해 농장 하나를 팔아야 했고 포조는 한 권 필사해주는 대가

피렌체 서점 이야기

로 받은 돈 120플로린으로 피렌체에 빌라 한 채를 장만할 수 있었다.[26] 전설에 따르면 알폰소 국왕은 리비우스를 소장하기 위해 훨씬 비싼 대가를 치를 뻔했다. 1436년에 코시모 데 메디치는 그에게 《로마 건국사》 한 권을 선물로 보냈다. 당시 피렌체는 나폴리 왕위를 주장하는 알폰소에 반대해 베네치아 및 밀라노와 동맹을 맺고 있었으므로 시의들은 그 코덱스에 독이 발라져 있을지도 모른다고 경고했다. 하지만 고대의 학식에 대한 알폰소의 열정은 꺾을 수가 없어서 그는 죽음을 무릅쓰고라도 그 필사본을 읽을 용의가 있었고 심지어 가장자리 여백에 주석이나 메모를 달 정도였는데 다행히 아무런 해도 입지 않았다.[27]

로디 조약에 서명했을 무렵에 알폰소는 코시모가 선물한 필사본이 미흡하다고 생각했는지 새 필사본을 물색하고 있었다. 실제로 그의 여백 메모 가운데 하나는 제4데카데 가운데 제38권이 빠져 있다고 적혀 있다. 더 온전한 판본을 소장하고 싶었던 그는 1444년에 궁정 학자 바르톨로메오 파치오를 기용해 이 "독毒" 필사본을 수정하게 했다. 하지만 10년 뒤에 파치오의 묵묵한 노력의 결실이 학자들에게 흠을 잡히자 알폰소는 베스파시아노에게 고개를 돌려 아예 새로운 필사본 전집을 의뢰했고 그 전집은 그의 가장 아름다운 작품 중 하나가 된다.

이 주문을 위해 베스파시아노와 알폰소 국왕 사이에서 중개인 역할을 한 사람은 사업에 적극적인 마흔 살의 상인 바르톨로메오 세랄리였다.[28] 그는 1444년에 "피렌체의 자유를 보존하고 평화를 지키기 위해", 달리 말해 메디치 가문의 비위를 거슬러서 피렌체에서 쫓겨난 집안 출신이었다. 1451년 바르톨로메오는 사면을 받고 메디치 가문의 은혜로운 품 안으로 돌아왔다. 귀환한 지 1~2년 만에 그는 이득이 많이 남는 회화, 조각, 여타 사치품 거래를 시작했다. 실질적으로 세계 최초의 미술품 거래상이 된 셈이다. 사실상 모든 예술 작품이 후원자—특정 프레스코화나 제단화를 요청하는 교회, 수도원, 시 자치 단체 등—로부터 특별 주문을 받아 제작되는 시대에 세랄리는 회화나 조각품을 의뢰한 다음 보통은 해외에 판매하거나 미술가와 그들의 부유한 후원자 사이 대리인으로 활동하는 훨씬 더 투기적인 사업에 몰두했다. 그는 피렌체 사치품을 로마와 나폴리 왕국의 부유한 고객들에게 판매하고 이탈리아 남부의 골동품과 귀중품들을 피렌체의 고객들, 특히 메디치 가문에 조달하는 사업을 전문으로 했다.

따라서 세랄리는 피렌체만의 독특한 두 가지 특징, 즉 예술을 알아보는 안목과 돈 냄새를 잘 맡는 사업 감각을 결합했다. 그는 체스 세트와 거울, 보석함, 타로 카드부터 도나텔로 같은 이름난 피렌체 거장들의 조각상에 이르기까지 모든 것을 취급했다. 코시모 데 메디치의 아들 조반니를 위해서는 골동 대리석상을 찾아서 로마를 이 잡듯이 뒤졌다. 알폰소 국왕을 위해서는 피렌체에서 금실로 짠 양단과 다른 사치스러운 직물들을 물색했다. 그는 조각가 데시데리오 다 세티냐노에게 알폰소를 위해 로마 황제 초상 열두 점을 조각하도록 의뢰했고, 도나텔로에게는 나폴리의 카스텔누오보 성을 장식할 거대한 집단 청동 기마상을 주문했다. 그는 도나텔로가 454킬로그램의 구리와 청동, 그리고 그것들을 가마에서 녹이는 데 필요한 숯 1만 2101킬로그램을 구할 수 있게 도왔다. 또 화가들에게는 연백을, 조각가들에게는 주형을 뜰 때 필요한 회반죽을 조달했다. 한번은 심한 통풍에 시달리던 코시모의 다른 아들 피에로에게 콘페티, 즉 통증을 줄여줄 당의정〔설탕을 입힌 알약〕을 구해 주기도 했다.

1450년대 초반에 이르자 세랄리는 필사본도 취급하고 있었다. 베스파시아노—안목이 높은 국제적인 고객들을 만족시키기 위해 호사스러운 상품을 제작할 역량이 있는 사람—가 그의 시야에 들어온 것도 당연했다. 세랄리는 일찍이 1453년 10월에 베스파시아노와 협업을 했는데 그는 제목을 지정하지 않은 필사본 두 권의 값을 지불했다. 1454년 8월과 9월에도 거래가 이어졌는데 세랄리가 베스파시아노의 피렌체 필사본을 비단 옷감이나 테라코타 마돈나 상처럼 수출 시장에서 탐이 나는 상품으로 가치를 높이 샀음을 암시한다.

1455년 1월에 세랄리는 알폰소 국왕을 대신해 베스파시아노에게 선금 50플로린을 지급했다. 베스파시아노는 결국 리비우스 필사본에 총 160플로린을 받게 되어 그의 필사본은 포조가 판매한 것보다도 더 값비싼 판본이 되었다. 사실 베스파시아노는 알폰소를 위해 코덱스 세 권을 제작했는데 각각 제1데카데, 제3데카데, 제4데카데였다(제2데카데에 속한 열 권은 전부 소실되었다). 세랄리는 장부에 이 세 권짜리 세트를 "데케 델 레Deche del Re", 즉 '왕의 데카데스'라고 적었다.

베스파시아노는 리비우스 필사본 세 권으로 번 160플로린으로 자신이 기용한 필경사와 세밀화가들에게 돈을 지불해야 했다. 이 중요한 주문건의 필사자로 그는 아끼는 필경사 중 한 명인 피에로 스트로치, 바로 베스파시아노가 니콜라우스 교황에게 간청한 덕분에 피렌체 성벽 바깥 리폴리의 자그마한 교구에서 일하게 된 사제를 골랐다. 베스파시아노는 여러 해에 걸쳐 그에게 많은 일감을 맡겼고, 피에로는 70권이 넘는 필사본을 베껴 적게 된다(하지만 사제답게 겸손해서 실제로 서명을 남긴 것은 다섯 권뿐이다). 베스파시아노는 그를 대단히 높이 평가했다. 그는 피에로가 "당대의 가장 아름다운 필경사이자 최고의 교정자"[29]라고 단언했다.

베스파시아노는 삽화가를 고를 때도 그만큼 깐깐했다. 세랄리의 장부는 베스파시아노가 '미니아토레 프란체스코 단토니오'에게 수수료를 지불했음을 보여준다. 재능이 뛰어나고 극히 독창적인 채식사로서 스물두 살에 경력을 시작해 무수한 작품을 남기게 될 프란체스코 디 안토니오 델 키에리코는 원래 금세공인으로 수련을 쌓았지만, 1455년에 이미 필사본 장식 분야에서 유명한 화가이자 채식사로서 피에로의 먼 친척이기도 한 차노비 스트로치 밑에서 일을 배우며 협업을 하고 있었다. 프라 안젤리코의 문하로서 차노비는 산 마르코 도서관과 바디아를 위해 작업을 한 바 있으며 재능이 뛰어난 자신의 협업자를 베스파시아노에게 소개한 사람도 분명히 그일 것이다. 그렇게 중요한 일거리에 프란체스코를 선택한 것은 그 젊은이의 실력에 대한 베스파시아노의 믿음과 새로운 재능을 발굴하는 감각을 드러낸다. 그의 믿음은 보답을 받고도 남았다. 프란체스코는 마사초, 프라 안젤리코, 필리포 리피 같은 피렌체 미술가들의 최신 성취들을 반영한 삽화를 그려냈다. 활기찬 관찰력으로 생생하게 포착한 사실적인 풍경과, 인물들의 풍성한 동작과 표현, 신선한 서사성으로 구현되었던 것이다.

프란체스코의 삽화 중 한 점이 특히 독창적인데 바로 제목 페이지에 실린 것이다. 근래에 어느 인쇄본 역사가는 인쇄에 내재한 "혁신의 역동성"이 "필사본 세계에서는 존재하지 않았던 제목 페이지의 등장"과 같은 급진적 변화들을 가능케 했다고 주장했다.[30] 필사본에서는 제목 페이지를 좀처럼 보기 힘든 것이 사실이다. 제목 페이지 대신 필사본은 '시작', 즉 첫 페이지에 대문자로 적힌 HIC INCIPIT('여기서 시작함')나 아니면 종종 그냥 INCIPIT('시작')라는 말로 시작되었다. '시작'은 그러므로 텍스트의 나머지 부분과 구분되어 뒤이어 본문이 나옴을 알리지만 첫 페이지 상단 몇 줄을 차지할 뿐이었다. 제목 페이지가 없는 이유로 역사가들은 이따금 경제성을 든다. 필경사와 수집가들 모두 양피지를 낭비하고 싶은 마음이 없었다는 것이다. 하지만 많은 수집가들이 필사본에 지불한 돈을 보건대 양피지 한 장의 추가 비용쯤은 쉽게 댈 수 있었을 테고, 어쨌거나 많은 필사본들의 넓은 가장자리 여백은 훨씬 심한 '낭비'를 보여주는 것이다.[31]

그러나 제목 페이지는 '필사본의 세계'에 결국 등장했다. 사실 필사본은 인쇄본 못지않게 '혁신의 역동성'을 보여주었으며, 특히 인문주의자들이 새로운 서체 양식과 페이지를 구성하는 새로운 방식을 15세기에 도입했는데, 앞의 두 가지 혁신은 모두 인쇄업자들에 의해 채택되었다. 그리고 사실 인쇄업자들이 나중에 채택하게 되는 제목 페이지를 선구적으로 도입한 장본인들은 베스파시아노와 그의 화가들이었다. 서두 페이지에서 제목 페이지로의 이러한 진화는 베스파시아노가 들여다보고 있던 12세기 필사본에서 그 기원을 찾을 수 있다. 1448년 그는 산마르코 도서관에 소장된 코덱스 가운데 한 권으로, 약 300년 전에 토스카나에서 필사된 플라비우스 요세푸스의 《유대 고대사》를 보수해달라는 요청을 받았다. 필사본의 일부 페이지가 훼손되거나 떨어져나갔으므로 베스파시아노는 믿음직한 필경사 세르 안토니오 디 마리오에게 본문에서 빠진 부분들을 다시 필사하도록 맡겼고 새로 필사한 부분들을 원래의 필사본에 합쳤다.[32]

베스파시아노는 이 코덱스에서 몇몇 세부 사항들에 틀림없이 눈길을 주었을 것이다. 마치 수술대 위의 환자처럼 그 코덱스는 베스파시아노의 작업장에서 해체되어 훼손된 페이지를 제거하고 새 양피지를 끼워 넣은 다음 조심스럽게 다시 제본하는 과정을 거쳤다. 보수를 거친 필사본은 아름다운 흰 포도 덩굴 머리글자로 장식되고 포조와 그의 후배들이 모방한 '고서체'로 쓰여 있었다. 그뿐만이 아니었다. 권두 면지에는 작가의 이름과 제목이 사각형 가두리 장식 안에 큰 대문자로 쓰여 있었다. INCIPIT PREPHATIO FLAVII IOSEPHI IUDAICÆ ANTIQUITATIS [“플라비우스 요세푸스의 유대 고대사가 시작된다”]. 서두는 확장되었고 필사본 첫 페이지 상단에서 이동하여 도입 페이지를 마주 보는 왼쪽 면을 차지하게 되었다.

낡은 것은 새롭게 갱신되었다. 분명히 베스파시아노는 '왕의 데카데스'부터 자신의 호화 장정판에는 작가의 이름과 제목이 들어가는, 단순하지만 매력적인 공간을 만들기 위해 채식사인 프란체스코 델 키에리코에게 꾸미게 했다. 이는 그만의 역동적 혁신 정신의 사례였던 셈이다.

베스파시아노와 알폰소 국왕과의 거래는 그가 서적을 나폴리에 수출함으로써 사업을 확장하기 시작했음을 의미했다.[33] 그는 박학한 통치자와 활기찬 궁정을 보유한 나폴리 왕국이 고전 작품의 새로운 시장이 될 수 있을 것이라고 믿었던 듯하다. 하지만 그는 세랄리 대신에 나폴리에서 활동하는 다른 피렌체 상인을 대리인으로 삼았는데, 피에로 다 산 지미냐노라는 이름의 다소 뒤가 구린 인물이었다. 1457년, 피에로는 책 20권을 남쪽으로 560킬로미터 싣고 가서 수수료 10퍼센트를 받고 베스파시아노를 대신해 판매하는 일을 맡았다. 총 수백 플로린이 나가는 이 필사본들은 목적지로 향하는 탁 트인 노상과 나폴리의 광장들에서 위험 부담이 큰 일거리였다. 피에로 본인도 위험 요소였는데, 그는 어느 피렌체 상인을 대신해 나폴리에서 다량의 실크 휘장을 판매한 뒤 그

대금을 변제하지 않아서 이미 의심을 사고 있었다.

"아름다운 그림이 들어간" 가격이 50플로린인 프톨레마이오스의
《지리학》이나 55플로린이 매겨진 "대단히 아름다운grande bellissimo"《미사
전서》처럼 나폴리로 실려 간 서적 가운데 몇몇 책의 가격을 보건대 베
스파시아노는 나폴리 시장의 부유층을 노린 것이 분명했다. 그는 또한
나폴리의 인문주의자들을 잠재적 고객으로 겨냥하고 있었고, 물론 자
신의 제품들을 이렇게 선보임으로써 다름 아닌 알폰소 국왕과의 추가
적인 거래도 기대하고 있었다.[34] 호화로운 《미사전서》와 '벨리시모'(아름
다운)《기도서》(11플로린밖에 안 해서 언뜻 봐서는 특가로 나온 듯한)를 제외하
면 모든 책은 그리스와 라틴 고전으로서, 키케로 필사본 세 권, 율리우
스 카이사르의《갈리아 전기》두 권, 살루스티우스의《유구르타 전쟁》,
니콜로 페로티가 라틴어로 번역한 폴리비오스의《역사》, 브루니가 번역
한 아리스토텔레스의《니코마코스 윤리학》한 권 등이었다. '인문 고전'
의 전형적인 작품 목록이라 할 만한 이 책들은 전부 베스파시아노의 필
경사들이 '신고서체'로 필사한 것이었다.

베스파시아노는 나폴리의 비옥한 토양에 피렌체 인문주의의 선진적
문화를 수출하고 있었는데, 비옥한 나폴리에서라면 개명한 아라곤 통
치자 알폰소 국왕에 의해 그 씨앗이 자라날 수 있을 터였다. 이는 서적
판매에 대한 베스파시아노의 혁신적인 접근법을, 다시 말해 15세기 중
반에 이르면 피렌체 성벽을 넘어서서 점점 커져가는 인문 고전에 대한
욕구를 채워주고 있던 대담하고 다소 투기적인 사업 태도를 보여준다.

하지만 베스파시아노에게는 이 사업에 자신의 필사본의 상업적 가
치 이상의 더 많은 것이 걸려 있었다. 서적상 거리에서 보낸 초창기 시
절부터 베스파시아노는 자신이 조달하는 책들에 담긴 사상들에 적극

적으로 관여해왔다. 젊은 시절 니콜로 니콜리의 독서 모임에서의 공부, 스투디오에서 카를로 마르수피니의 강의 참석, 피사인들의 지붕 아래에서 오가는 대화에 참여한 일 등 그러한 지적인 여가 활동은 고대인에 대한 연구를 통해 더 나은 세상을 만들어내려는 인문주의 이상에 대한 그의 헌신을 드러낸다. 그가 판매한 필사본들은 그가 일컬은 "우리 시대를 위한 가르침"을 제공했다. 그는 많은 사람들이 무지로 인해 "거대한 어둠" 속에서 살지만 고대인들의 지혜가 그 어둠을 떨쳐낼 수 있다고 믿었다. 우리는 그러므로 "문학의 전문가들"에게 크게 빚지고 있는데 "우리가 아는 모든 것을 그들로부터 배우기 때문"이다. 그는 학자는 하늘의 별과 같다는 성 히에로니무스의 찬사와 그들은 태양처럼 빛난다는 예언자 다니엘의 찬사를 인용했다. "모든 악은 무지에서 생겨난다"라고 그는 썼다. "하지만 작가들, 특히 고대의 작가들은 어둠을 몰아내고 세상을 밝게 비춰왔다."[35] 이러한 가르침, 이 눈부신 빛줄기야말로 베스파시아노가 자신의 필사본으로 그 시대에 어둠에 시달리는 땅에 퍼뜨리고 싶어한 것이었다.

12장

존엄과 탁월함의 운명

교황 니콜라우스 5세는 1455년 3월 24일, 57세의 나이로 로마에서 별세했다. 동료 인문주의자들과 친구들은 그의 죽음을 깊이 애도했으며, 베스파시아노도 "교회와 그 자신의 시대를 밝히던 빛과 장식"이 사라졌다고 한탄했다.[1]

교황으로 재위한 7년 동안 니콜라우스는 자신의 자원을 동원해 학자와 필경사, 번역가를 기용하여 교황청 도서관의 컬렉션을 강화했다. 도서관의 장서는 거대해졌다. 추정 규모는 필사본 1천 권(피렌체 대주교가 추정한 수치)에서 3천 권(에네아 실비오 피콜로미니의 수치)에 이르렀고, 심지어 5천 권에 달하기도 했다(베스파시아노와 기타 출처들의 수치).[2] 장서 수와 상관없이 단 몇 년 만에 이 도서관은, 일정 정도는 베스파시아노 덕분에 세계 최대이자 최상의 도서관 가운데 하나가 되어 천 년이 넘는 시간 만에 처음으로 로마를 문화와 배움의 중심지로 탈바꿈했다.

니콜라우스는 수천 권의 필사본을 얼마간 아쉬운 눈길로 바라보았을 것이다. 베스파시아노에 따르면 교황의 말년은 불운했는데, 그는 교회의 일로 노심초사하는 와중에 "가장 비참한 사람"이 되었다. 통풍과 "지독한 육체적 고통"으로 심하게 고생했고 그가 통증에서 잠시 벗어나는 유일한 시간은 찬송가를 부르고 기도문을 암송할 때뿐이었다. 그는 교황의 자리에서 물러나 톰마소 파렌투첼리로서 예전의 삶으로 돌아가고 싶다는 절절한 소망을 친구들에게 토로했다. 친구들과 철학을 토론하기 위해 노새를 타고 서적상 거리를 찾곤 했던 그 시절로 말이다.[3]

베스파시아노는 니콜라우스가 임종의 자리에서 기독교도 양의 무리를 지키고 확대할 목자를 보내달라고 하느님께 간청했다고 전한다. 그 목자는 2주가량이 지나 추기경들이 콘클라베를 열기 위해 사도 궁전에 모였을 때 도착했다. 베사리온 추기경은 강력한 후보자였고, 열다섯 명의 추기경 가운데 여덟 명이 그를 공개적으로 지지해 선출이 확실시되었으므로 그 가운데 일부는 최종적인 검토 이전부터 그에게 호의를 구하며 접근할 정도였다. 실제로 베스파시아노는 베사리온이 "하룻밤 동안 교황"이었다고 전하는데 그의 명성이 동료 추기경들 사이에서 매우 높아서 심지어 반대파마저도 잠자리에 들러 가면서 서로 다음과 같이 말했다고 전한다. "그가 교황이 될 거야. 우리도 어쩔 도리가 없어. 내일 투표를 하고 나면 우린 새로운 교황이 선출되었음을 선언하게 되겠지."[4] 베사리온은 분명히 교황의 직위를 이용해 기독교권을 통합하고 콘스탄티노플을 해방시키고 인문학 연구를 증진하는, 니콜라우스에 딱 맞는 후임자가 되었을 터다. 하지만 그의 입후보 막판에 이의가 제기되었다. 분연히 목소리를 높인 어느 프랑스 추기경은 극렬히 그에게 반발했다. 추기경은 "그래, 우린 라틴 교회를 그리스 교황에게 넘겨주겠군. 안 그런가? (…) 심지어 베사리온은 수염을 밀지도 않았는데 그가 우리의 수장이 된다고?"[5] 그 프랑스 추기경의 발언이 신빙성이 있다면 베사리온의 긴 수염이 그한테서 성 베드로의 보좌를 앗아간 셈이다.

베사리온 대신 추기경들은 일흔일곱 살의 에스파냐인 알폰소 데 보르하를 선출했고, 보르하는 교황 칼리스투스 3세로 즉위했다. 이 경건한 법학 교수의 선출은 그와 이름이 같은 나폴리 국왕 알폰소와의 연관성 때문에 이탈리아에 약간의 동요를 불러왔다. 외교관과 행정가로서 보르하가 보여준 뛰어난 능력에 깊은 인상을 받은 알폰소 국왕은 그를 자신의 비서로 임명했다가 1432년에는 수석 자문으로, 1436년에는 마침내 열세 살의 혼외자식이자 왕위 후계자인 페란테의 개인교사이자 후견인으로 삼았다. 피렌체인, 밀라노인, 베네치아인들은 새 교황을 자기 사람으로 만들었으니 알폰소 국왕이 로디 조약─그가 불과 몇 달 전에 서명한 이탈리아 주요 세력 간의 평화 조약─을 파기하고 영토에 대한 야욕을 다시 드러낼 것이라고 걱정했다. 한 밀라노 대사가 베네치아인들에게 쓴 대로 나폴리 국왕은 지금 "어느 때보다 오만방자"해졌을지도 모를 일이었다.[6]

로마 쿠리아의 인문주의자들도 마찬가지로 불안감을 품을 이유가 있었다. 칼리스투스가 알폰소의 궁정과의 접점에도 불구하고 니콜라우스의 아낌없는 문화적 후원을 이어갈 가능성은 별로 없었다. 법학에 국한된 협소한 교육으로 인해 인문학 연구에 별반 공감하지 않았던 그는 쿠리아 학자들을 기꺼이 무시했다. 바티칸 금고에 대한 회계 감사로 교황청이 7만 플로린가량을 빚지고 있음을 알자마자 그는 니콜라우스의 도시 정비 사업 계획을 신속히 폐기하고 관저 경비를 삭감했으며 다수의 세간을 팔아치우기 시작했다. 하루는 교황이 저녁 식사 자리에서 황금

소금통을 발견하고는 "당장 치워버리게! 치워버려!"라고 외쳤다. "그건 튀르크인들과 맞서 싸우는 데나 쓰고, 나한테는 질그릇이면 충분하네!"[7] 과거 그의 주인이었던 알폰소 국왕은 이 기회를 놓치지 않고 다량의 금은접시, 금박을 입힌 암포라, 포도주를 차게 식히는 그릇, 당과용 쟁반 및 교황 관저의 귀중품들을 입수했다.

베스파시아노에 따르면 한층 더 나쁜 운명이 니콜라우스가 수집한 장서들에 찾아왔다. 그는 칼리스투스가 진홍색 벨벳을 씌우고 은제 걸쇠를 달아 아름답게 제본된 수백 권의 장서를 보자 깜짝 놀랐다고 전하는데 "그는 누더기가 아닌 다른 것으로 장정된 책은 여태껏 한 번도 본 적이 없었기 때문이다." 누더기 책은 양피지가 아니라 종이로 된 책(교황의 출생지인 에스파냐의 무슬림과 유대인들 사이에서는 흔하게 볼 수 있는)을 가리켰다. 니콜라우스의 교양과 지혜를 칭송하는 대신 새 교황은 신랄한 한마디를 덧붙였다. "그가 교회 재산을 어떻게 탕진했는지 이제야 알겠군." 베스파시아노에 따르면 칼리스투스는 곧장 일부 책들을 "내다 버린" 한편 수백 권은 키이우의 이시도르 추기경에게 넘겨줬는데, 이시도르는 "늙고 노망이 나서" 그 책들이 하인과 기식자들에게 넘어가도록 방치했고 결국 그 책들은 극히 저렴한 가격에 팔려나갔다. "진가를 알아볼 줄 모르는 이들의 수중에 떨어진 귀한 보물들의 운명이 그러하다"[8]라고 베스파시아노는 음울하게 말했다.

칼리스투스는 확실히 니콜라우스의 그리스어와 라틴어 필사본에 통 관심이 없었다. 하지만 베스파시아노의 서술은 사정을 왜곡한 것이었다. 새 교황은 니콜라우스 필사본의 장정들에서 금속과 귀금속을 떼어내라고 명령했는데, 그것들을 쓸데없는 사치라고 보고 내다 팔아서 훌륭한 대의명분에 자금을 보내고자 했다. 그러나 베스파시아노가 주장한 것처럼 장서를 처분하지는 않았다. 니콜라우스가 모은 필사본 대다수는 지금도 바티칸 도서관에 있으며 결국에는 칼리스투스도 자신의 법학 필사본들을 유증했다.

칼리스투스는 자기 이름과 영구히 결부된 또 다른 행위에도 책임이 없었다. 새 교황이 휘하의 재능 있는 문인들을 귀하게 대우하지 않자 쿠리아 소속의 인문주의자 바르톨로메오 플라티나는 이후 줄곧 칼리스투스를 따라다니게 되는 이야기를 퍼뜨렸는데, 특히 천문학자와 과학자들 사이에서 그 이야기는 무지몽매한 교황과 뒤떨어진 교회의 맹신적인 망상이라고 여겨지는 것의 증거로 거론된다. 그 이야기에 따르면 1456년에 칼리스투스는 어느 혜성(나중에 핼리혜성으로 명명된 것)을 파문하고 그 유해한 영향력에 간섭하는 수단으로 매일 정오에 전 세계 교회의 종을 울리도록 명했다. 사실 그런 파문령은 결코 공표된 적이 없으며 교회 종은 혜성 때문이 아니라 튀르크의 위협과 십자군의 필요성을 기독교도들에게 매일 상기하기 위해 울린 것이었다.[9]

오스만튀르크에 맞선 십자군은 칼리스투스의 가장 긴급하고 변치 않는 관심사였다. "교황은 십자군에 관해서만 말하고 생각한다"[10]라고 베로나에서 온 한 관찰자는 썼다. 칼리스투스는 "성부, 성자, 성령의 성삼위일체, 동정녀 성모, 성사도 베드로와 바울, 그리고 모든 천군천사"에 콘스탄티노플을 수복하기 위해 있는 힘을 다하고 심지어 목숨도 바칠 것임을 엄숙히 맹세했다. 그러면서 그 도시는 술탄 메메트 2세, 즉 "악마의 자식이자 십자가에 못 박힌 우리 구주의 적"에 의해 함락되어 파괴되었다고 천명했다.[11] 필경사들은 이 거룩한 맹세를 옮겨 적었고 맹세문은 기독교권 전역의 도시들로 보내졌다.

칼리스투스가 필사본에는 쓸 돈이 전혀 없었다면 반대로 배에 내줄 돈은 차고 넘쳤다. 교황으로 선출된 지 한 달 만에 그는 카탈루냐인들로부터 갤리선을 전세 내고 테베레강 변의 부두를 분주한 조선소로 탈바꿈하며 함대를 건설하는 데 20만 두카트를 썼다. 니콜라우스 5세 아래서 조각상을 깎아내던 조각가들은 이제 돌을 깎아 포탄 760개와 총포용 더 작은 포환 9천 개를 만들었다. 바티칸 금고는 또 수백 점의 석궁, 화살, 쇠사슬 갑옷, 장창, 검, 전투용 도끼를 구입하는 데 돈을 댔다. 칼리스투스의 막강한 갤리선 함대는 1455년 9월에 출정했지만 메메트의 가공할 해군과 싸우기 위해 동쪽 바다로 향하는 대신 시칠리아 앞바다에서 베네치아와 제노바 선박을 상대로 마구잡이로 해적질을 자행하며 가을과 겨울을 보냈다. 칼리스투스는 동포 기독교도에 대한 이러한 공격과, "그밖에도 입에 담기 힘든 행위들"[12]에 대해 책임을 물어 지휘관들을 해임했다.

그사이 십자군을 위한 다른 계획들도 진행되었다. 추기경과 대사들은 프랑스, 잉글랜드, 헝가리와 더불어 멀리 스코틀랜드까지 분주히 오가며 군사를 일으키고 열의를 고취하기 위해 애썼다. 면벌부 판매자와 십일조 징세인들이 자금을 마련하기 위해 유럽 곳곳으로 퍼져나갔다. "신실하고 무지한 사람들"[13]을 속여서 돈을 빼앗는 사기꾼들도 마찬가지였다. 설교자들은 신도들에게 기독교권의 수호를 위해 헌금하고 가능하다면 십자군에도 참가하라고 목청을 높였다. 피렌체에서는 조반니 다 나폴리라는 어느 도미니크회 수도사가 열렬한 신앙심을 고취해 6천 명의 사람들이 "기꺼이 믿음의 전사가 될 태세임을 알리고자"[14] 가슴에 붉은 십자가를 새긴 흰 옷을 입은 채 거리를 행진했다.

나폴리에서는 알폰소 국왕이 십자가를 받들 준비를 갖췄는데, 교황청 관계자들과 나폴리 귀족들이 한자리에 모인 가운데 십자군에 나서

겠다고 국왕이 엄숙히 맹세하는 의례였다. 하지만 이 거룩한 맹세를 할 날이 다가왔을 때 국왕은 맹세문에서 법적으로 다소 미묘한 표현들, "미묘한 요점들과 이해할 수 없는 말"과 더불어 "사소한 이의와 트집" 그리고 "교회법의 (…) 단단한 매듭들"을 발견하고는 겁을 먹고 망설이게 되었고 결국 행사를 전면 취소했다.[15] 몇 주 뒤에 사태가 수습될 수 있었던 것은 오로지 잔노초 마네티의 외교적 개입 덕분이었으니 알폰소의 궁정에 합류했던 잔노초 마네티는 나폴리에서 교황과 교섭을 벌였다. 1455년 11월 1일 만성절에 알폰소는 마침내 십자가를 하사받았다.

십자군을 구해낸 잔노초 마네티는 당시 쉰아홉 살로 베스파시아노의 절친한 친구이자 멘토였다. 여러 해 동안 그는 베스파시아노의 서점에 모여 "중대한 문제들에 대해 훌륭한 논쟁을 벌였던" 사람들 가운데 한 명으로서 피렌체 인문주의 운동의 중심에 있었다. 피렌체에서 가장 부유한 상인의 아들로 태어난 마네티는 젊었을 때 톰마소 파렌투첼리와 나란히 수학했고 나중에 그의 비서가 되었으며, 톰마소가 교황이 된 다음에는 그를 위해 그리스어와 히브리어를 번역했다. 그는 더 많은 시간을 연구에 바치기 위해 하루에 다섯 시간 이상은 자지 않을 만큼 헌신적인 학자였다. 친구인 포조와 레오나르도 브루니처럼 그도 바쁜 공직자이기도 해서 베네치아, 제노바, 밀라노, 나폴리, 로마에 무수히 파견되어 대사로 활약했다. 그는 피스토이아와 스카르페리아 같은 다양한 피렌체 속령들에서 힘들기만 하고 생색은 안 나는 총독직도 역임했는데, 그런 부임지에서 그는 베스파시아노의 말마따나 "모든 게 엉망진창이고 극심한 원한관계에 시달리고 있음"을 발견했다.[16]

마네티가 명성을 얻어 마땅한 가장 큰 이유는 그가 1452년에 완성해

잔노초 마네티(1396~1459):
학자, 사업가, 외교관, 작가.

나폴리의 알폰소 국왕에게 헌정한 논고《인간의 존엄과 탁월함에 관하여》때문이다. 그 헌정은 마네티로서는 흔치 않은 외교적 실책이었는데, 당시 알폰소는 피렌체와 전쟁 중이었으므로 마네티의 반역을 두고 피렌체에서는 뒷말이 많을 수밖에 없었다. 베스파시아노는 1455년까지 신중하게 기다렸다가 로디 조약이 체결되자 그 논고의 필사본을 내놓았다. '왕의 데카데스'와 마찬가지로 필사본은 베스파시아노의 특기가 되다시피 한 흰 포도 덩굴 장식과 '신고서체'를 선보이며 전문가다운 솜씨로 우아하게 제작되었다.

마네티의 논고는 여러 측면에서 베스파시아노의 서점과 피사인들의 지붕 아래 모인 사람들의 정신을 포착했다. 그는 젊은 귀족 조반니 로타리오라는 추기경이 1195년에 지은 유명한 글에 대한 답변을 쓰고 있었는데 로타리오 추기경은 3년 뒤에 교황 인노켄티우스 3세가 되는 인물이다. 로타리오 추기경의 논고 《인간 조건의 비참함에 관하여》는 지상에서의 삶에 대한 암울한 시각을 제시한다. "인간은 먼지와 흙, 재, 그리고 훨씬 더 불쾌한 것, 불결한 정액으로 형성되었다"라고 로타리오는 썼다. 그것이 우리의 기원이라면 우리의 종말은 한층 더 고약할 수밖에 없는데 인간은 "게걸스럽게 모든 것을 먹어치우는 벌레의 음식"이, "구역질나는 악취를 영원히 뿜어내는 부패한 덩어리"가 될 운명이기 때문이다.[17] 마네티는 이 "전적으로 안타까운 작품"에 대해 다음과 같이 간명하게 요약했다. 로타리오는 "가래, 오줌 줄기, 똥더미"로부터 삶의 덧없음, 죽음의 확실성, 그리고 "인간의 육신을 괴롭히는 무수한 고통과 각양각색의 질병"에 이르기까지 인간의 고통과 배설물의 목록을 제공했다고 말이다.

　로타리오는 지상의 것들은 썩고 사멸하기 때문에 우리는 그것들을 소중히 여기지 말고 그보다는 천상에 우리의 보물을 쌓아야 한다는 기독교적 관념을 확장하고 있었다. 이 테마는 전도서("헛되고 헛되니 모든 것이 헛되도다")와 성 아우구스티누스("봇물처럼 쏟아내는 어떤 말로 이생의 비참함을 소상히 밝히고 설명할 수 있으리오?")부터 토마스 아 켐피스("지상의 모든 쾌락은 공허하거나 추하다")까지 뻗어 있었다.[18] 중요한 것은 천상의 영생이다. 세상사는 비루하고 지상의 삶은 비참과 고통의 시련일 뿐이었다.

　마네티는 물론 육신이란 로타리오가 열거하는 온갖 불평거리, 다시 말해 사람 뱃속을 뒤집어놓는 저 배설물과 고통의 상속자임을 시인했다. 하지만 그는 지상의 삶이 혹독한 눈물의 골짜기를 잠깐 지나가는 데 그치지 않고 그 이상이 될 수도 있음을 보여주면서, 행복과 기쁨의 미래상으로 로타리오가 말한 속세의 비참함에 반대했다. 그는 우리가 하루하루 겪는 심신의 괴로움 외에도 많은 종류의 즐거움을 누릴 수 있다고 주장했다. 그가 보기에 인간 행위 가운데 "적어도 약간의 즐거움"을 주지 않는 것은 거의 없으며 실제로 외적 감각들은 흔히 "깊고 강렬한 즐거움"을 불러일으킨다. 그는 속세의 괴로움을 나열한 로타리오의 무시무시한 목록에 지상의 즐거움을 나열한 자신의 목록으로 응수했다. 아름다운 육체를 바라보는 것, "음향과 화음, 그보다 더 즐거운 소리"를 듣고, 꽃향기를 맡고 "달콤하고 즙이 흘러넘치는 진수성찬"을 맛보고 심지어 "한없이 부드러운 물질"을 만지는 것 등이 그것이다(마네티 집안의 여러 사업체 중 하나는 고급 직물을 취급했다). 그는 자신이 번역한 작가인 아리스토텔레스를 피고 측 증인으로 끌어오는데, 그가 지적한 대로 《니코마코스 윤리학》 10권에서 아리스토텔레스는 "인간은 살아가는 동안 반드시 즐거움을 찾아야 한다"라고 썼기 때문이다.

마네티에게 이러한 모든 "즐거움과 기쁨"은 지상에서 고통에 절망하기보다는 우리를 달래주는 쾌적한 위안거리를 누려야 함을 뜻했다. 마네티의 조언은 물론 잘 먹고 잘 입으며 호사스럽고 넉넉하게 생활할 여력을 갖춘 사람, 잘 꾸며진 궁전에서 즐겁게 그림을 감상하거나 시골의 빌라에서 잔잔한 리라 다 브라초의 선율을 들으며 시간을 보낼 형편이 되는 부유하고 교양 있는 피렌체인의 조언이었다. 하지만 그의 논고가 때로 벨벳을 두른 유미주의자를 떠올리게 한다면 그럼에도 불구하고 그것은 예술이 주는 즐거움과 아름다움, 자연, 인간 지성 그리고 충만하게 살아온 지상의 삶에 대한 진심에서 우러나온 한 점 부끄럼 없는 상찬이다.

마네티는 고대인들의 저술에 영향을 받았으며, 자신의 논변에 아리스토텔레스와 더불어 키케로 같은 작가들을 풍성히 인용한다. 하지만 그는 명백히 자신의 고향 도시 피렌체로부터 영감을 받았다. 신은 세상을 6일 만에 창조했지만 그 이후로 인류는 그 세상을 발견하고 찬미할 의무가 있다. 그는 조토의 프레스코화("당대 최고의 화가"), 브루넬레스키의 쿠폴라("우리 시대 가장 위대한 건축가"), 그리고 로렌초 기베르티가 청동으로 주조한 세례당 문("우리 시대 발군의 조각가")을 기분 좋은 볼거리의 증거만이 아니라 인간 정신의 신성—최고 경지의 인류가 도달할 수 있는 탁월함—의 증거로 거론한다. 그는 인류가 "존엄과 탁월함의 본성과 운명"을 갖고 있다는 단호한 옹호로 끝을 맺는다. 지상의 삶은 누리고 상찬해야 할 것이지 그 유일한 보답인 내세에서의 구원과 안식만을 기대하며 경멸하고 음울하게 견뎌야 할 것이 아니다.

1929년에 글을 쓰던 어느 프랑스 역사가에 따르면 이탈리아 르네상스는 "신이 없는 중세"[19]였다. 한 세기가 지나 이러한 명제를 받아들일 역사가는 거의 없으며, 인문학과 지상의 즐거움에 대한 잔노초 마네티의 헌신을 [종교적으로] 조금이라도 회의적이거나 반기독교적이라고 이해하는 것은 잘못일 것이다. "르네상스인은 여전히 기독교도였으며, 심지어 경건한 기독교도였다"라고 역사가 리처드 트렉슬러는 주의를 줬다.[20] 조금도 부끄럼 없이 고대 세계를 열렬히 옹호한 다른 이들, 이를테면 페트라르카나 니콜로 니콜리처럼 마네티는 신실한 기독교도였고, 그에게 이교도의 가르침이란 야심, 타락, 이기심으로 오염된 세계를 개혁하고 구제하기 위해 기독교적 앎을 보완하는 것이었다. 그들 모두는 기독교의 가르침이 영혼을 구원하는 반면 고전 작가들은 문명사회를 구조하고 개선하고 지상의 삶에 즐거움을 가져다줄 수 있다고 믿었다. 이 이교도 작가들은 또한 더 나은 기독교도를 만들어낼 수 있는데 새롭게 발견되고 적용된 그리스-로마의 학식은 그리스도 안에서 드러난 진리들을 보강하는 것이었다.[21] 마네티가 아리스토텔레스의 《니코마코스 윤리학》뿐 아니라 성 아우구스티누스의 《신국론》도 외웠다는 사실은 많은 것을 시사한다.

마네티는 종교의 중요성을 의문시하지 않으면서도 인간적 가치들과 지성의 고귀함과 경이로움을 상찬할 수 있었다. 비종교적이기는커녕 그는 공격적일 만큼 호전적인 기독교도이자 그 세기 가장 위대한 성서학자 중 한 명이었다. 마네티는 교황 니콜라우스 5세의 요청으로 신약성서를 새로 번역했으며—천 년 앞서 성 히에로니무스의 번역 이래로 최초였다—구약성서의 번역도 오로지 니콜라우스의 죽음 때문에 중단되었다. 그는 〈유대인과 비非유대인에 반하여Adversus Iudaeos et Gentes〉라는 기독교에 대한 백과사전적 변론을 썼으며, 유대인을 설득해 기독교 신앙을 받아들이게 하려고 그들을 논박하고 개종시킬 목적으로 히브리어를 배울 정도였다. 그의 정통 기독교 신앙은 흠잡을 데 없었다. 베스파시아노가 말한 대로 앤드루 홀스가 피렌체에서 주최한 어느 연회에서 마네티는 동료 인문주의자들과 논쟁하다가 기독교의 계율들은 삼각형이 3면으로 이루어져 있다는 명제만큼 참이라고 꿋꿋하게 주장했다.[22] 르네상스 지성의 존엄과 탁월함은 이교도의 지혜와 기독교도의 신조를 우아한 균형 속에 견지할 수 있는 것이었다.

논고를 완성하고 1년 뒤에 잔노초 마네티는 자신의 종교적 믿음과, 세속의 불운에 대한 위안으로서 감각적 즐거움에 대한 명랑한 처방 둘 다에 더 단단히 매달릴 필요가 있었다. 1453년 그는 전 재산을 남겨둔 채 자발적인 망명을 떠났다. 그의 인생은 베스파시아노의 주장에 따르면 사람이 아무리 승승장구할지라도 일순간 자신이 소중히 여기는 전부를 잃고 끔찍한 운수의 반전을 겪을 수 있음을, 아이러니하게도 조반니 로타리오가 인생의 비참함에 관한 논고에서 역설하고자 했던 바로 그 메시지를 잘 보여주는 실례다.

마네티가 도주한 이유는 간단했다. 베스파시아노는 그가 16만 6천 플로린이라는 "도저히 감당할 수 없는 세금 고지서"[23]를 받았다고 주장했다. 이 무시무시한 과세 사정 뒤에 도사리고 있는 것은 "도시 전역에 커다란 권위"를 휘두르는 인물, 바로 코시모 데 메디치라고 베스파시아노는 믿었다. 코시모는 정적을 제거하는 데 단검보다는 세금을 이용했다고 한다. 실제로 과세 심사 관리들은 코시모의 명령에 따라 눈물을 쏙 뺄 정도로 어마어마한 과세 사정을 통해 정적들을 파멸로 몰아넣었다. 한 연대기 작가가 나중에 쓴 대로 메디치 가문은 공정하고 고정된 과세 방식을 허용하지 않고 그보다는 "자기들 입맛대로" 개인들에게 세금을 부과했다.[24]

마네티는 이러한 권력 남용의 가장 눈에 띄는 희생양이 되었다. 여러 해 동안 그는 메디치가와 화기애애한 관계를 유지해왔지만 그와 알폰소 국왕과의 개인적 우정은 밀라노 대신 베네치아와의 정치적 동맹에 대한 지지와 더불어 피렌체 정권에서 마네티의 평판을 해쳤던 것 같다.[25] 새로 부과된 파멸적인 세금을 낼 생각이 없거나 낼 능력이 없던 그는 피렌체를 떠나 처음에는 로마의 니콜라우스 5세의 궁정으로 갔다가 교황이 서거하자 알폰소의 궁정으로 옮겨갔다. 니콜라우스와 알폰소는 그에게 연금을 하사하여 얼마 안 되는 지상의 즐거움을 누릴 수 있도록 허락했다. 나폴리에 거주하는 동안 그는 베스파시아노에게 편지를 써서 "적당한 가격에" 교회법과 민사법에 관한 필사본을 구해달라고 부탁했다. 키케로의 《아티쿠스에게 보내는 서한》도 한 권 부탁했다.[26] 망명생활에서의 낡은 고대의 지혜를 찾아 필사본을 뒤적이는 데서 구할 수 있으리라.

망명에서 돌아온 지 20년 뒤에도 코시모 데 메디치는 여전히 피렌체를 베스파시아노의 말마따나 "용의주도하게, 극도로 조심스럽게" 다스리고 있었다. 그는 두 아들 피에로와 조반니가 자신의 뒤를 이을 앞날에 주도면밀하게 대비해왔다. 1416년에 태어난 장남 피에로는 정치가가 될 몸이었던 한편, 형보다 다섯 살 어린 조반니는 가문의 은행을 경영할 예정이었다. 코시모는 두 아들 모두 정치와 상업 분야에서 현명하고 유능한 지도자가 될 수 있도록 훌륭한 교육을 받게 했다.

두 소년은 일찍부터 문화생활에 흥미를 나타냈다. 조반니는 고작 다섯 살의 나이에 은행가 길드에 등록되었지만 돈을 버는 일보다는 고전과 미술에 더 열의를 드러냈다. 한 친구에 따르면 그는 "책과 오래된 보석, 악기, 기타 교양 있는 활동"을 좋아했다.[27] 그는 악기를 연주하고 시를 지었다. 1440년대에는 모두가 탐낼 만한 고대 로마 조각상과 메달리온[대형 메달 혹은 메달 모양의 장신구] 컬렉션을 즐겁게 수집하며, 메디치 은행의 로마 지점에서 근무했다.

피에로도 공예품─도자기, 카메오, 보석, 플랑드르 태피스트리─을 사들여 개인 서재에 보관하는 열정적인 수집가가 되었다. 통풍으로 거동이 불편한 그는 아름다운 물건들을 눈으로 감상함으로써 통증을 완화하고자 (마네티의 논제의 한 실례로서) 그 서재로 실려 가곤 했다. 귀한 공예품 말고도 피에로의 서재에는 100권 이상의 필사본이 있었다. 그는 20대 중반인 1440년 무렵부터 필사본을 수집하기 시작했는데, 어느 정도는 아버지로부터 자극을 받아서 또 어느 정도는 마찬가지로 필사본 사냥꾼인 조반니와의 경쟁심에서였다. 두 형제는 아버지와 함께 쓰는 궁전에 이탈리아 최고의 도서관 가운데 하나를 구축했다. 피에로는 자기 책을 아끼는 스투디에토의 벤치에 쇠사슬로 고정시켜두었는데, 알아보기 쉽게 주제별로 색색의 호화로운 장정을 씌워서 파란색은 신학, 노란색은 문법, 보라색은 시, 빨간색은 역사, 흰색 장정은 철학으로 분류했다. 1456년에 그는 어느 필사본이 인문주의자 서체(신고서체)로 쓰였는지, 또 어느 필사본이 고딕체, 즉 그의 필경사가 렉테라 모데르나lectera moderna 또는 릭테리스 노비스licteris novis ─현대체─라고 부르던 서체로 쓰였는지 서체에 대한 설명까지 갖춰 장서 목록을 작성하기 시작했다. 피에로가 어떤 서체를 선호했는지는 의문의 여지가 없다. 시간이 흐르면서 그는 '현대적' 고딕체로 작성된 세네카, 테렌티우스, 키케로 사본들을 정리하여 '고서체'로 쓰인 사본들로 대체했다.[28]

베스파시아노는 서적상으로서 두 형제 모두를 상대했다. 그는 일찍이 1451년에 피에로를 위해 아름다운 채식 필사본을 마련해주었고, 1450년 중반에 이르면 휘하의 가장 뛰어난 필경사 피에로 스트로치와 게라르도 델 치리아조를 기용해, 피에로를 위해 플리니우스의 《자연사》, 플루타르코스의 《영웅전》, 리비우스의 《로마 건국사》 같은 중요한 주문 건을 맡겼다. 그는 피에로에게 작업의 진척 상황을 지속적으로 알렸는데, 그가 보낸 한 보고서는 낙관적으로 끝을 맺는다. "그러면 우리는 주님의 은총으로 책을 모두 마무리하게 될 것입니다."[29] 같은 시기에 게라르도는 조반니를 위해서 키케로, 세네카, 카툴루스, 그리고 라틴 시인 티불루스의 필사본을 작업 중이었다. 이 필사본들은 전부 '신고서체'로 작성되었으며, 그중 일부는 '왕의 데카데스'처럼 베스파시아노의 최신 혁신인 제목 페이지를 담고 있었다.

피에로는 자신이 소장한 필사본에 색다른 것도 추가했다. 그의 필사본의 마지막 페이지에는 언제나 장서표가 있었다. LIBER PETRI DE MEDICS. COS. FIL(코시모의 아들, 피에로 데 메디치의 책). 가슴 아프게도, 그의 서재에 더 많은 필사본이 추가될수록 이 장서표를 작성하는 필체는 획에 힘이 없고 얼룩이 져서 읽기 힘들어졌다. 이러한 필적의 쇠퇴는 일 고토소Il Gottoso(통풍쟁이)로 알려진 피에로가 손수 장서표를 썼음을 암시하는데, 관절이 심하게 부어서 손에 힘이 없어지는 증상은 이따금 혀 말고는 아무것도 움직일 수 없을 만큼 고통스러운 통풍의 합병증이기 때문이다.[30]

칼리스투스의 십자군은 상충하는 이해관계, 상호 적대, 고질적인 반목, 노골적인 다툼에 빠져들면서 이렇다 할 성과를 내지 못했다. 에네아 실비오 피콜로미니가 전하는 대로 "저 죄 많은 땅을 괴롭히는 새로운 회오리바람이 일었다."[31] 이는 야심만만한 움브리아 용병대장 야코포 피치니노를 두고 하는 말이었다. 로디 조약은 피치니노가 작심하고 방해 공작을 펼친 탓에 점차 무너져가고 있었는데, 평화는 그의 사업에 이롭지 않기 때문이었다. 그는 1453년에 베네치아를 위해 싸우기로 계약하면서 연봉 12만 두카트라는 전례 없는 액수를 받아 이탈리아에서 돈을 가장 많이 받는 용병이 되었다. 익숙지 않은 평화 때문에 이 이문이 많이 남는 사업을 잃게 되지 않을까 하는 걱정도 들고 스스로 공국 하나를 얻어내고 싶었던 그는 시에나 영토를 침략해 네 곳의 성을 함락시킴으로써 분란을 일으켰다. 1455년, 그의 병력이 교황과 밀라노 공작의 병력에 의해 재빨리 격퇴되자, 피치니노는 잽싸게 해안의 작은 도시 카스틸리오네로 후퇴해 "오로지 야생 자두로 연명하며" 은신했다.[32]

그 문제는 그렇게 묻혔을지도 모르지만 하필이면 카스틸리오네는 알폰소 국왕이 지배하는 영토였고, 국왕은 1442년 나폴리를 정복할 때 그를 도운 피치니노에게 여전히 고마운 마음을 갖고 있었다. 칼리스투스는 그 성가신 용병과 거래하는 데 7만 두카트나 쓴 것을 후회하며—그가 한탄한 대로 "그 돈은 튀르크인들과 맞서 싸우는 데 더 유용할 게 쓰일 수 있었을 게다"[33]—피치니노를 파문했다. 그러자 피치니노는 카스틸리오네를 빠져나와 칼리스투스의 함대에 불을 지르려고까지 했다. 알폰소 국왕은 피치니노의 소행을 방조하고 있었는데, 리미니의 영주이자 로디 조약에 서명하지 않은 극소수의 이탈리아 유력자 가운데 한 명인 시기스몬도 말라테스타를 공격하는 데 피치니노의 병사들을 이용할 속셈이었기 때문이다. 알폰소는 그의 오랜 자문관인 교황과의 관계가 워낙 험악해지자 칼리스투스의 친족인 보르하 가문 사람들을 왕국에서 모조리 추방했는데, 바로 이탈리아인들에게는 보르자 가문으로 더 잘 알려진 사람들이었다.

13장

플라톤의 혼

1462년 베스파시아노가 마흔 번째 생일을 맞을 무렵 밀라노의 어느 인문주의자는 가장 아름다운 책들은 피렌체에서 나온다고 썼다. "그곳에는 베스파시아노라는 사람이 있는데, 책과 필경사에 전문 지식을 갖춘 탁월한 서적상으로서, 이탈리아의 모든 사람들과 외국인들 역시 시중에 나온 우아한 책을 찾고자 할 때 그에게 의존한다."[1] 그의 필경사 중한 명의 언급에 따르면 베스파시아노는 "피렌체 서적상의 군주princeps omnium librariorum florentinorum"였다. 한 고객은 그를 "세계 서적상의 왕rei de li librari del mondo"이라고 잘라 말했다.[2]

베스파시아노의 근래 고객 중에는 야노시 체즈미체이, 야누스 판노니우스로 더 잘 알려진 헝가리 시인이자 학자가 있었다. 베스파시아노에 따르면 그는 1458년 스물네 살 때 "그 도시의 많은 명사들에 이끌려" 처음 피렌체에 왔다. 그가 가장 먼저 만나고 싶어 한 피렌체인은 베스파시아노였는데 "내〔베스파시아노〕가 그를 모든 식자들에게 소개해줄 수 있다는 것을 알고 있었기 때문"이다. 베스파시아노는 판노니우스의 명성을 익히 들어 알고 있었다. "당신이 정말로 그 헝가리 사람이오?" 그는 학문적 재기로 이미 명성이 자자한 사각턱의 진지해 보이는 젊은이를 보고 감탄하여 물었다("그는 여자와 동침한 적이 없는 것으로도 유명했다"라고 베스파시아노는 적었다). 베스파시아노는 기회를 보아 판노니우스를 포조와 코시모 데 메디치

'젊은 헝가리인' 야누스 판노니우스(1434~1472).

같은 저명한 인사들에게 소개했고, 그 젊은이와 함께 지내며 "커다란 즐거움"을 느낀 코시모는 판노니우스를 위해 최대한 힘써주겠다고 약속했다.[3] 베스파시아노는 다른 자격으로도 판노니우스에게 도움을 줬는데 그가 베스파시아노의 필사본들에 얼굴을 파묻은 채 서점에서 여러 시간을 보냈기 때문이다. 고국 헝가리에 도서관을 설립할 계획을 세우고 있던 판노니우스는 베스파시아노의 필사본을 다수 구입했다.

또 다른 고객은 영국인 우스터 공작 존 팁토프트Duke of Worcester, John Tiptoft였다. 옥스퍼드대학을 졸업한 팁토프트는 서른한 살이던 1458년에 성지 순례를 가는 길에 처음 이탈리아를 거쳐갔다. 긴 체류 기간 동안 그는 파도바대학에서 공부하고, 키케로의 저작들을 영어로 번역했으며, 바티칸 도서관을 구경할 명시적 목적을 갖고 로마를 방문했고, 아름다운 라틴어 연설로 피우스 교황에게 감동의 눈물을 자아냈다. 그는 2년 뒤에 이탈리아로 돌아와, 옥스퍼드대학 도서관에 엄선된 라틴

고전 컬렉션을 갖출 요량으로 피렌체를, 그리고 베스파시아노의 서점을 찾았다. 그는 베스파시아노가 "상당한 수량"이라고 부른 필사본을 입수했는데 그중 다수는 베스파시아노한테서 구매한 것으로, 베스파시아노는 그를 "조반니 디 보르체스트리 나리Messer Giovanni de Worcestri"라고 불렀다.[4]

팁토프트는 또 다른 이탈리아 친구가 주목한 대로 "잉글랜드를 멋진 책의 기념비들로 꾸밀"[5] 열렬한 욕망을 품고 있었다. 하지만 그의 이후 정치 경력은 베스파시아노에게 커다란 실망을 안기게 된다. 1461년 여름 요크가 출신 국왕 에드워드 4세가 팁토프트를 잉글랜드로 다시 불러들였는데 고국은 랭커스터가와 요크가 사이의 왕위 다툼(훗날 장미전쟁으로 알려지게 되는 분쟁)으로 갈라져, 베스파시아노의 말마따나 "평온한 상태가 아니었다." 잉글랜드의 보안 무관장保安 武官長[국왕 군대의 총사령관이자 대사마大司馬]으로서 팁토프트는 랭커스터파에 대한 잔혹한 보복으로 "저 무시무시한 참수자"라는 마땅한 오명을 얻으며 악명을 떨치게 되었다.[6] 그는 한번은 스무 명에게 교수척장분지형을 내리고 그들의 토막 난 시신을 뾰족한 말뚝에 거꾸로 꿰었다. 아일랜드의 국왕 대리로서 그는 전임자인 데스먼드 백작을 반역죄로 처형하고 한술 더 떠아직 어린 데스먼드의 두 아들도 살해했다. "너무도 많은 위대한 사람들이 스스로를 다스릴 줄 모른다"라고 베스파시아노는 슬픔에 잠긴 채그의 친구에 대해 평가했다. 권력의 균형추가 랭커스터 가문 쪽으로 기울자 팁토프트는 (양치기로 변장해 나무 뒤에 숨어 있다가) 붙잡혔고 타워힐의 처형대로 끌려갔다. 잉글랜드의 한 친구가 쓴 대로 "그러자 도끼가 단번에, 살아 있는 귀족들 머릿속에 든 것 전부를 합친 것보다 더 많은 학식을 잘라내고 말았다."[7]

베스파시아노는 이제 서적상 거리에서 걸어서 15분 거리인 아르노강변 남쪽의 베키오 다리 근처 대저택에 살고 있었다. 그의 세 형제 중 장남이자 의사였던 야코포가 한때 그 인근에 집을 스무 채나 소유했던 부유한 금융 가문인 바르디가의 일원으로부터 구입한 것이었다. 그곳의 거리는 한때 피렌체에서 가장 빈민가에 속해서 피디글리오사 거리Via Pidigliosa로 통했는데 피도키오소pidocchioso('이가 들끓는')라는 단어가 변형된 지명이었다. 그러다 바르디 가문이 그곳으로 이사를 와서 대궐 같은 집을 잇달아 지었다. '이가 들끓는 거리'는 바르디 거리가 되었다.

야코포 다 비스티치는 내과의로 성공가도를 달리며 부유해졌다. 베스파시아노보다 아홉 살 정도 많은 그는 원래 금세공인이 되기 위해 일을 배웠지만 1440년대 의학계로 선회했다. 그의 갑작스러운 경력 전환은 갈릴레오 데 갈릴레이 부오나이우티라는 범상치 않은 이름을 가진 피렌체의 한 유명 의사와의 우정이 계기가 되었을 수도 있다.[8] 야코포는 곧 자신의 스승보다 더 많은 명성을 누리게 된다. 한 베네치아인이 평했듯이 "의술의 제왕 (…) 마치 그가 아폴론의 탁선관이기라도 한 듯 이탈리아의 귀족과 지배자, 군주들은 앞다퉈 그를 찾았다."[9] 그의 환자 중에는 체세나의 영주 말라테스타 노벨로도 있었는데 한쪽 다리에 색전증을 앓던 그는 야코포에게 치료를 받고 군인 생활에 복귀할 수 있었다. 말라테스타는 마침 베스파시아노의 고객이기도 했다.[10]

베스파시아노의 다른 형제도 역시 크게 성공했다. 비스티치 사형제 중 막내인 필리포는 유복자로 태어나 프란체스코 수도회에 투신했다가 이내 경건한 신심과 학식으로 1224년 성 프란체스코가 성흔을 받은 성소인 라 베르나 수도원의 원장이 되었다. 다른 비스티치 형제로 베스파시아노보다 세 살 많은 리오나르도는 재주가 뛰어난 다른 형제들에 비해 딱히 이룬 게 없었던 듯하다. "리오나르도는 아무 일도 하지 않는 다Lionardo non fa nulla"라고 언젠가 그의 세금 신고서는 솔직하게 밝히기도 했다.[11]

비스티치 집안은 여러 세대가 바르디 거리에 있는 집에 모여 살았다. 오래전에 과부가 되어 이제는 60대에 접어든 모나 마테아(마테아 부인) 도 함께 살았는데 그녀가 빚에 허덕이고 세간을 압류당해 값싼 셋방을 전전하던 시절은 까마득한 옛날이 되었다. 식구 중에는 1440년에 열두 살의 나이로 시집온 야코포의 아내 안드레아도 있었다. 안드레아와 야 코포 사이에는 로렌찬토니오라는 아들이 하나 있었는데 아직 학생이었 다. 집안일은 두 노예가 도왔는데, 한 명은 시스문도라는 무어인 남자 노예였고, 다른 한 명은 야코포가 32플로린에 사들인 여자 노예였다. 32플로린은 베스파시아노의 고급 필사본 한 권보다도 못한 값이었다. 야코포의 세금 신고서에는 그녀가 "슬픈 타타르 노예una schiava tartara, trista" 라고 묘사되어 있는데, 자산 목록은 오래되거나 낡은 것을 가리킬 때 트리스테triste라는 단어를 심심찮게 썼으므로 야코포는 그녀의 낯빛보 다는 쓸모를 언급하고 있었을지도 모른다.[12] 피렌체에서는 (1366년에 도 시의 통치자들이 법령으로 정한 것처럼) 노예가 "불신자〔기독교도 입장에서 봤 을 때 참된 신앙을 믿지 않는 사람〕 출신"일 때만 사고팔 수 있었는데 노예 신분은 불신자에 대한 마땅한 벌로 여겨졌기 때문이다. 하지만 피렌체 에서는 노예에게 세례를 주어야 한다고 ("수소에게 세례를 베푸는 것처럼"이 라고 피렌체의 어느 작가 겸 정치가는 빈정거렸다)[13] 법으로 규정하고 있었으 므로 시스문도와 타타르(중앙 러시아 출신) 여인은 기독교 개종자였을 것 이다. 세례를 거행한 뒤에도 그들을 계속 노예로 부릴 수 있었는데 기 독교도가 된다고 해서 그 자체로 해방된 것은 아니었기 때문이다. 노예는 자유의지가 없고, 노예제는 한 피렌체 대주교가 자신 있게 단언한 것처럼 "신의 계율에 의해 도입"되었다고 여겨졌다.[14]

40대에 접어들었음에도 베스파시아노와 리오나르도는 여전히 미혼이었다. 당시 피렌체에서는 남자 다섯 명 중 한 명이 독신이라 이런 처지가 보기 드문 경우는 절대 아니었는데, 대략 여자 100명당 남자 120명의 비율로 도시의 남성 인구가 여성 인구보다 많은 게 부분적인 원인이었다.[15] 베스파시아노는 (앞으로 보게 되겠지만) 여성 일반과 특히 아내의 역할과 행실에 관해 확고한 견해를 품고 있었다. 결혼이 단테의 몰락을 가져왔다고 믿은 보카치오나, 아내란 학문에 방해가 될 뿐이라고 (하지만 자신의 정부인 벤베누타는 분명 그렇지 않다고) 생각한 니콜로 니콜리 같은 학자들이 표명한 것처럼 결혼을 천시했을 수도 있다. 포조는 원래 유사한 이유로 결혼에 반대했지만 이런저런 여자들과의 사이에서 기꺼이 여러 사생아를 보았다. 그러다 1436년에 쉰여섯 살의 나이로 그가 자랑한 대로 열여덟 살의 "절세미인"[16]과 결혼했다. 그는 결혼생활에 푹 빠져서 이듬해에 〈노인이 결혼을 해야 하는지에 대해〉라는 논고까지 썼고 그의 대답은 물론 열렬한 긍정의 대답이었다.

바르디 거리에 있는 집 말고도 비스티치 가족은 피렌체에 다른 집들도 갖고 있었다. 그중에는 바르디 거리에서 오르막길로 걸어서 10분 거리인 포르타 산 조르조 근처에 (그들의 세금 신고서에 따르면) "우리가 사용할 정원이 딸린 집"도 있었다.[17] 또 다른 집은 세를 내줬다. 그들은 피포가 죽은 뒤 채권자들이 압류했던 땅뙈기도 진즉에 다시 사들여 도시에서 몇 킬로미터 떨어진 외곽 안텔라에 있는 농장도 소유하고 있었다. 베스파시아노는 더운 여름철이나 2~3년마다 한 번씩 피렌체에 역병이 돌 때면 간간이 이곳에 머물곤 했다.[18] 어쩌면 가족이 두 마리씩 소유하고 있던 노새나 말을 타고 갔을 수도 있다.

    때로 베스파시아노는 무더위와 역병을 피해 더 웅장한 시골 대저택으로 가곤 했는데, 그와 친구들은 수년 전에 니콜로 니콜리가 선도한 것과 같은 철학·문학 토론회를 위해 그곳에서 종종 모였다. 프랑코 사케티라는 이름의 학자 겸 외교관이 1년에 두 번 피렌체 외곽에 소유한 호화 빌라에서 사흘간의 모임을 주최했는데, 베스파시아노가 "피렌체 시에서 가장 뛰어난 열에서 열두 명의 문사들"이라고 일컬은 사람들을 초대해 대접했다. 베스파시아노는 그 저명한 무리, 피렌체 문인 사회의 상층부를 이루는 교양 넘치는 젊은이들의 이름을 늘어놓은 다음 망설임 없이 또 다른 정기적 참석자를 언급한다. "변변찮은 서적상인 나도 이 귀빈 무리에 포함되었다." 그는 이 모임에서는 "다른 많은 빌라에서 벌어지는 해로운 도박판이 결코 벌어지지 않았다"라고 덧붙이는 것도 잊지 않는다.[19]

    귀빈들의 모임이 베스파시아노가 빠진 채 열리는 경우는 별로 없었다. 그는 언덕 위에 두꺼운 성벽으로 둘러싸인 집 일곱 채로 구성된 위용 있는 12세기 요새인 몬테구포니성에서 열리는 더 배타적인 모임에도 초대되었다. 이 견고한 복합 단지는 그와 가장 가까운 친구인 피에로와 도나토 형제가 속한 명문가 아차이우올리가의 소유였다.

    피에로와 도나토는 프랑코 사케티의 빌라에 모이는 귀빈 중 하나였다. 그들은 베스파시아노가 자랑스레 쓴 것처럼 "도시에서 가장 고귀한 가문" 출신이었다.[20] 그는 아차이우올리가의 엄청난 부와 특이한 내력에 감탄하고 존경심을 품었다. 그들의 성은 까마득한 어느 시점에 그 집안사람들 일부가 금속세공인이었음을 암시한다(아차이오acciaio는 '철'

을 뜻한다). 하지만 지난 150년 동안 그들의 이름난 조상들은 금융가, 국왕 자문, 코린토스와 테베·아테네의 영주였다(가문은 아크로폴리스에 우뚝 서 있는 요새를 여전히 소유하고 있었다). 피에로와 도나토의 어머니 마달레나는 두 아들이 아직 갓난아기일 때 남편을 여읜 뒤, 산타 마리아 델 카르미네에 있는 가족 예배당에서 연작 프레스코화(나중에 미켈란젤로한테서 대단한 찬사를 받은 작품)를 마사초와 마솔리노에게 의뢰한 부유한 상인인 펠리체 브란카치와 재혼했다. 1434년 브란카치는 반反메디치 활동으로 추방되었지만, 마달레나는 아들들과 함께 피렌체에 남아 자식 교육을 돌보며 그들이 새로운 인문주의 문화의 수혜를 받을 수 있게 했다. 특히 베스파시아노와 도나토의 우정이 돈독해졌다. 도나토는 이따금 편지에서 친구를 "베스파시아노 미오 돌치시모", 즉 "누구보다 다정한 나의 베스파시아노"라고 불렀다.

베스파시아노의 서점이나 사케티의 빌라에서처럼 몬테구포니성에서도 진지한 철학 토론회가 주최됐다. 베스파시아노와 아차이우올리 형제 외에 다른 손님에는 피에로와 도나토의 인척인 잔노초 마네티도 있었다. 그들의 대화는 다양한 주제를 넘나들었다. 토론 주제 중 하나는 대단히 시의적절한 것이었는데, 바로 역병과 피렌체의 지저분한 시가지와의 상관성이었다. 도시 위생과 질병 간 인과관계는 15세기 중반의 뜨거운 논쟁거리였다.[21] (요즘도 일부 사람들이 생각하는 것처럼) 역병을 진노한 신의 행위로 볼 수 없다면, 그것은 보통 '부패 이론'으로 설명되었다. 도시나 한 구역의 공기가 늪지나 다른 건강에 좋지 않은 풍토와의 근접성이나 바람으로 인해 또는 시신을 신속히 매장하지 않아서 독성을 띠게 된다는 것이다. 시 당국은 거리 청소, 쓰레기 수거, 하수구 세척, 신속한 시신 처리 같은 조치를 취했다. 그러나 근래에 파르마 출신

의사가 새로운 이론을 제시했는데, 그에 따르면 역병은 유독한 공기가 아니라 전염, 다시 말해 사람과 사람 사이에, 특히 빈민들 사이에서 접촉을 통해 전파되는 것이었다. 베스파시아노와 그의 친구들이 이 최신 이론을 받아들였다면, 그들은 피렌체에서 뿜어 나오는 유독한 공기가 아니라 그곳의 가난한 주민들, 파도바 출신 의사가 "도축업자, 푸주한, 여관 주인, 제빵사, 잡화상 등등 지저분하고 불결한 저잣거리 사람들"[22]이라고 부른 이들을 피해 도망친 셈이다.

몬테구포니성에서 벌어진 다른 논쟁들은 그보다는 덜 실용적인 주제들을 다뤘다. 하나는 모세와 호메로스 가운데 누가 먼저인가라는 주제였고, 또 하나는 세례를 받지 않고 죽은 아기들의 사후 운명이었다. 후자의 토론에서 베스파시아노는 마네티의 견해에 반론을 펼쳤다. 마네티는 원죄는 태생적으로, 즉 잉태 순간 부모의 욕정이 자식한테 전달되며, 따라서 구원을 위해서는 영아 세례가 꼭 필요하다는 교회의 입장을 따랐다. 반면에 베스파시아노는 하느님은 정의로우시며 부모의 죄 때문에 자식을 벌하지는 않을 것이라고 믿었다. 비록 베스파시아노가 교회의 권위와 마네티의 압도적인 학식 앞에서도 뜻을 굽히진 않았지만 두 사람 간 논쟁은 화기애애했다. 몇 달 뒤에 마네티는 베스파시아노에게 배우려는 열의와 신학적 문제에 대한 관심을 칭찬하는 편지를 썼다. 또한 영아 세례 쟁점을 더 논해보고 싶다는 뜻을 밝혔다.[23]

아차이우올리 형제의 열렬한 관심사는 그리스 철학이었다. 하지만 콘스탄티노플 함락 후 이탈리아에 비잔티움 망명자들이 도착했음에도 불구하고 피렌체에서 그리스 연구는 하강 곡선을 그리고 있었다. 베스파시아노에 따르면 1440년대 초반 트레비존드의 게오르기오스라는 비잔티움 학자가 잠깐 동안 스투디오에서 가르치는 한편 자택에서 비공개 강의도 진행했다고 한다. 베스파시아노는 물론 공개와 비공개 강의에 모두 참석했고 게다가 게오르기오스는 그의 서점에 모여 토론을 하던 학자들 중 한 명이었다. 그는 스투디오에서 대단한 성공을 거두었다. "피렌체 교사 가운데 그보다 더 유익한 이도 없었다"[24]라고 베스파시아노는 전한다. 하지만 게오르기오스는 로마 쿠리아에 더 좋은 자리가 나서 금방 피렌체를 떠났다. 베사리온 추기경과 니콜로 페로티도 진즉 로마로 떠나버린 한편, 피렌체의 황금 세대 그리스 학자와 번역가들인 브루니, 트라베르사리, 마르수피니는 모두 타계했다.

피에로와 도나토를 비롯해 수업과 토론을 간절히 원했던 베스파시아노와 여러 친구들은 또 다른 문학 모임을 시작했다. 그들은 이전에 스투디오에서 트레비존드의 게오르기오스에게 배운 학생이자 사케티 문사회 일원이기도 한 젊고 부유한 도시 귀족 알라만노 리누치니의 피렌체 저택에 모였다. 모임은 플라톤이 아테네 외곽에 설립했던 유명한 학당을 본떠서 '아카데미아'를 자처했다. 하지만 이 자그마한 학당은 여전히 교사가 필요했고, 그리하여 1456년에 코시모 데 메디치의 도움으로 요안네스 아르기로풀로스라는 학자를 피렌체로 초빙했다. 그는 베스파시아노에게 '조반니 씨'로 통하게 된다.

요안네스 아르기로풀로스의 초창기 인생과 경력에 관해서는 알려진 바가 거의 없다. 언제 태어났는지(1405년 무렵으로 추정) 혹은 언제 처음으로 이탈리아에 왔는지(1441년 무렵으로 추정)조차 불분명하다.[25] 그는 철학과 의학을 공부하러 파도바로 건너오기 전에 콘스탄티노플에서 교사로 일했던 것 같고, 파도바에서 필사본을 베끼며 돈을 벌다가 1444년에 철학 박사 학위를 받아 졸업했다. 그 뒤 콘스탄티노플로 돌아가 병원 부속학교에서 강의를 하며 학생들 사이에서 "염증 부위의 욱신거리는 통증"[26]에 관한 전문가로 인정받았다. 1453년 콘스탄티노플이 정복당하자 다시 이탈리아로 건너와 디아스포라 그리스 학자 집단의 일원이 되었다.

베스파시아노에 따르면 아르기로풀로스가 스투디오에서 아리스토텔레스에 관해 강의하기 시작하면서 "시민들에게 커다란 혜택"을 가져왔다.[27] 베스파시아노와 아차이우올리 형제 역시 아르기로풀로스한테서 개인 교습을 받을 정도로 수혜를 받았다. 1457년 역병이 돌았을 때 피에로와 도나토와 베스파시아노는 몬테구포니성에, 아르기로풀로스는 근처 빌라에 머물렀다. 베스파시아노에 따르면 세 피렌체인은 철학에 대해 토론을 나눴고, 아르기로풀로스와 그의 가족에게 "일용품"[28]을 전달하기 위해 하루에 두 차례씩 그를 방문했다. 스투디오의 상시적인 재정 위기 때문에 아르기로풀로스는 그때까지 봉급을 전혀 받지 못했으므로 이런 대접은 반가운 일이었다.

자유분방한 철학 토론은 아카데미아가 피렌체로 돌아왔을 때 재개되었다. 베스파시아노는 학당에 정기적으로 참석하는 열성 멤버였고, 존 팁토프트도 한동안 열심히 참석했다. 한번은 도나토 아차이우올리가 외교 임무로 피렌체를 떠나 있을 때 피에르필리포 판돌피니라는 베스파시아노의 젊은 친구가 도나토에게 편지를 보내 그와 베스파시아노가 '조반니 씨'의 집을 방문한 일요일 오후에 대한 이야기를 전한 적이 있다. 조반니가 베스파시아노와 피에르필리포에게 그리스 철학을 강독한 다음 피렌체 거리를 산책하자 두 친구도 그 뒤를 졸졸 따랐다. 마치 아리스토텔레스가 페리파토이peripatoi, 즉 리케움에 있는 보랑〔지붕을 씌운 보도〕을 거닐며 제자들을 가르친 것처럼 말이다(여기서 그의 추종자들을 가리키는 소요학파Peripatetics라는 이름이 나왔다).* 세 사람은 마침내 산티시마 아눈치아타 교회에 다다랐고 그곳 정원의 우물가에 앉아 계속해서 철학 논쟁을 이어갔다.

피에르필리포가 편지에 밝히지는 않았지만 대화의 흐름을 고려하건대 세 사람은 분명히 그 교회가 유명해진 사건을 논의했을 것이다. 1252년 바르톨로메오라는 수도사가 대천사 가브리엘이 동정녀 마리아에게 하느님의 아들을 잉태할 것이라는 기쁜 소식을 알리는 장면을 담은 수태고지 프레스코화를 그리고 있었다. 화가는 동정녀의 보기 드문 아름다움을 포착할 수 없어 애를 먹다가 깜빡 잠이 들었는데 깨어나 보니 프레스코화는 기가 막히게 아름다운 마리아의 이미지로 완성되어 있었다. 그 능숙한 솜씨는 분명 천사의 것이었다.

이 기적적인 초상화 덕분에 산티시마 아눈치아타는 순례자들이 찾아와 치료와 기원 성취, 그리고 장래의 보호에 감사드리며 봉헌하는 성소가 되었다. 당시 이탈리아의 많은 성소들에서는 현지 약종상들이 팔다리나 여타 신체 부위를 밀랍으로 묘사한 조각상을 팔았고, 순례자들은 이 밀랍 조각상을 사서 경건한 마음으로 기부하고 떠났다. 그런데 산티시마 아눈치아타 교회는 실물 크기의 밀랍 전신상을 전문으로 취급했다. 순례자들은 감사하는 마음으로 베닌텐디 가문이 운영하는 공방에서 자신의 옷을 입히고 모자와 장신구까지 갖춰 실물과 똑같은 조각상 제작을 의뢰했다. 1441년에는 가타멜라타(꿀고양이)라는 별명으로 유명

---

* 또 다른 그리스 철학 유파도 건축학적 특징에서 이름을 따왔다. 아테네 아고라에 있는 벽화가 그려진 현관(스토아 포이킬레stoa poikilê)에 강의를 듣기 위해 모인 사람들은 스토아학파로 알려지게 되었다.

한 용병대장 에라스모 다 나르니가 돈을 주고 자신의 밀랍 기마상을 의뢰했고, 또 다른 용병 피포 스파노의 밀랍 조각상은 완전 군장한 모습이었다. 1400년대 중반에 이르자 이런 조각상이 너무 많아져서 신도석과 측면 통로, 위층 회랑을 뒤덮었고, 심지어 어떤 것들은 천장에 매달려 있는 등 교회 건물 유지가 위태로워질 지경이었다. 기적의 초상화로 말하자면 근래에 피에로 데 메디치가 미켈로초를 기용해 그림을 보호할 감실을 짓게 했다.[29]

수태고지가 조반니 씨와 그의 학생들의 대화 소재가 되었을 때 기분 좋은 우연의 일치로 아눈치아타 교회에서 한 박식한 학자가 걸어 나왔다. 그와 조반니는 곧장 천사의 본성에 관해 토론하기 시작했다. 천사는 (모두가 알다시피) 존재하며, 논의 대상은 동정녀 마리아에게 말을 걸었을 때 가브리엘의 목소리가 과연 영적인 것이었는가, 물리적인 목소리였는가 하는 점이었다.

천사가 물리적 신체를 갖고 있는지 여부는 수 세기에 걸친 논쟁거리였다. 성 아우구스티누스, 오리게네스, 대그레고리우스, 클레르보의 베르나르, 성 보나벤투라는 '성부, 성자, 성령만이 물질적 실체가 없이 존재할 수 있기 때문에 천사에게는 물리적 신체가 있다'고 주장했다. 토마스 아퀴나스는 반대되는 견해를 펼쳤다. 독토르 안젤리쿠스Doctor angelicus(천사 박사)로 알려진 그는 1265년부터 그가 사망한 1274년까지 집필한 《신학대전》에서 천사의 본성과 활동을 논의하는 데 많은 지면을 할애했다. 이를 위해 복잡하고 난해한 논증을 동원했기 때문에, 훗날 1638년에 옥스퍼드의 학자 윌리엄 칠링워스는 이것을 "100만 명의 천사가 과연 바늘 끝에 앉을 수 있는지"에 관한 논쟁이라고 조롱하게 된다.[30] 아퀴나스에게 천사는 전적으로 영적인 존재였다. "천사들은 그들에게 자연스럽게 결합된 몸을 가지고 있지 않다'라고 그는 단언했다. 이러한 영적인 본성은 그들이 말을 할 때(성경은 분명히 그들이 말을 한다고 묘사하고 있다) "공기 중에 인간의 목소리와 같은 소리를 만들어내는 한에서 발화와 유사하게 들릴 뿐"이라는 것이었다.[31]

그날 일요일 오후, 좌중은 조반니 씨에게 의견을 구했는데, 다른 많은 경우에서처럼 아퀴나스는 자신의 입장을 옹호하는 데 아리스토텔레스의 형이상학의 틀을 이용했기 때문이었다. 산티시마 아눈치아타의 학자는 당연히 아리스토텔레스 전문가가 설명하는 천사의 육체에 관한 아퀴나스의 입장을 들어볼 기회를 반겼다. 대화의 결과는 분명 감명 깊었던 모양이다. 피에르필리포는 다음과 같이 전했다. "오 도나토, 자네도 여기 있었으면 좋았을 걸세. 철학자이자 신학자로서 아르기로풀로스의 위대한 위상이 가감 없이 드러났다네."[32]

스투디오에서 아르기로풀로스의 임무는 구체적으로는 아리스토텔레스를 가르치는 것이었다. 도나토 아차이우올리가 수업에서 열심히 받아 적은 다음 집에 가서 정서하고, 십중팔구 아르기로풀로스에게 다시 의견을 구했을 강의 노트를 보면 그는 《니코마코스 윤리학》, 《물리학》, 《영혼에 관하여》를 강의했으며, 축일에는 《정치학》을 강독했음을 알 수 있다. 그는 수업 중에 감히 레오나르도 브루니의 오역을 지적하고 자신의 번역문을 제시해서 이내 파문을 일으켰다. 아르기로풀로스의 발언에 따르면 그는 위대한 철학자가 "본인이 원했던 형태로" 나올 수 있도록 "아리스토텔레스의 몇몇 저작들에 대해 더 우아한 번역"을 내놓기 시작했다.[33] 피렌체의 위인을 깎아내리는 발언을 사람들이 그냥 지나칠 리는 없었고, 아르기로풀로스는 곧 프란체스코 필렐포—이런 식의 학술적 논의가 얼마나 볼썽사나운 진흙탕 싸움으로 전락할 수 있는지를 익히 알고 있던—로부터 사람들이 그에 대해 험담을 하고 있으니 처신을 조심하는 게 좋을 거라는 충고를 들었다.[34] 브루니의 번역에 대한 트집을 제외하면 아르기로풀로스의 강의는 대성공이었다. "난생처음으로 나는 아리스토텔레스를 철학자의 제왕으로 우러러보게 되었다"라고 어느 학생은 신이 나서 말했다.[35]

하지만 피렌체에서 이 철학자의 제왕은 곧 권좌에서 밀려날 참이었다. 코시모 데 메디치는 자신의 궁전에서 그리 멀지 않은 라르가 거리에 있는 집을 제공하며 아르기로풀로스의 학문 활동을 물심양면으로 지원해왔다. 그의 관후함은, 아르기로풀로스가 대략 1460년에 번역을 완료한 아리스토텔레스의 《영혼에 관하여》 라틴어 번역본을 그에게 헌정함으로써 보답을 받았다. 하지만 코시모는 아리스토텔레스 공부에 뒤이어 철학을 더 깊이 공부하고 싶어했다. 그는 "지혜의 더 내밀한 비밀"을 알기 위해 아리스토텔레스보다 더 오래 전으로 거슬러 올라가는 철학 공부를 원했다. 마침 도움의 손길이 가까이에 있었다. 당대의 어느 학자가 쓴 대로 "고대 이래로 비잔티움에 기거하던 플라톤의 혼"이 "이탈리아로, 특히 코시모에게로 날아온" 것이다.[36]

코시모 데 메디치는 1439년에 피렌체 공의회 기간 동안 입수한 플라톤 필사본 전집을 20년 넘게 소장하고 있었다. 아직 번역되지 않았던 이 코덱스는 라르가 거리의 메디치궁에 있는 가장 값진 귀중품 가운데 하나였다. 그 값어치가 어느 정도였는지는 대화편 전집도 아닌 플라톤의 작품 중 비잔티움 코덱스 한 권이 몇 해 뒤 밀라노에서 어느 보헤미아 신사에게 2천 플로린에 팔리게 되었다는 사실에서 짐작할 수 있을 것이다.[37] 당시 피렌체 재상의 연봉이 300플로린이었음을 고려할 때 이는 어마어마한 가격이었다.

코시모의 코덱스는 물론 전설적인 비잔티움의 현자 게오르기오스 게미스토스 플레톤과의 연관성 때문에 그에게 한층 더 귀중했다. 피렌체에서 철학 토론이 벌어질 때 플레톤의 "열변을 토하는 입술"에서 나오는 말을 한마디라도 놓칠세라 경청했던 코시모가 아니던가. 한동안 코시모는 그리스 문화를 건져내고 보존하는 사명을 자임한 베사리온 추기경에게 그 전집 코덱스를 빌려주었다. 증거가 남아 있지는 않지만 베스파시아노는 두 사람 간의 중개인으로 자연스러운 선택지였을 것이다. 잠깐 대여되었을 때를 제외하면 코덱스는 코시모의 도서관에 쇠사슬로 안전히 모셔져 있었고, 그가 공손한 학자들과 귀빈들에게 코덱스를 자랑할 때면 육중한 표지가 힘겹게 펼쳐지고, 페이지가 바스락거리며 넘어갔다.

호메로스 필사본을 모셔두기만 했던 페트라르카처럼 코시모도 자신의 귀중한 코덱스를 읽을 수 없었다. 플라톤 번역은 피렌체 공의회 이래로 수십 년 사이에 드문드문 진행되었고, 전체 36편의 대화편 가운데 절반도 채 라틴어로 번역되지 못했다. 1462년에 코시모는 마침내 코덱스를 번역할 사람을 찾아냈다. 그는 그가 가장 아끼는 의사의 아들이었다. 여러 해 전부터 소년의 총명함을 알아본 코시모는 그 기념비적 과업에 대비해 "바로 그날부터" 교육을 시키면서 그가 "아직 어렸을 때" 플라톤 코덱스의 장래 번역가로 준비시키기 시작했다.[38]

이상이 적어도 나중에 이 신동 본인, 키가 작고 노란 머리칼에 등이 굽은 학자 마르실리오 피치노의 입에서 나온 이야기다. 피치노의 이야기의 신빙성이 의심스럽다 해도 그의 독보적인 총명함은 의심할 여지가 없다.

마르실리오 피치노(1433~1499): 의사이자 철학자, 신체와 영혼의 치유자.

피치노는 1433년 10월, 피렌체에서 남동쪽으로 30킬로미터 넘게 떨어진 아르노강 변의 마을 피글리네 발다르노에서 태어났다. 그의 탄생은 마침 천체들의 유해한 결합(지구에서 봤을 때 행성이 태양과 같은 방향에 위치하거나 2개 이상의 천체가 서로 근접해 보이는 현상) ─ 토성이 물병자리에 들어가는 것 ─ 과 시기상 일치했는데 그래서 우울한 기질을 타고났고 한바탕 심각한 우울증이 발병한다고 스스로가 설명했다. 그의 아버지는 피렌체 대성당 근처에 있는 산타 마리아 누오바 병원의 존경받는 의사로, 특히 두개골 골절상을 전문으로 다뤘다. 두개골 골절은 피렌체시를 괴롭히는 폭력적인 거리 난동 탓에 개탄을 자아낼 만큼 흔한 부상이었다. 그는 곰의 지방, 몰약, 아몬드, 테레빈유로 만든 연고 같은 치료법을 시도해봤다. "기적처럼 잘 낫는다"라고 어떤 의사는 이 혼합 약제에 대해 기쁘게 전했다.[39] 그는 야코포 다 비스티치와 더불어 메디치가를 비롯해 피렌체시 다수의 부자 가문 사람들을 치료하면서 그곳에서 가장 인기 있는 의사가 되었다.

마르실리오는 작은 고향 마을에서 문법을 공부한 뒤에 1440년대에 의학을 공부하러 피렌체로 왔다. 그는 갈레노스와 히포크라테스 같은 저자들을 읽고, 해부학을 공부하고, 1년에 두 차례 처형된 남녀 범죄자 시신 각 한 구씩을 해부하는 해부 수업을 참관했을 것이다. 피치노는

피렌체 서점 이야기

나중에 "그보다 더 탁월한 학문 분야를 찾기도 어렵다"라고 쓰면서 의사라는 직업에 굉장한 존경심을 표명했다.[40] 하지만 의학을 공부하는 동안 그는 머리가 쪼개질 것 같은 구식 아리스토텔레스 논리학에 대량 노출되기도 했다. 아리스토텔레스 논리학과 달리 레오나르도 브루니가 번역한 플라톤 저작들은 훨씬 더 정직하고 마음에 드는 철학, 그리고 "박식하고 고귀한 사람에게 마땅한 (…) 자유분방하고 기분 좋은 철학"이라고 느꼈다.[41] 피치노가 의사로서 육체를 치유하는 데 아리스토텔레스가 도움이 되었다면, 플라톤을 통해 그는 영혼의 치유자가 된다.

피치노가 나중에 스스로 주장하는 것처럼 풋내기 소년일 때 코시모에게 그 재능이 눈에 띄어 플라톤의 지혜를 세상에 복원하는 천우신조의 임무를 떠맡도록 용의주도하게 준비되었음을 보여주는 증거는 전혀 없다. 오히려 그는 대략 스무 살의 나이에 의학을 그만두고 부유한 금융가 파치 가문의 개인교사로 일하기 시작했다. 1450년대 후반에 이르자 철학과 문학에 투신한 그는 경제·쾌락·웅대함·정의 같은 주제에 대해서는 라틴어로, 식욕·신성한 진노·자식을 잃은 부모(피렌체에서 유아 사망률은 거의 25퍼센트에 달했다)에 대한 위안 같은 주제는 이탈리아어(통속어 the volgare)로 다양한 논고를 쏟아내고 있었다.[42] 1456년에는 플라톤에 대한 관심을 바탕으로 《플라톤 교육 연습Institutiones ad Platonicam Disciplinam》이라는 저작을 썼다. 1457년에는 그가 좋아하는 플라톤 저작들을 원문으로 읽기 위해 그리스어 공부에 착수했다.

이 시점에 피치노는 피렌체 인문주의자들에게는 사실상 알려진 바 없는 일종의 영적 위기를 겪고 있었다. 그는 플라톤 같은 이교 철학자들을 공부하게 되면 영혼이 위험에 빠지지 않을까 하는 걱정에 휩싸였다. "지체 말고 신에 대한 지식으로 다시 고개를 돌리라"라고 장차 주교가 되는 친구는 그에게 충고했다. "플라톤과 그와 같은 유의 철학자들은 그만 뒤로 하라."[43]

플라톤은 1450년대 후반 피치노의 위기 국면에 특히 악평을 듣고 있었다. 레오나르도 브루니가 플라톤의 특정 측면들이 "우리의 관습에 어긋남"을 발견한 지 수십 년이 지난 뒤에도 그의 철학의 부도덕함에 대한 의혹이 대화편에 따라다녔다. 피치노의 염려는 마침 메메트 2세가 플라톤을 공공연히 우러러본 것과 시기적으로 일치했다. 1458년, 술탄은 2년 전에 병사들이 정복한 아테네를 찾았을 때 일부러 아카데미(플라톤 학당) 근처 올리브나무 숲에 막사를 차렸다. 피치노의 염려는 브루니처럼 플라톤 번역 작업에 나섰다가 혐오감을 느끼고 외면한 트레비존드의 게오르기오스의 격한 반론과도 일치했다. 젊은 시절 《고르기아스》를 읽고 나서 게오르기오스는 플라톤이 "일체의 좋은 것들에 대한 적", "배은망덕, 후안무치, 사악한 불신심"[44]의 괴물이라고 확신하게 되었다. 1458년에 그는 플라톤의 악의적인 관념들이 서방을 장악해가는 것을 보고 놀라서 《철학자 플라톤과 아리스토텔레스 비교Comparatio Philosophorum Platonis et Aristotelis》라는 제목의 논고를 작성했다. 현대의 한 학자는 이 저술을 두고 "학식과 광증이 뒤섞인 역대 가장 놀라운" 글이라고 일컬었다.[45] 게오르기오스가 보기에 플라톤은 로마제국의 멸망에도 책임이 있었다. 로마제국의 붕괴는 "타락한 플라톤의 쾌락주의" 탓이라는 것이다. 더욱이 플라톤은 기독교 교회 내 온갖 이단의 배후임과 동시에 이슬람의 대두에도 책임이 있다는 게 게오르기오스의 주장이었다. 쾌락주의적 플라톤 사상 때문에 알렉산드리아에서 쫓겨난 어느 수도사에 의해 이 "비뚤어진 철학"으로 오염된 무함마드는 "제2의 플라톤"이나 다름없었다. 이제 플라톤은 게오르기오스 게미스토스 플레톤이 "되살아난 이교의 사도"의 노력—다른 주장들과 달리 적어도 얼마간 근거가 있는 주장—덕분에 그 치명적인 촉수를 서방에 뻗치고 있었다. 게오르기오스는 곧 "제4의 플라톤"이 모습을 드러내 기독교 신앙을 향락적인 쾌락의 그 사악한 신조로 물들일 것이라고 내다봤다. 게오르기오스의 현대 전기 작가는 제4의 플라톤이 적그리스도이거나 베사리온 추기경일 것이라고 추측한다.[46]

게오르기오스의 공격은 터무니없고 기우에 불과한 풍자화였을지도 모르지만 이 같은 비난은 베사리온 추기경이 나서서 플라톤에 대한 강력한 변론을 작성하게 할 만큼 심각했고, 베사리온 추기경은 글이 완성되는 대로 피치노에게 보냈다. 피치노를 위한 도움의 손길은 다른 방면에서도 찾아왔다. 젊은이의 마음을 플라톤으로부터 돌리기 위해, 그의 아버지의 친구인 피렌체의 대주교가 피치노의 손에 토마스 아퀴나스의 저작 《숨마 콘트라 겐틸레스Summa contra Gentiles》를 쥐어줬다. 어쩌면 바로 그 순간에 피치노의 운명이 모습을 드러냈을지도 모른다. 아퀴나스가 아리스토텔레스의 저작과 기독교 교리들을 조화시키기 위해 평생을 바친 것처럼, 피치노는 플라톤을 위해 같은 과업을 떠맡았던 것이다. 그가 나중에 특유의 겸손을 보이며 썼듯이 말이다. "우리는 섭리에 의해 이 일에 선택되었다."[47]

14장

"훌륭하고 박식한 사람들"도 이용할 수 있게

1462년 초 어느 날 베스파시아노는 라르가 거리에 있는 궁으로 오라는 전갈을 받는다. 극심한 통풍으로 거동이 불편한 일흔세 살의 코시모 데 메디치는 궁전에서 좀처럼 밖으로 나오지 않는다. 서점에서 그곳까지는 걸어서 10분밖에 걸리지 않는다. 서적상 거리와 발레스트리에리 거리를 따라 북쪽으로 가볍게 걷다 보면 좁은 골목이 너른 광장과 만나면서 대성당이 거대한 위용을 드러낸다. 대성당의 남쪽 측면을 따라 걷노라면 왼쪽으로 스투디오 피오렌티노로 이어지는 좁은 골목길이 보인다. 오른쪽으로는 거의 130년 전에 조토가 설계한 대리석을 씌운 종탑이 우뚝 솟아 있어 낭랑하고 유쾌한 종소리로 시간을 알린다.

종탑 아래에서 오른쪽으로 꺾으면 팔각형 세례당과 대성당의 파사드 사이 공간, 중세에 그 아래 묻힌 시신들 때문에 파라디소paradiso라고 알려진 장소가 나온다. 베스파시아노의 왼쪽으로는 세례당의 청동 대문이 겨울 햇살에 반짝이고, 오른쪽으로는 저마다 책 한 권을 들고 있는

4대 복음서 저자들의 조각상이 대성당의 출입구를 지키며 서 있다. 아직 200보 정도 더 가야 하지만 여기서부터 메디치궁이 이미 눈에 들어온다. 궁전은 마치 부두로 느릿느릿 들어오는 육중한 배처럼 비스듬한 각도로 모습을 드러낸다.

이 거대한 궁전은 코시모 데 메디치가 라르가 거리에 있는 가문의 방대한 복합 주택들 주변의 부동산을 사들인 뒤에 1446년에 미켈로초의 감독 아래 착공되었다. 전설에 따르면 코시모 데 메디치는 필리포 브루넬레스키의 도안이 너무 호사스워서 사람들의 시기를 불러일으킬까 봐 퇴짜를 놨다고 한다(이에 브루넬레스키는 화가 나서 자신의 건축 모형을 부숴버렸다고 한다).[1] 미켈로초의 궁전도 물론 충분히 크고 웅장했다. 완공된 지 몇 년이 지난 1459년에 밀라노에서 온 한 방문객은 그 화려한 장관을 보고 침이 마르도록 칭찬했다. "이 저택이 지금까지 세상에 나왔던 또는 아마도 현재 존재하는 건물들 중에 가장 세련되고 화려한 저택이며, 필적할 것이 없다는 데 모두가 동의한다." 방문객은 메디치궁이 한마디로 "지상의 낙원"이라고 단언했다.[2]

베스파시아노는 담황색 돌로 장식된 요새 같은 파사드에 난 웅장한 정문을 통과해 이 낙원으로 입장한 다음 회랑으로 둘러싸인 중정에 들어선다. 중정 한가운데는 도나텔로의 양성적인 누드 청동조각상인, 골리앗의 잘린 머리를 내려다보며 생각에 잠긴 젊은 다비드가 서 있다. 그 너머로는 월계수, 도금양, 회양목 산울타리가 심어진 고요하고 아름다운 정원이 펼쳐져 있다. 정원 중앙의 분수대에는 도나텔로의 또 다른 청동조각상이 있다. 이번에도 참수 장면을 묘사한 이 조각상은 칼을 든 유디트가 술에 취해 앉아 있는 홀로페르네스에게 최후의 일격을 가하려는 모습이다.

메디치-리카르디궁: "지금까지 세상에 나왔던 건물들 중에 가장 세련되고 화려한 저택."

돌계단을 따라 올라가라는 안내를 받은 베스파시아노는 궁의 피아노 노빌레 piano nobile(고귀한 층)에 도달했다. 그는 지난 수십 년 동안 코시모와 그의 아들들을 만나기 위해 이 계단을 무수히 오르내렸다. 더 근래에는 요안네스 아르기로풀로스와 논의를 하기 위해 찾아왔다. 베스파시아노가 나중에 기록한 대로 '조반니 씨'는 종종 "일단의 학자들과 함께" 코시모를 찾아왔다. 영혼의 불멸성과 "그밖의 철학적·신학적 주제들"이 그들의 토론 주제였다.[3]

그렇지만 몇 번을 찾아오더라도 메디치궁을 방문할 때마다 베스파시

피렌체 서점 이야기

아노는 어김없이 즐겁고 눈이 휘둥그레졌다. 살롱과 내실은 한 방문객이 언급한 대로 "감탄을 자아내는 솜씨"로 설계되었다. 금과 대리석 장식들, 목조 상감 세공, "가장 뛰어나고 완벽한 거장들"이 그린 회화들이 곳곳에 있다. 태피스트리, 은장식, 설화석고와 반암 조각들이 있고, 이 그랜드 살롱의 천장은 별이 총총한 하늘을 묘사한 프레스코화로 장식되어 있다. 방 하나하나가 열어둔 보물 상자 같다. 게다가 "셀 수 없이 많은 책장"도 있다. 여기서 베스파시아노는 잠시 발길을 멈추었을 것이다. 어느 시인이 궁전의 많은 장식들을 칭찬하면서 "대단히 화려한 책들"[4]의 컬렉션이라고 부른 경이로운 광경에 사로잡혀서 말이다. 그중 다수, 특히 피에로와 조반니 소유의 책들은 베스파시아노가 제작해 제본한 것이다. 그리고 메디치궁에 베스파시아노가 최근에 호출된 이유도 당연히 필사본들 때문이었다. 코시모가 그에게 맡길 새로운 일을 찾아냈던 것이다.

10년 전에 한 학자는 "저명한 산 마르코 수도원"이 "지금 이탈리아에서 다른 모든 도서관을 능가하는 도서관"을 보유하고 있다고 단언했다.[5] 1460년대 초반 즈음에 베스파시아노는 여전히 수도원을 위해 드문드문 일을 하고 있었다. 책을 제본하고 수선하며, 수도사들을 위해 필경사를 고용해주고, 줄을 친 염소 가죽 피지를 조달하는 일이었다. 하지만 열람실의 삼나무 선반에 이제 천 권이 넘는 책이 갖춰지면서 그가 할 일은 거의 마무리되었다. 비록 이 필사본들은 공중이 이용할 수 있었지만 대출 조건은 엄격했다. 수도사들은 이용 희망자가 코시모한테서 허락을 받았는지 확인한 뒤에만 책을 대여해주었다. 코시모의 명시적 동의 없이 장서를 빌려준 수도사는 그곳의 수도사들이 베스파시아노에게 밝힌 대로 "파문의 처벌"[6]을 무릅써야 했다.

종교 기관에 대한 코시모의 아낌없는 후원은 아직 끝나지 않았고 그는 이 자선 행위를 통해 하느님께 빚진 적잖은 부채를 청산할 수 있기를 바랐다. 그는 자선 활동과 건축에 총 60만 플로린이라는 엄청난 액수를 쓰게 된다.[7] 1460년대 초반에 이르면 그의 최신 프로젝트는 피렌체 북쪽 끄트머리 성문에서 나와 오르막길을 45분 걸어가면 나오는 피에솔레에 있는 수도원 단지의 재건과 확장이었다. 피에솔레는 과거 에트루리아인의 주요 정주지였지만 근래 수십 년 사이에 부유한 피렌체인들이 즐겨 찾는 장소가 되면서, 완만한 언덕 등성이 여기저기에 사이프러스나무와 감탕나무에 둘러싸인 아름다운 빌라들이 들어섰다. 그곳에서는 한 시인이 "긴 아르노강의 굽이들"[8]이라고 부른 풍광과 피렌체 시가 한눈에 내려다보였다. 1450년대에 코시모의 아들 조반니는 피에솔레의 언덕을 깎아 테라스로 둘러싸인 정원이 딸린 빌라를 지었다. 한 당대인이 "시골 공기를 쐬고 싶을 때 언제든 찾아가 기분 전환을 할 수 있는 멋진 곳"이라고 부른 별장이다.[9]

코시모는 이미 지난 세기 동안 은자들의 거주지였던 피에솔레의 동굴과 집들을 유지하는 데에 경비를 대왔다. 이제 그는 11세기로 거슬러 올라가 1440년 이래로 아우구스티누스회 교단이 차지해온 수도원 바디아 피에솔라나로 눈길을 돌렸다. 코시모는 로지아, 성당 참사회 회의소, 회랑, 기숙사, 성구 보관실과 더불어 12세기 예배당을 재단장하기로 했다. 성구 보관실은 벽걸이 천과 미사용 술잔들로 꾸며졌다. 또 1층의 공동 식당 가까이에 자신이 묵을 널찍한 손님용 숙소를 지었다. 1456년 공사가 시작된 후 그는 경비를 조금도 아끼지 않았다. 베스파시아노는 코시모가 바디아와 그의 또 다른 자선 사업 대상인 산 로렌초 교회의 연례 회계 보고를 받았는데, 바디아의 관계자들은 7천 플로린을 쓴 반면 산 로렌초를 담당한 사람들은 5천 플로린만 쓴 것을 알고는 이렇게 말했다고 한다. "산 로렌초 담당자들은 꾸중을 들어야겠어. 그들은 일을 통 안 한 게로구먼. 바디아 사람들은 칭찬을 받아야 해."[10] 다시금 코시모는 자신이 "지출의 예술가"임을 입증하는 발언이었다.

사방으로 넓게 뻗은 새로운 수도원 건물 꼭대기 층에는 회랑이 내려다보이는 창문을 낸 도서관이 들어설 예정이었다. 코시모는 이 도서관이 수도원에 기거하는 아우구스티누스회 수도사들만이 아니라 산 마르코 수도원의 경우처럼 더 폭넓은 학자 공동체, 코시모가 우오미니 다 베네 에 레테라티uomini da bene e letterati(훌륭하고 박식한 사람들)라고 불렀던 이들도 이용할 수 있게 하고자 했다. 이곳에서는 학자들도 인문학 문헌들에 접근할 수 있을 터였다. 그러자면 일단의 필사본을 갖춰야 했다.

1459년에 베노초 고촐리가 메디치궁의 개인 예배당에 프레스코화로 그린 초상화 속 코시모는 꾹 다문 입술과 하얗게 센 머리, 세파의 흔적이 역력한 근엄한 모습이다. 30년 정도 그를 알아온 베스파시아노의 눈에 1460년대의 코시모는 필시 기력이 쇠한 인물로 비쳤을 것이다. 1459년에 그는 사랑하는 손자이자 조반니의 다섯 살 난 아들 코시미노의 죽음으로 인해 지난 몇 년간 특히 힘들어했다. 베스파시아노에 따르면 그는 종종 몇 시간씩 "꼼짝 않고 생각에 잠겨" 지내며 갈수록 말수가 적어졌다. 하루는 아내 콘테시나가 왜 그렇게 말이 없느냐고 묻자 코시모는 그녀가 시골에서 머물기 위해 2주 동안 준비를 하듯이 자신도 임박한 여정(이승에서 저승으로 가는 훨씬 긴 여정)을 준비하고 있다고 대꾸했다.[11]

하지만 1462년 그날에 코시모는 오로지 일 생각뿐이었다. 베스파시아노가 쓴 대로 영락없이 일을 서두르는 노인처럼 보였던 그는 다양한 프로젝트를 끝마치기 전에 죽음이 먼저 찾아올까 봐 걱정하고 있었다. 그러므로 코시모는 피에솔레의 수도원과 부속 도서관에 관한 계획을 설명하면서 최대한 서두를 필요성을 강조했다. 그는 베스파시아노에게 "자네는 이 도서관의 장서 마련에 어떤 계획을 갖고 있나?"라고 물었다. 베스파시아노는 필요한 필사본을 모두 중고로 구하기는 어려울 것이라고 설명했다. 새 필사본을 제작해야 했다. 코시모는 그렇다면 베스파시아노가 일을 맡아줄 것인지 물었다. "나는 기꺼이 하겠다고 대답했다."[12]

이 프로젝트는 베스파시아노만 한 역량을 갖춘 사람에게도 상당한 도전이었다. 니콜리의 책을 수백 권 기증받은 산 마르코 수도원 도서관과 달리 피에솔레 수도원에서 베스파시아노는 무無에서 시작해야 할 터였다. 그는 종교적 저작과 고전을 적절히 섞어서 톰마소 파렌투첼리가 산 마르코를 위해 작성했던 도서 목록을 길잡이로 삼았다. 코시모가 돈을 아끼지 않고 일을 신속히 추진하길 바란 덕분에 베스파시아노는 대규모 팀을 꾸릴 수 있었다. "그는 내게 전권을 맡겼다"라고 베스파시아노는 나중에 자랑스레 말했다. "나는 45명의 필경사를 기용해 22개월 만에 200권의 필사본을 완성했다."[13]

이런 속도라면 한 권당 5개월 정도의 작업 기간이 소요되어 필경사들은 각자 너덧 권의 필사본을 완성했을 것이다(물론 일부 필경사들은 다른 필경사들보다 틀림없이 훨씬 더 많은 분량을 작업했을 것이다). 이 필경사 가운데 거의 마흔 명의 신원이 확인되어 작업 인력의 규모에 관한 베스파시아노의 주장에 신빙성을 더한다.[14] 그 중에 이채로운 인물은 지롤라모 다 마텔리카 수사인데, 그는 피에솔레 언덕 위 동굴에 살았던 은자였다. 베스파시아노는 지롤라모 수사가 "지극히 거룩한 삶을 살던 사람"이지만 한편으로, 베스파시아노 본인이 전문적으로 상대했던 박식하고 교육을 잘 받은 필경사들 가운데 한 명이었다고 말했다. 지롤라모 수사는 생제르맹데프레 수도원에서 필경사로 일하면서 파리에서 7년 동안 신학과 철학을 공부하다가 다시 알프스산맥을 넘어와 피에솔레에서 은거하게 되었다. 1460년에 그는 〈고독한 삶에 대하여 De Vita Solitaria〉라는 제목의 은자의 "거룩한 자유"를 칭송하는 글을 지었다. 2년쯤 뒤에 베스파시아노는 양피지 한 뭉치를 들고 지롤라모의 동굴을 찾아와 필사를 부탁했다.[15]

지롤라모 수사 같은 필경사들만 이 필사본 작업을 한 것은 아니다. 다수의 코덱스에는 채식 삽화와 장식이 들어가야 해서 베스파시아노는 필사자 외에 화가들도 구해야 했다. 필사본 가운데 최소 아홉 권은 통통한 아기 천사 때문에 "서양 배 모양 푸티의 대가"로만 알려진 익명의 화가가 그렸다.[16]

사실 베스파시아노는 그가 나중에 주장한 것처럼 피에솔레 수도원 도서관의 필사본 200권 전부를 조달하지는 않았다. 코시모는 또 다른 피렌체 서적상 차노비 디 마리아노를 통해 그중 20권가량을 입수했다.[17] 그렇더라도 베스파시아노는 분명 이 컬렉션 구축을 이끈 원동력이자 장본인이었다. 더욱이 그가 작업 팀을 구성해 수십 권의 필사본을 내놓은 속도는 그의 엄청난 능력은 말할 것도 없고, 오로지 잉크병과 거위 깃펜만 가지고도 지식이 얼마나 신속하고 효율적으로 전달될 수 있는지를 드러낸다.

코시모를 위해 피에솔레 수도원 도서관의 장서 구축 작업을 시작할 무렵 베스파시아노는 가장 중요한 의뢰 가운데 하나를 마무리한 참이었다. 바로 친구 도나토 아차이우올리가 집필한 샤를마뉴의 새로운 전기 호화 장정판 필사본이었다. 그 호화 장정판의 헌정 대상은 프랑스의 새로운 국왕 루이 11세였다.

샤를마뉴는 피렌체와 프랑스 간 중요한 연결고리였다. (도나토의 전기가 일컬은 대로) "세상의 빛이자 장신구 (…) 성스러운 샤를마뉴"는 프랑스 왕가의 이름 높은 선조에만 그치지 않았다. 전설에 따르면 샤를마뉴는 6세기에 고트족에게 파괴된 피렌체를 재건립했다. 샤를마뉴는 피렌체시에 이전의 찬란한 모습을 되찾아주었다. 도나토의 전기가 주장하듯 "그는 도시 주변 읍락에 흩어져 있던 귀족들을 다시 데려오고, 새 성벽을 쌓았으며 교회들을 세웠다." 그뿐만이 아니라 샤를마뉴는 피렌체에 법과 자유를 주었다. "우리가 자유롭게 살고, 행정관들과 법, 도시를 갖고 있는 이유"라고 도나토는 썼다.[18]

샤를마뉴를 찬미하는 도나토의 《비타 카롤리 마니Vita Caroli Magni》(샤를마뉴 대제의 생애)의 필사본은 선친 샤를 7세가 오랫동안 자리보전을 하다 죽자 1461년 여름에 즉위한 루이 국왕에게 바치는 선물로 안성맞춤인 듯했다. 이 중책에 베스파시아노는 최고의 실력을 자랑하는 필경사 피에로 스트로치와 역시 최고의 채식사 프란체스코 델 키에리코를 고용했다. 프란체스코는 아름다운 포도 덩굴 가두리 장식은 물론, 제목과 저자 이름이 적힌 둥근 금박 프레임을 아틀라스[그리스·로마 신화에서 어깨에 지구를 떠받치고 있는 거인족]처럼 들고 있는 푸토[푸티의 단수형]가 그려진 제목 페이지를 선보였다. 투르의 궁정에서 필사본을 바칠 때 그 자리에 있었던 한 피렌체 사람은 국왕 폐하께서 "무척 고맙게 여기며 따뜻한 말과 함께 흔쾌히 선물을 받았다"라고 전했다.[19]

필사본은 도나토의 장인이자 프랑스에 파견된 피렌체 대사인 피에로 데 파치가 들고 갔다. 파치가는 피렌체에서 가장 고명한 가문 가운데 하나였다. 파치 가문의 계보는 1099년 제1차 십자군 원정 때 예루살렘 성벽을 가장 먼저 오른 병사인 파초 파치로 거슬러간다(몸을 사리지 않는 저 용맹한 활약상은 어쩌면 자기 이름에서 영감을 받은 행위일 수도 있는데 파초는 '미치광이'란 뜻이다). 등을 맞대고 뛰어오르는 돌고래 두 마리로 표현된 파치 가문의 문장은 베스파시아노의 서점에서 몇 걸음 떨어진 파치궁을 비롯해 피렌체 여기저기서 볼 수 있었다.

베스파시아노는 당시 마흔다섯 살이던 피에로 데 파치를 여러 해 동안 알고 지냈다. 한 이웃인 데다가 피에로는 베스파시아노의 정기적 고객이기도 했다. 그가 베스파시아노의 단골이 된 것은 몇 해 전 니콜로 니콜리가 때맞춰 개입한 덕분이었다. 하루는 니콜리가 서적상 거리에서 젊은 피에로—베스파시아노에 따르면 그 시절에는 "세상의 쾌락에 푹 빠진 잘생긴 젊은이"—와 우연히 마주쳤다. 니콜리는 그 젊은이에게 이름을 물었고 피에로는 자신이 안드레아 데 파치의 아들이라고 밝혔다. 니콜리가 앞으로 뭐 하며 살 생각이냐고 묻자 피에로는 태평하고 솔직하게 대답했다. "신나고 재밌게 지낼 생각이오." 그러자 니콜리는 그렇게 이름난 가문의 자제가 향락을 좇아 학업을 등한시하는 것은 안 될 일이라며 피에로를 꾸짖었다. 젊음의 한창때가 지나고 나면 남는 게 아무것도 없겠지만 라틴어를 공부하면 많은 존경을 받게 될 것이라고 말했고, "니콜로의 말을 들은 피에로 나리는 그것이 맞는 소리임을 알았다"라고 베스파시아노는 썼다.

그리하여 인문학에서의 피에로 데 파치의 경력이 시작되었다. 니콜리는 그에게 그리스어와 라틴어를 가르칠 개인교사를 찾아주었고, 교사는 파치 저택에 와서 살게 되었다. 그동안에 피에로는 "호색과 육체의 쾌락을 포기했다." 그는 학업에 몰두해 베르길리우스의 《아이네이스》를 통째로, 다시 말해 장단단음의 6보격으로 이루어진 총 9896행을 암송할 정도였다. 그 후 30년간 그는 "책과 필경사, 채식사들에게"[20] 거금을 써서 훌륭한 장서를 구축했다고 베스파시아노는 흐뭇하게 전한다.

《비타 카롤리 마니》를 헌정받은 프랑스의 왕 루이 11세는 교활하고 파렴치한 행위도 마다않는 군주였다. 그는 우스꽝스러운 모자와 옷차림새로 조롱을 샀으며 아버지와 형제를 독살했다는 혐의가 그를 따라다녔다. 그는 기만과 모략의 그물을 열심히 짠 까닭에 '만인의 거미 l'universelle araignée'로 알려지게 되었다. 1461년 여름 그의 즉위는 7년 전 로디 조약으로 달성된 위태로운 균형 상태에 잠재적 위협을 제기했다. 루이는 1442년 겸용왕 알폰소에 의해 왕위에서 쫓겨난 앙주의 르네의 나폴리 왕국에 대한 왕위 주장을 지지했다.

거의 2세기 동안 시칠리아와 나폴리 왕국의 통치권은 앙주가(프랑스계)와 아라곤가(에스파냐계) 사이에서 치열한 다툼의 대상이었다. 앙주가는 프랑스 카페 왕가(987년부터 996년까지 프랑크 왕국의 왕이었던 위그카페의 이름을 딴 것이다)의 분가였다. 이탈리아 최초의 앙주 통치자는 프랑스 태생 샤를 1세(카를로 1세)로, 앙주 백작이기도 한 그는 프랑스 국왕 루이 8세의 아들이자 루이 9세의 동생(나중에 성 루이로 시성되었다)이었다.

1266년 앙주의 샤를은 시칠리아 왕국과, 나폴리를 비롯한 이탈리아 남부 여러 영역을 호엔슈타우펜 왕가(독일계)의 만프레드한테서 빼앗았다. 만프레드의 딸 코스탄차가 아라곤 국왕과 결혼했으므로, 나폴리와 시칠리아를 다스릴 권리를 둘러싸고 앙주가와 아라곤가 사이에 왕위 분쟁이 뒤따랐다.

근래에 나폴리 왕국에 대한 앙주가의 권리 주장은 언제 깨질지 모르는 이탈리아반도의 평화를 위협하는 쟁점이 되었다. 1458년 6월, 알폰소 국왕은 당시 35세였던 그의 사생아 페르디난도(페란테로 알려졌다)를 자신의 적법한 후계자로 지명한 뒤에 세상을 떠났다. 알폰소의 적인 교황 칼리스투스는 페란테가 한때 자신의 제자였음에도 그의 계승권을 인정하지 않으려 했다. 그는 "나의 허락도 없이 왕을 자처하는 이 녀석은 아무것도 아니다"라고 씩씩거렸다.[21] 루이 11세처럼 교황은 나폴리에 대한 앙주가의 권리를 지지했다. 하지만 그는 교황의 봉토인 그 왕국을 자기 조카인 스물여섯 살의 페드로 데 보르하에게 줄 가능성도 고려하고 있었다. 하기야 칼리스투스는 더 터무니없고 야심적인 공상에 사로잡혀 십자군이 콘스탄티노플에서 튀르크 세력을 몰아내기만 하면 페드로를 비잔티움 황제로 앉히는 방안을 고려하기도 했었다.

이 십자군은 살기등등한 발언에도 불구하고 유의미한 진전을 보지 못하고 있었다. 피렌체의 새로운 재상 베네데토 아콜티는 기독교 세력을 향해 "불신자들의 손아귀에서 지극히 고귀한 비잔티움시를 되찾고 기독교도를 위협하는 야만인 적이 물러나게" 하라고 촉구했다. 한술 더 떠 그는 그 야만인들이 "가증스럽고 저주받은 마귀들을 숭배"한다고 덧붙였다.[22] 하지만 대다수의 피렌체 상인들은 머나먼 곳의 전투 전망에 관해 양가적인 태도를 견지했는데, 어느 정도는 십자군이 동반할 세금 때문이었고, 또 어느 정도는 상업적 경쟁자인 베네치아인들이 동방에서 무역 특권과 영토의 복원으로 이득을 보는 꼴을 보고 싶지 않았기 때문이다. 사실 일부 피렌체 상인들은 베네치아에 맞서 메메트와 한편이 되고, 그와 갤리선단의 움직임에 관한 정보를 교환하며 그의 "친구이자 행운을 기원하는 사람"²³이라고 자처해 술탄의 환심을 사려고 했다.

서방의 기독교 군주들이 십자군에 미적지근한 반응을 보였다면 그들은 한 주교가 유감스럽게 밝힌 대로 "자기들끼리 옥신각신하면서 튀르크인에게 겨눠야 할 무기를 제 혈육에게 겨누는 데는" 조금도 주저함이 없었다.²⁴ 그 결과 전선은 나폴리 왕위 계승 분쟁을 중심으로 그어졌다. 코시모 데 메디치와 밀라노 공작 프란체스코 스포르차는 교황과 루이 11세가 후원하는 앙주가에 반대해 페란테 측을 지지했다. 페란테의 전망은 건강이 과히 좋다고 할 수 없던 칼리스투스가 1458년 8월에 일흔아홉 살을 일기로 사망하면서 밝아졌다. 그의 후임은 페란테의 명분에 더 동조적인 교황 에네아 실비오 피콜로미니로, 시인이자 외교관, 시에나 추기경으로 임명된 지 2년도 채 안 된 인문주의자였다. 피콜로미니 추기경은 콘클라베에서 어느 프랑스 추기경에게 맹비난을 받았다. "이교의 뮤즈들에 대한 [피콜로미니의] 헌신"을 한탄한 추기경은 "과연 우리가 시인을 베드로좌에 앉혀서 교회가 이교의 원칙들에 의거해 다스려지게 해야 하는가?"라고 물었다.²⁵ 바티칸궁의 불결한 구석에 모여 피콜로미니의 낙선을 꾀하던 친프랑스파 추기경들의 공작에도 불구하고 동료 추기경들 대다수는 그에 대해 긍정적인 대답을 내놓았다. 새 교황은 피우스 2세라는 이름을 취했다. 그는 반대파를 두고 "그들의 모의가 변소에서 꾸며진 것은 다행한 일이었다"라고 썼다. "그들의 음모는 배수구로 쓸려 내려갈 테니까!"²⁶

하지만 페란테에게 나폴리 왕국의 왕위는 여전히 안전하지 않았다. 1459년에 쫓겨난 앙주가 국왕 르네의 서른세 살 된 아들 앙주의 장이 나폴리를 수복하기 위한 군사 원정을 개시한 것이다. 장은 용병대장 야코포 피치니노를 고용했는데, 피치니노에게 지급한 보수는 이탈리아

친親앙주파의 가장 믿음직하고 유력한 일원의 은행에서 대준 돈이었으니 장의 돈줄은 바로 피에로 데 파치였다.

나폴리를 둘러싼 앙주와 아라곤의 적대 관계는 그러므로 피렌체 자체를 갈라놓아, 파치가와 메디치가가 정면 대립하는 형국이었다. 1442년 르네René가 나폴리에서 축출됨에 따라 피에로 데 파치의 아버지 안드레아가 그를 피렌체 바깥 자신의 빌라에 손님으로 모신 이래로 파치가는 앙주가의 오랜 지지자였다. 피에로는 퇴위당한 군주를 그의 이름을 딴 자신의 아들 레나토Renato의 대부로 삼았다. 그리고 르네의 문장 안에 파치가의 상징 돌고래 문장을 배치한 테라코타 기념 명판으로 자신의 빌라를 꾸몄다. 피에로는 베스파시아노에 따르면 르네의 아들 장의 "곁을 한시도 떠나지 않는 막역한 친구"가 되었다. 사실 1460년에 장을 대신해 피치니노의 원정에 휘날린 군기와 깃발은 피렌체에 있는 피에로의 궁전에서 마련되었다. 도나토 아차이우올리는 장인과 관련해 "이 가문이 앙주가에게 대단히 헌신적이라는 점은 도저히 부인할 수 없다"라고 썼다.[27]

피에로 데 파치는 심지어 앙주가가 부추긴 페란테 국왕 시해 모의에도 연루되었던 듯하다. 1460년 봄에 피에로는 베스파시아노에게 이렇게 말했다. "2주 안으로 앙주의 장이 아무런 제지도 받지 않고 나폴리의 국왕이 될 것이오."[28] 이 예언은 거의 실현될 뻔했다. 2주가 채 지나기 전에 페란테에게 그의 정적 세 사람이 접근해왔다. 앙주파 영주들은 국왕을 만나서 자비를 구하고 앙주의 장에 맞서 그를 지지하고 싶다는 말을 전했다. 베스파시아노가 "진지하고 신중한" 자문들이라고 일컬은 신하들로부터 분별 있는 경고를 받았음에도 페란테는 그들을 만나러 말을 타고 나갔다. "세 영주는 공경의 표시로 〔말에서 내려〕 그 앞에 무릎을 꿇고 용서를 빌었다"라고 베스파시아노는 나중에 썼다. "국왕은 손을 내밀었고 그러자 그들 중 한 명이 칼을 들고 벌떡 달려들어 왕의 말고삐를 쥐고 그를 찌르려고 했다." 페란테는 전문가다운 승마술 덕분에 위험한 순간에 말머리를 돌려 무사히 도망칠 수 있었고, 그의 기병 대대—현명하게도 화살이 미치는 범위 절반 거리에 머물고 있었다—가 이내 그를 구하러 달려왔다.

베스파시아노는 수포로 돌아간 이 시해 음모에 경악했다. 페란테는 그의 아버지만큼 믿음직한 고객이 되어가고 있던 터였다. 그는 베스파시아노를 "우리의 대의에 헌신적인 친애하는 신사"라고 부르기까지 했다.[29] 페란테의 목숨을 노리는 시도가 있었음을 알고 나서 베스파시아노는 곧장 피에로 데 파치를 찾아갔다. "피에로 나리." 그는 솔직하게 말했다. "이것은 왕국을 얻는 데 신의 없는 방식이고, 그런 짓은 프랑스 왕가의 관습이 아닙니다. 군사로 전장에서 승리하는 것은 찬사와 칭송을 받아 마땅하지요. 하지만 그런 모반에 의지하다니요? 안 됩니다!" 그는 친구에게 불길한 메시지를 보내며 말을 마쳤다. "전능하신 하느님은 그런 일을 묵과하지 않으십니다."[30]

하지만 앙주파는 잠자코 있지 않을 터였다. 그리고 파치가 사람이 암살 음모에 가담하게 되는 것이 이번이 마지막도 아닐 터였다.

피에로 데 파치는 코시모 데 메디치의 친구였고, 근래에 메디치-파치 간의 혼인에 따라 코시모의 아들 피에로의 장인이 되었는데, 피에로 데 코시모는 파치가의 여덟 딸 가운데 하나와 결혼했던 것이다. 하지만 앙주가의 대의에 대한 피에로 데 파치의 적극적인 지지는 파치가와 메디치가 사이를 틀어지게 했는데, 코시모는 앙주의 장에 대한 파치의 원조를 저지하기로 작심했던 것이다. 피렌체로부터 기대한 자금이 오지 않자 르네는 누굴 탓해야 할지 알았다. 하지만 르네는 아들에게 편지를 써서 자신이 피렌체에서 추방당한 망명자들은 물론 피렌체 내부의 불만분자들과도 접촉하고 있다고 밝히며 그들이 "정권을 바꾸고 싶어 안달이 나 있다"라고 신이 나서 적었다.[31] 르네는 파도바의 스트로치가(1434년 코시모에 의해 추방되었다) 같은 망명자들과 더불어 아차이우올리가를 비롯해 파치 일가친척을 생각하고 있었다.

베스파시아노는 이 상충하는 이해관계 사이에 끼인 형국이었다. 그는 알폰소 국왕의 후원을 누렸었다. 알폰소 지지자이자 나중에는 페란테 지지자라는 평판이 자자해져서 한 시인은 그의 서점을 두고 "아라곤의 문짝"이 달려 있어서 "골족 무리", 즉 앙주가 지지자들은 그 문지방을 넘을 수 없다고 말할 정도였다.[32] 베스파시아노는 피렌체에 파견된 여러 나폴리 대사들을 알게 되었고, 때로 그 대사들이 피렌체시에 도착하는 대로 그를 찾아가곤 했다. 더욱이 그는 잔노초 마네티(알폰소는 1455년에 그를 자신의 궁정으로 맞이해 피난처를 제공했다)와 코시모 데 메디치 같은 아라곤파와 지지자들의 친구였다. 그의 또 다른 단골손님인 페사로의 통치자 알레산드로 스포르차는 베스파시아노가 잘 갖춰준 멋진 도서관을 뒤로하고 1462년에 페란테를 대신해 나폴리 왕국으로 싸우러 갔다.

나폴리 국왕과 그의 지지자들과의 연줄이 그러했으므로 페라라에서 온 한 대사는 베스파시아노가 "전적으로 페란테 편tutto ferandino"이라고 보고했다.[33] 대사가 일개 서적상의 정치적 입장을 상관들에게 보고할 가치가 있다고 여겼다는 사실은 베스파시아노의 명성과 영향력을 방증한다.

하지만 사정은 더 복잡했다. 아라곤 인맥에도 불구하고 베스파시아노는 앙주파 진영에도 한쪽 발을 담그고 있었다. 그는 피에로 데 파치와 친했고 아차이우올리 형제와는 더욱 친했다. 그러므로 베스파시아노는 친구와 후원자들 사이에서 아슬아슬한 균형 잡기를 할 필요가 있었다. 그리고 그들 가운데 아주 많은 이들은 미묘한 평형 상태에 있던 이탈리아 권력의 저울추가 한쪽으로 기울기 시작함에 따라 서로 철천지원수가 되어가고 있었다.

15장

세 번 위대한 헤르메스

베스파시아노는 1462년에 메디치궁으로 호출을 받은 유일한 사람이 아니었다. 그해 9월 초에 당시 스물여덟 살이었던 마르실리오 피치노는 토스카나 시골 깊숙이 산 레오 아 첼레에 있었다. 그 작은 촌락은 피글리네 발다르노(이곳도 피렌체에서 남동쪽으로 거의 30킬로미터 떨어져 있었다)에서 서쪽으로 걸어서 두 시간 거리로, 포도원과 곡식밭 가장자리에 사이프러스나무와 터키오크나무가 간간이 서 있는 흙길을 따라가다 북쪽으로 꺾어서 나무가 울창한 언덕 사이를 구불구불 걷다 보면 나온다. 길이 끝나고, 숲이 울창한 언덕이 시작되는 곳에 있는 피치노 아버지 소유의 그 집은 철학적 사색에 잠기기에 좋은 인적 드문 장소였다.

피치노는 하프, 아니 그가 부르는 바로는 "오르페우스의 리라"를 집어들어 연주하고 노래를 부르며 흥을 내기 시작했다. 음악은 멜랑콜리를, 특히 학자들이 자주 시달리는 흑黑담즙 기질〔옛날에는 피나 담즙 같은 체액이 체질이나 기질을 결정한다고 믿었는데, 그중 괴팍하고 우울한 기질은 검은 담즙 탓이라고 여겼다)을 몰아내는 힘이 있다고 믿었다. 그가 사람들 앞에서 하프를 타며 도취되어 노래하는 모습은 이내 전설이 된다. 그는 "고운 선율을 내는 손가락으로" 현을 퉁기며 점차 황홀경에 빠져 찬가를 불렀는데, 그 목소리는 마치 신묘한 오르페우스의 목소리처럼 아프리카 사자들을 홀리고 캅카스산맥의 산들을 움직일 수 있었다. 아니, 그의 관객 중 한 명이 나중에 주장한 바에 따르면 그렇다.[1]

1462년 늦여름의 그날, 피치노가 무아지경에 빠져 코스모스[조화로운 우주]를 "만물의 수호자이자 파수꾼"이라고 부르고 있을 때 문간에서 노크 소리가 들리고 피렌체에 있는 아버지로부터 코시모 데 메디치의 계획과 관련한 편지 한 통이 도착했다. 피치노는 행성의 영향력을 기원하는 데 음악을 이용할 수 있다고 믿었는데 그의 '오르페우스 제의'의 실연이 정말로 그의 기원을 들어준 모양이었다. 코스모스에 대한 그의 간청이 또 다른 '만물의 파수꾼'—코스모스Cosmos와 거의 동명인 코시모Cosimo—으로부터 반가운 소식을 가져온 것이다. 편지는 코시모가 그 젊은이의 학문 연구에 흥미를 느끼고 있고 너그러이 그의 생계를 부양해줄 것이며, "그 플라톤 책들", 다시 말해 플라톤 필사본 전집을 번역하도록 제공할 것이라고 설명했다.[2]

그 유덕하고 박식한 '마르실리오 씨Messer Marsiglio'에 대한 코시모의 관대함은 나중에 베스파시아노가 설명한 것처럼 "그를 빈궁에서 구해주고자"[3] 피렌체에 집 한 채까지 사줄 정도였다. 하지만 사실 피치노는 1462년 가을에 플라톤 번역에 착수하지 않았다. 갈수록 쇠약해지고 몸이 아픈 코시모는 죽음이 가까워졌음을 알고서 귀한 플라톤 코덱스를 넘기자마자 마음을 바꿨다. 시간이 무엇보다 중요했으므로 그는 갑자기 피치노에게 플라톤을 제쳐두고 그가 플라톤보다 훨씬 더 읽고 싶어

하는 다른 작품의 번역에 들어가라고 일렀는데, 피치노가 깨달은 것처럼 그 작품 안에서 "인생의 모든 교훈, 자연의 모든 법칙, 신학의 모든 신비"⁴가 발견될 터였다.

　베사리온 추기경이 동방에서 필사본을 열심히 뒤지던 이탈리아의 유일한 수집가는 아니었다. 코시모 역시 대리인들을 시켜서 필사본 탐색 작업을 했고, 1460년 무렵에 그가 기용한 대리인 중 한 명인 레오나르도 다 피스토이아라는 수도사가 마케도니아의 수도원에서 오랫동안 행방을 알 수 없었던 《코르푸스 헤르메티쿰Corpus Hermeticum》이 수록된 코덱스를 가져왔다. 이 필사본에는 대략 모세와 같은 시대에 살았다고 여겨진 고대 이집트의 현자 헤르메스 트리스메기스투스(세 번 위대한 헤르메스)의 지혜가 담겨 있었다. 헤르메스는 성 아우구스티누스 같은 초기 기독교 작가들에 의해 언급된 바 있는데, 아우구스티누스는 《아스클레피우스Asclepius》라는 대화편의 라틴어 번역문을 통해 그의 저술 한 편을 알게 되었다. 하지만 마케도니아에서 발견된 열네 편의 논고를 본 사람은 적어도 지난 천 년간 아무도 없었다. 코시모는 지식의 가장 원천으로 거슬러 올라가길 원했으므로 플라톤 코덱스보다 그 논고들을 먼저 번역해야 한다고 여겼다. 그가 디오게네스 라에르티오스의 필사본을 통해 알고 있는 대로 플라톤은 "신들의 뜻을 해석하는 이들"로부터 배우기 위해 이집트로 간 적이 있다. 디오게네스에 따르면 그곳에 있는 동안 플라톤은 병에 걸렸다가 사제들이 바닷물로 그를 치료해준 덕분에 병이 나았다.⁵

　피치노는 물론 코시모만큼 이 원고를 읽고 싶은 마음이 굴뚝같았다. 일각에서는 헤르메스 트리스메기스투스가 신학적으로 수상쩍은 인물, 심지어 플라톤보다 더 수상쩍은 인물로 여겨지기는 했지만 말이다.[6] 《아스클레피우스》는 고대 이집트인의 종교에 대해 설명하면서 특히 우상이 살아 움직이게 하는 마법의 주문을 묘사했다. 그러한 주제에 성 아우구스티누스는 탐탁지 않은 어조로 헤르메스가 마귀와 우상들의 "기만적인 속임수들"을 너무 호의적으로 본 것 같다고 한마디했다.[7] 중세에 헤르메스는 연금술과 마법의 전문가로 알려졌다. 도미니크회 수도사 알베르투스 마그누스(파리에서 토마스 아퀴나스의 스승) 같은 권위자들은 헤르메스를 더 긍정적인 시각으로 바라봤다. 14세기 초에 저술된 《디비네 인스티투이온스》에서 기독교 작가 락탄티우스는 그를 기독교의 [도래를 예고한] 예언자나 전조로 묘사했다.

피치노는 락탄티우스의 이러한 긍정적 평가를 철저하게 고수할 터였다. 헤르메스 문헌 열네 편에 대한 그의 번역서 서문—그는 "신의 권능과 지혜에 관한 책, 《포이만드레스》"라 불렀다—은 락탄티우스가 제공한 전기에 크게 빚지고 있으며, 락탄티우스는 다름 아닌 키케로의 권위에 기대 《신의 본성에 관하여》에서 세부 내용을 가져왔다. 키케로는 헤르메스가 눈이 많이 달린 거인 아르고스를 죽이고 이집트로 도망친 영웅인데, 거기서는 토트라는 이름으로 통하며 이집트인들에게 법과 문자를 가져다주었고 죽은 뒤에 신으로 섬겨졌으며 그를 기리는 무수한 신전이 건립되었다고 설명한다. 키케로와 락탄티우스가 한 말의 무게감이 대단하긴 했지만 이 신화적인 설명을 피치노가 얼마나 믿었는지는 알 수 없다. 피치노에게 중요한 것은 헤르메스 트리스메기스투스가 고대 신학자들 사이에서 중요한 역할을 했다는 사실이다. 그는 헤르메스를 "최초의 신학 저자"라고 불렀는데 헤르메스가 "최초로 대단히 지혜롭게 신의 권능을 논한 사람"이기 때문이다. 헤르메스의 뒤를 따라 다른 고대 작가와 사상가들의 빛나는 이름들이 이어졌다고 피치노는 믿었다. "고대 신학자들 가운데 둘째가는" 오르페우스부터 모세와 피타고라스를 거쳐 "우리의 신묘한 플라톤의 스승이었던"[8] 필로라오스까지 그 모두는 헤르메스의 지혜에 기대고 있다.

다시 말해 단 하나의 신학이 헤르메스 트리스메기스투스부터 플라톤까지 고스란히 전해 내려왔다가 기독교로 전달되었으며, 기독교는 헤르메스로 거슬러 올라갈 수 있는 신학적 수원水源에서 흘러나온 최신 흐름일 뿐이었다. 피치노는 헤르메스가 그리스도의 탄생과 부활, 최후의 심판을 예견했다고 주장한다. 실제로《코르푸스 헤르메티쿰》의 영적인 정통성은 천지창조에 대한 설명이나 세례 묘사와 같은 그 안의 많은 문구와 교리들이 성경에서도 발견된다는 사실로 뒷받침되는 것처럼 보였다.

우리는 이제, 프랑스의 프로테스탄트 학자 이사크 카소봉이 1614년에 입증한 대로《코르푸스 헤르메티쿰》전체가 사실은 15세기 사람들이 믿은 것보다 천 년 뒤인 300년 경에 쓰인 것임을 알고 있다. 하지만 피치노는 그런 사실을 알 길이 없었고, 코시모의 필사본은 그에게 경이로운 영향을 미쳤다. 그는 헤르메스 문헌에서 평생 그를 매혹하고 사로잡을 주제, 즉 신과 관련한 인간의 위상이란 주제를 발견했다.

신과 인간의 관계는 보통 차이와 거리의 관점에서 묘사되었다. 비록 〈창세기〉첫 장은 "하느님이 당신 모습대로 인간을 창조했다"라고 선언하지만 기독교는 인간의 타락 탓에 양자 사이에 건널 수 없는 간극을 만들어냈다. 1215년 라테라노 공의회의 입장은 명시적이었다. "조물주와 피조물 사이에는 큰 유사성을 찾을 수 없고, 양자의 거리보다 더 큰 비유사성도 있을 수 없다."[9] 하지만 헤르메스 문헌은 일종의 지상의 신이라 할 만큼 인간을 드높임으로써 비유사성을 축소하고 거리를 좁혔다. "인간이란 얼마나 크나큰 기적인가!"라고 어느 대목에선가 헤르메스는 기쁨에 차서 외친다. "숭배와 영예를 받을 만한 존재로다. 마치 그자신이 신인 양 신의 본성을 따르기 때문이다."[10]

잔노초 마네티는 이 신을 닮은 피조물을 10년 전 《인간의 존엄과 탁월함에 관하여》에서 칭송했다. 게다가 그는 자신의 주장을 강화하고자 헤르메스 트리스메기스투스와 《아스클레피우스》 대화편을 인용하기까지 했다. 피치노는 인간의 존엄과 탁월성이라는 관념을 한층 더 발전시키게 된다. 그는 인간의 상상력이 그를 어엿한 창조자로 만든다고 믿었다. 신과 같은 시인, 건축가, 화가, 음악가를 보라. 헤르메스 트리스메기스투스 덕분에 피치노는 중세의 타락한 피조물이자 하찮고 비참하고 비천하다고 조롱받는 존재를 높은 단상 위로 끌어올리고, 인간의 찬란한 창조물들을 찬미하고 숭상할 수 있게 되었다.

피치노는 1463년 봄에 《코르푸스 헤르메티쿰》 번역을 마무리했다. 그는 코시모가 그 지혜와 거룩함, 힘에서 헤르메스 트리스메기스투스를 닮았다고 아첨하며 번역서를 코시모에게 헌정했다. 덕분에 그는 또다른 집, 이번에는 코시모의 시골 빌라 근처, 카레기에 있는 농장을 하나 얻었다. 그다음 마침내 그는 8개월 전에 받은 플라톤 코덱스로 시선을 돌렸다.

피치노가 플라톤 번역 작업에 착수했을 때 베사리온 추기경은 여전히 트레비존드의 게오르기오스의 모욕적인 비방에 맞서 그 철학자를 변호하는 글을 집필 중이었다. 베사리온은 작품을 마무리하기 위해 "밤늦게까지 불을 밝히고" 있었다고 주장했다.[11] 1463년 봄에 더 현실적인 문제가 대두되었다. 4월, 베사리온 추기경이 신장결석 때문에 비테르보의 광천수 온천에서 느긋이 요양을 즐기고 있는 동안 그리스에 있는 베네치아령 네그로폰테의 주교로 임명된 것이다. 교황 피우스 2세(과거 에네아 실비오 피콜로미니)는 그를 베네치아의 교황 특사로도 임명했다. 베네치아의 또 다른 영토인 펠로폰네소스반도의 아르고스 요새가 오스만 튀르크의 수중에 떨어진 뒤 로마 쿠리아 주재 베네치아 대사는 피우스에게 베네치아 공화국이 마침내 튀르크인들에 맞서 싸울 준비가 되었다는 반가운 소식을 알려왔다. 베사리온은 교황의 재정 지원을 장담함으로써 베네치아인들이 약속을 지키도록 설득하는 임무를 맡았다.

피우스 교황은 흠잡을 데 없는 자격을 갖춘 인문주의자였다. 그는 프란체스코 필렐포의 교습에 고무되어 인문학을 공부하기로 하고 시에나와 피렌체에서 열심히 공부했다. 젊은 시절에는 《두 연인의 이야기 Historia de duobus amantibus》 같은 연애시와 야한 이야기를 지어서 신성로마제국 황제 프리드리히 3세로부터 계관시인으로 지명되는 명성을 누리기도 했다. 그는 유럽 전역을 여행하며 잉글랜드의 양순한 아가씨들과의 불장난을 묘사한 재미난 일기를 썼다. 그의 글은 이탈리아의 아름다운 풍경을, 특히 시에나 인근의 그가 사랑하는 발 도르치아 시골 풍광의 아름다움을 찬미했다. 그는 이탈리아반도 곳곳에 박혀 있는 고대 문명의 유적에 무한한 매력을 느꼈다. 그는 대플리니우스가 언급한 키우시의 미궁, 민치오에 있는 베르길리우스의 빌라, 티볼리에 있는 하드리아누스의 빌라, 그리고 고대 로마 도로와 수도교의 흔적을 찾아다녔다. 그는 스트라스부르와 스코틀랜드처럼 먼 곳에서까지 사생아를 여러 명 본 뒤에야 뒤늦게 성직에 발을 들였다. "나의 씨가 열매를 잘 맺어서 참으로 기쁘기 그지없다"라고 그는 조금도 뉘우침 없이 썼다.[12]

교황 피우스 2세(에네아 실비오 피콜로미니): 성
베드로좌에 앉은 인문주의자.

피우스는 교황이 되었다고 해
서 지적·문학적 활동을 자제할
생각이 없었다. 교황에 선출된 직
후 그는 《히스토리아 레룸 우비
쿠에 게스타룸Historia Rerum Ubique
Gestarum》(역사상의 위업과 장소들에
대한 묘사)을 집필하기 시작했다.
이 야심찬 대하 서사로 그는 유
럽, 아프리카, 아시아를 넘나들
며 세계 모든 민족들의 역사를
서술하여 역사학적이고 지리학
적인 백과사전을 만들고자 했다.
하지만 교황으로서 더 긴급한 지
리적 문제도 다뤘다. 실제로 이 세상물정에 밝고 학식이 풍부하며, 널리
여행을 다닌 교황은 그의 시대를 규정하는 임무에 헌신했다. 그 임무란
그가 공언한 대로 "기독교권의 민족들을 튀르크인들에 맞설 십자군으
로 부르는 일"[13]이었다.

그러므로 피우스가 교황으로서 처음 한 일 중 하나는 1459년 유럽의
기독교 군주들을 불러 모아 만토바에서 회의를 주재한 것이었다. 만토
바 회의에서 교황은 한 연설자인 여성 인문학자 이소타 노가롤라가 "불
신자들"로 이루어진 "미개한 민족"이자 "주님에 대한 불경자들"이라고
부른 세력을 기독교 땅에서 몰아낸다는 목적의식을 심어주고자 했다.[14]
늘 그렇듯이 선동적인 언사는 무성했지만 막상 누구도 딱히 행동에 나
서지는 않았다. 1462년 초에 피우스는 휘하의 추기경들에게 "만토바에

피렌체 서점 이야기

서 돌아온 뒤에 튀르크인들을 격퇴하기 위해 아무 일도 하지 않고 또 아무 말도 하지 않았으니 우리는 공공의 복지를 저버리고 있다"[15]라고 한탄했다. 한편 그해 여름 메메트는 레스보스섬을 함락했고 그곳의 영주 니콜로 가틸루시오는 주민들의 "머리와 재물"을 보전받는 조건으로 항복했다. 메메트는 나름대로 약속을 이행했다. 그는 섬 주민들의 재산을 건드리지 않았지만 그들 가운데 400명을 반 토막 냈다. 그들의 머리는 여전히 몸에 붙여둔 채 말이다.[16]

1463년 여름에 베사리온 추기경이 베네치아에 도착해 후한 대접을 받았다. 일주일 동안 교섭한 끝에 베네치아인들은 추기경에게 오스만 튀르크와의 외교 관계를 단절하겠다고 약속했다. 한 달 뒤인 8월 말에 산 마르코 광장에서 십자군 원정 계획이 발표되었다. 9월에는 교황이 직접 십자군을 이끌 것이라고 공표하는 칙서가 도착했다. 그것은 통풍, 신장결석, 만성 기침, 그리고 "축축한 뇌"(이 증상 때문에 페트리올로의 온천을 찾아가 호스파이프로 머리에 온수를 끼얹어야 했다)로 고생하는, 힘없고 조로한 쉰여덟 살의 문인으로서는 대담한 맹세였다. 교황의 질환은 그뿐이 아니었다. 그는 30년 전 스코틀랜드에서 맨발로 순례를 다니는 동안 발이 심한 동상에 걸렸었고, 그 때문에 미사도 앉아서 집전해야 할 정도였다. 하지만 그는 요지부동이었다. "우리는 배의 높은 갑판에 우뚝 설 것"[17]이라고 그는 공언했다. 메메트는 이 맹세를 전해 듣고는 병약한 교황이 힘겨운 여행을 할 필요 없이 본인이 로마로 찾아와 싸우겠다는 정중한 제안을 했다.

피우스가 십자군에 나설 준비를 하는 사이, 베네치아인들이 계약 사항을 이행함에 따라 갤리선 전함의 이물이 아드리아해의 바닷물을 가르고 있었다. 그들은 육상 병력의 지휘관으로 페라라 출신 용병 베르톨도 데스테를 골랐고, 데스테는 재빨리 아르고스를 탈환한 다음 코린토스 포위전에 돌입했다가 11월에 머리에 돌을 맞고 전사했다. 그를 대체하기 위해 베네치아인들은 잔인하고 야심만만한 용병대장인 마흔여섯 살의 시기스몬도 말라테스타를 골랐다. 그는 십자군을 이끌기에는 얄궂은, 그리고 피우스에게는 달갑잖은 선택지였다. 피우스는 1460년 크리스마스에 그를 파문한 다음 말라테스타를 두고 "패악의 제왕"이라 불렀고, 2년 뒤에는 로마에서 그의 모습을 본뜬 인형을 불태웠다. "그는 기독교 수녀들과 유대인 처자들을 가리지 않고 강간했다"라고 피우스는 주장했다. "그에게 저항한 소년 소녀들은 살해하거나 끔찍한 방식으로 고문한다." 한마디로 그는 "과거부터 지금까지, 그리고 앞으로도 다시없을 최악의 인간"이었다.[18] 하지만 그 리미니의 늑대(말라테스타의 별명)에게 튀르크인들을 몰아내려는 기독교권의 희망이 걸려 있었다.

폭력과 배신으로 점철된 30년의 세월을 보내며 산전수전 다 겪은 전사 말라테스타는 1464년 봄에 펠로폰네소스반도에 보병과 석궁병을 상륙시킨 다음 튀르크 군대를 인정사정없이 응징하며 순조롭게 원정을 개시했다. 그는 미스트라를 점령하기까지 했는데, 그곳은 1452년에 게오르기오스 게미스토스 플레톤이 97세를 일기로 세상을 뜬 곳으로 특기할 만했다. 기아와 튀르크 군대의 반격은 이내 말라테스타의 거침없고 정력적인 원정을 저지했고 그는 반도에서 퇴각할 수밖에 없었다. 하지만 그는 귀중한 기념품과 함께 이탈리아로 돌아왔다. 미스트라에서 위대한 플레톤의 유해를 파내 모셔온 것이다. 그는 그 유해를 말라테스타 신전으로 알려진 리미니 교회—피우스가 "기독교 성소라기보다는 이교도들이 악마를 숭배하는 신전에 가깝다"[19]라고 불평한 건물—에 성유물처럼 매장했다.

피우스 교황은 1464년 6월 18일에 성 베드로 대성당에서 십자가를 받드는 의례를 거행했다. 그다음 자신의 잿빛 머리와 미약한 신체를 주님의 뜻에 맡긴 뒤 아드리아 해안에 있는 안코나로 290킬로미터에 달하는 여정에 나섰는데, 그곳에서는 그가 일으킨 십자군 무리가 튀르크 군대에 맞서 원정을 준비하고 있었다. 베사리온을 비롯해 추기경들이 교황과 동행했다. 교황 수행단의 발걸음은 무겁고 느렸다. 처음에는 배를 타고 테베레강을 거슬러 올라가다가 불볕더위 속에 시골을 가로질러 하루에 9~10킬로미터를 이동하는 늙은이들의 행렬이 이어졌다. 그 와중에 교황의 건강은 점점 나빠지고 이탈리아 전역에 역병이 퍼지고 있었다. 마침내 파도가 반짝거리는 아드리아해 바닷가에 도착해보니 항구에는 약속된 마흔 척의 베네치아 갤리선단 대신 고작 두 척만이 기다리고 있었다. 나머지 함대가 도착하길 기다리는 동안 교황은 십자군 병사들의 난투를 진정시킬 기도를 올리라고 지시해야 했다. 규율이 잡히지 않은 그 병사들은 원정에 참가하기 위해 대체로 프랑스와 에스파냐에서 건너온 병사들이었다. 식량과 마실 물이 동났다. 병사들이 이탈하거나 역병으로 죽으면서 십자군의 수는 줄어들었다.

베네치아 함대는 여전히 보이지 않는 가운데 피우스는 마침내 7월 말에 갤리선에 승선했지만 "높은 갑판 위에서" 자리를 맡기 전에 육지로 실려 갔고 산 치리아코 언덕 위 궁전에서 2주 동안 몸져누워 지냈다. 고열에 시달리며 쇠약해진 교황은 누가 봐도 죽어가고 있었다. 8월 14일 승천 축일 전야에 피우스의 인생과 그의 십자군에 종말이 찾아왔다. 교황의 서거 소식을 들은 베네치아 도제는 갤리선 함대를 해산시키라고 지시했다.

교황 피우스 2세가 실패가 예정된 십자군을 위해 이탈리아 시골길을 덜컹덜컹 힘겹게 지나가는 동안 코시모 데 메디치는 피렌체의 메디치 궁에서 북쪽으로 노새를 타고 한 시간 거리인 카레기의 아름다운 빌라에 머물고 있었다. 그는 5월 이후로 오줌을 누기 힘들어지고 발진과 고열로 고생하며, 줄곧 몸이 좋지 않았다. 두 아들 중 더 어린 조반니는 지난가을에 마흔두 살의 나이로 세상을 떴다. 비탄에 잠긴 코시모는 베스파시아노에 따르면 생각에 빠져 있거나 다른 사람이 낭독해주는 아리스토텔레스의 《니코마코스 윤리학》을 들으며 많은 시간을 침묵 속에 보냈다. 아리스토텔레스의 낭독 판본은 레오나르도 브루니가 라틴어로 번역한 1417년 판본이 아니라, 도나토 아차이우올리가 근래에 번역하고 요안네스 아르기로풀로스의 수정을 거쳐 베스파시아노가 제작한 필사본이었다. 베스파시아노는 코시모의 전기에 지나가는 말로 "이 개정판이 이제 모두가 이용하는 판본이다"[20]라고 자랑스레, 한편으로는 다소 현학적으로 덧붙였다.

코시모는 새로 번역된 다른 저작들의 낭독도 집중하여 들을 수 있었다. 코시모가 플라톤 필사본을 건네준 뒤 거의 2년이 흘러 마르실리오 피치노는 마침내 대화편 가운데 열 편을 번역했다.[21] 7월 셋째 주에 코시모는 피치노에게 플라톤의 대화편 《필레보스》를 챙겨서 "최대한 빨리" 카레기로 오라고 청하면서, "자네가 약속한 대로 이제 그 작품이 라틴어로 번역되었을 거라 믿네만"이라고 덧붙였다. 그는 피치노에게 오르페우스의 리라를 챙겨오라고 요청했다. 이후 며칠간 피치노는 코시모를 위해 하프를 연주하고 자신의 다양한 플라톤 번역본을 큰 소리로 낭독해주었다. 코시모가 마지막으로 청취한 것은 《필레보스》였는데, 거기서 소크라테스는 향락적인 필레보스를 반박하며 "지혜와 생각, 기억,

그리고 그것들의 친척인 올바른 의견과 참된 추론은 쾌락보다 낫고 더 탁월하다"[22]라고 단언했다. 바로 그 대목에서, 피치노가 쓴 대로 코시모는 "이 그림자 같은 인생에서 호출되어 천상에 빛으로 다가갔다."[23]

코시모가 그림자 같은 인생과 하직할 때 그의 곁에는 피에로의 아들인 열다섯 살의 소년, 손자 로렌초가 지키고 있었다.

16장

신성한 글쓰기 방식

1464년 8월 로마의 더위 속에 교황을 선출하기 위한 콘클라베가 바티칸 내 예배당에서 열렸다. 추기경들이 눈앞의 문제에 집중할 수 있도록 예배당의 문과 창문은 다 막혀 있었다. 그들은 '베네치아의 추기경'으로 알려진 귀족이자 교황 에우게니우스 4세의 마흔일곱 살된 조카인 피에트로 바르보를 재빨리 선택했다. 여러 가능성을 저울질한 끝에 신임 교황은 파울루스 2세라는 이름을 취했다(원래 '잘생겼다'는 뜻의 포르모수스도 포함되어 있었지만 현명한 이들이 말렸다).

바르보 추기경은 책과 학식을 사랑하는 것으로 알려지진 않았다. 그는 주화, 보석, 골동품을 수집했지만 이 반짝이는 과거의 장식들 너머 고대 세계나 역사에 흥미를 느끼진 않았다. 에우게니우스의 조카로서, 트레비존드의 게오르기오스를 여러 스승 중 한 명으로 모셨고 1430년대 인문주의 전성기에 피렌체에서 긴 시간을 보냈음에도 불구하고 그는 인문학에 대한 재능이나 관심이 도통 없는 둔재였다. 학자들에 대한 교황의 냉대는 취임 이후 첫 행보로 교황청 상서원에서 여러 서기들을 해고한 데서 드러났는데, 여기에는 (그 희생자들 가운데 한 명인 바르톨로메오 플라티나*가 지적한 대로) 바티칸 궁정이 그들에게 영예인 만큼 그 궁정을 훌륭하게 꾸며주는 시인과 웅변가들이 포함되어 있었다. 바르톨로메오 플라티나는 프란체스코 스포르차와 니콜로 피치니노 밑에서 싸운 전직 용병이었다. 해고를 순순히 받아들일 사람이 아닌 플라티나는 바티칸궁 바깥에서 동료 서기들과 함께 20일간 철야 시위를 하고 교회를 개혁하기 위한 공의회 소집을 요청하는 편지를 쓰며 교황에 대한 반란을 주도했다. 그러자 파울루스는 그를 감옥에 처넣고, 플라티나가 불평한 대로 "한겨울에 불도 때주지 않고", "사방에서 바람이 들이치는 높은 탑에 넉 달 동안" 가뒀다.[1] 플라티나는 운이 좋았다고 여겨야 했다. 한 궁정인은 교황 성하가 그 골칫덩이 인문주의자를 참수시키는 것을 고려했다고 전한다.

파울루스 2세가 교황이 되었을 무렵에 로마에서 신기한 물건이 등장했다. 그것을 가장 일찍 목격한 증인들 중에는 스투디오 피오렌티노의 레오나르도 다티라는 학자와 그의 친구이자 동료 인문주의자인 레온 바티스타 알베르티가 있었다. 하루는 두 친구가 바티칸 내 정원을 거닐고 있었다. "평소처럼 우리는 문학 관련 사안을 논의하고 있었다"라고 알베르티는 썼다. 대화는 곧 근래에 그들의 흥미를 돋우고 보아하니 로마의 화젯거리인 듯한 발명으로 향했다. 여론의 일각은 호의적이었지

---

* 플라티나는 바르톨로메오 사키로 태어났지만 크레모나 인근 자신의 출생지 피아데나의 라틴어 지명 Platina에서 인문주의자의 이름을 취했다. 그가 선호한 판본은 'Platyna'였지만 아직까지 어느 역사가도 그가 원한 대로 이 철자를 써준 적은 없다.

만 일각에서는 탐탁지 않은 반응을 보였다. 알베르티와 다티는 마침 호의적인 쪽이었다. 알베르티는 자신들이 "어떤 활자를 만들어서" 세 사람이 100일 만에 200부의 사본을 제작할 수 있게 한 "독일 발명가를 매우 열렬하게 반겼다"라고 썼다.[2]

알베르티는 십중팔구 그 독일 발명가가 1454년에 에네아 실비오 피콜로미니가 프랑크푸르트 정기시에서 마주친 '기적의 사내'임을 알고 있었을 것이다. 그와 다티는 그 기적의 발명품의 실물 혹은 그 산물의 견본을 두 눈으로 직접 구경했을 수도 있다. 왜냐하면 라인강 둑에서 10년 동안 비밀로 꼭꼭 감춰져 있던 인쇄기가 이탈리아에 드디어 도착했기 때문이다.

"예부터 못된 마인츠." 교황 피우스 2세는 언젠가 라인강 변의 그 도시를 오랜 슬로건을 상기시키면서 그렇게 불렀다.[3] 그가 보기에 그 도시의 괘씸함은 극심한 내분과 교황권에 대한 반대로 인해 1459년에 별안간 되살아났다.

신성로마제국은 각종 분파와 간헐적인 폭력 사태로 이탈리아만큼 바람 잘 날 없었다. 공작, 변경백, 대주교 등의 권력자들은 두 진영으로 갈라졌다. 교황권을 지지하는 자들과 대략 40년 전에 열린 콘스탄츠 공의회 같은 것을 통한 제도 개혁을 지지하는 자들이었다. 개혁가들은 마인츠의 한 고위 성직자 말마따나 "우리가 무슨 야만인이라도 되는 양 교회는 우리한테서 마음대로 돈을 가져갈" 수 있으며, 한때 위대했던 신성로마제국은 "이제 궁핍과 예속 상태, 수지맞는 조공이나 바치는 신세로 전락했다"고 성토의 목소리를 높였다.[4]

1459년 개혁적인 마인츠 대주교—피우스의 견해로는 "색욕과 방탕으로 타락한 무식한 인간"[5] —의 죽음으로 사안은 위기로 치달았다. 그의 대체자는 피우스가 보기에는 한술 더 떴다. 교황은 디터 폰 이젠부르크-뷘딩겐을 마르지 않는 권력욕으로 가득한 부패하고 믿지 못할 인간이라고 여겼다. 디터 대주교는 대주교구에서 나오는 모든 세입 가운데 10분의 1을 로마에 넘기는 것(피우스는 그 돈이 십자군에 갈 것이라고 주장했다)과, 대주교가 어깨에 걸치는 띠 같은 제의에 내는 금액인 '영대領帶 요금' —피우스는 디터의 경우에 그 요금을 두 배로 인상했다—과 같은 재정적 요구를 거부하면서 개혁적 의제를 추구했다. 디터는 또한 '전 독일 민족'이 로마 바티칸 궁정의 변덕스러운 요구에 허덕이고 있다고 개탄하면서 공의회 소집을 요구했다.[6] 자신의 권위에 대한 이 같은 공공연한 반항에 격노한 피우스는 디터를 해임하고 대립 대주교 나사우의 아돌프 2세를 임명했다. 디터는 퇴임 명령을 거부하고, 성직자 계급이 누리던 면세와 여타 특권을 폐지하는 등 대중적인 조치를 통해 국민들의 지지를 받으면서 마인츠에 버티고 있었다.

다양한 독일 제후들과 성직자들이 디터 또는 아돌프 편으로 나뉘었고, 지난 5년 동안 푸스트와 페터 쇠퍼가 운영해온 인쇄소에서 제작한 일련의 대형 전단지broadsides〔한 면만 인쇄한 대형 인쇄물〕가 마인츠에 등장했다. 푸스트와 쇠퍼는 디터를 해임하는 교황 칙서, 그에 대한 답변으로 디터가 낸 성명서, 그에 대한 응답으로 아돌프가 낸 성명서를 비롯해 분쟁의 양측으로부터 나온 공표 내용을 인쇄했다. 이 전단지 제작을 의뢰한 사람들은 거리를 자신들의 격론으로 뒤덮음으로써 민심을 얻어내려고 작정한 듯했다. 도끼, 검, 장창, 대포와 같은 통상적인 전투 도구에 갑자기 치명적인 신무기, 즉 인쇄된 말이 추가되었다.

구식 무기들도 물론 여전히 쓸 만했고, 그것들이 결국에는 결판을 지었다. 1462년 10월, 스위스 용병 400명을 비롯해 3천 명의 아돌프 측 병사들이 마인츠로 입성해 디터 지지자들 400명을 학살했다(디터 본인은 도시 성벽을 넘어 가까스로 탈출했다). 아돌프의 병사들은 그다음 800명의 다른 시민들을 일제히 잡아들여 엄중한 감시 아래 도시 바깥으로 끌고 나가 추방시켰다. 푸스트와 쇠퍼는 공평한 선전 활동에도 불구하고 이 800명의 유배자에 포함되었다. 마인츠의 다른 인쇄기 소유주인 요하네스 구텐베르크도 마찬가지였다.

구텐베르크는 푸스트와 법적 분쟁을 겪은 이후에도 유일하게 남아 있던 활자를 계속 운용했다. 재정적·기술적 자원이 줄어들었지만 그와 그의 조수들은 일련의 달력과 십자군을 요청하는 칼리스투스 3세의 칙서, 예배자들이 외울 수 있도록 현지 교회에 배포해 벽에 붙이는 기도문(현재 뮌헨에 유일하게 남아 있는 사본은 맨 위쪽에 쐐기 못을 박았던 구멍이 뚫려 있다) 등을 찍어낼 수 있었다. 하지만 주된 일감은 아일리우스 도나투스의 라틴어 문법서로 어린 학생들의 교실로 갈 책이었다.

이런 작품들은 구텐베르크의 걸작인 1454년 성서와 비교하면 그에게 틀림없이 보잘것없게 느껴졌을 것이다. 그 책들은 1457년에 푸스트와 쇠퍼가 멋진 시편집, 현존하는 사본 10부를 통해서 이제는《마인츠 시편집Mainz Psalter》으로 알려진 책을 찍어낸 뒤로는 더욱 보잘것없게 느껴졌을 법도 하다. 검은 잉크와 붉은 잉크로 인쇄되고 이색二色 목판화 삽화가 실린《마인츠 시편집》은 기술적으로나 시각적으로 경이로웠으며, 마인츠시의 교회에서 사용하기 위해 주문한 책으로 1455년에 법적 장애를 만나기 전에 구텐베르크가 디자인했을 가능성이 있다. 이 책 말미에는 "펜을 전혀 사용하지 않고 글자를 만들어 찍어내는 인공적 과정"을 거쳐 나온 "훌륭한 대문자들"을 칭찬하는 콜로폰이 있다. 콜로폰은 또한 발행인을 푸스트와 쇠퍼로, 발행일을 1457년 승천일 전날이라고 적시했다.

구텐베르크의 재정난과 법적 곤경은 아직도 끝나지 않았다. 1458년 구텐베르크는 대출금 이자를 지급하지 않았는데 어쩌면 그해에 그와 조수들이 두 가지 야심찬 새 프로젝트에 착수해서였을 수도 있다. 하나는 《가톨리콘Catholicon》이라는 755쪽에 달하는 라틴어 사전이었고, 또 하나는 활자가 더 큰 까닭에 42행 《구텐베르크 성서》보다 거의 500쪽이 더 많은 무려 1768쪽에 달할 예정인 36행 성서였다. 후자는 밤베르크 성서Bamberg Bible로 알려져 있는데 현존하는 사본들의 출처와 더불어 인쇄된 종이로 볼 때 이 책이 마인츠가 아니라 거기서 동쪽으로 240킬로미터 떨어져 있고, 뉘른베르크에서 북쪽으로 하루거리인 밤베르크에서 제작되었음을 짐작할 수 있기 때문이다.

수십 년간 자신의 발명품을 기밀로 유지하기 위해 애써온 구텐베르크는 1450년대 후반에 이르자 이전 조수와 수련생들이 인쇄술을 널리 퍼뜨리는 데 개의치 않았던 듯하다. 그의 조수 중 한 명인 하인리히 케퍼는 밤베르크로 갔던 것 같고, 《구텐베르크 성서》 작업을 했을 또 다른 조수 하인리히 에게슈타인은 1458년에 스트라스부르에서 요하네스 멘텔린(프랑스에서는 장 망텔로 알려져 있다)과 손잡고 인쇄소를 차렸다. 그해 후반에 프랑스 국왕 샤를 7세는 투르의 왕립 조폐국의 장인 니콜라 장송을 파견해 마인츠의 "슈발리에(신사) 주앙 귀탕베르"를 방문해 기계로 책을 제작하는 신기술에 관해 알아보라고 시켰다. 구텐베르크는 분명 그를 반긴 것으로 추정되는데, 장송은 확실히 누군가로부터, 십중팔구 구텐베르크 본인으로부터 가동활자 비법을 배웠기 때문이다.

1462년 10월 마인츠 거리에서 수많은 사람들이 학살당하고 800명이 추방된 사태는 인쇄공들의 대이동으로 인해 라인강 너머로 인쇄술이 확산되는 계기였다고 흔히 여겨진다. 구텐베르크와 푸스트의 작업장 조수들은 뿔뿔이 흩어져서 독일 지방 곳곳으로, 프랑스로, 궁극적으로는 돈벌이가 되는 이탈리아 시장에서 성공하기 위해 알프스를 넘어갔던 것이다. 콜로뉴의 한 카르투시오회 수도사가 쓴 대로 "인쇄공들이 곳곳에 늘어났다."[7]

구텐베르크, 그리고 푸스트와 쇠퍼도 작업장의 조수들과 함께 마인츠에서 추방된 것은 사실이다. 하지만 푸스트와 쇠퍼는 금방 귀환할 수 있었던 한편, 구텐베르크는 마인츠에서 라인강 하류 쪽으로 수 킬로미터 떨어진 강 건너편에 있는 소읍 엘트빌레를 더 벗어나지는 않았던 것 같다. 그도 역시 곧 마인츠로 귀환할 수 있었고, 1465년에 아돌프 대주교는 그에게 궁정 의상(그래서 그가 [마인츠 궁정에] "귀족들의 일원으로 나타날" 수 있도록)과 어쩌면 그보다 유용하게 매년 곡식 80부셸과 포도주 약 2500병을 하사했다.[8]

인쇄술의 확산에서 1462년의 중요성은 과장되기 쉽다. 1462년 마인츠 디아스포라를 지지하는 주장은 푸스트와 쇠퍼, 구텐베르크의 조수와 동료들에 관해 알려진 것이 거의 없다는 사실을 고려할 때 입증하기 어렵다. 더욱이 최초의 인쇄기들은—눈에 띄는 한 가지 예외적인 경우를 제외하면—'마인츠 함락' 이후 10년의 대부분 기간 동안 독일 지방 너머에서는 가동되지 않았다. 인쇄기를 구경하려면 파리와 베네치아는 1470년, 나폴리는 1471년, 리옹과 루뱅은 1473년, 크라쿠프는 1474년까지 기다려야 했다. 이 모든 사실은 이른바 마인츠 난민들이 좀 더 우호적인 지방들로 가서 성공하기를 기대하며 천천히 이동했음을 암시한다.

피렌체 서점 이야기

유일한 예외는 수비아코인데, 로마에서 동쪽으로 50킬로미터 떨어진 이곳은 서양 수도원 제도의 아버지인 성 베네딕트가 500년 직후에 안식처를 구한 동굴이 있는 곳이다. 1464년 어느 땐가, 파울루스 2세가 선출될 무렵에 독일 성직자 한 쌍이 산타 스콜라스티카의 베네딕트 수도원에 도착했다. 콘라트 스바인하임과 아르놀트 파나르츠는 사실상 외판원으로, 푸스트와 쇠퍼에게 고용되어 마인츠에서 인쇄된 도서를 배포하고 판매하는 사람들이었다. 하지만 그들은 자체적으로 인쇄를 시작할 수 있는 노하우와 그리고 어쩌면 그에 필요한 도구와 장비까지 갖춘 채 수도원에 도착했다. 맞춤못으로 조립되어 있는 인쇄기들은 해체해서 옮긴 다음 재조립하기가 비교적 쉬웠다. 1464년 말이나 1465년 초에 이르면, 어쨌거나 그들은 베네딕트회 수도사들의 도움을 받아 멀리 떨어진 마인츠의 이전 고용주들과는 별개로 독자적으로 자신들의 인쇄기를 운용하고 있었다.

스바인하임과 파나르츠가 어째서 수비아코를 선택했는지는 분명하지 않다. 산타 스콜라스티카의 베네딕트회 수도사들 대다수가 독일인이고, 적어도 알프스 건너편 출신자들이었다는 사실은 물론 중요하다. 이탈리아 출신 두 명을 제외하면 나머지 수도사들은 슈바벤, 작센, 오스트리아, 스위스, 알자스, 프랑스 출신이었다.[9] 이유가 뭐든 간에 산타 스콜라스티카에서 두 독일인은 모본을 고를 수 있는 넉넉한 장서와 더불어 로마—자신들의 상품을 사줄 확실한 시장—에 비교적 가까우면서도 모험적 사업을 비밀리에 시도할 수 있을 만큼 외지고 고립된 곳이라는 입지의 혜택을 누렸다. 그들은 또한 수도사들에게 일을 가르쳐서 자신들을 도와줄 일단의 조수로 삼을 수 있었다.

수도원이라는 교회적 배경, 스바인하임과 파나르츠가 성직자로서 받은 직업 훈련, 로마에서 그리 멀지 않은 위치, 이 모든 요소가 전례문이나 종교적 논고를 출판하는 사업 계획을 가리킬지도 모른다. 하지만 십중팔구 1464년 후반이나 1465년 초반에 완성된 그들의 첫 출판물은 기초 라틴 문법서였다(현재 사본은 남아 있지 않다). 그해 9월 말에 이르러 완성된 다음 제품으로 그들은 인문학 고전 중의 고전인 키케로의 《데 오라토레》를 275부 찍었다(이 가운데 17부가 현존한다). 수사학에 관한 이 논고의 1차 시장은 수도사와 사제들이라기보다는 분명히 인문학자들로, 베스파시아노한테서 필사본을 구입할 만한 딱 그런 종류의 고객들이었다. 그러한 인문학 고전은 알프스 이북에서 여태까지 인쇄된 어떤 것과도 달랐다. 그곳에서 구텐베르크와 푸스트의 출판물 대다수는 성서와 〈시편〉이었다. 하지만 마인츠의 사업으로 복귀한 푸스트와 쇠퍼는 라틴 고전 인쇄 도서의 잠재적 시장에 대해 빠르게 동일한 결론에 도달했다. 마찬가지로 1465년 어느 시점에 그들은 도덕철학에 관한 키케로의 작품인 《의무론》의 라틴어 판본을 인쇄했는데, 이는 종교 저작과 정치 논박문을 벗어난 첫 사업 시도였다.

다음 18개월에 걸쳐 수비아코 인쇄기는 두 작품을 더 찍어냈다. 1465년 가을에 초기 기독교 작가인 락탄티우스의 저술 한 권이 나왔고, 그다음 한층 야심찬 출판품인 성 아우구스티누스의 《신국론》 275부가 1467년 여름까지 완성되어 나왔다. 후자가 완성될 무렵에 스바인하임과 파나르츠는 수비아코에서 로마로 작업 근거지를 옮겨, 캄포 데 피오리 근처 피에트로 마시모와 프란체스코 마시모라는 두 형제 상인이 소유한 건물에 인쇄소를 차렸다. 부유한 지주 가문의 후손인 피에트로와 프란체스코는 납, 주석, 안티몬, 종이(마침 조판술과 인쇄에 필요한 재료들)를 수입하며 무역과 상업 분야로 사업을 확장했다. 마시모 형제는 인쇄 도서에서 잠재적으로 돈벌이가 될 상품을 알아봤을지도 모른다. 심지어 애초에 수비아코에서 로마로 두 인쇄업자를 불러들인 장본인들일 수도 있는데 스바인하임과 파나르츠의 첫 로마 출판물로서 1467년에 나온 키케로의 《서한집》은 마시모 가문의 도움을 밝히는 콜로폰이 들어가 있기 때문이다. "피에트로 마시모의 집에서 (…) 캄포 데 피오리 근처 In domo Petri de Maximis … inxta Campum Florae." 나중에 나오는 책들에는 프란체스코의 이름도 들어가게 된다.

스바인하임과 파나르츠는 로마로 오면서 수비아코에서 찍은 책들도 얼마간 가져왔다. 1467년 11월에 레오나르도 다티는 《신국론》의 수비아코 판본을 한 권 구입했다. 그는 책 안쪽에 이 책을 "손으로 쓰는 것이 아니라 이런 식으로 무수한 책들을 '찍어내는' 데 익숙한, 지금은 로마에서 살고 있는 독일인들"[10]한테서 구입했다고 적었다.

스바인하임과 파나르츠가 인쇄한 '무수한 책들', 특히 키케로 작품 두 권은 베스파시아노가 제작한 것과 같은 필사본 독자들에게 친숙한 형태로 나왔다. 레오나르도 다티와 레온 바티스타 알베르티가 인쇄술을 긍정적으로 여긴 이유가 쉽게 이해되는 대목이다. 손으로 쓴 필사본에서 인쇄본으로의 이행은 독자들에게는 천 년 전 두루마리에서 코덱스로의 전환보다 틀림없이 훨씬 더 적응이 쉬운 과정이었을 것이다. 최초의 인쇄본 도서들은 그것들이 모델로 삼은 필사본과 가급적 똑같아 보이도록 디자인되었다. 많은 경우 인쇄본은 한 권 한 권마다 나중에 채식사가 추가한 주서와 손으로 그리고 칠한 장식들—가두리 장식, 채식 대문자, 다양한 삽화들—을 비롯해 필사본의 예술적 특성들을 사실상 모두 공유했다. 《신국론》의 1467년 수비아코 판본 최소 한 권에는

INSTITVENTI michi . Q. frater eū fermonē
referre & mandare huic tertio libro quē poſt an-
thomii diſputatione craſſus habuiſſet: acerba ſane
recordatio: ueterē animi curā moleſtiamq; reno-
uauit. Nam illud imortalitate dignū ingemū: illa
humanitas: illa uirtus. L. craſſi morte excita ſu-
bito eſt: nixit diebus decem poſt eū diem q hoc et ſuperiore
libro cōtinet. Vt eni romam rediit extremo ſcenicoꝝ ludoꝝ
die uehemēter cōmotus: ea oratione que ferebat habita eſſe
i cōcione a philippo quē dixiſſe conſtabat uidendū ſibi eſſe
aliud cōſiliū: illo ſenatu ſe rē.p.regere nō poſſe: mane idib9
ſeptembris. et ille et ſenatus frequēs uocatu druſi in curiam
uenit. Ibi cū druſus multa de philippo queſtus eſſet: retulit
ad ſenatū de illo ipo quod in eū ordinē conſul tam grauiter
in cōcione eſſet iuectus. Hic ut ſepe inter hoies ſapiētiſſimos
conſtare uidi quaꝗ hoc craſſo: cū aliquid accuratius dixiſ-
ſet ſemp fere cōtigiſſet: ut nūꝗ dixiſſe melius putaret: tamē
omniū confenſu ſic eſſe tum iudicatū audiui ceteros a craſſo
ſemp omnes illo aute die etiā ipm a ſeſe ſuparū. Deplorauit
eni caſum atq; orbitatē ſenatus cuius ordinis a conſule qui
quaſi parēs bonus aut tutor fidelis eſſe deberet: tanꝗ ab ali-
quo nefario predone diriperet patrimoniū dignitatis. Ne-
q; uero inqt eſſe mirādum ſi tum ſuis conſiliis rem. p. ꝓfli-
gaſſet. conſiliū ſenatus rei. p.repudiaret. Hic cum homini et
uehemēti et diſerto et in ꝓmis forti ad reſiſtendum philippo
quaſi quaſdā uerboꝝ faces admouiſſet: nō tulit ille: et gra-
uiter exarſit pignoribuſq; ablatis craſſū iſtituit cohercere.

스바인하임과 파나르츠가 1465년에 인쇄한 키케로의 《데 오라토레》.

피렌체 서점 이야기

베스파시아노의 호화 필사본들에서 쉽게 볼 수 있는 흰 포도 덩굴 형태의 가두리 장식이 있다. 이 《신국론》 인쇄본을 구입한 다음 삽화 장식을 의뢰한 원래 소유자의 신원은 알려지지 않았지만 그 혹은 그녀는 이런 스타일로 장식된 필사본들—심지어 어쩌면 베스파시아노와 그의 팀이 제작했을 필사본들—을 소장했거나 최소한 본 적이 있었으리라는 점은 분명하다.

인쇄본은 또한 물리적 구성에서도 필사본을 닮아 있었다. 파피루스에서 양피지로의 전환과 달리 자재는 계속 동일했다. 필경사에서 인쇄공으로의 이행은 양피지에서 종이로의 어떠한 극적인 전환도 동반하지 않았다. 필경사들이 이따금 종이에 필사 작업을 한 것처럼 인쇄공들도 양피지로 책을 찍어냈다. 현존하는 《구텐베르크 성서》 48부 가운데 36부는 종이에 인쇄되었고(일일이 손으로 쓰고 칠한 글자와 장식들이 들어간 사본들을 포함해) 10여 부는 양피지에 인쇄되었다. 이 같은 종이와 양피지의 3 대 1 비율이 전체 인쇄 부수에 적용된다고 가정하면 구텐베르크는 자신의 성서의 40부가량은 양피지에 인쇄한 셈이다. 실은 《구텐베르크 성서》가 워낙 일반적인 필사본처럼 생겨서 전설에 따르면 요한 푸스트는 자신의 제품을 손으로 쓴 필사본으로 내세웠다고 한다.[11] 다른 사람은 몰라도 프란체스코 필렐포는 쉽게 속아 넘어갔을 듯하다. 로마에서 스바인하임과 파나르츠가 인쇄한 책들을 구경한 그는 "그것들이 가장 정확한 필사자의 손에서 나온 것이라고 할 만하다"고 열정적인 찬사를 보냈다고 한다.[12]

키케로의 《서한집》 1467년 로마판은 베스파시아노의 필경사가 쓴 필사본과 무척 닮아 보였을 것이다. 그러니 필렐포처럼 경험 많은 독자도 혼동할 만했다. 말하자면 스바인하임과 파나르츠는 키케로의 작품을 선택하면서 베스파시아노 같은 이들의 의복을 훔친 꼴이었다. 그들은 어느 모로 보나 인문학 필사본 제작자들의 양식을 모방해 인쇄본을 구성했다. 수비아코에서 이용된 활자는 세미고딕체라고 하는 것이 가장 정확한 표현일 텐데 인문주의자체를 따랐음에도 불구하고 획이 약간 더 굵고 끝이 뾰족한 형태가 독일적 기원을 드러내기 때문이다. 하지만 일단 로마로 오자 스바인하임과 파나르츠는 거의 확실히 인문학 필사본을 견본으로 삼아, 더 진짜 같은 '고서체' 펀치와 매트릭스를 만들어 새로운 활자를 제작했다. 쇠퍼가 디자인한 구텐베르크의 가동 금속활자는 중세 독일 수도사들의 고딕체인 텍스투라체를 모방했다. 하지만 1467년 로마에서 매트릭스를 제작한 금세공인은 포조 브라촐리니가 개발하고 세르 안토니오 디 마리오, 게라르도 델 치리아조, 피에로 스트로치 같은 공증인들과 문인들이 이용한 우아한 서체를 재현했다. 알프스 이남의 인쇄공들은 피렌체의 지혜 애호가들의 '고서체' 노선을 따를 작정이었다. 포조와 베스파시아노의 많은 필경사들에 대한 경의의 의미로 이 우아한 활자체는 무리 없이(그리고 아마도 더 정당하게도) '피렌체체'라고 부를 만했다. 그 대신 스바인하임과 파나르츠가 선택한 서체는 훗날 '로마체'로 알려지게 되었다.

그러므로 스바인하임과 파나르츠의 키케로 《서한집》 1467년판은 얼핏 봐서는 단정하고 명료하며 대단히 읽기 편한 서체로 유능한 필경사가 손으로 써낸 필사본이 아닌 다른 것이라고 알아차리기는 어려웠을 것이다. 하지만 책 말미에 두 인쇄업자는 자랑스럽게 (그리고 처음으로) 콜로폰에 자신들의 이름을 넣었다. "이 경이로운 작품은 콘라트 스바인하임과 아르놀트 파나르츠가 함께 만들었다."

많은 독자들이 책을 만들어내는 이 새로운 방식이 경이롭고 심지어 기적적이라는 데 동의했다. 이 신기술에 감격한 한 이탈리아 추기경은 "사람은 깃털이 필요하지 않다. 쓸데가 없기 때문이다. 그것은 단 하루 만에 1년 걸려서도 쓸 수 없는 것을 찍어낸다"[13]라고 말했다. 다음 몇 년 에 걸쳐서 여러 주교, 학자, 교사, 의사, 수도사 들이 인쇄술을 "거룩한 기예", "새롭고 신성하다시피 한 글쓰기 방식", "천상의 수도원 회랑에서 내려온" 특별한 〔기술〕, "사상 유례 없는 기적"[14]이라고 단언하게 된다. 필사본과 비교할 때 책이 제작되는 속도와 분량, 상대적으로 저렴한 가 격, 이 모든 것은 모두가, 심지어 가난한 사람도 장서를 보유할 수 있 고 지식이 멀리까지 빠르게 확산될 수 있음을 뜻한다고 그들은 믿었다. 어둠이 걷히고, 1476년에 어느 수도사가 쓴 것처럼 '살루템 인 메디오 테레salutem in medio terre', 즉 지상에 구원이 찾아오리라.[15]

17장

고대 이래 최고의 도서관

1464년 여름 코시모 데 메디치가 죽었을 무렵에 베스파시아노는 피에솔레의 바디아에 그럭저럭 200권의 필사본 조달을 완료한 상태였다. 후베르투스라는 필경사가 필사하고 아름답게 채식된 플리니우스의《자연사》같은 일부 작품들은 아직 제작이 덜 끝났다. 하지만 피에솔레 도서관에 들어갈 필사본 대다수는 베스파시아노의 전설이 전하는 대로, 대략 22개월에 걸친 팀 작업에 의해 완성되었다.

1년 안에 코시모와 그의 아들 조반니가 세상을 떠남에 따라 베스파시아노는 가장 귀중한 고객 두 사람을 잃었다. 그렇더라도 그의 가게는 새로운 고객들 덕분에 여전히 분주했다. 베스파시아노의 필경사이자 친구인 누군가가 이 무렵에 평가한 대로 그리스인, 로마인, 히브리인의 지혜를 전하는 이로서 그의 명성이 워낙 자자하여 배움을 사랑하는 모든 사람들, "로마의 교황, 성직자, 국왕, 군주, 모든 식자 들"이 그의 문 앞으로 찾아왔다.[1]

이 군주들 가운데 한 명은 모데나와 페라라의 통치자인 보르소 데스테였다. 보르소는 여태까지 사냥개와 맹금류만 수집해왔고, 그의 취미 생활은 무사태평한 동행들과 명랑한 어릿광대 스코콜라를 데리고 시골을 신나게 쏘다니는 것이었다. 하지만 다른 "대인大人"들과 좀 더 어울리는 이미지를 가꾸기로 작정한 그는 아버지로부터 물려받은 276권의 컬렉션을 더 확대하기 시작했다.

베스파시아노는 지위가 더 변변찮고 더 절실한 고객들도 상대했다. 그는 레겐스부르크 대성당의 참사회 회원이자 피우스 2세의 친구인 요하네스 트뢰스터라는 독일 학자에게 책을 조달했다. 그를 위해 베스파시아노는 양피지 대신 종이로 키케로 책을 한 권 제작했는데 그래도 여전히 3플로린이 나갔다. 트뢰스터는 그 키케로 필사본의 나무 제본 표지에 피렌체의 베스파시아노한테서 구입한 것이라고 자랑스레 적었다.[2]

베스파시아노의 다른 고객으로는 53플로린에 근사한 스트라본 필사본을 구입한 바르톨로메오 로베렐라라는 에스파냐 주교이자 추기경도 있었다. 그 필사본은 베스파시아노가 여태껏 제작한 가장 값비싼 코덱스 중 하나였다. 베스파시아노는 20년 전에 그에게서 처음 필사본을 구입한 장 주프루아와도 계속 거래했다. "비록 프랑스인이긴 해도 고대에 관한 지식이 해박하고 아는 것이 많다"라고 조반니 아우리스파는 주프루아를 마지못해 인정했다.[3] 1462년에 알비의 주교로 임명된 주프루아는 언젠가 베스파시아노에게 한 번에 열네 권의 필사본을 주문한 적도 있다. 하지만 주프루아 주교와의 거래는 필사본 한 권의 가격이 얼마이든 간에 경비를 간신히 충당할 수 있을 뿐 이윤이 통 남지 않는 장사였다. "저는 예하께서 책의 제작 비용에 덧붙여 저의 수고에 대해 약간의 사례금을 보내주시길 기대했습니다만, 사례금은커녕 경비도 다 받지 못했습니다"[4]라고 베스파시아노는 주프루아에게 불만이 담긴 서신을 보냈다.

코시모는 훨씬 더 신속하고 인심이 후한 고객이었다. 피에솔레 바디아를 위해 제작한 필사본 중 111권에 대해 남아 있는 회계장부를 보면 그가 베스파시아노에게 총 1566플로린을 지불했음을 알 수 있다.[5] 이 액수는 코시모가 코덱스를 권당 평균 14플로린에 구입했음을 의미하는데 비록 10여 권은 30플로린이 넘게 들었지만 베스파시아노의 필사본 다수가 주인이 바뀔 때 받는 가격보다는 다소 낮은 가격이다. 2년에 걸쳐 지급된 코시모의 지불금은 물론 베스파시아노의 순이익에 해당하지 않는다. 그는 필경사와 채식사에게 돈을 지불해야 할뿐더러 재료도 구입해야 했다. 그렇더라도 그는 권당 평균 3.5플로린의 이윤을 남겨 2년에 걸쳐 총 400플로린의 이익을 얻었다. 비록 그 이익은 동업자인 미켈레 과르두치의 아들들과 나눠야 했지만 서점에서 베스파시아노의 지분이 37.5퍼센트였으므로 이 111권의 필사본만으로 그는 1462년부터 1464년 코시모가 죽기까지 연간 75플로린을 벌어들였다. 이 액수는 1년에 40~60플로린을 받는 학교 교사 그리고 메디치가와 같은 국제적인 금융 회사 직원들의 봉급과 비교할 때 고소득이라고 할 수 있다. 하지만 베스파시아노가 벌어들인 75플로린으로는 피에솔레 수도원을 위해 제작한 가장 값비싼 필사본 두 권, 성 요한 크리소스토무스 한 권 (37플로린)과 성 히에로니무스 서한집(39플로린)을 구입할 수 없었을 거라는 사실도 생각해볼 만하다.

베스파시아노가 코시모 덕분에 거둔 필사본 한 권당 3.5플로린의 수익은 분명 그가 거둔 이윤의 최대치였을 것이다. 이를테면 양피지 300장이 들어가는 두꺼운 책을 20플로린보다 저렴하게 제작하기는 어려웠다.

가격이 50플로린이 나가는 책이라 하더라도, 재료와 인건비의 증가 때문에 그보다 훨씬 싼 가격의 책보다 더 높은 이윤을 보장하지는 않았다. 그리고 주프루아 주교의 사례에서 보다시피 베스파시아노의 수입은 인심이 후하든 박하든 간에 부유한 고객들의 변덕에 어느 정도 의지할 수밖에 없었다.

베스파시아노는 이 시점에서 재정적 곤경을 거의 겪지 않았지만 경제적 관점에서 볼 때 그의 문제는 필사본이 애초에 상업적 제안으로 계획되거나 설계된 것이 아니라는 점이었다. 수 세기 동안 수도원에서 수도사들에 의해 필사되고, 흔히 현지에서 제조된 잉크, 물감, 동물 가죽 등의 재료로 만들어진 필사본은 다행스럽게도 손익 계산에 구애받지 않고 생산된 인공물이었다. 그런 필사본이 스크립토리움에서 서점으로 이동함에 따라 손익 계산 장부가 도입되고 수도원 도서관을 벗어나 소비자 집단을 찾아낼 필요성이 생겨났다. 속세에서 벗어난 학구적인 행위가 여느 행위와 마찬가지로 하나의 업이 되었으며, 얼마나 고상한 내용이 들어 있든 간에 필사본은 제작되어서 시장에서 교환되는 상품이 되었다.

이 시기에 어느 때보다 많은 필사본이 제작되고 교환되었다. 1460년대 유럽에서는 역사상 어느 시점보다 더 많은 필사본이 제작되었다. 1400년대 전반기 동안 유럽 전역에서 제작된 필사본은 100만 권에 약간 못 미치는데, 10년당 평균 19만 권가량이 필사되었다고 볼 수 있다. 그런데 1460년대에는 10년간 총 45만 7천 권의 필사본이 제작되었다. 이는 구텐베르크의 발명 이후 10년간 필사본과 필경사라는 직업이 생존 가능하고 안정적이었음을 시사하는 엄청난 증가다.[6] 이탈리아인들이 최대 생산자였고, 사실 1세기 이상 줄곧 그래왔다. 서지학자 빅토르 숄

더러는 인쇄기가 독일에서 발명되어 완성된 것은 이탈리아에 비해 북유럽에서는 필사본이 더 희귀하고 구하기가 어려웠기 때문에, 구텐베르크가 책을 제작하는 새로운 방식을 고안하게 되었으리라고 추정했다.[7] 베스파시아노는 이탈리아에서 필사본을 쉽게 입수할 수 있었던 여러 이유 가운데 하나다. 그는 많은 고객들의 다양한 필요에 맞춰 신속하고 능숙하게 필사본을 공급할 수 있었다.

근래의 두 선임자 니콜라우스 5세나 피우스 2세와 달리 새 교황 파울루스 2세는 바티칸 도서관에 별다른 관심을 보이지 않았다. 하지만 두 선임자와 마찬가지로 그도 오스만튀르크에 맞선 십자군에는 헌신적이었다. 1464년 여름에 선출되자마자 그는 서방의 군주들에게 "튀르크인들의 맹위에 맞서 기독교 신앙을 수호"[8]하고자 하는 자신의 열성을 장담했다. 늘 그렇듯이 두 가지 걸림돌은 자금의 부족과, 십자군에 나설 사람들 간의 의견 차이와 분열·상호 불신이었다. 첫 번째 문제를 해결하기 위해 파울루스는 면벌부 판매와 십일조에서 나오는 수입이 베사리온과 다른 두 추기경으로 구성된 특별위원회인 성십자군 병참감들에게 곧바로 돌아가게 했다. 그다음 병참감들과 베네치아인들은 여러 이탈리아 국가들이 십자군에 거액을 기부해야 한다는 계획을 들고 나왔다. 베네치아와 교황청은 각각 10만, 나폴리는 8만, 밀라노는 7만, 피렌체는 5만 플로린을 내놓기로 했다. 심지어 손바닥만 한 몬페라토 변경령도 십자군을 위해 5천 플로린을 내놓으라는 압박을 받았다.

교황과 베네치아인들을 제외하고 이탈리아의 어느 도시도 이 액수를 내고 싶어 하지 않았는데, 이번에도 십자군은 베네치아의 상업적 이해관계에만 득이 될 것이라고 믿은 탓이었다. 나폴리에서 페란테 국왕은 메메트가 이탈리아에서 분란을 조장하는 대가로 자신에게 8만 플로린(분명히 그렇게 쉬운 일에 후한 액수였다)을 제시했다고 밝히며 튀르크인들과 한편이 되겠다고 협박할 지경이었다. 1465년, 거대한 튀르크 함대가 의장을 마쳤다는 군사 정보와 이듬해 20만 군사가 알바니아를 향해 진군하고 있다는 보고조차도 서방 측의 생각을 하나로 모으지 못했다. 따라서 파울루스 교황은 술탄을 기독교로 개종시키기 위해 콘스탄티노플로 대리인을 파견하는 기괴하고 필사적인 수단을 동원했다.

파울루스의 전임자 피우스 2세도 메메트를 선량한 기독교도로 탈바꿈시키는 방안을 이미 고려했었다. 1461년에 피우스는 〈메메트에게 보내는 편지Epistula ad Mahumetem〉를 작성해 술탄에게 동방의 로마 황제로 인정받는 대가로 기독교로 개종하라고 청했다. 이에 대한 역사적 선례로는 콘스탄티노플의 창건자 로마 황제 콘스탄티누스가 기독교로 개종한 일이 있었다. 피우스가 결국에는 종교 간 화해보다는 십자군에 헌신하기로 하면서 그 편지는 콘스탄티노플에 닿지 않았다.

메메트가 개종 후보자라고 믿을 만한 타당한 이유들도 있었다. 메메트의 계모였던 종조모 밑에서 어린 시절을 보낸 그리스 역사가 테오도로스 스판도우네스에 따르면, 술탄은 이슬람으로 개종한 어머니에 의해 기독교 세례를 받았고 비록 무슬림으로 양육되긴 했어도 "다른 어느 신앙보다 기독교 신앙을 더" 따랐다.[9] 메메트의 아들 바예지드는 나중에 아버지가 무함마드의 가르침을 따르지 않았다고 주장하게 된다. 젊은 시절 메메트는 확실히 코란을 마지못해 받드는 사람이었다. 그의 스승들은 오로지 체벌에 의지해서만 제자에게 코란의 구절들을 암송하게 할 수 있었다. 훗날 비잔티움 성유물에 대한 공경과 더불어 베네치아 화가 젠틸레 벨리니에게 성모와 아기 예수 같은 작품을 의뢰한 사실은 기독교 신앙에 대한 그의 커다란 공감을 강하게 암시한다.

1465년 여름에 파울루스 교황의 대리인은 로마에서 콘스탄티노플로 출발했다. 교황의 특사는 다름 아닌 파울루스의 전직 라틴어 교사, 호전적인 인문주의자이자 열성적인 아리스토텔레스주의자 트레비존드의 게오르기오스였다. 게오르기오스는 메메트 2세의 개종 가능성에 대해 피우스 2세보다 훨씬 더 낙관적이었다. 1453년에 그는 〈기독교인들의 신앙의 참됨에 관하여 에미르에게 고하는 글〉을 썼는데, 기독교와 이슬람을 가르는 것은 거의 없으며 세상의 종말의 순간에—게오르기오스는 그때가 마침내 닥쳤다고 믿었다—전 세계의 황제가 등장해 하나의 왕홀과 하나의 종교 아래 모든 인간을 통합시킬 것이라고 주장하는 논고였다. 그는 그 논고를 튀르크어로 번역시켜 그가 문제의 황제라고 간주하며, "온 하늘과 땅의 왕"[10]으로 일컬은 메메트에게 바칠 수 있기를 희망했다. 피우스 2세와 페란테 국왕 둘 다 콘스탄티노플로 신성한 임무를 띠고 가겠다는 게오르기오스의 제안에 퇴짜를 놓았는데 파울루스 교황이 마침내 동의하여 그가 동방으로 가는 경비를 대고 암호로 쓴 메시지를 로마로 보낼 수 있도록 미리 합의했다.[11]

게오르기오스는 자신이 번역한 프톨레마이오스의 《알마게스트》 필사본을 챙겨들고 콘스탄티노플로 출항했다. 150년 무렵에 그리스어로 작성된 《알마게스트》는 고대 세계에서 나온 현존하는 가장 위대한 천문학 논고로, 기하학과 수학을 통해 별과 행성의 운동을 묘사하려는 시도였다. 베사리온 추기경은 게오르기오스의 번역본이 오류투성이라고 무시했다(베사리온과 친구들은 종종 퀴리날레 언덕 기슭에 있는 그의 궁전에 모여 게오르기오스의 다양한 번역본들의 결점을 신나게 꼬집었다). 그렇더라도 프톨레마이오스의 저작은 천문학과 점성술에 대한 메메트의 관심, 특히 두 학문이 신이 예비한 자신의 운명을 드러내는 한에서 그가 보이는 관심을 고려할 때 선물로서 현명한 선택이었다. 하지만 술탄을 알현하려는 게오르기오스의 시도는 수포로 돌아갔다. 실패에도 끄떡하지 않던 그는 폭풍에 시달리는 귀환길에 〈전제자의 영원한 영광과 그의 세계 제국On the Eternal Glory of the Autocrat and His World Empire〉이란 글을 썼다. 이 논고는 메메트가 로마를 정복하고 세계를 다스릴 운명이며, 세계는 그러므로 "하나의 보편 왕국, 하나의 교회, 하나의 신앙"[12] 아래 들어오게 될 것이라는 그의 시각을 재천명했다.

　게오르기오스는 이 최신 논고 필사본을 들고 로마로 돌아왔을 때 자신이 궁지에 처했음을 깨달았다. 그 저작은 이단의 혐의로 베사리온 추기경을 비롯해 다수 신학자들의 면밀한 검토를 받아야 했다. 놀라운 일은 아니었지만 그는 곧 감방에서 인생을 되돌아봐야 하는 처지가 되었고, 어느 밀라노 대사가 보고한 대로 거기서도 "그는 그 튀르크인〔술탄 메메트 2세〕을 위대하다고 추켜세우고 그가 세계의 보편 군주가 되어야 한다고 믿었다."[13] 사실 게오르기오스는 산탄젤로성에서 강제적 고립 생활을 기회 삼아 또 다른 예언적 저작 《곧 온 세계의 왕이 될 이를 위한 신성한 교본On Divine Manuel, Shortly to be the King of the Whole World》을 썼다. 이 논고에서 그는 메메트 2세가 성서의 예언들을 실현한 자이므로 자신이 그에게 마누엘이라는 이름을 수여한다고 했다. "최후의 날이 우리에게 닥쳐왔다"라고 그는 썼다. "그대가 다윗이 예언한 대로 모든 민족을 통일시키기 위해 왔을 뿐만 아니라 사도 바울이 예언한 최후의 대✢배교도 로마에서 시작되었다." 이 배교를 그는 "플라톤 추종자들" 탓이라고 여겼다.[14] 기독교와 이슬람 사이의 차이점들은 우렁찬 천상의 마지막 나팔 소리와 함께 사라질지도 모르지만 플라톤과 아리스토텔레스 사이의 차이점들은 게오르기오스에게 영원히 뿌리박힌 것이었다.

스바인하임과 파나르츠가 로마의 마시모궁에서 인쇄를 시작한 것과 거의 같은 시기에 베스파시아노는 또 다른 인심 후한 고객을 얻었다. 베스파시아노는 도서관 구축(베스파시아노는 "고대 이래 최고의 도서관"[15]이라고 일컬은)을 향한 그 고객의 야심을 위해 40명가량의 필경사 팀을 꾸리게 되고 여기에 주서가와 채식사들이 합세해 다음 10년의 태반을 이 프로젝트에 매달리게 될 터였다.[16]

페데리코 다 몬테펠트로는 피렌체에서 아펜니노산맥의 언덕과 계곡들을 지그재그로 통과해 200킬로미터를 가면 나오는 인구 7천 명의 도시국가 우르비노의 세습 통치자였다. 페데리코는 베스파시아노와 거의 동갑이었다. 1422년, 우르비노 백작 귀단토니오 다 몬테펠트로의 사생아로 태어난 그는 처음에 아버지에게 환영받았는데 25년에 걸친 결혼 생활에서 적법한 후계자를 낳지 못했기 때문이었다. 하지만 귀단토니오의 첫 번째 아내가 죽고 재혼한 아내에게서 1427년 적자 오단토니오가 태어나자 페데리코는 아무도 거들떠보지 않는 신세가 되었다. 그는 베네치아와 만토바에서 교육을 받았고 사춘기에는 여러 연애 상대를 정복했음을 자랑하는 나르시시스트풍의 시를 잇달아 지어서 두각을 나타냈다. 하지만 페데리코의 진정한 운명은 다른 종류의 정복에 있었다. 열다섯 살에 그는 용병대장 니콜로 피치니노 휘하에 들어가 800명의 기병대를 지휘했고 그때까지 철옹성이었던 요새를 시기스몬도 말라테스타한테서 빼앗는 등 혁혁한 수훈을 세워 자신이 뛰어난 전사임을 입증했다.

페데리코의 팔자는 1443년 아버지가 사망하면서 우르비노 백작이 되었던 이복동생 오단토니오의 죽음과 함께 다시 한번 바뀌었다. 열일곱 살의 오단토니오 백작은 높은 세금과 포식자 같은 성적 행각으로 민심을 잃고, 1444년 7월에 잘린 음경이 입에 쑤셔 넣어진 채 길거리에서 시신으로 발견되었다. 페데리코는 오단토니오가 욕을 먹은 만큼 우르비노 주민들에게 환심을 사면서 재빨리 권력을 장악했다. 이탈리아에서 최고의 주가를 올리는 용병대장으로서 그가 받은 막대한 보수는 도시에 엄청난 번영을 가져와 우르비노를 이른바 '궁전의 모습을 띤 도시 una città in forma di palazzo'로 만들었다. "그 땅 어디에서도 거지를 볼 수 없었다"라고 베스파시아노는 감탄했다.[17] 실제로 페데리코는 자신의 궁정에 400명에 가까운 인원을 고용했다. 그의 수행원들은 다양한 기사와 신사부터 서기, 교사, 수행 신부, 요리사, 급사, 말 사육사, 시동, 춤 선생, 그의 기린 관리인에 이르기까지 온갖 사람들을 아울렀다. 페데리코의 경력과 우르비노의 번영은 1450년에 그가 밀라노의 마상 창시합에서 상대방의 장창에 코가 부러지고 오른쪽 눈알이 빠지는(그는 면갑을 거부했다) 중상을 입으면서 잠시 위협을 받았다. 그는 이 부상에서 살아남아 다음 싸움을 기약할 수 있었고, 그의 얼굴 손상과 더불어 어린 시절 피부 질환의 결과이자 그의 트레이드마크가 된 커다란 사마귀도 보여주는 초상화들의 모델이 되었다.

인생 후반에 페데리코는 어린 아들이자 후계자와 함께 있는 자신의 모습을 담은 초상화를 의뢰하게 되는데, 이 초상화에서 그는 갑옷 위로 흰 족제비 털 망토를 걸치고 둥근 금 손잡이가 달린 보좌에 앉아 있다. 엉덩이춤에는 검을 찼으며, 발치에는 면갑이 달린 투구가 놓여 있다. 멀쩡한 한쪽 눈으로는 커다란 가죽 장정 책을 읽고 있다. 초상화는 페데리코가 세심하게 가꾸고 투사하고자 했던 이미지를 보여준다. 통치자,

전사, 그리고 무엇보다도 독자라는 이미지를.

학자 겸 전사로서 페데리코의 이미지는 그의 궁정에 상주하는 시인이자 화가인 조반니 산티(장래의 화가 라파엘로의 아버지)가 그를 기려 지은 2만 6천 행의 시로 더욱 윤색되었다. 전장에서 "월계관을 잔뜩 얻었음"에도 불구하고 페데리코는 "정신적 규율"과 "영감에 찬 주제들"에 매진했다고 산티는 썼다. 산티에 따르면 그는 아리스토텔레스를 집어 들고, 대수학에 몰두하고, 최고의 점성술사들과 함께 하늘을 연구하고, 소박한 식사를 하면서 고대의 역사와 전장의 무훈에 관한 이야기를 들었다. 그의 궁정에는 식사를 하는 동안 그에게 큰 소리로 책을 읽어주는 임무를 띤 사람이 다섯 명이나 있었다.[18]

페데리코는 정말 닥치는 대로 읽는 책벌레였다. 알폰소 국왕처럼 그는 로마 역사와 전쟁에 관한 리비우스, 카이사르, 플루타르코스의 논고들을 선호했다. 그의 역사 공부는 베스파시아노가 보기에는 그가 전장에서 그토록 승승장구할 수 있었던 이유 가운데 하나였다. "라틴어를 아는 지휘관은 그렇지 않은 지휘관보다 우위에 있다"[19]라고 베스파시아노는 주장했다. 사순절 기간 동안 페데리코는 신학 저작을 들었고 철학 작품도 즐겼다. 베스파시아노는 그가 "철학을 공부한 최초의 용병대장"[20]이었다고 주장했다(물론 페데리코의 숙적인 시기스몬도 말라테스타도 플레톤 유해 발굴에서 드러나듯 헌신적인 플라톤 추종자이기는 했지만 말이다). 그는 아리스토텔레스의 《니코마코스 윤리학》에서 난해한 대목들을 가지고 논쟁하기를 특히 좋아했는데, 앞선 코시모와 알폰소 국왕처럼 그도 그 논고에서 "큰 규모로 알맞게 지출"하는 미덕에 관해 배울 수 있었을 것이다.

페데리코는 확실히 씀씀이가 컸다. 그는 1460년 무렵부터 필사본을 수집했지만 건축가들이 우르비노 두칼레궁에 새로운 부속 건물 증축 공사를 시작한 1465년에야 도서관에 큰돈을 쓸 생각을 하게 되었다. 그것은 참으로 멋진 도서관, 조반니 산티에 따르면 "대단히 방대하고도 엄선되어/ 지성과 취향을 각각 제공할"[21] 도서관이 되리라. 베스파시아노가 쓴 것처럼 "그 혼자만이, 지난 천 년 넘게 아무도 해내지 못한 일을 해낼 패기"를, 다시 말해 세계에서 가장 훌륭한 도서 컬렉션을 구축할 패기를 갖고 있었다. 베스파시아노는 페데리코가 유럽 전역에서 코덱스를 보내오고, "30~40명의 필경사" 팀이 바쁘게 돌아가게 하면서 비용을 아끼지 않았다고 말했다.[22]

베스파시아노는 이 프로젝트에 없어선 안 될 인물이었다. 그는 무엇보다 최상의 모본을 어디서 찾을 수 있는지 알고 있기 때문에 귀중한 자원이었다. 한번은 바티칸 도서관과 파비아 성의 도서관(1천 권의 필사본을 소장하고 있었다), "그리고 심지어 잉글랜드에 요청해 옥스퍼드대학"[23] 도서관의 장서 목록을 챙겨서 우르비노를 찾아가기도 했다. 그는 알폰소 국왕과 나중에는 페란테와의 연줄 덕분에 나폴리의 훌륭한 도서관의 장서와 더불어 코시모 데 메디치, 산 마르코 수도원, 피에솔레의 바디아 그리고 자신의 서점 맞은편에 있는 수도원 도서관과 같은 피렌체 도서관의 장서들도 잘 알고 있었다. 게다가 베스파시아노는 필경사들과, 우르비노 도서관에 들어갈 필사본을 장식할 채식화가들의 협업을 조율하는 데 유럽의 어느 누구보다 능숙했으므로 페데리코의 야심에 더욱 중요한 역할을 했다. 자신만의 학문의 집을 세우려는 페데리코의 거대한 야심을 채우기 위해 베스파시아노는 필사본 산업에서 35년간 축적한 경험을 최대한 발휘하게 된다.

아끼는 책들을 읽고 학식을 과시하기 위해 도서관과 내밀한 스투디올로〔개인 서재〕를 짓고 궁전을 증축하는 일 말고도 페데리코 다 몬테펠트로는 전쟁이라는 시급한 용무에 몰두했다. 피렌체는 그의 최신 고객이었다. 1467년 여름, 베스파시아노가 그를 위해 작업을 시작했을 때 페데리코 백작은 피렌체로 진군 중인 1만 6천 군사를 중도에 가로막기 위해 볼로냐를 향해 북쪽으로 말을 달렸다. 침공군의 선봉에는 모두가 두려워하는 베네치아 지휘관 바르톨로메오 콜레오니가 있었다. 휘하 군사 중에는 메디치가를 타도하겠다는 일념을 품은 피렌체 망명객 무리도 있었다.

1464년 아버지가 돌아가신 뒤로 피에로 데 메디치는 메디치 가문의 독보적인 지위를 유지하기 위해 최선을 다했다. 한 연대기 작가에 따르면 피에로는 "대단한 권위, 많은 친구들, 부, 아버지의 권력과 유사한 권력"을 누렸다.[24] 하지만 1466년에 이르자 쉰 살의 피에로는 통풍으로 점점 더 몸을 가눌 수 없게 되었다. 그 결과 정무 회의와 대사 접견은 시뇨리아궁이 아니라, 메디치궁에서 열렸고 그곳은 갈수록 정부 소재지 역할을 했다. 게다가 피에로에게는 아버지의 기민함과 노련함이 없었고 그의 권력과 위세는 곧 시민들 사이에서 공분을 불러일으켰다. 그의 아버지도 정적들과 불만분자들 때문에 유사한 위기들을 겪은 바 있었다. 최근의 1458년 위기 때 메디치가는 코시모의 오랜 우군인 밀라노 공작 프란체스코 스포르차가 반란을 진압할 병력을 보내준 덕분에 권력을 유지할 수 있었다. 용병들이 도시로 들이닥치자 코시모는 반대파 150명을 체포하고, 몇몇 사람들을 고문하고 도시에 대한 지배력을 강화할 기회를 놓치지 않았다. 하지만 아버지가 돌아가신 지 얼마 되지 않아 1466년 3월에 스포르차도 세상을 떠나자 피에로한테는 믿음직한 군사력의 제공자가 사라지고 말았다.

피에로의 권위는 곧 도전을 받았다. 1466년 5월, '다수의 정부'의 복귀를 요구하는 청원서에 400명의 시민이 서명했다.[25] 서명자 중에는 코시모가 선거를 조작하고 권력을 유지하는 것을 도우며 한때 그에게 충성했던 지지자들도 있었다. 서명자들은 유서 깊은 자유의 회복과 공화정 복귀를 원한다고 주장했지만 일부는 혼인과 정치적 임명을 둘러싸고 모욕을 느껴서 청원서에 서명한 것이었다. 이 반대파의 우두머리는 허영심이 많고 야심만만한 예순여덟 살의 양모 상인이자 정치 공작의 달인인 루카 피티였고, 아르노강 남안에 위치한 피티의 거대한 궁전은 반대파의 세력 중심지가 되었다. 피렌체에서 가장 눈에 띄는 피에로의 또 다른 반대파는 도나토와 피에로 아차이우올리 형제의 손위 사촌인 아뇰로 아차이우올리였다. 아뇰로를 잘 알았던 베스파시아노는 그가 피에로의 행태에 갈수록 분개했다고 주장했다. 1466년에 베스파시아노는 그와 식사를 하면서 피에로가 정부를 고압적으로 통제하는 것에 대해 그가 "단단히 속이 상했음"을 느꼈다.[26]

1466년 여름에 이르자 두 파벌은 대결을 준비하고 있었다. 군사적 원조를 요청하는 전언이 메디치가에서는 밀라노로, 피티와 반대파에서는 페라라의 지배자 보르소 데스테한테로 갔다. 피에로는 카레기에 있는 메디치 빌라로 물러나 가문의 권력 근거지이자 험한 배후지인 무겔로 계곡의 농민들을 규합했다. 왕년에 그 농민들의 아버지와 친척 어른들은 코시모를 타도하고자 했던 리날도 델리 알비치의 희망을 꺾어버렸고 이제는 피에로가 곡괭이를 휘두르는 이 무뢰배들의 호위를 받으며, 비열한 음모자들이 자신을 살해하려 한다는 날조된 소문과 함께 피렌체로 당당히 귀환했다. 그다음 도시 내부에서 폭동이 벌어지자 그는 식량과 무기, 포도주를 잔뜩 비축해둔 메디치궁으로 들어가 진을 쳤다.

사태는 곧 피에로에게 유리하게 전개되었고, 8월 말에 선출된 정부 관리들은 모두 메디치가에 충성하는 사람들로 드러났다. 무력시위 차원에서 피에로는 3천 명의 보병을 투입해 시뇨리아 광장을 뒤덮었다. 보병부대 맨 앞에는 갑옷을 입고 말 위에 올라탄 채 '민중 만세Viva il popolo!─메디치 가문이 보호자와 수호자를 자처한 그 민중─를 외치는 열일곱 살짜리 아들 로렌초가 있었다. 루카 피티는 딸을 피에로가 "가장 소중히 여기는" 사람에게 시집보내라는 제의를 받아들여 재빨리 화평을 맺었다(피티는 그가 로렌초인줄 알고 시집을 보냈지만 알고 보니 실망스럽게도 피에로의 인척이었다).[27]

아뇰로 아차이우올리를 비롯해 다른 반란자들 다수는 망명을 떠났다. 아뇰로는 남쪽 나폴리로 간 반면, 다른 이들은 베네치아로 도망쳐서 그곳에서 선동을 이어갔다. 반란자들은 베르가모 인근 바르톨로메오 콜레오니의 성으로 몰려갔고, 그 용병대장과의 대화 시도가 성공함에 따라 피렌체로 대군이 들이닥쳤다. 콜레오니는 베네치아 공화국의 이름이 아니라 자신의 이름으로 이 군사를 지휘했지만 베네치아는 피렌체를 밀라노와의 동맹에서 떼어놓을 수 있기를 은밀히 바라고 있었다. 반란자들은 심지어 밀라노 공작이 될 수도 있다고 수십 년의 세월을 전장에서 보낸 반백의 66세 노전사 콜레오니를 설득해내기까지 했다. 그가 밀라노 공작이 되려면 새로운 공작인 프란체스코 스포르차의 스물두 살짜리 아들 갈레아초 마리아를 죽여야 했는데 갈레아초는 마침 메디치궁의 귀빈으로 피렌체에 머물고 있었다. 콜레오니의 군대에는 포를리, 파엔차, 페사로의 영주들과 더불어 에르콜레 데스테가 이끄는 페라라 병사들도 있었다.

피렌체로 진군 중인 페사로 통치자는 작고한 프란체스코 스포르차의 동생이자 나폴리 왕국 내 앙주파를 상대로 한 1462년 전투—베스파시아노가 "이탈리아에서 오랜만에 목격된 위대한 무훈 가운데 하나"[28]라고 일컬은 트로이아 승전—의 영웅인 알레산드로 스포르차였다. 알레산드로는 마침 베스파시아노의 고객이기도 했다. 1444년에 집권한 뒤 그는 베스파시아노가 "훌륭한 도서관"이라고 묘사한 것을 구축하는 데 착수해, "피렌체로 사람을 보내 구할 수 있는 모든 필사본을 구입하고, 비용을 따지지 않고 필사하게 하여" 총 500권의 장서를 모았다. 베스파시아노에 따르면 알레산드로는 "군사적 실력과 책에 대한 사랑이 결합된 당대의 위대한 두 대장 중 한 명"이었다.[29] 다른 한 명은 그와 싸우러 아펜니노산맥을 지나 진군해오고 있는 페데리코 다 몬테펠트로였는데, 페데리코는 난마와도 같은 이탈리아 정치판에서 알레산드로 스포르차의 사위였다.

그리하여 이탈리아에서 가장 이름난 용병대장 여럿이 7월 25일에, 볼로냐에서 북동쪽으로 30킬로미터 넘게 떨어진 몰리넬라 근처 전장에서 맞닥뜨렸다. 언제나 용병들을 경멸하는 니콜로 마키아벨리는 나중에 이 여덟 시간에 걸친 전투에서 단 한 명의 병사도 죽지 않았으며, 말 몇 마리만 다치고 소수의 포로가 사로잡혔을 뿐이라고 주장했다. 사실 양측에서 수백 명의 병사들이 전사한 가운데 콜레오니와 병사들은 전장에서 물러날 수밖에 없었다. 또한 보르소 데스테의 이복형제 에르콜레는 전투 와중에 타고 있던 말이 사살당해 두 번이나 바꿔 타야 했고 포탄에 부상을 입어서 여생 동안 절뚝거리게 되었다. 콜레오니가 군대를 이끌고 북쪽으로 후퇴하는 사이 피에로 데 메디치는 다시금 페데리코 백작 덕분에 피렌체의 궁전에서 무사히 권력과 권위를 누릴 수 있게 되었다. 베스파시아노의 믿음직한 두 고객은 살아남아 다음 싸움을 기약했다.

피에로 데 메디치를 타도하려는 음모는 베스파시아노를 난처한 처지로 몰아넣었는데, 그의 가장 큰 고객 두 사람이 몰리넬라에서 충돌했기 때문만은 아니었다. 베스파시아노의 문제는 메디치가와 관련이 있었다. 그는 물론 피에로를 비롯해 그 가문과 오랫동안 거래해왔다. 하지만 아차이우올리 가문과도 친밀했다. 실제로 매우 친밀하여 반란 전야에 아뇰로가 피에로에 관해 쏟아내는 불평을 들으며 함께 식사를 할 정도였다. 메디치 가문에 오랫동안 필사본을 판매해왔음에도 베스파시아노는 아차이우올리 가문과의 사업상 및 기타 관계로 인해 갑자기 불안감을 느낄 만했다.

이러한 불안은 1467년 4월에 음모가 실패로 돌아간 뒤 몰리넬라 전투는 아직 벌어지기 전에 페란테 국왕이 피에로 데 메디치에게 쓴 범상치 않은 편지의 배후에 깔린 이유가 되었다. 국왕은 피에로에게 자신이 "가장 탁월한 베스파시아노"의 헌신을 누리고 있으며 그에게 "정보와 경험"을 빚지고 있다고 밝혔다. 마찬가지로 "짐은 그가 그대를 극히 공경하는 말투로 이야기하는 것을 들어왔으니 그가 그대와 그대의 가문에 누구보다 헌신함을 잘 알고 있다"라고도 썼다. 그는 계속해서 베스파시아노의 "미덕과 장점"을 칭찬한 뒤 이 같은 추천의 말이 그 서적상에게 도움이 될 것이라는 말로 편지를 마무리했다.[30]

베스파시아노는 페란테 국왕에게 이 추천서를 써줄 것을 호소했다. 페란테의 보증은 서적상으로서 베스파시아노의 능력을 피에로에게 천거하는 데 그치지 않았는데 베스파시아노의 능력은 피에로도 익히 알고 있었기 때문이다. 무엇보다 베스파시아노는 메디치 정권에 대한 자신의 충성을 페란테가 보증해주는 것이 절실했다. 베스파시아노의 충성심이 의심을 받는 것은 아차이우올리 가문과의 긴밀한 교분만이 아니라, 그의 서점이 유력자들이 의논을 하기 위해 모이고, 베스파시아노가 "그날 일어난 모든 사건, 사고를 수집"하기에 소식과 의견들이 오가는 장소라는 평판 때문도 있는 듯했다. 근래에 한 역사가는 1460년대에 이르자 베스파시아노의 서점이 "정치적 중추, 체제 전복적인 분자들, 불만분자들이나 잠재적인 반대파를 위한 정보 수집소"[31]였다고 주장했다. 몇 년 전에 그의 서점은 "아라곤의 문짝"이 달려 있어서 앙주 지지자들은 감히 그곳 문지방을 넘지 못한다는 말을 들었다(사실 피에로 데 파치 같은 다수의 앙주 지지자들도 자유롭게 오갔지만 말이다). 1466년에는 그곳이 반메디치 활동의 근거지로 간주되었을 위험성이 있었다. 나폴리 왕좌를 둘러싼 앙주-아라곤 분쟁에서처럼 양측 모두에 친구를 두었던 베스파시아노는 이번에도 피렌체의 분파들 사이에서 조심스러운 행보를 보여야 했다. 그가 피에로의 최우군 가운데 한 명이자 이탈리아에서 가장 막강한 권력자에게 자신을 보증해달라고 요청할 수 있었다는 사실이야말로 그의 쟁쟁한 명성을 가늠할 수 있게 해준다.

추천서를 요청하는 편지가 베스파시아노가 페란테 국왕에게 보낸 유일한 편지는 아니었다. 흥미로운 사실들을 보여주는 이 문서들은 안타깝게도 2차 세계대전 당시 다른 수천 점의 문서와 함께 파괴되고 말았다. 1943년 9월 30일, 나폴리에서 25킬로미터 떨어진 산 파올레 벨 시토의 마을 광장에서 아군 병사 한 명이 살해당한 것에 대한 보복으로 일단의 나치 병사들이 나폴리 왕립기록보관소가 피난을 와 있던 근처 빌라 몬테사노에 불을 질렀다. 수백 년의 역사—3만 권의 필사본과 5만 점의 문서—가 불길에 사라졌다. 보관소장 리카르도 필랑제리가 나중에 절망적으로 이야기한 대로 이 분서로 "유럽 문명의 역사적인 사료에 거대한 공백"이 생겼다.[32]

불길 속에 사라진 수만 점의 문서 중에 피에로 데 메디치 앞으로 추천서를 써달라고 요청하는 편지를 비롯해 1467년과 1468년에 베스파시아노가 페란테에게 쓴 편지들도 있었다. 국왕이 비서를 시켜서 작성한 답장들 가운데 일부는 현존하며 그것들은 이 시기에 그 서적상이 페란테에게 피렌체의 정세에 관한 정보를 제공하고 있었음을 드러낸다. 베스파시아노는 페란테가 피에로 데 메디치에게 말한 대로 "정보와 경험"을 얻기 위해 국왕이 의지하는 사람이었다. 페란테가 먼저 요청하지는 않았을 수도 있지만 일단 편지들이 자기 앞으로 속속 도착하자 그는 확실히 보고를 반기고 부추겼다. 1467년 11월에 그는 베스파시아노로부터 소식을 들어서 기쁘고 "거기서 일어나는 일들"[33]을 부지런히 보고해주길 바란다고 말하며, 열흘 전에 보내준 편지에 감사하는 답장을 썼다. 몇 주 뒤에 쓴 또 다른 편지에서 페란테는 "다양한 소식들을 많이" 전달해줘서 고맙다고 베스파시아노를 치하한 다음 "이탈리아의 평화를 어지럽히는 자들"에 맞서 열심히 애쓰고 있다고 썼는데, 베네치아인들과 페라라의 지배자 보르소 데스테를 두고 하는 말이었다. 나폴리 왕위에 대한 앙주가의 권리를 지지한 보르소는 페란테를 비롯해 이 분쟁의 무수한 당사자들과 마찬가지로 베스파시아노의 고객이었다.

정보는 나폴리 대사 안토니오 친치넬로를 통해 페란테에게 흘러갔을 수도 있는데, 베스파시아노도 잘 알게 된 친치넬로는 노회하고 파렴치한 인물이었다. 친치넬로 전기에서 베스파시아노는 대사의 미덕을 강

피렌체 서점 이야기

조하는 데 신경 쓰지만("그는 여러 훌륭한 행동 때문에 어디서나 커다란 명성을 누렸다") 한편으로는 태연하게 그가 페란테 왕을 위해서 필요한 일이라면 수단과 방법을 가리지 않았다고 썼다. "그는 자신의 주군을 위해서 필요한 일은 뭐든 해야 한다고 생각했던 것 같다."[34]

베스파시아노는 친치넬로의 부정한 수단들, 뇌물, 협박, 통제된 폭력 행사를 통해 정보를 얻어내는 것을 속이 빤히 들여다보이게 칭찬하는 척하며 자세히 설명했다. 이 시기에 친치넬로의 임무는 보르소 데스테의 시도를 좌절시키는 것이었다. 페라라에서 대사로 있을 당시 친치넬로는 보르소의 궁정에 앙주의 장이 파견한 사절의 일거수일투족을 감시했다. 비밀스러운 움직임이 뭔지 밝혀내려고 작정한 그는 사절의 가내 사정에 대해 은밀히 조사했고 그가 어느 이발사를 이용하는지를 알아내고는 아침에 면도를 할 때 그 이발사를 부르기 시작했다. 그는 팁을 두둑하게 줘서 이발사의 신뢰를 산 다음 사절이 공문서를 어디에 보관하는지 아느냐고 물었다. 만약 그것을 알고 있고 그 문서들을 빼돌릴 용기가 있다면 자신이 그 정보들을 가치 높게 쳐줄 용의가 있다고도 덧붙였다. 이발사는 쉽사리 동의해 문서를 훔쳐서 친치넬로에게 가져왔고, "그는 그것들을 읽은 다음 앙주의 장의 많은 비밀들을 파악했는데 그중에는 나폴리 왕국 침공 계획도 있었다."[35]

두카트 금화의 짤랑거리는 소리가 원하는 결과를 가져다주지 못하는 경우에 친치넬로는 좀 더 과격한 수단을 동원했다. 그는 로마 주재 대사를 지낼 때 어떤 부정한 일 때문에 왕국을 몰래 오가고 있던 페란테의 정적 중 한 명을 사람을 시켜 납치했다. "그를 붙잡으려고" 작정한 친치넬로는 그 먹잇감을 로마 성문 밖으로 유인한 다음 일단의 기병들을 시켜 그를 붙잡아 입에 재갈을 물린 다음 나폴리까지 끌고 오게 해서 페란테 앞에 대령했다. 국왕은 적들을 교살한 다음 방부 처리하여 카스텔누오보의 미라 박물관에 전시하는 등 기발하고 악랄한 방식으로 복수하기를 즐겼다. 하지만 이번의 적은 박물관의 최신 전시품이 되지 않았던 모양이다. 인간 믿음의 한계를 시험하는 설명이긴 하나, 베스파시아노는 페란테가 "폭력을 행사하고 싶어 하지 않는 매우 자비로운 사람"이며 그 죄인은 경고를 받고 풀려났다고 주장했다. 베스파시아노는 이번과 여타 경우들에서 친치넬로의 행위가 불편한 모종의 도덕적 질문을 제기함을 시인했다. 납치에 관해서는 "이제, 이 경우로 말하자면, 내가 동의하든 동의하지 않든 안토니오가 양심적인 인간임을 알고 있으므로 판단을 내리지 않겠다"라고 썼다.[36]

친치넬로의 술수들은 그가 라퀼라에서 페란테를 위해 일할 때 결국 끔찍한 패착으로 되돌아오고 말았는데, 베스파시아노의 견해에 따르면 라퀼라의 주민들은 그들이 인근 야산에서 돌보는 가축처럼 "거칠고 난폭한 무리"였다. 베스파시아노는 친치넬로의 횡사—그는 성난 군중에 의해 난도질당하고 집이 약탈당했으며 도륙당한 그의 시신은 길거리에 내던져졌다—를 전했다. "이상이 안토니오 나리의 최후이자 그가 그토록 오랫동안 왕을 섬긴 끝에 받은 보답이었다. 전능하신 하느님, 당신의 심판은 경이로우며 당신이 역사하시는 방식은 헤아릴 길이 없습니다"[37]라고 끝맺는 말에는 딱히 아이러니가 감지되지 않는다.

베스파시아노는 페란테를 위해 "필요한 일은 뭐든" 해야만 하는 처지가 아니었지만, 유용한 정보를 제공할 수 있었을 것이다. 그는 국왕의 목숨을 노린 시도의 배후에 있던 파치 가문과 같은 앙주가 지지자들과 가까웠고, 페란테는 의심할 여지없이 그런 음모들에 관한 정보를 기대하고 있었다. 그리고 베스파시아노는 어쩌면 그런 정보들을 제공했

피렌체 서점 이야기

을 수도 있다. 어쨌거나 그 서적상은 근래에 피렌체에서 일어난 내분의 여파로 인한 그곳의 정치적 기후를, 수많은 피렌체 유력자들의 신뢰를 받는 친구이자 수많은 대화에 접근할 수 있는 사람으로서 쉽게 얻을 수 있는 정보들을 전달하고 있었다. 페란테가 베스파시아노에게 보낸 어느 편지의 맺음말처럼 "이 모든 것에 대해 짐은 그대가 고맙네."[38]

페란테 왕은 아버지와 같은 유형의 '대인'이 아니었다. 음악을 사랑한 그는 확실히 교양인이었고, 1465년에 그가 확대한 나폴리대학에는 교수가 무려 스물두 명에 달했다. 누오보성의 개축을 진행하는 등 건축에 관심을 가졌지만 예술에 관한 그의 시각은 이러한 개축 과정에서 조토의 프레스코화 파괴를 허용할 정도로 대단치 않았다. 그는 고전 연구에 대한 아버지의 열정도 그다지 공유하지 않았다. 라틴 문학 대신에 그는 현지 나폴리 방언으로 된 작품들을 선호했다. 그리고 역사서나 철학서보다는 더 실제적인 정치·군사 논고를 선호했다.

카스텔누오보의 왕실 도서관은 페란테의 재위 초기에 계속해서 늘어났고 베스파시아노는 겸용왕 알폰소 시절처럼 나폴리로 가는 필사본들을 제작하느라 바빴다. 실제로 또 다른 고객이 베스파시아노가 제작 중이던 수에토니우스의 《열두 명의 카이사르》 필사본의 도착이 너무 오래 걸린다고 불평했을 때 그의 대리인은 유명한 서적상의 "말과 약속"으로 그를 달래면서 실은 페란테 국왕을 위한 필사본을 작업하느라 바쁘다고 설명했다.[39]

이 시절 베스파시아노는 페란테가 자신에게 보낸 어느 편지에서 "가장 빛나는 장자Illustrissimo nostro Primogenito"[40]라고 말한 젊은이와 친해졌다. 페란테의 열아홉 살 아들이자 후계자인 칼라브리아 공작 알폰소가

1467년과 1468년 초반 대부분을 피렌체에서 보내면서 베스파시아노와 잘 알게 된 것이다. 그는 1467년 여름에 페데리코 다 몬테펠트로와 함께 말을 타고 나가 바르톨로메오 콜레오니와 알레산드로 스포르차에 맞서 전투에 참가한 병사 중 한 명이었다. 알폰소는 이미 열네 살 때 나폴리 왕위에 대한 앙주가의 권리를 지지하는 영주들에 맞서 칼라브리아에서 전투에 참가해 군인으로서 첫발을 내딛었고 전장에서 조숙한 능력을 충분히 입증한 바 있었다.

그의 아버지가 군사적 재능을 막 뽐내기 시작할 때 인문학 공부로 능력을 보완한 것처럼 어린 알폰소도 라틴 문학의 시험을 거쳤는데 물론 그를 페데리코 다 몬테펠트로와 알레산드로 스포르차처럼 전사 겸 학자로 길러낼 목적이었다. 앞선 아버지와 할아버지처럼 그는 베스파시아노의 정기적인 고객이 되었고, 그 후 몇 년에 걸쳐 그에게 최소 26권의 필사본을 주문하게 된다.[41] 그리고 1468년 초봄에 알폰소는 피렌체를 떠난 뒤로 역시 베스파시아노로부터 소식을 받기 시작했다. "가장 빛나는 왕자이자 친애하는 주군" 앞으로 온 편지에는 이탈리아의 형세에 관한 소식과 의견이 담겨 있었다.

18장

재림

요하네스 구텐베르크는 아돌프 주교가 하사한 궁정복과 매년 지급되는 곡물과 포도주를 고작 몇 년만 누린 뒤 1468년에 세상을 떠났다. 그는 "인쇄술의 발명가이자 모든 민족과 언어로부터 최고의 영예를 누려 마 땅한 자"[1]라는 비문과 함께 마인츠의 교회에 묻혔다.

구텐베르크는 이탈리아에서 확실히 절찬을 받았다. "오, 이 가상한 기술을 발명한 훌륭한 독일인! 그는 신들에게 어울릴 찬사를 받아야 한 다"라고 한 베네치아 의사는 썼다. "그가 발견한 도구를 통해 전 학문을 쉽게 습득하거나 배울 수 있기 때문이다."[2] 한 학자는 인쇄기가 파울루 스 2세 교황 치세 동안 신이 기독교 세계에 내려준 선물이라고 주장했 다. 또 다른 학자는 교황에게 다음과 같이 밝혔다. "이미 누구보다 영광 을 누리신 성하께서는 이 기술이 당신의 보좌 앞으로 보내졌으니 길이 길이 기억될 것입니다."[3] 이런 아첨은 엉뚱한 소리가 아니었다. 파울루 스는 선임자 니콜라우스 5세와 피우스 2세처럼 학자이거나 인문학을 사랑하는 사람이 아니었다. 하지만 인쇄술의 커다란 지지자였다. 그는 이 신기술을 열성적으로 채택했고 로마에 막 도착한 독일 인쇄업자 식스투스 리싱거에게 교회 칙서를 인쇄하는 작업을 맡겼다. 심지어 이 새로운 발명품과 거기서 나오는 제품을 살펴보기 위해 리싱거의 인쇄소를 자주 방문했고 종교적 관념들을 전파할 수 있는 엄청난 잠재력을 분명 인식했던 듯하다.

인쇄 도서 생산은 점차 탄력을 받고 있었다. 1468년 말에 이르면 구텐베르크가 마인츠에서 첫 책을 찍어낸 이래로 유럽 전역에서 120종 이상의 도서가 인쇄되었다. 거의 100종에 이르는 절대다수의 도서는 독일에서 나왔다. 독일 인쇄업자들 대다수는 고딕 활자를 사용했지만 1468년에 아우크스부르크의 귄터 차이너라는 인쇄업자가 '고서체' 혹은 '로마체' 활자를 사용하기 시작했고, 스바인하임과 파나르츠 역시 베스파시아노의 필경사들과 같은 이탈리아 필경사들의 서체를 모방해 근래에 그 활자체로 교체했다. 두 사람이 마시모궁에서 활동을 이어가는 사이, 또 다른 독일인 울리히 한이라는 사제가 로마에 인쇄소를 차리고 1467년부터 책을 찍어내기 시작했다.

1469년에 인쇄업은 한층 더 발전했다. 그해에만 40종이 넘는 새로운 도서가 나왔는데 과반수인 24종이 이탈리아에서 인쇄되었다. 리싱거와 울리히 한까지 왔으니 이제 로마에는 인쇄기가 세 대나 있는 셈이었다. 한편 베네치아에서는 요한 데 슈파이어라는 독일인 금세공인이 원로원으로부터 5년 동안 책을 독점 인쇄할 수 있는 특허를 받았다(하지만 공교롭게도 그는 고작 몇 달 뒤에 죽고 말았다). 그는 1469년 여름에 라틴어 고전 인쇄본 2종을 내놨는데 플리니우스의 《자연사》, 그리고 키케로의 《서한집》이었다. 어떤 의미에서 1469년은 키케로의 해였다. 스바인하임과 파나르츠도 그의 저작 세 권,《의무론》,《브루투스》,《서한집》을 인쇄했기 때문이다. 한편 울리히 한도 자체적으로《의무론》을 찍었고《투스쿨룸 대화》의 에디티오 프린켑스(최초 인쇄본)를 냈다.

1469년은 중요한 협업이 시작된 해이기도 하다. 키케로나 플리니우스 같은 고전 문헌을 인쇄하는 사람이라면 누구나 베스파시아노가 직면한 것과 동일한 문제를 붙들고 씨름해야 했다. 신뢰할 만한 모본을 찾아내는 문제와, 그다음 전문을 검수해 인간의 실수를 찾아냄으로써 완제품의 품질을 관리하는 문제였다. 그러므로 고전 문헌을 편집하고 교정하기 위해 스바인하임과 파나르츠는 1466년 이래로 코르시카 알레리아의 주교이자 지칠 줄 모르는 52세의 인문학자인 조반니 안드레아 부시를 기용했다. 그는 인쇄기의 초기 지지자가 되었고, 1468년에 인쇄 도서는 필사본 가격의 5분의 1밖에 나가지 않았으므로 이 "감탄할 만한 기술" 덕분에 가장 가난한 사람도 장서를 보유할 수 있게 되었다고 주장했다. 그는 인쇄술을 발명한 독일인들의 공로를 치하했다. 비록 "거친 튜턴식 성姓에 빙긋 웃게 된다"[4]라고 시인하기는 했지만 말이다. 다음 몇 년 사이에 바르톨로마이우스 굴딘베크와 테오발두스 셴크베허라는 이민자가 로마에 인쇄소를 차렸을 때 사람들의 입꼬리는 틀림없이 더 올라갔을 것이다.

부시 주교는 스바인하임과 파나르츠와의 협업에 열성적으로 달려들었고, 니콜라우스 5세가 모은 필사본 컬렉션에 자유롭게 접근할 수 있도록 교황의 허락과 지원을 받았다. 부시는 본문에서 히브리어, 아랍어, 그리스어로 쓰인 문단들이 나올 때면 독일인들을 도와 대조해볼 만한 코덱스들을 뒤져서 찾아내고, 교수들이 오래전에 강의한 내용들을 참조했다. 1469년에 부시가 편집한 판본들이 스바인하임과 파나르츠의 인쇄기에서 찍혀 나오기 시작했다. 키케로의 《서한집》, 베르길리우스의 《아이네이스》, 그리고 인문주의자들의 또 다른 애독서 아울루스 겔리우스의 《아티카의 밤》 등이다. 부시가 이 시기에 자신이 "종이의 감옥에 갇혀 산 것 같다"라고 묘사한 것도 당연했다.[5]

스바인하임과 파나르츠는 1469년에 또 다른 책을 인쇄했는데 그 책만큼은 부시 주교가 딱히 관심을 기울일 필요가 없었다. 10년 정도 애쓴 끝에 베사리온 추기경은 마침내 《아드베르수스 칼룸니아토렘 플라토니스Adversus calumniatorem Platonis》["플라톤 비방자에 대하여"], 트레비존드의 게오르기오스의 공격에 맞선 플라톤 옹호론을 완성했다. 그는 원래 그리스어로 그 논고를 쓴 다음 직접 라틴어로 번역해 1466년에 완성했지만 자신의 라틴어가 너무 딱딱해서 결국 끔찍한 조롱과 비판의 대상이 될 것임을 깨달았다. 그는 니콜로 페로티를 기용해 더 우아한 라틴어로 번역하는 작업을 맡겼고 그 결과 플라톤 사상의 입문서 역할을 하면서 근래의 어느 학자에 따르면 "게오르기오스에게 즉각적이고 압도적으로 대응"하려는 베사리온의 "놀랍도록 강력한 충동"을 드러내는 474쪽에 달하는 책이 나왔다.[6]

즉각적이고 압도적으로 대응하려는 욕망은 당연히 베사리온 추기경이 이 불벼락 같은 반박문을 새로운 매체인 인쇄물로 배포할 것을 선택한 이유였다. 스바인하임과 파나르츠는 이 책을 평소 인쇄 부수보다 25부 더 많은 300부를 찍었다. 이 여분의 사본을 가지고 베사리온은 약삭빠르게 움직였다. 자신의 글이 널리 읽히도록 친구와 동료 학자들에게 무료로 (사정을 설명하는 편지까지 첨부해) 보내준 것이다. 이 친-플라톤 프로파간다 활동을 증진하고자 페로티는 증정본을 받은 학자들이 보내온 감사 편지와 논평들을 모아서 인쇄해 냈으니 최초의 책 홍보용 추천사 모음인 셈이었다. 페로티는 심지어 학자들의 반응이 더 열화와 같이 보이도록 일부 문구와 표현에 손을 대기까지 했다.[7]

1462년에 인쇄기가 마인츠에서의 파벌 싸움에 동원되었다면 1469년에 베사리온은 트레비존드의 게오르기오스와의 프로파간다 대결에서 이 신기술의 자원들에 의존했다. 플라톤의 장점들과 플레톤의 명성은 수백 부의 인쇄물 덕분에 아리스토텔레스주의자들의 중상에서 벗어나게 된다.

호전적인 트레비존드의 게오르기오스를 반박하는 일 말고도 베사리온 추기경은 본인의 말마따나 "그리스 현인들의 거의 모든 작품을 모으고 보존"[8]하는 일에 열심이었다. 15년 동안 그의 필사본 사냥꾼들은 그리스 저작들을 찾아서 동방에서 오스만제국에 점령되거나 위험에 처한 땅을 샅샅이 뒤져왔다. 베사리온에게 비용은 문제가 되지 않았다. 그가 이 컬렉션 구축 작업에 썼다는 액수는 1만 5천 두카트부터 3만 두카트까지 다양하다. 1468년에 이르자 그의 장서는 필사본 746권을 아울렀고, 그 중 482권은 그리스어 필사본으로 당대 유럽 최대이자 최고의 그리스어 문헌 컬렉션이었다.[9] 하지만 60대 후반에 이르자 베사리온은 자신이 죽은 뒤 이 보물을 어떻게 해야 할지를 생각해야 했다. 그리스 문학에 헌신적인 많은 학자들은 말할 것도 없고 공공도서관과 메디치가와 같이 호의적인 후원자들을 고려하면 피렌체가 자연스러운 유증 대상이었을 것이다. 마찬가지로 로마의 바티칸 도서관도 세 인쇄업자, 그 중에서도 특히 스바인하임과 파나르츠의 존재 때문에 베사리온의 컬렉션 보관소로 나쁘지 않았을 것이다. 두 사람의 고전 인쇄 사업은 시간이 지나면 필사본들도 인쇄서로 전환해 널리 배포시킴으로써 생존을 가능케 했을 것이다.

하지만 베사리온 추기경은 어느 쪽도 선택하지 않고 베네치아를 낙점해 산 마르코 대성당에 필사본들을 기증했다. 그는 베네치아 학자들의 역량보다는(1460년대만 해도 베네치아 공화국은 피렌체나 로마, 나폴리와 비교할 때 여전히 지적으로 낙후된 곳이었다) 동방과 서방 사이에 자리한 지리적 위치, 그리고 아마도 가장 중요하게도 그가 그곳의 정치적 안정이라고 여겼던 것 때문에 베네치아를 선택했을 것이다. 게다가 그는 베스파시아노가 지적했듯이 "베네치아인들과 매우 우호적인 관계에 있었다."[10] 베사리온은 페트라르카 컬렉션의 운명에 구애받지 않았던 것 같은데, 페트라르카가 유증한 지 한 세기가 지나 아직 남아 있던 컬렉션은 전용 도서관을 짓겠다는 베네치아 정부의 무성한 약속에도 불구하고 산 마르코 지붕 아래 어느 방에 방치되어 점점 바스러지고 썩어가고 있었다.

1468년 5월에 베사리온은 베네치아 도제 크리스토포로 모로에게 편지를 써서 학문에 대한 유려한 호소로 자신의 기증을 정당화했다. 그는 책보다 "더 가치 있거나 명예로운 소유물, 더 위엄 있고 귀중한 보물도 없다"라고 지적했다. "그것들은 우리와 함께 살아가고 우리와 말하고 대화하며, 우리를 가르치고, 교육시키고, 위로한다." 책은 과거를 되살려 우리 눈앞에 가져오고, 우리가 따를 모범을 제공하며, 인간적인 것과 신성한 것들에 대한 이야기를 들려준다. 그것들이 없다면 우리는 "야만적이고 무식해진다." "그리스의 몰락과 비잔티움의 가련한 함락"을 언급한 뒤 그는 이 저작들을 모았으니 이제 "그것들이 다시는 흩어지거나 소실되는 일이 없게" 하려고 한다는 뜻을 밝혔다.[11] 인문주의적 신념에 충실한 베사리온은 이 필사본들이 두 명의 관리인이 상시 지키는 가운데 공중이 열람할 수 있게—피렌체의 산 마르코 도서관의 필사본들처럼 말이다—해야 한다는 점도 역설했다.

베네치아 원로원은 두칼레궁(도제 궁전)의 일부에 책들을 보관하고 그곳을 '산 마르코 도서관'이라고 부르겠다고 약속하면서 이 기증 도서들을 감사히 받았다. 필사본들을 소장하거나 전시할 시설이 아직 없었지만 그것은 사소한 문제였다. 그리하여 1469년 봄에 베사리온의 필사본을 담은 첫 상자들이 로마를 떠났다. 베네치아에 도착하자마자 그것들은 적절한 방안이 마련될 때까지 두칼레궁에 보관되었다. 적절한 방안이 마련되기까지는 결국 한 세기가 걸리게 되는데 그사이 베사리온의 귀한 컬렉션은 살라 델로 스크루티니오의 목재 칸막이 뒤에 방치된 채 곰팡이가 슬어가고, 때로 필사본을 대여해갔다가 반납하지 않거나 내다파는 사람들에게 약탈을 당하게 된다. 결국 총 22권의 필사본이 분실되고 만다(방치의 정도를 고려할 때 기적적으로 적은 피해다). 1515년에 이르자 관리자는 그 컬렉션을 서글프게 "묻혀버린 장서"라고 불렀으며, 이후로도 거의 50년 동안 베사리온의 필사본들은 집을 찾지 못한다.[12]

하지만 그 모든 것은 미래의 일이었다. 더 행복한 환영幻影으로 1469년의 어느 화창한 봄날을 상상해보자. 한 젊은 학생이 트라야누스 원주 근처를 서성거리며 로마의 짐꾼들이 90킬로그램씩 나가는 상자들[13]을 베사리온의 궁전에서 옮기는 것을 지켜보고 있다. 그들은 그 짐을 노새 등에 실어 525킬로미터 떨어진 베네치아까지 운송할 채비를 하고 있다. 학생은 로마 바깥 시골에서 온 스무 살 청년으로, 1469년에 베사리온의 친구인 도미치오 칼데리니의 강의를 듣기 위해 로만 스투디움에 입학한다. 알도 만누초라는 이름의 이 청년은 훗날 베네치아로 가서 알두스 마누티우스라는 라틴식 이름을 취하고, 살라 델로 스크루티니오에 잠자고 있는 보물들에 제한적이나마 접근해, 인쇄기를 이용하여 알디네 출판Aldine Press의 아름다운 판본이 될 이 그리스인들의 지혜를 "다시는 흩어지거나 소실되지 않게"[14] 하려는 작업을 시작하게 된다.

베사리온 추기경이 새로 출간된 《아드베르수스 칼룸니아토렘 플라토니스》를 한 권 보낸 사람 중에는 예전에 코시모 데 메디치의 후원을 받은 마르실리오 피치노가 있었다. 1469년 여름 말에 책이 피렌체에 도착했을 때 피치노는 플라톤의 대화편들을 라틴어로 옮기고 각 편에 주석을 작성하는 장대한 과업을 완수한 참이었다.

피치노가 플라톤의 이른바 불신심에 관해 느끼던 꺼림칙함은 진즉 사라져 있었다. 앞선 암브로조 트라베르사리처럼 그는 다행스럽게도 그리스 철학자들이 기독교의 진리와 조화를 이룬다는 것을 깨달았다. 그는 한 친구에게 쓴 편지에서 "고대인들의 전 철학은 한마디로 지혜와 통합된 종교"[15]라고 잘라 말했다. 피치노는 종교와 지혜는 플라톤 안에서 가장 심오하게 합쳐졌고, 플라톤이 "이론의 여지없이 신성"하다고, 철학이 어떻게 "영혼을 정화"하고 기독교도가 "신성한 빛을 보고 신을 섬기는 것"[16]을 도울 수 있을지를 보여줌으로써 종교적 삶을 개혁하고 일신할 수 있는 구원자라고 믿었다. 친구에게 쓴 편지에서 그는 한걸음 더 나아가 소크라테스의 죽음을 그리스도의 마지막 시간들에 비교했다. "술잔과 그 시간의 축복, 그리고 그가 죽던 순간 수탉(의 울음)에 대한 언급을 생각해보게." 그는 나아가 소크라테스의 수많은 언행이 소크라테스 본인이 아니라 "그의 네 제자들"에 의해 기록되었음에 주목했다. 그것도 "기독교 신앙을 더욱 확실하게 해주는" 언행들 말이다.[17] 이전 세대의 학자들이 키케로와 퀸틸리아누스의 재림을 기다렸다면, 피치노에게 약속된 메시아란 플라톤이 될 터였다.*

하지만 피치노는 필사본이든 인쇄본이든, 자신의 대화편 번역을 아직 세상에 드러낼 준비가 되지 않았다. 아직은 플라톤이라는 지니(램프의 요정)를 풀어줄 적기가 아니었다. 그 대신 그는 플라톤 철학에 관해 격의 없이 토론하기 위해 피렌체 외곽의 자택에 친구들을 불러 모으기 시작했다. 코시모는 《코르푸스 헤르메티쿰》을 번역한 다음 플라톤 전집 번역 작업에 뛰어든 것에 대한 보답으로 그에게 집과 농장을 제공했다. 몬테베키오라는 언덕 등성이 중간에 위치한 그 농가는 포도밭과 올리브밭, 그리고 남쪽으로는 피렌체가 훤히 내려다보이는 전망을 자랑했다. 소나무 숲으로 둘러싸인 그곳은 카레기의 메디치 빌라와도 가까워서 피치노는 후원자가 세상을 뜨기 전 몇 주 동안 그곳을 방문해 자신이 막 번역한 대화편의 일부 대목들을 큰 소리로 읽어주곤 했다.

피치노는 몬테베키오의 이 작은 농가를 피렌체의 번잡함을 벗어날 수 있는 반가운 은거지로 아끼게 되었다. 그곳은 시골로 물러나 산책과 사색을 할 수 있는, 속세의 근심거리에서 자유로운 곳이었다. 지적·영성적 활동에 참여하도록 친구들을 초대할 수 있는 곳이기도 했다. 그는 이 철학적 칩거 장소를 작은 아카데미라는 뜻의 아카데미올라Academiola라고 불렀는데, 아테네 성벽 바깥에 플라톤이 학생들을 가르치며 살았던 장소를 명백히 가리키는 이름이었다. 플라톤의 학당은 고대 그리스의 영웅 아카데무스에서 이름을 따서 붙인 작은 과수원에 있었고, 그리하

---

* 피치노는 그리스도와 소크라테스를 동일시하면서 최후의 만찬의 술잔과 소크라테스에게 전달된 독배를 연결시킨다. 베드로가 그리스도를 세 번 부인한 뒤 운 수탉은 소크라테스가 그의 마지막 유언에서 아스클레피오스에게 제물로 바치고 싶다고 말한 수탉과 연결된다. 그리고 네 복음서의 저자들은 소크라테스의 네 '제자'(플라톤, 크세노폰, 아리스토텔레스, 아리스토파네스)와 연결된다.

여 아카데미라고 불리게 되었다. 피치노는 플라톤을 부활시키고 있었기 때문에 마찬가지로 플라톤의 아카데미도 부활시킬 필요가 있었다. 이렇게 피렌체 외곽의 그의 작은 농가는 플라톤의 소박한 아테네 거처를 완벽히 반영하는 듯했다.[18]

플라톤이 결혼 피로연에서 죽었는지, "펜을 손에 쥔 채" 죽었는지는 출전마다 다르지만(전자는 디오게네스 라에르티오스, 후자는 키케로의 《노년에 관하여》에 나오는 얘기다) 적어도 피치노와 친구들은 그가 기원전 347년 11월 7일, 81세 생일에 죽었다는 사실을 알고 있었다. 수 세기 동안 플라톤의 추종자들은 11월 7일을 엄숙한 연회로 충실히 기려왔지만 이 행사는 3세기 이후로 차츰 잊혔다. 피치노는 그러므로 그 전통을 부활시키기 위해 아버지와 친구들을 자택으로 초대해 그들을 "플라톤 안에서 사랑받는 이들"로 부르며 그 위대한 철학자의 생애를 기렸고, 이 자리에는 플라톤의 흉상도 함께했다. 마찬가지로 그는 코시모의 수호성인인 코스마스와 다미안의 축일도 지키기 시작했다. 그는 다름 아닌 코시모의 영혼으로부터 그렇게 하라는 말을 들었는데, 카레기 근처의 어느 오크나무 고목에서 코시모의 영혼이 그에게 말을 걸었다고 한다. 피치노는 이 이야기를 코시모의 손자 로렌초에게 전하며 그에게서 계속하여 넉넉한 후원을 기대하고 있었다.

1469년 말에 이르자 로렌초 데 메디치는 사실상 피렌체의 새로운 통치자가 되었다. 1469년 12월 2일에 그의 아버지 피에로가 길고도 지독한 지병으로 고생하다가 사망했다. 로렌초는 스물한 살이 되려면 아직 한 달을 더 기다려야 했고 따라서 공직을 맡기에는 너무 어렸다. 피렌체에서는 공직자의 최저 연령이 29세였다. 젊은이는 정무직에 필요한 진중함이 부족하다고 믿었기 때문이다. 그해 가을 아버지가 점점 쇠잔해지고 가문의 권력이 자신의 수중에서 빠져나가는 것을 지켜보던 로렌초는 할아버지 코시모의 굳건한 우군이었던 프란체스코 공작의 아들인 밀라노 공작 갈레아초 마리아 스포르차에게 군사적 지지를 호소했다. 하지만 피에로가 죽은 지 며칠 만에 약속받은 밀라노의 무력은 쓸모가 없어졌다. 메디치가 파벌 수백 명이 피렌체의 어느 수도원에 모인 다음 로렌초에게 대표단을 보내 그를 피에로의 정치적 후계자로 인정한 것이다. 로렌초는 자신의 "어린 나이 그리고 막중한 책임과 위험" 때문에 이 책무가 내키지 않지만, "피렌체에서 부유한 자들은 국가의 도움 없이는 잘 지낼 수 없기 때문에 우리의 친구들과 지지자들을 위해서" 요청을 마지못해 수락한다고 밝혔다.[19]

그러므로 로렌초는 동급 중 일인자로 피렌체 공화국을 통치하는 메디치가의 전통을 이어갈 준비가 되어 있었다. 마찬가지로 그는 후원과 자선사업이라는 메디치 전통을 확대할 준비가 되어 있는 듯했다. 그의 어머니 루크레치아 토르나부오니 데 메디치는 인문학자들과 친분을 쌓고, 성인들과 구약성서의 여성 인물들에 관한 우아한 시를 짓는 교양 있는 여성이었다. 그녀의 지도자적 자질과 의사 결정 능력이 워낙 뛰어나서 시아버지인 코시모는 언젠가 유감스럽지만 며느리가 "집안의 유일한 남자"라고 말할 정도였다.[20] 그녀와 피에로는 로렌초에게 최상의 인문학 교육을 받게 했는데, 여기에는 요안네스 아르기로풀로스 문하에서의 수학도 포함되어 있었다. 하지만 피치노 덕분에 로렌초는 아리스토텔레스에서 플라톤으로 선회하게 된다. 1468년 여름에 그는 암브로조 트라베르사리의 본거지였던 산타 마리아 델리 아넬리 수도원을 위해 브루넬레스키가 설계한 원형 홀에서 피치노가 주최한 플라톤 철학 토론회에 참석했다.

로렌초 데 메디치(1449~1492):
시민, 정치가, '지출의 예술가'.

피치노와의 철학 토론들은 로렌초의 사고를 형성하는 데 결정적이었
다. 나중에 한 편의 철학적 장시, 〈최고선〉에서 그는 자신이 피치노 판
본의 플라톤주의로 어떻게 전향하게 됐는지를 묘사하게 된다. 속어로
쓰인 그 시는 "몬테베키오의 마르실리오"를 "하늘이 모든 은총을 내려
준 그/ 모든 사람들에게 귀감이 될 만한 그"라고 찬양했다. 로렌초는 도
시 바깥 그의 "기분 좋은 거처"(몬테베키오 언덕 등성이에 있는 피치노의 부동
산이 분명한) 에서 마르실리오와의 만남을 묘사하는데 그 대목에서 마르
실리오는 어떻게 행복을 찾을 수 있는지 조언을 건넨다. 한참을 토론한
끝에 마르실리오는 진정한 행복의 유일한 원천은 하느님이며, 그러므
로 행복은 그분에게 어떻게 다가가고 그분을 어떻게 이해할 것인지의
문제라고 말한다. 뒤따르는 내용은 사랑 대 지식 논쟁이다. 아리스토텔
레스 같이 지성을 이용한 철학자들의 탐구는 결국 하느님을 발견하는
데 실패할 것이므로 행복을 가져다주지 못한다. 신은 그의 본성을 분석
하려고 애쓰는 현명한 학자들에게는 자신을 감추지만 그를 사랑하는

피렌체 서점 이야기

순박한 사람들한테는 모습을 드러낸다고 마르실리오는 설명한다. "사랑은 천국의 문을 연다:/ 사랑하는 영혼은 결코 틀리는 법이 없으나/ 지식의 추구는 흔히 죽음으로 이어지노라."[21]

그것은 피치노 사상의 간명한 요약이었다. 깊이를 알 수 없는 학식과 고상한 은유에도 불구하고 피치노의 철학은 무엇보다도 사색과 사랑에 관한 것이었다. 아리스토텔레스는 자연 세계를 연구할 분석 도구를 제공한 반면, 플라톤은 피치노에게 영적 경험을 제공했다. 외부 세계에서 개별자들을 대상으로 한 아리스토텔레스적 사실 탐구는 영원한 진실에 대한 관조로 대체되어야 한다. 《파이돈》 같은 작품에서 플라톤은 "육체의 미욱함"을, 그러니까 감각 증거와 더불어 육체의 욕구와 격정을 논하면서 그 모든 것은 영혼을 "오염시키고", 영혼이 진실을 발견하는 것을 방해한다고 주장했다. 진정한 철학자는 "육체의 구속"[22]에서 벗어나야 한다. 그것이 피치노의 목표였다. 그는 영혼이 사색을 통해 육체로부터 물러날 수 있으며, 사색 행위를 통해 영혼은 그 자신의 신성뿐 아니라, 점진적인 상승을 통해 신 자체에 대한 직접적 지식—분석적 연구에 골몰하는 철학자의 찌푸린 이마를 통해서가 아니라 사랑으로 접근할 수 있고 《공화국》에서 플라톤의 경우와 달리) 누구라도 구할 수 있는 지식—을 발견할 수 있다고 믿었다. 그 자신의 말마따나 피치노는 우리가 "지상의 구속과 제약을 벗어버리기"를, 그리하여 "플라톤적 날개를 펴고 신을 우리의 안내자로 삼아, 천상의 세계로 거침없이 날아갈 수 있기를" 바랐다.[23]

피렌체 성벽 바깥 시골에서의 소풍은 사색적인 칩거를 통해 진리가 드러나 행복을 얻을 수 있다는 피치노의 이 같은 철학에 일정한 역할을 했다. 활발한 행위를 통해서든 내향적인 사색을 통해서든 행복에 도달하는 최상의 길에 관한 논쟁들은 그리스 철학과 기독교 신학부터 단테와 페트라르카에까지 걸쳐 있었다. 《니코마코스 윤리학》 10권에서 아리스토텔레스는 사색적인 삶이 우리가 추구하는 최고의 삶, 심지어 유덕한 정치적 활동의 삶보다 한 단계 더 높은 것이라고 단언했다. 그럼에도 불구하고 키케로와 아리스토텔레스의 저작에 담긴 논의들을 버팀목 삼아 콜루초 살루타티와 레오나르도 브루니 같은 피렌체 인문주의자들은, 부산하고 활기찬 공화정에 깊이 관여하는 시민들의 정치적으로 상업적으로 능동적인 삶을 상찬했다.

플라톤은 사회에서 인간의 위치와 세상에서 인간의 목표에 대해 다른 관점을 제시했다. 《파이돈》에서 전쟁 수행이나 금전 획득과 같은 세속적인 활동은 진실의 추구를 방해하는 성가신 일일 뿐이다. 피치노는 행복과 진리는 피렌체의 정치 무대에서 연설을 하거나 무역 창고에서 돈을 긁어모아서 찾을 수 있는 것이 아니고, 그보다는 카레기에 있는 자신의 "기분 좋은 은거지"인 작은 아카데미에서 사색을 통해 찾을 수 있다는 데 동의했다.

이때쯤이면 피렌체의 지성계를 가르는 선은 아리스토텔레스와 플라톤의 사이가 아니라 키케로와 플라톤을 가르는 것이었다. 키케로는 앞선 세대의 피렌체 인문주의자들에게 최고의 고대 작가였고, 그들은 브루니가 키케로의 "정치활동, 연설, 일, 투쟁"이라고 부른 것을 칭송했다.[24] 하지만 피렌체의 고급문화는 일과 투쟁으로부터 거리를 두고 있었다. 학문 활동을 애국심 및 시민적 덕성과 결합하는 키케로적 이상은, 앞선 학자들이 그토록 소중히 여긴 이상은, 피치노가 번역한 《코르푸스 헤르메티쿰》이나 플라톤의 대화편에서 딱히 중요하게 취급되지 않았다. 정치를 멀리한 피치노에게 속세의 행위는 신비적 사색을 통해 빛과 사랑의 신성한 영역으로 상승하는 능력보다 덜 바람직했다. 그런 신비주의적 성향의 철학이 자신의 정치적 권위를 유지하기 위해 공화정의 법령들을 수정하고 있던 로렌초에게 왜 매력적으로 다가왔는지를 이해하기란 어렵지 않다.

피치노는 로렌초가 플라톤을 적극 수용할 또 다른 이유도 제공했다. 《공화국》 5권에서 플라톤은 정치적 리더십이 철학자들에게 떨어지지 않는다면 "국가에서 (…) 아니 내 생각에는 인류에게서 악이 사라지는 일은 있을 수 없다"라고 썼다.[25] 건강한 국가를 위한 그의 처방은 철학과 정치권력이 한 사람 안에서 합쳐지는 것, 즉 철인왕의 등장이었다. 피치노는 피렌체에서 그런 인물을 찾기 위해 눈을 들어 멀리 볼 필요가 없었다. 피치노는 플라톤이 "고대의 위인들 중에서 무엇보다도 열심히 찾았던 것"을 로렌초가 이루었다고 말했다. "당신은 철학 연구와 고도의 공적 권위의 행사를 결합했습니다."[26]

마르실리오 피치노처럼 베스파시아노도 로렌초 데 메디치로부터 로렌초의 아버지 피에로와 할아버지 코시모 덕분에 누렸던 것과 유사한 호의를 얻어내길 기대하고 있었다. 로렌초가 집권한 뒤에 베스파시아노는 그에게 편지를 써서 자신이 메디치가에 품고 있는 "둘도 없는 애정"을 상기시키고 부친과 조부가 이미 논의했던 프로젝트에 착수할 것을 촉구했다. 그 프로젝트란 메디치 사설 도서관의 건립이었다. 그는 이 프로젝트를 자신의 다른 고객 세 사람, 바로 알폰소 공작, 페데리코 다 몬테펠트로, 알렉산드로 스포르차에게도 언급했으며 세 사람은 "이 전망을 반기며 매우 칭찬할 것"이라고 밝혔다. 그다음 그는 로렌초를 가볍게 채근했다. "생각하면 할수록 당신에게 걸맞은 일이라고 느껴집니다."[27]

다른 거물 고객 세 사람의 이름을 슬쩍 흘린 것을 보면 베스파시아노는 이 도서관 건립을 위해 자신이 필사본을 조달하거나 제작할 심산이었던 것 같다. 이전에 코시모를 위해, 그리고 그의 두 아들 피에로와 조반니를 위해서 했던 것처럼 말이다. 로렌초는 확실히 열성적인 수집가와 예술의 후원자가 되어가고 있었다. "로렌초는 진귀한 것들을 무척 좋아한다"[28]라고 한 친구는 평가했다. 그는 메디치궁의 화려한 위용에 눈이 휘둥그레지는 태피스트리, 마욜리카 도자기, 보석, 화병, 대리석, 고대의 메달과 주화 컬렉션을 추가했다. 1466년 나폴리를 방문한 뒤로는 고대 유물에도 깊은 관심을 가지게 되었다. 소개장을 든 방문객들이 그곳의 보물들, (그들 중 한 사람이 신나서 이야기한 것처럼) 피렌체의 주요 볼거리 중 하나가 된 아름답고 귀한 "책, 보석, 조각상들"을 관람할 수 있게 허락을 구하며 메디치궁의 문간에 나타났다.[29] 로렌초는 심지어 정령을 가두고 있다는 반지도 소유했고, 사람들은 그가 그 정령의 마법적 힘을 다스릴 수 있다고 믿었다. 하지만 로렌초는 베스파시아노의 프로젝트에 별다른 관심을 보이지 않았다. 아버지와 삼촌, 할아버지가 모은 보물 같은 필사본을 물려받았으므로 그는 적어도 당분간은 장서가 차고 넘친다는 자부심에 빠져 있었을지도 모른다.

어쨌거나 베스파시아노는 다른 고객들을 상대하느라 변함없이 바빴다. 그는 여전히 페데리코 다 몬테펠트로를 위해서 수십 권의 필사본 제작 작업을 진행하고 있었고, 베사리온 추기경으로부터 열 권짜리 성 아우구스티누스 전집을 의뢰받아 작업 중이었다. 비록 베사리온은 자신의 플라톤 저술을 스바인하임과 파나르츠의 신기술에 맡겼지만 베네치아 필사본 컬렉션에 들어갈 성 아우구스티누스 전집은 베스파시아노와 양피지, 필경사라는 믿음직한 조합을 선택했다. 한 권당 거의 50플로린이 나가는 이 아우구스티누스 전집은 베스파시아노와 그의 팀이 제작한 최고 호화 판본이 된다. 그것들은 대형 판에 아름답게 필사되고 멋지게 채식되었다.

베스파시아노 팀은 베사리온 추기경의 필사본을 2년가량 작업하게 된다. 마지막 권은 성 아우구스티누스의 걸작 《신국론》이었는데, 하지만 이 필사본이 완성될 무렵 성 아우구스티누스의 걸작 수백 권이 갑자기 유럽 곳곳의 도시에서 입수 가능하게 되었으니 베스파시아노가 직면하게 된 상업적 위협의 극명한 실례였다. 스바인하임과 파나르츠는 1467년에 로마에서 《신국론》을 처음 인쇄했고, 이듬해인 1468년에 제2판을 내놓았다. 같은 해에 스트라스부르에서는 요하네스 멘텔린이 목판화 삽화를 곁들여 《신국론》을 수백 부 찍었다. 1470년에는 요한 데 슈파이어와 그의 형제 벤델린이 베네치아에서 《신국론》 수백 부를 인쇄했다.

이 《신국론》 인쇄본들은 베스파시아노가 50플로린을 매긴 필사본의 가격보다 상당히 저렴했다. 인쇄본은 동일한 책의 필사본 가격의 일부에 해당하는 가격으로 살 수 있었다. 부시 주교는 필사본으로 100플로린 이상이 들어가던 작품들이 이제 인쇄기 덕분에 20플로린밖에 들지 않고, 필사본으로 20플로린이 나가던 작품들은 인쇄본으로 4플로린이면 살 수 있다고 기뻐했다.[30] 인쇄본은 필사본 가격의 5분의 1밖에 안 된다는 부시의 주장은 마침 《신국론》의 경우에는 사실이었다. 멘텔린은 요하네스 뱀러라는 아우크스부르크 출신 필경사 겸 채식사가 주서한 자신의 1468년 판본 한 권에 9플로린을 매겼다. 스바인하임과 파나르츠가 1470년에 제작한 판본은 훨씬 더 저렴했다. 1470년판은 5플로린에 팔렸다.[31] 두말할 필요도 없이 베스파시아노가 《신국론》처럼 양피지 수백 장과 필사자의 노동 수백 시간이 필요한 방대한 분량의 필사본을 그 가격에 제작하기란 불가능했다.

더 신속하고 더 대량으로 제작이 가능하고 양피지보다는 주로 종이를 사용하는 인쇄본은 필사본보다 비용이 확연히 덜 들었다. 일찍이 1458년에, 한 연대기 작가에 따르면 멘텔린은 하루에 300쪽을 인쇄할 수 있었는데 평균적인 필경사보다 대략 서른 배 빠른 속도였다.[32] 멘텔린의 이력은 여전히 책을 필사하던 시대의 필경사들에게 교훈적인 이야기를 제공했다. 그는 1440년대에 필경사와 채식사로 일하다가 1450년대에 구텐베르크의 조수 중 한 명에게서 (어쩌면 구텐베르크가 스트라스부르에 체류하던 시기에 구텐베르크 본인한테서) 인쇄술을 배운 뒤 직업을 바꾸었다. 멘텔린은 일찍이 1460년에 성서를 찍어냈고 그다음 성 요한 크리소스토무스, 성 히에로니무스, 성 토마스 아퀴나스의 신학 저작들을 내놓았다. 1469년에 그는 고전 문학으로 분야를 다각화해 레오나르도 브루니 번역의 아리스토텔레스 《니코마코스 윤리학》을 인쇄하고, 1470년에는 테렌티우스의 희극 작품집, 베르길리우스 작품집―정확히 베스파시아노가 필사본 형태로 그의 많은 고객들에게 제공한 종류의 작품―을 인쇄했다.

해가 갈수록 점점 더 많은 인쇄기가 등장해 더 많은 책을 찍어냈다. 《구텐베르크 성서》가 나온 해부터 1469년 말까지 15년간 약 165종이 인쇄된 반면, 1470년 한 해에만 최소 그와 같은 종수가 인쇄되어 유럽 전역에서 입수 가능한 인쇄본의 종수가 12개월 만에 두 배로 늘어났다.[33] 마인츠와 스트라스부르 외에도 인쇄기들은 알프스 이북, 뉘른베르크, 콜로뉴(쾰른), 아우크스부르크, 파리, 그리고 스위스 도시 바젤과 베로

뮌스터에서 돌아가고 있었다.

신기술은 이탈리아 곳곳에서 가장 급속도로, 그리고 가장 꾸준히 퍼져나가기 시작했다. 인쇄업자들은 로마 말고도 베네치아와 나폴리에서도 활동하고 있었는데 후자의 경우, 또 다른 독일 인쇄업자 게오르크 라우어가 로마에 도착하던 바로 그 순간에 식스투스 리싱거가 옮겨간 곳이었다. 1470년에는 또 다른 독일인 요한 라인하르트가 움브리아 언덕의 소읍 트레비에서 인쇄기를 가동하기 시작했으며, 같은 해에 인근의 폴리뇨에서는 요한 노이마이스터라는 인쇄업자가 현지의 금세공인과 협업해 레오나르도 브루니의 역사서 한 권을 찍어냈다. 1470년에는 페라라의 현지 당국자들이 무려 여덟 대의 인쇄기를 로마에서 그곳으로 들여오겠다는 제안을 받았다.[34] 당국자들은 그 제안을 거절했지만 1471년 초에 필사자로서 일감을 찾아 페라라로 왔던 프랑스 출신 전직 필경사 안드레아스 벨포르티스가 자신의 이름으로 인쇄소를 차리고 책을 찍어내기 시작했다.

1470년은 이탈리아인들이 인쇄기를 돌리기 시작한 순간이기도 했다. 최초의 이탈리아인 인쇄업자는 메시나에서 온 조반니 필리포 델 레냐메라는 시칠리아 귀족인 듯하다(그는 필리푸스 데 리냐미네라는 라틴식 이름을 취했다). 1470년에 레냐메는 나폴리를 거쳐 로마에 도착해 산 마르코 궁전 근처의 대저택에 자리를 잡고, 교황 파울루스 2세의 사마관이 되었다. 그리고 울리히 한으로부터 인쇄기를 사들여 퀸틸리아누스의 《인스티투티오 오라토리아》를 찍어냈으니, 이것이 이 인문학 고전의 최초 인쇄본이다. 한편 그해 10월에 루카의 원로원은 파도바의 클레멘트라는 사제 겸 필경사 겸 서체 교사를 그 도시로 데려오는 데 38 대 8로 가결했다. 1~2년 전에 클레멘트는 "글자를 찍어내는 기술"을 배우겠다는 명시적 목표를 가지고 베네치아로 갔는데, 그가 인쇄한 작가들 중 한 명에 따르면 그는 "영리한 관찰을 통해"[35] 인쇄술을 알아냈다고 한다.

볼로냐에서도 안니발레 말피기와 시피오 말피기라는 두 형제에 의해 인쇄기가 돌아가기 시작했고, 밀라노에서는 안토니오 차로토라는 사제가 판필로 카스탈디라는 베네치아 의사와 손잡고 인쇄소를 차렸다. 카스탈디를 둘러싸고는 흥미로운 전설이 있다. 그의 아내 카테리나는 마르코 폴로의 후손인데, 그 탐험가가 1295년에 중국에서 가져온 가동활자를 지참금의 일부로 남편에게 주었다고 전해진다. 1681년 안토니오 캄브루치라는 프란체스코회 수도사가 (대단히 의심스러운 증거를 바탕으로) 대략 1440년에 카스탈디가 이 활자를 가지고 한 실험을 파우스토 코네스부르고라는, 이탈리아를 방문 중인 어느 친구에게 보여주었고, 그 친구가 가동활자 비법을 마인츠로 가져간 다음—요한 푸스트라는 더 친숙한 이름으로—발명의 공로를 가로챘다고 주장했다.

우리가 마르코 폴로 커넥션을 깨끗이 무시하기로 한다면, 이 초창기 이탈리아 인쇄업자들에 관한 한 가지 수수께끼는 그들이 어떻게 인쇄술을 배웠는가이다. 누가 인쇄기를 조립하고, 활자를 주조하고, 잉크를 마련했을까? 얄궂게도 15세기 당시 어떻게 인쇄기를 제작하고 작동시키는지를 가르쳐주는 설명서가 인쇄되었다고 알려진 바는 없다. 인쇄기가 어떻게 작동하는지를 설명하는 가장 초기의 글은 1534년에 나오는데, 구텐베르크가 첫 책을 인쇄한 지 거의 한 세기가 지난 시점이었다. 사적인 편지에 등장하는 그 설명문은 아마도 대다수의 사람들처럼 인쇄본이 어떻게 만들어지는지 전혀 모르는 어느 프리슬란트 학자를 깨우쳐주려는 글이었다.[36] 가동활자를 주조하는 데 필요한 지식은 그보다 더 오랫동안 영업 비밀로 남아 있었다. 인쇄기를 조립해 작동시키는 것보다 훨씬 더 어려운 공정인 활자 주조에는 납, 주석, 안티몬을 이용해 특수 합금을 제조하는 과정이 포함되었다. 그에 관한 설명서는 야금에 관한 책, 반노초 비링구초의 《데 라 피로테크니아De la Pirotechnia》가 베네치아에서 나온 1540년에야 처음 등장하게 된다.

인쇄기를 제작·작동시키는 공정은 그러므로 구두로, 그리고 실제 작업장에서 시범을 통해서 전수되었던 듯하다. 실제로 판필로 카스탈디는 인쇄술을 마르코 폴로 커넥션을 통해서가 아니라 고국을 떠나온 독일인 요한과 벤델린 데 슈파이어와 베네치아에서 함께 일한 덕분에 배웠다. 카스탈디의 경우는 전형적이었다. 이탈리아 인쇄업자들은 독점적 정보를 가르쳐줄 용의가 있는 독일인 인쇄업자의 일터에서 그 기술을 직접 목격하거나, 아니면 필리푸스 데 리냐미네나 1471년에 다른 인쇄업자한테서 인쇄기와 활자를 구입한 공증인 에반겔리스타 안젤리니처럼 중고 장비를 매입했다.

인쇄기와 기술을 손에 넣는 것은 창업에 필요한 요건 중 일부에 불과했다. 인쇄업자 희망자들은 착수 자본금을 마련하고 운영비도 감당해야 했다. "인쇄술을 실행하는 데는 경비가 대단히 많이 든다"라고 부시 주교는 잘라 말했다.[37] 한 추정치에 따르면 책 한 권을 출판하기 위해 인쇄소를 차리는 데 꼭 필요한 장비—활자, 종이, 잉크, 제련용 소형 용광로와 더불어 인쇄기 자체—에 최소 35플로린이 들어가는데,[38] 이는 일반적인 작업장 연간 임대료보다 한참 많은 액수였다.

이 착수 자본 외에도 인쇄업자는 책을 잇달아 낼 비용을 감당하기 위한 경영 자본도 필요했다. 대형 판본을 수백 부 찍어내려면 많은 제작비가 들어갈 수도 있다. 베네치아에서 930부를 찍은 어느 성서에 들어간 종이와 노동 비용은 450~500플로린에 달했다.[39] 그 액수조차도 양피지 판본에 송아지 가죽 약 5천 장과 나머지 판본에 5만 장의 종이가 들어간 《구텐베르크 성서》에 비하면 미미한 축이었다. 페터 쇠퍼에 따르면 최대 180부로 추정되는 《구텐베르크 성서》 인쇄에는 4천 플로린이 넘게 들어갔다.[40] 그렇다면 한 부당 제작 비용은 최소 22플로린, 즉 베스파시아노의 필사본 다수의 가격과 대충 동일한 원가였던 셈이다. 하지만 《구텐베르크 성서》는 예외적인 사례이며, 대다수의 인쇄서는 제작하고 구입하는 데 돈이 훨씬 덜 들었다.

인쇄업자들은 필사본 제작자들은 알 리 없는 막대한 액수의 간접비와 운영 비용에 직면할 수도 있다. 베스파시아노는 열 권짜리 성 아우구스티누스 전집에 베사리온 추기경으로부터 500플로린을 받았는데, 이윤이 20퍼센트라고 가정하면 100플로린의 이익을 봤을 것이다. 그렇다면 베스파시아노는 400플로린의 제작비를 마련해야 했을 텐데, 물론 적잖은 액수이긴 하지만 남아 있는 서점의 회계장부는 은행가나 여타 재정 후원자와 아무런 거래 내역도 보여주지 않는다. 필사본 제작의 경우, 느린 필사 속도 때문에 대규모 의뢰건은 여러 해에 걸쳐 진행되고 경비도 조금씩 분할 지급하며 과도한 선불 경비가 들어가는 일도 거의 없었다. 반면 다 팔릴 것이라는 전제 아래 단 몇 달 만에 책 한 권을 수백 부 인쇄하는 것은 완전히 다른 문제였다.

그러므로 많은 인쇄업의 경우 생산자와 소비자 간의 관계에 제3자, 바로 자본가가 개입했다. 인쇄소는 신용과 융자, 위험 부담이 있는 대다수의 다른 상업적 기획과 동일한 노선에 따라 조직되었다.[41] 안에 담긴 내용이 아무리 고상할지라도 책이란 결국 생산되고 교환되는 여느 물건과 마찬가지로 이윤을 남기거나 손해를 보는 상품이었다. 구텐베르크는 푸스트에게 거액을 빌렸고 이탈리아 인쇄업자들도 마찬가지로 재정적 동업자를 구했다. 울리히 한의 사업은 로마에 근거지를 둔 루카 출신 무역상으로부터 재정 지원을 받았다. 안토니오 차로토가 카스탈디와 갈라선 뒤 밀라노의 동업자들과 맺은 계약과 같은 것들은 갈수록 흔해졌다. 차로토의 동업자들은 3년에 걸쳐서 각자 100두카트씩 투자하기로 했다. 경영 파트너로서 차로토는 인쇄기와 활자, 매트릭스 비용을 제하고 남은 수익의 3분의 1을 받을 예정이었고, 그 장비들은 3년 뒤에 전부 그의 소유가 될 터였다. 이 동업 관계는 (트레비존드의 게오르기오스의 저작을 비롯해) 훌륭한 초기 인쇄본들을 내놓았고, 두 동업자가 구텐베르크와 푸스트 관계의 재탕처럼 사이가 틀어지지만 않았어도 잘나갔을지 모른다. 동업자 중 한 명인 콜라 몬타노라는 인문학자가 자신의 이전 동업자에 관해 모욕적인 풍자시를 유포하기 시작했고, 이전 동업자는 지체 없이 그를 투옥시켰다.

1470년에 이르자 인쇄기는 로마, 나폴리, 베네치아, 볼로냐, 밀라노, 심지어 소읍인 트레비와 폴리뇨에까지 들어왔다. 유럽 곳곳에서 인쇄업의 급속한 발전은 베스파시아노에게도 얼마간 불안을 야기했을지도 모르는데, 1469년에 그가 "불경기라서"[42] 자신의 서점 가치가 줄어들었다고 주장했기 때문이다. (그가 더 자세히 설명하지 않은) 이 불경기라는 게 인쇄업자들의 시장 잠식이나, 아마도 더 가능성이 있는 코시모 데 메디치와 그의 두 아들과 같은 충실한 고객들의 잇따른 죽음 등의 다른 요인들과 관련이 있는지는 불분명하다. 그는 1468년에 저명한 의사인 형 야코포도 잃었다. 오랫동안 지병을 앓은 야코포는 어머니 모나 마테아가 죽은 뒤 정확히 1년하고 하루 뒤에 죽었고 산타 크로체 대성당 중앙 신도석 아래 묻혔다. 그의 비문은 묻힌 사람이 누구인지 자랑스럽게 알렸다. JACOBO BISTICCIO MEDICO CELEBERRIMO(명의 야코보 비스티초).

야코포의 죽음은 비스티치 가문에 큰 타격을 주었는데, 뛰어난 능력과 전문성에도 불구하고 베스파시아노가 필사본을 팔아서 번 것보다 야코포가 의료 행위로 번 돈이 훨씬 더 많았기 때문이다.[43] 그렇다 하더라도 1470년에 절망할 이유는 아직 별로 없었다. 베스파시아노는 여전히 부유한 고객들의 후원을 누렸을 뿐만 아니라, 책과 학자, 독자, 투자할 유휴자본이 있는 진취적인 상인들이 넘쳐나지만 여전히 인쇄기가 없는 이탈리아 도시가 하나 있었다. 피렌체에는 사업을 시도할 인쇄업자가 그때까지 나타나지 않았던 것이다.

피렌체 서점 이야기

19장

"피렌체인의 재간 앞에
어려운 것은 없다"

로렌초 데 메디치는 토스카나 시골의 기분 좋은 은거지에서 마르실리오 피치노와 함께 지고선에 대해 사색하는 시간을 소중히 여겼을 것이다. 하지만 중요한 용무가 피렌체에서 그의 존재와 관심을 요구했다.

1471년 여름에 바티칸에서, 교황 파울루스 2세가 좋아하던 멜론을 과식하며 푸짐한 저녁을 든 뒤 뇌졸중으로 44세의 나이에 별세했다. 독약과 잘못된 마법 주문에 관한 풍문이 떠돌았는데, 교황이 평소에 각종 돌과 기타 도구로 앞날을 점치는 것을 즐겼기 때문이다.[1] 그의 후임은 박식한 프란체스코회 소속 신학자인 57세의 프란체스코 델라 로베레였고, 로베레는 식스투스 4세라는 이름을 취했다. 신임 교황이 이전에 로마의 메디치 은행으로부터 지원을 받은 적이 있었으므로 로렌초는 그에게 호의를 기대할 만했다. 그해 10월 도나토 아차이우올리를 대동한 로렌초의 로마 공식 방문은 대성공이었다. 식스투스는 그에게 고대 대리석 흉상 두 점을 선물하고, 파울루스 2세의 막대한 컬렉션 가운데 일부 보석과 카메오를 유리한 조건에 매입할 수 있게 해주었다(작고한 교황이 수집한 진주 컬렉션의 가치만 해도 30만 두카트로 평가되었다). 한술 더 떠 식스투스는 메디치가를 교황의 은행가로 임명했는데, 그 자리는 원래 파울루스가 자기 친척한테 준 자리였다. 신임 교황이 메디치가에 대단히 호의적인 모습을 보였기에 로렌초는 곧 열여덟 살의 동생 줄리아노에게 추기경의 모자를 씌울 생각을 하기 시작했다.

하지만 더 시급한 문제들이 이내 로렌초에게 심각한 우려를 안겼다. 메디치가의 여러 사업 가운데 하나는 백반 제조에 이용되는 광물인 명반석의 채굴권이었다. 직물을 염색하는 데 반드시 필요한 이 마법의 재료는 전통적으로 아나톨리아의 에게해 연안에 있는 포카이아 광산에서 나왔다. 하지만 1455년에 그 지역이 오스만제국에 점령되면서 서방 세계는 포카이아에서 백반을 수입하는 대가로 튀르크인들에게 연간 30만 두카트를 건네주고 있었다. 그렇기 때문에 1461년 초 로마에서 북쪽으로 약 65킬로미터 떨어진 교황령 내 톨파 인근 산악 지방에서 명반석이 발견된 것은 축하할 일이었다. "오늘 저는 튀르크인을 상대로 승리를 가져왔습니다"라고 발견자인 조반니 다 카스트로는 교황 피우스 2세에게 알렸다.[2] 광산은 재빨리 생산에 들어갔고 백반은 (어디나 빠지지 않는 베사리온 추기경을 비롯해 3인 위원회가 감독하는) 교황의 독점 상품으로 선언되었으며 거기서 나온 수익은 십자군으로 들어갔다.

1470년에는 또 다른 명반석 매장지가 토스카나에 있는 볼테라의 남쪽 40킬로미터 지점에서 발견되었다. 다시금 귀중한 광물을 이용하기 위해 광산이 개발되었다. 톨파에서처럼 메디치 은행은 피렌체의 다른 부자들(메디치가의 친구와 지지자들)도 참여해 이익을 나누는 민간 합작 단체를 통해 채굴권을 관리하고 자금을 대는 일을 도왔다. 이 같은 사업 방식은 볼테라에서는 인기가 없는 것으로 드러났다. 이전 세기 동안 피렌체는 볼테라시를 지배해왔고 메디치 가문의 명반석 광산 통제는 볼테라에게는 또 하나의, 그리고 일부 사람들에게는 갈수록 참을 수 없는 자원착취 사례였다. 볼테라는 피렌체처럼 친親메디치파와 반反메디치파로 갈라져 있었기에 1472년 초에 반메디치파는 정적들에게 타격을 가할 기회를 엿보고 광산을 장악했다. 이것을 도모한 자들은 피렌체로 쫓겨났고 로렌초는 분쟁 중재를 요청받았다. 하지만 그가 판결을 내리기 전에 친메디치파 일원 두 사람이 볼테라에서 살해되고 그들의 집은 약탈당해 불에 탔다. 볼테라에서 파견한 대사들이 빠르게 피렌체에 도착해 피렌체시와 로렌초에게 충성을 맹세했다. 하지만 피렌체 내의 자기 파벌에 대해서도 신경 써야 하는 데다 토스카나의 다른 종속 도시들도 사태의 추이를 예의 주시하고 있었으므로 로렌초는 볼테라 주민에게 따끔한 교훈을 주기로 마음먹는다. 그는 대부인 페데리코 다 몬테펠트로의 무력을 동원했고 볼테라 침공 자금으로 100만 플로린을 내놓았다. 그리하여 1472년 5월 말에 페데리코가 이끄는 1만 2천 병력이 볼테라 성문 앞에 도착했다.

볼테라는 견고한 성벽으로 둘러싸여 산꼭대기에 자리 잡고 있었지만 또 다른 용병대장이 "도시의 강습자"[3]라고 부른 페데리코를 물리치기에는 방비가 형편없었다. 6월 중순에 시민들은 항복 조건을 협상했다. 페데리코는 도시를 약탈하지 않겠다는 조건에 동의했지만 병사들은 성벽에 돌파구를 내자마자 곧 딴생각을 품었다. 볼테라 시민 수백 명이 살해당하고 재산을 약탈당했다. 마키아벨리는 나중에 꼬박 하루 동안 도시가 "최악의 참화를 겪었고, 어느 여자와 성소도 화를 피하지 못했다"라고 썼다.[4] 나중에 베스파시아노는 페데리코가 약탈을 막기 위해 최선을 다했지만 "일대 아수라장"이 펼쳐졌고, 미친 듯이 자행되는 약탈과 폭력 앞에 페데리코도 "눈물을 주체할 수 없었다"[5]라고 주장하며, 이 같은 만행에서 그의 책임을 면해주었다. 그렇지만 페데리코도 얼마간 약탈에 참여했다. 그는 독수리 모양의 청동 독서대와 그보다 더 유혹적인 전리품으로서 최근에 사망한 유대인 은행가의 컬렉션 중 히브리어 필사본 71권을 자기 몫으로 챙겼다. 그 중에는 13세기 것인 히브리어 구약 필사본, 두께가 30센티미터가 넘고 묵직한 양피지로 1천 장에 가까워 옮기는 데 두 사람이 필요한 책도 있었다.

이 귀한 필사본들은 우르비노에 있는 페데리코의 도서관에 추가되었다. 베스파시아노와 그의 필경사들은 여전히 우르비노 컬렉션을 위해 필사본을 제작하고 있었다. 전투를 치르느라 바쁜 중에도 페데리코는 적극적으로 작품들을 의뢰했다. 임무를 수행하러 볼테라로 출발하기 직전에 그는 베스파시아노에게 편지를 써서 도나토 아차이우올리가 집필한《니코마코스 윤리학》주해서와 짝을 이루도록 아리스토텔레스의《정치학》에 관한 주해서를 한 권 요청했다. 아리스토텔레스의《니코마코스 윤리학》은 페데리코가 특히 아끼는 책이었다. 베스파시아노는 잔노초 마네티가 번역한《니코마코스 윤리학》을 호화롭게 장식한 필사본으로 제작했고, 페데리코는 군사 원정을 나갈 때를 포함해 그 책을 어디에나 들고 다녔다. 전투 틈틈이 페데리코는 큰 소리로 낭독해주는 《니코마코스 윤리학》의 대목들을 즐겨 들었다.[6]

베스파시아노는《정치학》주해서를 집필할 사람으로 역시 도나토를 추천했다. 또한 베스파시아노는 이 몇 달 동안 페데리코의 도서관에 들어갈 플라톤의 대화편들도 준비하고 있었다. 믿음직한 게라르도 델 치리아조가《크리톤》,《파이드로스》,《고르기아스》,《파이돈》을 비롯해 레오나르도 브루니가 번역한 판본을 필사했다. 게라르도는 당시 5년 전에 은퇴한 듯하며 최소한 1467년부터 1472년 사이에는 그가 필사한 작품이 보이지 않았다. 베스파시아노가 페데리코의 도서관을 채우는 막중한 과업에 그를 다시 불러낸 게 틀림없었다.

"피렌체인의 재간 앞에 어려운 것은 없다Florentinis ingeniis nil ardui est"라고 금세공인 베르나르도 첸니니는 의기양양하게 말했다. "영리한 관찰"을 이용했다는 또 다른 이탈리아인 파도바의 클레멘트처럼 첸니니는 혼자서 인쇄술의 모든 비법을 알아냈다고 주장했다. 그리하여 그는 인쇄기를 국산 발명품으로 여기게 함으로써 알프스 이북 야만인들의 땅에서 수입된 이 신기술에 대한 일체의 꺼림칙함을 없앴을 것이다.

당시 50대 중반이었던 첸니니는 스스로 인쇄술의 더 미묘한 사항들을 알아냈을 수도 하다. 그는 예전에 피렌체 세례당 동쪽 면의 청동문인 '천국의 문'을 작업한 로렌초 기베르티의 조수로 일한 적이 있었다. 그는 또 다른 금세공인인 베스파시아노의 형 야코포(그가 의사로 직업을 전환하기 전에)와 함께 일한 바 있었다. 1430년대 초반에 야코포와 첸니니는 동업 관계를 맺었다가 첸니니가 야코포에게 102플로린의 빚을 남긴 채 1446년 무렵에(그때쯤에 야코포는 성공적으로 경력을 전환했다) 관계를 해소했다.[7] 어쨌거나 첸니니는 틀림없이 가동활자 주조 기법을 깨우쳤을 테고, 책의 본문을 배치하는 일부 실행 방식들은 지난 10년의 상당 기간을 필경사로 일했던 스물일곱 살의 아들 피에트로에게 들었을 수도 있다. 하지만 1471년에 이르러 이탈리아에서 가동되고 있던 인쇄기 숫자를 감안할 때 파도바의 클레멘트처럼 첸니니는 이 독일 기계들이 돌아가는 모습을 두 눈으로 봤을 수도 있다.

새 사업에 돈을 마련하기 위해 첸니니는 아내 소유의 집을 팔고 가족 주택을 저당 잡혔으며 또 다른 금세공인에게서 200플로린의 채무를 졌다. 1471년 11월 초에 총 세 권으로 된 베르길리우스에 관한 라틴어 주해서 인쇄본 한 부가 피렌체의 재간에 대한 그의 의기양양한 자랑까지 담아서 나왔다.

첸니니는 곧 경쟁자와 맞닥뜨리게 되는데 1472년에 또 다른 인쇄업자가 피렌체시에서 사업을 시작했기 때문이다. 그는 콜로폰으로는 요하네스 페트리로 알려져 있지만 다른 문서들에서는 조반니 디 피에트로, 조반니 테데스코(독일인 요한), 그리고 그의 고향 이름을 따서 조반니 다 마곤차(마인츠의 요한)로 나오는데, 그 출신지는 물론 그를 구텐베르크나 푸스트와 연결시켜준다. 대략 1년 사이에 요하네스는 네 작품을 인쇄했는데 피렌체가 낳은 가장 유명한 문학적 아들, 페트라르카와 보카치오의 작품들을 비롯해 모두 토착어 작품이었다. 그는 1330년대에 쓰인 보카치오의 소설 《일 필로콜로Il Filocolo》를 찍어서 1472년 11월에 출판했다. 그는 이 작품들, 특히 보카치오 작품에 분명히 폭넓은 독자층을 예상했는데 보카치오의 작품은 워낙 인기가 많아서 전문 필경사로 훈련받은 적 없는 독자들도 순전히 자기가 읽으려고 수십 년 동안 그 작품들을 필사해왔다.[8]

두 인쇄업자 베르나르도 첸니니와 마인츠의 요하네스는 그다음 1471년과 1472년에 피렌체에서 다섯 종의 도서를 출판했다.[9] 하지만 이렇게 짧은 기간 동안 활발히 돌아간 두 인쇄기는 멈춰 섰다. 첸니니는 부분적으로 베르길리우스에 관한 동일한 주해서의 다른 두 판본이 비슷한 시기에(하나는 스트라스부르에서, 다른 하나는 베네치아에서) 인쇄되었기 때문에 재정적 난관에 부닥쳐서 더 이상 아무것도 인쇄하지 않게 된다.

그는 팔리지 않은 인쇄본들을 그에게 200플로린을 빌려준 금세공인에게 담보로 내놓아 빚을 덜고자 했다. 첸니니는 결국 재고 가운데 일부인 44부를 롬바르디아에서 온 행상인에게 넘겼다.[10]

베르나르도 첸니니와 마인츠의 요하네스만이 이 시기에 경제적 어려움을 겪고 있는 인쇄업자는 아니었다. 인쇄기의 급증에도 불구하고 필사본 생산은 1470년에 정점을 찍었다. 그해에 유럽 전역에서 역사상 다른 어느 해보다 더 많은 필사본이 생산되어, 15세기로 넘어올 쯤부터 10년마다 생산량 증가세를 이어갔다. 하지만 필사본에서 인쇄본으로의 전환도 급속히 진행되고 있었다. 이미 1472년이 되면 적어도 알프스 북쪽에서는 필사되는 것보다 인쇄되는 책이 더 많았다.[11]

이탈리아에서 인쇄기의 급증은 도서 공급이 수요를 크게 앞지르는 결과를 초래했다. 이 초창기 인쇄업자들 중 다수는 필사본 가격의 일부에 불과한 가격에 기껏해야 한정된 시장만 존재하는 라틴 고전들의 인쇄본을 출판했다. 라틴어가 인쇄기의 언어였으므로 마인츠의 요하네스가 토착어 작품들을 인쇄한 것은 이례적이었다. 1465년부터 1472년 사이에 이탈리아에서 인쇄된 도서 가운데 85퍼센트는 라틴어였고, 유럽 전체로 따지면 무려 91퍼센트에 달했다.[12] 이 시기에 자국어로 된 책을 찾고 싶은 사람은 애를 먹었을 것이다. 1472년 이전까지 독일어로 인쇄된 책은 36종, 이탈리아어로 인쇄된 책은 31종에 불과했다. 프랑스어로 된 인쇄본은 아직 단 한 권도 나오지 않았다.[13]

스바인하임과 파나르츠의 평균 인쇄 부수는 275부였지만 플리니우스의 《자연사》나 수에토니우스의 《열두 명의 카이사르》 같은 작품들에 이 정도의 생산량을 따라갈 독자나 구매자는 존재하지 않았다. 특히 다른 인쇄업자들도 동일한 작품들을 찍어내고 있는 마당에 말이다. 인쇄 도서는 전체적으로 필사본보다 확실히 더 저렴했다. 그렇더라도 스바인하임과 파나르츠의 책들은 값이 만만치 않았다. 그들의 1470년판 《자연사》는 가격이 8두카트, 복음서에 대한 아퀴나스의 주해서는 10두카트인 한편, 1469년판 《데 오라토레》는 16두카트라는 큰돈이 매겨졌는데,[14] 16두카트는 작업장의 연간 임대료나 가난한 직공의 1년치 임금에 맞먹는 액수였다. 이 값비싼 책의 판매는 저조했다. 스바인하임과 파나르츠가 이미 1465년에 《데 오라토레》를 인쇄했을 뿐만 아니라, 1468년에 울리히 한이 마찬가지로 로마에서 출판했고, 1470년에는 베네치아에서 별도의 두 판본이 나왔기 때문이다.

이러한 요인들로 인해 스바인하임과 파나르츠는 그들이 출고한 부수 중 극히 일부만 팔 수 있었다. 두 사람이 로마에서 대략 5년을 보낸 1472년에 그들의 인쇄소 재고 목록을 보면 총 1만 2475부를 찍었는데, 그중 절대다수인 1만 부 정도는 여전히 팔리지 않고 쌓여 있었다. 그들은 식스투스 4세에게 많은 수고와 어려움을 겪고 비용을 들인 끝에 그들의 집에 "안 팔린 책들이 넘쳐나지만 생필품은 없다"[15]라며 어려움을 호소했다.

이 시기에 곤경에 처한 다른 인쇄업자로는 폴리뇨의 요한 노이마이스터가 있었다. 그는 결국 빚을 갚지 못해 투옥되었다. 1472년에 그는 단테의 《신곡》 최초 인쇄본을 내놨지만 몇 달 만에 만토바와 베네치아에서 다른 인쇄업자들이 저마다 《신곡》을 출판하는 바람에 시장이 포화 상태가 되면서 생계에 어려움을 겪게 되었다. 베네치아 최초의 인쇄업자인 니콜라 장송과 벤델린 데 슈파이어도 마찬가지로 난관에 봉착했다. 1472년에만 두 인쇄소는 합쳐서 30종가량의 책을 출판했다가 결국 생산량을 점검하고 독일에서 재정적 지원을 끌어들임으로써 도산을 피하려고 애쓰는 신세가 되었다. 1472년 베로나에는 인쇄업자가 두 명 있었는데, 그중 한 명은 수십 점의 목판화를 수록한 전쟁론을 한 권 출판했다. 하지만 그해가 저물기 전에 두 사람 모두 도산하거나 도시를 떠났다. 밀라노에서는 판필로 카스탈디가 인쇄업자로서의 경력을 갑작스레 끝내야 했다. 그는 모든 장비와 더불어 안 팔린 책을 잔뜩 짊어지고 베네치아로 돌아갔다.

인쇄서 부문의 경기 침체는 이 신기술이 오류를 확산시킴으로써 지식을 해칠 것이라고 우려한 다수의 작가들이 인쇄기의 도입을 반대한 것과 시기상 일치했다. 1471년에 인쇄된 책이 피렌체에서 처음 나오고 있을 때 시인이자 학자인 안젤로 폴리치아노(로렌초 데 메디치의 사서이자 그의 자식들의 개인교사)는 다음과 같이 불만을 토로했다. "이제 가장 멍청한 생각들도 순식간에 수천 권의 책으로 옮겨져서 널리 퍼져나갈 수 있게 되었다."[16]

텍스트에 도입된 오류가 이제 수백 부의 사본으로 유포될 위험은 확실히 존재했다. 다수의 인쇄업자들은 좋은 모본을 찾아내고 그 모본을 정확하게 복제한 비평판을 찍어내기 위해 학자들과 협업하는 신중한 대책을 취했다. 어떤 경우에는 인문학자들이 출판사의 파트너가 되기도 했다. 울리히 한은 로마에서 페루자대학 출신 수사학 교수의 도움을 받았다. 볼로냐의 말피기 형제는 파도바에서 인쇄되어 나온 스타티우스의 《실바이 Silvae》—1418년에 포조가 재발견한 작품—의 한 판본에서 3천 가지 오류를 수정했다고 주장한 프란체스코 푸테올라노라는 학자와 손잡고 일했다.[17] 그러나 이러한 꼼꼼한 노력조차도 때로는 소용이 없었다. 스바인하임과 파나르츠는 식스투스 4세가 1471년에 비블리오테카리우스bibliothecarius(교황청 사서)로 임명한 조반니 안드레아 부시와 긴밀히 협력했다. 부시가 출판을 감독한 책 가운데 하나는 1470년판 플리니우스의 《자연사》였다. 300부를 찍은 이 판본에는 우렁찬 목소리로 인쇄술을 칭찬하며 부시가 쓴 서문이 실려 있다. "고대인들이 이 기술을 보유했다면 우리는 지금 플리니우스의 다른 멋진 작품들이 부족하지 않았을 것이다. 이제는 옛 현인들의 기념비적 작품들이 결코 소실되지 않을 것이다."[18]

이 《자연사》 판본은 베사리온이 후원해온 학자인 니콜로 페로티로부터 통렬한 비판을 받았는데, 페로티는 본문에서 22개의 오류를 발견했다고 주장했다. 또 다른 인문주의자에게 보낸 편지에서 페로티는 원래 자신은 "근래에 독일에서 건너온 이 신기술"에 큰 희망을 품었지만 이러한 기대는 엉성한 인쇄업자들과, 그가 부시 주교와 같은 무능한 편집자라고 생각한 사람들 때문에 찬물을 뒤집어썼다고 적었다. 그는 아무리 오류투성이의 인쇄 판본이라고 해도, 더 오래되고 더 정확한 필사본 판본을 밀어내고 특정 작품의 표준판이 될 수 있는 위험을 인식했다. 그런 사태를 시정하기 위해 그는 "교황청의 권위로 임무를 맡은 사람들"이 모든 도서의 인쇄를 면밀히 감독해 고도의 정확성을 보장하는 출판 규제 시스템을 주창했다. "그 임무는 지성, 비범한 학식, 놀라운 열성, 고도의 조심성을 요청한다"라고 썼다. 하지만 사람들은 페로티의 제안에 별다른 관심을 보이지 않았고, 어쨌거나 그 제안은 실현되지 않았을 것이다. 단 한 사람, "믿을 수 없는 열성"을 가진 단 한 사람이 있더라도 유럽 전역에서 인쇄기들이 쏟아내는 다수의 고전 문헌들을 관리·감독하는 것은 불가능했을 것이다.[19]

어떤 이들은 다른 이유에서 인쇄 도서를 반대했다. 부시 주교는 가난한 사람들도 이제 자기 장서를 갖출 수 있게 되었다고 기뻐했지만 책 가격의 하락은 다른 이들에게 불안감을 자아냈다. 조르조 메룰라라는 한 베네치아 학자는 베네치아 카르톨라이오의 가게에서 스바인하임과 파나르츠의 1470년판 플리니우스 《자연사》를 한 권 발견했다(스바인하임과 파나르츠의 책이 로마 너머로도 배포되었음을 보여주는 사례다). 플리니우를 갑자기 폭넓게 입수할 수 있게 된 사실은 메룰라에게 전혀 기쁜 일이 아니었다. 그는 속물적으로 "더 행복한 시절"에 책에 접근할 수 없었던 사람들이 갑자기 책을 구할 수 있게 되었다고 한탄했다. 인쇄기 덕분에 한때는 "어중간한 학식의 사람들에게는 멀기만 하고 감춰지고 알려지지 않았던" 작품들이 이제 "저잣거리에서 회자되고 하층민 사이에서 흔한 지식으로 여겨지게 되었다."[20]

인쇄술을 한층 소리 높여 공격한 사람은 필리포 다 스트라다라는 베네치아의 베네딕트회 수도사이자 필경사였다. 1473년에 그는 라틴어로 시를 써서 베네치아 도제에게 공중도덕을 위해 "인쇄업자들을 저지"하고 "인쇄기를 쓰러뜨리라"고 촉구했다. 필리포에게 독일 인쇄업자들은 사람들의 마음을 "가증스러운 악습들"로 채우는 저속한 술주정뱅이 무단 침입자들이었다. 그들은 낮은 비용으로 "성을 암시하는" 책들을 열심히 찍어내고 그런 책들은 "아직 어린 사내애들과 양갓집 규수들"처럼 외부의 영향에 쉽게 휘둘리는 젊은이들에게 소비될 터였다. 그런 이유로 인쇄소는 매음굴보다 나을 게 없다고 했다. 그의 맹비난에는 좀 특별한 탄원도 들어 있었는데 필리포는 인쇄기가 낳은 한 가지 불미스러운 결과는 자기처럼 번듯한 필경사들이 거리로 나앉아 굶어 죽어가고 있는 것이라고 지적했다.[21]

필리포의 마지막 주장은 감수성 예민한 젊은이들 사이에서 구제불능의 비행을 부추기는 술주정뱅이 독일인들에 대한 불평만큼이나 도저히 진지하게 받아들일 수 없는 것이었다. 인쇄술 초창기에 인공 글자〔활자〕가 자신들의 일자리를 빼앗는다고 우려를 표명하는 필경사는 없었다. 사실 인쇄기는 정치적 항의나 사회 불안, 경제적 동란을 거의 동반하지 않고 유럽 곳곳에 도입되었다. 1470년대에 어느 필경사도 거리로 나서지 않았다. 인쇄기를 때려 부수거나 인쇄소를 습격해 난장판으로 만들지도 않았다. 산업혁명 초창기에 랭커셔 방직 공장을 공격한 수직기 직조공들이나 편물기를 깨부순 러다이트의 선구자들은 없었다.*

이러한 묵인의 한 가지 이유는 인쇄기가 실은 붉은 잉크로 글자를 써넣고 화려한 장식 글자와 채식 대문자로 인쇄본을 꾸미는 필경사와 채식사들에게 많은 일감을 제공했다는 사실과 관련이 있다. 니콜라 장송이 베네치아에서 인쇄한 책 가운데 하나는 나중에 대문자를 손으로 써넣기 위해 한 줄이나 두 줄을 비워둔 부분이 수천 군데에 달했다. 현존하는 초창기 인쇄본들은 사실상 빠짐없이 주서되어 있고 붉은색과 푸른색 잉크로 장식사들이 추가한 대문자가 4천 개에서 5천 개까지 등장한다. 그 사본들 다수는 또한 금색과 다른 색깔로 채식되어 있다. 마치

---

* 오스만제국의 상황은 달랐다. 아랍어는 코란의 성스러운 언어였으므로, 코란의 기계적 제작은 오스만 당국에 의해 금지되었다. 인쇄기는 필경사와 채식사들의 막강한 길드의 반대에도 부딪혔다. 1514년 베네치아인 그레고리오 데 그레고리가 아랍어로 인쇄된 최초의 작품 《키타브 살라트 아스-사와이Kitab Salat as-Sawai》, 즉 아랍어로 번역된 가톨릭 기도문 선집을 내놓았다. 코란의 인쇄본은 1537년에 처음 출판되었지만 인쇄업자는 두 베네치아인, 파가니노 파가니니와 그의 아들 알레산드로였다. 이슬람 세계 최초의 인쇄기는 안티오키아 대주교 아타나시우스 다바스의 인쇄기로서, 다바스는 1706년에 알레포에서 네 복음서를 인쇄했고 2년 뒤에는 시편집을 내놨다. 이스탄불에서는 1728년에야 인쇄기가 등장하게 된다.

손으로 쓴 필사본처럼 어느 모로 보나 아름답고 꼼꼼하게 말이다.[22]

물론 채식 필사본도 여전히 제작되고 있었다. 알프스 북쪽에서는 특히 부유한 군주들과 귀족들—선량공 필리프, 대담공 샤를, 요크의 마거릿, 플랑드르 궁정인 루이 드 그뤼튀스—이 자기 서재에 소장할 호화판 필사본의 제작을 의뢰하면서 필사본 황금기가 열리고 있었다. 당시 필사본 주문이 쏟아져 들어왔고 그렇게 만들어진 필사본들은 무척 아름다워서 한 역사가는 "남부 네덜란드에서 채식 필사본 제작과 후원의 위대한 시대는 15세기 후반기다"라고 썼다. 다시 말해 구텐베르크의 발명으로부터 반세기가 지나서였다.[23]

필리포 다 스트라다는 인쇄기에 대해 좀 더 정확하고 혜안이 돋보이는 불만도 제기했다. 1471년 10월 벤델린 데 슈파이어는 이탈리아어로 최초의 성서를 출판했는데, 니콜로 말레르비가 각각 프란체스코회 수도사와 다른 두 인문주의 학자의 도움을 받아 번역한 것이었다. 필리포는 이 작품을 특히 위험하다고 여겼는데 부정확한 번역이 많아 이단을 낳을 염려가 있다고 믿었기 때문이다. 더욱이 신의 말씀은 이제 (메룰라가 말했을지도 모르듯이) 하층민들도 쉽게 구할 수 있는 지식이 되었고, 그들은 더 이상 성직자의 지도의 손길이나 선별적인 설교를 필요로 하지 않게 될 것이었다.

이탈리아 인쇄업자들은 성서, 종교 논고, 그리스와 로마 고전들, 그리고 단테와 페트라르카, 보카치오의 보다 현대적인 고전들 말고 다른 작품들도 출판했다. 마인츠에서 활동한 최초의 인쇄소들은 면벌부와 교황 칙서를 발행하고, 불안을 조장하는 어조로 오스만튀르크의 위협을 기록하고, 디터와 아돌프 같은 대립 주교들을 대신해 전단지를 제작하면서 당시의 정치적 사건들과 긴밀하게 엮여 있었다. 1470년대 초반에 이르자 이탈리아의 인쇄업자들도 마찬가지로 떠들썩한 정치적 목적들에 부합하는 방식으로 당대의 정보를 유포할 기회를 주시했다.

마인츠에서처럼 이탈리아에서도 상존하는 튀르크의 위협이 인쇄업자들에게 믿음직한 사업 원천임이 드러났다. 1470년 여름에 메메트 2세의 갤리선 함대가 동지중해의 베네치아 영토인 네그로폰테를 함락했다. 이 소식은 거의 3주 뒤에, 난파한 어느 선원이 물에 젖은 편지 뭉치를 가지고 오면서 베네치아에 도달했다. 편지에는 오스만 해안을 따라 경축의 모닥불이 타오르고 있다는 내용이 적혀 있었다. 네그로폰테(현재 그리스의 칼키스)는 무역 중계항이자 군사 기지로서 매우 중요한 요충지였다. 네그로폰테 상실은 유럽 전체에 무시무시한 타격이었다. 튀르크인들은 이제 그리스 본토, 펠로폰네소스반도, 마케도니아부터 보스니아와 불가리아까지 발칸반도의 넓은 부분을 지배했다. 네그로폰테 함락으로 술탄은 사실상 에게해를 확고하게 장악했고 그의 서방 진격은 거침없는 듯했다. "튀르크 해군이 곧 브린디시에 나타날 것이고, 그다음은 나폴리, 그다음은 로마가 될 것"이라고 다른 여러 직함과 더불어 네그로폰테 주교라는 직함도 보유하고 있던 베사리온 추기경은 탄식했다.[24]

네그로폰테의 정복에 이탈리아의 인쇄기들은 요란한 소리를 내며 돌아가기 시작했다. 1471년과 1472년에 밀라노, 나폴리, 베네치아의 인쇄소들이 전부 네그로폰테의 함락을 개탄하는 작자 미상의 시를 출판했다. 말하자면 플리니우스나 단테보다 당연히 출판하기 더 쉽고 이문이 많이 남는 이 작품들은 적은 자본으로 재빨리 짤막한 책자로 제작되어 거리에서 오스만튀르크의 침략에 대한 최신 소식에 목마른 독자 대중에게 값싸게 팔려 나갔다. 네그로폰테 함락이 이탈리아 전역의 인쇄술 확산과 시기상 거의 일치했기 때문에 그 정복은 역사상 기록된 최초의 사건 중 하나였으며, 소식을 목이 빠지게 기다리는 독자 대중에게 즉각적으로 널리 유포되었다.[25]

익명의 시들 외에도 또 다른 인쇄물이 네그로폰테의 함락을 개탄했다. 네그로폰테 함락 단 몇 주 만에 베사리온 추기경은 이탈리아 군주들에게 정신없이 서신을 써서 보내고 십자군을 다시금 요청하는 연설을 했다. 그는 이 글들을 모아서 베네치아 도제와 다양한 친구들에게 보냈는데 그중 두 사람이 베사리온의 글을 더 널리 유포할 기회를 감지하고, 한 명은 베네치아에서 한 명은 파리에서 그 글들이 인쇄되도록 도왔다. 그러므로 〈튀르크인들에 맞선 웅변〉은 1471년에 두 가지 판본으로 나와서 기독교권 곳곳으로 긴급히 발송되었다.[26]

얼마 지나지 않아 베사리온 추기경 스스로가 중대한 임무에 착수했다. 1472년 봄, 베스파시아노가 베사리온의 장서에 포함될 열 권짜리 성 아우구스티누스 저작집 필사본을 완성해가고 있을 때 추기경은 교황으로부터 시급한 임무를 맡아 출발했다. 베스파시아노가 지적한 대로 그는 "늙고, 쇠약하고, 고통스러운 담석에 시달리고 있었지만"[27] 4월에 로마를 떠나 교황 식스투스를 대표해 프랑스로 가는 힘겨운 여정에 올랐다. 그의 임무는 국왕 루이 11세와, 당시 잉글랜드 국왕 에드워드 4세와 손을 잡고 반프랑스 연합—십자군 전망을 대단히 저해하는 분쟁—을 결성하고 있던 브르타뉴 및 부르고뉴 공작 사이에 평화를 중재하는 것이었다.

두 달이 지나 6월에 베사리온은 리옹에 도착했지만 그의 파견 임무는 베스파시아노가 일컬은 대로 루이 국왕의 "적대적인 태도와 종잡을 수 없는 행동" 때문에 처참한 실패로 끝났다. 루이는 강력한 요구에도 불구하고 베사리온이 두 공작을 파문하길 거부하자 격한 논쟁의 와중에 추기경의 수염을 잡아당겼다. 이 일로 베사리온은 충격에 휩싸였고 모멸감을 느꼈다. 그는 귀환길에 올랐지만—베스파시아노의 표현으로는 "늙고, 아프고, 마음이 괴로운 상태로"—로마 성역에 닿지 못한 채 11월에 이탈리아에서 가장 비잔티움적인 도시 라벤나에서 세상을 떴다. 그는 2주 뒤에 로마의 산티 아포스톨리 대성당에 본인이 미리 마련해둔 무덤에 묻혔다. 무덤에는 라틴어와 그리스어로 된 비문과 더불어 그리스 교회와 라틴 교회를 나타내는 한 쌍의 손이 떠받치고 있는 십자가가 새겨져 있었다. 그것은 그가 그토록 오랫동안 애써왔지만 실패로 끝난 두 신앙 간 통합의 상징이었다.

20장

모든 학자들을 위하여

페데리코 다 몬테펠트로는 볼테라를 잔혹하게 정복한 뒤 1472년 여름에 피렌체에서 엄청난 환대를 받았다. "며칠 동안 축하연이 끊이지 않았다"라고 베스파시아노는 전한다. 페데리코와 그의 수행원들은 피렌체 공의회 동안 콘스탄티노플 총대주교가 머물렀던 멋진 궁전에 무료로 묵었다. 1천 두카트의 가치가 있는 아름다운 황금 직물과 그릇들이 그에게 선물로 제공되었다. 그는 시민들로부터 감사 선물로 피렌체 남쪽 외곽 언덕에 있는 아름다운 저택 빌라 루스치아노도 받았다. 그곳은 한때 필리포 브루넬레스키가 일했던 저택이었다. 베스파시아노는 "누구도 그렇게 예우받은 적이 없었다"라고 흡족한 듯이 썼다.[1]

베스파시아노도 자기만의 방식으로 페데리코에게 경의를 표했다. 그는 우르비노 도서관을 위해 준비하고 있던 프톨레마이오스의 《지리학》 필사본—화가 프란체스코 로셀리가 아름답게 장식한 판본—에 2쪽짜리 볼테라 조감도를 추가했다. 이 삽화는 언덕 꼭대기에 우뚝 서 있는 볼테라시와 험준한 지형 위로 도시를 에워싸고 있는 성벽, 성벽 군데군데 자리한 견고한 성문과 높은 성탑, 도시 주변에 툭 튀어나온 암반에 배치된 대포들을 보여준다. 모든 것이 난공불락의 도시라는 느낌을 주는 이 삽화는 군인으로서 페데리코의 탁월한 능력을 부각시킨다. "입지상의 난관과 볼테라 주민들의 악한 성정"을 고려할 때 페데리코는 "불가능한 것을 해냈다"고 베스파시아노는 단언했다.[2]

페데리코는 이내 토스카나 경계 너머에서도 존경을 받았다. 1474년에 그는 여섯 딸 중 열두 살의 조반나를 교황 식스투스 4세의 조카인 열일곱 살의 조반니 델라 로베레와 혼인시켰다. 조반니는 교황령의 영지인 세니갈리아와 몬다비오의 영주로 봉해졌다. 교황과의 인척관계를 인정받은 페데리코는 교황 앞에 납작 엎드려 충성을 맹세하고 그의 발에 입을 맞추는 의례를 거쳐 백작에서 공작으로 승격됐다.

교황과의 새로운 인맥은 페데리코와, 그새 식스투스와 관계가 매우 나빠진 로렌초 데 메디치 간에 긴장을 유발했다. 조카인 조반니에 대한 교황의 야심은 세니갈리아와 몬다비오를 훌쩍 넘어섰다. 그는 조카에게 줄 땅으로 명목상으로는 교황령의 일부이지만 실제로는 교황으로부터 법적 자격을 인정받지 않은 용병대장 니콜로 비텔리가 다스리고 있는 치타 디 카스텔로를 눈여겨보고 있었다. 도시를 자신의 관할권으로 다시 들여놓기로 작정한 교황은 조반니의 형제이자 또 다른 조카인 줄리아노 추기경이 이끄는 병력을 파견했다(줄리아노는 나중에 '전사 교황'으로 유명한 율리우스 2세가 된다). 식스투스는 이 문제에 대해 피렌체의 도움을 호소했다. 교황이 피렌체 국경에서 그렇게 가까운 곳에 근거지를 수립하는 것을 보고 싶지 않았던 로렌초는 지원을 거부했고, 교황 병력의 보급선을 차단해 적극적으로 방해하기까지 했다. 그의 방해공작은 헛

수고로 드러났다. 치타 디 카스텔로는 두 달간의 공성전 끝에 1474년 여름에 교황 군대의 수중에 떨어졌다.

로렌초는 교황의 또 다른 조카로 삼촌이 교황이 되기 전에는 사보나의 푸줏간에서 일했던 서른한 살의 지롤라모 리아리오를 위한 식스투스의 왕조적 야심도 좌절시키고자 했다. 1473년 식스투스는 리아리오를 밀라노 공작 갈레아초 마리아 스포르차의 열 살짜리 사생아 딸과 결혼시켰다. 이제 그는 조카에게 아드리아해와 아펜니노산맥 사이 중부 이탈리아를 따라 자잘한 제후령들로 구성된 지방인 로마냐 지방의 영지를 떼어줄 야심찬 계획을 추구했다. 1278년 이후 공식적으로는 교황령인 이 지방(리미니와 라벤나, 이몰라 같은 도시들도 포함되어 있는)은 오랫동안 군소 용병대장들의 수중에 들어가 폭력적인 분쟁과 간헐적인 학살의 무대로 전락해 있었다.

교황과 그의 조카가 그 지역을 장악하면 피렌체가 고립될 수도 있다고 우려한 로렌초는 밀라노 공작을 상대로 피렌체와 아드리아해 사이에 베네치아로 통하는 교역로에 위치한 전략적 요충지인 이몰라를 매입하기 위한 협상을 개시했다. 식스투스도 마찬가지로 이몰라를 탐냈고 그곳을 리아리오에게 결혼 선물로 줄 생각을 하고 있었다. 교황은 새로 인척이 된 갈레아초 마리아에게 4만 플로린을 주고 그 도시를 얻어냈다. 로렌초는 앞선 협상 과정에서 밀라노 공작에게 10만 플로린을 주겠다고 제의했지만 말이다. 식스투스가 교황의 은행가인 로렌초에게 4만 플로린의 융자를 요청하자 그는 딜레마에 빠졌다. 로렌초는 결국 융자를 거부했고, 분노한 식스투스는 메디치가를 교황의 은행가 직위에서 해임했다. 그는 재빨리 이 영예를 메디치가의 숙적에게 수여했으니, 바로 파치 가문이었다.

선임자 파울루스 2세처럼 식스투스 교황은 인쇄기라는 신기술을 열렬히 환영했다. 그의 칙서와 면벌부도 인쇄기로 찍어냈는데, 전자는 게오르크 라우어의 로마 인쇄기가, 후자는 아담 로트와 테오발두스 셴크베허의 인쇄기가 맡았다. 교황 임기 첫해인 1471년에는 심지어 울리히 한에게 자신의 두 학술 논고의 인쇄를 의뢰했다.

식스투스는 기독교 교회와 가톨릭 신앙의 수호를 위한 수단으로서 책의 진가를 알아봤다. 그의 조카이자 추기경인 피에트로 리아리오(혹자들은 교황의 아들이라고 생각했다)는 그보다 더한 애서가였다. 교황이 그에게 아낌없이 하사한 직책들 덕분에 젊은 추기경은 로마에 관한 어느 19세기 역사가의 표현으로는 "걷잡을 수 없는 호색"에 빠져들었다.[3] 질펀한 쾌락을 좇는 와중에도 그는 책을 수집할 시간을 냈고, 장서는— "그것이 없다면 집은 텅 빈 것 같다"[4]라고 탄식하듯 말했다— 그의 어마어마한 탕진 능력을 뽐내는 대상 가운데 하나가 되었다. 그는 자신을 위한 필사본을 찾아달라며 이탈리아 전역의 무려 60명이 넘는 서적상들에게 연락했다. 비록 베스파시아노를 이 프로젝트와 이어주는 서신은 아직까지 발견되지 않았지만 리아리오 추기경은 자신이 원하는 것을 얻기 위해 '세계 서적상의 왕'에게 분명히 접근했을 것이다.

1474년 리아리오가 스물여덟 살에 사망하는 바람에(베네치아 독약이 담긴 작은 유리병 때문이라는 풍문이 퍼졌다) 자기 궁전과 도서관을 세우려는 그의 계획은 실현되지 못했다. 하지만 이듬해인 1475년 6월에 식스투스는 멋진 장서 컬렉션에 대한 야심을 부활시켜, 그의 가장 중요한 칙서 가운데 하나인 〈전투하는 교회를 장식하기 위하여Ad decorem militantis Ecclesie〉, 말하자면 바티칸 도서관의 출생증명서를 발행했다.

교황 니콜라우스 5세는 이미 바티칸을 위해 수백 권의 책을 모았었다. 비록 후임자인 칼리스투스 3세가 베스파시아노가 주장한 것처럼 그 대부분을 처분해버리지는 않았지만 그 컬렉션은 추후의 교황들에게 딱히 존중받거나 늘어나지는 않았다. 1475년에 이르자 니콜라우스가 구축한 바티칸 장서는 당대의 한 학자에 따르면 "지저분하게 삭아가고 있었다."[5] 그러므로 식스투스는 그 장서들에 널찍한 집, 견실한 조직, 신뢰할 만한 관리인을 선사하기로 결심했다(이전 교황청 사서인 조반니 안드레아 부시―스바인하임과 파나르츠의 위대한 협업자―가 그해 초에 세상을 떠났다). 교황은 잘 갖춰지고 쉽게 접근할 수 있는 장서 컬렉션의 혜택에 대해 의심의 여지가 없다고 생각했다. 도서관은 전투하는 교회를 장식하고, 가톨릭 신앙을 증진시키며, 식자들에게 혜택을 베풀고 로마 민중을 영예롭게 할 것이라고 그의 칙서는 선언했다. 그것은 "모든 학자들에게 이익이 될 것pro communi doctorum virorum comodo"이었다.[6]

식스투스의 칙서는 또한 그의 새로운 수석 사서로 이전 두 교황 칼리스투스 3세와 파울루스 2세의 숙적인 바르톨로메오 플라티나를 지명했다. 그 전투적 인문주의자는 혼란상을 바로잡는 일에 나섰다. 그해 여름에 플라티나는 목수를 고용해 컬렉션이 보관된 방들에 책상을 갖추는 작업을 개시했다. 또한 서가 출입구를 식스투스의 문장이 새겨진 대리석으로 장식하게 했다. 코르틸레 델 파파갈로로 향하는 새로운 창문을 내서 조명도 개선했다. 여우 꼬리털로 책에 쌓인 먼지를 털어내고 바닥을 조심스레 쓸어내고, 노간주나무로 도서관 전체를 훈증 소독했다.

장서를 보호하기 위한 규정들이 마련되었다. 도서관 이용자가 서로 다투거나 책을 제자리에 갖다 두지 않거나 책을 진열해둔 벤치 옆이 아닌 그 위로 기어 올라가면 대출 특권이 철회되었다. 플라티나는 지극히 귀중한 책들을 책상에 묶어두기 위해 쇠사슬을 무려 1728개나 주문했다.

필사본은 대출이 가능했지만 이용자들은 엄한 경고가 담긴 대출 등록 장부에 이름을 기입해야 했다. "교황의 도서관에서 책을 대출한 사실에 동의하고 여기에 이름을 적은 자는 누구든 책을 무사히 반납하지 않을 시 교황의 진노와 저주를 피하지 못할 것이다."[7]

교황의 진노는 진심이었고 그의 저주는 심각했다. 식스투스는 칙서에서 어떤 대출자들은 "악의적으로 몰래 감춰둘 생각에 함부로" 책을 가져간다며 전능하신 신을 두려워하지 않는 모양이라고 꼬집었다. 실제로 1455년 니콜라우스가 사망한 이후로 최소 25권의 필사본이 컬렉션에서 사라졌다.[8] 범행자들에게는 40일 안으로 책을 반납할 기회가 주어졌다. 그 기한이 지난 다음에도 필사본이 돌아오지 않으면 그들은 파문될 것이라고 식스투스는 공언했다.

1470년대 전반기에 침체를 겪은 뒤 이탈리아의 인쇄소들은 하나둘 움직임을 재개했다. 반도 전역에 수십 개의 인쇄기가 우후죽순처럼 생겨났다. 1475년부터 1476년까지 570종가량의 도서가 이탈리아에서 인쇄되었는데 이는 유럽 전체에서 출판된 도서의 절반이 넘는 수치다.[9] 이시기에 독일에서 출판된 책은 265종, 프랑스는 101종밖에 되지 않았다. 1476년 초에 이르면 이탈리아의 도시와 소읍 24곳에 인쇄기가 있었던 반면, 독일은 13곳, 프랑스는 6곳에 불과했다.[10] 1476년에 이르자 이탈리아에서는 최소 100명의 인쇄업자들이 활동하고 있어서, 독일에서 활동하는 인쇄업자 수의 세 배에 달했다.[11] 물론 이탈리아의 인쇄업자들 대다수는 여전히 이민 온 독일인들이었지만, 스바인하임과 파나르츠가 도착하고 십수 년이 흐른 뒤 이탈리아인들은 인쇄서의 민족으로서 독일인들을 밀어냈다고 말할 수 있었으리라.

포강 북쪽, 테베레강 동쪽, 아펜니노산맥 양편, 이탈리아반도 장화의 발끝에 있는 레지오 디 칼라브리아에 이르기까지 인쇄기들이 요란한 소리를 내며 종이를 빨아들였다. 철학, 종교, 의학 저작, 시집, 교황 칙서와 면벌부, 시편집, 문법서, 물품세 납부를 위한 소환장, 튀르크인들에 맞선 연설문, 서적상들을 위한 광고까지 모든 것이 종이나 양피지에 인쇄되었고, 인쇄소는 이탈리아 소읍과 도시에서 갈수록 보기 흔한 광경이 되었다.

다른 어느 곳도 베네치아보다 인쇄소가 많지 않았고, 1476년에 이르자 인구 10만의 그 도시에는 열여덟 명의 인쇄업자가 활동하고 있었다. 유럽의 어느 도시도 베네치아를 따라가지 못했다. 인구 12만 명에 일류 대학이 있는 파리에는 인쇄업자가 고작 다섯 명뿐이었다. 쾰른에는 열 군데의 인쇄소가 영업하고 있는 반면, 그렇게 많은 인쇄업자를 배출한 마인츠에는 페터 쇠퍼를 비롯해 딱 두 사람만 남아 있었다(요한 푸스트는 1466년에 사업차 파리에 갔다가 역병으로 죽었다). 라인강 상류로 가면 스트라스부르가 여섯 곳의 인쇄소를 보유하고 있었다.

베네치아 다음으로 인쇄소가 많은 도시는 로마였다. 1476년에 이르자 열세 곳의 인쇄소가 전례서, 철학 논고, 교황 칙서를 토해내고 있었다. 콘라트 스바인하임은 1473년 이후로 인쇄업에서 은퇴했지만 아르놀트 파나르츠는 1476년에 사망할 때까지 계속 활동했다. 한편 파도바도 열 군데의 인쇄소가 돌아가면서 중요한 출판 도시가 되어가고 있었다. 파도바 의과대학의 명성을 고려할 때 놀랄 일도 아니지만 다수의 인쇄소가 의학 전문가들의 고전과 더불어 소아의학과 홍막염에 관한 최신 논고들을 출판하는 등 의학 분야를 전문적으로 취급했다.

다음으로는 아홉 명의 인쇄업자를 보유한 나폴리가 있었는데, 그중에는 침체기를 견뎌낸 인쇄업의 선구자 식스투스 리싱거도 있었다. 밀라노도 여덟 대의 인쇄기를 자랑한 한편, 볼로냐는 일곱 대, 비첸차와 페라라에는 각각 여섯 대가 있었다. 제노바, 파르마, 파비아, 피아첸차, 트렌토, 트레비소, 토리노에도 인쇄업자가 있었다. 심지어 외진 소읍인 칼리와 이에시도 인쇄업자를 보유하고 있었다. 피에몬테 지방의 자그마한 언덕 꼭대기 소읍 몬도비는 두 인쇄업자의 근거지였는데, 그중 한 명은 1476년에 《이솝 우화》를 출판했다.

이 인쇄소 명부에는 피사, 시에나, 루카, 아레초 같은 다수의 도시들이 빠져 있었다. 가장 눈에 띄는 이례적인 사례는 1475년에 단 한 명의 인쇄업자도 없던 피렌체였다. 요하네스 페트리로 알려진 마인츠 출신 인쇄업자가 그 도시에서 1473년 2월에 페트라르카의 《승리》를 출판한 이래로 단 한 권의 책도 출판되지 않았다. 다음 3년에 걸쳐 이탈리아 곳곳에 수십 개의 인쇄소가 들어서서 수천 권의 책을 찍어내는 동안에도 피렌체에서는 필경사들이 양피지 위에 거위 깃펜을 부지런히 놀리면서 여전히 옛날 방식으로 책을 제작했다.

피렌체가 이 신기술을 수용하는 데 그렇게 느렸다는 사실이 놀랍기 그지없다. 지난 수십 년 동안 예술적·문학적·지적·기술적 변화의 최전선에 있었는데 말이다. 도시는 높은 문해율과 명망 높은 교사들, 배움에 대한 욕구가 많은 부유한 중산층 시민이라는 완벽한 조합을 누렸다. 서점과 문구점이 늘어선 거리와 더불어 잘 갖춰진 도서관들과 안목 있는 도서 수집가들을 자랑하던 도시였다. 더욱이 (베르나르도 첸니니가 지적한 대로) 기술과 디자인 분야의 창의성도 뛰어났다. 제목 페이지와 명료하고 둥근 '고서체'—알프스 북쪽과 남쪽의 많은 인쇄업자들이 채택한 서체―를 갖춘 현대식 책은 피렌체의 발명품이었다. 그 도시는 지난 수십 년 동안 윌리엄 그레이와 야누스 판노니우스부터 베사리온 추기경에 이르기까지 많은 학자들이 필사본을 찾으러 오던 곳이자, 포조 브라촐리니와 조반니 아우리스파 같은 책 사냥꾼들이 독일이나 콘스탄티노플의 수도원에서 발견한 귀한 필사본의 구매자를 찾을 수 있다고 자신하던 곳이었다. 초창기 많은 인쇄업자들이 피렌체 학자들이 수십 년간 아끼고 지지해온 인문학 문헌 출판을 전문으로 했으나, 피렌체가 이 고전들이 인쇄물로 보급되지 않은 소수의 유럽 주요 도시 가운데 하나였다는 사실은 역설적이다.

피렌체에서 인쇄기 도입이 느렸던 한 가지 이유로 로렌초 데 메디치가 이 신기술에 별반 관심을 보이지 않았던 것을 들 수 있을 것 같다. 교황 파울루스 2세와 베네치아 원로원은 인쇄기를 적극 수용한 반면 로렌초는 필사본 형태의 책을 선호하여, 인쇄본이 나온 지 한참 지나고 나서도 좋아하는 작가들의 저작을 계속해서 필경사들을 시켜 필사하게 했다. 또 다른 이유는 볼로냐대학(여기서는 말피기 형제가 강사들과 학생들을 겨냥한 상품을 내놓았다)과 파도바대학(이곳의 법대생과 의대생들은 마찬가지로 파도바와 베네치아의 인쇄업자들이 겨냥한 독자층이었다) 같은 명망 높은 대학의 부재였다. 로렌초는 1472년 말에 피사의 대학(1343년에 설립)과 통합해 스투디오 피오렌티노를 개편했고, 그에 따라 인문학을 전공하는 학생들은 피렌체에서 공부했지만, 법학과 의학 같은 분야를 전공하는 학생들은 1406년 이래로 피렌체의 지배하에 있는 경쟁 도시인 피사로 가게 되었다. 그러므로 피렌체는 주요 대학이 있는 중심지들에서 출판되는 두꺼운 법학·의학·신학 저작이 필요하지 않았고, 심지어 피사도 여전히 필사본의 도시였다.

1470년대에 피렌체에서 인쇄술이 자리를 잡지 못한 또 한 가지 이유는 베스파시아노라는 두드러진 존재가 있었다. 그의 필경사들은 인쇄업자만큼 빠르게 작업할 수 없었지만 서적 판매업에서 40년을 보낸 그는 주문자가 원하는 맞춤 제작 호화 필사본, 그리고 그보다 덜 비싼 중고본과 종이에 필사된 저렴한 판본 둘 다를 고객에게 제공할 수 있었다. 1469년에 제노바의 한 학자는 틀림없이 베스파시아노의 모든 고객들이 느꼈을 바를 지적했다. '세계 서적상의 왕'은 그가 원하는 모든 작품을 쉽게 찾아낼 수 있다는 사실 말이다. 첸니니와 마인츠의 요하네스 같은 인쇄업자들이 시장이 한정된 작품들을 과잉생산하여 실패했다면, 베스파시아노는 그의 필사본 대부분을 고객들의 특정한 요구에 맞춰 구비했기 때문에 성공했다. 그리스나 라틴 고전 사본을 구하고 싶은 사람들은 최종 완성품의 아름다움과 정확성을 확신한 채 베스파시아노로부터 쉽게 입수할 수 있었다.

　　베스파시아노의 도서 구매층이 그가 끌어 모은 필경사와 채식사 팀의 서비스에 만족했으므로 그들에게 인쇄기의 필요성과 유용성—그 경제성은 말할 필요도 없고—은 이를테면 마인츠나 베네치아의 구매층에게보다 틀림없이 덜 분명해 보였을 것이다. 인쇄소를 차리는 일은 첸니니와 다른 업자들이 깨달은 것처럼 상당한 자본 지출과 적잖은 위험 부담이 따랐다. 빈틈없기로 유명한 피렌체 상인들이라면 세계 서적상의 왕이 지배하는 도시에서 인쇄소 창업이라는 위험천만한 사업에 잉여 자본을 투자하기 전에 냉정히 따져보았을 것이다. 베스파시아노 사업의 규모와 활동 범위는 피사(심지어 대학 도시), 루카, 시에나, 아레초, 볼테라 같은 인근 도시들에서도 인쇄기가 출현하지 않았던 이유를 설명해줄지도 모른다.

어떤 피렌체인들은 폴리치아노가 믿은 것처럼 인쇄술을 미적 측면과 텍스트의 정확성 측면에서 품질이 떨어지는 제품을 생산하는 외래의 혁신으로 (그리하여 첸니니의 '재창조'가 요청되었다) 간주했을지도 모른다. 베스파시아노는 어떤 활자본도 게라르도 델 치리아조 같은 필경사가 필사하고 프란체스코 델 키에리코 같은 실력 있는 화가가 채식한 필사본의 아름다움과 품질을 따라갈 수 없다는 생각을 견지했다. 그가 우르비노 도서관을 위해 마련하고 있는 책들이 딱 들어맞는 사례였다. 그는 그 도서관의 모든 책이 최상의 품질을 자랑하며, 우아하게 채식되고, 양피지에 쓰였으며, 빠지는 면이 하나도 없이 완벽하고 완전하다고 자부했다. 그리고 모든 책이 그가 자랑한 대로 "손으로 쓰였으니, 인쇄된 책은 그들 사이에 있기가 부끄러웠을 것이다."[12] 아니면 어느 시인이 페데리코의 도서관을 칭송하며 쓴 대로 그 책들은 금방 희미해질 작은 글자로 인쇄된 게 아니라 장인의 능숙한 솜씨로 "그려졌다."[13] 필사본은 다시 말해 인쇄본보다 더 아름다울 뿐 아니라 더 오래갔다.

최소 네 권의 인쇄본이 결국 페데리코의 멋진 도서관에 들어가게 될 것이다. 하지만 우르비노 공작은 베스파시아노처럼 인쇄본을 천시했던 것인지 이 작품들은 그가 아끼는 필사본들 사이에서 자리를 얻을 수 없었다. 정식 도서관에 들어가는 대신 그것들은 다른 방, 제본되기를 기다리는 코덱스들과 다시 필사하도록 따로 놔둔 미완성 필사본들을 저장한 방에 보관되었다.[14] 보관 장소를 고려할 때 페데리코는 아마도 그 책들을 역설계〔신제품을 분해해 그 구조와 작동 방식을 분석하고 유사품을 만들어내는 데 응용하는 일〕하고 필사본으로 탈바꿈시킬 계획이었던 것 같다.

피렌체에서 적어도 한 학자, 바로 마르실리오 피치노는 인쇄의 신기술을 끌어안을 태세였다. 피치노의 명성은 10여 년 전 코시모 데 메디치의 죽음 이후 계속 높아졌다. 그는 1473년에 사제 서품을 받았지만 그의 독보적인 재능은 변함없이 널리 생산적으로 뻗어나갔다. 그는 계속해서 리라를 연주하고 찬가를 부르고 카레기의 자택과 피렌체의 산타 마리아 델리 아녤리 수도원에서 플라톤에 관해 강의했다. 그는 '천사의 언어'를 알아들을 수 있다고 주장했는데 성령들에 의해 천국으로 보내졌을 때 천사들이 그에게 말을 걸고 예언을 들려줬다는 것이다.[15] 그는 구마도 수행했는데, 한번은 그가 이용하는 제화공의 집에서 마귀를 쫓아냈다.

1473년 사제 서품을 받을 무렵에 피치노는 최신 저작《기독교 신앙에 관하여On the Christian Religion》를 완성했다. 이 논고는 헤르메스 트리스메기스투스와 모세부터 플라톤으로 이어지는 신학자들의 계보와 기독교와 같은 피치노가 좋아하는 많은 주제들을 되풀이했다. 만일 기독교가 영적으로 우매한 철의 시대에 공허한 의식으로 전락할 우려가 있다면, 헤르메스나 모세를 모델로 한 철인왕—영적 세계와 정치적 세계 둘다를 통합할 수 있는 특별한 사람—의 예견된 귀환과 더불어 새로운 황금시대가 기다리고 있었다. 피치노는 물론 그 철인왕으로 논고를 헌정받은 로렌초 데 메디치를 염두에 두고 있었다.

피치노는 루이지 풀치와 후원을 둘러싼 치열한 경쟁 속에서 로렌초에게 구애하는 데 많은 시간을 보냈다. 루이지 풀치(그의 어머니는 바르디가 사람이었다)가 이끄는 허랑방탕한 젊은 귀족 패거리는 1460년대에 피사인들의 지붕 아래서 만나며 로렌초 주변으로 모여들기 시작했다. 피치노와 풀치는 로렌초의 영혼을 위해 다투는 양극단의 세력이었다. 피치노는 학구적이고 경건한 반면, 풀치(보통은 지지Gigi로 통했다)는 떠들썩한 추문을 몰고 다니고 욕설과 악담, 빈정거리는 유머로 유명했다. 게다가 술집과 매음굴, 흑마법을 대놓고 즐겼다. 그는 자신의 성姓에 걸맞게 (풀치는 '빈대'라는 뜻이다) 살았다. 짜증나도록 성가신 기생충 같은 인간으로 말이다. 어느 피렌체인이 로렌초에게 쓴 편지에서 두서없이 불평한 그대로였다. "지지는 짜증나고, 지지는 못된 혀를 가졌고, 지지는 미치광이이고, 지지는 오만하고, 지지는 추문을 퍼뜨리며, 지지는 천 가지 결점을 가졌다." 지지가 순례자와 설교자, 기적과 영혼 불멸설을 조롱하는 소네트 연작을 지었을 때, 그리하여 피치노가 공언하기를 "유독한 혀와 펜"으로 스스로를 "하느님께 가증스럽게" 만들었을 때 결국 피치노가 승리를 거뒀다. 풀치는 마땅히 설교단에서 저주를 받았고 로렌초와 가까운 내부자 집단에서 쫓겨났으며, 그 집단은 적어도 한동안은 피치노가 주도하게 된다.[16]

1475년 피치노는 《기독교 신앙에 관하여》를 인쇄하기로 결심했다. 베르나르도 첸니나 마인츠의 요하네스 어느 쪽도 활동하고 있지 않았지만 피치노는 피렌체에서 막 창업한 인쇄업자를 찾아낼 수 있었다. 그는 슐레지엔의 브레슬라우(지금의 폴란드 브로츠와프)에서 온 이민자로서 콜로폰에서는 "니콜라우스 라우렌티, 알라마누스"로 알려져 있지만, 다양한 문서들에서 이탈리아식 이름인 니콜로 디 로렌체, 니콜로 테데스코, 때로는 니콜로 델라 마냐(독일로 추정되는 그의 출신을 가리키는 이름인 '알라마누스'가 잘못 변형된 것이다)로 등장한다. 영어권에서는 종종 그를 브레슬라우의 니콜라스라고 부른다.[17]

니콜라스는 슐레지엔에서 서적업에 종사하다가 1460년대 중반에 피렌체에 도착했던 것 같다. 니콜로 마키아벨리의 아버지인 애서가 베르나르도는 니콜라스를 "니콜로 테데스코, 사제이자 점성술사"라고 불렀고, 1470년대에 이르면 사제이든 아니든 간에 그에게는 잔니라는 아들이 하나 있었다.[18] 경력 초기에 그는 아마도 브레슬라우에 있는 수도원의 스크립토리움과 연관되어 필경사나 서화가로 일했을 것이다. 1470년대 초반에 그는 신규 인쇄업자들의 떠돌이 컨설턴트 역할을 하며 만토바와 렌디나라 같은 곳을 돌아다녔는데, 파도바에서 남서쪽으로 40킬로미터 떨어진 소읍인 렌디나라의 1471년도 문서에서는 그를 "니콜로 테데스코, 도서 인쇄술 식자공"이라고 묘사했다.[19] 그는 필경사와 채식사로서 계속해서 일했고, 그의 고객 중에는 로렌초 데 메디치도 있었다. 로렌초의 컬렉션에서 프톨레마이오스 필사본 두 권은 그것들이 "니콜로 테데스코의 손"[20]으로 쓰였음을 알린다. 이는 로렌초의 필사본 선호도와, 필경사와 인쇄업자 직종의 평화로운 혼종 둘 다를 예시하는 좋은 사례다.

니콜라스는 《기독교 신앙에 관하여》 제작을 딱히 능숙하거나 전문가적인 솜씨로 해내지는 못했다. "도서 인쇄술 식자공"이라는 평판에도 불구하고 니콜라스의 미숙함은 그가 제목 페이지나 콜로폰, 서명과 페이지 번호, 상단 표제를 전혀 쓰지 않은 사실로 드러난다. 더욱이 한 페이지가 두 번 인쇄되기도 했으며, 오식이 본문 곳곳에 눈에 띈다. 알파벳 'n'이 뒤집혀 있는 곳도 있다. 지금까지 남아 있는 사본들은 무수한 행간 필기와 수정 사항을 담고 있는데, 대다수가 피치노 본인이 적어 넣은 것이다. 그럼에도 이 출판물은 피렌체의 대표적인 지식인이 자신의 작품을 인쇄 매체를 통해 유포하기로 한 중요한 순간을 나타냈다.

피렌체 서점 이야기

21장

산 야코포 디 리폴리의 인쇄기

브레슬라우의 니콜라스는 피렌체에 가게를 차린 유일한 인쇄업자가 아니었다. 그가 마르실리오 피치노의 《기독교 신앙에 관하여》 라틴어 판본을 인쇄한 1476년 11월에 또 다른 작품이 피렌체의 인쇄기에서 나왔다. 피치노의 작품보다 훨씬 소박한 그것은 아주 저렴하고 수명이 짧은 것이라 당시 찍은 400부 가운데 지금까지 남아 있는 것은 단 한 권도 없다. 그것은 학교에서 이용하는 라틴 문법서 중 하나인 《도나투스》였다. 그 인쇄기는 독일인 이민자 대신 피렌체시 변두리 도미니크회 수도원을 근거지로 하는 이탈리아인 수도사 두 사람이 운용했다.

이 산 야코포 디 리폴리 수도원은 47명의 도미니크회 수녀들의 공동체였다.[1] 이 수녀원은 피렌체 서쪽 외곽의 스칼라 거리에 위치해 있었고, 프라토 성문과 가깝고 산타 마리아 노벨라 도미니크회 성당에서 걸어서 10분 거리였다. 수녀원은 농촌 지역의 폭력과 전쟁으로 인해 수녀들이 피렌체에서 5킬로미터 떨어진 작은 촌락 리폴리에 있는 근거지

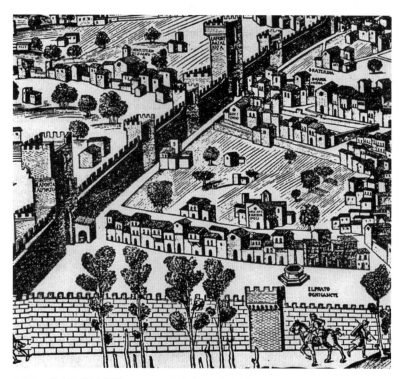
코시모 로셀리의 피렌체 '연쇄도Chain View'. 산 야코포 디 리폴리와 주변 지역을 세부적으로 보여준다.

를 버리고 도시 성벽 안쪽에서 피난처를 구해야 했던 1292년 이래로 그 자리를 지켜왔다. 이곳에서 수녀들은 성벽으로 완전히 둘러싸인 방대한 복합 건물 안에서 안전하게 격리되었다. 수녀원은 1300년에 이르자 100명 이상의 수녀들이 거주하고 위대한 치마부에가 그린 대형 목재 십자가상과 동정녀 마리아의 일생을 묘사한 일련의 연작 프레스코화를 자랑하며, 빠르게 피렌체에서 가장 사람이 많은 수녀원이 되었다.

수녀원의 거주 인구는 1348년 흑사병이 창궐하여 세 사람을 빼고 수녀들이 전부 역병으로 죽었을 때 처참하게 급감했다. 수녀들의 신앙 공동체는 이후 몇십 년 사이에, 심지어 "영혼 지참금"—수녀원이 자신의 딸을 '그리스도의 신부'로 받아줄 때 가족이 내는 돈—을 너그러이 깎아주었을 때에도 20명의 인원에 도달하기까지 애를 먹었다. 적어도 산 야코포는 피렌체의 가장 이름난 가문들에서 몇몇 딸들을 받은, 도시의 수도원들 중에 부유한 축이었다. 그런 집안들은 딸의 지참금으로 2천 플로린을 내야 했을 텐데 그렇다면 딸을 그리스도에게 결혼시키는 것—그리스도에게 드는 지참금은 피렌체 남편에게 주는 평균 지참금의 10분의 1에 불과했다—은 특히 딸을 여럿 둔 아버지한테는 경제적으로 사리에 맞았다.[2] 피렌체 여성 인구의 10퍼센트를 조금 상회하는 수녀원 입원자 중 절대다수인 80퍼센트는 부유한 집안 출신이었다.[3]

수도원은 기도와 은둔의 장소에 그치지 않았다. 수도원은 기업체이기도 했고, 산 야코포 디 리폴리의 경우에는 지난 세기 동안 주로 부동산 부문의 영리한 투자를 통해 자산을 꾸준히 축적한 잘나가는 기업이었다. 1470년대에 수녀원은 피렌체에 집을 열 채가량 소유하고 있었고, 털실 세공인, 도축업자, 톱질꾼, 가마꾼, 닭 판매상을 비롯해 다양한 세입자들에게 그 집들을 임대했다. 또한 리넨 상인에게 임대한 작업장, 방앗간 두 곳, 농장 아홉 곳과 더불어 다양한 밭과 과수원, 포도원을 시골 곳곳에 보유하고 있었다. 이 인상적인 자산 목록에는 고급 식품인 장어 양어장과 돼지 떼도 있었다. 임차인들은 임대료를 현금만이 아니라 닭, 거위, 땔감, 짚 다발로도 지불했다.[4]

이 다양한 활동을 감독하는 업무를 맡은 사람은 도메니코 다 피스토이아라는 도미니크회 수도사였다. 도메니코 수도사는 1474년에 서무 담당관으로 임명되어 산 야코포 수녀원의 상업활동을 관장하게 되었다. 이름에서 알 수 있듯이 그가 피스토이아 출신이고 피에솔레의 산 도메니코 수도원(수십 년 전 프라 안젤리코의 종교적·예술적 경력이 시작된 곳이기도 하다)에서 서무 담당관을 비롯해 다양한 직책을 맡았다는 사실을 제외하면 도메니코의 이전 삶에 관해 알려진 것은 거의 없었다. 도메니코 수사는 분명히 실무에 밝고 유능한 사업가였다. 산 야코포에서 그가 맡은 임무에는 수녀원의 다양한 임차인들과 협상하는 일과 더불어 주교부터 벽돌공과 돼지치기에 이르기까지 수녀원의 상업활동과 연관된 모든 사람들을 상대하는 일도 있었다. 산 야코포에 도착하자마자 그는 야심찬 건축 프로젝트, 바로 수녀원 옆에 있는 낡은 곡창을 임대 부동산으로 이용할 수 있는 집 두 채로 전환하는 일에 착수했다. 이 공사를 위해 그는 벽돌, 타일, 석회를 대량 주문하고 창문과 홈통, 우물도 설치하게 했다. 이 모든 거래 내역을 그는 피렌체 상인들이 사용하는 꼬불꼬불한 모양의 메르칸테스카mercantesca 서체로 충실하게 기록했다.[5]

도메니코 수사는 또한 수녀원이 새로운 사업인 인쇄업에도 투자해야 한다고 결정했다. 그가 이 분야에 경험이 있었다 치더라도 그게 어떤 경험이었는지는 미스터리다. 그가 인쇄기의 복잡한 설계와 작동 방식을 베르나르도 첸니니가 본인이 그랬다고 주장하는 것처럼 혼자서 알아냈을 리는 만무하다. 피스토이아와 피에솔레 어느 곳에도 인쇄기가 없었기 때문에 그곳에서 지내는 동안 인쇄 공정의 기술적 사항들을 알게 되었을 가능성은 없다.

그럼에도 도메니코 수사는 본문을 구성하고 책을 제작하는 일에 관해 뭔가를 알았던 게 틀림없다. 그는 때로 필경사로 일하면서 종교 텍스트가 아니라 키케로의 작품을 필사했다.[6] 피렌체에 도착한 직후 그는 베르나르도 첸니니나 독일 이민자 출신 인쇄업자와 접촉했을 수도 있다. 어쨌거나 1476년에 도메니코 수사는 펜에서 인쇄로 손을 돌린 많은 필경사 가운데 한 명이 되었다.

우선 도메니코 수사는 부품을 모두 갖춘 인쇄기를 구입하거나 제작하고, 매트릭스와 활자 같은 다른 장비를 구비해야 했다.

인쇄기 자체는 경비 중 돈이 가장 덜 드는 항목이었을지도 모른다. 인쇄기 제작에 필요한 길쭉한 목재, 굴대, 누름돌 등의 원자재는 5플로린 정도가 들었을 테고, 중고 인쇄기도 대략 그 가격에 구입할 수 있었다.[7] 도메니코 수사는 보카치오와 페트라르카의 작품을 출판한 뒤 사업을 중단한 마인츠의 요하네스 같은 독일인들한테서 중고 인쇄기를 사들였을 수도 있다. 사실 《도나투스》를 인쇄한 지 몇 달 뒤에 도메니코 수사는 활자, 즉 그가 '아비치abbici'라고 부른 알파벳ABCs의 품질을 개선할 필요성을 깨달았다.[8] 그러므로 그는 자기 활자를 주조하는 데 쓸 생각으로 요하네스의 매트릭스 구입을 협상했다. 독일인은 경제적으로 힘든 처지였던 모양이다. 그는 자신의 '고서체 글자' 세트를 밀 한 포대, 구두 한 켤레와 맞바꿨다.[9]

여느 신규 인쇄업자처럼 도메니코 수사는 사업 착수금으로 35플로린에서 40플로린 정도를 마련해야 했다.[10] 그의 사업 경비에는 금속활자 제련용 소형 용광로와 용해된 금속을 매트릭스에 부어넣는 국자의 경비도 포함되었다. 그는 잉크에 들어갈 다양한 성분들을 비롯해 모루, 줄(매끈하게 다듬는 데 쓰는 도구), 드릴, 금강사숫돌(연마제인 금강사에 결합제를 첨가하여 굳힌 돌), 바이스(기계공작에서 공작물을 끼워 고정하는 도구) 같은 도구들도 구입했다. 종이는 양피지보다 저렴했겠지만 그럼에도 그의 경비 가운데 최대 지출 품목이었다. 가장 작은 크기(대략 30×45센티미터)인 사무용지 두 연 혹은 1천 장은 거의 1플로린이 나갔다. 100쪽

분량의 책 250부를 찍는 데는 종이 25연, 즉 12플로린 이상이 들었을 테니 그의 창업 비용의 거의 3분의 1을 차지했을 것이다.

초창기 모든 인쇄업자들과 마찬가지로 도메니코 수사는 자본 조달 수완이 필요했을 것이다. 그는 융자, 재정적 동업 관계, 소액 기부 같은 다양한 수단을 동원했다. 산 야코포 디 리폴리 수녀원의 원장 아녜사 수녀는 그에게 20플로린을 빌려준 한편, 수녀원 바로 옆 병원 오스페달레 델라 스칼라의 마르게리타 부인은 그에게 3플로린을 빌려주었다. 초창기 이탈리아 인쇄업자들의 전통에 따라 그는 동업자인 돈 이폴리토라는 재정 지원자(그에 관해서는 알려진 게 거의 없다)를 얻었다. 그리고 역시 그 전통에 따라서 두 동업자는 금방 사이가 틀어졌다. 분쟁의 자세한 사정은 세월에 묻혔지만 사태가 너무 심각해서 피렌체 대주교의 대표가 나서서 (궁극적으로 돈 이폴리토에게 좋은 쪽으로) 매듭지어야 했다. 도메니코 수사의 간결한 서술은 다음과 같다. "대주교 대리 법무관이 돈 이폴리토에게 1플로린을 지불하도록 명령함."[11] 그는 산 야코포 디 리폴리의 고해 신부인 피에로 디 살바토레 다 피사 수사와는 훨씬 더 좋은 관계를 유지했다. 피에로 수사는 수녀들을 위한 미사를 봉헌하면서 번 돈과 오스페달레 델라 스칼라의 회계원으로 일하며 받은 돈도 기부했다.[12] 그는 도메니코 수사의 동업자 역할을 했지만 그가 이 분야에 어떤 경험을 갖고 있었는지 역시 미스터리다.

도메니코 수사의 다른 경비 중 하나는 노동 비용, 즉 인쇄기 운용을 돕는 일꾼들에게 주는 봉급이었다. 인쇄에는 전문 기술자를 포함해 서너 명의 작업자들이 항상 필요했다. 우선 활자들을 담아둔 나무 상자case에서—대문자들을 위쪽에 두었으므로 여기서 'uppercase'(대문자)와 'lowercase'(소문자)라는 표현이 나왔다— '아비치', 즉 알파벳 활자들을 골

피렌체 서점 이야기

라서 본문을 짜는 식자공이 필요했다. 도메니코 수사가 프란체스코라는 목수한테 주문한 이 상자는 대문자와 소문자 알파벳 전부와 더불어 구두점과, 단어 사이 간격을 띄워주는 작은 결자缺字 블록들을 비롯해 조판 기호들을 담고 있었다. 그러므로 활자 상자는 무려 100개의 칸으로 나뉘어 있었고, 칸마다 최소 10여 개의 활자가 들어 있었는데, e와 i처럼 한 페이지에 100번씩 나오는 활자들은 훨씬 더 많이 들어 있었다. 인쇄에 대해 알려진 가장 초기 설명ー앞서 언급한 1534년도 편지ー은 글자들이 "상자에 알파벳 순서로 배열"되었다고 주장하는데 그렇다면 칸은 A부터 Z까지 쭉 이어졌다는 소리다. 하지만 편지에서는 속도와 정확성을 강조하기 때문에 대다수 활자 상자들의 칸은 분명히 인체공학적으로 배열되었을 것이다.[13]

식자공 또는 조판공으로 알려진 작업자는 모본 또는 저본을 토대로 활자를 준비하는데 모본의 장정을 해체해 나온 낱장들을 조판 상자 위쪽에 세로 지지대로 단단히 받쳐둔다. 비소리움visorium으로 알려진 이 지지대에는 한 줄씩 움직이는 작은 슬라이더가 달려 있는데, 식자공의 눈이 활자 상자와 저본 페이지 사이를 계속 왔다 갔다 할 때 보고 있던 대목을 놓치지 않도록 도와주는 역할을 한다. 식자공은 인쇄할 면의 너비에 맞춰 조절되는 식자용 스틱 위에 활자를 놓는다. 금속활자들의 좌우 방향이 뒤집혀 있어서 특정한 활자들, 이를테면 b와 d나 p와 q 같은 활자들은 혼동하기 십상이므로 정신을 바짝 차려야 한다(그래서 "언행을 조심하라mind your p's and q's"라는 표현이 생겼다). 또한 u와 n 같은 활자가 섞이거나 잘못된 칸에 들어가기도 한다. 줄이 끝나는 부분은 하이픈을 이용하거나 세심한 간격 맞추기로 '정렬'해야 하는데, 후자의 경우에 식자공은 단어 사이에 간격을 주는 결자 블록인 '슬러그slug'를 이용해 간격

조판용 갤리. 식자공은 활자를
담는 금속 쟁반인 갤리 안에
활자를 채워 판면을 완성한다.

을 맞춘다. 식자공의 어려움을 가중시키는 것은 금속활자들이 좌우가
뒤집혀 있을 뿐 아니라 식자용 스틱에 단어와 문장들을 거꾸로 배열해
야 한다는 사실이다.

식자공은 그다음 〔식자용 스틱 위의〕 활자를 금속 쟁반에 옮기는데, 이
금속 쟁반은 선체가 물에 얕게 잠기는 갤리선을 닮았다 하여 나중에 영
어에서 갤리galley라고 불리게 되었다. 조판공은 인쇄할 페이지 한 면을
다 짤 때까지 식자용 스틱에 활자를 채우고 그걸 다시 갤리에 밀어내는
과정을 반복한다. 판면이 완성된 갤리는 끈으로 고정시켜 옆에 치워두
고 식자공은 다음 갤리를 준비한다. 모든 책은 대형 종이 한 장 위에 여
러 페이지를 배열해 한꺼번에 찍어내기 때문에 동시에 여러 개의 갤리
가 필요하다. 인쇄업자는 그렇게 찍혀 나온 종이를 책의 판형에 따라서
여러 차례 접는다. 2절판인 폴리오 판형(41.91×29.21 센티미터)일 때는
인쇄용지를 가운데 한 번만 접어서 본문 두 장, 혹은 앞뒤로 하여 네 쪽
이 나온다. 4절판인 콰르토 판형일 때는 두 번 접어서 네 장, 다해서 여덟
쪽이 나온다('콰르토'는 4분의 1을 의미하는 라틴어 quartus에서 나왔다). 8절판
옥타보(8분의 1을 의미하는 octavus에서 나왔다) 판형은 여덟 장, 총 16쪽이
나오기 위해서 세 번 접어야 한다.

피렌체 서점 이야기

폴리오판 책을 만들기 위해 식자공은 인쇄용지 한 면에 2개씩, 총 4개의 갤리를 조판한다. 이렇게 갤리들을 순서대로 정리해 배치하는 임포시치오네imposizione 공정은 나중에 종이를 접어서 자를 때 페이지 순서가 올바르게 되도록 신경 써서 해야 한다. 예를 들어 1쪽과 2쪽을 인쇄용지의 한 면에, 3쪽과 4쪽을 반대 면에 배열해 인쇄하면—그게 자연스러운 순서로 보일 수도 있지만—최종 결과는 1쪽과 4쪽이 본문에서 같은 낱장의 앞뒤 면이 되므로 페이지 순서가 맞지 않는다. 그러므로 1쪽과 4쪽을 인쇄용지 한 면에 나란히, 그다음 용지를 뒤집어 2쪽과 3쪽을 배치해야 한다. 콰르토판의 조판은 훨씬 더 복잡하다. 여기서는 인쇄용지 한 면에 갤리가 4개 필요하고, 각 갤리는 나중에 종이를 두 번 접어서 잘랐을 때 페이지 순서가 맞도록 신경 써서 배치해야 한다. 이를 위해서는 1쪽과 8쪽이 용지 한 면의 절반에 들어가고, 이와 반대 방향으로 4쪽과 5쪽이 나머지 절반에 들어가면서, 모든 페이지의 위쪽 여백이 인쇄용지의 한가운데를 향하도록 해야 한다. 초창기 인쇄본들에서 본문의 위아래가 뒤집힌 경우가 왕왕 생기는 것도 당연했다.

일단 인쇄용지 한 장에 들어갈 갤리를 올바르게 배치하면 조판공은 갤리들을 체이스로 알려진 직사각형 틀에 고정시키는데, 활자가 담긴 갤리와 체이스를 합쳐서 조판이라고 한다. 식자공은 조판을, 나중에 영어로는 약간 으스스한 느낌을 주는 코핀coffin(관)으로 알려진 얕은 나무 상자 안에 넣는다. 그다음 코핀의 한쪽 끝은 팀파노timpano(압지틀tympan)라고 하는 양피지를 씌운 쇠틀에 부착하는데 이 팀파노의 반대편 끝은 프라스케타fraschetta(종이 집게틀frisket)라고 하는, 양피지나 무거운 종이로 만들어진 두 번째 틀에 부착되어 있다. 인쇄용지는 잉크를 더 잘 흡수하도록 젖은 천으로 두드려 축축하게 만든 다음 압지틀 위에 얹는다.

이제 그 위에 중앙에 네모난 창을 오려낸 종이 집게틀을 덮는다.

이 시점에서 두 인쇄공 pressmen (토르콜리에리 torcolieri)이 공정을 이어받는다. 한 명은 두들기는 인쇄공 beater (바티토레 battitore)이고, 다른 한 명은 당기는 인쇄공 puller (티라토레 tiratore)이다. 두들기는 인쇄공은 조판 안에 꽉 맞물려 있는 활자들에 한 쌍의 잉크 방망이로 잉크를 묻히는데 잉크 방망이는 털실 뭉치에 가죽을 씌우고 나무 손잡이를 부착한 도구다. 두들기는 인쇄공이라 부르는 이유는, 잉크를 고르게 머금도록 잉크 방망이 표면을 맞대고 문지른 다음 모든 활자에 잉크가 고르게 묻도록 방망이로 조판을 반복적으로 두들기기 때문이다. 이때 조판에서 활자가 흐트러지지 않게 조심해야 하며, 만약 활자가 흐트러지면 다시 올바르게 끼워봐야 한다. 일단 잉크 방망이 작업이 끝나면 가죽 덮개가 유연함을 유지하도록 잉크 방망이를 하룻밤 동안 오줌에 담가둔다.[14]

가동활자 인쇄에 알맞은 잉크 제조 비법을 알아낸 것은 구텐베르크의 최대 업적 가운데 하나다. 필경사들이 이용하는 수성 잉크는 너무 묽어서 인쇄기에 적합하지 않았다. 인쇄기용 잉크는 활자에 오래 머물 수 있도록 점성이 훨씬 강해야 한다. 구텐베르크는 유연 油煙〔등잔의 그을음을 모아서 만드는 흑색 물감의 일종〕과 아마씨유를 섞은 유성 잉크를 발명했는데, 우연이든 아니든 간에 이 성분은 수십 년 동안 북유럽의 화가들이 물감이 벗겨지지 않게 하려고 이용해온 것이었다. 그는 자신의 잉크 혼합물에 구리와 납도 추가했고, 그리하여 《구텐베르크 성서》의 유명한 광택이 도는 검은 글자가 탄생했다.[15] 도메니코 수사는 나름대로 아마씨유, 나뭇진, 광택제, 테레빈유〔송진을 정제하여 얻는 기름〕, 피치〔원유나 타르, 식물에서 추출하는 점성 물질〕, 유연 등등 다양한 성분을 조합해 잉크를 제조했는데 그 기술을 아는 누군가한테서 배우지 않았다

면 알 수 없었을 제조법이다.[16]

일단 두들기는 인쇄공이 조판에 잉크를 잘 바르고 나면 글자가 인쇄될 준비는 끝난 것이다. 인쇄기의 순전히 기계적인 측면들은 구텐베르크 시스템에서 가장 새로운 요소가 없는 공정이다. 고대 로마인들은 목재 나사를 돌려서 압력을 가하는 목재 압착기로 포도를 으깨어 포도주를 만들었다. 폼페이의 염색업자 작업장에 그려진 프레스코화는 펠트와 옷감 제작을 위한 나사식 압착기를 보여준다. 압착기 개념과 그 작동 방식은 인쇄기에 맞게 쉽게 변형될 수 있었다. 포도나 옷감을 짓누르는 플런저plunger는 압반platen으로 알려진 평평한 판이 되었는데, 당기는 인쇄공이 나사를 돌리면 압반이 인쇄용지를 잉크가 묻은 조판 면에 꾹 눌렀다. 당기는 인쇄공은 나사와 연결된 굴대 위 수평 막대를 잡아당겨 압반을 내리고 몇 초간 압지틀에 대고 누른 다음 수평 막대를 원위치로 밀어서 다시 압반을 들어올렸다. 끈끈한 게 떨어지는 소리와 함께 압지틀과 집게틀이 들어올려지면 인쇄공은 잉크로 글자가 찍힌 종이를 떼어낸다. 이 첫 '교정쇄'가 나오면 오류가 없는지, 때로 저자 본인이 꼼꼼히 검토하는데 한 작가는 나중에 이 교정 작업을 일컬어 "[시간과 에너지를] 잡아먹는 이 값없는 노동"이라고 투덜거렸다.[17] 조판에 필요한 수정 작업을 더하고 나면 마침내 수백 장이 인쇄되어 나온다. 이제 조판은 해체되고, 잉크로 얼룩진 활자들은 깨끗하게 닦아서 언제든 다시 쓸 수 있게 원래 칸에 조심스레 넣어둔다. 인쇄된 종이들은 줄에 걸어서 건조시킨 다음 (암실에서 사진을 현상할 때와 퍽 비슷하다) 때가 되면 뒷면을 인쇄하게 된다.

도메니코 수사는 인쇄소에 고용된 두 직원에게 월급을 지불했는데, 마테오 페레티와 조반니 페레티 형제를 그냥 "우리 일꾼"이라고만 불렀다.[18] 페레티 형제는 분명 두들기는 인쇄공과 당기는 인쇄공으로 일했을 테지만 전에 인쇄기를 직접 다뤄본 경험을 바탕으로 한 노하우를 제공했을 수도 있다. 그들은 초기 단계에서는 식자공 역할도 했을지 모른다. 하지만 도메니코 수사는 참을성과 집중력, 섬세한 손놀림이 요구되며, 인쇄에 극히 중요하고 까다롭지만 종종 따분하기 짝이 없는 이 작업을 맡을 다른 사람들을 찾아냈다. 바로 산 야코포 디 리폴리의 수녀들이었다.

"아우트 마스 아우트 무르스Aut mas aut murus"라는 라틴어 격언에도 이르듯이 "남편 아니면 담", 즉 남편 아니면 수녀원이었다. 그것들이 여자들, 아니 그보다는 소녀들에게 놓인 선택지였는데, 피렌체에서 소녀들은 열여섯이나 열일곱 살이면 대부분 결혼을 했거나 수녀원에 들어갔기 때문이다. 때로 소녀들은 훨씬 어린 나이에 수녀원에 들어가기도 했다. 1450년에 산 야코포 디 리폴리는 세 살짜리 여아 마리에타를 받았는데, 야코포 벨라치라는 사람의 딸이었다.

소녀들에게는 수녀원의 담 안쪽에서 인생을 보내는 것보다 더 나쁜 운명도 있었는데, 특히 피렌체의 대다수 여성들은 심지어 유부녀라 하더라도 극히 제한된 자유만 누렸다. 설교자들은 수녀만이 아니라 모든 여성이 집 안에 갇혀 살아야 한다는 본보기로 동정녀 마리아를 내세웠다. "천사가 동정녀를 어디에서 찾았는지 이야기해 봅시다"라고 프란체스코회 수사 시에나의 베르나르디노는 어느 설교에서 물었다. "그녀는 어디에 있었을까요? 창가에서? 아니면 허영기 가득한 다른 행동을 할 만한 장소에서? 절대 아니죠! 동정녀는 방 안에서, 여러분 같은 소녀들에게 본보기가 되도록 책을 읽고 있었습니다. 그러니 여러분도 문간이나 창가에 서성일 생각일랑 말고 아베마리아와 주기도문을 외우면서 집 안에 머물러야 합니다."[19] 피렌체 대주교 안토니노도 마찬가지로 여성은 "광장을 돌아다니거나 문간에서 이야기를 주고받으며 속닥거리거나, 창가에서 잡담을 하지 말아야 한다"라고 썼다.[20] 그는 여자들은 교회에 갈 때만 문밖에 나와야 한다고 잘라 말했다. 심지어 교회에서도 여자들은 격리되었다. 일례로 산타 마리아 델 피오레 대성당은 여자들을 남자들한테서 물리적으로 그리고 시각적으로 떼어놓기 위해 그들 사이에 성긴 천을 걸어두었다.

남편을 포기하는 게 꼭 그렇게 힘든 일도 아니었다. 피렌체에서 적잖은 여성들은 폭력적이거나 능력도 야심도 없는 남편에게 괴롭힘을 당해서 (한 설교자는 남편들에게 제발 아내가 임신 중일 때는 때리지 말라고 간청해야 했다) 말마리타테malmaritate, 즉 "시집을 잘못 간" 여자들을 위한 기관에서 피난처를 구해야 하는 처지였다. 피렌체에서 결혼은 연애결혼인 경우가 거의 없었다. 여자 쪽 부모가 남편을 고르고 지참금을 주었으며 남편은 보통 결혼이 가져다주는 정서적 보상보다는 재정적 보상에 더 관심이 많았다. 지참금의 규모 외에도 그는 자식을 원하기 때문에 신붓감의 엉덩이 크기에 관심을 보였는데 아이는 많을수록 좋았다(체카라는 여자는 안토니오 마시라는 남자의 아내였는데 자식을 서른여섯 명이나 낳아서 아내로서의 의무를 완수하고도 남았다).[21] 남편은 보통 아내보다 나이가 훨씬 많았고 신부 나이의 두 배 정도에 해당하는 서른 살이 넘는 경우도 흔해서 아내는 스물다섯이나 서른에 과부가 되기 십상이었다. 과부가 된 여자들은 한 설교자가 역설했듯 "베일로 얼굴을 꽁꽁 가리고 다녀야" 했다.[22] 결혼이 소녀를 가족한테서 떼어놓는 셈이라면 수녀원에서 그녀는 흔히 자신의 여자 형제나 사촌, 다른 친척에게 합류했다. 산 야코포

어느 피렌체 수녀의 입회식.

디 리폴리의 수녀 가운데 3분의 1은 혈연관계가 있었고, 어린 마리에타 는 수녀원에 들어갔을 때 언니 톰마사와 재회했다.[23]

수녀의 베일을 쓰게 될 소녀는 그녀의 영혼 지참금을 낸 친척들의 손에 이끌려 수녀원으로 들어갔다. 수녀원장은 소녀의 수도복을 축성하고 머리에 베일을 씌운 다음 손가락에 반지를 끼워주는데 이는 속세의 혼인에 대한 명백한 암시였다. 그녀의 새로운 인생, 그리고 과거의 자아와의 단절을 뚜렷이 보여주는 차원에서 그녀는 천상의 가호를 기원하는 의미로 수녀원장이 골라준 이름을 받았다. 시간이 지나 몇 달 어쩌면 심지어 몇 년 뒤, 그녀는 자신이 속한 수도회의 규칙을 따르겠다는 맹세와 더불어 청빈, 정결, 순명을 다짐하며 수도 서원을 한다. 이때 가족들이 수녀원에 포도주와 양초를 기증하며 조촐한 축하 행사를 마련하기도 하는데, 왜냐하면 이 의식은 사회적인 행사였고 친척들에게는 고이 간직하고 기념할 만한 자랑스러운 순간이었기 때문이다.[24]

　소녀가 수녀원에 들어가면 가장 먼저 하는 일은 속세의 소유를 공개적으로 포기하는 것이었다. 수녀들을 위한 규정집은 수녀원에 들어오는 소녀들이 "아무리 작은 것이라도 갖고 있는 모든 것을" 내놔야 한다고 역설했다.[25] 대신 수녀원이 음식, 옷가지, 가구, 잠자리 등 여생에 필요한 모든 것을 책임졌다. 산 야코포 디 리폴리처럼 번창했던 수녀원은 안락함이 없지 않았다. 수녀들은 겨울에 털을 댄 외투를 두르고 화로로 난방을 하는 공동 휴게실에서 지냈다. 몸이 아픈 사람에게는 특식과 별미, 심지어 고기가 나오기도 했다.

　도미니크회 수사들은 밖으로 나가 광장에서 설교를 하고 탁발을 했다. 반면 도미니크회 수녀들은 세상에서 완전히 물러나 살았고 일반 대중과 교류하거나 심지어 수녀원을 떠나는 것도 금지되었다. 그들은 사회로부터 고립되었지만 그 사회에서 특별한 위치, 즉 수사들의 성공과 더불어 피렌체시와 정부의 안전과 복지를 기원하는 위치를 차지했다. 수녀들의 기도는 일반인들의 기도보다 더 효과적이라고 한 피렌체 수녀가 자랑했듯이 "말 2천 마리"보다 더 도시에 유용하다고 여겨졌다.[26]

　수녀들은 또한 도시의 경제적 이해관계에 봉사했다. 피렌체 수녀들은 자수를 놓고 뜨개질을 하고, 리본·실·베개·지갑을 만들고, 약초로 약제를 조제하고, 의지할 데 없는 소녀들을 하숙인으로 받았다. 유럽에서 최고의 안경은 피렌체 외곽의 산타 브리기다 델 파라디소의 베네딕트회 수녀들한테서 구할 수 있었다.[27] 산 야코포 디 리폴리에서 이뤄지는 제조업 가운데 하나는 1472년에 페데리코 다 몬테펠트로가 선물로 받은 것과 같은 호화로운 브로케이드를 짤 때 이용되는 비단실에 매우 가는 금박 조각을 감는 섬세한 작업인 금사 제조였다. 비록 이런 사업들에서 나오는 수익은 수녀원의 몫이었지만 수녀들도 종종 약간의 돈을 가질 수 있었다. 산 야코포 디 리폴리 수녀들의 절반 이상이 외부 수입원으로부터 얻는 개인 소득이 있었다.[28]

이러한 개인적 수입원은 수녀원이 재정적으로 유지 가능하고 수녀들이 안락하게 살아가는 데 필수적이었다. 산 야코포 디 리폴리에서 수녀들의 소득은 도메니코 수사의 인쇄소에도 불가결한 것으로 드러났다. 그는 신규 프로젝트 자금을 마련하는 데 그 소득을 이용했다. 그는 아녜사 수녀한테서 20플로린이라는 큰돈을 빌렸을 뿐 아니라 고스탄차 수녀에게도 호소해 마인츠의 요하네스한테서 매트릭스를 구입했다. 그 궁핍한 독일인을 먹일 밀 포대를 제공한 사람은 고스탄차 수녀였다.[29]

유럽 전역에서 수녀들과 수녀원이 돈을 버는 또 다른 방식은 필경사와 채식사로 일하는 것이었다. 이 분야에서 특히 도미니크회 수녀들이 활발히 활동했고, 1400년대 내내 산 야코포 디 리폴리는 역사가 샤론 스트로키아가 "번창하는 스크립토리움"[30]이라고 부른 것의 고향이었다. 다른 수녀원의 수녀들처럼 이곳의 수녀들도 주로 자신이 쓰거나 근처 도미니크회 성당 산타 마리아 노벨라에서 쓰기 위해 전례문을 필사하거나 장식했지만 이따금 외부 고객을 위해서도 책을 제작했다.[31] 도메니코 수사 덕분에 이 수녀들은 유럽의 다른 많은 필경사들처럼 거위 깃펜을 내려놓고 식자용 스틱을 집어들 참이었다.

22장

운수의 반전

1476년에 이르자 베스파시아노는 서적상 거리에서 40년 넘게 필사본을 판매하고 있었다. 오랜 친구들과 멘토들, 니콜로 니콜리, 코시모 데 메디치, 체사리니 추기경, 잔노초 마네티, 톰마소 파렌투첼리 등은 진즉 세상을 떴다. 몇몇 최고의 고객들도 죽었다. 우스터 공작 존 팁토프트는 1470년에 런던에서 목이 잘렸다. 같은 해에 비록 더 평화로운 방식이긴 했지만 앤드루 홀스도 솔즈베리 대성당 옆 아름다운 저택에서 자신의 책들에 둘러싸인 채 사망했다. 보르소 데스테는 1471년 여름에 페라라의 자기 성에서, 주프루아 추기경은 1473년에 프랑스에 있는 자기 수도원에서 별세했다. 알레산드로 스포르차도 1473년에 죽었다. 그는 궁전의 창문에서 떨어져 갈비뼈가 부러지고 허파에 구멍이 났다가 폐렴에 걸려 죽었다.

베스파시아노에게 특히 가슴 아픈 것은 야누스 판노니우스의 운명이었다. 1459년 젊은 시인이자 학자인 그는 페치의 주교가 되었고, 헝가리의 유력자 중 한 명이 되었으며, 이탈리아의 찬란한 영화를 맛본 뒤 헝가리에 대해 "이 야만적 나라"[1]라고 개탄했었다. 그는 헝가리 국왕 마티아스 코르비누스의 측근이었지만 1472년에 마티아스의 메메트 2세에 대한 유화적인 대화 시도에 반대했기에 국왕에 맞선 음모를 꾸몄다가 베네치아로 피신했으며, 자그레브 인근 어느 성에서 은둔하다가 병에 걸렸다. 베스파시아노가 슬픔에 잠겨 기록한 대로 그는 서른일곱 살에 "대단히 비참하게 죽었다."[2] 야누스 판노니우스는 자신의 묘비명을 직접 지었다. "여기 헬리콘 산꼭대기에서 도나우강 둑으로 월계관을 쓴 뮤즈들을 처음 데려온 야누스가 누워 있노라."

베스파시아노에게는 우르비노 공작 같은 중요한 고객들이 여전히 많았다. 페사로에서는 코스탄초 스포르차가 세상을 떠난 아버지 알레산드로의 뒤를 이어 다스렸다. 베스파시아노에 따르면 그 젊은이는 더 많은 책들을 추가해 알레산드로의 도서관을 확대한 "문인이자 뛰어난 군인"이었다.[3] 베스파시아노는 페란테 국왕과 그의 아들 알폰소 공작을 위해서도 계속 일했다. 그는 근래에 알폰소를 위해 원래 2세기경에 알렉산드리아에서 쓰였고 마누엘 크리솔로라스의 제자 중 한 명이 그리스어에서 번역한 로마 세계 지도책인 클라우디우스 프톨레마이오스의 《지리학》 필사본을 제작했다. 서쪽의 '인술라 브리타니카'부터 동쪽의 '타프로바나'(오늘날의 스리랑카)까지 뻗은 땅들을 보여주는 지도 수십 장이 들어간 호화판 필사본이었다. 그 필사본에는 알렉산드리아, 카이로, 예루살렘, 다마스쿠스, 콘스탄티노플과 더불어 로마, 베네치아, 밀라노와 피렌체 등 무수한 도시 지도들도 수록되었다.

북쪽 하늘에서 내려다본 피렌체 조감도는 다이아몬드 모양 성벽으로 둘러싸여 있고, 4개의 다리가 가로지르는 아르노강이 중앙을 관통하

피렌체 지도에 표시된 '베스파시아노의 집.' 칼라브리아 공작이 제작을 의뢰한 프톨레마이오스 필사본에 수록된 지도다.

는 도시를 보여준다. 성벽 안쪽으로는 피렌체의 여러 교회와 기념비적 건축물이 보이는데, 필경사가 연한 붉은색 잉크로 설명을 기입한 덕분에 어떤 건물인지 모두 알아볼 수 있다. 지도를 그린 화가 피에로 델 마사이오는 1471년에 안드레아 델 베로키오가 브루넬레스키의 돔 꼭대기에 있는 랜턴에 추가한 구리 구球까지 그려 넣었다. 지도는 또한 아르노강 남쪽에 있는 루바콘테 다리와 베키오 다리 사이 멋진 개인 주택도 보여준다. 붉은 잉크는 그 집의 거주자를 분명하게 밝힌다. '도무스 베스파시아니'. 베스파시아노의 집이란 뜻이다. 바르디 거리에 있는 베스파시아노의 집이 포함된 것은 알폰소 공작과의 우정을 암시하는데, 공작은 자기들끼리만 통하는 이 소소한 농담을 분명 좋아했을 것이며 어쩌면 피렌체에 체류하는 동안 베스파시아노의 집을 방문했을지도 모른다. 이 그림은 또한 베스파시아노의 두드러진 위상을 증명한다. 그의 집은 여러 해 전 니콜로 니콜리의 집처럼 피렌체의 명소 가운데 하나가 되었다.

이 시기에 베스파시아노에게는 그보다 더 큰 경의가 표해졌다. 그는 후진 학자들로부터 찬사를 받았는데, 그중 가장 주목할 만한 이는 안젤로 암브로지니라는 신동이었다. 피렌체 남쪽 언덕 꼭대기 마을 몬테풀치아노 출신인 안젤로는 열 살 때인 1464년에 치안판사인 아버지가 본인이 투옥시킨 어느 남자의 친척들에게 살해당했다. 자식 다섯을 놔둔 채 남편이 세상을 떠나자 그의 어머니는 출세할 길을 찾아 장남 안젤로를 피렌체로 보냈다. 그는 아르노강 남쪽 빈민가에 있는 석수의 작업장 위의 친척 집에서 더부살이를 했는데 워낙 가난에 쪼들려 전설에 따르면 발가락이 다 삐져나온 낡아빠진 신발을 신고 다녔다고 한다. 그는 열여섯 살이 되자 마르실리오 피치노와 함께 그리스어를 공부하고 《일리아스》 네 권을 6보격 라틴어로 번역하는 등 조숙한 시인이자 총명한 학자로서 두각을 나타냈다. 그의 재능에 관한 이야기가 로렌초 데 메디치의 귀에 들어갔고, 로렌초는 1473년에 안젤로를 자기 궁전으로 데려와 그곳의 도서관을 이용할 수 있게 해주었다. 안젤로는 인문주의자로서 폴리치아노라는 이름을 취했는데 몬테풀차노의 라틴식 이름(몬스 폴리티아누스)에서 따온 것이다. 그는 동세대, 아닌 그 세기의 가장 위대한 고전학자가 되고, 그의 시는 미켈란젤로의 조각과 보티첼리의 회화에 영감을 불어넣게 된다.

1475년 무렵에 폴리치아노는 피렌체에서의 삶과 사상을 찬미하는 내용의 "찬란한 시" 한 편을 지었다. 그는 로렌초를 "별이 총총한 천계의 운동을 주관하는 유피테르처럼 도시를 다스리는" 자로 찬양한 다음 피렌체시의 기라성 같은 시인과 학자들의 이름을 줄줄이 읊는다(물론 "위대한 마르실리오"에 대한 경의도 빠뜨리지 않는다). 그다음 도시에서 그가 가장 좋아하는 장소 중 한 곳에 감동적인 헌사를 바치는데, 바로 베스파시아노의 서점이다. 그는 고대의 문헌들과 문화를 되살려준 베스파시아노를 격찬한다.

> 에피다우로스의 신이 크레타의 약초로
> 죽은 안드로게온을 그의 아비에게 되돌려주었다면*
> 그대, 베스파시아노는 고대 세계의 위인들에게
> 퇴락한 세월이 빼앗아간 생기를 되찾아주었네.
> 그대 덕분에 그리스인들은 레테의 망각의 물결을 밀어내고
> 라틴어는 더는 스틱스의 신을 두려워하지 않는다네.
> 활활 타오르는 장작더미의 불길에서
> 신성한 시인들의 이름을 건져낸 이는 행복하도다.[4]

훗날 베스파시아노는 로렌초 치세의 이 초창기를 피렌체시가 "긴 세월 누렸던 것보다 더 높은 위상"을 누린 시기로 간주했다. 하지만 좋은 시절은 언제나 나쁜 시절의 전조라고 베스파시아노는 믿었다. 군주나 공화국, 또한 시민이 행복의 정점에 도달하고 스스로 무적이라고 믿게 될 때마다 그들은 "반드시 일어나고야 마는 운수의 반전을 두려워해야" 한다. 그가 보기에 피렌체인들은 대홍수 이전의 사람들이나 소돔의 주민들처럼 "지상의 즐거움과 감각적 쾌락을 좇는 데" 빠져 재앙이 그들에게 닥칠 수 있음을 무작정 외면하고 있었다. 하지만 홍수가 세상을

---

* 폴리치아노는 여기서 로마 시인 섹스투스 프로페르티우스의 〈비가〉에 나오는 부활에 관한 시행을 암시하고 있다. "에피다우로스의 신이 크레타섬의 약초로 생기 없는 안드로게온을 그 아비의 화덕에 소생시켰다." 안드로게온은 크레타의 미노스 왕의 아들이다. 치유의 신인 아스클레피오스의 유명한 성소가 에피다우로스에서 발견되었다.

휩쓴 것처럼, 불과 유황이 소돔에 쏟아진 것처럼, "느닷없이 재앙이 피렌체에 들이닥쳐 도시의 몰락을 야기했다."[5]

베스파시아노는 사후에 모든 걸 다 아는 입장에서 글을 쓰고 있었다. 그렇다 하더라도 1476년에 이르면 이 비극적 반전에 대한 단서들이 갈수록 분명해지고 있었다. 로렌초 데 메디치와 식스투스 교황의 관계는 꾸준히 악화되고 있었다. 로렌초는 누구 때문에 이 안타까운 상황이 초래되었는지 잘 안다고 확신했다. 그의 친척이자 사업상의 오랜 경쟁자인 파치 가문이었다. 1459년 로렌초의 누이 비안카와 로렌초의 소꿉친구 굴리엘모 데 파치의 혼인도 두 가문 간 긴장을 완화하지 못했다. 1475년 로렌초는 가장 굳건하고 강력한 우군인 밀라노 공작 갈레아초 마리아 스포르차에게 편지를 써서 "이 파치 친척들"이 끊임없이 말썽을 일으키고 있다고 불만을 토로했다. 그는 파치 가문이 못된 성정 탓에 "나를 해하려고 안간힘을 쓰고 있으며, 모든 정의에 반해 그렇게 하고 있다"라고 푸념했다.[6]

베스파시아노의 친구이자 고객이고 파치 가문의 수장인 피에로 데 파치는 1464년에 사망했다. 씨족의 가부장은 이제 피에로의 동생인 야코포였는데 쉰세 살의 야코포는 무수한 조카들을 등에 업고 메디치가의 특권들을 빼앗기 시작했다. 파치가는 교황의 은행가로서 메디치가를 대체했을 뿐 아니라 굴리엘모와 그의 형제들 조반니와 프란체스키노는 교황으로부터 전에는 메디치가가 보유했던 명반 독점권을 얻어냈다. 더욱이 1474년에 식스투스는 프란체스코 살비아티(파치 삼 형제의 사촌이자 로렌초가 맞수 씨족의 하수인이라고 마땅히 여길 만한 인물)를 피사의 대주교로 임명했다. 이 임명은 로렌초의 뜻에 정면 배치되었지만 식스투스는 로렌초가 "일개 시민이고 본인은 교황이며, 그것이 하느님의 뜻"[7]
이라고 지적하며 꿋꿋이 자신의 권위를 내세웠다.

　로렌초의 입지는 갈레아초 마리아 스포르차가 정치 무대에서 제거되면서 더욱 위태로워졌다. 갈레아초 공작은 어쩌면 문화적 교양과 종교적 신심의 터무니없는 과시와 흉포한 잔인성이 결합된 독특한 르네상스형 인물의 가장 극단적인 구현이었을지도 모른다. 그는 애서가, 음악 애호가, 예술의 후원자일뿐만 아니라 마리아 막달레나의 성유물을 찾아내 얻은 어린 아들이자 후계자를 애지중지하는 아버지였다. 하지만 그는 방탕한 생활방식을 유지하기 위해 무거운 세금을 물려 민심을 잃었다. 한번은 피렌체를 방문할 때 수천 마리의 말과 사냥개, 매, 수십 대의 마차, 벨벳을 걸친 하인과 궁정인들로 이루어진 거대한 수행단을 이끌고 가기도 했다. 설상가상으로 공작은 음탕하고 잔혹한 행각을 일삼았는데, 여기에는 궁정인들의 아내를 유혹하고 범죄자들과 정적들을 무쇠 관에 넣고 산 채로 태우는 것과 같은 잔인하고 특이한 처벌을 내리는 것도 포함되었다. 나폴리의 페란테 국왕처럼 공작은 변태적인 오락을 한껏 즐겼다. 그가 즐기는 소일거리 중 하나는 시신을 구경하는 것으로, 시신만 보면 그는 어느 역사가가 당혹스러워하며 일컬은 대로 "정신 나간 흥분"[8]에 사로잡혀 기뻐했다.

　1476년 12월 26일에 서른두 살의 공작은 성가대의 합창을 들으러 밀라노 산토 스테파노 교회로 출발했다. 그는 교회 입구 계단에서 붉은색과 흰색—브루투스의 색깔이지만 아이러니하게도 갈레아초 마리아 본인의 상징 색깔이기도 했고, 공작은 성문成文으로 된 허가를 받지 않고는 누구든 자신의 색깔로 된 옷을 입는 것을 불법으로 규정했다—옷을 걸친 세 사람과 맞닥뜨렸다.[9] 세 사람은 곧 공작에게 달려들어 칼로 열네 차례나 찌르는 심각한 범죄를 저질렀다. 암살자들은 갈레아초 마리아가 자기들의 여자를 유혹한 데 대한 반감뿐 아니라 인문주의자 교수이자 선구적인 인쇄업자인 콜라 몬타노의 공화주의적 가르침에도 자극을 받았다. 공작의 전제적이고 절대주의적인 지배에 대한 몬타노의 철학적인 반대에는 여러 차례 투옥되고 공개적으로 볼기를 맞는 치욕적인 경험에서 쌓인 개인적인 원한도 한몫했다. 그는 1475년에 밀라노를 떠나 볼로냐로 갔지만 이미 가장 열성적인 몇몇 추종자들에게 반反스포르차 정서를 불어넣은 뒤였다. 그는 열성 추종자들에게 용병대장 바르톨로메오 콜레오니의 단검 휘두르기 수업을 주선해주었고, 세 사람은 나무로 만든 공작의 모형을 상대로 예행연습을 했다. 그들의 공격은 성공을 거두었지만 승리는 오래가지 못했다. 3인조 암살단은 스포르차의 하수인들에게 신속히 붙잡혀 도륙을 당했고 거리로 끌려다닌 시신은 긴 창끝에 꿰어져 종탑에 내걸린 채 20년 동안 음산하게 밀라노시를 내려다보게 된다.

친구와 보호자를 잃은 로렌초 데 메디치는 갑자기 새롭고 매우 위험한 적과 대면하게 되었다. 갈레아초 마리아의 아들 잔 갈레아초는 겨우 일곱 살이었고 따라서 누가 밀라노를 통치할 것인지는 밀라노의 경계를 훨씬 넘어서서 정치적으로 대단히 골치 아픈 문제였다. 피렌체와 베네치아 대 교황과 페란테 국왕이라는 위험한 단층선이 그어졌다. 오랫동안 피렌체 편이었던 밀라노의 충성심을 이제 누구든 차지할 가능성이 열렸다.

그러므로 누가 어린 공작을 보호하고 그에게 영향력을 행사할 것인가 하는 문제는 핵심이었다. 페데리코 다 몬테펠트로는 "공국의 명예와 이익을 위하는 것" 말고는 아무런 이해관계가 없다고 주장하면서 그 임무를 자처했다.[10] 10년 전인 1466년에 프란체스코 스포르차가 세상을 떠나자 공작의 미망인이 페데리코를 밀라노로 불러서 갈레아초 마리아로의 평화로운 권력 승계 임무를 맡겼음을 고려할 때 그는 자연스러운 선택지였을 것이다. 당시 페데리코의 사랑하는 아내 바티스타는 마침 갈레아초 마리아의 사촌이었다. 하지만 페데리코의 역할은 되풀이되지 않았다. 비록 교황과 나폴리의 페란테 국왕은 그를 지지했지만 로렌초는 페데리코가 밀라노에서 메디치가의 영향력과 이해관계를 몰아낼 위험을 무릅쓸 수 없었기 때문에 그가 섭정이 되는 것을 반대했다. 페데리코는 로렌초가 자신을 반대했다는 사실을 알고서 노발대발했다. 그는 로렌초가 "심연으로" 곤두박질치고 있다고 불길하게 예견했다.[11]

로렌초 데 메디치와 페데리코 다 몬테펠트로 간 긴장에도 불구하고 우르비노의 도서관에 들어갈 필사본을 준비하는 베스파시아노의 작업은 변함없이 계속되었다. 도서관은 새로운 궁전의 북쪽 건물 1층에 건립되었다. 이 방은 아치형 천장이 있고, 카펫을 깔았으며, 청동 독서대와 필사본 진열용 벤치를 갖췄다. 모든 책이 주제에 따라 세심하게 배치되었다. 지리학, 시, 역사는 입구 왼쪽으로 가고 신학, 법학, 철학은 오른쪽으로 갔다. 컬렉션에는 그리스어와 라틴어 저작뿐 아니라(볼테라에서 약탈해온 히브리어 책들은 말할 것도 없고) 페트라르카, 포조 브라촐리니, 레오나르도 브루니가 쓴 더 근래의 저작들도 있었다. 모든 것이 진홍색 표지를 씌워 제본되고 호화로운 은제 장신구로 장식되었다. 페데리코 궁정 주재 화가이자 시인 조반니 산티의 말마따나 그것은 "경이로운 아름다움으로 제본되고/ 장식되어" 있었다. 저명인사들은 도서관을 방문해 컬렉션을 실컷 감상할 수 있었다. "최고의 취향을 가진 사람들이 눈앞의 광경에 넋을 잃은 채 감탄하는 것을 보았네"라고 산티는 썼다.[12] 하지만 페데리코의 사서는 "멍청하거나, 무식하거나, 지저분하거나, 성난" 사람은 누구든 가로막으라는 엄격한 지시 사항을 준수했다.[13]

1476년에 이르자 베스파시아노의 필경사와 채식사 팀은 공작의 궁전을 아름답게 빛낼 900권의 필사본 중 대략 절반을 제작하며 그 멋진 컬렉션을 위해 5년 가까이 고생해왔다. 비록 그가 가장 아끼는 필경사 게라르도 디 치리아조가 1473년 무렵에 죽었지만 베스파시아노는 일급 필사본을 맡길 새로운 필사자인 위그 코미노(자칭 위고 드 코미넬리스)라는 프랑스인을 찾아냈다. 프랑스 북동부 뫼즈 강둑에 자리한 메지에르 출신인 그는 수준 높은 교육을 받은 베스파시아노의 또 다른 필경사로서 파리대학에서 학사 학위를 받았고, 절묘하고 아름다운 인문주의자 서체를 구사했다. 1476년에 위고는 베스파시아노로부터 중요한 의뢰를 받았는데, 그의 작업장에서 제작된 가장 아름다운 필사본 중 하나가 될 빼어나게 우아한 작품이었다.

페데리코 다 몬테펠트로는 자신의 찬란한 도서관을 장식할 성서가 필요했다. 그는 물론 인쇄본을 구입할 수도 있었을 것이다. 폴리오 판형 성서는 크고 비용이 많이 드는 일거리였지만, 독일, 프랑스, 스위스, 이탈리아의 여러 인쇄업자들이 그 어려운 과제에 용감히 달려들었다. 실제로 1454년 《구텐베르크 성서》가 등장한 이후 처음 10년 사이에 여섯 종의 폴리오 판형 성서가 출판되었다. 스바인하임과 파나르츠는 1471년에 두 권짜리 라틴어판 성서를 내놨고 같은 해에 베네치아에서 벤델린 데 슈파이어는 텍스트에 자랑스레 밝힌 것처럼 링구아 볼가레 lingua volgare[토착어]로 폴리오판 성서를 내놨다. 5년 뒤에는 이번에도 베네치아에서 니콜라 장송이 양피지에 라틴어 성서를 출판했다. 다수의 폴리오판 성서들과 마찬가지로 장송의 성서도 한 서지학자가 평가한 대로 "농장 하나 값이 들어가는"[14] 값비싼 사치 품목이었다.

페데리코는 자신의 도서관을 위한 다른 스타일의 성서를, 1455년과 1461년 사이에 페라라에서 보르소 데스테를 위해 제작된 것과 더 일치하는 특별한 성서를 꿈꿨다. '보르소 데스테 성서'로 알려지게 되는 그 성서는 필경사가 양피지에 필사하고 재능이 넘치는 일단의 화가들이 1천 장의 삽화로 장식한 책이었다. 하지만 필경사는 텍스투라체로 인쇄된 《구텐베르크 성서》 같은 성서의 구절을 표준 서체인 고딕체로 필사했다. 그리하여 고딕체를 보면 스크립토리움에서 양피지에 얼굴을 파묻고 있는 수도사들이 연상되었다. 심지어 고전 작품을 출판할 때는 '고서체'를 사용한 니콜라 장송도 1476년에 제작한 성서는 고딕체보다 좀 더 둥그스름하고 각이 덜 졌다고 해서 로툰다체rotunda로 알려진 고딕식 활자(이탈리아 전례서에 종종 사용되는 활자)로 인쇄했다. 반대로 베스파시아노는 위고를 필경사로 택하면서 우르비노 성서가 자신의 라틴 고전 필사본의 대표적인 특징인 아름답고 읽기 쉬운 '고서체'로 나오게 했다.

위고는 성 히에로니무스의 라틴어 번역문을 일정하고 흠잡을 데 없는 서체로 양피지 240장에 히에로니무스의 서문과 〈창세기〉부터 〈욥기〉까지 필사했다. 베스파시아노는 그다음 프란체스코 델 키에리코에게 마찬가지로 새로운 피렌체 양식으로 수십 장의 삽화를 의뢰했다. 프란체스코가 삽화를 그려내는 동안 세밀화가들은 채식 대문자와 가두리 장식을 작업했다. 이쪽은 유행을 따르기보다는 더 꾸밈없는 흰 포도 덩굴무늬였지만 다채롭고 정교한 장식을 추가해 푸티, 새, 곤충, 그리고 고전 양식의 항아리에서 풍성하고 흐드러지게 만발한 꽃잎과 꽃봉오리,

포도 덩굴 사이로 뛰노는 사슴 같은 다양한 동물들이 등장했다.

이 장식들이 매력적이고 눈길을 끌긴 하지만 베스파시아노의 성서에서 진짜 걸작은 프란체스코 델 키에리코의 삽화였다. 스물한 장의 이 삽화들은 세계를 창조하는 하느님 아버지—둥근 지구가 그의 무릎 위에 얹혀 있다—부터 산비탈에서 기도하고 있는 욥까지 성서의 각 서書를 열었다. 프란체스코는 성지를 첨탑과 성채가 점점이 박혀 있고 구불구불한 길들이 가로지르는 푸르른 언덕 지형으로 묘사했다. 이 지형 묘사는 아름다움과 다산성으로 유명한, 굽이치는 토스카나 풍광을 고스란히 반영한 것이다. 프란체스코는 세밀화에서 잘 다듬어진 경작지를 포착하는데, 예를 들어 〈창세기〉 삽화에서 결연한 모세가 구불구불한 행렬에 앞장서서 이스라엘 민족을 잘 가꿔진 푸르른 시골 농경지가 보이는 광야로 이끌고 가는 풍경을 그려냈다.

프란체스코의 세밀화는 여느 피렌체 프레스코화나 제단화 못지않게 정교한 세부 묘사와 서사적인 사건과 표현력이 풍부한 제스처로 가득하다. 그는 성서의 장면들에 더블릿과 선명한 호즈를 입은 남자, 보티첼리의 고운 처녀들처럼 보이는 나풀거리는 가운을 걸친 여자 등 수십 명의 우아한 인물들을 집어넣었다. 이 인물들은 훗날 궁정인을 위한 안내서에서 그 스프레차투라sprezzatura, 다시 말해 우아한 무심함의 스타일로 영구히 기려지는, 페데리코의 눈부신 궁정을 빛냈을지도 모른다. 프란체스코는 그림 속 인물들의 의상에 특히 정성을 기울였는데, 〈레위기〉 삽화는 녹색 톤의 옷감이 어느샌가 오렌지색 톤으로, 분홍빛은 푸른빛으로 변화하는 숨 막히게 아름다운 양색兩色 비단 외투를 걸친 이스라엘인들을 묘사해 눈길을 사로잡는다. 보는 각도에 따라 빛깔이 달라지는 이 무지갯빛 효과는 콜로레 칸지안테colore cangiante라고 하며 비단

직조공들이 두 가지 다른 빛깔의 씨실과 날실을 이용해 옷감을 짤 때 얻을 수 있다.

프란체스코는 그의 풍경과 의상만큼이나 열렬하게 고전적이며 눈을 뗄 수 없는 최신식 건축 배경도 창조했다. 예루살렘 성전은 브루넬레스키의 산타 마리아 델 피오레 돔의 축소판이라 할 수 있는 둥근 창이 난 아름다운 돔형 구조로 그려진 한편, 〈느헤미야서〉에서 묘사된 초막절은 너른 강물이 내려다보이는 르네상스 스타일의 로지아에서 벌어진다. 고전 양식에 정통한 일련의 건축가들이 우르비노 궁전을 건설했던 만큼 페데리코 다 몬테펠트로는 이러한 터치들을 반겼을 것이다.

베스파시아노의 팀이 우르비노 도서관에 들어갈 성서를 작업하는 동안 출판을 향한 도메니코 수사의 야심은 커져가고 있었다. 성 세바스티아누스와 성 그레고리우스 같은 인물들의 발언을 담은 종교 소책자를 비롯해 도메니코 수사의 출판사에서 첫 넉 달 사이에 나온 여섯 종의 도서 가운데 사본이 남아 있는 것은 전혀 없다. 하지만 1477년 봄에 더 값비싸고 더 진취적인 시도를 보여주는 책이 수녀원 인쇄기에서 나왔다. 바로《카타리나 성녀의 전설》이다.

이 논고는 시에나의 성 카타리나의 삶을 그녀의 고해 신부인 카푸아의 라이몬도가 들려준다. 1380년에 서른셋의 나이로 죽은 신비주의자인 카타리나 성녀는 다음 세기에 인쇄업자들에게 인기 있는 주제가 되었다. 그녀의 편지와 전기는 1461년 시성 이후 수십 년 사이에 유럽 전역에서 61종의 책으로 나왔다.[15] 하지만 도메니코 수사의 1477년판은 카푸아의 라이몬도가 쓴 전기의 에디티오 프린켑스, 즉 최초 인쇄본이었다. 1477년 3월 24일자 콜로폰은 다음과 같이 자랑스레 밝힌다. "이 전설은 피렌체, 산 야코포 디 리폴리 수도원에서 두 수도사 피스토이아 출신 도메니코 형제와 피사 출신 피에로 형제에 의해 인쇄되었다. 주님께 감사." 수녀원에서 낸 처음의 여섯 책과 달리《카타리나 성녀의 전설》은 지금까지 남아서 이탈리아, 프랑스, 영국, 오스트리아, 독일, 덴마크, 스웨덴, 미국의 도서관들에 총 20부 이상의 사본이 보관되어 있다. 서지학자들은 이구동성으로 본문의 품질을 흠잡는다. 고딕체와 로마체가 기이하게 혼종된 활자는 "조악하게 만들어진", "삐뚤빼뚤한", "볼품없는"으로 묘사되었고, 본문은 전체적으로 "보기 싫게 물결치는" 느낌을 준다.[16] 도메니코 수사도 자신의 활자가 좋지 않다는 것을 인정했는데 이 책을 인쇄한 직후에 마인츠의 요하네스로부터 더 우아한 '고서체'용 매트릭스를 구입한 것도 그 때문이었다.

볼품없는 활자체가 이 책의 유일한 문제는 아니었다.《카타리나 성녀의 전설》은 세로 2단 편집에 본문이 320쪽이 넘는 콰르토판이었다. 이런 책을 수백 부씩 제작하는 복잡한 과정은 도메니코 수사와 그의 작업팀의 경험 부족과 부주의, 심지어 무능을 드러내며 그들의 역량을 시험했던 것 같다. 때로 책들은 아무렇게나 인쇄되어, 일부 사본에서는 본문의 활자들이 8밀리미터 정도 정렬에서 벗어나 있다. 인쇄 과정 도중에 도메니코 수사는 대장장이에게 압지틀용 일단의 압핀 제작을 의뢰해 상황을 바로잡았는데, 나중에 영어에서는 '오리 부리duckbills'로 불리게 되는 이 도구는 인쇄용지에 작게 구멍을 내어 압지틀에서 미끄러지지 않게 잡아주는 삼각형 핀이다.[17] 더 심각한 문제는 낙장落張 조사의 태만함이었다. 40부가 넘는 사본에서 본문이 무려 20쪽이나 빠져 있었다. 심지어 그보다 더 불운한 운명이 무수한 다른 사본들에게 떨어졌는데 도메니코 수사가 자신의 일기에 유감스럽지만 다수의 책들이 구아

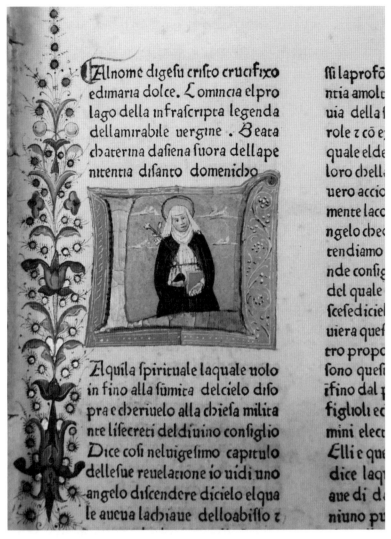

'볼품없는' 활자체로 인쇄된 리폴리판 《카타리나 성녀의 전설》.

스티guasti, 즉 "못쓰게 되었다"[18]라고 적었기 때문이다.

《카타리나 성녀의 전설》 리폴리 판본은 기술적 측면에서 결여된 것을 최소한 어떤 사본들에서는 예술적 요소로 만회했다. 다른 초기 인쇄본들처럼 《카타리나 성녀의 전설》 일부 사본들은 손으로 직접 그린 삽화로 장식되었다. 장식 없는 사본을 원하는 고객은 2리라 10솔도에 책을 구입할 수 있었는데 대략 곡물 한 포대 또는 포도주 40병에 해당하는 가격이었다. 더 화려하게 장식된 사본의 가격은 거의 두 배인 4리라 10솔도였다.[19] 도메니코 수사는 주서가를 고용해 본문에 붉은 글자들을 덧붙였지만 장식 그림을 추가할 세밀화가도 기용해 더 공들인 호화판도 제작했다. 이렇게 하는 사람이 도메니코 수사만은 아니었다. 1470년대에 이르면 이런 관행이 워낙 만연해 초창기 인쇄본 다수가 (금박을 비롯해) 정교한 장식들이 잔뜩 들어간 '채식' 판본이라고 부를 만했다. 손으로 쓴 양피지 필사본을 색색이 장식하며 경력의 전반부를 보낸 세밀화가들이 그린 장식 그림이었다.

도메니코 수사는 피렌체의 여러 세밀화가들과 접촉해 이 과제를 맡겼다. 《카타리나 성녀의 전설》 14부는 게라르도, 바르톨로메오, 몬테 삼형제의 공방에서 채식되었는데, 그들의 아버지인 조각가 조반니 델 포라는 도나텔로의 협업자였다. 게라르도 델 포라는 특히 실력이 뛰어나고 다재다능한 미술가로서 훗날 미켈란젤로의 스승인 도메니코 기를란다이오 밑에서 수련했다. 도메니코 수사는 그만큼 빛나는 명성을 누리는 또 다른 미술가에게도 접근했는데, 바로 프란체스코 델 키에리코였다.[20] 프란체스코는 페데리코 도서관에 들어갈 성서를 위해 자신의 걸작 세밀화를 그리던 것과 같은 시기에 조수와 함께 도메니코 수사의 다소 조잡한 제품인 《카타리나 성녀의 전설》 14부를 채식했다. 인쇄본은 우르비노 도서관의 문지방을 넘기가 "부끄러웠을 것"이라는 베스파시아노의 촌평의 배후에는 아마도 도메니코 수사의 엉성한 인쇄본과 그 자신의 호화찬란한 필사본 간의 선명한 대비가 있었을 수도 있다.

도메니코 수사의 인쇄본 양산은 내려야 할 화물이 있는 여느 무역상과 마찬가지로 그가 판로를 찾아야 했음을 의미한다. 피렌체의 카르톨라이오는 유망한 판매 기회를 제공했지만 《카타리나 성녀의 전설》 사본들은 수녀원에서도 구입할 수 있었다. 도메니코 수사는 이러한 구매 내역도 충실하게 기록해, 피렌체 도서 구매층을 엿볼 수 있는 흥미로운 창을 제시한다. 당연히 구매층의 다수인 수도사와 사제들이 총 44부를 구매했고 수녀들도 4부 구입했다. 도메니코 수사의 장부에 기록된 또 다른 구매자들은 가구공, 직조공, 호즈 제조공, 대장장이, 벽돌공이었다. 심지어 대장장이와 벽돌공은 주서판을 구입하기 위해 돈을 더 냈다. 이런 장인들의 도서 구입은 그들의 경건함뿐 아니라 재정적 지위(더 값싼 인쇄본이라고 해도 일정한 가처분소득이 필요했기 때문에)와 높은 문자해득률을 증언한다.

도메니코 수사는 책을 팔기 위해 발 벗고 나섰다. 그는 책을 들고 피렌체를 종횡무진하며 1477년 봄과 여름 대부분을 보냈지만, 회계장부에 기운 빠지는 결과들을 처량하게 기록해야 했다. 그는 카르톨라이오 한 명이 피렌체 대성당 근처 작은 교회인 산 베네데토에 책을 한 부 가져가 구매를 원하는지 물어봤다고 기록했다. "그들은 싫다고 했다." 도메니코 수사 본인도 산타 루치아 소小수녀원의 원장에게 한 부를 주고 구입할 의사가 있는지 물어봤다. "우리는 그 책을 돌려받았다." 그다음에는 산 줄리아노 소小수녀원의 원장을 찾아갔다. "그녀는 반환했다."

동일한 사본은 산타 마리아 델리 아벨리 소小수도원의 원장에게로 갔다. "이 《전설》은 반환되었다." 카르톨라이오 바르톨로메오 투치의 가게에 있던 책으로 말하자면 "반환되었다"라고 도메니코 수사는 회계장부 곳곳을 장식하는 서글픈 후렴구를 썼다.[21] 실제로 판매가 워낙 지지부진해 《카타리나 성녀의 전설》은 첫 출판 이후 3세기가 넘은 1781년까지도 안 팔린 책들이 수녀원에 남아 있었다.[22]

도메니코 수사는 여느 피렌체 사업가들 못지않게 기민하고 적극적이었다. 그는 안 팔린 책들을 다른 서비스와 교환했는데, 한번은 《카타리나 성녀의 전설》을 땔감과 교환한 적도 있었다. 의사의 진료비와 일꾼 중 한 명을 사혈하는 데 이용한 거머리 값을 책으로 대신 내기도 했다. 도메니코 수사는 또 다른 사본은 수녀원 정원에 심기 위한 꺾꽂이용 뽕나무 가지들과 교환했는데, 뽕나무 식재는 비단 생산을 통해 수녀원에 돈을 마련하려는 계획의 일환이었다. 그는 제화공 야코포 델 카발리에리에게도 책을 한 권 줬는데 궁핍한 마인츠의 요하네스에게 제공한 신발 한 켤레 값의 일부 대금이었다. 책 한 권은 그러므로 신발 한 켤레로 바뀌었고, 그 신발 한 켤레는 역逆 연금술에 의해 책을 더 찍어낼 활자를 만드는 매트릭스로 전환된 셈이었다.

"오늘 이탈리아에서 평화는 죽었다." 1476년 밀라노 공작의 암살 소식을 들은 교황 식스투스 4세가 말했다.[23] 과연 얼마 지나지 않아 전쟁이 다가오고 있었다.

1477년 봄에 오스만튀르크는 레판토를 봉쇄하고 알바니아 크루제에 포위전을 개시했는데 두 지역 모두 베네치아 지배령이었다. 설상가상으로 오스만튀르크는 이탈리아반도 본토에 있는 베네치아 영토를 침략해 프리울리를 습격하고 포로와 가축을 잡아갔다. 베네치아에 고용된 베테랑 움브리아 용병인 56세의 카를로 포르테브라치가 그들을 물리쳤지만, 로렌초 데 메디치가 포르테브라치에게 그의 당연한 권리라고 믿은 페루자시를 차지하기 위해 움브리아로 돌아오라고 재촉하는 바람에 군사 작전을 중단했다. 교황 역시 페루자시를 자신의 것이라고 주장했다. 포르테브라치와 병사들이 치타 디 카스텔로(교황의 조카이자 페데리코 다 몬테펠트로의 사위인 조반니 델라 로베레가 보유한 땅) 주변 지역을 습격한 다음 시에나 영토를 침입하자 아수라장이 펼쳐졌다. 시에나 지역에서 포르테브라치의 병력은 여러 성을 함락하고 수천 마리의 소 떼를 노획했다. 페데리코의 서른두 살 사생아 안토니오가 시에나 사람들을 도우려고 도착했을 때 포르테브라치의 병사들은 그를 몰아냈다. 그다음 페데리코 본인이 도착해 페루자 북쪽 40킬로미터 거리에 있는 언덕 꼭대기에 위치한 포르테브라치의 요새 몬토네를 공격했다. 페데리코는 8주간의 포격 끝에 몬토네를 함락해 "도시의 강습자"라는 명성을 한층 드높였고, 포르테브라치는 피렌체로 도망칠 수밖에 없었는데 피렌체에서는 어느 공증인이 신이 나서 적은 대로 "모든 사람들이 그를 보러 달려나왔다." 교황에 맞선 이 반도叛徒는 로렌초의 궁과 가까운 궁전에 모셔져서, 정부 관리들로부터 공식 환영을 받고 상기의 공증인이 전하는 대로 "아름다운 선물"을 받았다.[24]

로마에서는 밀라노 공국의 어느 대리인이 로렌초의 행보가 위험한 결과를 초래할 것 같다고 설명하는 보고서를 본국에 써 보냈다. "로렌초에 대한 페란테 국왕의 견해는 좋지 않다"라고 그는 보고했다. "우르비노 공작의 견해도 나을 게 없다. 그들은 로렌초를 혼내줄 생각만 하고 있다."[25]

페데리코 다 몬테펠트로의 성서를 위해 프란체스코 델 키에리코가 그린 삽화 가운데 여러 장은 공작의 우쭐한 자부심과 취향에 부합하는 것이었다. 〈여호수아〉의 삽화는 포위당해 불타고 있는 중세 성채의 성벽 아래로 갑옷을 입은 기사들이 호화로운 천을 씌운 말 위에서 긴 창을 들고 싸우는 전투 장면을 묘사한다. 이는 물론 난공불락의 요새들을 함락하는 것으로 명성이 자자하며, 몬토네 함락은 가장 근래의 수훈일 뿐인 페데리코를 가리키는 아첨성 묘사다.

하지만 또 다른 삽화는 미래를 내다봤다. 〈사무엘하〉에 들어간 삽화는 준엄한 통치자가 바라보는 앞에서 신속하고도 냉혹한 암살을 보여준다. 사울 왕이 죽었다는 소식을 들은 뒤, 왕좌에 앉아 있는 다윗은 수하 중 한 명이 신의 기름 부음을 받은 자를 처치한 아말렉 사람의 목에 단검을 박는 것을 지켜보고 있다. 위고는 꼼꼼한 필체로 다음과 같이 썼다. "Quomodo ceciderunt robusti(용사들이 쓰러졌구나)."

필사본 마지막 페이지에 위고는 히에로니무스의 성서 번역본의 전반부는 "고명한 군주, 페데리코 다 몬테펠트로, 페르디난트 국왕과 거룩한 로마 교회 군대의 총사령관"을 위해 마련되었다고 썼다. 이 첫 권 작업이 거의 마무리될 즈음 페데리코는 바로 이 군대를 이끌고 피렌체 공격을 개시하려고 준비 중이었던 것이다.

23광

"용사들이 쓰러졌구나"

19세기 위대한 독일 역사가 페르디난트 그레고로비우스에 따르면 교황 식스투스 4세는 "호색, 탐욕, 겉치레, 허영심으로 가득한" 사람이었다.[1] 교황으로 선출된 직후 그는 제노바에 있는 누이 비앙카와 루키나를 로마로 데려왔다. 그때부터 교황의 공공연한 극악의 족벌주의nepotism(이탈리아어 nipote는 '조카'나 '손주'를 의미한다) 행각이 시작되었는데 그가 너무도 많은 조카들을 고위 성직에 앉혀서 바티칸의 위계제가 갈수록 델라 로베레 가계도를 닮아갔다. 줄리아노 델라 로베레와 피에트로 리아리오(비앙카의 아들)는 1471년에 추기경으로 임명되었고 1477년에는 다른 조카 둘, 크리스토포로 델라 로베레와 지롤라모 바소 델라 로베레가 열여섯 살의 종조카 라파엘레 리아리오 산소니와 더불어 추기경으로 임명되었다. 크리스토포로가 1478년에 일찍 죽자 식스투스는 그 자리를 크리스토포로의 동생 도메니코로 재빨리 대체했다.

　이러한 영전은 식스투스가 기획한 야심찬 정치적 프로젝트의 일환이었다. 조반니 델라 로베레에게는 세니갈리아와 몬다비오의 영주권을, 지롤라모 리아리오에게는 이몰라의 영주권을 내줌으로써 식스투스는 중부 이탈리아에 가문의 세력 기반을 다질 수 있었다. 이 왕조적 청사진은 번번이 로렌초 데 메디치의 반발을 불러왔고, 격노한 교황은 그를 "악당이자 사악한 인간"[2]이라고 규탄했다. 1477년에 이르면 식스투스는 피렌체에 "정부 교체"[3]가 필요하다고 판단했다. 교황은 로렌초의 살해에는 동의하지 않을 것임을 분명히 했지만, 친구와 측근들은 그러한 정권 교체는 로렌초와 그의 동생인 스물다섯 살의 줄리아노가 죽지 않고는 도저히 달성될 수 없다고 지적했다. "누구의 목숨도 빼앗아서는 안 된다"라고 교황은 뜻을 굽히지 않았다. 그의 조카 지롤라모 리아리오와 피사의 주교이자 파치 가문의 일원인 프란체스코 살비아티는 교황을 달랬다. "교황 성하, 이 배의 조종은 기꺼이 우리에게 맡기시지요."[4]

식스투스는 로렌초가 그저 권좌에서 쫓겨나고 줄리아노와 함께 투옥될 것이라고 믿은 모양인지 그 사안은 더 이상 따지지 않았다. 베스파시아노가 벌컥 성을 잘 내고 무모하고 난폭하다고 묘사한[5] 인물인 지롤라모 리아리오는 더 가혹한 응징을 생각하고 있었다. 그는 도살업자로 경력을 시작했고 여전히 도살업자로 남아 있었다. 공모자들 중에는 파치 가문의 수장인 야코포 데 파치와 더불어 야코포의 조카 프란체스키노도 있었다. 군사적 지원은 페데리코 다 몬테펠트로와 시에나 병력을 거느린 페데리코의 아들 안토니오가 제공할 예정이었다. 유혈 낭자한 전투 행위는 교황을 대신해 충성스러운 전사인 용병대장 조반니 바티스타 다 몬테세코가 수행할 예정이었다.

공모자들은 여러 궁전과 술집에 모여 계획을 논의했는데, 이중에는 1478년에 예정된 로마 방문 동안 로렌초를 처치하는 방안도 있었다.

하지만 로렌초가—어쩌면 음모의 낌새를 눈치채고— 로마 여행을 취소하자 모의자들은 피렌체에서 로렌초를 해치워야 한다는 것을 깨달았다. 그들은 그러므로 몬테세코와 병사들을 비롯해 거사를 함께할 사람들과 관계자들을 의심을 사지 않고 피렌체로 불러들일 계책이 필요했다.

피사에서 발생한 역병이 구실을 제공했다. 1478년 3월 초에 교황의 종조카이자 피사대학의 학생인 라파엘레 리아리오 산소니 추기경이 자신의 개인교사인 야코포 브라촐리니와 함께 전염을 피해서 피렌체로 왔는데 포조 브라촐리니의 아들 야코포는 살비아티 대주교의 비서이기도 했다. 서른여섯 살의 야코포는 과리노 다 베로나와 마르실리오 피치노 아래서 수학하며 흠잡을 데 없는 고전 교육을 받았고, 피치노와는 좋은 친구로 지냈다. '고서체'의 선구자인 포조의 아들답게 그는 그 세기의 가장 산뜻하고 세련된 필체를 구사했다. 하지만 아버지가 코시모 데 메디치의 절친한 친구였던 반면, 아들은 로렌초와 줄리아노에 맞선 음모에 가담했다. 1469년에서 1471년 사이에 로렌초의 비서로 지냈음에도 불구하고 말이다.

스승과 달리 젊은 추기경 라파엘레는 음모를 모르고 있었다. 그래도 자신이 피렌체로 가는데 어째서 몬테세코 같은 산전수전 다 겪은 전사와 병사 80명의 호위를 받아야 하는지에 대해서는 의문을 품었을 수도 있다. 야코포 데 파치는 피렌체 중심부에서 약 3킬로미터 떨어진 몬투기에 있는 시골 빌라 라 로지아로 라파엘레를 초대해 머물게 했다. 이 빌라의 파사드에는 앙주의 르네의 문장 안쪽에 파치가의 상징인 돌고래가 뛰어오르는 모습을 담은 테라코타 기념 명판이 걸려 있어서 야코포의 형 피에로가 앙주가의 나폴리 왕위 주장자를 손님으로 대접했을 당시의 메디치가와 파치가의 불화를 상기시켰다. 페란테 국왕을 상대로 한 피에로의 음모는 수포로 돌아갔지만 이제 야코포와 그의 일가친척은 자신들만의 치명적인 계략을 꾸미고 있었다.

라파엘레 추기경 같은 성직자가 피렌체에 도착하면 로렌초가 공식적 환대를 얼마간 베풀어야 했다. 추기경이 도착한 지 6주가 지난 4월 중순에 로렌초는 피에솔레의 메디치 빌라에서 의전에 걸맞게 호화로운 연회를 준비했다. 몬테세코와 병사들은 로렌초를 해칠 만반의 준비를 갖췄지만 몸이 좋지 않은 모양이었던 줄리아노가 연회에 나타나지 않으면서 학살은 취소되었다. 모의자들은 거사를 연기할 수밖에 없었고, 4월 26일 승천주일에 다시금 기회가 찾아왔다. 라파엘레 추기경은 산타 마리아 델 피오레 대성당과 정묘한 보물이 많은 메디치궁 두 곳을 구경하고 싶다는 소망을 강하게 피력했다. 로렌초는 그를 부활주일 미사에 대성당으로 초대했고 미사가 끝난 뒤 또 다른 연회가 기다리고 있었다. "여기에 어떤 협잡이 있을 거라고는 아무도 생각지 못했다"[6]라고 베스파시아노의 친구이며 시인이자 학자인 안젤로 폴리치아노는 썼다. 일요일 아침 일찍 줄리아노가 만찬에 참석하지 않을 것이라는 사실이 알려지자 공모자들은 재빨리 계획을 변경해야 했다. 두 형제 모두 미사에는 필시 참석할 것이므로 이중 살인의 무대는 궁전에서 대성당으로 바뀌었다.

이 무대 변화는 몬테세코의 양심을 자극해서 신성한 장소에서 그런 참살을 자행한다는 생각에 주저하게 만들었다. 더욱이 로렌초의 환대에 마음을 빼앗긴 그는 잔혹한 임무 수행에 대한 열의를 빠르게 잃어가고 있었다. 모의자들은 새로운 암살자들을 다급히 찾아내야 했기 때문에 재정적으로 난처한 상황에 빠진 쉰여섯 살의 무역상 베르나르도 반디니 데 바론첼리를 비롯해 메디치가에 원한을 품고 있는 다수의 사람들을 낙점했다. 암살 가담자 중에는 사제도 두 명 있었는데 볼테라 출신 부제인 안토니오 마페이와 야코포 데 파치의 사생딸의 라틴어 개인 교사를 겸하고 있던 사제 스테파노 다 바뇨네였다.

암살자 선정에는 아쉬운 점이 많았지만 로렌초를 급습할 신호로 그들이 선택한 것은 한 치의 오차도 없는 무대 감각을 드러냈다. 그들은 미사를 집전하는 사제가 성체를 들어올리는 순간 거사를 감행할 작정이었다. 미사 도중 바로 이 시점에 성소의 종이 울리는 가운데 밀라노 대사에 따르면 로렌초와 줄리아노가 "평소 습관대로" "서로 멀찍이 떨어져"[7] 성당 안을 거닐기 시작했다. 줄리아노가 먼저 바론첼리에게 공격을 당해 가슴을 찔려 쓰러졌다. 그다음 프란체스키노 데 파치가 달려들어 난도질을 하는 와중에 자기 허벅지를 찔렀다. 줄리아노가 열아홉 군데나 자상을 입고 성당 바닥에 쓰러져 죽어가는 동안 두 사제가 로렌초를 공격했지만 그의 목에 상처만 입힌 채 격퇴당했다. 로렌초는 성구실로 도망쳤고 거기서 어느 젊은 친구가 단검에 독이 묻어 있을 가능성에 대비해 상처에서 피를 빨아냈다. "우리는 모두 경악했다"라고 한 교회 신도는 나중에 썼다. "사람들은 여기저기로 도망치기에 바빴고 교회 안에는 요란한 고함 소리가 울려 퍼졌다."[8] 그사이 사제들은 성당을 몰래 빠져나가 서적상 거리로 향했다.

그날 늦게 로렌초 데 메디치는 피 묻은 옷을 그대로 걸친 채 메디치궁의 창가에 모습을 드러냈다. "자제하고 정의가 실현되게 하라"라고, 그는 라르가 거리에 있는 군중을 내려다보며 촉구했다. "무고한 자를 해하지 말라."[9]

정의는 이미 신속하고 가차 없이 그만의 경로를 밟고 있었다. 피렌체 대성당에서 공격이 이뤄진 직후 야코포 데 파치는 시뇨리아 광장으로 달려와 말 위에서 "포폴로 데 리베르타!"(민중과 자유!)—메디치가가 정치적 자유를 앗아갔다고 믿는 공화파의 구호—를 외쳤다. 하지만 피렌체 민중은 이 잃어버린 공화정의 자유를 되찾기 위해 들고일어나지 않았다. 외려 무장한 메디치파 군중이 친메디치 구호를 외치며 거리를 점령하는 사이, 시뇨리아궁의 종소리는 수백 명의 사람들을 더 불러 모으고 있었다. 야코포와 그의 조카인 피에로의 아들 레나토는 시골로 달아났다가 다음 날 농민으로 변장한 상태로 피렌체에서 북동쪽으로 50킬로미터 정도 떨어진 작은 촌락에서 붙잡혔다. 야코포는 자신을 붙잡은 사람들에게 돈을 내밀며 자결을 허락해달라고 빌었지만 소용없었다. 그와 레나토는 두들겨 맞은 뒤 피렌체로 끌려왔고 고문을 받은 다음 여전히 농민 차림새로 교수되었다.

이때쯤에 응징은 살비아티 대주교와 그의 사촌 프란체스키노의 목숨도 앗아갔다. 살비아티는 야코포 브라촐리니와 함께 실질적인 정부 소재지인 시뇨리아궁으로 들어가 그곳을 점거하려고 하다가 붙잡혔다. 프란체스키노는 허벅지에서 여전히 피를 흘린 채 서적상 거리에 있는 파치궁에서 붙들려 나와 거리로 질질 끌려다녔다. 살비아티 대주교는 성직복을 걸친 채, 프란체스키노와 야코포는 벌거벗겨진 채로 세 사람 모두 시뇨리아궁의 창문에 목 매달렸다. 한 목격자, 다름 아닌 폴리치아노는 세 사람이 밧줄에 대롱대롱 매달려 있는데 대주교가 프란체스키노의 맨가슴을 사납게 물어뜯었다는 놀라운 주장("도저히 믿을 수 없는 일이라는 건 인정한다")을 했다.[10]

피비린내 나는 보복이 다른 음모자들을 상대로도 다음 며칠, 몇 주

동안 이어졌다. 베스파시아노는 대성당에서의 "간악한 범죄"에 대한 처벌로 500명이 넘는 사람들이 학살되었다고 주장했다. 그는 "도를 넘은 그런 잔학 행위를 묘사하는 것은 내가 할 일이 아니다"라고 썼다.[11] 다른 이들은 그렇게 과묵하지 않았다. 폴리치아노는 "사람들이 매우 잔인하게 조롱하고 훼손한" 시신들을 목격했다고 묘사했다. 또 다른 목격자는 살비아티 대주교의 수행원 중 한 명인 어느 사제가 시뇨리아 광장에서 어떻게 죽임을 당했는지를 묘사했다. "그의 시신은 토막 나고 머리가 잘렸다. 사람들은 잘린 머리를 긴 창끝에 꽂고 피렌체 여기저기로 온종일 들고 다녔다." 사제의 잘린 팔다리는 "반역자들에게 죽음을!"이라는 외침과 함께 메디치궁에 다다를 때까지 시내 곳곳에 끌려다녔다.[12] 당시 아홉 살 생일을 앞두고 있었던 니콜로 마키아벨리는 후에 피렌체 바깥 도로에도 "조각난 신체 부위들"이 흩어져 있었다고 전하며 파치가와 그 추종자들에 대한 "수그러들 줄 모르는 잔혹함"을 자세히 들려주게 된다.[13]

공격자들 중 한 사람, 바로 줄리아노를 죽인 베르나르도 반디니 데 바론첼리는 가까스로 도망칠 수 있었다. 그는 복수심에 불타는 메디치가의 손길이 미치지 못할 것이라고 안심할 수 있는 도시까지 멀리 갔는데, 그곳은 콘스탄티노플이었다.

베스파시아노는 줄리아노가 살해당한 뒤 며칠 동안 경악스러운 폭력 행위를 다수 목격했다. 그의 서점 앞 좁은 골목길은 특히나 섬뜩한 여러 볼거리의 무대가 되었다. 줄리아노 살해 이틀 뒤에 서적상 거리로 발은 디딘 사람이라면 누구든지 조반니 바티스타 다 몬테세코의 병사 여덟 명이 바디아 근처 공증인들의 창문가에 서 있는 광경을 볼 수 있었을 것이다. 바로 전날 교수당한 그들은 발가벗은 채 기분 나쁜 마네 킹처럼 "서로 기대어" 창가에 똑바로 서 있었는데, 한 목격자에 따르면 "그들은 살아 있는 것처럼 그려진 사람처럼 보였다. (…) 세상에 갓 태어 났을 때처럼 뻣뻣하고 발가벗은 채."[14]

며칠 뒤인 5월 3일에 서적상 거리에서는 소란이 벌어졌다. 바디아의 베네딕트회 수도사들 틈에서 피신했던 두 사제 마페이와 바뇨네가 붙 잡혔던 것이다. 두 사제가 바디아 문간에서 거리로 끌려 나오자 분노한 군중이 그들을 감춰준 수도사들의 피를 부르짖으며 베스파시아노의 가 게 바깥에 몰려들었다. 이튿날 거리 건너편에서 두 사제는 가혹한 응보 를 받았다. 두 사람은 코와 귀가 베인 다음 베스파시아노의 가게에서 좁은 궁전 거리를 건너가면 나오는 재판정인 포데스타궁의 창문에 목 매달렸다. 숨이 끊어진 그들의 시신은 밧줄에서 내려져 발가벗겨졌는 데 군중이 시신에서 더블릿과 호즈를 벗겨내갔기 때문이다. 이튿날 저 녁 피렌체에서 도망치다가 붙잡힌 몬테세코는 포데스타궁의 로지아 아 래서 참수되었다. 그의 머리는 무시무시한 트로피처럼 포데스타궁의 문에 내걸렸다.

5월 중순에는 더 눈 뜨고 볼 수 없는 일이 벌어졌다. 일단의 젊은이 들이 서적상 거리에 나타나 야코포 데 파치의 썩어가는 시신을 끌고 다 닌 것이다. 야코포는 원래 산타 크로체에 있는 가문의 지하 무덤에 매장 되었지만 폭우가 내리자 관계 당국자들은 그런 사악한 인간을 축성된 땅에 묻어서 신의 진노를 불러온 것이라 여기고 5월 15일에 시신을 파 냈다. 그리하여 야코포의 시신은 도시 성벽 옆 축성되지 않은 땅에 여전 히 목에 밧줄을 감은 채로 다시 매장되었다. 이틀 뒤에 젊은이 패거리가 누가 시키지도 않았는데 시신을 파내어 거리로 끌고 다니며 "시내 곳곳

에서 갖고 놀았다." 그들은 그 소름 끼치는 구경거리를 베스파시아노의
가게를 지나 근처 파치 궁전으로 끌고 가서 문손잡이에 밧줄로 대롱대
롱 매달고 "문을 두드려라!"라고 다그쳐댔다. 마침내 놀이가 지겨워진
그들은 시신을 루바콘테 다리로 끌고 가 즐겁게 노래를 부르며 아르노
강에 내던졌다. 사람들은 다리로 모여들어 시신이 강물에 출렁거리며 떠
내려가는 것을 구경했다. 야코포의 시신은 10킬로미터 가까이 흘러가
다가 어느 날 브로치에서 또 다른 젊은이들 무리의 눈에 띄었다. 그들
은 시신을 물에서 건져내어 버드나무에 걸고 막대기로 실컷 때리다가
다시 아르노강에 내던졌다. 야코포의 시신은 피사 다리 아래를 지나 바
다로 흘러가는 것이 마지막으로 목격되었다. 노래도 계속되었다. "메쎄
르 야코포 주 페르 아르노 세 느 바Messer Jacopo giu per Arno se ne va"라고 아이
들은 거리에서 노래를 불렀다. "야코포 나리가 아르노강을 흘러 내려간
다네."[15]

　"용사들이 쓰러졌구나"[(다니엘서)에서 전장의 용사들이 쓰러진 것을 애통
해하는 표현. 의미가 확대되어 유력자나 대기업처럼 막강한 권력이 무너질 때 흔히
인용된다]라고 베스파시아노의 필경사 위고는 페데리코 다 몬테펠트로
의 성서에 썼다. 인간사가 언제나 무자비하고 신속한 반전의 먹잇감이
된다는 것은 긴 세월 동안 베스파시아노의 변함없는 확신이었다. "오,
필멸하는 인간의 헛된 희망이여"라고 그는 막강한 스트로치 가문의 불
행과 관련하여 쓴 적이 있다. "피렌체에서 가장 행복한 가문이 그토록 순
식간에 그러한 변화를 겪으리라고 누가 생각이나 했으랴? 모두가 명심
해야 하느니, 지금 그들의 처지가 아무리 행복한들 파멸은 신속히 찾아
올 것이기 때문이다. 그것이 인간사다."[16] 그가 "도시에서 가장 운 좋은"[17]
집안이라고 부른 파치가의 몰락은 한 치 앞도 내다볼 수 없는 인생과

운명의 변덕에 대한 증거를 한층 더 진하게 제시했다. 하지만 나쁜 시절은, 베스파시아노가 나중에 주장하게 되듯이 이제 시작일 뿐이었다.

"야코포 나리가 아르노강으로 흘러 내려간다네"가 콘주라 데 파치 Congiura de' Pazzi, 즉 파치 음모로 알려지게 되는 사건이 일어나고 몇 주 동안 피렌체 저잣거리에서 들린 유일한 노래는 아니었다. 줄리아노 데 메디치의 죽음 이후 몇 주 만에 "간악한 배반"의 이야기를 들려주고 그 범행자들을 헐뜯는 담시가 출판되어 나왔다. 그것은 분명히 소리 내어 읊거나 노래처럼 부르도록 의도된 작품이었는데, 시인이 자주 흐름을 끊고 자신의 슬픔을 드러낸 것은 그런 이유였다. "시를 읊어야 하는 가슴은 미어터지고 눈물이 펑펑 쏟아지네"라든가 "여기서 눈물과 흐느낌, 한숨으로 잠시 이야기를 멈추겠소"라는 표현이 그렇다.[18]

이 시는 로렌초와 줄리아노의 미덕을 치켜세우는 반면 암살자와 공범들을 매도하는 친메디치 프로파간다였다. 이 "배신을 일삼는 반역자들"은 시에서 한 명씩 거론되어 저주를 받았고, 그들의 평판은 난도질을 당했다. 야코포 데 파치는 신성모독자이자 미덕과 호의의 적, "저능하고 성난 사람"으로 규정되었다. 그의 조카들은 "광기로 가득한 바보들 (…) 반역자와 반도"였다. 그 시는 다른 사악한 가담자들도 암시했다. "내가 언급하지 않는 게 좋을, 지위가 더 높은 사람들." 시인은 물론 페데리코 다 몬테펠트로와 페란테 국왕 그리고 심지어 식스투스 교황을 암시하고 있었을 것이다. 하지만 그는 처형과 밧줄에 목 매달린 사람들, "난자당한" 이들에 관해서는 기꺼이 자세히 이야기한다.

비록 시인은 익명이었지만 인쇄업자의 신원은 확실했다. 1478년에 산 야코포 디 리폴리에 있는 도메니코 수사의 인쇄소는 산 야코포에 가장 가까운 프라토 성문 옆에 있는 조반니 디 나토라는 문구상을 위해 "줄리아노의 죽음에 관한" 리브레토(대본)를 찍어냈다.[19] 이 리브레토는 파치 음모에 관한 정보에 목마른 독자층을 영리하게 알아본 조반니가 의뢰한 듯하다. 어조가 과장되고 편파적이고 선정적일수록 더 좋았다. 도메니코 수사와 문구상의 동업은 사업적으로 타당해 보였는데 조반니가 리브레토를 자기 가게에 쌓아둔 덕분에 도메니코는 회의적인 고객들에게 판매하기 위해 소책자를 잔뜩 짊어진 채 피렌체 시내를 돌아다니는 수고를 덜었기 때문이다.

조반니 디 나토에게 이 리브레토를 구입한 고객들 가운데 일부는 길 모퉁이에서 운문을 "눈물과 흐느낌, 한숨을 섞어서" 들려준 다음 지나가는 사람들에게 그 책자를 파는 발라드[자유로운 형식의 짧은 이야기 시] 가수였다. 피렌체의 거리는 오랫동안 떠돌이 연예인들의 무대로 이용되어왔다. 칸팀반키cantimbanchi, 즉 "벤치 가수"는 길가나 광장에서 공연하는 가수들을 가리켰고, 사람들의 치아를 빼주고 기적의 치료제를 파는(그리하여 우리에게 사기꾼, 돌팔이라는 뜻의 '샬라탄charlatan'이라는 단어를 선사한) 차를라타노ciarlatano도 마찬가지로 거리에서 영업을 했다. 또 다른 친숙한 광경으로 행상인들이 목에 걸고 다니는 바구니에서 싸구려 성물과 여타 값싼 기념품 등을 팔았다. 교회 앞에서 구걸하는 맹인도 많았는데, 그들 가운데 일부는 노래(흔히 야한 노래)를 부르고 기도문이나 웅변을 암송해 군중을 즐겁게 해주는 거리 공연자가 되었다.

인쇄기의 도래는 이들 행상인과 가수들에게 새로운 상업적 기회를 제공했고, 가두 호객인은 반대로 도메니코 수사에게 그의 제품을 팔아줄 사람들을 제공했다. 1477년 12월에 도메니코의 회계장부에는 새로 인쇄한 종교 소책자를 두 행상인 '안젤로 치에코angelo cieco'(눈먼 안젤로)

와 '콜라 치에코Chola cieco'(눈먼 콜라)에게 판매했다고 적혀 있다.[20] 피렌체 최초의 인쇄물 조달업자들인 그들은 기도문과 그들이 공연하는 노래가 실린 소책자들을 구매했다. 예를 들어 맹인 콜라는 그리스도의 성혈에 관한 기도문 200부를 구입했는데, 아마도 도메니코 수사한테 직접 주문했을 것이다. 그는 거리에서 이 기도문을 암송한 다음 운이 좋으면 오가는 사람들에게 책자를 팔았을 수 있다. 팔리지 않은 재고품은 인쇄업자에게 반품할 수 없었다.

이 저렴한 소책자와 인쇄 전단지들이 분명 많은 이들, 특히 가난한 사람들이 인쇄된 텍스트를 처음 접하는 통로였을 것이다. 이런 인쇄물 가운데 지금까지 남아 있는 것은 거의 없는데 너무 값싸게 생산된 탓도 있지만 구매자들이 사용한 방식 탓도 있다. 구매자들은 그 인쇄물을 집 안의 벽에다 붙여두거나 아니면 고이 접어서 부적처럼 사용했다. 종교적 텍스트는 신자들에게 차를라타노가 파는 연고나 묘약처럼 마법적 효능이 있는 것으로 여겨졌다(차를라타노는 때로 책과 소책자도 팔았다). 고대 이집트인들이 둘둘 말아서 가죽 주머니 안에 넣어 목에 걸고 다니던 마법의 파피루스부터 메메트 2세의 대재상 카라마니 메메트 파샤가 패용한 특별 부적(베프크vefk라고 한다)에 이르기까지 종이에 적힌 글은 오랫동안 부적 역할을 해왔다. 구텐베르크 이후로 독일에서는 카드를 인쇄하는 사업 분야가 생겨났는데, 카드에는 그것을 구입한 사람을 역병과 기타 질병으로부터 보호해준다는 문구가 인쇄되어 있었다. 한 번에 300부씩 종이에 인쇄되어 나오는 글은 양피지 조각 위에 깃펜으로 쓴 글과 똑같이 강력한 힘을 누렸던 모양이다.[21]

영업 첫해에 산 야코포 디 리폴리 인쇄소는 성 그레고리우스와 성 세바스티아누스 축일에 맞춰 낸 것을 비롯해 이런 텍스트를 10여 가지 제작했다. 인쇄소는 또 다른 떠돌이 행상인 "조반미켈레 초포Giovanmichele zoppo"('절름발이' 조반미켈레)가 판매할 주기도문도 찍어냈다.[22] 피렌체에서 인쇄물을 구입하게 되는 최초의 고객들 다수는 이처럼 광장의 맹인들과 다리를 저는 사람들한테서 발라드와 종교적 부적을 구매하는 순례자들이었다.

24장

망각의 나라

파치 음모 이후 몇 달 동안 피렌체의 운명은 암울했다. 살비아티 대주교와 두 사제의 수치스러운 처형과 심지어 사건과 무관한 라파엘레 리아리오 추기경의 투옥에 격노한 식스투스 4세는 피렌체 전체에 성무 금지 제재를 내렸다. 이에 따라 죽어가는 사람에 대한 성사도, 교회 의식에 따른 매장도 금지되었다. 식스투스는 그다음 요하네스 불레의 로마 인쇄소에서 발행된 〈하느님 아버지의 형언할 수 없는 최고 섭리Ineffabilis et summi patris providentia〉 칙서를 통해 로렌초 데 메디치를 파문했다. 칙서는 로렌초의 무수한 범법 행위를 열거하고 그것들이 악마의 사주를 받았다고 천명하면서 그를 "부정不正과 영벌의 자식"으로 규탄했다.

1478년 여름에 양측 간 전쟁이 발발했는데 '파치 전쟁'으로 알려진 장기 대결이었다. 식스투스는 피렌체인을 상대로 무기를 드는 자에게는 면벌부와 완전한 죄 사함을 제시하며 군사적인 수단은 물론 교회의 수단까지 가용한 모든 수단을 동원했다. 남부 토스카나에서 영토 획득을 기대한 페란테 국왕은 교황에게 아들인 알폰소 공작이 지휘하는 군대를 제공했다. 나폴리 병사들은 페데리코 다 몬테펠트로의 지원을 받았다. 7월 중반에 두 지휘관의 군대는 피렌체 영토로 진입해 파괴적인 신무기로 요새들을 공격하기 시작했다. 알폰소는 독을 바른 화살을, 페데리코는 '잔혹'과 '사생결단' 같은 무시무시한 별명을 가진 대포를 동원했다. 페데리코의 대포는 거의 180킬로그램이나 나가는 돌덩어리를 날려 보낼 수 있었고 언덕 지형을 가로질러 끌고 가는 데 물소 100쌍이 필요했다. 키안티 시골 지역의 농민과 마을 주민들은 허겁지겁 피렌체 성내로 도망쳐왔다. 피렌체 병력은 페라라의 에르콜레 데스테가 이끌었는데 에르콜레는 행동 노선을 둘러싸고 점성술사들과 토의하며 많은 시간을 보낸 끝에 지휘관인 자신이 안전한 거리에서 미적거리는 게 적에 맞서는 최선의 방책이라는 결론에 도달했다. 그가 교전을 망설인 데는 알폰소와 인척관계라는 사실이 작용했을 수도 있다.

마르실리오 피치노는 성스러운 메시지를 받았고 그는 마땅히 그 메시지를 페란테 국왕과 ("당신이 갖고 있는 영토에 전적으로 만족하라") 교황에게 ("오 우리의 식스투스여, 이 거대한 갈등을 당장 멈추라") 전달했다.[1] 그는 교황에게 피렌체에 맞선 그의 전쟁은 "세상의 전멸, 즉 전쟁과 역병, 기근이 인류를 덮치는 최후의 재앙이 임박"했음을 뜻한다고 경고했다. "모든 나라마다 많은 지도자들이 몰락하고 가짜 예언자 아래 새로운 이단이 출현하리라."[2] 그 위대한 지도자들은 경고에 조금도 귀를 기울이지 않았고 무력 충돌은—역병 및 기근도 빠지지 않고—여름을 거쳐 가을까지 이어졌다.

이런 일이 처음은 아니었지만 베스파시아노는 자신의 최고 고객들이 피렌체에 맞서 전장에 나서는 사태에 직면했다. 그는 알폰소 공작 및 페란테 국왕과 여전히 거래를 하고 있었고 국왕을 위해서 리비우스의 세 번째 데카데 채식 필사본을 제작 중이었다.[3] 더욱이 그는 두 권짜리 우르비노 성서의 2권을 절묘하게도 운 없는 시점인 전쟁 전야에 완성했다. 6월 12일 필경사 위고는 2권의 마지막 페이지의 콜로폰에 겸손하게 "이 우아한 성서"는 "고명한 군주, 우르비노의 페데리코 다 몬테펠트로, 신성로마 교회의 총사령관"을 위해 제작되었다고 적었다. 또한 이 필사본은 "위고 드 코미넬리스의 손"으로 쓰였으며, 모든 일은 "피렌체 리브라리오(서적상)" 베스파시아노 디 필리포가 맡아서 했다고 썼다. 그는 베스파시아노의 필경사 세르 안토니오 디 마리오가 전쟁이나 역병의 시기에 흔히 그랬던 것과 달리 시사와 관련된 언급을 덧붙이는 일은 요령 있게 자제했다.

베스파시아노는 성서 2권이 완성되었으며 우르비노로 발송될 준비를 마쳤다고 페데리코에게 즉시 전언을 보냈다. 하지만 페데리코가 파치 음모에 연루된 데다 식스투스 편이었기 때문에 이 귀중한 필사본을 전달하는 일은 까다로운 문제였다. 비록 페데리코가 로렌초에게 대성당에서 벌어진 "끔찍하고 비열한 공격"을[4] 개탄하는 편지를 보내긴 했지만 조반니 바티스타 다 몬테세코가 처형당하기 전에 실토한 덕분에 로렌초는 공작의 공모를 낱낱이 알고 있었다. 베스파시아노는 친구인 잔노초 마네티가 피렌체와 나폴리가 전쟁 중일 때 페란테의 아버지인 알폰소 국왕에게 《인간의 존엄과 탁월함에 관하여》를 헌정했다가 반역의 혐의를 받았던 일을 기억하며 신중하게 처신할 필요를 느꼈다. 페데리코도 이 새로운 보물을 가져가려고 할 때 자신의 미묘한 입장을 잘 알고 있었는데 그와 로렌초 간의 적대행위로 인해 그 책이 피렌체를 떠나지 못할 수도 있기 때문이었다.

　베스파시아노는 로렌초에게 성서가 무사히 우르비노로 갈 수 있게 해달라고 청하며 로렌초와 페데리코 사이를 중재했다. 가히 찬사를 받을 만하게 로렌초는 여기에 동의했고 필사본은 공작에게 사정을 설명하는 베스파시아노의 편지와 함께 지체 없이 발송되었다. 일단 필사본이 도착하자―놀랍게도 위고가 콜로폰을 작성한 지 일주일이 조금 지나서―페데리코는 로렌초에게 관대한 처사에 대해 감사하는 편지를 보냈다. 공작의 자문들이 그에게 독살 가능성에 대해 (알폰소 국왕의 의사들이 오래전에 그가 로렌초의 할아버지로부터 리비우스 코덱스를 받았을 때 했던 것처럼) 경고했다는 증거는 존재하지 않는다. 어쨌든 페데리코는 편지에서 로렌초를 "가장 소중한 형제"라고 부르며, 그가 "피렌체에서 제작한 그 성서를 전달하는 데 신속하고 흔쾌한 도움을 아끼지 않았음"을 베스파시아노에게 전해 들었으며 "이에 대인大人께 감사드린다"라고 썼다.[5]

　예의 바른 감사 인사는 며칠 뒤 로렌초가 페데리코에게 답장으로 그 아름다운 필사본이 우르비노에 무사히 도착해 도서관에 제자리를 찾았다는 소식을 들어 기쁘다는 뜻을 표명했을 때도 이어졌다. 이 평화롭고 책벌레다운 상호 친선의 막간은 페데리코의 거대한 포가 피렌체를 사정없이 파괴할 준비를 시작하면서 끝이 났다.

　8월, 알폰소 공작이 이끄는 교황의 군대가 가축을 약탈하고 한번은 대장장이까지 납치해가며 토스카나 시골 지역을 유린하고 있다는 소식이 피렌체에 도달했다. "여태까지 그런 공포는 본 적이 없었다"라고 한 피렌체인은 전했다. "모두가 낙담했다."[6] 하지만 독화살과 중포격에도 불구하고 파치 전쟁 초반 몇 주 동안 피렌체에서는 사상자가 거의 나오지 않았다. 피렌체의 어느 약종상은 이탈리아 전쟁 방식에 대해 냉소적이지만 결코 틀리지 않은 평가를 내렸다. "우리 이탈리아 병사들의 규칙은 다음과 같은 듯하다. '너는 저기를 약탈해라. 그럼 우리는 여기를 약탈하겠다. 우리가 서로 너무 가까이 접근할 필요는 없다.'"[7] 실제로 피우스 2세를 대신한 페데리코 다 몬테펠트로의 이전 전역 중 하나는 2만 마리 닭을 약탈한 것 말고는 딱히 치명적인 전과를 올리지 않았다.

그해 여름 전쟁의 극소수 희생자 중 한 명은 알고 보니 베스파시아노의 친한 벗인 도나토 아차이우올리였다. 파치 음모 당시 로마 주재 피렌체 대사였던 도나토는 교황의 조카들 중 가장 무자비하고 복수심에 불타는 지롤라모 리아리오의 희생양이 되었다. 음모가 수포로 돌아가고 자신의 어린 조카 라파엘레 추기경이 투옥당한 데 격분한 지롤라모는 무장한 깡패 서른 명을 거느리고 도나토의 로마 거처에 난입했다. 그는 그 저명한 학자를 무시하며 고압적으로—베스파시아노의 주장에 따르면 "도둑이나 반역자처럼"[8]—취급했고, 도나토는 후에 교황에게 자신과 더 나아가 피렌체에 가해진 끔찍한 무례에 대해 항의했다. 식스투스는 지롤라모의 행위를 승인한 바 없다고 부인했지만 도나토의 분노는 쉽게 누그러지지 않았다. 이 같은 모욕에 충격과 상처를 받은 그는 피렌체로 소환해줄 것을 요청했다. 피렌체 정부는 그의 요청에 동의했지만 도나토가 도시로 귀환하기도 전에—그는 전쟁으로 피폐해진 키안티 시골 지방을 통과해 8월 중순에 도착했다—그를 또 다른 요직인 프랑스 대사로 임명했다. 그는 국왕 루이 11세, 거의 20년 전에 그가 집필하고 베스파시아노가 제작한 샤를마뉴 전기 필사본을 바쳤던 그 "만인의 거미"로부터 피렌체에 대한 지지를 얻어내는 임무를 맡았다.

베스파시아노는 도나토가 피렌체에 귀환하자마자 그를 찾아갔고 도시가 직면한 끔찍한 위험들, 베스파시아노가 일컬은 대로 '피렌체에 떨어진 천벌'을 그가 깊이 고민하는 와중에 그 위대한 학자이자 정치가가 그간 얼마나 기력이 쇠했는지 두 눈으로 확인했던 서글픈 이야기를 후에 들려준다. "그는 먹거나 자거나 어느 것에도 행복을 느끼지 못한 채 심한 우울감에 빠졌다."⁹ 도나토가 느끼는 슬픔 중 하나는 틀림없이 파치 일족의 고통스러운 운명이었을 게다. 그의 아내 마리에타는 레나토의 누이이자 야코포의 조카딸이며 프란체스키노와는 사촌지간이었는데 셋 모두 이제 저세상 사람이었다. 마리에타의 형제 네 명은 종신형을 선고받고 볼테라의 탑 안에 갇혀 옥살이를 하고 있었다. 한편 파치가의 돌고래 문장은 피렌체의 파치궁에 도나텔로가 조각한 것과 몬투기의 빌라에 루카 델라 로비아가 조각한 또 다른 작품을 비롯해 모든 건물에서 제거되었다. 심지어 파치라는 이름도 금지되었으니 로렌초는 파치가를 역사에서 지우려고 작정한 것 같았다.

파치가와의 혼맥에도 불구하고 도나토는 한 점의 혐의도 받지 않았다. 변함없이 피렌체에 충심을 바치는 그는 마리에타와 자식들, 베스파시아노와 같은 친구들에게 슬픈 작별을 고한 다음 찌는 듯한 8월의 열기 속에 프랑스로 출발했다. 그달이 가기 전 그는 밀라노에 도착해 "최고의 예우"와 함께 환대받았으나 거기서 아니나 다를까 병에 걸리고 말았다. 의사들은 "우울한 체액이 가득하다"¹⁰라고 진단했다. 그 직후에 도나토는 50세를 일기로 세상을 떴다. 베스파시아노는 도나토의 죽음에 피렌체에서만이 아니라 페데리코 다 몬테펠트로와 칼라브리아 공작 알폰소 같은 사람들까지 도처에서 애도를 표했다고 썼다. 베스파시아노에 따르면 알폰소 공작은 우르비노 공작에게 "필적할 이가 없던 이 사람을 잃은 것에 대해 전 이탈리아가 슬퍼해야 한다"라고 말했다.¹¹

도나토의 죽음을, 근 40년간 그의 소중한 벗이었던 베스파시아노보다 더 슬퍼할 사람은 없었다. 친구의 죽음은 인생을 바라보는 그의 시각을 더욱 어둡게 했다. "오 인간의 덧없는 욕망이여!"라고 그는 도나토의 전기에 썼다. "이 비참하고 무상한 인생에서 우리의 희망이란 얼마나 그릇되고 불확실한가!"[12]

도나토 아차이우올리의 죽음은 어느 정도는 밀라노의 거처에서 그를 돌보던 사람들이 병에 걸려 그에게 필요한 보살핌을 제공할 수 없었기 때문에 초래된 것이라고 베스파시아노는 주장했다. 분명히 그들 가운데 일부는 역병에 시달리고 있었는데, 1478년 그 처참한 여름에 악성 전염병이 이탈리아에 다시 찾아온 것이었다. 피렌체는 특히 심한 타격을 받았다. 9월에 이르자 무려 열 명 혹은 그 이상의 사람들이 산 야코포 디 리폴리 바로 옆 오스페달레 델라 스칼라에서 매일 죽어가고 있었다. 어떤 사람들은 길거리에서 그냥 쓰러져 죽었다.[13] 그리고 도나토가 죽은 지 일주일도 채 지나지 않아 베스파시아노는 또 다른 끔찍한 타격을 받게 된다.

바르디 거리의 대저택은 서서히 비어가고 있었다. 어머니와 형이 죽은 데 이어 베스파시아노의 누이이자 제화공의 아내인 마리에타가 다음 차례가 되어 1476년에 세상을 떠났다. 그녀는 아들 하나를 남겨두었는데 조반프란체스코 마칭기라는 이름의 이 아들은 계속 그 집에서 살았다. 베스파시아노는 형 리오나르도와, 세상을 떠난 야코포의 아내 안드레아, 안드레아의 아들 로렌찬토니오와도 함께 살았는데 이제 20대 중반인 로렌찬토니오 역시 의사였다. 1477년 이후로는 로렌찬토니오와 갓 결혼한 마리아 귀두치도 함께 살았는데 신부는 피렌체의 이름 있고 괜찮은 집안 출신이었다. 마리아는 1200플로린이라는 적잖은 지참금과 함께 바르디 거리의 집으로 들어왔다.

1478년 9월에 집안에 비극이 들이닥쳤는데 로렌찬토니오가 스물일곱 살에 역병으로 죽은 것이다. 젊은 나이에 과부가 된 마리아는 친정으로 돌아갔고, 베스파시아노는 지참금을 돌려줄 법적 의무가 있었다. 로렌찬토니오의 죽음 이후로 그 커다란 집은 분명 활기를 잃은 듯했을 테고 그래서 전쟁과 침공의 위협에도 불구하고 베스파시아노는 피렌체에서 몇 킬로미터 떨어진 안텔라 근처 농가에서 갈수록 더 많은 시간을 보내게 되었다. 여기 일 몬테 저택에서, 올리브나무가 그늘을 드리우고 후투티의 맑은 노랫소리와 매미 울음소리가 생기를 불어넣는 바둑판 같은 언덕들 사이에서도 그는 풀이 죽었다. 몇 달 뒤 쉰여섯 살의 베스파시아노는 피렌체에서 같이 일하는 어느 필경사에게 편지를 썼다. "친애하는 친구여, 세상은 나이가 들었을 뿐 아니라 노쇠했으며, 만물이 서서히 멈춰가고 있는 듯하네." 그는 자신이 테라 오블리비오니스tera oblivionis(망각의 나라)에 살고 있다고 말했다.[14]

산 야코포 디 리폴리 수녀원에서도 역병이 타격을 주고 있었다. 전염병은 1348년에 세 명만 남고 모든 수녀가 죽었을 때처럼 그 종교 공동체를 유린하지는 않았다. 이번의 피해는 경제적인 것, 목숨보다는 사업에 대한 위협이었다.

최근에 수녀원은 상업적으로 번창하며 확장되었다. 1477년 여름, 몇몇 수녀들로부터 융자한 덕분에 도메니코 수사는 피렌체 안팎에 소유한 수녀원의 부동산 목록에 세 번째 방앗간과 열 번째 농장을 추가했다. 이듬해 봄 도메니코 수사는 또 다른 돼지 떼에 투자했다. 하지만 전쟁과 역병의 참화는 이제 이 급성장하는 상업활동을 위협했다. "전쟁과 역병 때문에 이곳에서 우리는 모두에게 버림을 받았다"라고 도메니코 수사는 썼다. 역병의 희생자 다수를 돌보는 병원 옆에 위치한 탓에 수녀원은 특히 전염병에 취약했다. "우리는 아무것도 구할 수 없다"라고 수사는 정부 관리들에게 썼다. "가게들이 역병을 이유로 우리에게 아무것도 보내주려고 하지 않는다. 역병이 바로 문밖에 있다."[15] 그는 이런 상황이 지속된다면 수녀들이 거리에서 탁발을 할 수밖에 없을 것이라고 주장했다.

도메니코 수사는 필시 과장을 하고 있었을 것이다. 그의 편지는 실은 세금을 감면해달라는 탄원서였다. 확실히 수녀원의 인쇄기는 여전히 돌아가고 있었다. 1478년 여름까지 리폴리 출판사는 거의 30종의 책을 냈다. 새 책이 나오는 속도는 평균 3주, 인쇄 부수는 보통 200부에서 300부였다. 출판사에 대한 자본 투자도 계속되었다. 1477년 여름에 도메니코 수사는 베네치아에서 로렌초 디 알로파라는 새 조수를 고용했고, 신입 직원은 식자공으로 일하며 이런저런 심부름도 도맡아 했다. 이듬해에는 금세공인이 도메니코 수사에게 '트레 아비치tre abbici', 즉 새로운 알파벳 세트 세 벌을 제공했는데, 두 세트는 고서체였고, 한 세트는 '현대식', 즉 고딕체 활자였다.[16] 새 활자들은 줄리아노 데 메디치의 죽음에 대한 애가哀歌뿐만 아니라 더 인상적인 고전 작품들을 인쇄하는 데도 이용되었다. 1478년 여름 동안 리폴리 출판사는 변함없는 인기를 누리는 로마 역사가 살루스티우스의 두 작품 《카틸리나의 음모》와 《유구르타 전쟁》을 라틴어 판본으로 내놨다. 출판사는 역시 라틴어로 후대 로마 역사가 섹스투스 아우렐리우스 빅토르의 전기 선집인 《로마 위인열전De Viris Illustribus Romae》도 찍어냈다(그러나 앞선 인쇄업자들이 그랬던 것처럼 더 유명한 작가인 소플리니우스의 작품이라고 소개했다).

새로운 활자의 구입과 고전 문학의 출판은 어느 정도는 도메니코 수사가 바르톨로 디 도메니코라는 카르톨라이오와 1478년에 동업자 관계를 맺었기 때문에 가능했다. 도메니코 수사는 그를 "바르톨로 미니아토레Bartolo *miniatore*"라고 불렀는데 어느 시점에서 바르톨로가 필사본을 꾸미는 채식사로 일했다는 뜻이다. 바르톨로는 필사본에서 인쇄본 생산으로 자연스럽게 옮겨간 것처럼 보이는 또 다른 크로스오버 미술가였던 셈이다. 바르톨로는 도메니코 수사와 함께 인쇄하기로 결정한 책을 대량 구입해 판매하기로 하고 출판업자가 되었다. 그는 로렌초 디 알로파 같은 출판사 직원들의 봉급을 지불하는 부담도 졌다(이전에 로렌초는 봉급을 더블릿 한 벌, 겨울 외투 한 벌, 작업용 앞치마 한 벌 형태로 받았다). 또 새로운 활자 세트뿐 아니라 수녀원의 돼지 떼에도 투자했는데 후자에 10플로린을 내놨다.[17]

바르톨로가 봉급을 주는 직원들 중에는 도메니코 수사가 여전히 식자공으로 쓰고 있는 수녀들도 있었다. 1478년 봄에 바르톨로는 "인쇄소에서 식자공으로 일하는 우리 수녀들의 봉급salario delle monache nostre che componghano allo stampare"으로 10플로린을 내놨다.[18] 10플로린이면 상당히 큰 액수로, 수녀들이 일을 매우 많이 하고 있었음을 시사한다. 역사가 멜리사 콘웨이는 리폴리 출판사에서 식자공들이 하루 열네 시간 근무하는 동안 두 페이지 반을 조판할 수 있었을 것이라고 추정한다.[19] 그렇다면 64쪽짜리 《로마 위인 열전》을 조판하는 데는 약 358시간이 소요되었을 것이다. 수녀들은 마지막 장에 IMPRESSUM FLORENTIAE APUD SANCTUM IACOBUM DE RIPOLI("피렌체의 산 야코포 데 리폴리에서 인쇄")라고 콜로폰을 덧붙일 때 어느 필경사 못지않게 속이 후련했을 것이다. 도메니코 수사의 식자공 중에는 1450년에 세 살의 나이로 산 야코포 디 리폴리에 들어와 이제 30대 초반이 된 마리에타 수녀도 있었다. 도메니코 수사의 회계장부에는 "수오르 마리에타"(마리에타 자매)에게 일의 대가로 2플로린을 지급했다고 적혀 있다.[20]

장부 기입에 꼼꼼하긴 하나 도메니코 수사는 살루스티우스와 아우렐리우스 빅토르의 라틴어 작품에 대해서는 아무런 언급도 하지 않았다. 그는 자신이 설명할 책임이 있는 교회 당국자들에게 출판사가 나아가고 있는 새로운 사업 방향을 감추고 있었을 수도 있다. 이 최신 출판물들은 시에나의 《카타리나 성녀의 전설》 같은 종교적 저작이 아니라 세속적이고 '이교적인' 작품이었고 그러므로 상급자들의 반응을 걱정했을지도 모른다.[21]

리폴리 출판사는 값이 저렴한 기도문과 웅변문을 계속 출판하지만 이 라틴어 작품들의 출판은 도메니코 수사의 야심이 커졌음을 드러냈다. 그는 이 고전들을 베스파시아노가 기용한 필경사들과 같은 인문주의 필경사들의 필체를 흉내 낸 '고서체'로 출판했다. 살루스티우스와 아우렐리우스 빅토르보다 더 먼저 출판한 다른 두 작품은 리폴리 출판사가 베스파시아노에게 제기하던 위협의 진정한 성격과 규모를 드러낸다. 1478년 초에 바르톨로는 도메니코 수사에게 1세기 로마 시인 아울루스 페르시우스 플라쿠스의 풍자시에 대한 바르톨로메오 델라 폰테의 주해서 《인 페르시움 엑스플라나티오In Persium explanatio》를 의뢰했다. 주해보다 더 흥미로운 것은 저자의 정체였다. 바르톨로메오 델라 폰테는 서른한 살의 피렌체 시인이자 학자로서, 한때 베스파시아노의 친구 '조반니 씨', 즉 그리스 학자 요안네스 아르기로풀로스 밑에서 공부했었다. 바르톨로메오는 아르기로풀로스를 통해서 도나토 아차이우올리와 친구가 되었다. 도나토는 그의 학업을 격려하고 1473년에는 프랑스 국왕을 방문하는 대표단에 데려가기도 했다. 베스파시아노는 거의 확실히 바르톨로메오를 알았을 것이다. 바르톨로메오의 형제인 니콜로는 필경사였는데, 베스파시아노를 위해 작업했을지도 모른다.[22] 어쨌거나 고전 작가에 대한 바르톨로메오의 해박한 주해서는 정확히 베스파시아노의 전문 분야였다.

또 다른 작품은 베스파시아노의 인문주의자 친구들 사이에 인쇄기가 파고들었음을 더욱 확고하게 증언한다. 1478년 초에 리폴리 출판사는 그때까지 자사의 가장 야심차고 중요한 저작인 도나토 아차이우올리의 《니코마코스 윤리학》에 대한 주해서를 출판했다. 도나토는 자신의 주해를 조반니 씨가 피렌체에서 한 강의를 바탕으로 작성했다. 베스파시아노는 조반니 씨의 강의에 참석했었고 그다음 도나토의 작품 필사본을 페데리코 다 몬테펠트로의 도서관을 위해 제작했으므로 그 논고를 잘 알고 있었다. 그는 나중에 이 주해서가 "이제 이탈리아의 모든 대학에서 볼 수 있는 매우 존경받는 저작"이라는 자부심 넘치는 주장과 함께 도나토에 대한 전기를 끝맺게 된다.[23] 그는 대학들에 쌓여 있고 학생들이 읽는 그 주해서 사본들이 산 야코포 디 리폴리에서 인쇄된 판본, 다시 말해 베스파시아노가 아니라 도메니코 수사와 그의 출판사의 작품에서 유래한 것임을 분명 알고 있었을 것이다.

파치 전쟁은 1478년 가을을 지나 겨울까지 지루하게 이어졌다. 피렌체는 드디어 베네치아와 밀라노에서 보낸 증원군을 얻었는데, 리미니 출신 용병대장, 시기스몬도의 아들인 서른일곱 살의 로베르토 말라테스타가 지휘하는 군대였다. 로베르토는 알폰소 공작 밑에서 파치 전쟁을 시작했지만 두 사람이 함께 함락한 몬테 산소비노에서 나온 전리품 배분을 둘러싸고 다툰 뒤 거리낌 없이 돈에 따라 움직이는 용병답게 피렌체에 자신의 서비스를 제공했다. 그가 페루자 밖에서 지롤라모 리아리오가 이끄는 교황의 군대를 무찔렀지만 토스카나 영토에 대한 적군의 유린은 계속되었다. 요새들의 주인이 바뀌고 방앗간들이 불탔으며, 가축들이 약탈당했다. 12월 들어서까지 비가 꾸준히 내려 아르노강이 범람했다. "우리를 벌하는 것이 신의 뜻이었다"라고 피렌체 약종상 루카 란두치는 일기에 썼다. "그리고 이 크리스마스 시기에, 전쟁과 역병, 교황이 내린 파문의 공포로 시민들은 곤경에 빠져 있다. 그들은 두려움 속에 살았고, 누구도 일할 의욕이 나지 않았다."[24]

1479년 전후의 겨울과 봄을 지나, 여름에 들어서도 역병이 수그러들 줄 모르면서 갈수록 더 많은 희생자가 나왔다. 가능한 사람들은 누구든 베스파시아노처럼 시골로 피신했다. 촌락을 불태우고 주민들을 잡아간다는 소문에도 불구하고 역병이 약탈하러 다니는 병사들보다 더 무서웠다. 마르실리오 피치노는 카레기에 있는 자신의 농장으로 가서 역병에서 살아남는 법을 가르쳐주는 책을 집필하기 시작했다. 그는 현명한 충고를 들고 나왔다. "일찍 피신하여 머무른 다음 늦게 돌아오라Fuggi presto & dilungi & torna tardi." 심지어 시 정부도 도시를 떠나서 피에솔레의 바디아로 갔다. 6월 말 도시 최대의 축제인 산 조반니 축제는 천막도 치지 않고 행사도 거의 없이 가라앉은 분위기였다. 7월에 한 사제가 로렌초 데 메디치를 독살하려고 했다. 지롤라모 리아리오의 하수인으로 추정된 그는 포데스타궁의 창문에 매달려 서적상 거리 허공에서 흔들거리는 또 하나의 시신이 되었다.

그 시절의 공포와 비관주의는 1479년 초에 리폴리 출판사에서 인쇄된 책들 중 하나인 스웨덴의 브리기타 성녀의 예언서에 반영되어 있다. 수도회를 창시하고 1373년에 사망한 경건한 브리기타 성녀는 자신이 본 일련의 종교적 환영을 기록했고 학자들은 그 기록을 스웨덴어에서 라틴어와 다양한 유럽 토착어들로 옮겼다. 15세기에 이르자 그녀가 본 계시들이 워낙 인기가 많아서, 사악한 폭군의 등장과 로마의 파괴 등 파국을 예고하는 가짜 예지들이 그녀의 이름으로 유포되었다. 리폴리 판본은 남아 있지 않아서 우리로서는 도메니코 수사가 그녀의 실제 글만 충실하게 고수했는지 아니면—아마도 이쪽이 더 가능성이 있는 듯한데—불과 유황을 들먹이는 가짜 브리기타 문헌을 첨가했는지 알 수 없다. 하지만 그녀의 계시 중에는 무엇보다도 "부정이 더없이 판을 치고 불신심이 엄청나게 늘어날 (…) 때에" 적그리스도가 도래한다는 내용도 있었으므로 비난이 난무하고 절박하며, 공포에 사로잡힌 당대의 분위기를 포착할 수 있는 여지는 충분했다.[25] 도메니코 수사는 이 예언서를 누가 의뢰했는지 기록하지 않았지만 그 예언들은 광장에서 칸팀반코가 노래로 부르거나 외쳐댔을 것이다. 안 그래도 앞날에 대해 걱정이 많은 대중을 불안에 떨게 하면서 말이다.

베스파시아노도 마찬가지로 역병과 전쟁을 신의 노여움의 징후로 여겼다. 그는 6월에 시골의 이웃들 몇몇이 역병으로 죽었다고 전한다. 젊은이 한 명과 노인 한 명이었다. 그는 누구 잘못 때문인지 잘 알고 있었다. "틀림없이 우리의 행위 때문에, 우리의 죄악과 잘못 때문에 그토록 심한 박해가 우리를 찾아온 것이네"라고 그는 필경사 친구에게 보내는 편지에 썼다. "부디 신께서 우리를 지켜주시고 우리의 죄악과 부정을 보시기보다 변함없는 자비를 베풀어주시기를." 그는 자신이 지금 "미궁"에 빠져 있으며 "원컨대 그곳에서 육신과 영혼을 지키며 빠져나올 수 있기를. 하지만 과연 그럴 수 있을까?"[26]라고 썼다.

1479년 말에 이르자 피렌체는 갈수록 절망적인 처지가 되었다. 9월에 에르콜레 데스테 휘하 피렌체 병사들은 포조 임페리알레에서 망신스러운 패배를 당했다. 페데리코 다 몬테펠트로와 알폰소 공작이 단 하루 만에 그곳의 웅장한 요새를 함락한 것이다. 교황과의 강화 협상은 프랑스 루이 국왕의 중재에도 불구하고 수포로 돌아갔는데, 로렌초 데 메디치가 로마로 와서 살비아티 대주교와 다른 성직자들의 죽음에 연루된 것에 사죄를 구해야 한다고 교황이 요구한 탓이 컸다. 로렌초는 자신의 안전을 이유로 들어 요구를 거절했다. 심지어 로렌초의 일곱 살짜리 아들 피에로는 수상쩍은 낌새를 눈치챘다. 그는 "우리는 자식으로서 아버지가 더 몸조심하시길, 적은 감히 공공연한 전쟁을 벌이기보다는 몰래 덫을 놓는다는 점을 더 유념하시길 간청합니다"라고 썼다.[27]

순조롭지 못한 군사 활동을 뒷받침하기 위해 부과한 무거운 세금은 피렌체에서 나지막한 불평과 반발을 야기했다. 자신의 지배에 대한 내외의 위협에 직면해 로렌초는 대담하고 위험한 도박을 하기로 했다. 그는 나폴리로 가서 페란테 국왕—자신의 성에 방부 처리를 한 적들의 시체를 전시하는 인간—과 직접 강화 협상을 개시할 작정이었다. "신이 도우시길"이라고 어느 피렌체 정치가는 일기에 적었다.[28]

페란테 국왕의 자비를 믿었던 다른 누군가의 운명을 알았다면 로렌초는 잘못을 깨닫고 망설였어야 했다. 군벌 야코포 피치니노는 나폴리 왕위에 대한 앙주가의 권리 주장을 지지해, 앙주의 장과 함께 페란테의 군대에 맞서 싸우다가 1463년에 패배를 당하고는 페란테 편으로 넘어갔다. 그가 충성의 대상을 바꾼 것은 다름 아닌 안토니오 친치넬로, 즉 국왕을 섬기기 위해서 "필요한 일은 뭐든" 하는 사람이 꾸민 계략 덕분이었다. 모사꾼 친치넬로는 그 군벌에게 거액과 나폴리 왕국의 영토를 약속했다. 1465년 봄, 수차례 간청하고 장담한 끝에 그는 피치니노가 나폴리로 오도록 설득해냈다. 페란테 국왕은 나폴리 밖으로 1킬로미터 가량을 말을 타고 나가 왕년의 적을 반갑게 맞이하고 귀빈으로 직접 호위해왔다. 피치니노는 여러 날 동안 따뜻한 환대를 받다가 카스텔누오보 성에 있는 왕가의 보물 창고를 구경시켜주겠다는 구실로 지하감옥으로 유인되어 목이 졸렸다. 그의 시체는 성벽 꼭대기로 옮겨져 창밖으로 내던져졌다. 카스텔누오보 성에서는 그가 항구에 정박한 배를 살펴보기 위해 창밖을 내다보다가 발을 헛디뎌 떨어져 죽었다고 설명했다. 베스파시아노는 피치니노가 나폴리를 멀리하라는 경고를 들었다고 말한다. 그는 "인간은 너무도 많은 것을 보지 못한다. 그리고 이렇게 앞을 보지 못하기 때문에 처벌을 받게 된다"[29]라고 덧붙였다.

로렌초는 피치니노처럼 경고를 받았지만 무시하기로 했다. 불길하게도, 음흉한 친치넬로는 라퀼라에서 군중의 손에 피투성이 종말을 아직 맞지 않은 터라 치명적인 덫을 놓으며 여전히 활약 중이었다. 로렌초는 나폴리의 페란테와 협상하고, 시에나 근처 동계 숙영지에 있는 알폰소 공작의 의사를 타진할 대리인들을 파견하는 신중한 조치를 취하기는 했다. 여러 해 동안 나폴리에서 은행을 경영해온 필리포 스트로치가 열일곱 명의 기수들의 호위를 받아 페란테를 상대하러 남쪽으로 내려갔다. 또 다른 대리인은 시에나로 보내졌다. 거기에 파견된 사람은 베스파시아노였다.

휴전 기간 동안 베스파시아노는 전쟁이 할퀴고 가며 홀랑 타버린 방앗간과 부서진 성, 약탈당한 농장을 지나서 겨울이 찾아온 토스카나 시골 지방을 지나가게 되었다. 그는 피렌체의 더 일반적인 대사들, 아차이우올리나 판돌피니가와 같은 부유하고 유서 깊은 가문의 일원들에게 주어지는 일종의 배웅을 받지 않았다. 이러한 영예로운 대표들이 베네치아나 밀라노를 향해 도시를 떠날 때면 외국의 군주에게 바칠 선물을 들고 다람쥐 털을 두른 진홍색 외투를 걸친 시민들이 줄을 지어 거리를 엄숙히 행진하며 대표단을 호위했다. 베스파시아노의 파견은 더 초라한 사안이었다. 그는 아마도 알폰소 공작에게 필사본을 전달한다는 구실로 사실상 적진을 염탐하는 일을 맡았다.

언젠가 투토 페란디노tutto ferandino('전적으로 페란테 편')로 묘사된 적도 있으니 베스파시아노는 여러모로 그 임무에 안성맞춤이었다. 그는 페란테뿐만 아니라—적대행위에도 불구하고 최근에 그에게 새로운 리비우스 필사본을 보냈다—10여 년 전 젊은 시절에 피렌체에 체류하는 동안 알게 된 알폰소와도 긴밀한 관계를 유지해왔다. 이후 수년 동안 베스파시아노는 그의 집 위치를 보여주는 지도가 들어간 프톨레마이오스의 《지리학》을 비롯해 스무 권이 넘는 필사본을 알폰소에게 조달했다. 그는 무자비한 친치넬로는 물론, 개인적 친분을 통해 얻은 일화들이 간간이 섞인 전기를 쓴 바 있는 마테오 말페리토를 비롯해 다양한 나폴리 대사들과도 친교를 유지했다. 그리고 베스파시아노의 임명은, 그와 더 잘 아는 사이이며 더 중요한 고객이 피렌체를 상대로 한 전쟁에서 알폰소의 우군으로서 역시 시에나에 있었음을 고려할 때 더욱이 이치에 맞았는데, 그는 바로 페데리코 다 몬테펠트로였다.

이 임무에 위험이 없지는 않았다. 알폰소는 살인을 일삼는 이탈리아 군주들에게 기대할 만한 흉계를 훨씬 뛰어넘는 만행을 자행할 수 있는 사람이었다. 그는 아버지에게 맞서 반란을 일으킨 영주들에게 너무도 무시무시한 고문을 생각해내, 수십 년 뒤 인생 말년에는 그들의 유령에 시달리게 된다. 그의 잔인성에 진저리를 친 어느 대사는 "누구도 알폰소보다 더 잔인하고, 더 사악하고, 더 간교하고, 더 유독하고, 더 탐식하지 않았다"[30]라고 썼다.

베스파시아노는 마침내 시에나에서 남쪽으로 25킬로미터 떨어진 부온콘벤토에 당도했고 여기, 군대 막사로 둘러싸이고 무료한 석궁수들이 바글바글한 자그마한 읍성에서 로렌초의 운명을 좌지우지할 사람들 중 한 명을 만났다. 이제 30대 초반인 알폰소는 아내(프란체스코 스포르차의 딸)와 자식 셋을, 정부한테서 자식을 하나 본 아버지였다(또 다른 사생아도 때가 되면 태어날 터였다). 이듬해 주조된 초상 메달은 긴 코에 작지만 초롱초롱한 눈매, 가는 입술, 그리고 탐식의 대가답게 통통한 볼과 이중 턱을 보여준다. 이탈리아에서 가장 가공할 전사 중 한 명이었지만 전설에 따르면 그는 전역 도중에도 현지 토스카나 미인들을 열심히 쫓아다녔다고 한다.

로렌초의 운명의 열쇠를 쥐고 있는 또 다른 사람인 페데리코 다 몬테펠트로는 시에나에 자리를 잡고 있었다. 그는 호화로운 대주교의 궁전에 머물면서 송아지 고기와 가오리, 아몬드 케이크, 온갖 새 고기 등의 진미를 즐겼다. 포조 임페리알레를 함락해 명성을 더욱 빛냈지만 전쟁 직전에 일어난 사고로 전장에서 특유의 기행을 구경하기는 힘들어졌다. 그는 우르비노의 궁전에서 귀를 쫑긋한 청중에게 자신이 거둔 몇몇 유명한 승전의 무용담을 들려주고 있었는데, 그가 서 있던 발코니가 내려앉는 바람에 바닥으로 떨어져 발목이 부러지고 다리에 깊은 상처가 났다. 이제 걷거나 말을 탈 수 없게 된 그 위대한 전사는 통풍에 시달리는 병약자처럼 가마에 실려 다녀야 했다. 1479년 12월에 그는 다친 다리를 광천수에 담그기 위해 비테르보에 있는 온천으로 갔다. 하지만 어느 시점에 그는 베스파시아노와 알폰소를 만났는데, 왜냐하면 한 공작이 다른 공작에게 도나토 아차이우올리의 죽음에 이탈리아의 모든 사람이 애도해야 한다고 말하는 것을 서적상이 들은 것은 틀림없이 바로 그때였을 것이기 때문이다. 이 일화는 베스파시아노가 로렌초의 막강한 두 적과 한자리에 있었음을 가리킨다.

피렌체 공직자들은 베스파시아노의 보고를 목이 빠지게 기다렸다. 이 시기에 밀라노에 파견된 대사는 전에 요안네스 아르기로풀로스와 마르실리오 피치노 밑에서 공부했던 피에르필리포 판돌피니였다. 그는 베스파시아노와도 친했고, 베스파시아노는 그의 인상적인 장서 목록을 채워주는 데 일조했다. 판돌피니는 밀라노에 대표로 도착한 직후 두 사람을 모두 아는 친구에게 편지를 써서 부탁했다. "베스파시아노에게 시에나에서 돌아오는 대로 내게 편지해달라고 말해주게. 그러면 들려줄 소식이 많을 테니까." 그다음 몇 주 뒤에 그는 또 편지를 썼다. "베스파시아노는 돌아올 거네. 나는 그에게서 좋은 소식을 기대하고 있어." 그로부터 2주 뒤인 1월 중순, 마지막으로 그는 또 편지를 썼다. "이제 베스파시아노가 돌아왔으니 난 우리를 근심에서 해방시켜주고 앞으로 사정에 더 밝게 만들어줄 그의 편지를 기다리고 있다네."[31]

베스파시아노가 판돌피니에게 보낸 편지는 그가 제공한 다른 보고들과 더불어 지금은 전해지지 않는다. 하지만 뉴스 취재자로서 베스파시아노의 위상은 판돌피니처럼 널리 여행하고 인맥이 넓은 사람, 베네치아와 로마에 대표로 파견되었다가 막 돌아온 사람, 워낙 왕성하게 활동하고 지칠 줄 모르는 외교관이라 피렌체에서는 '람바시아토레L'Ambasciatore',

즉 그냥 대사로 통했던 사람조차 그에게 정보와 조언을 열심히 구했다는 사실로부터 짐작이 가능하다.

베스파시아노는 시에나에 파견된 탓에 1479년 12월 말에 서적상 거리에서 일어난 사건을 놓쳤다. 도망친 암살자 베르나르도 반디니 데 바론첼리가 1년 넘게 도피 행각을 벌이다 지난여름에 콘스탄티노플에서 붙잡힌 것이다. 피렌체 정부의 재상은 "가장 영광스러운 군주" 메메트 2세가 "그[바론첼리]에게 우리가 원하는 대로 무엇이든 할 것"을 약속했다며 기뻐했다. "그것은 확실히 그가 항상 우리 공화국과 민중에게 보여준 사랑과 커다란 호의에 부합하는 결정이다."[32] 피렌체 정부는 술탄에게 그 반역자를 살려두라고 일러두고 그를 피렌체로 데려올 대표를 콘스탄티노플로 급파했다. 긴 여행 끝에 바론첼리는 메디치가에 대한 선물로 크리스마스 이틀 전에 피렌체에 도착했다. 며칠 뒤 그는 목에 밧줄을 두른 채 포데스타궁의 창문에서 내던져졌다.

바론첼리 처형은 스물여덟 살의 어느 미술가의 눈길을 사로잡았는데 미술가의 아버지인 저명한 공증인 세르 피에로는 베스파시아노의 가게에서 몇 집 건너인 궁전 거리에서 일했다.[33] 레오나르도 다 빈치는 벨트에 항상 끼우고 다니는 스케치북을 꺼내 대롱대롱 매달린 암살자를 간단히 그리고 그가 입은 옷에 대한 자세한 설명을 덧붙였다. 그는 죽은 사람이 황갈색 가죽 모자를 썼으며, 모직 더블릿, 검은 호즈, 벨벳 칼라가 달린 검은 조끼, 여우 털을 댄 푸른 외투를 입었다고 기록했다.

레오나르도는 포데스타궁 벽에 전시할 바론첼리의 초상화―그의 호칭대로라면 피투라 인파만테pittura infamante('악명의 그림')―의뢰를 기대하고 있었던 것 같다. 잘린 머리가 문에 내걸리거나 긴 창끝에 꿰어져

레오나르도 다 빈치가 그린 베르나르도 반
디니 데 바론첼리 스케치. 베스파시아노의
가게 옆에 목 매달린 모습이다.

거리 곳곳에 전시되는 것 외에도 메디치가에 대한 반란자들은 서적상 거리의 '수치의 벽'에 사후 초상화로 등장했다. 베스파시아노의 가게에서 궁전 거리 건너편에 있는 포데스타궁의 담에는 안드레아 델 카스타뇨의 작품이 여전히 남아 있었다. 안드레아는 1440년에 앙기아리 전투에서 피렌체에 맞서 음모를 꾸민 죄로 처형된 알비치 가문 여덟 사람의 프레스코 초상화를 그렸다. 이 그림들이 워낙 유명해서 안드레아는 나중에 바티칸에서도 프레스코화를 그렸지만 "안드레이노 델리 임피카티Andreino degli Impicchati"(목 매달린 자들의 꼬마 안드레아)로 알려지게 되었다.

1478년 여름에 산드로 보티첼리는 살비아티 대주교를 비롯해 목 매달린 파치 음모자 여덟 명의 벽화를 그려 40플로린을 받았었다. 얼마 지나지 않아 서적상 거리를 찾아온 이들은 모두 이 소름 끼치는 초상의 환영을 받았다. 레오나르도는 바론첼리의 초상화로 여기에 자신의 작품을 추가하길 기대했던 모양이다. 그는 기대한 의뢰를 받지 못했지만 대신 곧 다른 프로젝트로 바쁜 몸이 되었다. 레오나르도는 아버지의 가게가 근처에 있었기 때문만이 아니라 그 역시 글과 그림을 위해 종이를 잔뜩 구매하는 카르톨라이오의 단골 고객이었기에 서적상 거리에서 친숙하게 목격되었을 것이다. 카르톨라이오는 얼마 전에 중질 대형 종이인 카르토네cartone를 이용해 프레스코화를 그리기 전 견본(카툰)을 먼저 제작하는 기법을 개척한 미술가들에게 꼭 필요한 사람들이었다. 그로부터 30년 뒤 시뇨리아궁의 회의장에 웅장한 전투 장면 벽화를 그릴 때 레오나르도는 이 대형 중질 종이를 950장 구입하게 된다.

레오나르도는 근래에 피렌체 은행가의 사춘기 딸 지네브라 데 벤치라는 젊은 여인의 초상화를 완성했다. 하지만 1479년에 그는 초상화와 제단화 말고도 다른 것들을 꿈꿨는데, 수력 제재소, 자동 베틀, 프로펠러로 돌아가는 구이용 꼬치 같은 발명품을 종이에 스케치하고 있었다. 그는 인간 활동의 거의 모든 영역이 무한 나사[회전운동을 직선운동으로 바꿀 때 이용하는 스크루형 장치]와 톱니바퀴의 기발한 적용을 통해 개선될 수 있다고 믿었고, 자신이 생각한 장치들을 종이에 고생스레, 하지만 우아하게 묘사했다.

그러한 개선들을 염두에 두고 레오나르도는 최근에 새로운 종류의 인쇄기 도면을 그렸다. 그는 구텐베르크 발명품의 엄청난 중요성에 의구심을 품지 않았다. 자동 베틀 도면(인쇄기 도면 뒷면에 그려진)에는 대담한 설명이 적혀 있다. "이 장치는 인쇄기에 버금간다." 그는 구텐베르크의 빛나는 발명품조차도 개선이 가능하다고 믿었다. 레오나르도 버전의 인쇄기는 바퀴와 도르래로 이루어진 장치인데, 당기는 인쇄공이 레버를 당기면 그와 동시에 압지틀이 운반대를 따라 수평으로 이동하면서 압반을 아래로 보냈다. 이 재설계는 한 사람이 혼자서 인쇄기를 작동시킬 수 있다는 이점이 있었으며 정교한 톱니바퀴 장치들은 인쇄기

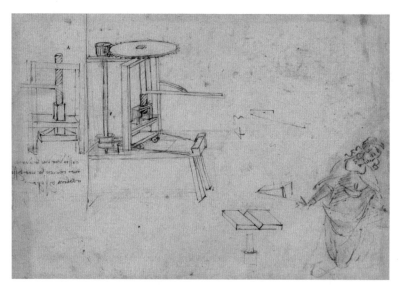

레오나르도의 인쇄기 도면.

의 각 구성 부분들이 마찰 없이 순조롭게 돌아가게 했다.[34]

인쇄기를 조립하거나 작동시키는 방법에 관한 설명서는 15세기에 등장하지 않았다. 작동 중인 인쇄기에 관한 가장 초기 예시인 1499년에 리옹에서 인쇄된 '죽음의 춤'은 두 악마가 인쇄소에서 날뛰고 있는 모습을 담은 단순한 목판화로, 정확한 묘사를 의도한 것이 전혀 아니었다. 이 신기술의 노하우는 눈으로 살펴보고 직접 돌려볼 때만 얻을 수 있었으므로 레오나르도는 인쇄기를 실제로 목격했던 것이 틀림없다. 레오나르도의 기술적 도면에 관한 전문가인 라디슬라오 레티는 이 스케치들이 그가 당대의 인쇄술에 대한 고도의 지식을 보유하고 있었음을 가리킨다고 설명한다.[35] 하지만 그가 어디서 인쇄기를 보았는지는 알려지지 않았다. 그는 브레슬라우의 니콜라스나 마인츠의 요하네스 같은 인쇄업자들과 접촉했을 수도 있고 금세공인 안드레아 델 베로키오 밑에서 수련했음을 고려하면 이쪽이 더 가능성이 있는데, 베르나르도 첸니니와 그의 프로토타입 인쇄기를 우연히 접했을 수도 있다. 아니면 그 발명품에 관한 이야기를 듣고, 첸니니와 파도바의 클레멘트가 자처했던 것처럼 스스로 그 세부 사항을 알아냈을 수도 있다. 왜냐하면 첸니니가 주장하듯이 피렌체인의 재간 앞에는 무엇도 어려울 게 없지 않은가? 더욱이 레오나르도의 천재성이라면 당연히 어려울 것은 없었다.

레오나르도는 자신이 고안한 인쇄기를 결코 만들지 않았고 생전에 그 도면을 출판하지도 않았다. 사실 레오나르도의 글과 그림 수천 장 가운데 어느 것도 생전은 물론 사후에도 몇 세기 동안 출판되지 않았다. 불운한 아이러니로서 기술 진보의 발상들과 그토록 떼려야 뗄 수 없는 사람은 자신의 작품을 그가 역사상 최고 발명품이라고 인식한 수단을 가지고 유포하는 것을 게을리 했다. 그 결과 그의 발견과 도면들 다수는 사라져버렸다. 총 2만 4천 쪽으로 추정되는 레오나르도의 노트 가운데 6천 쪽만이 지금까지 전해져서, 소실률은 75퍼센트에 달한다.[36]

시에나에 파견된 베스파시아노는 로렌초 데 메디치를 향한 알폰소 공작의 의향에 대해 분명히 긍정적인 보고를 가져왔던 것 같다. 휴전은 계속되었고, 로렌초는 나폴리로 갔고, 페란테 국왕과의 강화 조약이 마침내 비준되었다. 로렌초가 1480년 3월 중순에 피렌체로 돌아왔을 때 축하의 모닥불이 지펴지고 환희의 종소리가 울려 퍼졌다.

로렌초는 극적인 반전을 성공적으로 이끌어냈다. 그렇더라도 경축은 성급했을지도 모른다. 강화에도 불구하고 알폰소 공작은 군대와 함께 여전히 시에나에 머물렀고 이제 그곳 시청사의 프레스코화에, 포조 임페리알레에서 지리멸렬한 피렌체인들을 패주시키는 병사들과 함께 등장하여 눈길을 사로잡았다. 시에나는 자치 공화정이었고 알폰소의 주둔 연장은 그곳 시민들 사이에서 반목을 진정시키기 위한 것으로 제시되었다(일부 시민들이 최근에 정부 전복을 시도했었다). 하지만 많은 시민들이 그보다 덜 자애로운 동기를 의심했다. 알폰소가 툭하면 추방과 투옥, 처형이란 수단을 동원하면서 시에나를 매우 엄혹하게 통치하자 곧 시에나인들과 피렌체인들 모두 그가 아버지의 묵인에 힘입어 스스로 시에나의 주인이 되고 그리하여 피렌체에 위험한 이웃이 될 것이라고 의심하게 되었다. 베스파시아노가 맡은 임무 중 일부는 알폰소의 의도를 알아내는 것이었을 수도 있다.

불안스레 사태의 추이를 지켜보던 약종상 란두치는 일기에 알폰소 공작이 시에나인들을 복속시킨 것처럼 피렌체인들도 복속시킬 속셈이라고 적었다. 하지만 그의 계획은 "크나큰 기적"[37]으로 인해 느닷없이 틀어지고 말았다.

25장

오트란토를 위한 애가

1480년 8월 1일 일요일, 말에 탄 네 사람이 이탈리아 뒤꿈치 끝에서 북쪽으로 435킬로미터를 필사적으로 달려온 끝에 나폴리에 당도했다. 그들은 100척이 넘는 함선으로 이루어진 대함대가 초승달 깃발을 휘날리며 오트란토에 상륙했고 도시가 1만 8천 명의 군사로부터 공격을 받고 있다는 충격적이고 끔찍한 소식을 들고 왔다.

정복자 메메트가 이탈리아 본토를 친 것이다. 다음 며칠 동안 더 많은 보고가 나폴리에 당도해 사태를 명확히 밝히기도 하고 과장하기도 하며 사람들을 공포로 몰아넣었다. 함선의 숫자는 350척으로 불어났고 나폴리의 한 대사는 튀르크 병사들이 "마을을 불태우고, 사람을 잡아가며, 어린아이들을 개를 죽이듯 학살하고 있다"라고 주장했다.[1] 페란테 국왕은 알폰소 공작에게 군대를 이끌고 즉시 귀환해 왕국을 방어하라고 명했다. 그리하여 뜻밖에도 피렌체는 좀처럼 사라지지 않던 나폴리의 위협에서 벗어났다.

알폰소는 한발 늦고 말았다. 오트란토시는 오스만 함대의 대제독 게디크 아흐메드 파샤가 이끈 2주간의 포위전 끝에 함락되었다. 베스파시아노는 다음에 일어난 일을 묘사했다. 그는 튀르크 병사들이 "매우 잔인하게 주민들을 살해했다. 아내와 처녀들 일부는 죽이고 일부는 매우 파렴치하게 겁탈했다"라고 주장했다. 그뿐이 아니다. 그들은 대주교가 다른 성직자들과 "처녀들, 독실한 젊은 여자들, 많은 덕망 있는 남자들을 모아놓고 기도를 드리고" 있던 대성당으로 들어갔다. 병사들은 대주교를 죽이고, 그의 목을 베었으며, 다른 사제들한테도 똑같은 만행을 저질렀다. "그다음 그들은 가련한 처자들을 아비와 어미가 보는 앞에서 죽였다." 다른 여자들은 노예로 팔려가고 매음굴에서 일해야 했다고 베스파시아노는 썼다.[2]

다른 초기 보고들도 유사한 이야기를 들려준다. 교회가 파괴되고, 성상들이 박살나고, 처녀들이 제단 위에서 강간을 당하고, 참살당한 대주교 스테파노 아그리콜리의 머리가 장창에 꿰어져 오트란토 저잣거리를 돌며 전시되었다는 내용이다. 하지만 베스파시아노의 서술이나 다른 어느 초기 보고도, 전설에 따르면 8월 14일에 미네르바 언덕에서 일어났다는 사건을 언급하지 않는다. 그날 800명이 도시 바깥 관목이 무성한 이 둔덕으로 끌려와 엄혹한 선택에 직면했다. 이슬람으로 개종하든지 죽음을 맞이하든지 둘 중 하나였다. 모두가 후자를 선택했고, 그렇게 결연한 신심 앞에서 언월도를 휘두르던 처형인이 그 자리에서 기독교로 개종했다. 그리하여 그도 재빨리 동료들에게 처형당해 총 순교자 수는 801명에 달하게 되었다고 한다. 세월이 한참 흘러 1771년에 그들은 오트란토의 거룩한 순교자들로 시성된다.

오트란토에서 얼마나 많은 사람들이, 어떤 상황에서 죽었는지는 역

피렌체 서점 이야기

사적 논쟁거리다. 하지만 오트란토 정복의 희생자에는 서방 세계 최대
의 그리스 문학과 철학 보고에서 나온 필사본들도 있었다.

산 니콜라 디 카솔레의 바실레이오스 수도원은 오트란토 남쪽 약 3킬
로미터 거리, 헐벗은 평원이 내려다보이는 고지대에 있었다. 그 수도원
은 그리스 세계와 이탈리아 세계를 잇는 고리로서, 1100년이 되기 얼
마 전에 그리스어를 쓰는 바실레이오스 수도사 공동체에 의해 건립되
었다. 하지만 수도원은 그보다 몇 세기를 거슬러가는 기존의 건물 위에
세워졌다. 수도원 도서관은 사실 서방 세계 최고最古의 기독교 도서관
중 하나였다.[3]

산 니콜라 디 카솔레는 확실히 그리스어 필사본을 상당히 많이 보유
하고 있었다. 번창하는 스크립토리움과 학식이 풍부한 수도사들도 있
었다. 현지 인문학자 안토니오 갈라테오에 따르면 "절대적으로 공경
할 만한 사람들, 모두가 그리스 문학을 배우고 다수는 라틴 문학도 공
부한" 사람들이었다.[4] 수 세기에 걸쳐 수도원은 그리스의 역사적·문학
적 유산을 보존하고 널리 퍼뜨리려고 결심한 학자와 시인, 철학자들의
고향이었다. 수도원은 1200년대 전반기에, 콘스탄티노플을 방문할 때
마다 보물 같은 필사본을 가져와 도서관을 채운 네크타리오스 수도원
장 아래서 전성기를 누렸다. 갈라테오는 수도원의 도서관이 "그리스 전
역에서 찾아낼 수 있는 온갖 책을" 갖추고 있었다고 전한다.[5] 《오디세이
아》와 《일리아스》의 사본을 소장했고, 장서는 점성술, 해몽, 돌의 치유
력에 관한 책들을 아울렀다.

산 니콜라 디 카솔레는 이 필사본을 독자들에게 대출해주는 시스템
을 운영했다. 대출자들은 두 명의 수도사가 있는 자리에서 일정한 양식

에 서명하기만 하면 되었고, 두 수도사가 반납의 보증인 역할을 했다. 12세기 후반기—네크타리오스가 필사본을 잔뜩 짊어지고 도착하기 수십 년 전—의 것으로 추정되는 어느 문서에는 68권의 대출이 기록되어 있다. 대출자의 대다수가 사제들과 여타 성직자들이었지만 현지의 공증인 두 명과 치안판사 한 명도 필사본을 빌려갔다. 복음서와 시편집이 가장 인기 있는 대출 도서였고, 아리스토텔레스의 저작과 아리스토파네스의 희극집도 대출되었다. 어느 대출 내역은 다음과 같다. "공증인 미켈레 디 피에트로가 아리스토파네스와 아리스토텔레스의 《소피스트적 논박》을 수도원장의 허가를 받아 나 비아조 수도사한테서 받아 갔다."[6]

훨씬 후대의 대출자로는 그리스 문헌을 되찾고 보존하는 임무를 스스로 떠맡아 산 니콜라 디 카솔레를 찾아온 베사리온 추기경이 있다. 갈라테오가 나중에 썼듯이 베사리온은 "적지 않은 양의 필사본을 로마로" 가져갔다. 그가 반납하지 않은 이 대출 도서들은 머잖아 그의 개인 장서와 합쳐졌고 결국에는 베네치아로 갔다. 하지만 그가 산 니콜라 디 카솔레에서 이 필사본들을 훔친 것은 다행한 일로 드러났는데, 갈라테오가 기록했듯이 1480년 8월에 도서관은 "튀르크인들에게 약탈당하고 파괴되었기" 때문이다. 도서관이 불길에 휩싸인 가운데 "그리스 전역에서 구해온" 필사본들이 파괴되었다.[7] 갈라테오는 별로 가치는 없는 것이지만 불길에서 한두 권을 간신히 건져냈다. 도서관이 공격을 받기 전에 세르조 스트리소라는 젊은 사제가 다른 곳으로 옮겨서 몇몇 책도 파괴를 피한 것 같다. 1480년에 튀르크 병사들에게 학살당한 수십 명의 사제나 수도사들과 달리 스트리소는 살아남았다. 수년 뒤에 사람들은 오트란토 근처 "허물어져가는 낡고 작은 집"—도서관의 잔해—에서 그가

건져낸 고대 필사본들을 열심히 들여다보고 있는 모습을 보았다.[8]

오트란토에 대한 전격적인 공격으로 메메트는 이탈리아에 교두보를 확보했고, 이곳으로부터 그가 거의 30년 동안 꿈꿔온 로마에 대한 공격을 단행할 태세인 듯했다.

오트란토 침공에 페란테 국왕은 아연실색했다. 그는 알폰소 공작을 남부로 급파한 것 외에도 이탈리아의 다른 유력자들에게 지원을 호소했는데, 만약 그들이 자기를 구하러 오지 않는다면 이전에도 그랬던 것처럼 술탄과 한편이 되어 그들을 파멸시키겠다고 협박하는 것도 잊지 않았다. 적어도 식스투스 교황은 로마에서 열심히 대응책을 내놓고 있었는데, 로마의 분위기는 어느 인문학자이자 시인이 관찰한 바에 따르면 "적군이 이미 성벽 앞에 진을 치기라도 한 듯 공포감이 어마어마했다."[9] 교황은 오스만튀르크 군대가 로마로 진격해올 경우를 대비해 아비뇽으로 피신할 준비를 하는 한편 그러한 침략에 맞설 대담한 조치들을 취했다. 그는 교황령에 있는 모든 가구에 세금을 부과하고 성직자들에게는 십일조를 걷어 이 자금을 십자군 함대를 위한 선박을 건조하고 의장하는 데 쏟았다. 또한 신도들에게 세례를 받은 신앙은 말할 것도 없고 땅과 집, 아내, 자식들을 지키고 싶다면 "무기를 들고 일어나 싸우라"[10]고 말하며 오스만튀르크에 맞서 싸우기 위해 입대하는 사람 전원에게 전대사를 내렸다.

무슬림의 위협 앞에서 기독교 세계의 화합의 필요성을 느낀 식스투스는 결국 마지막 남은 조치를 취했다. 그는 피렌체에 대한 성무 금지 제재를 해제하고 로렌초 데 메디치와 화해했다. 적대행위가 3년 넘게 이어진 끝에 피렌체와 교황청은 마침내 평화를 찾았다. 오트란토에 대한 오스만튀르크 공세의 '기적'이 완성되었다.

　마침 술탄이 나폴리 왕국을 침공해준 덕분에 군사적 위협과 성무 금지 제재는 없어졌지만 대다수의 피렌체인들은 오트란토에서 노예가 되고 참살당한 이들을 깊이 동정했다. 공증인 주스토 주스티가 일기에 쓴 대로 오트란토 정복은 "기독교 세계에 나쁜 소식"이었다.[11] 침공은 이후 몇 주간 광장에서 오가는 대화의 주제였고, 또 다른 피렌체인이 쓴 대로 "오트란토의 상실에 관한 많은 이야기"가 오갔다.[12]

　오트란토의 비극은 피렌체의 광장들에서 시가詩歌로도 공연되었다. 오트란토시 함락 이후 여러 달이 지난 11월에 도메니코 수사는 한 체레타노uno ceretano가 리폴리 출판사에 그 공습에 관한 소책자 500부 인쇄를 주문했다고 기록했다.[13] 체레타노도 차를라타노처럼 약장수, 즉 이를 뽑고, 약을 팔고, 저글링을 하거나 노래를 부르고 악기를 연주하며 주의를 끌어 물건을 팔던 거리 행상이다. 도메니코 수사는 이 특정 행상인의 자세한 사항에 대해 기록하지 않았지만 그는 거리에서 소책자를 팔기 위해 그 내용을 노래로 부르거나 암송하는 눈먼 안젤로, 눈먼 콜라와 비슷한 이유로 책자를 주문했을 것이다. 리폴리 출판사가 그를 위해 제작한 텍스트는 《오트란토를 위한 애가》라는 제목을 달고 있었다.

　이 작품은 한 권도 남아 있지 않지만 오트란토 함락은 거리의 가수들, 그리고 더 나아가 도메니코 수사 같은 인쇄업자들에게 많은 일거리를 제공했고, 이런 사정은 피렌체에만 국한되지 않았다. 롬바르디아의 어느 연대기 작가는 그 소재에 대해 "많은 애가"가 나와서 "거리마다 사람들 앞에서 노래로 불리고 판매되었다"라고 주장했다.[14] 그는 자신의 연대기에 그런 애가를 하나 실었는데 튀르크인들의 잔인한 유린, 포로가 된 사람들이 흘리는 비통한 눈물, 곧 하느님이 거두실 영광스러운 승리—교황과 더불어 페란테, 밀라노 공작, 그리고 "아름다운 피렌체"의 도움을 받아—에 관한 언급으로 가득한 이야기였다.

소책자 외에도 리폴리 출판사는 인문주의 고전 시장의 진출을 이어가고 있었다. 1480년 가을에 예를 들어, 도메니코 수사는 안젤로 폴리치아노가 스타티우스에 관해 스투디오 피오렌티노에서 강의를 하는 것에 맞춰 그 로마 시인의 작품 《실바이》 100부를 찍었다. 하지만 도메니코 수사는 기도문과 연설문을 실은 소책자와 시편집 같은 짧은 종교 작품도 계속 찍어냈는데 스타티우스의 시선집보다 훨씬 큰 판형이었다. 1480년 봄에 안토니오 롬바르도라는 거리 호객상—수년 전에 베르나르도 첸니니의 베르길리우스 주해서 44부를 사갔던 사람—이 도메니코 수사에게 《에피스톨라 델라 도메니카Epistola della Domenica》(주일 서한)라고 하는 신앙서 500부를 의뢰했다. 몇 달 뒤에 그는 책을 가지러 다시 왔다. 800부 재쇄를 의뢰한 것이다.

그러므로 리폴리 출판사에서 나온 책들은 폭넓은 독자층을 확보하고 있었다.[15] 리폴리 수녀원은 물건을 의사, 공증인, 무수한 사제 및 수도사들과 더불어 대학에서 폴리치아노의 강의를 듣는 학생 같은 교육받은 고객들에게 팔았다. 하지만 다른 직종과 직업 출신 사람들도 출판사의 책을 구입했다. 목수, 아마 제조공, 직조공, 금세공인, 호즈 제조공, 석공, 대장장이(한 대장장이는 알렉산드로스 대왕의 전기를 한 권 구입했다), 이 모두가 도메니코 수사의 장부에 등장한다. 다른 이름(우고, 첸니, 코니시노)들도 볼 수 있지만 이들은 성씨가 없거나 직업이나 직종에 대한 설명이 없다. 그들 중 다수는 아마도 거리의 호객상이었을 텐데 눈먼 안드레아, 눈먼 콜라, 안토니오 롬바르도 말고도 도메니코 수사는 수녀원에서 조금 걸어가면 나오는 프라토 성문 옆에 사는 또 다른 맹인 행상인 '조반니 치에코Giovanni Cieco'(눈먼 조반니)에게 책을 팔았기 때문이다.

　여성들도 리폴리 출판사에서 책을 구입했다. 장부에서는 다른 수녀원들의 수녀와 수녀원장들만이 아니라 '로렌차 부인', '렌초네의 아내' 같은 고객들을 확인할 수 있다. 또 다른 고객은 베스파시아노도 잘 아는 여인인 도나토 아차이우올리의 미망인이었는데, 베스파시아노는 남편과 아내가 다정하게 손잡고 있는 모습을 본 것을 묘사하기도 했다.[16] 도메니코 수사는《카타리나 성녀의 전설》한 권이 "그것을 구매하고 싶어 하는 여성"에게 보여주기 위해 어떻게 제본되고 장식되었는지를 기록했다. 하지만 결국에 그녀는 구입하지 않기로 했다. '렌두타Renduta', 즉 '돌아왔다'라고 도메니코 수사는 썼다.[17]

　도메니코 수사의 회계장부에 등장하는 구매건들은 재고를 쌓아둔 카르톨라이오한테서 사본을 구입한 구매자들은 포함하지 않았다. 눈먼 안드레아 같은 행상인들이《그리스도의 보혈에 관한 기도》나 줄리아노 데 메디치의 죽음이나 오트란토 함락에 관한 애가를 들고 도시를 돌아다니며 보여주는 각종 호객 행위에 혹해 구입한 고객들도 마찬가지였다. 물론 이 작품들은 도메니코 수사로부터 직접 책을 구입한 호즈 제조공, 석공, 대장장이보다 훨씬 더 폭넓고 다양한 독자층을 끌어당겼다.

　리폴리 출판사가《오트란토를 위한 애가》의 자체 판본을 출판했을 무렵에 그 주제에 관한 또 다른 작품이 준비되고 있었다. 이 특정한 애가는 인쇄본으로 나오지는 않았다. 대신 그것은 거위 깃펜으로 양피지에 글씨를 쓰는 옛날 방식으로 나왔다. 그 저자는 다름 아닌 베스파시아노였다.

오트란토 함락 몇 주 뒤, 1480년 9월 5일에 피렌체 바디아의 수도사들은 베스파시아노의 가게에서 불과 몇 발짝 떨어진 궁전 거리에 사무실이 있는 공증인 세르 피에로 다빈치를 불렀다. 세르 피에로는 수도사들이 "포데스타궁 옆 우리 작업장"이라고 부른 곳, 즉 베스파시아노가 임대한 공간의 새로운 임대차 계약서를 작성했다. 세르 피에로는 베스파시아노가 (공증인은 그를 리브라리우스librarius라고 묘사했다) 거래에 동의했다고 기록했다. 새로운 임차인, 안드레아 디 로렌초라는 카르톨라이오에게 임차권을 넘기는 데 동의한다는 것이다. 안드레아는 동일한 조건으로 가게를 차지할 예정이었다. 연세 15플로린에 1파운드의 양초용 왁스를 내는 조건이었다. 이내 그는 훨씬 더 품위 있는 이름을 취하게 된다. 안드레아 디 베스파시아노라는 이름을. 이 이름을 택한 것은 그가 베스파시아노의 조수로 일해왔다는 사실뿐만 아니라 (수련 직원들은 때로 일을 배우는 장인의 이름을 취했다) 자신만의 상업적 이유 때문에 그 유명한 서적상의 이름을 계속 간직하려 했다는 점도 암시한다.[18]

베스파시아노는 서적 판매업에서 물러나는 중이었다. 1480년 그의 세금 신고서는 그가 58세이며 그가 운영했던 가게는 "더 이상 영업하지 않는다non va più a fare nulla"라고 밝힌다.[19] 한 시대가 막을 내렸다.

베스파시아노의 경제적 상황은 10년도 더 전에 형 야코포의 죽음 이후로 회복되지 못했던 것 같다. 조카 로렌찬토니오의 갑작스럽고 때 이른 죽음—그의 미망인에게 지참금을 되돌려줘야 하는 재정적 곤경뿐 아니라 그에게 크나큰 슬픔도 초래했다—도 그의 문제를 악화시켰다. 슬픈 사실은 그 분야에서 대단한 명성을 누렸음에도 불구하고 추후의 많은 출판업자와 서적상처럼 베스파시아노도 큰돈을 벌지는 못했다는 것이다. 그가 암울하게 논평했듯이 "다른 부양 수단 없이 책만 붙들고 있는 사람은 가난하다."[20]

베스파시아노는 나중에 그가 "이제는 매우 희귀해진 이 이색적인 사람들"[21]이라고 부르게 되는 지혜로운 사람들에게 시대가 더는 유리하거나 호의적이지 않다고 믿었다. 그는 1480년대에 이르자 호의를 보이고 지원해주는 후원자의 부재로 학문이 쇠퇴하고 있다고 믿게 되었다. 겸용왕 알폰소와 교황 니콜라우스 5세는 그가 "행복한 기억의 시대"라고 호명한 시대, 책이 번역되고 연구되었으며 필경사와 학자들은 "최고로" 풍성한 보상을 받았던 시대의 사람이었다. 페데리코 다 몬테펠트로는 이 고귀한 전통을 이어갔지만, "로마 궁정이나 다른 어느 군주의 궁정도" 책벌레와 지혜의 사람들에게 안식처를 제공하는 그를 따르지 않았다. 그 결과 "학자들이 호의나 존경을 얻지 못해 다른 활동으로 눈을 돌리게 되면서 학문이 사멸했다."[22]

확실히 코시모 데 메디치와 그의 아들들이나 페데리코 다 몬테펠트로, 알폰소 국왕과 같은 수준의 후원자는 1480년대에 등장하지 않았다. 그럼에도 베스파시아노는 교황과 군주, 문인들에게 가혹한 평가를 내렸다. 학문은 확실히 15세기 말에 사멸하지 않았는데 피렌체만 봐도 '대인' 로렌초 데 메디치의 측근이었던 안젤로 폴리치아노와 마르실리오 피치노가 학식을 뽐내며 학문을 드높였다. 로렌초는 아버지와 할아버지를 합친 것보다 더 대단한 필사본 수집가가 되어, 500권의 그리스어 필사본을 비롯해 대략 1천 권의 코덱스를 소장하게 되는데, 그런 종류의 컬렉션으로는 바티칸 도서관과 베사리온 추기경의 필사본 보고寶庫 다음으로 이탈리아 최대 규모였다.[23] 1491년 폴리치아노는 로렌초에게 "식자들에게 은혜를 베푼 덕분에 당신은 오랫동안 누구도 누린 적 없는 커다란 인기와 호의를 누리고 있습니다"[24]라고 썼다. 하지만

1480년 여름에는 이 모든 것이 미래의 일이었다. 여러 해 동안 로렌초는 베스파시아노한테 작품을 의뢰하지 않았고 그 서적상이 꿈꾸던 도서관도 구축하지 않았다. 1476년에 베스파시아노는 로렌초에게 편지를 써서 메디치 가문은 "저의 정당하고 정직한 요구들을 언제나 들어주었습니다"[25]라고 말했다. 4년이 지나 이러한 요구들은 영영 실현되지 못할 운명인 듯했다.

베스파시아노가 서적업에서 은퇴하게 된 것에는 또 한 가지 중요한 요인이 있었다. 피렌체에는 도메니코 수사와 브레슬라우의 니콜라스 두 사람의 인쇄소가 이미 자리를 잡았다. 1476년에 마르실리오 피치노의 《기독교 신앙에 관하여》를 출판한 이래로 니콜라스는 동판화 세 장—퍽 인상적인 기술적이고 예술적인 성취—으로 장식된 종교 책자 《몬테 산토 디 디오》(하느님의 성산聖山)를 비롯해 20권가량을 펴냈다. 그는 아리스토텔레스의 《니코마코스 윤리학》, 《영혼에 관하여》 주해서, 농업과 의학에 관한 저작, 루이지 풀치의 시집도 냈다.

1480년에 다른 사업가들도 피렌체에 가게를 차리기 시작했다. 마인츠의 요하네스가 다시 영업을 하게 되었고 그의 인쇄소에서 페트라르카 시집이 11월에 나올 예정이었다. 전에 도메니코 수사의 동업자였던 돈 이폴리토는 작고한 피렌체 대주교 안토니노의 저작을 내기 위해 어느 카르톨라이오와 손을 잡았다. 1479년에는 바르톨로메오 디 리브리라는 사람이 인쇄소를 차려서 보카치오 시집과 베스파시아노의 친구이자 고객인 니콜로 페로티의 문법서를 내놨다. 1480년 말에는 그들 중 가장 야심만만하고 유능한 인쇄업자가 나타났는데, 바로 안토니오 미스코미니였다. 모데나 출신의 안토니오는 1476년에 베네치아에서 인쇄업에 뛰어든 뒤로 니콜로 말레르비의 성서 번역본과 성 아우구스티누스의 《신국론》부터 리비우스의 《로마 건국사》와 베르길리우스 전집까지 가리지 않고 책을 냈다. 포화 상태인 베네치아 도서 시장을 떠난 미스코미니는 현명하게 피렌체로 눈길을 돌려 책을 인쇄하고 배포할 계획을 세웠다.

인쇄본과 경쟁하는 일은 베스파시아노에게 갈수록 힘들어졌다. 1470년에 울리히 한의 콜로폰이 자랑한 것처럼 "깃펜이 꼬박 1년 걸려야 쓸 수 있는 분량을, 이것은 하루 만에 해냈고/ 인쇄기는 더 찍어낼 수도 있다."[26] 그러한 속도는 잉글랜드 상인이자 인쇄업자이며, 필사본을 베껴 쓰는 일의 고충을 토로한 윌리엄 캑스턴에게 환영받았다. 1473년 무렵에 그는 다음과 같이 푸념했다. "펜은 닳고, 손은 지쳐서 떨리며, 눈은 흰 종이를 너무 많이 들여다봐서 침침하다." 그리하여 그는 "많은 돈과 비용을 들여서" 인쇄술을 배웠고 그 인쇄술을 통해 라울 르페브르의 《트로이의 역사》 영역본을 단 하루 만에 찍어냈다("그날 시작해서 그날 안에 끝났다").[27]

베스파시아노는 페터 쇠퍼부터 캑스턴에 이르기까지 다른 많은 서적상이나 필경사들과 달리 결코 인쇄술을 받아들이지 않았다. 다른 많은 피렌체 카르톨라이오들이 이제 필사본보다 인쇄본을 훨씬 다량으로, 더 저렴한 가격에 공급하는데도 인쇄본을 가게에 갖춰두는 것조차 거부했다. 베스파시아노는 물론 손으로 필사한 문법서나 시편집 같은 더 값싼 작품을 제작하거나 중고로 판매함으로써 자신의 호화판 필사본—그가 50플로린에 판매한 채식 코덱스—의 제작 비용을 댔다. 하지만 그런 필사본 문법서나 시편집을 위한 시장은 인쇄술의 도래와 함께 결국 붕괴했다. 베스파시아노가 세르 피에로 다빈치의 사무실에서 양도 증서에 서명한 다음 날 리폴리 출판사는 살테루초로 알려진 학생용 교재를 내놨다. 수백 부를 찍은 그 인쇄본은 베스파시아노의 필사본보다,

심지어 종이나 가장 값싼 양피지에 필사한 것보다 훨씬 저렴했다. 그리고 리폴리 출판사는 도나토 아차이우올리의 아리스토텔레스《니코마코스 윤리학》에 대한 주해서 같은 작품들을 출판함으로써 베스파시아노의 영역을 침범하며 더 고급 시장도 포착하고 있었다.

근 20년 전에, 코시모의 관대함 덕분에 베스파시아노는 1년에 최소 75플로린을 벌 수 있었다. 심지어 그때도 이윤은 별로 많이 남지 않았고 그의 소득은 종종 "나의 수고에 대한 약간의 지불이나 선물"로 너그러이 보상해줄 후원자의 의향에 의존했다. 이제는 필사본 거래에 종사하는 누구나 확실히 치열한 경쟁과 수익 손실에 직면했다. 1480년 세금 신고서에 안토니오 시니발디라는 어느 피렌체 필경사는 다음과 같이 썼다. "나의 유일한 업은 돈을 받고 필사본을 베껴 쓰는 것이다. 이 일감이 인쇄물로 인해 절반으로 줄어서 지금은 무일푼이다."[28] 피렌체에서 세금 신고란 흔히 가난과 불행을 잔뜩 각색한 이야기이므로 안토니오는 자신의 곤경을 과장하고 있었을지도 모른다(실제로 안토니오는 필경사로서 계속해서 일감을 얻었다). 하지만 인쇄업자들은 콜로폰에서 필경사들은 이제 퇴물이 되었다고 큰소리를 쳤고 확실히 그럴 만도 했다. "지친 손을 멈추고 갈대 펜을 내려놓으라"라고 1469년에 베네치아에서 출판된 어느 플리니우스 판본은 말했다. 같은 인쇄업자는 1년 뒤엔 "황동으로 찍어낸 글자가 훨씬 더 보기 좋은 이때에 누가 감히 펜으로 쓴 책을 찬양하는가?"라고 물었다.[29]

베스파시아노는 펜으로 쓴 책을 찬양한 극소수에 속했다. 그는 인쇄본을 우르비노 도서관에 구비해준 것과 같은 필사본 장서와 한 공간에 있을 수 없는 열등한 제품으로 간주하며 혐오한 점에서 무척 예외적이었다. 그는 토착어로 출판된 책들을, 도메니코 수사의 더 저렴한 출판물들이 확실히 그랬던 것처럼 자신의 독자층보다 훨씬 교양과 학식이 떨어지는 독자층이 읽는 것으로 무시하며, 인쇄본의 스타일과 더불어 그 안에 담긴 내용에 관해서도 의구심을 품었다. 때로 "사회의 쓰레기"[30]에 대한 신랄한 언급은 그가 산 야코포 디 리폴리의 책을 구입하는 벽돌공이나 대장장이 같은 독자들을 끌어들이기 위해 고객층을 다각화하거나 확대할 의사가 별로 없었음을 암시한다. 고객층을 다각화하는 대신 그는 가게 열쇠를 넘기고 다른 일로 눈길을 돌렸다.

베스파시아노는 사업에서 은퇴하기만 한 게 아니었다. 그는 집도 옮기고자 했다. 1479년에 베스파시아노와, 제화공의 아들인 조카 조반프란체스코 마칭기는 저명한 의사에게 재산의 일부를 매각해 27플로린을 마련했다. 이 매각에는 상감무늬 그릇 세트와 벽옥 손잡이가 달린 나이프 세트도 포함되어 있었다. 그 직후 그들은 또 다른 재산, 피렌체 바깥에 있는 삼림지도 팔았다. 마지막으로, 가게를 넘긴 뒤에 베스파시아노는 바르디 거리에 있는 집을 부유한 어느 과부에게 5년 계약으로 임대했다. 그는 시골로 갈 예정이었다. 그곳에서 그는 다른 계통의 일, 그도 시인했듯이 "나의 직업에 생소한"[31] 새로운 일을 해볼 작정이었다. 그는 작가가 될 생각이었다.

베스파시아노가 물러난 농가의 오래된 일 몬테 저택은 피렌체에서 남동쪽으로 걸어서 두시간 거리인 안텔라 마을 외곽의 숲이 우거진 언덕에 외롭게 서 있었다. 그는 피렌체의 친구들이 종종 찾아오게 하려고 농장의 아름다움을 강조하며 "이 다정하고 사랑스러운 곳"이라고 불렀다.[32] 이곳에서 그는 농장의 무화과나무와 올리브나무, 밀밭과 보리밭, 포도덩굴과 금방이라도 무너질 것 같은 헛간들 사이에서, 그가 말한 "기분 좋은 고독"³³ 속에 살았다. 그리고 집 안에는 페트라르카와 그가 사랑했던 여인 라우라의 집의 위치를 보여주는 아비뇽 지도가 들어 있는 그 시인의 필사본 한 권을 비롯해 약간의 장서가 있었다. 성 히에로니무스의 글을 토착어로 번역한 책도 있었다. 콜로폰에서 놀랍도록 솔직하게 자신이 감옥에서 작업 중이라고 밝힌 어느 필경사가 베껴 쓴 필사본이었다.³⁴

베스파시아노는 또한 책을 대여해왔다. 가게를 넘긴 다음 날 그는 로렌초 데 메디치한테서 필사본 한 권을, 요안네스 아르기로풀로스의 아리스토텔레스 저작 번역본을 빌려왔다. 이 필사본은 틀림없이 아르기로풀로스, 아차이우올리 형제와 함께 플라톤과 아리스토텔레스의 상대적 장점들을 토론하며 몬테구포니성에서 보낸 저 까마득한 날들의 아련한 추억을 불러일으켰을 것이다.

하지만 은퇴하고 나서 몇 주, 몇 달 동안 베스파시아노의 펜을 부지런히 놀리게 한 것은 아리스토텔레스가 아니었다. 그 대신 그는 오트란토 정복과 그가 이탈리아의 몰락이라고 여긴 사태에 관한 시의적절한 주제의 작품에 착수했다. 《튀르크인들에게 오트란토가 함락된 이탈리아를 위한 애가》는 고리대금과 남색을 비롯해 이탈리아인들의 죄악을 꾸짖고, 이탈리아의 시련들—전쟁, 역병, 사회적 소요, 오스만튀르크의 오트란토 공격—을 사악하고 회개하지 않는 민족에 대해 진노한 신의 복수로 보는 음울하고 의분에 찬 작품이다. 사람들에게 행실을 고치라고 외치면서 그는 자신이 자주 인용한 예레미야와 에스겔 같은 구약의 예언자들의 목소리를 취했고, 예루살렘의 파괴와 이탈리아 도시들, 특히 오트란토가 당한 참화 사이에서 유사점을 찾아냈다. 현 세계에 관한 그의 평가는 매우 암울했다. "아무도 더 이상 참되게 말하지 않는다"

라고 그는 썼다. "모든 것이 기만과 거짓, 사기, 도적질, 남색, 간악함이며 신에 대한 두려움이나 세상에 대한 걱정을 찾아볼 수 없다. 오, 짐승보다 더한, 비참한 기독교도여, 너희는 어디로 가려 하는가?"[35]

이 통렬한 성찰은 그가 가게를 그만둔 이유에 추가적인 단서를 보여주는 것 같다. 그는 인생 대부분을 어떻게 하면 훌륭한 시민이 되고 더 나은 사회를 건설할 수 있는지, 프란체스코 바르바로가 언젠가 쓴 것처럼 어떻게 하면 "명예롭게 잘 살" 수 있는지에 관한 고전 문학의 지혜와 가르침을 퍼트리는 데 바쳤다. 1417년에 포조에게 보낸 편지에서 바르바로는 퀸틸리아누스와 키케로 같은 고대 "현인"들의 작품을 발굴하는 일은 "인류에 더 많은 혜택"을 가져올 것이라고 열정적으로 말했다. 베스파시아노는 이 현인들의 작품을 잉글랜드부터 헝가리까지 유럽 곳곳의 학자와 군주들이 구할 수 있게 도우면서 이 프로젝트에 핵심적인 역할을 해왔다. 그는 언젠가 "모든 악은 무지에서 생겨난다. 하지만 작가들은 어둠을 몰아내고 세상을 밝게 비춰왔다"라고 썼다.[36]

하지만 아무리 늦게 잡아도 1470년대 후반이 되자 베스파시아노는 세상을 밝게 비추고 어둠을 몰아내며, 사회를 개혁하는 고전의 능력에 대한 믿음을 상실했던 것 같다. 역병, 전쟁, 파치 음모와 어쩌면 무엇보다도 오스만튀르크의 거침없는 진격, 이 모든 사태가 이성의 적용을 통한 사회 진보에 대한 그의 믿음, 혹은 그가 《이탈리아를 위한 애가》에서 세노 우마노senno umano, 즉 인간의 지혜에 대한 어긋난 헌신이라 불렀던 것에 의문을 제기하게 만들었다. 이탈리아의 문제에 대한 해답은 말하자면 다른 종류의 책, 바로 성경에 있었다. 《이탈리아를 위한 애가》는 그러므로 지금의 우리가 이탈리아 르네상스의 여러 측면들과 연관시키게 되었으며, 베스파시아노가 필사본 제작을 통해서 진흥하는 데 크게 공헌한 15세기의 풍요롭고 세속적인 문화에 대한 거부였다.

본문은 〈예레미야〉 9장 1절의 인용문으로 포문을 연다. "어찌하면 내 머리는 물이 되고 내 눈은 눈물 근원이 될꼬. 죽임을 당한 딸 내 백성을 위하여 주야로 울리로다." 베스파시아노는 그다음 자신이 가장 좋아하는 테마인, 권력과 영광의 정점에 있던 자들이 별안간 예기치 못하게 무너지는 일을 탐구한다. 그는 그들의 파멸적인 몰락은 그들이 저지른 잘못에 대한 신의 징벌이라고 믿으며 그 주제를 길고 자세히 설명한다. 그는 선지자 예레미야한테서 따왔다는 인용문을 제시한다. "빵의 풍족함과 생활의 태평함이 예루살렘을 멸망시켰다Abundantia panis et superfluitas vitae destruxerunt Jerusalem."(사실 이 구절은 소돔의 멸망이 "음식물의 풍족함과 태평함"에서 비롯되었다고 서술한 〈에스겔서〉 16장 49절에 대한 인유인 듯하다.) 그는 이 풍족함으로부터 교만함과 그다음 하느님의 노여움이 나온다고 믿으며 그 결과는 "전쟁과 역병, 재난이다. 하지만 우리는 그것이 우리의 허물로부터 기인한 것임을 아직 모르거나 이해하려고 하지 않는다. 그러므로 우리는 바꾸려고 하거나 뉘우침의 기미를 전혀 보이지 않는다. 그 대신 무지몽매하고 눈먼 우리는 사치와 어리석음으로 눈길을 돌린다."

베스파시아노는 풍요와 부를 누린 피렌체인들이 물질적 쾌락과 사치에 빠진 잘못이 특히 크다고 지적하는데, 이는 그의 친구인 잔노초 마네티가 《인간의 존엄과 탁월함에 관하여》에서 쾌락을 "기분 좋은 것들"이라고 상찬한 것과는 대조적인 것이다. 설상가상으로 이러한 사치품들은 고리대금이라는 죄악을 통해 끌어 모은 것이다. 베스파시아노는 "믿음이 없고 불경한" 피렌체인들은 편리하게 무시해버린 "대가를 바라지 말고 빌려주라Mutuum date, nihil inde sperantes"라는 규정을 날카롭게 인용한다. "고리대금과 부정하게 얻은 재물로 가득한 피렌체시여! 바로 그

것 때문에 너희가 서로를 파멸로 몰아넣는 것이다."

불신심에 대한 한탄과 회개의 필요성을 부르짖는 이 텍스트는 새로운 목소리를 내고 있다고는 도저히 말할 수 없다. 안텔라에 있는 베스파시아노의 장서 가운데 하나는 시에나의 베르나르디노가 행한 설교집 (여백에는 의미심장하게도 그의 주석이 잔뜩 달려 있다)이었다. 죽은 지 6년 만인 1450년에 시성된 베르나르디노는 긴 경력 동안 이탈리아 곳곳을 떠돌며, 격한 화법으로 악을 질타하고 도덕을 설파했다. "그는 세상이 몽매한 어둠에 잠겨 있고 더 이상 신을 알지 못할 때에 전 세계를 밝게 비췄다"라고 베스파시아노는 썼다.[37] 베스파시아노는 너무 어렸기 때문에 베르나르디노가 1424년 4월에 피렌체의 피아차 산타 크로체에 피웠다고 하는 전설적인 모닥불, 다시 말해 사보나롤라의 더 유명한 모닥불보다 70년 이상을 앞서서 가발과 여타 경박한 소유물들을 불태운 화염을 목격하지 못했다. 하지만 베르나르디노가 위대한 마네티와 논쟁하기 위해 서점에 발을 들였을 때 그 수도사를 적어도 한 번은 만난 적이 있었다. "한 사람 안에 그렇게 많은 재능이 결합된 것은 본 적이 없다"[38]라고 나중에 베스파시아노는 경외감을 금치 못하고 썼다.

베르나르디노는 포조, 니콜리, 레오나르도 브루니가 고대인들의 지혜를 추구하고 있던 바로 그 시기에 불같은 설교를 했다. 이 불과 유황의 설교자와 고전과 학문을 추구하던 인문주의자들을 동전의 양면으로 간주하고 싶은 생각이 들 것도 같다. 19세기 역사가 야콥 부르크하르트는 언젠가 베르나르디노 같은 설교자들이 "조롱조의 인문주의"와 "콧방귀를 뀌는 피렌체인들"에게 "비판과 비웃음을 샀다"라고 썼다. 사실 베르나르디노와 인문주의자들은 별다른 갈등을 겪지 않았다. 예를 들어 마네티는 베스파시아노의 서점에서 베르나르디노와 벌인 논쟁에서 정중하게 자신의 패배를 시인했다. 포조는 베르나르디노를 "말할 때 최대한 성실성과 중용을 발휘"하여 설교하는 "박식하고 사려 깊은 사람"이라고 일컫은 한편, 또 다른 인문주의자는 그를 "기독교도 키케로"라고 칭송했다. 당시 피렌체에서 그보다 더 높은 칭송은 상상하기 힘들다. 브루니는 베르나르디노를 피렌체로 초대해 또 한번 불벼락 같은 설교를 청할 요량으로 침이 마르도록 칭송하는 편지를 그 수도사에게 썼다. "피렌체인들이 당신에게 얼마나 커다란 헌신과 애정을 품고 있는지는 더 말할 필요가 없습니다. (…) 우리 시민들의 귀는 지금도 당신의 신성하고 유려한 웅변으로 넘쳐흐르고 있습니다."[39] 브루니는 물론 아첨에 능숙했지만 그의 편지가 진심이었음은 의심할 여지가 없다. 이러니저러니 해도 베르나르디노는 인문학에 헌신하는 이들처럼 유려하고 영감을 불어넣는 웅변을 통해 사회의 도덕적 개혁에 헌신했다.

베스파시아노에게 인문주의가 실패한 빛이라면 그에 대응하는 기독교 신앙은 여전히 구원을 가져올 수 있었다. 비록 이탈리아인들은 "가장 잔인한 야만인들"의 수중에 떨어졌지만 신의 복수는 아직 끝나지 않았다. "잔인한 핍박은 아직 끝나지 않았고 우리가 행실을 고칠 때까지는 결코 끝나지 않을 것이다. 우리의 수많은 잘못을 그만두고 다시는 죄짓지 않겠다고 확고히 다짐하며 회개해야 한다. 그래야만 전능하신 하느님은 엄하고 가혹한 처벌을 거두실 것이다." 그는 다음과 같은 요란한 수사로 끝을 맺는다. "전능하신 하느님이 우리를 용서하고 가혹한 벌에서 구해주시길 바란다면 돌아와 회개의 길을 걷자."

26장

"저희를 용서하시고 구하소서"

1481년 5월 말에 이탈리아 전역의 도시에서 종이 울리고 대포가 발사되고 모닥불이 타올랐다. 지난 30년 세월의 절반 이상 유럽을 공포로 몰아넣고 혼을 빼놓은 인물의 죽음을 확인하는 전언이 당도한 것이다. 식스투스 교황은 감사 행렬을 지시하고 유럽의 군주들에게 서신을 써서 신께서 "지난 세월 기독교 공동체에 그토록 많은 재앙을 내려온 위험에서" 벗어나게 해주셨다며 기뻐했다.[1]

정복자 메메트는 5월 초에 아무도 목적지를 짐작할 수 없는 곳—로도스섬, 헝가리, 이집트 맘루크 술탄국 어느 곳이든—으로 군사 원정에 나서 콘스탄티노플을 출발한 지 며칠 만에 미심쩍은 상황에서 죽음을 맞았다. 메메트는 자신이 싫어하고 불신하던 큰아들 바예지드와 맞서 싸우기 위해 아마시야의 주도州都로 진군하고 있었을지도 모른다. 하지만 심한 복통에 시달린 뒤 술탄은 49세를 일기로 막사에서 사망했다. 독살을 당했다는 소문이 무성한 가운데 아버지의 죽음에 책임이 있을 가능성이 가장 큰 바예지드가 그의 뒤를 이어 즉위했다. 바예지드는 재빨리 이복동생이자 왕위 경쟁자인 젬의 허를 찔렀다. 젬의 왕위 계승을 지지하던 대재상 카라마니 메메트 파샤의 베프크, 즉 그에게 특별한 권력을 부여하는 부적에 적힌 글자들이 어쩌다 보니 번지고 말았다. 그는 부적을 수선하기 위해 어느 데르비시[극도의 금욕 생활을 하는 수피파 탁발 수도승]에게 건네줘야 했고, 그 결과 무력해지고 외부 위협에 노출된 대재상은 바예지드의 예니체리들에게 신속히 살해당했다.[2]

오트란토 함락에 정신이 번쩍 든 교황은 지난 몇 달 동안 자금과 선박을 마련하며 오스만튀르크에 맞선 십자군을 준비해왔다. 심지어 경비를 충당하고자 자기 소유의 은접시 일부를 녹이기까지 하며 본인이 직접 25척의 갤리선을 제공했다. 페란테 국왕은 40척의 전함을, 제노바와 볼로냐, 페라라와 시에나도 몇 척을 더 제공했으며, 피렌체는 4만 플로린을 기부했다. 메메트의 예상치 못한 죽음은 여러 군주들이 조금이나마 품고 있던 열의와 결의에 찬물을 끼얹어서 일례로 볼로냐는 지원 제의를 재빨리 철회했다. 그래도 6월 말이 되자 십자군 함대가 로마에서 출정 준비를 마쳤다. 성 밖 성 바오로 대성당에서 거행된 장엄한 의례에서 함장들은 성호를 받고 교황의 발에 입을 맞췄다. 그다음 갤리선들이 닻을 내린 채 출렁거리고 있던 테베레강으로 식스투스가 친히 걸어갔다. 병사들이 경례를 하고 방패를 두드리며 교황의 이름을 연호하는 가운데 식스투스는 함선마다 차례로 승선해 축복을 내렸다. "눈과 귀 양쪽을 즐겁게 해주는 장관이었다"라고 한 연대기 작가는 썼다.[3]

갤리선 함대는 테베레강의 부두에서 출항해 나폴리만에서 페란테의 전함들과 합류한 다음 오트란토로 항로를 정했고, 알폰소 공작도 군대를 이끌고 육로를 통해 그리로 진군해오고 있었다. 마침내 9월 10일 짧막한 포위전 끝에 페란테는 교황에게 오트란토가 기독교 세계의 품 안으로 다시 돌아왔다는 행복한 소식을 전할 수 있었다. "구원, 영광, 승리의 시간이로다"라고 식스투스는 썼다.[4]

　오트란토 재정복 이후 일주일이 조금 지나 베스파시아노는 오스만튀르크를 상대로 승리를 거둔 알폰소 공작을 칭송하는 편지를 보냈다.[5] 그는 알폰소를 "가장 빛나고 탁월한 주군"이라고 부른 다음 피렌체의 축하를 묘사하며 "이보다 더 큰 경축이 있을 수 없었다"라고 단언했다. 그러고는 알폰소에게 용맹한 공격이 단단한 방어를 극복한 역사적 유사 사례들을 여럿 거론했다. 그러나 베스파시아노가 보기에 알폰소의 오트란토 재정복은 그 선례들을 모두 능가했는데, "여태껏 이보다 더 뛰어난 방어도, 이보다 더 강력한 공세도 없었기 때문"이다. 프란체스코 스포르차와 니콜로 피치니노 같은 전설적인 용병대장들의 활약상도 여기서는 빛이 바래며, 소小스키피오 아프리카누스의 누만티아 포위전의 무훈도 마찬가지다. 심지어 알렉산드로스 대왕도 오트란토에서 알폰소의 쾌거에는 근접하지 못한다고 베스파시아노는 평가했다.

　알폰소가 그런 아첨을 믿었을 리는 만무하다. 비록 튀르크 군대는 1481년 여름 동안 확실히 완강하게 방어했지만 오스만제국 내부의 사정—특히 바예지드와 젬 사이의 대결—으로 인해 싸움을 멈추고 알바니아로 퇴각하는 것을 협상할 수밖에 없었다. 베스파시아노는 곧 열광적인 아첨의 요점에 도달했다. "이 포위전에서 일어난 일에 관해 쓰는 이가 누구든 (…) 그것이 고대인들의 행적이나 현대인들의 행적 어디에도 열등하지 않음을 보여줄 것입니다." 베스파시아노는 분명히 자신이 이 사건의 역사가가 되길, 그리고 이야기의 주인공 알폰소가 자신의 후원자가 되어주길 바라고 있었다. 그의 역사 서술은 행복한 결말로 마무리된 《이탈리아를 위한 애가》의 확장판이었을 것이다. 그는 "고명하신 주군의 종복, 베스파시아노"라는 인사말로 편지를 끝맺는다.

알폰소는 이 암시를 알아차리지 못했는지 역사서를 의뢰하진 않았다. 베스파시아노는 이에 아랑곳하지 않고 국외보다는 가정적 사안을 다룬 작품을 집필하며 작가로서의 경력을 계속 추구했다. 베스파시아노와 그의 형 리오나르도 둘 다 50대에 들어서까지 줄곧 독신이었다. 그러나 1480년에 예순 살의 리오나르도가 서른 살의 마리아라는 여인과 결혼했고 두 자녀를 낳았다는 사실은 그를 알던 사람들에게는 틀림없이 뜻밖의 일이었을 것이다.[6] 베스파시아노는 평생 결혼하지 않았지만 그렇다고 해서 그가 그 주제, 특히 신부의 역할과 품행, 여성 일반의 역할과 품행에 관해 소견이 없는 것은 아니었다. 그는 유익한 지혜를 갓 결혼한 젊은이에게 전해주기로 결심했다. 그의 형수가 아니라 그보다는 훨씬 지체 높은 카테리나 데 포르티나리라는 여성에게 말이다.[7]

카테리나는 2세기 전에 단테의 베아트리체를 배출한 집안 출신이었다. 그녀는 최근에 피렌체의 또 다른 유서 깊은 명문가인 판돌피니가에 시집을 갔다. 베스파시아노는 피에르필리포 판돌피니(대사)와 친구였고, 그의 형제이자 서른 살의 신랑 아뇰로의 아버지인 판돌포와도 친구였다. 베스파시아노는 디 델라넬로di dell'anello(반지의 날)에 아뇰로가 신부에게 반지를 선물하는 혼례 의식을 위한 "훈계"(그가 일컬은 바에 따라)를 집필하기 위해 이 같은 친분에 호소했다. 그는 자신의 가게에서 얼마 떨어지지 않은 곳에서 살며 바디아에 가문의 묘가 있는 판돌피니가에 대한 "둘도 없는 애정"에서 우러나와 이 글을 쓴다고 주장했다. 그는 아뇰로의 충실한 친구라는 입장에서 카테리나에게 "정숙하고 정직한 아가씨"에게 합당한 것들을 상기시킬 계획이었다.

정숙과 정직은 베스파시아노의 충고의 요지였다. 그는 '푸르디치아 purdicia'나 '푸디치시마pudicissima'(겸손 혹은 정숙)를 열한 차례, '오네스타 honesta'나 '오네스티시마honestissima'(정직)를 다섯 차례, '콘티넨티아 continentia'(자제와 절제의 의미로 썼다)를 세 차례 사용한다. 그는 카테리나 에게 화려하게 차려입거나 보석을 달지 말라고 충고하는데 그런 것들 은 "순결성을 해치기" 때문이다. 계속해서 그는 꾸짖는다. "우리 시대 대다수의 여성들"은 신이 주신 모습대로 태어났지만 "몸이나 얼굴을 꾸 밈"으로써 모습을 바꾸려고 한다. 그런 쓸데없는 허영에 빠지는 대신 여성은 정직, 순결, 경건이 명령하는 바를 따라야 한다고 충고한다.

베스파시아노는 젊은 신부의 본보기로 내세우는 정숙한 여인들에 대 한 이야기로 훈계를 계속한다. 신부의 어머니와 시어머니 고스탄차 판 돌피니는 "언제나 정직과 자제의 거울"이다. 남편이 죽자 수녀가 된 바 티스타 말라테스타나, "동년배 어느 누구보다 외모가 아주 아름다웠지 만" 그럼에도 불구하고 "현재의 삶보다 미래의 삶을 더 중시하여" 결혼 을 거부하고 수녀원에 들어간 만토바의 체칠리아 곤차가 같은 근래 역 사의 몇몇 인물들도 거론된다.

구혼자가 자기 눈을 칭찬하자 눈알을 빼버린 루치아 성녀와, "겁탈당 하지 않고 순결을 유지하기 위해 갖은 고통을 견디다가" 결국에는 이교 도 박해자들에게 불태워지고 목이 잘린 체칠리아 성녀 같은 성인과 순 교자들이 줄줄이 나열되는 가운데 빛나는 본보기들은 계속 등장한다. 유디트와 수산나 같은 구약의 여주인공들도 환기되고 베스파시아노가 상기하는 바와 같이 "로마 공화정의 복수자"인 "브루투스의 아내이자 카토의 딸"인 포르티아도 역시 얼굴을 내민다. 그는 젊은 카테리나에게 촉구한다. "눈앞에 그녀의 순결함과 겸손을, 그녀의 자제심을, 그녀의 범접할 수 없는 믿음과 지조를 떠올려라." 그다음 "절개가 굳은 이 여인"이 남편의 죽음을 알게 되자 "즉시 불가로 달려가 뜨거운 석탄을 집어서 입에 넣고 삼켰음"을 찬탄하며 설명한다.

순결과 정조의 유익한 사례를 열거한 뒤 베스파시아노는 허영과 장식의 주제로 돌아간다. 많은 이들이 카테리나에게 팔찌와 목걸이, 반지를 끼라고 부추기겠지만 이것들은 "빛이 바래고 필멸하는 것이다. 내가 네 앞에 제시하는 이 교훈들이야말로 너의 장신구가 되리라. 그것들이 진주요, 루비, 토파즈, 에메랄드, 다이아몬드다." 그는 마음을 흔드는 훈계로 본고를 마무리한다. "영원하고 참된 것을 취하고 필멸하고 덧없는 것은 잊어라. 그렇게 함으로써 너는 현재의 삶에서 자신이 복되고 행복함을 알게 될 것이며 정결한 처녀들과 정숙하고 거룩한 여인들과 더불어 더 높은 것들의 계승자가 될 것이다."

베스파시아노는 여성에 관한 당대 남성들의 우려를 표명하고 있었다. 남성 지배적인 피렌체 사회에서 가문의 명예는 아내와 딸들의 처신으로 평가되었다. 피렌체인들은 베스파시아노가 개탄한 종류의 치장을 억제하기 위해 특별한 조치를 취했다. 지출 규제법Sumptuary laws('지출'을 의미하는 라틴어 sumptus에서 왔다)은 옷감의 색깔, 종류, 염색, 크기를 규제했고, 특히 여성의 복장과 머리 장식, 보석류를 갈수록 심하게 규제했다. 이러한 법률들은 단테의 시절로 거슬러가지만 공공연하게 무시되어서 14세기의 한 연대기 작가는 "강력한 법규들에도 불구하고 풍기문란이 여전하다"[8]라며 핏대를 세웠다. 위반자에게는 피렌체 거리와 광장을 순찰하며 패션을 단속하는 특별 여성 감독관이 벌금을 부과했다. 우려가 높은 시민들은 도시 여기저기에 있는 탐부리tamburi(투서함)에 범법자의 이름을 적은 쪽지를 넣을 수도 있었다.

베스파시아노는 자신의 글을 우아하게 필사하여 채식하게 한 다음 카테리나에게 전달했다. 하지만 여성이라는 주제에 관해서는 아직도 할 말이 많았다. 할 말이 바닥나기는커녕 그는 또 다른 작품, 여성을 찬양하는 논고를 계획하기 시작했다. 하지만 우선 다른 과제가 손짓하고 있었다. 그는 후의가 필요한 옛 고객을 위해 중요한 필사본을 제작하는 일을 감독하게 되어 현업으로 잠시 복귀했다.

1482년 봄 어느 시점에 베스파시아노는 우르비노로 갔다. 그가 왜 언덕과 골짜기, 숲을 지나 마르케 지방까지 200킬로미터나 되는 먼 길을 떠났는지는 알 수 없다. 그는 알폰소 공작에게 받아내려고 했던 종류의 의뢰, 즉 페데리코 다 몬테펠트로의 행적과 전투에 관한 찬양 일색의 역사서 의뢰를 기대했을 수도 있다. 확실히 그는 본인의 말마따나 "무적의 페데리코"를 독자의 마음을 뒤흔들 전기의 적합한 소재로 여겼다. 베스파시아노에 따르면 그는 군인과 학자가 결합된 사람, 자신이 "가장 훌륭하고 현명한 통치자"임을 입증한 사람, 그리고 베스파시아노가 고대 이래로 최고의 도서관이라고 간주한 것을 구축한 사람이었다.[9]

우르비노를 찾은 베스파시아노는 이번 기회에 공작 본인과 함께 두칼레궁에 있는 도서관을 둘러봤다. 그는 자신이 본 것에 깊은 인상을 받았고, 우르비노 도서관이 산 마르코, 바티칸, 파비아성, 옥스퍼드대학의 도서관(그곳의 장서들은 그가 직접 보거나 장서 목록을 통해 알고 있었다)보다 더 훌륭하다고 단언했다. "이 도서관에서 독보적인 점은 [주제가] 성스러운 것이든 세속적인 것이든, 원본이든 번역본이든 모든 작품들이 완벽하고 완전하다는 것이다." 베스파시아노는 페데리코만큼이나 본인에게도 해당되는 칭찬으로 이 도서관의 위업을 요약했다. "그러한 완벽성은 고도로 가치 있는 업적이다."[10]

그러나 도서관은 아직 완벽하지도 완전하지도 않았다. 10년 전에 베스파시아노는 우르비노 도서관에 들어갈 플라톤 대화편의 필사본 제작을 관장했었다. 이 대화편들은 레오나르도 브루니의 번역본이었는데 마르실리오 피치노가 더 최근에 권위 있는 번역본을 내놓은 것이다. 피치노는 페데리코가 "직접, 그리고 편지로도 매우 강력하게" 자신의 번역본 사본을 요청했다고 말했다. 그는 또한 그 필사본 제작은 베스파시아노가 맡아야 한다고 요청했다.[11] 이 코덱스는 당연히 손으로 쓰일 예정이었다. 베스파시아노는 인쇄본을 우르비노 도서관의 그토록 많은 아름다운 필사본들과 나란히 놓을 수 없다고 믿었다.

페데리코 다 몬테펠트로의 놀라운 경력도 점차 저물어가고 있었다. 베스파시아노가 우르비노 도서관을 위해 플라톤 필사본을 준비하는 사이 페데리코는 그의 마지막이 될 출정에 나섰다. 전투로 단련된 수천 병사와 말을 전장에 배치할 능력이 있는, 여전히 이탈리아에서 가장 유명한 전사인 그는 그럼에도 불구하고 예순 살이었고 세월의 무게를 실감하고 있었다. 말을 타기에는 너무 무거워진 그는 우르비노 궁전의 발코니에서 떨어져 입은 부상에 여전히 시달렸다. 그리고 1482년 여름에 그는 그의 필경사의 표현으로는 "모루와 망치 사이에intra incudine e martello" 놓인 형국이었다.[12]

오스만튀르크의 위협이 사라지기 무섭게 이탈리아에서는 또 다른 전쟁이 터졌다. 게라 델 살레Geurra del Sale(소금 전쟁)라고 하는 이 무력분쟁은 정치적 야심과 영토 팽창의 야욕이 가족 드라마와 변화무쌍한 합종연횡을 배경으로 펼쳐지는, 암담할 정도로 친숙한 그림이었다. 분쟁은 쉰 살의 에르콜레 데스테가 지배하는 영역인 페라라 공국의 염수 석호에서 시작되었다. 베네치아인들이 코마초 인근 습지에서 채취되는 소금을 독점했지만 에르콜레 공작은 그들의 특권을 침해하기 시작했다. 그는 장인인 페란테 국왕과 밀라노의 루도비코 스포르차 공작의 지지를 받았는데 두 사람 모두 이탈리아반도에서 커져가는 베네치아의 권력과 영향력에 반감을 느끼고 있었다. 베네치아는 교황 식스투스의 지지를 받았으니 권력에 굶주린 교황의 조카 지롤라모 리아리오가 페라라를 탐내고 있었던 것이다. 페데리코는 어느 쪽을 지지할지 결정해야 했다. 인척인 스포르차나 교황인가, 오랜 우군인 페란테인가? 그는 그의 필경사가 주장한 대로 미궁에 빠져 길을 잃은 처지였다.

어쩌면 16만 5천 플로린이라는 막대한 액수에 흔들리고 말았는지 페데리코는 결국에 에르콜레 공작 편을 위해 싸우기로 계약을 맺었다. 5월에 적대행위가 개시되었고, 베네치아 진영의 사령관 로베르토 산세베리노는 페데리코에게 우리에 넣은 여우를 도발하듯 선물로 보냈다. 노회한 꾀에도 불구하고 페데리코는 덫에 갇힐 것이라는 메시지였다.

불볕과 모기에 시달리는 포강 삼각주 저지대에서의 전투는 건강에 위협을 미쳤고 페데리코의 병사들 다수가 금방 병에 걸렸다. 여름이 지나면서 양측 도합 2만 명가량의 병사들이 열병으로 사망했고, 그들의 시체는 어지럽게 뻗은 삼각주의 물줄기들에 버려졌다. 베스파시아노는 "끝없는 난관과 나쁜 공기" 탓에 페데리코도 열병으로 쓰러졌다고 전했다. 친구들은 그에게 공기가 더 신선한 볼로냐로 물러갈 것을 권했다. 하지만 페라라를 베네치아의 침략에 맞선 방어에서 결정적인 보루라고 믿은 페데리코는 그곳을 무방비 상태로 놔둔 채 떠나려 하지 않았다. 결국 1482년 9월 10일에 그는 베스파시아노가 일컬은 대로 '습지열'[13]

때문에 사망했다.

페데리코의 죽음은 베스파시아노에게는 문제를, 마르실리오 피치노에게는 커다란 근심을 야기했다. 공작이 죽은 지 몇 달 뒤에 피치노는 친구에게 편지를 써서, 베스파시아노에게 플라톤 번역문을 건네주고 난 뒤에 벌어진 사태에 대해 느끼는 쓰라린 심경을 묘사했다. 자신의 번역문을 "정신의 자식"이라고 부르며 (피치노가 특히 좋아한 말장난 중 하나로 이탈리아어로 '책'을 뜻하는 리브리libri와 라틴어로 '자식'을 뜻하는 리베리liberi를 활용한 것이었다) 피치노는 다음과 같이 설명했다. "그래서 베스파시아노는 사례금을 주기로 하고 고용된 필경사들에게 필사를 하도록 그것들을 넘겼지. 하지만 필경사들은 번역문은 받았지만 사례금은 받지 못했기에 아아, 슬프게도 그들은 그것들을 오랫동안 포로로 붙잡아두고 있다네. 그사이 나는 내 자식들에 대한 열렬한 그리움에 사로잡혀 그들에게 오만 가지 위험이 닥칠까 봐 매일같이 전전긍긍하고 있지."[14]

피치노의 걱정은 이해할 만한 것이었다. 베스파시아노의 필경사들이 건네받은 글들이 피치노의 플라톤 번역 전문의 유일한 사본이었을 수도 있기 때문이다. 그것도 거의 20년에 걸쳐 완성한 대화편의 번역문만이 아니라 각 대화편에 대한 피치노의 서설과 주해가 담긴 필사본 말이다. 코시모가 1464년에 죽었을 때 피치노는 전체 대화편 가운데 열 편만 번역을 마친 상태였다. 다음 2년에 걸쳐 그는 열세 편을 더 번역했고 1469년 무렵에 마침내 그 엄청난 과업을 완수했다. 하지만 그는 수정을 계획하고 있었기 때문에 자신의 번역문과 주해를 필사해 배포하려 하지 않았고 결국 1482년에야 수정을 마무리했다. 그가 베스파시아노에게 자신의 원고 필사본을 넘긴 것은 바로 그해였다.

페데리코의 죽음과 우르비노 필사본의 작업 중단으로 피치노는 다

년간에 걸친 귀중한 노고의 결실을 보지 못할 수도 있다는 걱정에 시달려야 했다. 더욱이 베스파시아노의 독일인 필경사들 중 한 명은 그에게 문제를 야기했다. 친구에게 보낸 편지에서 피치노는 그자의 충격적인 행위에 관해 푸념을 늘어놨다. "거룩한 우리 플라톤은 최근에 어느 거룩하지 못한 독일인에 의해 필사되고 있다네. 그 인간은 방금 그 신성 모독적인 손으로 제단 바로 앞에서 성스러운 피를 흘리게 했어. 그 도적놈, 그 불경한 파괴자는 사제들을 토막 낸 다음 즉시 도망쳐버렸지."[15] 1950년대 피치노의 프랑스어 번역가이자 전기 작가는 이 진술을 문자 그대로 받아들여서 베스파시아노의 필경사 중 한 명이 실제로 제단 앞에서 집전 중이던 사제를 살해했다는 의견을 내놨다. 하지만 필경사가 필사본을 약간 훼손한 사실을 가리켜 피치노가 비유적으로 이야기했을 가능성이 더 크다. 그는 친구에게 "우리 플라톤"이 "그 사악한 인간의 오염된 손으로 언제든지 더럽혀지는"[16] 가혹한 운명의 위험을 더는 무릅쓰지 않게 해야 한다고 촉구했다.

결국에 필경사들은 돈을 받았고 우르비노 도서관에 들어갈 사본들이 완성되어 피치노의 원고는 일명 "오랜 투옥과 가혹한 족쇄"[17]에서 풀려날 수 있었다. 하지만 이 경험으로 피치노는 향후 조치가 필요하다고 확신하게 되었다. 사랑하는 플라톤을 더 널리 유포함으로써 두번 다시 필생의 역작이 그런 위험에 처하는 일이 없게 해야겠다고 결심한 것이다. 그러므로 베스파시아노로부터 번역문 필사본을 돌려받자마자 그는 그것을 다시 복제할 준비에 착수했다. 하지만 필경사 팀을 고용해 필사본 한 권을 제작하는 게 아니라 1천 부 이상의 사본을 만들 작정이었다. 그리하여 플라톤 필사본은 산 야코포 디 리폴리 수녀원으로 보내졌다.

27장

대합 大蛤

5년 이상 운영된 후에도 리폴리 출판사는 여전히 바쁘게 돌아가고 있었다. 1481년에서 1483년 사이에 도메니코 수사는 인쇄용 잉크 재료를 135킬로그램 정도 구입했고 7만 장의 종이가 인쇄기에서 빠져나왔다.[1] 그는 초기에 인쇄한 책 150부를 판매하기 위해 피렌체를 부지런히 돌아다녔지만 장부에는 "상기의 책은 반환되었다"[2]라는 슬픈 후렴구가 하루가 멀다 하고 반복되었다. 그는 가능할 때면 계속 물물교환도 해서 한번은 책 네 권을 땔감 한 단과 교환했다. 다른 종류의 거래를 성사시킨 적도 있다. 그는 일 피그로 치에르마토레Il Pigro Ciermatore(게으른 거지)라고만 부르는 어느 고객을 위해 헤롯 왕에 관한 소품 500부를 인쇄했다. '게으른 거지'가 정산을 차일피일 미루자 도메니코 수사는 최종 위탁물을 제공하지 않았다. 그는 보상으로 리넨 식탁보를 받고서야 악보를 넘겼다.[3]

기도문, 행상인과 거리 가수들을 위한 발라드 등의 한시적인 작품들 외에도 도메니코 수사는 더 고상하고 값비싼 작품들도 계속 내놨다. 1482년에 리폴리 출판사는 샤를마뉴의 기사들에 관한 루이지 풀치의 서사시 《모르간테Morgante》—23개의 칸토canto〔이야기체 장시를 나누는 큼지막한 단위〕에 총 2만 5천 행 정도에 달하는 작품—를 출간했다. 풀치의 이 신나는 이야기의 식자공으로 일한 마리에타 수녀는 2플로린을 받았다. 풀치는 기적을 부정하고, 영혼의 불멸성을 의심하고, 내세란 커다란 검은 구멍barato oscuro에 불과하다고 말해서 설교자들로부터 저주를 받은, 피렌체에서 여전히 악명이 자자한 인사였다. 1477년에 그는 말도 많고 탈도 많은 지난날의 종교에 대한 비난을 철회하는 시적인 작품인 《고백록》을 집필했다. 이 작품과 자신의 신앙에 관한 다양한 항변도 그를 로렌초 데 메디치의 내부자 집단으로 다시 불러들이기에는 충분하지 않았다. 풀치의 항변은 그가 1484년에 베네치아로 가는 길에 파도바에서 사망했을 때 그곳의 성직자들도 만족시켜주지 못했던 것 같다. 파도바의 성직자들은 기독교식 장례를 치러주지 않고 그를 교회 경내 바깥에 묻었다.

《모르간테》의 출간은 인상적인 성취였다. 인쇄본은 풀치의 작품을 재빨리 폭넓은 독자층에게 전파했다. 《모르간테》의 시행들이 이내 피렌체 길거리에서 노래되었고, 한 설교자는 "여자들도 《모르간테》를 종일토록 읊어댔다"[4]라고 유감을 표명했는데, 리폴리 출판사의 넓은 도달 범위는 물론 피렌체 여성들의 문해력과 불손한 유머를 엿볼 수 있는 한탄이다.

1483년 리폴리 출판사는 힘겨운 노력 끝에 한층 야심찬 작품을 내놨다. 1349년부터 1353년 사이에 집필된 조반니 보카치오의 《데카메론》은 1348년 흑사병 기간에 피렌체 바깥 빌라로 피신한 세 명의 남자와 일곱 명의 여자가 들려주는 100편의 이야기 선집이다(이 작품은 첸토 노벨레 Cento Novelle[이탈리아어로 '100가지 이야기'란 뜻. 한편 데카메론은 그리스어로 '열흘간'이라는 뜻이다]로도 알려져 있다). 1482년 봄에 시작된 리폴리 출판사의 대형 프로젝트는 대략 25만 단어를 인쇄하는 데 13개월의 작업 기간이 소요되었고, 어느 추산에 따르면 조판 작업에만 4298시간이 들어갔다.[5] 작업 대부분은 1477년 여름에 도메니코 수사의 하급 조수로 들어온 베네치아의 젊은이 로렌초 디 알로파가 맡았다. 1482년 여름, 그는 40일 넘게 54페이지를 조판하고 인쇄했는데 이 무자비한 작업 속도가 그의 건강을 해쳐 도메니코 수사는 그를 페트리올로의 온천(왕년에 교황 피우스 2세가 즐겨 찾았고, 아이를 원하는 여성들이 찾아오던 곳)으로 요양을 보낼 정도였다. 가을에는 《데카메론》과 다른 책들의 인쇄 작업을 돕기 위해 도메니코 수사는 로렌초의 형 안토니오를 고용했다. 안토니오는 5플로린이라는 넉넉한 월급을 받았지만 얼마 지나지 않아 임금 인상을 요구하며 일을 그만두었다. 도메니코 수사는 그를 바치노라는 배달 소년으로 교체했는데, 문구상인 조반니 디 나토한테서 빌려온 일손이었다.

리폴리판 《데카메론》은 드디어 1483년 5월에 출간되었다. 도메니코 수사는 이 작품이 분명 재정적 성공을 거두길 기대했을 것이다. 《데카메론》은 한 세기 넘게 초超인기 작품이었고 수요가 워낙 많아서 지난 수십 년 동안 상당수가 상인 계층 출신인 열성 독자들은 이 작품을 직접 필사해 소장해왔다. 그런 아마추어 필사자 가운데 한 명은 1450년 무렵에 작품 전체를 종이에 베껴 쓴 뒤 콜로폰에 다음과 같이 밝혔다. "필리포 단드레아 다 비비에나는 이 첸토 노벨로를 친지와 친구들을 위해 베껴 썼다."[6] 하지만 리폴리판은 성공작이 아니었다. 초판으로 105부를 인쇄했지만 넉 달이 지나도록 수도원의 회계장부에는 단 한 권, 벤 베누토라는 금세공인에게만 팔린 것으로 기록되어 있었다.[7] 다른 인쇄 본들은 물론 카르톨라이오들을 통해 팔려나갔겠지만 손으로 쓴 필사본 이 워낙 많이 유통되고 있어서 판매 실적이 저조했을 수도 있다. 그보 다 더 심각한 문제는 무수한 다른 출판사들도 《데카메론》을 찍어내고 있었다는 것이다. 《데카메론》은 베네치아에서 이미 (1471년과 1481년에) 두 차례 출판되었고 나폴리, 만토바, 볼로냐, 밀라노, 비첸차에서도 출 판되었다. 도메니코 수사는 보카치오의 성공의 희생양이었다.

루이지 풀치의 《모르간테》처럼 《데카메론》은 수녀들을 식자공으로 쓰고 보통은 경건한 기도문이나 웅변문과 더불어 학술적인 인문주의 텍스트를 출판하는 수녀원에서 나오기엔 대단히 이례적인 책이었다. 보카치오의 이야기 100편은 사람들이 변소에 빠지고, 시신과 함께 무 덤에 누워 있게 되고, 잘린 머리가 바질 화분에 심어지는 등 자극적인 사건으로 가득했다. 《데카메론》의 일부 대목들은 하도 선정적이라 근래 인 1896년에서 1903년까지도 일부 영역판들은 독자들이 얼굴을 붉히 지 않도록 아슬아슬한 대목들을 번역하지 않았다. 이런 꺼림칙함을 조 금만 선정적이어도 호들갑을 떠는 빅토리아 시대 사람들의 내숭 탓으 로만 돌려선 안 된다. 피에르 파올로 파솔리니 감독은 1971년에 《데카 메론》을 각색해 영화로 내놓으면서 "새로운 자유의 분출"[8]을 탐구하고 있다고 주장했지만 외설죄로 고발되면서 아직 이탈리아 사회는 정면으 로 다뤄진 보카치오를 받아들일 만큼 자유분방하지 않다는 사실만 알 게 되었다. 특히 논쟁적이었던 것은 수녀들이 젊고 잘생긴 수녀원 정원 사와 성관계를 즐기는 장면을 다룬 사흘째 날의 필로스트라토의 이야기에 대한 파솔리니의 지나치게 생생한 묘사였다.

도메니코 수사는 추문을 몰고 다니는 루이지 풀치의 작품의 식자공으로 마리에타 수녀를 기용하는 데에 분명 거리낌이 없었던 모양이지만 마리에타 수녀나 다른 어느 수녀도《데카메론》의 회계장부에는 등장하지 않는다. 이 작품은 확실히 여성 독자들에 대해 도덕적 문제를 제기했다. 보카치오는 짓궂게도 그 이야기들이 특별히 여성들—그가 "시간이 남아도는 숙녀들"[9]이라고 부른 여성들—을 위한 것이라고 주장했다. 달리 말해 그 이야기들은, 수도사와 기타 도덕가들이 읽을거리와 독서 습관을 가지고 애를 태우며 걱정하는 한가한 젊은 여성들을 겨냥한 것이었다.《데카메론》과 비슷한 시기에 쓰인 여성 교육에 관한 한 논고는 여성들에게 "사랑에 관한 노래와 이야기, 글과 책들을 모조리 피하라"라고, 한마디로《데카메론》 같은 작품들을 멀리하라고 촉구했다.[10] 보카치오 본인은 결국에 문제를 인식했다. 그는 맺음말에 자신이 "정숙한 여성이 듣거나 말하기에 그리 적합하지 않은"[11] 소재나 표현들을 썼을 수도 있다는 점을 시인했다. 작품을 완성한 지 20년쯤 지나서는 심지어 한 친구에게 "그 안에 든 내용들이 점잖지 못하고 체통에 반하니" 집안의 "고매한 여성"들이 읽지 못하게 하라고 당부할 정도였다.[12]

도메니코 수사와 그의 상관들은 이 점잖지 못한 내용들, 특히 수녀들이 나오는 이야기에 마음이 불편했을지도 모른다. 사흘째 날의 필로스트라토의 이야기는 "세상에는 젊은 처자가 일단 흰 베일과 검은 두건을 쓰면 여자이길 그만두거나 여자다운 갈망을 경험하지 못한다고 굳게 믿을 만큼 멍청한 사람들이 매우 많다"라는 발언으로 시작한다. 필로스트라토의 이야기는 "이 세상의 다른 모든 쾌락도 여자가 남자와 함께할 때 경험하는 쾌락에 비하면 하찮기 그지없다"[13]라는 금언의 진실을 파헤치기 위해 순결의 서약을 기꺼이 저버리는 여덟 명의 수녀와 수녀원장을 보여주는 것으로 그런 착각을 신나게 뒤덮는다(한 수녀는 "우린 지키지도 못할 약속들을 그분께 맨날 하고 있는 걸!"이라고 평계를 댄다). 교회는 14세기와 15세기 내내 《데카메론》을 용인했지만 1573년 반종교개혁이 절정에 달한 이후로는 삭제판—종교재판에서 나온 인가서가 주장했듯이 "사제, 수도사, 수도원장, 수녀원장, 수사, 수녀, 주교 그리고 다른 성스러운 소재에 관해 어떤 식으로든 나쁘게 말하거나 비방하지 않는"[14] 내용을 담은 판본—만 허용했다.

음탕한 수도사, 타락한 사제들과 더불어 성적으로 짓궂은 수녀들은 중세부터 줄곧 희극의 단골 소재였다. 하지만 피렌체시와 교회 당국자들은 수녀들과 그들의 순결 서약을 극도로 진지하게 받아들였다. 수녀들의 행실은 면밀히 감시되었는데 수녀들이 한 도시를 타락시키고 파괴할 힘이 있다고 믿었기 때문이다. 예를 들어 1435년에 도시 행정관들은 "전쟁, 무질서, 유행병, 다른 재앙과 곤경의 폐해"를 "육욕 때문에" 신에 대한 "공경을 다하지 못한" "많은 수녀들" 탓으로 돌렸다.[15] 수녀들을 수녀원 담장 안쪽에 가둬두는 것의 요지는 그들을 남자들과 분리시키는 것, 그리하여 교황 칙서가 1298년에 공언한 것처럼 "음탕의 기회를"[16] 제거하는 것이었다.

이러한 담들은 사소한 장애에 불과한 것으로 드러났다. 토스카나의 법정 기록들은 한 문서에서 지칭한 대로 "호색적인 욕망"을 충족하기 위해 남자들이 어떻게 수녀원에 몰래 들어갔는지를 묘사한다. 그런 이들 중에는 1419년에 피사의 도미니크회 수녀원에서 5개월 동안 숨어 지내는 데 성공했던 남자와 2년 뒤에 피렌체에서 서쪽으로 50킬로미터 떨어진 청빈의 클라라 수녀원에 들어가 "수녀복을 입은 은둔자들 중 한 명과 밤낮으로 육체를 함께하며 여러 날을 지낸"[17] 사제가 있었다. 피렌체 영역 내에서 가장 악명 높은 수녀원은 의심할 여지없이 프라토의 산타 마르게리타 수녀원이었다. 그곳은 1450년대에 아우구스티누스회 수련 수녀인 루크레치아 부티와 카르멜회 수도사인 애욕의 화가 필리포 리피 간 애정 행각의 현장이었다(화가 필리피노 리피가 이 관계의 결실이었다).

도덕률과 독신 생활은 산 야코포 디 리폴리에서 엄격하게 강제되었다. 도메니코 수사의 사업 활동, 특히 그의 인쇄소는 다양한 남자들, 인쇄공들, 로렌초 디 알로파와 바치노 같은 조수들, 그리고 도메니코 수사 본인이 그곳을 정기적으로 방문했음을 의미했다. 하지만 방문자들은 나이가 지긋한 수녀 세 사람이 보호자로 동행할 때만 입장이 허락되었고, 1432년에 설립된 특별위원회인 수도원 도덕 수호자와 야경 담당관의 방문 허가서를 반드시 소지해야 했다. 산 야코포 디 리폴리에서 출입과 접촉의 규칙을 어긴 수녀는 가혹한 처벌을 받았다. 그녀는 허리까지 옷이 벗겨진 다음 다른 수녀들 발아래 엎드려 돌아가며 채찍질을 당했다. 가뜩이나 수모를 당한 위반자는 마지막 벌로서 공동식당 한가운데 바닥에서 음식을 먹어야 했다.[18]

단정한 품행에 대한 그 같은 불안감 탓에 마리에타 수녀와 여타 수녀들이 《데카메론》의 식자공으로 일했을 것 같지는 않다. 인쇄소에서 그들의 부재는 로렌초 디 알로파가 평소와 같은 도움을 받지 못하고 어렵게 조판을 하느라 건강이 상하고 도서 제작이 지연된 이유를 어느 정도 설명할지 모른다.

엉망이 된 트레비소판 《코르푸스 헤르메티쿰》에도 아랑곳하지 않고 마르실리오 피치노는 신기술인 인쇄술에 대한 신뢰를 버리지 않았다. 인쇄기의 출현 이후 처음 20년 동안 그는 생존 작가 중 가장 많이 출판된 작가 중 한 사람이 되었다(피치노 연구자에 따르면 "인쇄기의 발명으로 가능해진 가속화된 유럽 전역의 노출을 누린 최초의 근대 초기 지식인 중 한 명"이었다). 1480년 초반까지 그의 책 가운데 네 권이 이탈리아 4개 도시, 7개 출판사에서 나온 데다 그는 단테의 《신곡》을 비롯해 두 권의 호화 인쇄본에 서문도 썼다.

리폴리 출판사는 피치노의 책을 열심히 내는 출판 그룹 중 하나였다. 1481년 여름에 도메니코 수사는 잉크를 만들기 위해 송진과 피치, 바니시와 더불어 5천 장의 종이도 구입했다. 그다음 피치노의 최신 작품 《역병에 대한 조언》 375부를 인쇄하는 작업에 착수했는데 피치노는 작품 첫 페이지에 "토스카나의 모든 주민들"을 대상으로 한 글이라고 썼다. 그는 1478년과 1479년에 끔찍한 역병이 재발한 후 이 작품을 쓰게 되었다. 본인도 이 시기에 피렌체에서 가장 저명한 의사 세 명의 진료가 소용이 없을 만큼 생사가 오락가락할 정도로 병을 앓았다. 그는 오로지 신의 개입 덕분에 목숨을 건질 수 있었으니 그는 이 일이 플라톤을 세상에 부활시키는 것이 하늘이 자신에게 내린 사명임을 보여주는 또 다른 증거라고 믿었다.[20]

더 미천한 인간들을 위해 피치노는 과거에 받은 의학 교육에 기대어 각종 처방과 주의사항, 실용적 조언을 제공했다. 달콤한 냄새가 나는 허브를 태워 집 안을 훈증하고, 식초로 하루에 두 번씩 씻고, 젖은 스펀지로 코를 막고, 도금양·노간주·장미수·장뇌를 섞어 물약과 치료제를 제조하는 것 등등이다. 그는 독자들에게 "테레빈유를 절대 잊지 말라"고 권고한다. 그는 역병이 심장에서 나와 피를 타고 온몸으로 전달되는

피렌체 서점 이야기

생명의 징조인 "생기vital spirits"를 감염시키는 공기 전염 독성물질이라고 추리하면서 역병의 원인에 대해 추측하기도 한다.

《역병에 대한 조언》은 100쪽 분량의 작은 책이다. 도메니코 수사는 이 책을 피렌체 너머까지 유통시키기 위해 최선을 다했다. 카르톨라이오 조반니 디 나토는 판매용으로 10부를 밀라노로 부쳤고, 조반니의 아내 메아 부인은 일종의 외판원 역할을 맡아 27부를 볼로냐에, 50부를 피스토이아에 가져갔다. 하지만 피치노는 1482년에 차기작을 낼 때 다른 출판사로 눈길을 돌렸다. 그가 '대작'[21]이라고 부른 《플라톤 신학》은 648쪽에 달하는 두툼한 책이었다. 인쇄업자는 베네치아에서 인상적인 출판 목록을 쌓은 뒤 최근에 피렌체로 온 안토니오 미스코미니였다.

5년에 걸친 노고의 산물인 《플라톤 신학》은 15세기에 가장 야심차고 비전이 넘치는 철학 저작이었다. 피치노는 "기독교 신앙에 최대한 근접한 플라톤의 초상을 그리고"[22] 싶다고, 다시 말해 200년 전 토마스 아퀴나스가 아리스토텔레스를 위해 한 일을 플라톤을 위해 하고 싶다고 밝혔다. 플라톤이 선량한 기독교도의 구미에 과연 맞을지 회의적인 사람들에게 피치노는 "내가 번역한 플라톤의 작품을 세심하게 읽은 독자라면 누구나" "어떤 주제를 다루든 플라톤은 극히 경건한 태도로 그 주제를 신에 대한 사색과 경배로 이끌고 간다"[23]는 결론에 도달하게 될 것이라고 지적했다.

《플라톤 신학》은 피치노가 인간에 대한 사색과 찬양으로 논점을 이끌고 가는 방식 때문에 무척 흥미롭다. 피치노에게 인간은 중세 시대에 두드러진 타락한 상태로 머무르지 않고 그보다는 우주의 중심에 있는 특권적인 존재이며, 신이 인간에게 우주의 주인이라는 자리를 허락하신 것은 그 능력과 지성 때문이다. 이러한 인간 능력은 인간의 다양한

CONSILIO DI Marſilio ſicino fiorenti
no, contro la peſtilentia ,

      A carita inuerſo la patria
      mia mi muoue a ſcriuere
      qualche conſiglio contro
      la peſtilentia, & accioche
      ogni perſona thoſcana la i
      tenda & poſſi coneſſo me
dicare pretermettero le diſputationi ſottili
& lunghe, & etiamdio ſcriuerro in lingua
thoſcana, baſti ſapere che qualunque coſa io
aprouerro, benche per breuita nō narri mol
to, niente dimeno , e , approuata con molte
ragioni & auctorita di tutti edoctori antichi
e moderni, & ſperientie di molti, & ſpetial
mente del noſtro padre maeſtro Ficino me
dico ſingulare, ilquale lamaggiore parte de
gli morbati ſanaua , preghiamo iddio dona
tore della uita & riuelatore delle medicine
uere et ſalutifere , checci riueli ſufficiēti ri
medii contro alla peſte, & conſerui anoi el
dono ſuo uitale ad ſua laude & gloria
Che choſa e peſtilentia , Capitolo primo ,

      A peſtilentia e uno uapore uelenoſo
      concreato nellaria inimico dello ſpiri
                   ai

피치노의 《역병에 대한 조언》의 리폴리판.

학문과 기예에서 가장 잘 드러나며 찬탄을 받는다. 시부터 천문학과 국가 운영에 이르는 다양한 분야들, 피치노에 따르면 인간을 "일종의 신"으로 만드는 창조적 활동들 말이다. 예를 들어 인간이 하늘을 이해하기 위해 천문학을 활용하는 것은 그가 "바로 천상의 창조자와 거의 동일한" 지성을 소유했음을 보여준다. 또한 인간의 언어 능력은 그가 "신성한 종류의 정신divinam quandam mentem"[24]을 갖고 있음을 가리킨다. 이러한 진술들은 신과 인간 사이의 거리와 비유사성에 관한 라테라노 공의회의 선언에 비춰볼 때 놀랍고 충격적이기까지 하다. 피치노는 확실히 자신의 주장에 대한 신학적 반대 가능성을 염두에 두고 있었다. 그는 비난의 여지를 없애고자 "여기서든 다른 곳에서든 내가 하는 모든 논의에서 오로지 교회의 승인에 부합하는 것만 유지하고 싶다"라고 썼다.[25]

인간의 신과 같은 능력에 관한 주장은 피치노가 《코르푸스 헤르메티쿰》에서 발견한 통찰들로 거슬러감과 동시에 셰익스피어 ("인간이란 얼마나 대단한 작품인가!") 같은 작가들을 내다본다. 이런 주장은 물론 인간의 존엄성에 관한 잔노초 마네티의 논고가 그렇듯이 "그 유명한 피렌체 시"에 전시된 경이로운 창조물들로부터 근거를 얻는다. 필리포 브루넬레스키, 로렌초 기베르티, 도나텔로 같은 건축가와 미술가들의 기념비적 작품들과 더불어 파올로 토스카넬리 같은 천문학자들에 의한 천체 연구들, 이 모든 것은 인간의 드높은 지적 능력과 신성한 창조적 능력에 대한 부정할 수 없는 증거였다.

피치노는 자신이 번역한 플라톤을 읽는 사람은 누구든지 그 철학자의 경건성을 금방 확신하게 될 것이라고 믿었다. 하지만 1482년에는 피치노의 번역이 페데리코 다 몬테펠트로의 우르비노 도서관 같은 장

소에 필사본으로만 존재했다는 단순한 이유 때문에 극소수의 사람만
이 그의 번역을 읽을 수 있었을 것이다. 플라톤 사상을 더 널리 전파하
기 위해, 그리고 악질적인 훼손과 소실의 변덕스러운 운명으로부터 자
신의 노고의 결실을 안전히 지키기 위해 그는 이 번역문들을 인쇄할 때
가 됐다고 결심했다. 그는 미스코미니가 인쇄한 플라톤 철학이 전적으
로 만족스럽지 않았을 수도 있는데 브레슬라우의 니콜라스 판본《기독
교 신앙에 관하여》의 경우처럼 오식이 수두룩했기 때문이다. 그러므로
피치노는 정확하고 믿음직한 출판업자를 찾기를 기대하며 책의 제작을
입찰에 부쳤다.

  미스코미니나 브레슬라우의 니콜라스가 응찰을 했는지 알려져 있지
는 않지만,[26] 1483년 후반에 도메니코 수사와 로렌초 디 알로파는 캄피
오네campione, 즉 상품의 견본을 제작하기 위해 다른 모든 작업을 중단했
다. 로렌초는 심지어 루카에 가서 새 활자 세트를 구입해왔는데 근래에
인쇄소의 작업 상당 부분에 사용해온 '고서체'가 아니라 고딕체 활자였
다. 플라톤 번역서는 피치노의 희망에 따라 '현대체'로 인쇄할 예정이었
기 때문이다.[27]

  그렇게 야심찬 책을 출판하자면 피치노로서는 제작비를 대줄 후원
자를 찾아야 했다. 그는《플라톤 신학》을 "위대한 영혼의 소유자 로렌
초 데 메디치"[28]에게 헌정했지만 로렌초는 그 출판에 딱히 도움을 주지
않았다. 두 사람의 관계는 1478년 파치 음모 이후로 차갑게 식었다. 피
치노는 확실히 모의나 실행 과정에 연루되지 않았고 음모의 성공으로
부터 득을 볼 것도 없었을 것이다. 그렇더라도 몇몇 주동자들과의 긴밀
한 연결 고리 때문에 그가 어떤 식으로든 사전에 알았을 가능성이 제기
되기도 했다. 파치 음모를 연구한 한 현대 역사가는 피치노가 "거의 연

루될 뻔했다"라는 의견을 내놨다.[29] 그는 파치 일가의 여러 사람들과 확실히 가까웠으며, 파치 궁전에서 피에로 데 파치 아들들의 개인교사로 일하는 가운데 피에로의 책들 틈에서 학자로서의 경력을 시작했다. 피에로의 아들 중 넷은 음모에 뒤이어 투옥되었고 또 한 명은 추방되었으며 레나토는 참혹하게 처형당했다. 피치노의 친구이자 과거 제자였던 야코포 브라촐리니는 시뇨리아궁에서 교수된 한편, 피렌체의 자택에서 피치노의 플라톤 모임을 몇 차례 주최했고 피치노의 표현으로는 "비범하고 위대한 인간"[30]이었던 프란체스코 반디니는 로렌초 때문에 망명을 떠날 수밖에 없었다. 게다가 피치노는 어린 리아리오 산소니 추기경에게 일종의 멘토로서, 파치 음모가 벌어지기 몇 달 전에 집필한 논고를 그에게 헌정했었다.

로렌초 데 메디치가 후원자가 될 가망이 거의 없자 피치노는 또 다른 부유한 피렌체 상인 베르나르도 루첼라이에게 접근해, "플라톤적 그라비타스Platonic gravitas"('엄중함'과 '임신' 둘 다를 의미하는 피치노식 말장난)를 띤 사안을 밝혔다. 그는 루첼라이에게 자신이 "오래전에 그리스의 씨로 잉태된 라틴 플라톤을 며칠 내로 출산"할 예정이라고 알렸다. "하지만 산과產科 의사의 도움이 없다면 순산을 할 수 없지요. 그러므로 친애하는 베르나르도여 …."[31] 루첼라이는 제의를 거절했지만 피치노의 이전 제자 중 한 명인 스물일곱 살의 필리포 발로리가 또 다른 후원자로 등장했다. 부유한 귀족 가문인 발로리가는 피치노의 학술 활동을 20년 넘게 후원해왔고 가문의 수장이자 필리포의 아버지인 바르톨로메오는 피치노가 1450년대에 플라톤 연구를 시작한 아주 초기부터 재정적으로 지원해왔다. 필리포는 피치노의 또 다른 제자이자 당시 40대 초반으로 역시 부잣집 출신인 프란체스코 베를링기에리와 손을 잡았다. 프란체스코는 요안네스 아르기로풀로스 밑에서 철학을 공부했으며, 피치노가 카레기에서 주최한 플라톤 아카데미의 강습회에도 참석했다. 그는 다양한 공직을 역임했지만 종교적 주제에 관한 일련의 연설문을 작성한 어엿한 작가이기도 했고, 1482년에는 프톨레마이오스의 《지리학》을 시적으로 각색한 괴상한 걸작을 내놓기도 했다.

리폴리 출판사의 캄피오네는 피치노와 두 투자자에게 좋은 인상을 주었던 듯했다. 1484년 1월에 도메니코 수사는 "플라톤의 특정 작품들"을 "작은 현대체"로 1025부 인쇄하기로 계약을 맺었다.[32] 이 겸손한 묘사는 그 프로젝트의 엄청난 규모, 여태까지 시도된 가장 만만찮은 인쇄 작업 중 하나를 제대로 설명하지 못한다. 리폴리 출판사가 그렇게 이름 높고 잠재적으로 이문이 많이 남을 책의 제작을 주문받았다는 사실은 피렌체에서 박식하고 영향력 있는 인문주의자들에게 높은 평판을 받았음을 방증한다.

계약 조건에 따라 발로리와 베를링기에리는 인쇄에 들어가는 종이 값 전액을 댔는데 거의 60만 장에 달하는 종이에 240플로린의 경비 지출을 요구하는 투자였다.[33] 계약서는 더 나아가 두 동업자가 교정 작업을 할 사람에게 돈을 지불할 것이며 제작 속도를 높이기 위한 두 번째 인쇄기의 구입 비용도 댈 것이라고 명시했다. 도메니코 수사는 상당한 이익을 볼 예정이었다. 그는 첩 단위로 돈을 받기로 해서 책에서 한 첩 당 4플로린을 받게 되었다. 이 책의 분량은 74시그니처(제본 과정에서 종이를 세는 단위. 반으로 접은 인쇄지 묶음을 말하며 보통 한 첩과 동일하다)에 달했으므로 그는 총 296플로린을 받게 되었고, 그중 최소 100플로린은 출판사의 순이익이었을 것이다.[34]

그해 봄 내내 도메니코 수사는 수녀들에게 지불한 다양한 내역들을 기록했다.[35] 그는 이 지출 내역들이 출판사 작업과 관련이 있는지 구체적으로 명시하지 않았지만 업무의 규모를 고려할 때 마리에타 수녀 같은 경험 많은 식자공을 기용해야만 가능했을 것이다. 피치노의 텍스트는 각 2단 46행으로 배치되었고, 행마다 30~40개의 "작은 현대체" 글자가 들어갔으므로 식자공이 한 페이지를 조판하는 데 3천 개 이상의 활자가 들어가는 경우가 허다했다. 이는 《데카메론》을 조판할 때보다 3분의 1 넘게 증가한 양이다. 2년 전에 로렌초 디 알로파는 하루에 보카치오의 텍스트를 한 페이지 조금 넘게 조판했는데 피렌체의 여름 더위 속에서 분명히 그의 신체적 건강과 어쩌면 정신적 건강에도 무리가 갔을 속도였다. 더욱이 로렌초와 인쇄공들은 《데카메론》의 각 페이지를 105번씩만 인쇄하면 됐던 반면, 피치노의 역작을 작업할 때는 노동량이 열 배나 증가하게 되었다.

교정자도 대기하고 있었는데 그는 계약서에 명시했듯이 파레 코레제레 fare correggere, 즉 오식을 바로잡을 사람이었다. 이전 인쇄업자들과 안 좋은 경험을 한 뒤 피치노는 텍스트 품질 관리 권한을 분명히 행사할 생각이었다. 그에 따라 각 페이지는 매의 눈을 가진 교정자(그리고 아마도 피치노 본인)의 검사를 받아야 했을 것이다. 한 페이지 안에서 몇몇 오식이 발견되면 식자공은 그의 (혹은 그녀의) 3천 조각의 퍼즐을 수정해야 했다.

피치노에게는 속도가 생명이었다. 그러므로 도메니코 수사는 계약서에 언급된 제2의 인쇄기를 구입해야 했다. 피치노는 자신의 플라톤 번역서가 1484년에 반드시 나오게 할 작정이었는데, 그해는 가장 중요하고도 상서로운 해—점성학적 전환점, 목성과 토성이 전갈자리에서 만나는 대합이 일어날 해—였기 때문이다. 힘과 지혜, 활동적인 것과 사색적인 것이 천계의 연합으로 하나가 될 터였다. 거대한 변화들이 기독교에서 일어나 새로운 황금시대를 불러올 것이므로 피치노는 플라톤이 이러한 경사들 가운데 하나가 되게 하려고 작심했다. 피치노가 플라톤 번역서 말미에 썼듯이 "유피테르(목성)는 주군이며, 사투르누스(토성)는 철학자다. 분명히 이 둘이 합쳐지지 않는다면 위대하고 안정적인 어느 것도 수립되지 않을 것이다."[36] 플라톤은 "힘과 지혜가 동일한 사람 안에서 하나가 되는" 시대를 예견했으니, 바로 간절히 열망해온 철인왕이다.[37] 그 시대가 마침내 왔다.

과거에 이 두 행성이 서로 근접했을 때도 노아의 홍수와 그리스도의 탄생 같은 중차대한 사건들이 목격되었다. 피치노의 친구인 미델뷔르흐의 파울은 우르비노 궁정의 점성술사이자 파도바대학의 천문학 강사로서, 1484년에 이 희귀한 천체의 정렬은 예언자의 도래를 알리는 것이라고 주장하고 그 예언자는 머리털이 붉고 추한 몸뚱이가 검은색과 갈색 반점으로 뒤덮인 대단한 지력의 소유자일 것이라고 예견했다. 예언자는 성서를 "독보적이고 경이로운 방식"으로 해석할 것이며, 악령들은 그 앞에서 도망치리라.[38]

아니나 다를까, 한 예언자가 1484년 종려주일에 로마에 나타났다. 비단옷을 걸치고 진홍색 장화를 신은 예언자가 당나귀를 타고 거리를 돌아다니자 추종자들은 그를 에워싸고 그가 가는 길 앞으로 종려 잎사귀를 깔았다. 그는 초승달 모양 은제 장식이 달린 가시관을 썼는데 장식에는 다음과 같은 글귀가 새겨져 있었다. Hic est puer meus Pimander, quem ego elegi("이 사람은 내가 택한 나의 아들 포이만드레스니라"). 그가 지팡이로 해골을 두드리며 읊조리는 메시지는 회개와 개혁의 필요성, 그리고 새로운 세계 종교의 도래에 관한 것이었다.

이 해괴한 메시아는 아무런 제지도 받지 않고 성 베드로 대성전으로 갔고 그곳의 제단에서 놀란 회중에게 자신은 지혜의 천사 포이만드레스의 환생이라고 선언했다. 사실 그는 다섯 자식을 둔 서른세 살의 아버지로, 볼로냐에서 온 조반니 다 코레조라는 사람이었다. 포이만드레스—피치노가 번역한 《코르푸스 헤르메티쿰》 덕분에 접하게 된—로서 그의 경력은 교황 식스투스 알현과 이후 몇 달 동안 이단 죄목으로 피소, 수감 생활, 그리고 몇 차례 자해 시도를 아우르게 된다. 이른바 포이만드레스가 피렌체에 당도하자마자 로렌초 데 메디치는 그를 투옥시켰고 "그는 필사적으로 자기 머리를 블록에 박으며 머리의 살을 쥐어뜯었다"[39]라는 보고가 전해졌다.

조반니 다 코레조의 극적인 출현은 인쇄기 덕분에 스투디오 피오렌티나나 피치노의 아카데미올라 또는 베스파시아노의 독서 모임의 고고한 철학적 영역을 넘어선 환경에까지 피치노의 사상이 퍼져나갔음을 가리킨다. 하지만 이 해골을 두드리는 기인은 피치노가 바란 변화를 대변하지 않았는데, 피치노에게 1484년에 부활이 요구된 인물은 포이만드레스보다는 플라톤이었기 때문이다. 기적의 해annus mirabilis 동안 이 위대한 사건이 일어날 희망은 산 야코포 디 리폴리의 식자공과 인쇄공에게 달려 있었다.

많은 사람들에게 1484년은 천계가 예언한 기적의 해가 전혀 아니었다. 흉년이 들어 식량 가격이 올랐고 어느 피렌체인의 한탄처럼 "모든 게 더 귀해졌다."[40] 소금 전쟁은 한없이 늘어졌다. 로마에서는 콜론나 가문과 오르시니 가문이 폭력적인 반목을 재개했다. 궁전들이 무너지고,

마구간들이 불타고 교회들이 약탈당했다. "그런 혼란상은 본 적이 없다"라고 한 대사는 썼다. "로마 전체가 무기를 들고 일어났다."[41] 여름에는 역병이 다시 찾아왔다. 일부 도시들에서 전염병이 워낙 치명적이라 관계 당국자들은 격노한 어느 도덕가가 지목한 "감염의 최대 원인"인 매춘부들이 민가에 들어가지 못하게 금지하는 과격한 조치를 취했다.[42]

당시 역병의 희생자에는 잠시 병을 앓은 뒤 8월 중순에 로마에서 세상을 뜬 식스투스 교황도 포함됐을 것이다. 콘클라베를 위해 모인 추기경들은 불안에 떨며 누가 선출되든 차기 교황은 다른 추기경들에게 관대히 시골 부동산을 허용해야 한다는 서약서에 서명했는데 추기경들이 "역병을 피할 목적으로 (…) 자유롭게 그곳으로 갈 수 있게"[43]하기 위함이었다. 식스투스의 후임자는 교황이 되자마자 인노켄티우스 8세라는 이름을 취하고 성 베드로 대성전이 내려다보이는 쾌적한 언덕 위에 피서 별장인 빌라 벨베데레를 짓는 대책을 취했다.

그해 여름 역병의 또 다른 희생자였을 가능성이 있는 사람은 도메니코 수사다. 이 시기 피치노의 플라톤을 인쇄하던 중에 그는 산 야코포 디 리폴리와 역사 기록 모두에서 사라진다.[44] 7월 말이면 새로운 서무 담당관인 빈첸초 수사가 수녀원에 도착했다. 비록 도메니코 수사는 다른 도미니크회 기관으로 옮겨갔을 수도 있지만 그에 관한 추후의 기록이 발견되지 않았으므로 그가 그해 여름 피렌체에서 사망했을 가능성이 크다. 역병 때문이 아니라면 플라톤을 출판하는 엄청난 과업과 정신 없는 진행 속도가 그의 몸을 망가뜨리고 결국에는 죽음에 이르게 하는 데 기여했을 수도 있다.[45]

확실히 리폴리 출판사는 2월에 인쇄가 시작된 이래로 플라톤 의뢰건으로 정신이 없었다. 2월에서 7월 사이에 도메니코 수사와 그의 작업팀

피렌체 서점 이야기

은 작품의 3분의 2 정도를 조판하고 인쇄했는데, 24편가량의 대화편이 양면에 인쇄된 본문의 350장 이상을 차지했다. 이는 매일 너덧 페이지를 조판하고 인쇄했다는 소리인데, 적어도 수녀 중 일부가 식자공으로 일에 참여했음을 암시하는 놀라운 속도다.

도메니코 수사의 죽음이나 이적은 틀림없이 플라톤 프로젝트를 위기에 빠트렸을 것이고, 책이 과연 제때에 나올 수 있을지 초조해진 피치노를 거품 물게 했을 것이다. 고대하던 목성과 토성의 대합은 그로부터 대략 4개월 후인 11월 말로 예고되어 있었다. 하지만 《공화국》 전체가 아직 조판과 인쇄에 들어가지 않았고, 《파이돈》과 《파이드로스》 같은 중요한 대화편, 그리고 피치노의 플라톤 전기와 《향연》에 대한 주해도 마찬가지 상황이었다.

피치노는 조바심을 낼 필요가 없었다. 빈첸초 수사는 이제는 혼자 책 제작을 맡고 있는 로렌초 디 알로파에게 봉급을 주고 기타 경비를 지출하기 위해 "도메니코 수사의 책상"에 있는 금화 주머니를 열기로 했다.[46] 인쇄는 살짝 더 느린 속도이거나, 아니면 매일 두 페이지 반의 속도로 계속되어 마지막 200쪽까지 조판과 인쇄가 마무리되었다. 필리포 발로리는 9월 말에 빈첸초 수사에게 최종 지불금을 건넸고 한두 달 안으로 책이 완성되었다. 피치노의 플라톤이 목성과 토성의 합에 맞춰 준비된 것이다.

"우리의 플라톤이 오늘 문턱을 넘어 우리 앞에 나타났다"라고 피치노는 피렌체에 갓 도착한 젊은 철학자 조반니 피코 델라 미란돌라에게 기쁘게 알렸다.[47] 박식하고 헌신적인 인문주의자인 피코는 플라톤의 《오페라》(작품)를 보고 깜짝 놀랐을지도 모른다('오페라'는 피치노의 플라톤 번역서의 제목이다). 그 책은 베스파시아노가 우르비노 도서관을 위해 제작한 필사본과 스타일이 확연히 달랐다. 베스파시아노의 필사본은 평소 그만의 우아한 터치들, 호화로운 제목 페이지, 분홍색과 푸른색 꽃으로 장식된 대문자들, 정확하고 명료하게 지면 위를 이동하는 '고서체'들이 특징이었다. 반면 리폴리 출판사에서 인쇄한 《오페라》는 고딕 활자가 2단으로 빽빽하게 들어차 있어서 훨씬 옛날 책처럼 보였다. 마치 이전 세기에서 튀어나온 것처럼 침침한 수도원에서 양피지 위에 깃펜을 놀리는 수도사들이 연상되었다. 《오페라》는 베스파시아노가 제작하고 그다음 무수한 인쇄업자들이 그 양식을 모방한 인문주의 텍스트보다는 성서를, 아니면 적어도 신학 텍스트를 닮았는데 신학 문헌 대부분은 인문학 작품들과 반대로 (예를 들어 《구텐베르크 성서》가 그랬던 것처럼) 여전히 고딕체로 2단으로 인쇄되거나 필사되었다. 《오페라》는 고대인이나 '이교적'인 터치, 15세기 내내 필사되거나 인쇄된 무수한 고전 텍스트들이 의식적으로 환기하던 고전고대의 향취가 전혀 없었다.

피치노가 이 고색창연한 스타일을 선택한 것은 의도적이었다. 플라톤의 《오페라》는 그에게 그야말로 하나의 성서였다. 그의 시각에서 대화편은 철학 작품인 동시에 신학 작품이었고 플라톤은 기독교 이야기에서 중심적 위치를 차지하는 종교적 인물이었다. 피치노의 서설은 심지어 "전능하신 하느님께서 정해진 때에 플라톤의 신성한 영혼을 높은 곳에서 내려주셔서 그의 삶과 천재성, 경탄할 만한 능변으로 모든 민족에게 거룩한 종교의 빛을 비추게 하셨다"[48]라는 놀라운 발상을 내놓는다.

피치노가 도미니크회 수도사가 부분적으로는 수녀들의 도움을 받아 인쇄소를 운영하던 산 야코포 디 리폴리를 고른 것도 똑같이 의도적인 선택이었을 것이다. 비록 리폴리 출판사는 《데카메론》과 풀치의 《모르간테》를 출간했지만 플라톤이 "사악한 불신심"의 죄가 있다고 믿는 트레비존드의 게오르기오스 같은 사람들은 책이 도미니크회의 축성된 공간에서 나왔음을 밝히는 콜로폰을 보고 안심하지 않았을까? 어쨌거나 피치노는 수녀원이 "거룩한 종교"의 메시아가 출현하기에 알맞은 장소라고 여겼던 게 틀림없다.

처음에 피치노는 책의 완성을 축하했다. 하지만 더 자세히 살펴보고 나서는 실망에 빠졌다. 친구에게 보낸 편지에서 그는 "필리포 발로리의 헌신적인 배려와 너그러운 도움"을 칭찬했지만 인쇄가 "다소 정확하지 못했다"라고 푸념했다. '파레 코레제레'의 의무가 있는 교정자의 존재에도 불구하고 피치노는 플라톤이 "거친 상태로" 빛을 보게 된 것에 인쇄업자를 탓했다. 그는 무슨 실수이든 "인쇄업자들, 아니 그보다는 오쇄업자들misprinters의 부주의" 탓으로 돌렸다. 피치노는 책에 긴 정오표를 반드시 끼워 넣어야 한다고 생각했다. 하지만 그러한 사정은 빤히 예상되는 일이었다고 시인했다. 그는 플라톤을 "깊은 어둠" 속에 오랫동안 수감되었다가 "때에 찌들고 앙상해져" 나온 죄수에 비유했다. 기나긴 세월을 어둠 속에서 보낸 뒤 플라톤은 마침내 "죽은 자 가운데서 다시 살아났다."[49]

향후 수십 년 수 세기 동안 피치노의 '대합'은 어마어마한 결과들을 낳았다. 지성사가 제임스 핸킨스와 에이다 파머는 15세기 학문 연구에서 "가장 중대한 업적은 플라톤 저작들의 점진적 복구와 라틴어 번역"이었다고 단언한다.[50] 이 수십 년에 걸친 과업에는 마누엘 크리솔로라스, 게오르기오스 게미스토스 플레톤, 베사리온 추기경 같은 동방 현자들의 피렌체 도래, 코시모 데 메디치의 개입, 레오나르도 브루니, 마르실리오 피치노의 학술적 노력 등이 필요했다. 마지막으로 산 야코포 디 리폴리에서 인쇄기가 출현했다. 바로 그 요술 램프에서 깨어난 정령 플라톤이 세상으로 풀려났던 것이다.

리폴리 출판사에서 나온 피치노의 플라톤 번역서 1025부는 르네상스 연구자 파울 오스카르 크리슈텔러에 따르면 "서양사 역사상 중대한 사건"[51]이었다. 피렌체에서 시작된 플라톤 부흥의 물결과 파도는 이내 유럽의 지적 풍경을 휩쓸고 가는 홍수가 되었다. 플라톤은 다음 5세기 동안 서양 철학 전통을 철저하게 지배해 1927년에 영국 철학자 A. N. 화이트헤드는 에든버러의 유명한 강연에서 다음과 같이 단언할 수 있었다. "유럽 철학 전통에 대한 가장 안전한 일반화는 그것이 플라톤에 대한 일련의 각주들로 이루어졌다는 것이다."[52]

플라톤은 파이프 담배 연기가 자욱한 대학 철학과에만 국한되지 않고 훨씬 더 광범위하고 이색적인 영역으로 진출했다. 그의 사상은 무수한 문화적·지적 조류를 형성했다. 예컨대 사랑에 대한 생각, 마법과 오컬트에 대한 생각, 예술과 모방에 관한 생각, '미친 시인'의 성스러운 광란을 통한 창조성에 대한 생각, 이 모든 사유가 플라톤에서 나왔다. 우주의 구조에 관한 그의 이론들은 요하네스 케플러(행성의 수와 행성에서 태양까지의 거리를 측정하기 위해 《티마이오스》에서 묘사된 플라톤적 고체를 이용했다)와 갈릴레오(행성들의 기원이 같다는 학설을 플라톤의 것이라고 인정했다) 같은 과학혁명의 선구자들에게 영향을 미쳤다. 영혼에 대한 그의 이론은 인간 정신에 대한 지그문트 프로이트의 이해를 예견했다고 거론되는 한편, 프리드리히 니체는 《비극의 탄생》에서 플라톤의 대화편이 소설 장르에 영감을 줬다고 주장했다.

천지天地간에 플라톤의 철학이 꿈에도 생각지 못할 것이 거의 없었다

〔"호레이쇼, 천지간에는 인간의 학문으로는 꿈에도 생각지 못할 일들이 얼마든지 있다네"라는 《햄릿》 제1막 제5장의 대사를 변형한 것). 그의 저술은 권력, 정의, 젠더, 자아에 대한 생각들을 포함해 "근대성의 구성"[53]이라고 일컬어지는 것에 중추적 역할을 해왔다. 그는 원형적 공산주의자와 원형적 나치로, 양자역학에 대한 영감으로, 그리고 여성의 권리에 대한 반대자와 지지자 둘 다로 여겨지기도 했다. 소크라테스가 무지와 편견에 맞서고, 재판관들이 재물과 명성을 좇을 뿐 "지혜와 진실에 관해서는 관심을 갖거나 신경을 쓰지 않는"[54]다고 비판하며 죽음을 맞이하는 《변론》은 그의 준엄한 용기를 드러내면서, 권력 앞에서 진실을 말하는 지고의 사례로 여겨지게 되었다.

피치노의 번역은 수 세기 동안 유럽 전역의 독자들이 플라톤에 접근할 수 있는 수단이었다. 그의 라틴어 완역본은 다음 세기에 걸쳐 스물네 차례 재판되었다.[55] 그 결과 훨씬 더 많은 학자들이 1513년에 이르러서야 출판된 그리스어 원문보다는 피치노와 리폴리판을 통해서 플라톤의 철학을 알게 되었다. 그리고 플라톤이 마침내 프랑스어와 이탈리아어 같은 언어로 등장했을 때 번역가들은 그리스어 원문 대신 피치노의 라틴어 번역본을 이용했다. 피치노 번역본은 잉글랜드에서는 벤 존슨, 존 밀턴, 새뮤얼 테일러 콜리지, 프랑스에서는 장-자크 루소와 라신, 아일랜드에서는 버클리 주교, 네덜란드에서는 바뤼흐 스피노자, 독일에서는 고트프리트 빌헬름 라이프니츠와 이마누엘 칸트 등이 소장했다.[56] 리폴리 출판사의 1484년 판본은 1735년에 하버드에, 1742년에 예일에, 그리고 심지어 1623년에 중국에도 있었던 것으로 기록된다.[57] 120부 이상이 21세기까지 현존하는데 36부는 이탈리아에, 나머지는 몰타, 슬로바키아, 스웨덴, 미국의 캘리포니아·캔자스·오리건의 도서관들과 미국 의회도서관 희귀본 서고까지 곳곳에 흩어져 있다.

이 어마어마한 위업에도 불구하고 산 야코포 디 리폴리의 인쇄기는 향후 더는 책을 내지 않았다. 빈첸초 수사는 도메니코 수사의 야심찬 사업을 이어갈 마음이 별로 없었던 듯하다. 로렌초 디 알로파도 리폴리 출판사의 명맥을 이어가지 않았다. 그는 피치노의 플라톤 마지막 3분의 1을 솜씨 좋게 완성하여 내놓았고 평소대로 Impressum Florentiae apud Sanctum Iacobum de Ripoli(피렌체의 산 야코포 데 리폴리에서 인쇄)라고 밝히는 대신 피치노의 플라톤에 다음과 같은 콜로폰을 실었다. Impressum Florentiae per Laurentium Venetum(베네치아인 로렌초가 인쇄). "베네치아인 로렌초"는 잘나가는 인쇄업자로 자리를 잡을 작정이었던 듯하나 거의 10년 동안 미스터리하게 자취를 감췄다가 1494년 여름에 피렌체에 다시 나타나 (비록 산 야코포 디 리폴리는 아니지만) 그리스어 작품을 출판하고 있었다. 1496년에 그는 피치노가 그리스어를 라틴어로 번역한 책 두 권을 더 출판했는데, 이를 보면 피치노는 《오페라》의 "다소 부정확한" 인쇄가 로렌초의 책임이라고 여기지는 않았던 것 같다. 피치노로 말하자면, 그 위대한 학자는 3년 뒤인 1499년에 65세를 일기로 카레기에 있는 그가 아끼는 빌라에서 별세하게 된다. 그때쯤이면 그의 저작과 번역서는 파리의 인쇄업자 다섯 명과 베네치아의 인쇄업자 열 명을 비롯해, 유럽의 14개 도시에서 마흔 가지가 넘는 판본으로 출간되었다.

산 야코포 디 리폴리는 다음 3세기 동안 계속 수녀원으로 남아 있다가 교회의 권력을 축소하고 사회적으로 쓸모없다고 간주되는 기관들을 폐지하기 위한 운동의 일환으로 1781년에 토스카나 대공 피에트로 레오폴도에 의해 폐쇄되었다. 다음 세기 동안 그곳은 여학교로 이용되다가 1886년에 이탈리아 정부가 매입해 세속화한 다음 이탈리아 육군에 넘겨서 병영으로 사용하게 했다. 그곳의 건물들은 1945년에 난민 수용소로 잠시 징발되었는데 다수가 홀로코스트에서 살아남은 유대인들이었다. 병영은 나중에 다시 육군으로 돌아왔고 1차 세계대전의 영웅인 시모네 시모니의 이름을 따서 붙였다. 오늘날 그곳은 여전히 카세르마 시모니라고 불리며, 육군 행정부의 청사로 사용되고 있다. 2018년에는 복원 공사가 마무리되어, 예전에 수녀들이 공동식당으로 이용하던 방에서 오랫동안 감춰져 있던, 예수와 마리아의 생애의 여러 장면들을 보여주는 연작 프레스코화가 다시 빛을 보게 되었다.

도메니코 수사와 로렌초 디 알로파 그리고 마리에타 같은 수녀들이 운영하던 인쇄소에 대해서는 아무런 흔적도 남아 있지 않다. 스칼라 거리에 세워진 낡고 닳은 명판만이 전에 그곳이 수녀원과 학문의 장소였음을 간단히 암시할 뿐이다. 명판에는 산 야코포 디 리폴리가 1406년에 베르나르도 첸니니에 의해 유럽 최초의 인쇄기를 설치한 곳 중 하나라고 명시되어 있다.

에필로그

어둠을 몰아내다

1490년 4월 어느날 아침, 베스파시아노는 안텔라를 떠나 피렌체의 산타 브리기다 델 파라디소 수도원으로 향하고 있다. 노새를 타고 1시간 거리를 베드스트로[갈퀴덩굴속屬의 풀]의 향기로 가득한 봄내음을 맡으며 꽃양귀비로 붉게 물든 들판을 지나는 여정이다. 지난 10년간 일 몬테 저택의 책과 문서들 틈에서 "기분 좋은 고독" 속에 파묻혀 지낸 그의 은퇴 생활은 분주한 나날이었다. 산 마르코 도서관을 위한 간헐적인 작업이 이따금씩 그를 이 구불구불한 길로 불러내곤 했고, 페란테 국왕 같은 오랜 고객들도 여전히 그를 찾았다. 페란테의 아버지 겸용왕 알폰소가 건립한 도서관의 장서는 다양한 구매와 증정본은 물론이고, 패배한 적들한테서 책을 몰수하는 페란테의 관행으로 인해 인상적인 속도로 계속 늘어나고 있었다.[1]

또 다른 고객도 등장했다. 1490년에 이르자 베스파시아노는 다시금 메디치가를 위해, 실제로는 바로 로렌초를 위해 일하게 되었다. 오래전

베스파시아노는 로렌초에게 새로운 도서관을 제의한 후 이따금 채근을 했음에도 로렌초는 별다른 관심을 보이지 않았다. 하지만 수집에 대한 그의 지칠 줄 모르는 욕구는 이제 마침내 필사본까지 아우르게 됐다. 그는 동방에서 들여온 그리스 코덱스에 특히 열광했다. 인쇄본에 대한 그의 냉대는 여전해서 마르실리오 피치노의 책들은 역설계를 거쳐 인쇄된 페이지들은 아름답게 채식된 양피지 페이지들로 탈바꿈되었다.[2] 로렌초는 이 필사본들을 메디치궁 내, 대리석 흉상들로 아름답게 꾸며진 도서관에 비치하고 전시할 계획이다.[3] 성 아우구스티누스 같은 교부들과 다른 초기 기독교도들의 저작도 컬렉션에 포함시키고 싶었던 로렌초는 피렌체의 필경사들과 필연적으로 베스파시아노에게 고개를 돌렸다.[4]

그리하여 베스파시아노는 노새를 타고 산타 브리기다 델 파라디소로 향했고, 그곳에서 사서인 그레고리오 수사는 방문객이 "로렌초가 보내서" 왔다고 꼼꼼히 기록한다. 이곳에서 베스파시아노는 두 친구의 환영을 받는다. 한 명은 거의 20년 전에 "고대 세계의 위인들"을 되살려냈다며 베스파시아노에게 넘치는 경의를 표한 안젤로 폴리치아노다. 안젤로는 로렌초를 대신해 볼로냐와 파도바, 베네치아의 도서관에서 필사본을 물색하기 위해 곧 출발할 예정이다. 또 한 명의 친구는 마르실리오 피치노의 친구이자 동료 플라톤 광팬인 피코 델라 미란돌라다. 녹색 눈동자와 큰 키가 눈에 띄는 그는 아랍어와 칼데아어를 비롯해 다수의 언어를 읽을 줄 알고, 단테의 《신곡》을 처음부터 끝까지 그리고 그 반대로도 줄줄 암송할 수 있는 지적 비르투오소(고도의 기교를 보여주는 대가, 명장)였다. 경탄을 금치 못한 피치노는 그를 "초인적 인류"[5]에 속한다고 간주했다. 그레고리오 수사는 "그들이 우리 도서관에 있는 것을 빠짐

없이 보고 싶어했다"라고 나중에 저명한 방문객들에 관해 썼다.[6]

메디치가로부터의 작업 의뢰, 당대 최고 지성들과의 교류, 고요하고 퀴퀴한 도서관에서 오래된 필사본의 물색…. 이 봄날에 베스파시아노는 분명 황금기가 돌아온 듯한 기분일 테다. 하지만 그럴 일은 없었다. 베스파시아노는 우르비노 성서 작업을 함께했던 이들을 비롯해 로렌초를 위해 채식사를 찾아주게 된다. 하지만 협업은 1492년 4월, 43세를 일기로 로렌초의 죽음과 함께 끝이 나며, 2년 뒤에는 피코와 폴리치아노도 독살로 죽게 된다. 1494년 11월에는 프랑스의 이탈리아 침공과 민중 봉기로 로렌초의 아들들이 피렌체에서 축출되면서 메디치궁의 귀중한 필사본들은 상자에 담겨 산 마르코 수도원으로 안전하게 옮겨진다. 속세와 동떨어진 이곳에서 그 필사본들은, 15세기가 저물어가는 지금 돌이켜봤을 때 완전히 다른 시대처럼 느껴지는 시절에 니콜로 니콜리가 모았던 장서들과 조용히 합쳐진다.

1494년 로렌초의 아들들이 피렌체에서 축출된 뒤 도시는 1491년에 산 마르코 수도원의 원장이 된 페라라 출신 도미니크회 수도사 지롤라모 사보나롤라의 영향권 안에 들어가게 됐다. 고대 이교주의와 기독교를 화해시키려는 길고도 희망찬 프로젝트는 돌연 끝이 났다. "플라톤과 기독교도 간의 차이는 죄악과 미덕의 차이만큼 크며, 플라톤의 교의와 기독교 교리 간의 차이는 어둠과 빛의 차이만큼 크다"[7]며 사보나롤라는 강단에서 사자후를 토했다. 여러 설교들에서 그는 "오만 가지 음탕한 짓거리를 가르치는" 고대 작가들의 "쓸모없고 수치스러운 책들"을 규탄했다. 불길하게도 그는 책이 파괴된 선례들도 거론했다. "성 베드로는 많은 책과 다른 신기한 물건들을 불태웠다"고 그는 강단에서 단언했다.

"성 그레고리우스는 아름다운 로마 조각상들을 때려 부수고 리비우스의 책들을 불태웠다."[8]

사보나롤라는 이런 선례들을 마음에 새겼다. 그는 추종자들을 거리로 내보냈는데 바짝 깎은 머리에 수수한 옷차림을 한 이 젊은이들과 소년들은 도박꾼, 매춘부, 남색자, 정숙하지 못한 옷차림을 한 여자들을 못살게 굴고 괴롭히며 극성스럽게 도덕을 강제했다. 순찰대는 사보나롤라의 명령에 따라 케이크와 페이스트리가 든 바구니를 압수하고 집집마다 다니며 "허황된 것들"을 몰수했다. 게임용 카드, 가면, 거울, 체스 세트, 가발, 화장품, 악기, (사보나롤라가 꼴 보기 싫다고 여긴) "추한 이미지"와 "맨가슴을 드러낸 인물들"이 그려진 회화들이 전부 몰수 대상이었다. 그는 그렇게 압수한 것들을 모아서 1497년 참회 화요일에 불태웠고, 1498년에 다시 불태웠다. 수레에 실려 시뇨리아 광장으로 운반된 압수품은 차곡차곡 쌓여 그 높이가 2.7미터에 달했다. 압수품 피라미드는 총 7단으로 구성되었는데 한 목격자에 따르면 한 단 전체가 책과 필사본이었다고 한다. 거기에는 "음탕한" 고대인들의 작품만이 아니라 보카치오의 《데카메론》과 사보나롤라에게 특히 골칫거리였던 루이지 풀치의 《모르간테》도 있었다. 그다음 나팔과 종소리가 울리는 가운데 거대한 화장火葬단에 불이 붙었다. 사보나롤라는 "환호했다."[9]

사보나롤라는 피렌체와 국외의 복잡다단한 사회적, 정치적, 영적인 상황들에 민감하게 반응하던 복잡한 인물이었다. 그는 너무도 흔히 제시되는 것처럼 단순히 (어느 교과서에서 설명하듯이) "한바탕 터져 나온 중세적 경건성"[10] 때문에 피렌체 르네상스의 광휘를 꺼버린 '암흑기'의 유물이 아니었다. "중세적 경건성"은 15세기 피렌체에서 면면히 이어졌다. 심지어 콜루초 살루타티 같은 골수 인문주의자도 역병이 신의 의로운 복수라고 믿었다. 사보나롤라와 인문주의자들 간 대비는 눈에 보이는 것만큼 결코 극명하거나 현저하지 않았다.[11] 그들은 많은 동일한 염원을, 특히 정치적으로 부패하고 도덕적으로 파산했으며 영적으로 공허하다고 믿었던 사회의 도덕적 개조에 대한 염원을 공유했다. 사보나롤라는 베스파시아노와 그의 인문주의자 친구들이 고원한 독서 모임에서 논의하던 내용들을 강단에서 설교하며, 동일한 메시지를 "잘난 체하거나 학자 티를 내지 않는" 언어로 써서, 라틴어 사용자의 영역 너머로, 그리고 (사보나롤라의 한 찬미자가 표현한 대로) "크고 작은 길을 따라"[12] 곳곳으로 가져갔을 뿐이다.

사보나롤라의 메시지는 많은 인문주의자들에게 호소력이 있었다. 폴리치아노의 학생들과 피치노의 아카데미 일원들, 특히 피코 델라 미란돌라가 그 설교자의 곁으로 몰려갔다. 사보나롤라도 인문주의의 매력에 무심하지 않았다. 1497년에 스투디오 피오렌티노의 한 교수는 학식 높은 그를 "페라라에서 온 소크라테스"라고 일컬으며 바로 얼마 전까지 피치노와 동일시되어온 철학자의 위명을 그에게 부여했다. 사보나롤라는 키케로와 베르길리우스가 자신의 모닥불 속에 들어가지 않게 신경 썼고 산 마르코 수도원은 철학을 가르치는 "아카데미아 마르치아나"〔성 마르코 아카데미〕로서 선도적인 인문주의 학문 기관이 되었다. 사보나롤라가 강단에서 철학자들의 이야기를 "여태껏 들어본 것 가운데 최고의 헛소리"라고 조롱하며 공개석상에서는 세속의 지혜를 때리는 회초리 역할을 했다면, 피코 같은 동료들과 함께하는 사적인 자리에서는 플라톤이나 아리스토텔레스와 기독교 교리와의 양립 가능성에 훨씬 더 열려 있는 태도를 취했다.[13]

베스파시아노는 사보나롤라의 메시지에 마땅히 호응했어야 했다.

지롤라모 사보나롤라(1452~1498):
'페라라에서 온 소크라테스'.

《이탈리아를 위한 애가》에서 그는 회개와 개혁을 촉구하고, "사치와 온갖 어리석음"을, 바로 그 수도사의 모닥불에서 소각된 "허황된 것들"을 버릴 것을 촉구하지 않았던가. 하지만 사보나롤라와, 베스파시아노가 "사회의 쓰레기"라고 일컬은 사보나롤라 추종자들의 파괴적 활동과 포퓰리즘적 메시지는 베스파시아노가 보기에 도를 넘은 것이었다. 사보나롤라는 강단뿐만 아니라 인쇄물로도 자신의 메시지를 설파했고 1490년 전반기에 피렌체의 인쇄기들은 그의 설교와 연설문을 대량으로 찍어냈다. 마인츠의 요하네스가 그의 저술을 다수 출판했지만 사보나롤라를 위해 가장 바쁘게 돌아간 인쇄기는 안토니오 미스코미니(그는 1492년에만 그의 작품을 5종 발행했다)와 바르톨로메오 디 리브리(1495년에 최소 10여 차례 출간했다)의 것이었다. 많은 피렌체 인문주의자들이 철학이 상아탑에서 내려와 "크고 작은 길"을 따라 곳곳으로 퍼져나가는 것을 기뻐했다면, 베스파시아노는 인문주의 프로젝트에 대해 얼마나 헌신적이었든 간에 줄곧 엘리트주의자, 그것도 그의 아름다운 필사본과 같은 고루한 엘리트주의자였다. 그는 1497년 봄에 한 친구에게 보낸 편지에서 사보나롤라의 권력에 대해 개탄했다. "우리가 어디로 가고 있는지 보라!" 그는 절망적으로 외쳤다. "민중의 수중에 떨어진 도시에 화가 있을진저."[14]

피렌체의 사보나롤라 정권은 오래가지 못했다. 1497년 5월 12일, 교황 알렉산데르 6세의 파문 칙서가 피렌체에서 활동하고 있는 프란체스코 디 디노의 인쇄기에서 발행되었다. 사보나롤라는 이단으로 선포되고, 고문을 받은 뒤 1498년 5월에 시뇨리아 광장 한복판에 설치된 교수대에서 처형되었다. 돌팔매질을 당한 그의 시신은 화형대에서 불탄 다음 재가 되어 아르노강에 버려졌다.

베스파시아노는 두 달 뒤에 안텔라에서 76세를 일기로 사망했다. 그의 시신은 피렌체로 옮겨졌고, 1498년 7월 27일에 산타 크로체 성당 바닥, 형 야코포의 이름이 새겨진 가족묘에 안장되었다. 사망 보고서는 그를 "베스파시아노 카르톨라이오"라고만 기록했다.

베스파시아노가 안텔라에서 지낸 시간의 상당 부분은 '명사들'의 전기를 집필하는 데 할애되었다. 그는 이 약전 모음을 수십 년간 구상해왔던 게 틀림없는데 1458년, 알폰소 국왕의 사망 직후에 그의 임종을 지킨 사람들 중 한 명인 알폰소의 고해 신부 페란도 다 코르도바에게 면담을 요청했기 때문이다. 그는 자료 조사에 무척 열심이어서 하루 전에 피렌체에 도착한 페란도가 "여독으로 지쳐서" 아직 침대에 누워 있을 때 숙소로 찾아올 정도였다. 페란도는 베스파시아노에게 기꺼이 왕의 임종을 둘러싼 사정을 전해주었다. 그는 알폰소가 죄를 고백할 준비를 하고 있는데 페라라에서 어느 은자가 찾아와서 왕에게 사실 그는 아직 죽지 않을 것이라고 말했다는 놀라운 이야기를 들려주었다. 알폰소는 고해를 미룰 수 있게 되어 기쁠 따름이었다("대大군주들은 대죄를 저지르지요"라고 페란도는 베스파시아노에게 엄숙히 털어놓았다). 하지만 페란도는 알폰소의 불멸의 영혼을 차지할 생각으로 악마가 은자를 보냈다는 사실을 영리하게 알아차렸다. 악마의 음모는 들통 나고 은자는 나폴리에서 쫓겨났으며, 알폰소는 고해를 한 뒤 자신의 영혼을 하느님께 맡기고 평화롭게 저세상으로 갔다.

베스파시아노는 전기의 주인공들의 각종 일화들을 목격한 다양한 인물들을 찾아 의견을 구했다. 그는 런던에서 존 팁토프트가 처형될 당시 그 자리에 있었던 한 도미니크회 수도사를 면담하기도 했다. 그는 타워힐에서 공작이 처형인에게 성삼위일체를 기리는 의미로 도끼를 세 번 휘둘러 목을 쳐달라고 부탁했음을 알게 되었다. "그놈은 기꺼이 청을 들어줬다"라고 베스파시아노는 기록했다.[15]

전기 대부분은 1493년에 완성되었고 베스파시아노는 필사본 사본들을 다양한 친구들에게 선물했다. 그는 기록이 남지 않았다면 위대한 행적이 잊혔을 영웅들의 명성을 보존한 역사가들에게서 영감을 얻었다고 썼다. 그는 서문에서 "고대와 현대의 작가들이 명사들의 업적에 얼마나 많은 빛을 비추었는지, 그리고 누구도 그들의 행적을 전해주지 않아서 얼마나 많은 이들의 명성이 역사 속에 묻혔는지를 생각하곤 한다"라고 썼다. 그는 당대 위인들 다수의 행적을 기릴 수 있는 둘도 없는 위치에 있었다. "나는 이 시대에 태어났고 많은 명사들과 조우했으며 그들에 대해 대단히 많은 정보를 갖고 있다. 그러므로 그들에 대한 기억을 보존할 수 있도록 내가 아는 바를 간략한 글로 남기고자 했다."[16]

지독히도 아이러니한 운명이 베스파시아노의 프로젝트를 기다리고 있었다. 그도 잘 알다시피 명사들의 명성은 때로 "누구도 그들의 행적을 전해주지 않아서"가 아니라 그러한 행적을 기리는 필사본들이 소멸되거나 분실되어서 역사에서 잊히곤 했다. 그의 증정본들은 모두 손으로 필사한 것이었으므로 독자층은 제한되었고 세월이 흐르면서 당대의 명사들을 칭송한 그의 글은 거의 아무에게도 주목받지 못한 채 묻히게 되었다. 그 후 몇 세기 동안 그의 증정본들을 바탕으로 필사본이 더 만들어지긴 했지만 모두 빠르게 도서관으로 사라지거나 그냥 자취를 감춰버렸다. 그가 그런 추세를 뒤집기 위해 그토록 노력했지만 중세 '암흑기'에 벌어진 지식의 소실이 유감스럽게 재연된 셈이다. 물론 다수의 발췌문이 인쇄된 것은 사실이다. 체사리니 추기경에 관한 그의 전기가 1647년 로마에서 출판되었고, 교황 에우게니우스 4세와 니콜라우스 5세에 관한 전기는 1751년 밀라노에서 나왔다. 1788년에는 본인이 에드워드 기번의 《로마제국 쇠망사》 각주에서 "피렌체의 베스파시안Vespasian of Florence"으로 잠깐 등장하기도 했다.[17] 하지만 베스파시아노가 쓴 명사들의 생애와 행적은 1839년에 안젤로 마이 추기경이 바티칸 도서관에서 발견한 필사본을 출판하기 전까지는 후대에 영영 보전될 것이라고 진정으로 안심할 수 없었다. 베스파시아노 본인의 행적도 역사에 알려지지 않았다. 그가 죽고 나서 한 세기 뒤에 필사된 바티칸 필사본 표지에 손으로 적힌 설명은 작가가 요안네스 아르기로풀로스의 시대에 살았던 피렌체 사람이라고만 밝히고 있을 뿐이다.

베스파시아노는 두 가지 상이한 기술에 걸쳐 있었던 만큼 위태롭고 보잘것없는 위치를 차지하고 있었다. 그는 다른 방식으로 급속하게 대체되어간 생산방식을, 그 자신이 완벽의 경지로 끌어올린 생산 방식을 끌어안고, 그 이행 과정이 다른 이들에게는 얼마나 순조롭고 매끄럽게 이루어졌든지 간에 그는 새로운 생산방식을 완강하게 거부했다. 그는 15세기에 가장 뛰어나고 생산적이고 영향력 있는 필사본 제작자였다. 그는 1천 권의 필사본 제작에 직접적으로 기여한 것이 틀림없고 그보다 더 많은 필사본을 제작했을 수도 있다. 게다가 무수한 고대와 근대의 필사본들이 그의 손을 거쳐갔다. 그는 운 좋게도 필사본의 황금기에 살면서 활동했는데 그의 일생 동안 역사상 다른 어느 시점보다 더 많은 필사본들이 쏟아져 나왔다. 수백만 권의 필사본이 늘어가는 식자층과 문해력을 갖춘 이들의 욕구를, 그리고 고대인들을 모방하여 도서관을 건립하던 군주와 유력자들의 욕구를 채워주었다. 로마제국 멸망과 1500년도 사이의 천 년 동안 약 1080만 권의 필사본이 서유럽에서 생산되었다. 그중 거의 절반인 490만 권이 1400년대에 필사된 것이고, 그중 140만 권, 즉 29퍼센트는 이탈리아에서 제작된 것이다.

이렇게 쇄도하던 물결은 베스파시아노의 경력을 관통해 그를 가장 높은 지점으로 밀어 올렸지만 결국에는 신기술의 모래톱에 부딪혀 부서질 수밖에 없었다. 꾸준하게 누적되어가던 필사본은 인쇄기가 도래함에 따라 15세기의 마지막 50년 동안 급격하게 자리를 내주게 되었는데 1454년과 1500년 사이, 이른바 인큐내뷸러* 시대에 대략 1250만 권

---

* 이 몇 십 년 동안 인쇄된 책을 인큐너블incunable이라고 하는데, 문자 그대로는 '요람', 더 비유적으로는 '강보'를 뜻하는 라틴어 인쿠나불라incunabula에서 온, 인쇄술의 '유아기'를 가리키는 용어다.

피렌체 서점 이야기

의 인쇄본이 쏟아져 나왔던 것이다. 인쇄소는 1470년대에는 유럽 19개 도시에서 운영되었던 반면, 1500년에 이르자 그 수는 255개로 급증했다. 다시금 이탈리아가 선두를 차지하여, 16세기 전환기 이전에 56개의 도시에서 인쇄소가 돌아가며 최소 450만 권의 책을 찍어냈다.

필사에서 인쇄로의 점진적인 전환은 1400년부터 1500년 사이에 책값이 3분의 2만큼 하락했음을 의미했다.[18] 15세기 후반기에 이르면 인쇄본은 리폴리 출판사의 책을 구입한 벽돌공이나 대장장이 같은 필사본이라면 엄두를 못 냈을 독자들의 손에 도달했다. 그렇더라도 모든 사람이 인쇄본에 쉽게 접근하거나 입수할 수 있는 것은 아니었다. 1500년까지 인쇄소는 인구 5천 명 이상의 유럽 도시들 가운데 11퍼센트에만 존재했고 유럽 100대 도시 가운데 40개 도시에는 여전히 인쇄소가 없었다.[19] 인쇄소가 없는 도시들에는 인구가 1만 명이고 1454년에 구텐베르크가 신제품을 처음 전시한 곳으로 의미가 있는 프랑크푸르트도 있었다.[20] 인쇄기에 의한 지식과 정보의 '보급'을 이야기하기는 쉽지만 인쇄업자가 없는 도시와 소읍들, 유럽 전역에 걸쳐 1500곳이 넘는 도회지에서는 300킬로미터 정도의 짧은 이동만으로도 높은 운송 비용 때문에 책값이 20퍼센트 인상되기도 해서 책을 공급받기가 힘들었다. 그 시대를 연구한 어느 경제학자가 평가한 대로 "공급의 제약이 기술의 확산을 제한했다."[21]

따라서 인쇄술의 사회적·정치적 결과는 과장되기 쉽다. 라틴어는 15세기 후반 내내 인쇄술의 언어였다. 1500년 이전에 출판된 모든 책의 70퍼센트가 라틴어로 나왔다.[22] 더욱이 인쇄술이 문해력에 미치는 영향은 단순하지가 않다. 물론 문해력의 확대는 저렴한 교과서의 입수 가능성이 요구되지만 문구상과 서적상들은 인쇄술이 도래하기 한참 전부터 입문서와 문법서를 풍부히 공급해왔다. 어느 연대기 작가가 1330년대 후반에 피렌체의 학교들에서 글을 배우고 있다고 추정한 "8천 명에서 1만 명"의 어린 남녀 학생들은 읽을거리의 부족으로 곤란을 겪을 일이 없었다. 여기서 2세기를 건너뛰어 인쇄의 시대에 진입하면 이야기는 달라지는데, 증거에 따르면 16세기를 거치면서 토스카나 지방의 문자해득률은 사실 떨어지는 것으로 나타났기 때문이다.[23] 피렌체시의 "잊힌 세기들"[24]에 토스카나 대공들이 주관한 억압적 조치들과 경제적 쇠락의 시기 동안 인쇄술이 해낼 수 있었던 것보다 14세기와 15세기의 경제적 번영과 정치적 자유가 피렌체의 문해력에 더 기여한 셈이다.

흔히 대규모 '미디어 캠페인'의 산물이자 하나의 '출판 사건print event'으로 그려지는 종교개혁에 대한 인쇄기의 영향도 결코 간단한 문제가 아니다. 인쇄술이 중요한 역할을 했다는 것은 의심할 여지가 없다. 마르틴 루터 이전에도 교회는 성서를 토착어로 번역하는 것을 금지한 한편, 교황 레오 10세(로렌초 데 메디치의 둘째 아들)는 "하루가 다르게 악이 자라나게" 하는 인쇄술의 능력을 한탄했다.[25] 루터 본인은 인쇄기를 십분 활용해 놀랍도록 생산적인 선전가가 되었다. 16세기의 첫 30년 동안 독일어권에서 출판된 모든 소책자 중 20퍼센트가 그의 글이며 덕분에 비텐베르크(1502년 전에는 인쇄소가 없었다)는 독일 최대의 출판 중심지가 되었다.[26] 하지만 이 지역의 낮은 문해력으로 인해 인쇄소가 운영되는 도시에서도 독서 대중은 제한적이었다. 16세기 첫 몇십 년 동안 독일어권 도시와 소읍에서는 세 명 중 한 명만 글을 읽을 줄 알았다. 농촌 지역으로 넘어가면 문자해득률은 급격히 낮아져 불과 5퍼센트 미만이었다. 한 추정치에 따르면 인구가 1600만 명인 신성로마제국의 독서 대중은 대략 40만 명으로, 이는 43명 중 한 명꼴로 루터의 메시지를 읽을 수 있

피렌체 서점 이야기

었다는 뜻이다. 인쇄기 덕분에 모든 사람이 책을 소장할 수 있게 된 것도 아니다. 루터의 1534년판 독일어 성서 가격은 미숙련 노동자의 한 달 임금에 맞먹었다.[27]

이런 상황을 고려해 출판 역사에 대한 고전적 연구서의 저자들은 종교개혁이 출판의 자식이라는 관념을 "터무니없는 테제"[28]라고 단정하기도 했다. 그렇더라도 종교개혁은 인쇄기가 없었다면 도저히 지금의 역사적 사실대로 전개될 수 없었으리라. 최근의 한 연구는 1500년까지 인쇄기가 최소 한 대 이상 존재한 도시들은 인쇄기가 아예 없던 도시들보다 1600년이 되었을 때 프로테스탄트일 가능성이 30퍼센트 더 높았음을 밝혀냈다.[29] 다른 연구들은 어떻게 인쇄기가 경제 성장을 촉진했는지, 또 경제 성장은 어떻게 '프로테스탄트 윤리'와 시장 주도 '자본주의 정신' 간의 인과관계로 인해 프로테스탄티즘의 탄생으로 이어졌는지를 보여주었다(독일 사회학자 막스 베버의 유명한 공식화를 인정해서 말이다).[30]

인쇄기는 또 다른 프로젝트, 심지어 루터의 것보다 훨씬 더 경천동지할 프로젝트에서 대체로 중요하지만 인정받지 못한 역할을 했던 것 같다. 만일 베스파시아노가 15세기의 가장 유명하고 중요한 서적상이 아니라면 다른 유일한 후보자는 1486년에 코르도바에 나타나 서점을 운영한 한 이탈리아인일 것이다. 한 지인은 그를 "제노바 출신, 인쇄본 상인un hombre de tierra de Génova, mercader de libros de estampa"이라고 묘사했다. 코르도바 사람들은 키가 크고 붉은 머리에, 심신이 깊고 "대단히 말주변이 좋은" 이 서른다섯 살의 제노바 사람을 크리스토발 콜론으로 알고 있었다. 그의 친구는 그가 "우주지宇宙誌와 세계의 구조에 관해 정통한"[31] 재주 많은 사람이라고 말했다.

크리스토퍼 콜럼버스는 코르도바의 자신의 가게에 1년 전 안트베르

펜에서 출간된 마르코 폴로 저작의 라틴어 번역본과 더불어 지도와 해도도 많이 갖춰두었다. 코르도바에서 그는 지난날의 좌절을 딛고 다시 일어서 때를 기다리고 있는 중이었다. 근래에 포르투갈 국왕 주앙 2세는 항해 경비와 제독 직함, 황금 박차를 달 수 있는 권리를 하사받는 대가로 지팡구〔일본〕(마르코 폴로가 금이 지천에 깔려 있다고 언급한 땅)로 항해하겠다는 그의 제의를 거절했다.

많은 것들이 동방으로 가는 해상 경로를 찾아 서쪽으로 항해하려는 콜럼버스의 야심을 일깨웠다. 여기에는 아조레스제도 앞바다에서 건져 올린 넓적한 아시아인의 얼굴을 한 익사자 두 명과 같은 표류물도 포함되는데, 콜럼버스는 그들이 중국에서 흘러왔을 거라고 추측했다. 종교적 열정도 금과 향신료를 찾아 떠나고자 하는 그의 모험심에 불을 붙였다. 그는 1492년도 일기에 흥분해서 쓴 것처럼 금과 향신료에서 나오는 막대한 이익이 "예루살렘 정복"에 사용될 수 있을 것이라고 생각했다.[32]

하지만 콜럼버스의 상상력에 처음 불을 지핀 것은 책이었다. 코르도바에 도착하기 10년 전, 키오스섬과 아이슬란드같이 머나먼 곳으로 몇 차례 항해한 뒤 그는 리스본에서 지도 제작소를 운영하고 있던 동생 바르톨로메오에게 합류했다. 콜럼버스는 이곳, 동생의 나침반과 지도와 해도들 사이에서 지리학에 관한 책들을 섭렵하고 그가 읽은 책들에 2500개 이상의 주석을 달았다. 그때 읽은 책 가운데 하나는 에네아 실비오 피콜로미니가 교황이 되기 전에 집필하고 1477년에 베네치아에서 출판된《히스토리아 레룸 우비쿠에 게스타룸》이었다. 또 다른 책은 머나먼 땅에 사는 신기한 사람들에 관한 흥미진진한 이야기로 가득한 베네치아판 플리니우스의《자연사》였는데, 그 모든 것이 콜럼버스를 연구한 한 역사가에 따르면 그의 "상상적 풍경"의 일부가 되었다.[33] 책에 대한 그의 열정은 아들 에르난도 콜론이 물려받았다. 에르난도는 아메리카로 향하는 콜럼버스의 제4차이자 마지막 항해에 동행했지만 책의 세계를 택해 탐험을 포기하고, 1만 5천 권의 장서를 보유한 16세기 최대의 도서 수집가가 되었다.[34]

베스파시아노의 흔적은 피렌체에 거의 남아 있지 않다. 바디아 건너편에 있던 그의 서점은 피자 가게가 되었으며 산타 크로체 성당 바닥에 있는 묘석은 그의 형 야코포의 이름과, 세월에 닳은 조각이 새겨져 있다. 1898년, 그가 죽은 지 400년 뒤에 피렌체시는 산타 크로체 성당에 작은 명판을 세워 그에게 경의를 표했다. 이탈리아 르네상스의 가장 위대한 거인들 몇몇의 마지막 안식처가 된 건물—레오나르도 브루니, 로렌초 기베르티, 니콜로 마키아벨리, 미켈란젤로의 무덤이 있는—에서 베스파시아노에게 대단할 것 없지만 딱 맞는 존재감을 부여한 셈이다.

베스파시아노의 필사본들은 실제로 그의 생전에 그랬던 것처럼 지금도 유럽에 널리 퍼져 있다. 한때 그의 책들이 당대 최대의 수집가들의 궁전을 빛냈던 것처럼 런던과 옥스퍼드부터 파리, 코펜하겐, 뮌헨, 빈, 부다페스트에 이르기까지 세계 최고의 많은 도서관들이 이제 그 책들을 소장하고 있다. 이탈리아에서 그 필사본들은 로마, 피렌체, 베네치아, 페라라의 컬렉션에서 볼 수 있다. 에스파냐에서는 바르셀로나와 발렌시아, 레온의 도서관에서 볼 수 있다. 미국에서는 하버드 도서관이 우아한 인문주의자 서체로 필사된 레오나르도 브루니의 저작 필사본을 소장하고 있다. 필경사는 책의 백지에 그 책이 "베스파시아누스 리브라리우스 플로렌티누스"가 판매했다고 자랑스럽게 적어놓았다.

이 살아남은 필사본들은 베스파시아노가 40년의 경력에서 제작한 책의 극히 일부일 뿐이다. 다른 무수한 필사본들의 운명은 지식의 취약성과 소멸 가능성에 대해 진지하게 생각해보게 하는 사례들이다. 페데리코 다 몬테펠트로의 우르비노 도서관의 사서는 멍청하고 무지하고 더럽고 성난 자들이 접근하지 못하게 하라는 명령을 받았다. 하지만 1502년에 체사레 보르자와 병사들이 이곳에 도착해 필사본의 귀중한 장정들—베스파시아노가 그토록 자랑스러워한 진홍색 표지와 은제 고정쇠—을 싹 벗겨내고 책들을 포를리로 실어가버렸다. 페데리코의 두 권짜리 성서를 비롯해 약탈에서 살아남은 책들은 현재 베스파시아노 작품들의 최대 수장고 가운데 하나인 바티칸 도서관에 있다(이곳은 베스파시아노가 제작한 피치노의 플라톤 필사본도 소장하고 있다). 다른 많은 필사본들에는 암울한 운명이 기다리고 있었고, 결국 폭력, 약탈, 재난의 희생양이 되었다. 1514년에 페사로에서 일어난 불은 알레산드로 스포르차와 그의 아들 코스탄초를 위해 제작한 필사본들을 집어삼켰다. 야누스 판노니우스가 페치에 구축한 도서관은 그가 죽은 뒤 마티아스 코르비누스에게 넘어갔지만 부다성에 있던 코르비누스의 훌륭한 도서관도 1526년에 모하치 전투의 패배 뒤 튀르크 병사들의 희생양이 되고 말았는데, 그때 소실된 수천 권의 장서 중에는 베스파시아노의 필사본들도 있었다.

그렇지만 베스파시아노의 유산은 살아남은 그의 필사본을 다 합친 것보다 크다. 그의 업적은 그가 겸손하게 표현한 것처럼 "이 시대에 태어나 많은 명사들과 조우했다"라는 것에 그치지 않는다. 실제로 명사들에 관한 그의 전기는 먼 후대에 피렌체 르네상스는 회화와 조각에서 드러난 해부학적 정확성, 교회의 둥근 아치, 3차원 공간의 정복이 전부가 아니라는 점을 증명했다. 베스파시아노의 전기는 피렌체 르네상스의 광범위한 지평들을 드러냈고, 그 지평들은 퀸틸리아누스, 키케로, 플라톤 같은 작가들의 발견과 연구를 통해 수 세기를 가로질러 뻗어나가며 우리 시대까지 이어진다. 베스파시아노는 과거의 지혜를 다시 포착하고 그것을 현재를 위해, 페트라르카의 손자들이 믿은 것처럼 더 행복하고 더 나은 삶의 방식을 배울 수 있는 모든 사람들을 위해서 되살리고자 했던 꿈의 적극적인 협력자였다.

"모든 악은 무지에서 생겨난다"라고 베스파시아노는 썼다. "하지만 작가들은 어둠을 몰아내고 세계를 밝게 비춰왔다." 그와 그의 친구들은 파열되고 불행한 자신들의 시대에 과거의 순수한 광휘를 비춤으로써 그 어둠을 몰아낼 수 있기를 희망했다. 한 번에 필경사 한 명과 필사본 한 권씩으로.

감사의 말

연구와 집필 그리고 궁극적으로 출간에 도움을 준 많은 분들께 감사를 드릴 수 있게 되어 기쁘다. 우선 내가 20년 이상 함께 일하는 행운을 누린 두 동료이자 친구인 뉴욕 그로브애틀랜틱 출판사의 담당 편집자 조지 깁슨과 런던의 내 에이전트 크리스토퍼 싱클레어-스티븐슨에게 누구보다 고마움을 표하고 싶다. 크리스토퍼는 변함없이 열정적으로 격려를 아끼지 않았으며, 평소처럼 편집자로서 예리한 조언을 아끼지 않은 조지 역시 나를 위해서 지칠 줄 모르고 애써주며 원고 진행 과정 내내 무한한 인내심을 보여주었다. 그로브애틀랜틱의 모건 엔트리킨과 더불어 여러 이미지를 찾아주며 편의를 봐준 에밀리 번스에게도 감사드린다. 나는 운 좋게도 런던 채토앤드윈더스 출판사의 베키 하디와 그레그 클라우스 및 여타 팀원들의 도움과 지원을 받았다. 밀라노 가르찬티 출판사의 나의 오랜 편집자 파올로 차니노니와 토론토 펭귄 랜덤하우스의 크리스틴 코크런과 에이미 블랙 및 다른 팀원들에게도 고마움을 표하고 싶다.

이 책의 물리적 제작에 기여한 여러 사람들 중에서도 감사 인사를 드려야 할 분이 많다. 미국판을 디자인하고 제작한 그레천 메르겐탈러와 살 데스트로, 미국판 표지에 들어갈 아름다운 서체를 만들어준 리베카 아냐야, 베스파시아노의 필경사와 채식사들이 만든 본문 형식을 영국판 표지에 맞게 멋지게 다듬어준 스티븐 파커, 피렌체 지도를 그려준 존 질크스에게 감사드린다. 부지런히 교열을 봐준 얼리샤 번스와 교정쇄를 검토한 니콜 밸런트(미국판)와 샐리 사전트(영국판), 그리고 색인을 정리해준 젠 버튼에게도 감사하다.

책의 내용으로 말하자면, 나는 여러 분야의 전문가들이 원고의 전부나 일부를 읽어주는 대단한 행운을 누렸다. 앤 리더는 원고를 처음부터 끝까지 읽고 서적상 거리에 관한 것을 비롯해 많은 정보와 조언, 통찰을 건네주었으며 결정적으로 피렌체 국립문서고에서 벌레가 기어가는 듯한 도메니코 수사의 필체를 해독해주었다. 마르실리오 피치노와 관련하여 내가 잘못된 길로 빠지지 않게 해준 발레리 리스와, 플라톤과 아리스토텔레스의 핵심 문단들과 관련하여 너그럽게 도움을 준 앤지 홉스에게도 감사드린다. 낸시 골드스톤은 나폴리에서 앙주가와 아라곤가의 역사와 관련해 도움을 주었다. 그러나 이 책에서 일체의 오류나 오독, 오역은 안타깝게도 나의 것이다.

다른 많은 학자들도 내가 놓친 정보에 관한 문의에 친절히 답해주었다. 제러마이아 디트마, 오렌 마골리스, 데이비드 마시, 피터 스토이체프, 데이비드 워머슬리에게 감사드린다. 내가 그 외 무수한 학자들의 연구에 진 빚은 미주에 적절히 반영되었기를 바란다. 이 책의 집필에 크나큰 도움을 준 연구를 하고 책을 집필한 전문가들에게도 특별히 감사를 표해야 할 것 같다. 이 책은 멜리사 콘웨이, 아서 필드, 제임스 핸킨스, 마거릿 머서브, 존 몬파사니, 브라이언 리처드슨, 샤론 T. 스트로키아, 그리고 누구보다도 고故 알비니아 데 라 마레의 엄청난 학문적 유산에 큰 빚을 졌다. 베스파시아노에 관한 그녀의 수십 년에 걸친 연구가 없었다면 이 책은 도저히 나올 수 없었을 것이다.

두 친구가 번역을 도와주었다. 로버트-루이스 리리스는 라틴어(특히 베스파시아노에 관한 폴리치아노의 운문)를, 세르조 포리니는 몇몇 이탈리아어의 미묘한 표현을 해석하는 데 도움을 주었다. 또 다른 친구인 밥 크레인에게도 특히 감사해야 하는데 나처럼 피렌체 애호가인 크레인은 친구로서의 의무 이상으로 여러 버전의 원고를 읽어주고 건전한 충고를 아끼지 않았다.

도서관을 다룬 책에서 도움을 준 많은 사서들에게 사의를 표하는 일은 크나큰 기쁨이다. 피렌체 국립중앙도서관의 다비드 스페란치는 인쇄기에 관한 도메니코 수사의 '디아리오'(일지)를 볼 수 있게 허락해주었다. 피렌체 국립문서고의 직원들은 산 야코포 디 리폴리 수녀원 회계장부를 열람할 수 있게 허락해주었다. 이미지 사용 허락과 관련하여—이 작업의 상당 부분은 코로나 팬데믹으로 도서관과 박물관이 문을 닫은 동안 진행되었다—다른 여러 사서들에게도 감사를 드린다. 옥스퍼드 베일리얼칼리지의 로렌 돌먼, 베서니 햄블린, 셰이머스 페리, 옥스퍼드 뉴칼리지의 크리스토퍼 스켈턴-푸어드, 맨체스터 존 라일런즈 도서관의 줄리앤 심슨과 앤지 매카시, 런던 도서관의 킴벌리 스탠스필드와 이베트 디커슨, 로마 비블리오테카 카사나텐세의 사비나 피오렌치, 우피치 도서관의 조반나 페코릴라, 비블리오테카 메디체아 라우렌치아나의 에우제니아 안토누치, 비블리오테카 리카르디아나의 로셀라 조반네티에게 감사드린다.

'세계 서적상의 왕'에 관한 책에서, 내가 다년간 함께 일하는 즐거움을 누린 영국과 미국, 캐나다 서적업계의 왕과 여왕들에게 경의를 표하지 않고 넘어간다면 아쉬울 것이다. 게일과 로리 그린우드, 비비언 제닝스와 로저 도렌, 미첼 캐플런, 르네 마르탱, 벤 맥널리, 일레인 페트로셀리, 레이철 핍스에게 감사드린다. 나는 메리 게이 시플리, 바버라 터로, 샐리 조던, 샐리 러글스와 함께 피렌체와 이탈리아 곳곳을 여행하는 크나큰 특권을 누렸다. 이들 모두가 책보다 더 귀한 보물은 없다는 베사리온 추기경의 말에 동의할 것이다.

피렌체를 방문할 때 누리는 여러 이점 가운데 하나는 내가 항상 그곳에서 만나는 친구들일 것이다. 오랫동안 피렌체와 그 주변에서 생각을 자극하는 대화를 나눠온 빌 쿡, 빌 월리스, 일레인 루폴로, 로키 루제로, 파올라 보이노비치(산타 크로체에서 베스파시아노의 무덤을 내게 처음 구경시켜주었다)에게 고마움을 표하고 싶다. 다비드 바티스텔라와 리마 스텁스는 좋은 친구이자 대화 상대였을 뿐 아니라 브루넬레스키의 돔이 보이는 침실을 비롯해 넉넉한 환대를 베풀어주었다. 그리고 이 책에 실린 사진들을 찍어줘서 고맙네, 다비드.

같은 작가이자 애서가로서 열정과 인내심, 사랑을 베풀어준 아내 멜라니에게 변함없이 깊이 감사하다. 이 책은 피렌체가 풍성하고 유서 깊은 과거뿐만 아니라 활기 넘치는 미래도 가질 수 있도록 그곳의 찬란한 유산을 보존하고 보호하는 데 힘쓰는 친애하는 우리의 친구이자 궁극의 '피렌체의 친구'인 시모네타 브란돌리니 다다에게 바친다.

옮긴이의 말

라누초:

피렌체는 꽃이 만발한 나무 같아

줄기와 가지는 시뇨리아 광장에 뻗어 있지만

뿌리는 비옥하고 맑은 계곡에서 생명력을 얻는다네!

피렌체가 자라나며 우뚝한 궁전과

가는 탑들이 별들까지 치솟는다네!

아르노강이 어귀로 흘러가며

산타 크로체 광장에 입 맞추고

달콤한 그 노랫소리가 울려 퍼지면

시냇물의 코러스가 합류하는 것처럼

이렇게 예술가와 학자들이 찾아와

피렌체를 더 풍요롭고 찬란하게 만들지요!

—〈잔니 스키키〉(작곡: 자코모 푸치니, 대본: 조반키노 포르차노)

하지만 또 다른 구경꾼은 그리스인들의 옷차림이 이탈리아인들보다 더 위엄 있고 더 화려했다piu grave e piu degna고 고백한다(Vespasiano in Vit Eugen. IV. in Muratori tom xxv. p. 261).

— 에드워드 기번, 《로마제국쇠망사》 6권, 66장(Penguin, 1994, 886쪽)

피렌체의 르네상스라고 하면 나도 대뜸 브루넬레스키의 돔과 다비드 상(도나텔로와 미켈란젤로 둘 다), 그리고 선이 고운 젊은 남녀들이 풀밭에서 사뿐사뿐 노니는 보티첼리의 〈프리마베라〉가 떠오른다. 뒤따라 떠오르는 것은 브루니와 귀차르디니, 마키아벨리 같은 피렌체 지식인들이 서구 정치사상에 남긴 유산인 피렌체 공화주의의 전통이다.

내게 《피렌체 서점 이야기》는 피렌체 르네상스의 저 두 분야에 걸쳐 있는 다리 같은 책이다. 아리스토텔레스, 퀸틸리아누스와 키케로 같은 고전고대에서 자양분을 얻은 시민적 인문주의의 발전, 그리고 플라톤이 서구에서 재발견되고 수용되는 지적인 발효 과정이 아름답고 정교한 채식 필사본과 인큐내뷸러, 즉 초창기 인쇄본 제작의 물리적 공정 속에서 자연스럽게 설명된다. 물론 이탈리아 르네상스를 다루는 책이라면 군주들의 엽기 행각이나 '마키아벨리풍' 권모술수도 빠질 수 없다(감언이설에 속은 용병대장이 시신 전시실을 운영하는 국왕의 지하감옥으로 유인되어 목이 졸리는 이야기는 고전적인 멋까지 느껴진다!). 콘스탄티노플 함락과 파치 음모, 르네상스 신플라톤주의의 어설픈 수용이 불러온 자칭 포이만드레스의 희비극(책을 '오독'하면 크게 다칠 수 있음을 보여주는 무수한 역사적 실례 가운데 하나), 사보나롤라의 '허영의 모닥불'과 그 필연적인 귀결인 그의 화형…. 그러나 기행을 일삼는 화려한 르네상스 군주들과 실력자들, 교황들의 권력투쟁과 십자군, 엄숙한 신정정치 드라마 한가운데서도 책은 계속 쓰이고 만들어지고 읽힌다. 책 사냥꾼들은 전쟁의 불길 속에 사라질 위험에 처한 희귀 필사본을 구해내기 위해 열심히 발품을 판다. 번역가들은 좋은 소리를 듣기는커녕 오역 지적이나 안 당하면 다행이지만 그래도 고심해가며 고전 그리스어를 라틴어로 옮긴다. 필경 사들은 부지런히 깃펜을 움직이며 보기 좋은 서체로 필사를 한다. 채식 사와 세밀화가는 정성스레 금박을 붙이고 장식 그림을 그린다. 이들의 노고의 산물이 한데 합쳐져 책이 탄생하고 학문 공동체 전체가 그 지식의 혜택을 누릴 수 있도록 도서관으로 들어간다. 이 모든 것이 기번의 걸작에 각주로만 남았던 어느 서적상이 한 일이다. 아니, 이 책은 심지어 짤막한 각주로도 남지 못했던 사람들이 얼굴을 내비칠 기회를 내어 준다. 인쇄술에서 구텐베르크의 업적은 익히 알려져 있다. 나는 피치노의 역작 플라톤 전집의 최초 인쇄본을 찍어내기 위해 식자 스틱에 가지런히 활자들을 배열했을 수녀들의 이야기가 무엇보다 반가웠다.

전자책이 처음 나왔을 때 이른바 미래학자들은 종이책이 소멸할 날이 얼마 남지 않았다고 예견했었다. 하지만 이북 리더기가 대중화된 지금 전자책이 종이책을 대체할 기미는 아직 보이지 않으며, 양자는 사이 좋게 공존하고 있는 듯하다. 요즘은 오히려 전자책은 종이책의 물성을 대체할 수 없다라거나, 종이책이야말로 인류 최고의 발명품이라는 찬양의 목소리가 더 큰 것 같다(종이책 소멸의 가능성에 대한 일말의 불안감이 떠들썩한 찬사로 전도된 것은 아닐까 하는 의심도 살짝 들지만). 한술 더 떠 필사의 즐거움을 예찬하는 소리도 심심찮게 들려온다(설마 이것이 에코가 말하던 '새로운 중세'인가?).

그렇지만 베스파시아노의 필사본들이 박물관과 대학 도서관에 고이 모셔져 있는 지금의 현실을 생각하면 종이책이 그저 그 물성의 차원에서만 소비되는 감상용("잇따른 눈길들은 어느덧/ 읽지 않고 보기 시작하는지를 How soon succeeding eyes begin/ To look not read"―필립 라킨, 〈애런들의 무덤〉)이나 소장용 전시품으로 전락하게 되는 날이 오지 않을까 하는 걱정이 완전히 사라지지는 않는다. 하긴 내가 한가롭게 종이책의 운명을 걱정하고 앉아 있을 계제인가? 인쇄서의 출현 앞에 말 그대로 역사의 유물이 되어버린 필경사들한테서 똑똑한 인공지능 번역기에 밀려나는 인간 번역가의 미래가 어른거리지는 않는가? 베스파시아노의 일생과 필사본의 운명 앞에서 지식 전달 매체의 소멸과 진화에 관해 섣부른 예견을 하고 싶지는 않다. 지금은 박식하고 믿음직한 치체로네인 저자가 이끄는 대로 피렌체의 "크고 작은 길을 따라" 거닐며 르네상스에 빠져보는 것만으로 충분하다.

최파일

1장 서적상 거리

1 Robert Black, "Literacy in Florence, 1427," in David S. Peterson and Daniel E. Bornstein, eds., *Florence and Beyond: Culture, Society and Politics in Renais sance Italy: Essaysin Honor of John M. Najemy* (Toronto: Center for Renaissance and Reformation Studies, 2008), pp. 195-210; and idem, *Education and Society in Florentine Tuscany: Teachers, Pupils and Schools, c.1250-1500* (Leiden: Brill, 2007), vol. 1, pp. 1-42를 보라. 유럽 여타 지역의 문해율은 R. C. Allen, "Progress and Poverty in Early Modern Europe," *Economic History Review*, vol. 56 (2003), p. 415.

2 John N. Najemy, A History of Florence, 1250-1575 (Oxford: Blackwell, 2008), pp. 45-46. 토착어 작품 수요에 관해서는 Ronald Witt, "What Did Giovannino Read and Write? Literacy in Early Renaissance Florence," *I Tatti Studies in the Italian Renaissance*, vol. 6 (1995), pp. 83-84를 보라. 나는 학교와 문해율에 관한 정보도 여기서 얻었다.

3 Giovanni Morelli, Witt, "What Did Giovannino Read and Write?" p. 105에서 인용.

4 Anne Leader, "The Tomb of a Bookseller in Early Renaissance Florence," 출간에 앞서 이 글의 원고를 공유해주고 바디아의 임차인에 관한 정보를 제공해준 리더 박사에게 감사드린다. 바디아와 서적상 거리에 관한 정보는 그녀의 또 다른 저술, *The Badia of Florence: Art and Observance in a Renaissance Monastery* (Bloomington and Indianapolis: Indiana University Press, 2012), 특히 p. 27에 빚진 것이다.

5 안타깝지만 사료상 증거는 베스파시아노의 가게가 오늘날의 프로콘솔로 14번지에 있었다는 1928년의 어느 여행 안내 책자가 처음 퍼트린 신화와 상충한다. 피에트라 세레나 [청회색이 감도는 사암의 하나로 피렌체 르네상스 당시 건축에 널리 이용되었다] 귀돌과 엔태블러처[고대 건축에서 기둥이 떠받치는 수평 부분] 꼭대기에 펼쳐진 책이 조각된 아름다운 이 14번지 건물은 베스파시아노의 가게가 실제로 있었던 건물의 바로 옆 건물로서 훨씬 나중에 준티 출판사가 들어왔다.

6 이 세부 사항을 알려준 앤 리더에게 감사드린다(2019년 2월 5일 개인 이메일).

7 A. C. de la Mare, "New Research on Humanistic Scribes in Florence," in Annarosa Garzelli, ed., *Miniatura fiorentina del Rinascimento, 1440-1525: Un primo censimento*, 2 vols. (Florence: Giunta regionale toscana, 1985), vol. 1, p. 403에서 인용.

8 베스파시아노의 일생에 관한 상세 정보를 가장 빠짐없이 담고 있는 책이자 내가 이하에서 서술한 내용의 출전은 Giuseppe M. Cagni, *Vespasiano da Bisticci e il suo Epistolario* (Rome: Edizioni di Storia e Letteratura, 1969), pp. 11-46. 그의 출생 연도 관련 정보는

p.13을 보라.

9 이 채무들에 관해서는 위의 책 p. 19와 Raymond de Roover, *The Rise and Decline of the Medici Bank, 1397-1494* (Cambridge, MA: Harvard University Press, 1963), p. 183을 보라. 봉급은 Richard A. Goldthwaite, *The Economy of Renaissance Florence* (Baltimore: The Johns Hopkins University Press, 2009), pp. 86-87을 보라.

10 이 백분율은 조반니 빌라니의 14세기 연대기에 나온 추산을 토대로 한다. Giovanni Villan, *Nuova Cronica*, ed. Giuseppe Porta (Milan: Guanda editore, 1991), vol. 3, p. 198을 보라. 이에 대한 회의적인 반응은 Paul F. Grendler in "What Piero Learned in School: Fifteenth-Century Vernacular Education," in Grendler, ed., *Renaissance Education Between Religion and Politics* (Aldershot, Hants: Ashgate, 2006), IV, note 6, pp. 2-3을 보라. 더 낙관적인 평가는 Gene Brucker, *Renaissance Florence* (Berkeley and Los Angeles: University of California Press, 1969), p. 223; Christopher Kleinhenz, ed., "Education," in *Medieval Italy: An Encyclopedia* (Abingdon, Oxon.: Routledge, 2004), pp. 354-55; and Witt, "What Did Giovannino Read and Write?" pp. 87-89.

11 Piero Lucchi, "La Santacroce, il Salterio e il Babuino: Libri per imparare a leggere nel primo secolo della stampa," *Quaderni Storici*, vol. 13 (May-August, 1978), pp. 593-630 을 보라.

12 Eric Cochrane, *Florence in the Forgotten Centuries, 1527-1800: A History of Florence and the Florentines in the Age of the Grand Dukes* (Chicago: University of Chicago Press, 1973), p. 67에서 인용.

13 Vespasiano da Bisticci, *Vite di Uomini Illustri del Secolo XV*, ed. Paolo d'Ancona and Erhard Aeschlimann (Milan: Hoepli, 1951), p. 83. 다른 설명이 없으면 모든 인용문은 이 판본에서 나온 것이다. 베스파시아노가 묘사한 사건은 체사리니 추기경이 페레라-피렌체 공의회에 참석하느라 피렌체에 있었던 1439년에 일어난 게 거의 틀림없다.

14 Phyllis Walter Goodhart Gordan, ed. and trans., *Two Renaissance Book Hunters: The Letters of Poggius Bracciolini to Nicolaus de Niccolis* (New York: Columbia University Press, 1974), p. 85. 로마 쿠리아에 관한 포조의 불평은 pp. 39와 51을 보라.

15 *Vite di Uomini Illustri*, p. 443. 베스파시아노가 니콜리를 만난 것은 1434년 10월에 코시모 데 메디치가 피렌체로 귀환하기 전인데 코시모의 망명 동안 서점에서 니콜리와 있었던 사건을 묘사하기 때문이다.

16 Gordan, ed., *Two Renaissance Book Hunters*, p. 21.

17 *Vite di Uomini Illustri*, p. 438.

18 위의 책, p. 442.

19 Giannozzo Manetti, *Biographical Writings*, ed. and trans. Stefano U. Baldassarri and Rolf Bagemihl (Cambridge, MA: Harvard University Press, 2003), p. 129.

20 Berthold L. Ullman and Philip A. Stadter, *The Public Library of Renaissance Florence: Niccolò Niccoli, Cosimo de' Medici and the Library of San Marco* (Padua: Editrice Antenore, 1972), p.89에서 인용.

21 *Vite di Uomini Illustri*, p. 439.

22 *Two Renaissance Book Hunters*, p. 93.

23 *Vite di Uomini Illustri*, p. 435.

24 위의 책, p. 295.

25 위의 책, p. 2.

26 위의 책, p. 340.

27 Cagni, *Vespasiano da Bisticci e il suo Epistolario*, p. 162.

2장 과거의 순수한 광휘

1   Ugolino Verino, "To Andrea Alamanni: In Praise of Poets and on the Splendor of His Time," in Stefano Ugo Baldassarri and Arielle Saiber, eds., *Images of Quattrocento Florence: Selected Writings in Literature, History, and Art* (New Haven: Yale University Press, 2000), p. 93.

2   Leonardo Bruni, "Panegyric of Florence," in Baldassari and Saiber, eds., *Images of Quattrocento Florence*, p. 40.

3   "Panegyric of Florence," in Baldassari and Saiber, eds., *Images of Quattrocento Florence*, p. 42.

4   Dante makes his comment in Book 1, chapter 3 of his *Convivio*.

5   Verino, "To Andrea Alamanni," in *Images of Quattrocento Florence*, p. 94.

6   *Vite di Uomini Illustri*, p. 3. 마이는 이 작품을 *Vtiae CIII viroum illustrium, qui saceculo XV exiterunt*로 출판했다. 다른 10여 권도 이후에 필사본으로 발견되었다.

7   Jacob Burckhardt, *The Civilization of the Renaissance in Italy*, trans. S. G. C. Middlemore (Vienna: Phaidon Press, n.d.), p. 306, note 273.

8   위의 책, p. 89.

9   Thomas Albert Howard, "Jacob Burckhardt, Religion, and the Historiography of 'Crisis' and 'Transition,'" *Journal of the History of Ideas*, vol. 60 (January 1999), p. 150.

10 Ludwig von Pastor, *Tagebücher-Briefe-Erinnerungen*, ed. Wilhelm Wühr (Heidelberg: F. H. Kerle, 1950), p. 275에서 인용. 부르크하르트는 베스파시아노의 중요성을 동료 역사가인 파스토르에게 설명했고 파스토르가 그의 발언을 일기에 기록했다.

11 Jules Michelet, *The Witch of the Middle Ages*, trans. L. J. Trotter (London: Woodfall and Kinder, 1863), p. 9.

12 Pierre de Nolhac, *Pétrarque e l'humanisme*, 2 vols. (Paris: Librairie Honoré Champion, 1907), vol. 1, p. 2. Nolhac은 그 표현을 19세기 학자 에르네스트 르낭의 것으로 돌린다.

13 *Petrarch: A Critical Guide to the Complete Works*, ed. Victoria Kirkham and Armando Maggi (Chicago: University of Chicago Press, 2009), p. 135.

14 Petrarch, *On His Own Ignorance*, in *The Renaissance Philosophy of Man*, ed. Ernst Cassirer, Paul Oskar Kristeller, and John Herman Randall (Chicago: University of Chicago Press, 1948), p. 115.

15 '암흑기'란 표현을 만든 장본인으로서 페트라르카에 관해서는 Theodor E. Mommsen,

"Petrarch's Conception of the 'Dark Ages,'" *Speculum*, vol. 17 (April 1942), pp. 226-42 를 보라.

16 See Damasus Trapp, '"Moderns" and "Modernists" in the MS Fribourg Cordeliers,' *Augustianum*, vol. 26 (July 1965), pp. 241-70.

17 Fernand Braudel, *Civilization and Capitalism, 15th-18th Century*, vol. 3, *Perspective of the World*, trans. Siân Reynolds (London : Fontana, 1984), pp. 15-16.

18 Jean M. Grove and Roy Switsur, "Glacial Geological Evidence for the Medieval Warm Period," *Climatic Change*, vol. 30 (1994), pp. 1-27; and idem, *Little Ice Ages: Ancient and Modern*, 2 vols. (London : Routledge, 2004), vol. 1, p. 401.

19 Barbara Tuchman, *A Distant Mirror: The Calamitous 14th Century* (New York : Alfred A. Knopf, 1978).

20 Grove, *Little Ice Ages: Ancient and Modern*; and idem, "The Onset of the 'Little Ice Age,'" in P. D. Jones et al., eds., *History and Climate: Memories of the Future?* (New York : Kluwer Academic/Plenum Publishers, 2001), pp. 153-85를 보라.

21 Jan Huizinga, *The Waning of the Middle Ages: A Study of the Forms of Life, Thought and Art in France and the Netherlands in the Fourteenth and Fifteenth Centuries* (Harmonds worth : Penguin, 1922).

22 Edward Muir, *Ritual in Early Modern Europe* (Cambridge : Cambridge University Press, 2005), p. 120에서 인용.

23 Robert Coogan, "Petrarch's *Liber sine nomine* and a Vision of Rome in the Reformation," *Renaissance and Reformation/Renaissance et Réforme*, New Series, vol. 7 (February 1983), p. 5에서 인용.

24 Ernest Hatch Wilkins, *Life of Petrarch* (Chicago : University of Chicago Press, 1961), p. 201에서 인용. 늑대, 화살, 똥에 관한 법은 *Rome Before Avignon: A Social History of Thirteenth-Century Rome* (Berkeley : University of California Press, 1990), pp. 130-31에서 Robert Brentano가 열거한 재미난 14세기 법령 목록을 보라.

25 Neal Gilbert, trans., "A Letter of Giovanni Dondi dall'Orologio to fra' Guglielmo Centueri : A Fourteenth Century Episode in the Quarrel of the Ancients and the Moderns," *Viator*, vol. 8 (1977), pp. 299-346을 보라.

26 Mommsen, "Petrarch's Conception of the 'Dark Ages,'" p. 240에서 인용(번역을 살짝 수정했다).

27 Manetti, *Biographical Writings*, p. 129.

28 James Hankins, *Plato in the Italian Renaissance*, 2 vols. (Leiden : Brill, 1990), vol. 1, p. 95.

29 *Vite di Uomini Illustri*, p. 249.

30 Aulus Gellius, *Attic Nights*, vol. 1, Books 1-5, trans. J. C. Rolfe, Loeb Classical Library 195 (Cambridge, MA : Harvard University Press, 1927), p. xxvii.

31 위의 책, p. 267.

32 A. C. Clark, "The Reappearance of the Texts of the Classics," *The Library* (1921), pp.

피렌체 서점 이야기

20-21에서 인용.

33 Quintilian, "General Introduction," *The Orator's Education*, vol. 1, ed. and trans. Donald A. Russell, Loeb Classical Library 124 (Cambridge, MA: Harvard University Press, 2002), p. 2에서 인용.

34 *The Orator's Education*, vol. 1, p. 51.

35 위의 책, p. 101.

36 위의 책, p. 57.

37 위의 책, p. 197.

38 Cicero, *On the Orator, Books 1-2*, trans. E. W. Sutton and H. Rackham, Loeb Classical Library 348 (Cambridge, MA: Harvard University Press, 1942), p. 23.

39 Ronald G. Witt, *Coluccio Salutati and His Public Letters* (Geneva: Librairie roz, 1976), p. 62에서 인용.

40 Le *"Consulte" e "Pratiche" della Repubblica fiorentina nel Quattrocento*, ed. Elio Conti (Florence: Universita di Firenze, 1981), vol. 1, p. 309에서 인용.

41 *Renaissance Debates on Rhetoric*, ed. and trans. Wayne A. Rebhorn (Ithaca: Cornell University Press, 2000), p. 19에서 인용.

42 C. Joachim Classen, "Quintilian and the Revival of Learning in Italy," *Humanistica Lovaniensia*, vol. 43 (1994), p. 79에서 인용.

43 Cornelia C. Coulter, "Boccaccio's Knowledge of Quintilian," *Speculum*, vol. 22 (October 1958), p. 491.에서 인용.

44 Gordan, ed., *Two Renaissance Book Hunters*, p. 192에서 인용.

45 책이 어떻게 만들어졌는지를 역사적으로 탁월하게 개관한 책은 Peter Stoicheff, "Materials and Meanings," in Leslie Howsam, ed., *The Cambridge Companion to the History of the Book* (Cambridge: Cambridge University Press, 2015), pp. 73-89.

46 이 전설과 입수 가능한 역사적 증거로부터 이끌어낼 수 있는 것은 Richard R. Johnson, "Ancient and Medieval Accounts of the 'Invention' of Parchment," *California Studies in Classical Antiquity*, vol. 3 (1970), pp. 115-22.

47 Martial, *Epigrams*, ed. and trans. D. R. Shackleton Bailey, Loeb Classical Library 94 (Cambridge, MA: Harvard University Press, 1993), p. 43.

48 Eusebius, *The Life of the Blessed Emperor Constantine* (London: Samuel Bagster and Sons, 1845), Book IV, pp. 203-4.

49 Propertius, *Elegies*, ed. and trans. G. P. Goold, Loeb Classical Library 18 (Cambridge, MA: Harvard University Press, 1990), p. 343; and Martial, *Epigrams*, p. 171.

50 Thomas M. Tanner, "A History of Early Christian Libraries from Jesus to Jerome," *The Journal of Library History (1974-1987)*, vol. 14 (Fall 1979), p. 415에서 인용.

51 Clement of Alexandria, "The Stromata, or Miscellanies," in Jason L. Sanders, ed., *Greek and Roman Philosophy After Aristotle* (New York: The Free Press, 1966), p. 306.

52 Arthur Field, *The Intellectual Struggle for Florence: Humanists and the Beginnings of the Medici Regime, 1420-1440* (Oxford: Oxford University Press, 2017), p. 104에서 인용.

3장 경이로운 보물

1 Manetti, *Biographical Writings*, p. 127. 포조의 경우는 Gordan, ed., *Two Renais sance Book Hunters*, p. 47을 보라. 수도사 친구는 암브로조 트라베르사리로서 그는 기꺼이 말을 들었다.

2 니콜리의 목록은 Rodney P. Robinson, "The Inventory of Niccolò Niccoli," *Classical Philology*, vol. 16 (July 1921), pp. 251-55에서 찾을 수 있다.

3 그 친구는 첸치오 루스티치였다. Gordan, ed., *Two Renaissance Book Hunters*, p. 188을 보라.

4 *Vite di Uomini Illustri*, pp. 250-51.

5 *Two Renaissance Book Hunters*, p. 26.

6 *Vite di Uomini Illustri*, p. 292.

7 Clark, "The Reappearance of the Texts of the Classics," p. 14에서 인용.

8 Alison I. Beach, *Women as Scribes: Book Production and Monastic Reform in TwelfthCentury Bavaria* (Cambridge: Cambridge University Press, 2004), p. 14에서 인용.

9 위의 책에서 인용.

10 이 수치는 Bernhard Bischoff, *Manuscripts and Libraries in the Age of Charlemagne*, ed. and trans. Michael Gorman (Cambridge: Cambridge University Press, 1994), p. 116을 보라.

11 *Poetry of the Carolingian Renaissance*, ed. and trans. Peter Godman (Norman: University of Oklahoma Press, 1985), pp. 192-93.

12 포조의 친구 첸치오 루스티치는 나무껍질에 쓰인 책을 봤다고 말한다(*Two Renaissance Book Hunters*, p. 188). 안타깝게도 그는 그 책에 어떤 내용이 담겨 있었는지는 말해주지 않는다. 장크트갈렌에 있던 필경사의 수는 Walter Horn and Ernest Born, *The Plan of Saint Gall: A Study of the Architecture and Economy of, and Life in, a Paradigmatic Carolingian Monastery*, 3 vols. (Berkeley and Los Angeles: University of California Press, 1979), vol. 1, p. 151을 보라.

13 Courtney M. Booker, *Past Convictions: The Penance of Louis the Pious and the Decline of the Carolingians* (Philadelphia: University of Pennsylvania Press, 2009), pp. 5-6에서 인용.

14 *Two Renaissance Book Hunters*, p. 188.

15 *Vite di Uomini Illustri*, p. 292.

16 위의 책, p. 292.

17 *Two Renaissance Book Hunters*, p. 192.

18 바르바로의 편지는 위의 책, pp. 197-201을 보라.

19 *Vite di Uomini Illustri*, p. 293.

4장 아르노강 변의 아테네

1 *Vite di Uomini Illustri*, p. 9.

2 이 이야기는 위의 책, p. 8을 보라.

3 위의 책.

4   *Two Renaissance Book Hunters*, p. 46.

5   *Vite di Uomini Illustri*, p. 291.

6   위의 책, pp. 165-166.

7   Witt, "What Did Giovannino Read and Write?" p. 104에서 인용. 도덕과 애국적 주제를 다룬 작품들은 위의 책, pp. 103-4를 보라.

8   *Vite di Uomini Illustri*, p. 259.

9   마네티가 베스파시아노의 교사 노릇을 했을 가능성은 Heinz Willy Wittschier, "Vespasiano da Bisticci und Giannozzo Manetti," *Romanische Forschungen*, 79. Bd., H. 3 (1967), pp. 271-87을 보라.

10 *Vite di Uomini Illustri*, p. 439.

11 See A. C. de la Mare, "Vespasiano da Bisticci, Historian and Bookseller," 2 vols. (PhD diss., London University, 1965), vol. 2, p. 301.

12 *Vite di Uomini Illustri*, p. 349.

13 위의 책, p. 316.

14 Antonio de Ferraris (Il Galateo), quoted in Mattia Cosimo Chiriatti, "Lo Scriptorium di San Nicola di Casole (Otranto, Lecce) e il suo *Typikon* (Codex Taurinensis Graecus 216): Un'Analisi Storico-Letteraria," *Hortus Artium Medievalium*, vol. 23 (January 2017), p. 428.

15 Barry Baldwin, "Greek in Cicero's Letters," *Acta Classica*, vol. 35 (1992), p. 1.

16 Avi Sharon, "A Crusade for the Humanities: From the Letters of Cardinal Bessarion," *Arion: A Journal of Humanities and the Classics*, Third Series, vol. 19 (Fall 2011), p. 163에서 인용.

17 Giovanni Aurispa, quoted in George J. Kovtun, "John Lascaris and the Byzantine Connection," *The Journal of Library History (1974-1987)*, vol. 12 (Winter 1977), p. 20; and Leonardo Bruni, quoted in Hans Baron, *The Crisis of the Early Italian Renaissance: Civic Humanism and Republican Liberty in an Age of Classicism and Tyranny*, 2 vols. (Princeton: Princeton University Press, 1955, revised edition 1966), p. 193.

18 *Two Renaissance Book Hunters*, p. 141; Manetti, *Biographical Writings*, p. 121.

19 Field, *The Intellectual Struggle for Florence*, pp. 195-96에서 인용.

20 *Vite di Uomini Illustri*, p. 351.

21 Andrea Rizzi, "Violent Language in Early Fifteenth-Century Italy," in Susan Broomhall and Sarah Finn, eds., *Violence and Emotions in Early Modern Europe* (London: Routledge, 2016), p. 145에서 인용.

22 Diana Robin, *Filelfo in Milan: Writings 1451-1477* (Princeton: Princeton University Press, 1991), pp. 19-20에서 인용.

23 *Vite di Uomini Illustri*, pp. 294, 388.

24 가문의 초기 역사는 Gene Brucker, "The Medici in the Fourteenth Century," *Speculum*, vol. 32 (January 1957), pp. 1-26을 보라.

25 이 이야기는 *Vite di Uomini Illustri*, p. 437.

26 위의 책, p. 437.

27 Najemy, *A History of Florence*, p. 275에서 인용.

28 *Vite di Uomini Illustri*, p. 408.

29 Najemy, *A History of Florence*, p. 277에서 인용.

30 *Vite di Uomini Illustri*, p. 409.

31 위의 책, p. 419.

32 Cagni, ed., *Vespasiano da Bisticci e il suo Epistolario*, p. 159.

33 각각 Cagni, *Vespasiano da Bisticci e il suo Epistolario*, p. 19; and de La Mare, "Vespasiano da Bisticci, Historian and Bookseller," vol. 1, p. 16.

34 *Vite di Uomini Illustri*, p. 422.

35 위의 책, p. 406.

36 위의 책, p. 418.

37 Eltjo Buringh, *Medieval Manuscript Production in the Latin West: Explorations with a Global Database* (Leiden: Brill, 2011), pp. 416(초기경들)과 216(독일 수도원들).

38 *Vite di Uomini Illustri*, p. 444.

39 위의 책, p. p. 12.

40 *Pius II: Commentaries*, ed. Margaret Meserve and Marcello Simonetta, 2 vols. (Cambridge, MA: Harvard University Press, 2003), vol. 1, p. 317.

41 "The Sacred Exchange between Saint Francis and Lady Poverty," *Francis of Assisi: Early Documents*, vol. 1, ed. Regis J. Armstrong, J. A. Wayne Hellmann, and William J. Short (New York: New City Press, 1999), p. 536.

42 Daniela Da Rosa, *Coluccio Salutati: Il cancelliere e il pensatore politico* (Florence: La Nuova Italia, 1980), p. 38에서 인용.

43 Hans Baron, *In Search of Florentine Civic Humanism* (Princeton: Princeton University Press, 1988), vol. 1, p. 231에서 인용.

44 *Nicomachean Ethics*, trans. Harris Rackham, Loeb Classical Library 73 (Cambridge, MA: Harvard University Press, 1926), pp. 205-7.

45 Peter Howard, "Preaching Magnificence in Renaissance Florence," *Renaissance Quarterly*, vol. 61 (Summer 2008), p. 352에서 인용.

46 *Vite di Uomini Illustri*, p. 410.

47 위의 책.

48 Laura Jacobus, *Giotto and the Arena Chapel: Art, Architecture and Experience* (London: Harvey Miller, 2008), p. 8에서 인용.

49 Ullman and Stadter, *The Public Library of Renaissance Florence*, p. 4에서 인용.

5장 동방에서 온 현자들

1 *Vite di Uomini Illustri*, p. 15.

2 위의 책, pp. 13-14.

3 Joseph Gill, *The Council of Florence* (Cambridge: Cambridge University Press, 1959), p. 184에서 인용. 그의 의복과 인상적인 거동의 영향력은 Rosamond E. Mack, *Bazaar to Piazza: Islamic Trade and Italian Art, 1300–1600* (Berkeley and Los Angeles: University of California Press, 2002), p. 154를 보라.

4 Gill, *The Council of Florence*, p. 189에서 인용.

5 Alessandro d'Ancona, *Origini del teatro italiano* (Turin: Loescher, 1891), vol. 1, p. 248(나의 번역). 두 공연에 대한 수즈달의 아브라함의 묘사는 pp. 248-53을 보라.

6 *Pero Tafur: Travels and Adventures, 1435–1439*, ed. and trans. Malcolm Letts (London: George Routledge & Sons, 1926), p. 227.

7 C. M. Wood house, *George Gemistos Plethon: The Last of the Hellenes* (Oxford: Clarendon Press, 1986), p. 154.

8 Joseph Gill, *Personalities of the Council of Florence* (Oxford: Blackwell, 1964), p. 105에서 인용.

9 Eugenio Garin, *History of Italian Philosophy*, ed. and trans. Giorgio Pinton, 2 vols. (Amsterdam: Rodopi, 2008), vol. 1, p. 222에서 인용.

10 플레톤이 이 필사본을 보유한 것에 관해서는 James Hankins, "Cosimo de' Medici and the 'Platonic Academy,'" *Journal of the Warburg and Courtauld Institutes*, vol. 53 (1990), p. 157을 보라.

11 Serge-Thomas Bonino, O.P., "Aristotelianism and Angelology According to Aquinas," in Gilles Emery, O.P., and Matthew Levering, eds., *Aristotle in Aquinas's Theology* (Oxford: Oxford University Press, 2015), p. 33에서 인용.

12 Dante, *Il Convivio*, trans. Richard H. Lansing (New York: Garland, 1990), IV, 6.16.

13 *On His Ignorance*, in *The Renaissance Philosophy of Man*, p. 102.

14 Marsilio Ficino, quoted in Sophia Howlett, *Marsilio Ficino and His World* (New York: Palgrave Macmillan, 2016), p. 40.

15 James Hankins, 'Plato in the Middle Ages,' in Joseph Strayer, ed., *Dictionary of the Middle Ages* (New York: Charles Scribner's Sons, 1987), vol. 9, pp. 694-704를 보라.

16 John Whittaker, 'Parisinus Graecus 1962 and the Writings of Albinus,' *Phoenix*, vol. 28 (Autumn 1974), p. 321.

17 Plato, *Euthyphro. Apology. Crito. Phaedo*, trans. Chris Emlyn-Jones and William Preddy, Loeb Classical Library 36 (Cambridge, MA: Harvard University Press, 2017), p. 181.

18 Hankins, 'Cosimo de' Medici and the "Platonic Academy,'" p. 157에서 인용.

19 위의 책, p. 150에서 인용.

20 Diogenes Laertius, *Lives of Eminent Phi los o phers*, vol. 1, p. 445.

21 플라톤에 대한 아리스토텔레스의 비판은 Harold F. Cherniss, *Aristotle's Criticism of Plato and the Academy* (Baltimore: Johns Hopkins University Press, 1944)를 보라. 나는 John Monfasani가 요약한 '양극적인' 철학 논쟁의 역사에도 의지했다. "Marsilio Ficino and the Plato-Aristotle Controversy," in Michael J. B. Allen and Valery Rees with Martin Davies, eds., *Marsilio Ficino: His Theology, His Philosophy, His Legacy* (Leiden: Brill, 2002), pp.

179–83을 보라.

22 Aristotle, *Metaphysics*, vol. 1 : Books 1–9, trans. Hugh Tredennick, Loeb Classical Library 271 (Cambridge, MA : Harvard University Press, 1933), p. 69. 아리스토텔레스에게 형상은 물질 없이는 존재할 수 없으며 그는 신의 경우는 "스스로 생각하는 순전히 능동적인 사고"라고 생각했다. 이 문단의 몇몇 쟁점들을 명확히 하는 데 도움을 준 Angie Hobbs에게 감사드린다.

23 James Hankins, *Humanism and Platonism in the Italian Renaissance* (Rome : Edizioni di Storia e Letteratura, 2003), vol. 1, p. 21.

24 Charles L. Stinger, *Humanism and the Church Fathers : Ambrogio Traversari (1386–1439) and Christian Antiquity in the Italian Renaissance* (Albany : State University of New York Press, 1977), p. 75에서 인용.

25 Diogenes Laertius, *Lives of Eminent Philosophers*, vol. 1, pp. 276–79.

26 Field, *The Intellectual Struggle for Florence*, p. 160에서 인용.

27 Diogenes Laertius, *Lives of Eminent Philosophers*, vol. 1, p. 451.

28 아리스토텔레스에 대한 브루니의 더 호의적인 접근은 Gary Ianziti, "Leonardo Bruni and Biography : The *Vita Aristotelis*," *Renaissance Quarterly*, vol. 55 (Autumn 2002), pp. 805–32.

29 Field, *The Intellectual Struggle for Florence*, p. 163에서 인용.

30 Plato, *The Republic*, ed. and trans. Chris Emlyn-Jones and William Preddy, Loeb Classical Library 237 (Cambridge, MA : Harvard University Press, 2013), vol. 1, p. 479.

31 Quoted in Garin, *The History of Italian Philosophy*, vol. 1, p. 170.

32 Xenophon, *Memorabilia. Oeconomicus. Symposium. Apology*, trans. E. C. Marchant and O. J. Todd, revised by Jeffrey Henderson, Loeb Classical Library 168 (Cambridge, MA : Harvard University Press, 2013), p. 9.

33 Plato, *The Republic*, vol. 2, p. 117.

34 20세기 전반기 플라톤에 대한 우려 섞인 수용은 William Chase Green, "Platonism and Its Critics," *Harvard Studies in Classical Philology*, vol. 61 (Cambridge, MA : Harvard University Press, 1953), pp. 39–71을 보라.

35 *The Republic*, vol. 1, pp. 475–76, 549, 551. '철인여왕'은 Susan Moller Okin, 'Phi los o pher Queens and Private Wives : Plato on Women and the Family,' *Philosophy and Public Affairs*, vol. 6 (Summer 1977), pp. 345–69를 보라.

36 플레톤의 비판에 대한 요약은 John Wilson Taylor, *Georgius Gemistus Pletho's Criticism of Plato and Aristotle* (Menasha, WI : George Banta, 1921), p. 29를 보라.

37 Wood house, *George Gemistos Plethon*, p. 213에서 인용.

38 Galileo Galilei, *Dialogue Concerning the Two Chief World Systems*, trans. Stillman Drake (Berkeley and Los Angeles : University of California Press, 1962), p. 108.

39 겐나디오스 스콜라리오스, Wood house, *George Gemistos Plethon*, p. 166에서 인용. 가능성 있는 다른 후보군은 pp. 162–64를 보라.

40 *Vite di Uomini Illustri*, p. 145.

41 *The History of the Council of Florence*, trans. Basil Popoff, ed. J. M. Neale (London, 1861),
    pp. 144-45에서 인용.

42 *The History of the Council of Florence*, pp. 93-96을 보라.

43 위의 책, pp. 98-99에서 인용.

44 John Monfasani, "A Tale of Two Books: Bessarion's 'In Calumniatorem Platonis' and
    George of Trebizond's 'Comparatio Philosophorum Platonis et Aristotelis,'" *Renaissance
    Studies*, vol. 22 (February 2008), p. 3, note 15에서 인용.

6장 책 탐식가 베스파시아노

1   Cécile Caby, "Lettere e raccolte epistolari di Girolamo Aliotti (†1480): Pratiche discorsive
    e strategie sociali di un monaco umanista," *Nuovi territori della lettera tra XVe XVI secolo
    Atti del Convegno internazionale FIRB 2012* (Venice, 11-12 November 2014), ed. Filippo
    Bognini, *Filologie medievali e moderne*, vol. 11 (2016), p. 109.

2   Pliny the Younger, *Letters*, trans. Betty Radice, vol. 1, Books 1-7, Loeb Classical Library
    55 (Cambridge, MA: Harvard University Press, 1969), p. 175.

3   Pliny the Younger, *Letters*, p. 179.

4   백부의 최후 원정에 대한 소플리니우스의 묘사는 *Letters*, pp. 427-33을 보라.

5   Pliny the Elder, *Natural History*, 10 vols., trans. H. Rackham, vol. 1, books 1-2, Loeb
    Classical Library 330 (Cambridge, MA: Harvard University Press, 1938), p. 9.

6   *Natural History*, Loeb Classical Library 352, vol. 2, books 3-7, p. 521.

7   Albert Derolez, "The Script Reform of Petrarch: An Illusion?" in John Haines and Randall
    Rosenfeld, eds., *Music and Medieval Manuscripts: Paleography and Per for mance* (Abingdon:
    Routledge 2016), p. 5에서 인용.

8   Susan Rankin, *Writing Sounds in Carolingian Europe: The Invention of Musical Notation*
    (Cambridge: Cambridge University Press, 2018), p. 346에서 인용.

9   Chiriatti, 'Lo Scriptorium di San Nicola di Casole,' p. 432를 보라.

10 Winifred Marry, "The Mediaeval Scribe," *Classical Journal*, vol. 48 (March 1953), p. 210.

11 A. C. de la Mare, "Vespasiano da Bisticci as a Producer of Classical Manuscripts in
    Fifteenth-Century Florence," in Claudine A. Chavannes-Mazel and Margaret M. Smith,
    eds., *Medieval Manuscripts of the Latin Classics: Production and Use* (Los Altos Hills, CA:
    Anderson-Lovelace, 1996), p. 182에서 인용.

12 De la Mare, "Vespasiano da Bisticci, Historian and Bookseller," vol. 2, p. 301.

13 피렌체의 주택 임대료는 Gene Brucker, ed., *The Society of Renaissance Florence: A
    Documentary Study* (Toronto: University of Toronto Press, 1998), p. 2를 보라. 심부름꾼
    소년의 임금은 Patricia Lee Rubin, *Images and Identity in FifteenthCentury Florence* (New
    Haven: Yale University Press, 2007), p. 72를 보라. 베스파시아노가 주프루아에게 판 책
    은 De la Mare, "Vespasiano da Bisticci, Historian and Bookseller," vol. 2, p. 300을 보라.

14 그 학자는 안젤로 폴리치아노였다. Peter E. Knox and J. C. McKeown, eds., *The Oxford*

Anthology of Roman Literature (Oxford: Oxford University Press, 2013), p. 408을 보라.

15 De la Mare, "Vespasiano da Bisticci, Historian and Bookseller," vol. 1, p. 93.

16 Leader, *The Badia of Florence: Art and Observance in a Renaissance Monastery*, p. 90을 보라.

17 Gordan, ed., *Two Renaissance Book Hunters*, pp. 98–99.

18 *Vite di Uomini Illustri*, p. 145.

19 John L. Flood and David J. Shaw, *Johannes Sinapius (1505-1560): Hellenist and Physician in Germany and Italy* (Geneva: Librairie Droz, 1997), pp. 10–11에서 인용.

20 *Vite di Uomini Illustri*, p. 163. 모든 인용문은 베스파시아노가 쓴 이 전기, pp. 163-64에서 가져왔다. A. C. de la Mare는 그레이가 피렌체를 처음 방문한 해가 1442년이었다고 본다.

21 Roy Martin Haines, "Gray, William (c. 1388-1436)," *Oxford Dictionary of National Biography*, online edition.

22 Raoul Morçay, "La Cronaca del Convento Fiorentino di San Marco: La parte più antica, dettata da Giuliano Lapaccini," *Archivio Storico Italiano*, vol. 71 (1913), p. 14에서 인용.

23 Allie Terry-Fritsch, "Florentine Convent as Practiced Place: Cosimo de' Medici, Fra Angelico, and the Public Library of San Marco," *Bowling Green State University, Art History Faculty Publications*, vol. 1 (2012), p. 237에서 인용.

24 Plutarch, *Lives*, vol. 2, trans. Bernadotte Perrin, Loeb Classical Library 47 (London: W. Heinemann, 1914), p. 605.

25 Pliny the Younger, *Natural History*, vol. 10, Books 33–35, Loeb Classical Library 394, p. 267.

26 Matthew Nicholls, 'Roman Libraries as Public Buildings in the Cities of the Empire,' in Jason Konig, Katerina Oikonomopoulou, and Greg Wolff, eds., *Ancient Libraries* (Cambridge: Cambridge University Press, 2013), p. 261에서 인용.

27 Aulus Gellius, *Attic Nights*, vol. 3, trans. J. C. Rolfe, Loeb Classical Library 212 (Cambridge, MA: Harvard University Press, 1927), pp. 363–65.

28 John Willis Clark, *The Care of Books: An Essay on the Development of Libraries and Their Fittings, from the Earliest Times to the End of the Eigh teenth Century* (Cambridge: Cambridge University Press, 1901), pp. 206–7.

29 이 규정들은 Ullman and Stadter, *The Public Library of Renaissance Florence*, pp. 12-13을 보라. 산 마르코 도서관의 책상과 벤치는 오래전에 사라졌다. 나의 묘사는 분명 산 마르코의 가구 배치를 토대로 삼았을 비블리오테카 말라테스티아나의 유사한 가구 배치를 토대로 한 것이다.

30 Ullman and Stadter, *The Public Library of Renaissance Florence*, p. 61.

31 *Vite di Uomini Illustri*, p. 412.

32 위의 책, pp. 23, 27.

33 De la Mare, "Vespasiano da Bisticci, Historian and Bookseller," vol. 2, p. 399에서 인용.

34 위의 책, p. 298.

35 Giuseppe Carlo di Scipio, "Giovanni Sercambi's Novelle: Sources and Popu lar

Traditions," *Merveilles & contes*, vol. 2 (May 1988), p. 26.

36 Seneca, *De Tranquillitate Animi*, in *Moral Essays*, vol. 2, trans. John W. Basore, Loeb
Classical Library 254 (Cambridge: Harvard University Press, 1932), p. 249; and
Petrarch, *Petrarch: Four Dialogues for Scholars*, ed. and trans. Conrad H. Rawski (Cleveland:
Press of Western Reserve University, 1967), p. 31.

37 Michael von Albrecht, *Cicero's Style: A Synopsis, Followed by Selected Analytic Studies*
(Leiden: Brill, 2003), p. 156을 보라.

38 Cassius Dio, *Roman History*, vol. 5: Books 46–50, trans. Earnest Cary and Herbert B.
Foster, Loeb Classical Library 82 (Cambridge, MA: Harvard University Press, 1917), pp.
131–33.

39 키케로에 대한 시각 변화는 Hans Baron, "The Memory of Cicero's Roman Civic Spirit in
the Medieval Centuries and in the Florentine Renaissance," in *In Search of Florentine Civic
Humanism*, vol. 1: *Essays on the Transition from Medieval to Modern Thought* (Princeton:
Princeton University Press, 1998), pp. 94–133.

40 위의 책 p. 116에서 인용.

41 *Vite di Uomini Illustri*, p. 165.

42 Balliol College, Oxford, MS 248E, folio 251r. 이것은 5권짜리 가운데 가장 먼저 날짜가
적힌 권이지만 가장 먼저 완성된 필사본이 아닐 수도 있다. 5권짜리 필사본 전집은 Balliol
MS 248A–E다.

43 Christopher Celenza, *The Intellectual World of the Italian Renaissance: Language, Philosophy
and the Search for Meaning* (Cambridge: Cambridge University Press, 2018), p. 138에서
인용.

7장 고서체

1 *The Opera of Bartolomeo Scappi (1570): L'arte et prudenza d'un maestro cuoco (The Art and
Craft of a Master Cook)*, trans. Terence Scully (Toronto: University of Toronto Press,
2008)를 보라.

2 Margaret M. Smith, "The Design Relationship Between the Manuscript and the
Incunable," in *A Millenium of the Book: Production, Design & Illustration in Manuscript &
Print*, ed. Robin Myers and Michael Harris (Winchester, DE: Oak Knoll Press, 1994), p.
31.

3 Leila Avrin, *Scribes, Script, and Books: The Book Arts from Antiquity to the Renais sance*
(London: The British Library, 1991), p. 224에서 인용.

4 A. C. de la Mare, "New Research on Humanistic Scribes in Florence," p. 410. 1플로린
은 14세기 전반기에 대략 80솔도였다. Brucker, ed., *The Society of Renaissance Florence: A
Documentary Study*, p. 2를 보라.

5 John Henderson, *Piety and Charity in Late Medieval Florence* (Chicago: University of
Chicago Press, 1997), p. 267.

6   De la Mare, "Vespasiano da Bisticci, Historian and Bookseller," vol. 1, p. 207.

7   De la Mare는 가격이 한 첩당 25솔도에서 1플로린까지 나갔다고 쓴다. "New Research on Humanistic Scribes in Florence," p. 419.

8   Modesto Fiaschini and Roberto Rusconi, eds., *Pagine di Dante: Le edizioni della Divina Commedia dal torchio al computer* (Perugia: Electra, 1989), pp. 52-53을 보라.

9   De la Mare, "New Research on Humanistic Scribes in Florence," p. 421.

10   De la Mare, "Vespasiano da Bisticci, Historian and Bookseller," vol. 1, p. 165.

11   세르 안토니오의 필사본은 B. L. Ullman, *The Origin and Development of Humanistic Script* (Rome: Edizioni di Storia e Letteratura, 1960), pp. 99-104를 보라.

12   William Jerome Wilson, "Manuscript Cata loguing," *Traditio*, vol. 12 (1956), p. 479.

13   Oxford, New College MS 121, fol. 376v, M. B. Parkes, *English Cursive Book Hands, 1250-1500* (Oxford: Clarendon Press, 1969), pp. xiii (나의 번역).

14   Alfred W. Pollard, *An Essay on Colophons with Specimens and Translations* (Chicago: The Caxton Club, 1905), p. xv에서 인용.

15   Brian Richardson, *Women and the Circulation of Texts in Renaissance Italy* (Cambridge: Cambridge University Press, 2020), p. 100에서 인용.

16   이 콜로폰들은 Ullman, *The Origins and Development of Humanistic Script*, pp. 99-100을 보라.

17   *The Book of the Art of Cennino Cennini: A Con temporary Practical Treatise on Quattrocento Painting*, trans. Christiana J. Herringham (London: George Allen, 1899), pp. 9 and 11.

18   Mary Philadelphia Merrifield, ed., *Original treatises, dating from the XIIth to XVIIIth centuries on the arts of painting, in oil, miniature, mosaic, and on glass; of gilding, dyeing, and the preparation of colors and artificial gems* (London: J. Murray, 1849), p. 590.

19   H. J. Chaytor, *From Script to Print: An Introduction to Medieval Vernacular Lit era ture* (Cambridge: Heffer & Sons, 1945), p. 14에서 인용.

20   Derolez, "The Script Reform of Petrarch," p. 5.

21   Martin Davies, "Humanism in Script and Print," in Jill Kraye, ed., *The Cambridge Companion to Renaissance Humanism* (Cambridge: Cambridge University Press, 1996), p. 48에서 인용.

22   Davies, "Humanism in Script and Print," p. 48에서 인용. 필사본은 Bibliotheque nationale de France, Lat. 1989.

23   *Letters to Atticus*, vol. 2, ed. and trans. D. R. Shackleton Bailey, Loeb Classical Library 8 (Cambridge, MA: Harvard University Press, 1999), p.171. 데이비스는 고대 로마인들이 이 서체로 글을 썼다고 초창기 인문주의자들이 진짜로 믿었는지는 "답이 없는 질문"이라고 쓴다("Humanism in Script and Print," p. 49).

24   Teresa De Robertis, "I primi anni della scrittura umanistica: Materiali per unaggiornamento," in Robert Black, Jill Kraye, and Laura Nuvoloni, eds., *Palaeography, Manuscript Illumination and Humanism in Renaissance Italy: Studies in Memory of A. C. de la Mare* (London: Warburg Institute, 2016), p. 62.

25 A. C. de la Mare, *The Handwriting of Italian Humanists* (Oxford: Printed at the University Press for the Association internationale de bibliophilie, 1973), pp. 69-70; De Robertis, "I primi anni della scrittura umanistica," p. 69.

26 *Two Renaissance Book Hunters*, pp. 96, 119, and 134.

27 De Robertis, "I primi anni della scrittura umanistica," pp. 65-74에서 목록을 보라.

28 Francis Ames-Lewis, "The Inventories of Piero di Cosimo de' Medici's Library," *La Bibliofilía*, vol. 84 (1982), p. 106.

8장 고위층 친구들

1 이러한 가능성들에 관해서는 de la Mare, "Vespasiano da Bisticci, Historian and Bookseller," vol. 1, p. 116을 보라.

2 위의 책, p. 117에서 인용.

3 Margery A. Ganz, "A Florentine Friendship: Donato Acciaiuoli and Vespasiano da Bisticci," *Renaissance Quarterly*, vol. 43 (1990), p. 372에서 인용.

4 de la Mare, "Vespasiano da Bisticci, Historian and Bookseller," vol. 1, p. 41에서 인용.

5 De la Mare, "New Research on Humanistic Scribes in Florence," p. 403, note 60.

6 *Vite di Uomini Illustri*, p. 32.

7 위의 책, pp. 30-31.

8 위의 책, pp. 33-34.

9 위의 책, p. 35.

10 Edward Gibbon, *The History of the Decline and Fall of the Roman Empire*, vol. 8, ed. William Smith (Boston: J. Murray, 1855), pp. 267 그리고 268에서 인용. 석재 재활용은 Roberto Weiss, *The Renaissance Discovery of Classical Antiquity* (Oxford: Basil Blackwell, 1969), p. 9를 보라.

11 Gibbon, *The History of the Decline and Fall*, vol. 8, p. 281에서 인용.

12 *Pero Tafur: Travels and Adventures*, p. 36.

13 *Vite di Uomini Illustri*, p. 35.

14 Eugéne Müntz and Paul Fabre, *La Bibliothèque du Vatican au XVe siècle* (Paris, 1887), pp. 47-48에서 인용.

15 *Vite di Uomini Illustri*, p. 39.

16 Gaetano Milanesi, *Nuove indagini con documenti inediti per servire alla storia della miniatura italiana* (Florence, 1850), pp. 327-28에서 인용.

17 Jonathan J. G. Alexander, *Medieval Illuminators and Their Methods of Work* (New Haven and London: Yale University Press, 1992), pp. 56, 59.

18 *The Book of the Art of Cennino Cennini*, p. 54를 보라.

19 Zoltán Haraszti, "Medieval Manuscripts," *The Catholic Historical Review*, vol. 14 (July 1928), p. 242에서 인용.

20 *The Book of the Art of Cennino Cennini*, pp. 47, 50.

21 위의 책, p. 50.

22 중세 필사본에서 화감청이 사용된 실례는 Debbie Lauwers, Vincent Cattersel et al.,
    "Pigment identification of an illuminated mediaeval manuscript *De Civitate Dei* by means
    of a portable Raman equipment," *Journal of Raman Spectroscopy*, vol. 45 (2014), pp.
    1266-71을 보라.

23 Spike Bucklow, "The Trade in Colors," in Stella Panayotova, ed., *Color: The Art & Science
    of Illuminated Manuscripts* (London: Harvey Miller, 2016), p. 61.

24 *The Book of the Art of Cennino Cennini*, p. 40.

25 Alixe Bovey, *Monsters and Grotesques in Medieval Manuscripts* (London: British Library,
    2002), p. 42에서 인용.

9장 그리스 함락

1   De la Mare, "Vespasiano da Bisticci, Historian and Bookseller," vol. 1, p. 221.

2   위의 책, p. 118.

3   *Vite di Uomini Illustri*, p. 95.

4   "Lamento di Italia per la Presa d'Otranto fatta dai Turchi nel 1480," in Ludovico Frati,
    ed., *Vite di Uomini Illustri del secolo XV*, 3 vols. (Bologna: Romagnoli-Dall'Acqua, 1892),
    vol. 3, p. 310.

5   Kenneth M. Setton, *The Papacy and the Levant, 1204-1571*, vol. 2, *The Fifteenth Century*
    (Philadelphia: American Philosophical Society, 1978), p. 130에서 인용.

6   Franz Babinger, *Mehmed the Conqueror and His Time*, trans. Ralph Manheim, ed. William
    C. Hickman (Princeton: Princeton University Press, 1978), p. 96.

7   Setton, *The Papacy and the Levant*, vol. 2, p. 150에서 인용.

8   James Hankins, "Renaissance Crusaders: Humanist Crusade Lit er a ture in the Age of
    Mehmed II," *Dumbarton Oaks Papers*, vol. 49, *Symposium on Byzantium and the Italians,
    13th-15th Centuries* (1995), p. 122에서 인용.

9   Sharon, "A Crusade for the Humanities: From the Letters of Cardinal Bessarion," p. 165
    에서 인용.

10 Mustafa Soykut, "Note sui rapporti tra Italia, Islam e impero ottomano (secoli XV-
    XVII)," *Archivio Storico Italiano*, vol. 169 (April-June 2011), pp. 227-28.

11 Terence Spencer, "Turks and Trojans in the Renaissance," *The Modern Language Review*,
    vol. 47 (July 1952), p. 331에서 인용. 현재는 소실된 이 편지의 신빙성은 의심받고 있다.

12 Johannes Koder, "Romaioi and Teukroi, Hellenes and Barbaroi, Europe and Asia:
    Mehmed the Conqueror-Kayser-i Rum and Sulṭān al-barrayn wa-l-bahrayn," in *Athens
    Dialogues EJournal*, available online at http:// athensdialogues.chs.harvard.edu/cgi-bin/
    WebObjects/athensdialogues.woa/wa/dist?dis=21에서 인용.

13 Soykut, "Note sui rapporti tra Italia, Islam e impero ottomano," p. 229. For Pliny:
    Natural History, vol. 2, p. 377에서 인용.

14 Kenneth M. Setton, *Western Hostility to Islam and Prophecies of Turkish Doom* (Philadelphia: American Philosophical Society, 1992), p. 1을 보라.

15 *Pius II: Commentaries*, vol. 1, p. 211.

16 Dimitri Gutas, *Greek Thought, Arabic Culture: The GraecoArabic Translation Movement in Baghdad and Early Abbasid Society* (London: Routledge, 1998), and Jonathan Lyons, *The House of Wisdom: How the Arabs Transformed Western Civilization* (London: Bloomsbury, 2010)을 보라.

17 Adam Mez, *Die Renaissance des Islams* (Heidelberg: C. Winter, 1922); and Joel L. Kraemer, *Humanism in the Renaissance of Islam: The Cultural Revival During the Buyid Age* (Leiden: Brill, 1992).

18 Robert Hillenbrand, "'The Ornament of the World,' Medieval Córdoba as a Cultural Center," in Salma Khadra Jayyusi and Manuela Marín, eds., *The Legacy of Muslim Spain* (Leiden: Brill, 1994), pp. 120-21. 나는 Rodney J. Phillips, *The Muslim Empire and the Land of Gold* (New York: Eloquent Books, 2008), p. 61에 나온 디나르 가치로부터 판매 비용을 계산했다.

19 Aby Warburg, *The Renewal of Pagan Antiquity: Contributions to the Cultural History of the Italian Renaissance*, trans. David Britt (Los Angeles: Getty Research Institute, 1999), p. 489를 보라.

20 Babinger, *Mehmed the Conqueror and His Time*, p. 66에서 인용.

21 Setton, *The Papacy and the Levant*, vol. 2, p. 133에서 인용.

22 *Pero Tafur: Travels and Adventures*, p. 145.

23 이 시기에 소장되어 있었을 만한 도서에 대한 증거는 Nigel G. Wilson, "The Libraries of the Byzantine World," *Greek, Roman and Byzantine Studies*, vol. 8 (1967), pp. 55-57; and Julian Raby, 'Mehmed the Conqueror's Greek Scriptorium,' *Dumbarton Oaks Papers*, vol. 37 (1983), pp. 15-34.

24 Sharon, "A Crusade for the Humanities," p. 166에서 인용.

25 이 수치는 Gülru Necipoğlu, "Visual Cosmopolitanism and Creative Translation: Artistic Conversations with Renaissance Italy in Mehmed II's Constantinople," *Muqarnas*, vol. 29 (2012), p. 9를 보라. 증거는 근래에 발견된 1502년 목록에서 나왔고, Necipoğlu는 "목록에 열거된 책 대다수는 메메트 2세가 수집한 것"이었다고 밝힌다.

26 Warburg, *The Renewal of Pagan Antiquity*, p. 489에서 인용.

27 Koder, "Romaioi and Teukroi," sec. 2.2에서 인용.

28 Warburg, *The Renewal of Pagan Antiquity*, p. 489에서 인용.

29 Setton, *The Papacy and the Levant*, vol. 2, p. 140에서 인용.

30 Hankins, "Renaissance Crusaders," p. 142를 보라.

31 "Lamento d'Italia," in Frati, ed., *Vite di Uomini Illustri*, p. 324.

32 위의 책, pp. 309-10.

1 Edward Schröder, Gottfried Zedler, and Heinrich Wallau, "Das Mainzer Fragment vom Weltgericht," in *Veröffentlichungen der Gutenberg-Gesellschaft* (Mainz, 1904), p. 1.

2 Janet Ing, "The Mainz Indulgences of 1454/5: A Review of Recent Scholarship," *The British Library Journal*, vol. 9, no. 1 (Spring 1983), p. 19 and note 19, pp. 29–30에 나온 추정치를 보라.

3 Paul Needham, "The Paper Supply of the Gutenberg Bible," *The Papers of the Bibliographical Society of America*, vol. 79 (3rd quarter, 1985), p. 309에서 인용. 1455년 3월에 피콜로미니가 쓴 이 편지는 1454년 10월 피콜로미니가 프랑크푸르트 체류 당시 카르바할에게 쓴 앞선 (소실된) 편지의 후속이다. 1455년 3월 편지는 추가 정보와 사본을 원하는 추기경의 요청에 대한 답장이었다.

4 두 소송 건은 "A Suit for Breach of Promise Against Johann Gutenberg," in *The Gutenberg Documents, with translations of the texts into English, based on the compilation by Dr. Karl Schorbach*, ed. Douglas McMurtrie (New York: Oxford University Press, 1941), pp. 83–92를 보라.

5 Kurt Köster, "Gutenbergs Straßburger Aachenspiegel-Unternehmen von 1438–1440," *Gutenberg-Jahrbuch*, vol. 58 (1983), pp. 24–44를 보라.

6 관련 문서들이 Otto W. Furhmann, *Gutenberg and the Strasbourg Documents of 1439: An Interpretation by Otto W. Fuhrmann, to which has been Appended the Text of the Documents in the Original Alsatian, the French of Laborde, and Modern German and English Translations* (New York: Kredel, Press of the Woolly Whale, 1940), p. 188에 출간되었다.

7 Henri-Jean Martin, *The History and Power of Writing*, trans. Lydia G. Cochrane (Chicago: University of Chicago Press, 1995), p. 221에 따르면 그렇다.

8 Needham, "The Paper Supply of the Gutenberg Bible," p. 309에서 인용.

9 정기시의 역사에 관해서는 Mathilde Rovelstad, "The Frankfurt Book Fair," *Journal of Library History, Philosophy, and Comparative Librarianship*, vol. 8 (July-October 1973), pp. 113–123을 보라. 아프리카 코끼리는 Donald F. Lach, *Asia in the Making of Europe*, vol. 2: *A Century of Wonder* (Chicago: University of Chicago Press, 1970), p. 133을 보라.

10 David Landau and Peter Parshall, *The Renaissance Print, 1470–1550* (New Haven and London: Yale University Press, 1994), p. 1.

11 Paul Needham, "Prints in the Early Printing Shops," *Studies in the History of Art*, vol. 75, Symposium Papers LII: *The Woodcut in Fifteenth-Century Europe* (2009), p. 41. 탁월한 개관은 Frederic Barbier, *Gutenberg's Europe: The Book and the Invention of Western Modernity*, trans. Jean Birrell (Cambridge: Polity Press, 2017), pp. 88ff를 보라.

12 Wolfgang Brücker, quoted in Peter Schmidt, "The Multiple Image: The Beginnings of Printmaking, Between Old Theories and New Methods," in Peter Parshall, Rainer Schoch et al., *Origins of European Printmaking: FifteenthCentury Woodcuts and Their Public* (Washington, DC: National Gallery of Art, 2006), p. 41.

13 Henri-Jean Martin, *The History and Power of Writing*, p. 225; and Hee Jae Lee, "Korean Typography in 15th Century," International Federation of Library Associations and Institutions, Seoul, 2006, available online at https://archive.ifla.org/IV/ ifla72/ papers/085-Lee-en.pdf.

14 Stephan Füssel, *Gutenberg and the Impact of Printing*, trans. Douglas Martin (Aldershot: Ashgate, 2005), pp. 17-18.

15 이 세기별 수치는 Jan Luiten Van Zanden, *The Long Road to the Industrial Revolution: The European Economy in a Global Perspective, 1000-1800* (Leiden: Brill, 2009), p. 77, 표 3과 Eltjo Buringh and Jan Luiten Van Zanden, "Charting the "Rise of the West': Manuscripts and Printed Books in Europe, a Long-Term Perspective from the Sixth Through Eigh teenth Centuries," *The Journal of Economic History*, vol. 69 (June 2009), pp. 416-17, 표 1, 2에서 가져왔다. 이탈리아에서 필사본 생산이 326퍼센트 증가했다는 수치는 John Monfasani, "The Rise and Fall of Renaissance Italy," *Aevum*, Anno 89, Fasc. 3 (September- December 2015), p. 470, 표 2에서 가져왔다. 15세기 10년 단위 수치는 Needham, "Prints in the Early Printing Shops," p. 42에 나온 통계로부터 계산했다.

16 Leor Halevi, "Christian Impurity versus Economic Necessity: A Fifteenth-Century Fatwa on Eu ro pean Paper," *Speculum*, vol. 83 (October 2008), p. 917에서 인용.

17 Verner W. Clapp, "The Story of Permanent/Durable Book-Paper, 1115-1970," in Margaret Holben Ellis, ed., *Historical Perspectives in the Conservation of Works of Art on Paper* (Los Angeles: Getty Conservation Institute, 2014), p. 4.

18 Halevi, "Christian Impurity Versus Economic Necessity," pp. 917-45를 보라.

19 Carmen C. Bambach, "The Purchases of Cartoon Paper for Leonardo's 'Battle of Anghiari' and Michelangelo's 'Battle of Cascina,'" *I Tatti Studies in the Italian Renaissance*, vol. 8 (1999), p. 113에서 인용.

20 위트레흐트대학의 역사가 마르코 모스테르트의 이 같은 주장은 Martin Wainwright, "How Discarded Pants Helped to Boost Literacy," *The Guardian*, July 12, 2007을 보라.

21 Charles Van Doren, *A History of Knowledge: Pivotal Events, People and Achievements of World History* (New York: Ballantine, 1991), p. 152.

22 C. A. Spinage, *Cattle Plague: A History* (New York: Kluwer Academic/Plenum Publishers, 2003), p. 95에서 인용. 1300년대의 가축 역병은 위의 책, pp. 94-95를 보라. 가축 감 소는 William Chester Jordan, *The Great Famine: Northern Europe in the Early Fourteenth Century* (Princeton: Princeton University Press, 1996), p. 36을 보라. 선페스트에 걸린 가 축은 Judith R. Gelman, *The English Economy Following the Black Death* (Washington, DC: Bureau of Economics, Federal Trade Commission, 1982), p. 23을 보라.

23 Needham, "Prints in the Early Printing Shops," p. 41.

11장 왕의 데카데스

1 *Vite di Uomini Illustri*, p. 160.

2 Cagni, *Vespasiano da Bisticci e il suo Epistolario*, p. 131.

3 이것과 여타 사례는 de la Mare, "Vespasiano da Bisticci, Historian and Bookseller," vol. 2, pp. 388-94를 보라.

4 Sara Bischetti, "Codicologia dei manoscritti in scrittura umanistica su carta (conservati nelle biblioteche storiche di Roma)," (PhD diss., Universita degli Studi di Roma "Sapienza," 2013), p. 84, note 171에서 인용.

5 고대 문헌은 *Homeric Hymns. Homeric Apocrypha. Lives of Homer*, ed. and trans. Martin L. West, Loeb Classical Library 496 (Cambridge, MA: Harvard University Press, 2003).

6 위의 책, p. 399.

7 Eric A. Havelock, "The Alphabetization of Homer," in *The Literate Revolution in Greece and Its Cultural Consequences* (Princeton: Princeton University Press, 1982), p. 166.

8 Quintilian, *The Orator's Education*, vol. 4, p. 279.

9 Pliny the Elder, *Natural History*, vol. 2, p. 577.

10 Robin Sowerby, "Early Humanist Failure with Homer (I)," *International Journal of the Classical Tradition*, vol. 4 (Summer 1997), p. 57에서 인용.

11 이러한 노력들은 Sowerby, "Early Humanist Failure with Homer (I)," pp. 58, 59, 60, 63 을 보라.

12 이 과제를 받아 무거운 마음을 묘사한 마르수피니의 편지는 Remigio Sabbadini, "Briciole Umanistiche," *Giornale Storico della Letteratura Italiana*, vol. 17 (1891), p. 214에 있다.

13 페로티의 편지는 Cagni, *Vespasiano da Bisticci e il suo Epistolario*, pp. 130-31을 보라.

14 이 시기 베스파시아노의 고객은 de la Mare, "Vespasiano da Bisticci, Historian and Bookseller," pp. 310ff를 보라.

15 Zweder von Martels, "Ubbo Emmius, the Eternal Edict, and the Academy of Groningen," in Alasdair A. MacDonald et al., eds., *Christian Humanism: Essays in Honor of Arjo Vanderjagt* (Leiden: Brill, 2009), p. 411에서 인용.

16 Jerry H. Bentley, *Politics and Culture in Renaissance Naples* (Princeton: Princeton University Press, 1987), p. 52에서 인용.

17 Alan Ryder, *Alfonso the Magnanimous: King of Aragon, Naples and Sicily, 1396-1458* (Oxford: Clarendon Press, 1990), p. 306에서 인용. Ryder는 8장 "A Renaissance King"에 서 알폰소의 후원을 낱낱이 논의한다.

18 De la Mare, "Vespasiano da Bisticci: Historian and Bookseller," vol. 1, p. 158, note 42.

19 *Vite di Uomini Illustri*, p. 53.

20 위의 책. p.58.

21 이 일화는 B. L. Ullman, "The Post-Mortem Adventures of Livy," in *Studies in the Italian Renaissance* (Rome: Edizioni di Storia e Letteratura, 1973), pp. 54-58에서 논의된다.

22 *History of Rome*, vol. 1, trans. B. O. Foster, Loeb Classical Library 114 (Cambridge, MA: Harvard University Press, 1919), pp. 3, 4.

23 Pliny the Younger, *Letters*, vol. 1, p. 87.

24 Suetonius, *Lives of the Caesars*, vol. 1, trans. J. C. Rolfe, introduction by K. R. Bradley,

Loeb Classical Library 31 (Cambridge, MA: Harvard University Press, 1914), p. 469.

25 Martial, *Epigrams*, Book xiv, p. 190.

26 B. L. Ullman, "Poggio's Manuscripts of Livy and Other Authors," in *Studies in the Italian Renaissance*, pp. 308-9. Ullman은 베카델리가 포조의 사본을 구입했다는 "보편적인 전제"를 반박한다.

27 William Roscoe, "Some Account of the Manuscript Library at Holkham, in Norfolk, belonging to T. W. Coke, Esq.," in *Transactions of the Royal Society of Lit er a ture of the United Kingdom* (1834), pp. 366-67을 보라. 로스코는 코시모, 알폰소, 이른바 독을 바른 필사본 이야기의 출처인 듯한데, 그는 노픽의 홀컴 홀에서 (다른 리비우스 필사본 6권과 함께) 그 필사본을 봤다. *The Life of Lorenzo de' Medici, called The Magnificent*, 2 vols. (London, 1825), vol. 1, p. 34를 보라. 로스코는 Holkam Hall MS 344가 문제의 코덱스라고 착각했다. 이 이야기는 Ryder, *Alfonso the Magnanimous*, p. 320도 보라.

28 세랄리와 그의 거래에 관한 정보는 Gino Corti와 Frederick Hartt, "New Documents Concerning Donatello, Luca and Andrea della Robbia, Desiderio, Mino, Uccello, Pollaiuolo, Filippo Lippi, Baldovinetti, and Others," *The Art Bulletin*, vol. 44 (June 1962), pp. 155-67; and Francesco Cagliotti, "Fifteenth-Century Reliefs of Ancient Emperors and Empresses in Florence: Production and Collecting," *Studies in the History of Art*, vol. 70 (2008), pp. 66-109를 참고했다.

29 피에로 스트로치는 de la Mare, "Vespasiano da Bisticci as a Producer of Classical Manuscripts," p. 180, note 43과 같은 저자, "New Research on Humanistic Scribes," p. 417을 보라. 나는 de la Mare, "Messer Piero Strozzi, a Florentine Priest and Scribe," in A. S. Osley, ed., *Calligraphy and Palaeography: Essays Presented to Alfred Fairbank on his 70th Birthday* (London: Faber & Faber, 1965), pp. 55-68도 참고했다.

30 Barbier, *Gutenberg's Europe*, p. 205.

31 이 문단의 Margaret M. Smith, *The TitlePage: Its Early Development, 1460-1510* (London: The British Library, 2000), 특히 (필사본과 관련해) pp. 25-34의 논의를 참고했다.

32 이 코덱스가 베스파시아노의 제목 페이지에 영감을 주었을 가능성에 대해서는 de La Mare, "Vespasiano as Producer of Classical Manuscripts," p. 188을 보라. 요세푸스 코덱스의 보존에 관한 더 최근의 논의는 Antonio Manfredi, "Finalita e significato del restauro dei manoscritti nel secolo XV: Appunti e proposte," *Studi di archivistica, bibliografia, paleografia*, vol. 4 (2018), pp. 123-34를 보라.

33 베스파시아노의 나폴리 사업에 관해서는 Luca Boschetto, "Una Nova Lettera di Giannozzo Manetti a Vespasiano da Bisticci: Con alcune considerazioni sul commercio librario tra Firenze e Napoli a meta Quattrocento," in *Medioevo e Rinascimento*, vol. 18 (2004), pp. 175-206에 빚지고 있다. de la Mare, "New Research on Humanistic Scribes in Florence," p. 404, note 63, and p. 411; and idem, "Vespasiano da Bisticci, Historian and Bookseller," vol. 1, p. 94, and vol. 1, 316-17도 보라.

34 베스파시아노의 수출과 알폰소의 문학적 관심 사이의 연결성은 Boschetto가 지적했다. "Una Nova Letter', p. 193을 보라.

35 *Vite di Uomini Illustri*, p. 543.

12장 존엄과 탁월함의 운명

1 *Vite di Uomini Illustri*, p. 47.
2 이러한 추산은 Ludwig von Pastor, *History of the Popes from the Close of the Middle Ages*, ed. Frederick Ignatius Antrobus, 6 vols. (London: Kegan Paul, Trench, Trubner & Co., 1899), vol. 2, p. 211을 보라.
3 *Vite di Uomini Illustri*, p. 45.
4 위의 책, p. 96
5 *Pius II: Commentaries*, vol. 1, p. 141.
6 Setton, *The Papacy and the Levant*, p. 163에서 인용.
7 위의 책, p. 164에서 인용.
8 *Vite di Uomini Illustri*, p. 167.
9 전설의 유래와 그에 반하는 증거는 Johann Stein in *Calixte III et la Comète de Halley* (Rome: Specola Astronomica Vaticana, 1909), pp. 5-39에서 처음 제시되었다. Stein 의 소책자는 그 뒤 고맙게도 William F. Rigge in "An Historical Examination of the Connection of Calixtus III with Halley's Comet," *Popular Astronomy*, vol. 18 (1910), pp. 214-19에 영어로 요약되었다.
10 Pastor, *History of the Popes*, vol. 2, p. 348에서 인용.
11 위의 책, 346에서 인용.
12 Setton, *The Papacy and the Levant*, p. 167에서 인용.
13 위의 책, p. 168에서 인용.
14 Machiavelli, *History of Florence and of the Affairs of Italy* (London: H. G. Bohn, 1851), p. 299.
15 Paul Botley, "Giannozzo Manetti, Alfonso of Aragon and Pompey the Great: A Crusading Document of 1455," *Journal of the Warburg and Courtauld Institutes*, vol. 67 (2004), pp. 132-33에서 인용.
16 *Vite di Uomini Illustri*, p. 283.
17 *Two Views of Man: Pope Innocent III, On The Misery of Man, Giannozzo Manetti, On the Dignity of Man*, trans. Bernard Murchland (New York: Frederick Ungar Publishing Co., 1966), p. 4. 두 텍스트의 모든 인용문은 이 판본에서 가져왔다. David Marsh, *Giannozzo Manetti: The Life of a Florentine Humanist* (Cambridge, MA: Harvard University Press, 2019), pp. 86-95의 뛰어난 논의도 보라.
18 *Readings in Medieval History*, ed. Patrick J. Geary (Toronto: University of Toronto Press, 2010), p. 50; *The Imitation of Christ*, trans. Ronald Knox and Michael Oakley (New York: Sheed and Ward, 1960), p. 75.
19 Étienne Gilson, *Humanisme et Renaissance* (Paris: Vrin, 1983), p. 28.
20 Richard C. Trexler, "Florentine Religious Experience: The Sacred Image," *Studies in the*

Renaissance, vol. 19 (1972), p. 7.

21 이 야심에 관해서는 Timothy Verdon, "Introduction," *Christianity and the Renaissance: Image and Religious Imagination in the Quattrocento*, ed. Timothy Verdon and John Henderson (Syracuse: Syracuse University Press, 1990), p. 28을 보라.

22 *Vite di Uomini Illustri*, p. 166.

23 위의 책, p. 284.

24 Francesco Guicciardini, quoted in Alfred von Reumont, *Lorenzo de' Medici, The Magnificent*, 2 vols. (London: Smith, Elder & Co., 1876), vol. 1, p. 130.

25 이 시기, 코시모 및 피렌체의 여타 유력자들과 마네티와의 불편한 관계는 Marsh, *Giannozzo Manetti*, p. 110-12를 보라.

26 Cagni, *Vespasiano da Bisticci e il suo Epistolario*, pp. 133-35.

27 Amanda Lillie, "Fiesole: *Locus amoenus* or Penitential Landscape?" *I Tatti Studies in the Italian Renaissance*, vol. 11 (2007), p. 25에서 인용.

28 Ames-Lewis, "The Inventories of Piero di Cosimo de' Medici's Library," pp. 106-7.

29 Quoted in de la Mare, "Vespasiano da Bisticci, Historian and Bookseller," vol. 1, p. 79.

30 이 같은 악화는 Ames-Lewis, "The Inventories of Piero di Cosimo de' Medici's Library," p. 110에서 주목받았다.

31 *Pius II: Commentaries*, vol. 1, p. 151.

32 위의 책, p. 153.

33 Setton, *The Papacy and the Levant*, p. 170에서 인용.

13장 플라톤의 혼

1 Angelo Decembrio, quoted in Anthony Grafton, *Commerce with the Classics: Ancient Books and Renaissance Readers* (Ann Arbor: University of Michigan Press, 1997), p. 40.

2 de la Mare, "New Research on Humanistic Scribes in Florence," p. 403에서 인용.

3 *Vite di Uomini Illustri*, pp. 173-74.

4 베스파시아노의 전기는 위의 책, pp. 226-28을 보라.

5 Ludovico Carbone, "Oratio habita in funere . . . Guarini Veronensis," in Eugenio Garin, ed., *Prosatori latini del Quattrocento* (Milan: Riccardo Ricciardi, 1952), p. 400.

6 Benjamin G. Kohl, "Tiptoft [Tibetot], John, first earl of Worcester (1427-1470)," *Oxford Dictionary of National Biography*, online edition에서 인용.

7 William Caxton, quoted in Horace Walpole, *A Cata logue of the Royal and Noble Authors of England* (Strawberry Hill, 1758), p. 65.

8 야코포 다 비스티치는 1442년 세금 기록에서 금세공인으로 기재되어 있지만 1451년에는 의사('Maesto Jachopo Medicha')로 기록되어 있다. Cagni, *Vespasiano da Bisticci e il suo Epistolario*, p. 22, note 3을 보라. Cagni는 p. 22에서 갈릴레오 데 갈릴레이 부오나이우티와의 관계를 논의하지만 갈릴레오가 야코포의 경력 전환에 영향을 미쳤을 가능성은 "가설에 불과"하다고 말한다.

9 De la Mare, "Vespasiano da Bisticci: Historian and Bookseller," vol. 1, p. 11.

10 위의 책, vol. 2, p. 424.

11 Cagni, *Vespasiano da Bisticci e il suo Epistolario*, p. 23에서 인용.

12 위의 책, p. 23, note 7에서 인용. "triste" 단어에 관한 정보를 제공해준 앤 리더에게 감사하다.

13 Franco Sacchetti, *I Sermoni Evangelici: Le lettere ed altri scritti inedit o rari di Franco Sacchetti*, ed. Ottavio Gigli (Florence, 1857), p. 94.

14 Iris Origo, "The Domestic Enemy: The Eastern Slaves in Tuscany in the Fourteenth and Fifteenth Centuries," *Speculum*, vol. 30 (July 1955), p. 335에서 인용.

15 Anthony Molho, *Marriage Alliance in Late Medieval Florence* (Cambridge, MA: Harvard University Press, 1994), pp. 216, 219-20.

16 Field, *The Intellectual Struggle for Florence*, p. 303에서 인용.

17 Cagni, *Vespasiano da Bisticci e il suo Epistolario*, p. 25, note 1.

18 역병은 1436, 1437, 1438, 1439, 1450, 1456, 1457년에 피렌체와 토스카나 지방을 덮쳤다. Arthur White, *Plague and Pleasure: The Renaissance World of Pius II* (Washington, DC: The Catholic University of Amer i ca Press, 2014), p. 375를 보라.

19 *Vite di Uomini Illustri*, pp. 431 and 432.

20 *Vite di Uomini Illustri*, p. 319.

21 15세기 피렌체에서 역병에 관한 이론들은 Ann G. Carmichael, "Plague Legislation in the Italian Renaissance," *Bulletin of the History of Medicine*, vol. 57 (Winter 1983), pp. 508-25를 보라.

22 Saladino Ferro, quoted in ibid., p. 522.

23 Ganz, "A Florentine Friendship: Donato Acciaiuoli and Vespasiano da Bisticci," p. 376; and de la Mare, "Vespasiano da Bisticci, Historian and Bookseller," vol. 2, p. 307을 보라.

24 *Vite di Uomini Illustri*, p. 297.

25 전기상의 이 같은 어려움에 관해서는 John Monfasani, "The Averroism of John Argyropoulos and His 'Quaestio utrum intellectus humanus sit perpetuus,'" *I Tatti Studies in the Italian Renaissance*, vol. 5 (1993), pp. 157-61을 보라.

26 위의 책, p. 162, note 21에서 인용.

27 *Vite di Uomini Illustri*, p. 425.

28 위의 책, p. 324에서 인용

29 Roberta Panzanelli, "Compelling Presence: Wax Effigies in Renaissance Florence," in Roberta Panzanelli, ed., *Ephemeral Bodies: Wax Sculpture and the Human Figure* (Los Angeles: Getty Research Institute, 2008), pp. 13-39를 보라.

30 William Chillingworth, *The Religion of Protestants: A Safe Way to Salvation* (Oxford, 1638), preface.

31 *The Basic Writings of Thomas Aquinas*, ed. Anton C. Pegis (Indianapolis, IN, and Cambridge, MA: Hackett, 1997), vol. 1, pp. 492, 496.

32 de la Mare, "Vespasiano da Bisticci as Historian and Bookseller," vol. 1, p. 22에서 인용.

33 N. G. Wilson, *From Byzantium to Italy: Greek Studies in the Italian Renaissance* (London: Duckworth, 1992), p. 87에서 인용.

34 필렐포의 경고는 Arthur Field, *The Origins of the Platonic Academy of Florence* (Princeton: Princeton University Press, 1988), p. 124, note 57을 보라.

35 위의 책, p. 123에서 인용.

36 Marsilio Ficino, quoted in Howlett, *Marsilio Ficino and His World*, p. 7.

37 Hankins, "Cosimo de' Medici and the 'Platonic Academy,'" p. 157, note 41. 이 플라톤 필사본은 현재 프라하 국립도서관에 있으며, 구매자인 보헤미아 귀족 Bohuslav Hasištejnský z Lobkovic의 이름을 딴 Lobcovicianus로 알려져 있다. 그 필사본의 내력(하지만 Hankins가 밝힌 가격은 빼고)에 관해서는 Nigel G. Wilson, "The Prague Manuscript of Plato," *Studi Classici e Orientali*, vol. 44 (December 1995), pp. 23-32를 보라.

38 Hankins, "Cosimo de' Medici and the 'Platonic Academy,'" p. 150에서 인용.

39 John Henderson, *The Renaissance Hospital: Healing the Body and Healing the Soul* (New Haven and London: Yale University Press, 2006), pp. 302-3, 316-17을 보라.

40 *The Letters of Marsilio Ficino*, trans. by the members of the Language Department of the School of Economic Science (London: Shepheard-Walwyn, 1981), vol. 3, p. 23.

41 Hankins, *Plato in the Italian Renaissance*, vol. 1, p. 273에서 인용.

42 Christinae Klapisch-Zuber는 피렌체의 유아 사망률이 23.8퍼센트였다고 밝힌다. *Women, Family, and Ritual in Renaissance Italy*, trans. Lydia Cochrane (Chicago: University of Chicago Press, 1985), p. 105를 보라. Richard C. Trexler에 따르면 고아원인 스페달레 델리 인노첸티의 사망률이 호시절에는 26.6퍼센트, 나쁜 시절에는 50퍼센트 이상이었다고 한다(p. 105).

43 Hankins, *Plato in the Italian Renaissance*, vol. 1, p. 279에서 인용.

44 위의 책, p. 168에서 인용.

45 위의 책, p. 236.

46 John Monfasani, *George of Trebizond: A Biography and a Study of His Rhetoric and Logic* (Leiden: Brill, 1976), p. 159를 보라. 이 반(反)플라톤 독설은 위의 책, pp. 158-59를 보라.

47 *The Letters of Marsilio Ficino*, vol. 7, p. 22.

14장 "훌륭하고 박식한 사람들"도 이용할 수 있게

1 1446년이 착공 연도라는 설득력 있는 주장은 Isabelle Hyman's convincing argument in "Notes and Speculations on S. Lorenzo, Palazzo Medici, and an Urban Project by Brunelleschi," *Journal of the Society of Architectural Historians*, vol. 34 (May 1975), pp. 101-2를 보라. 브루넬레스키의 전설은 16세기 *Il Libro di Antonio Billi*, ed. Karl Frey (Berlin, 1892), p. 48에서 찾을 수 있다. 이 전설은 *Il Codice Magliabecchiano*, ed. Karl Frey (Berlin, 1892), p. 89에서 되풀이된다.

2 Niccolò de' Carissimi da Parma, quoted in Rab Hatfield, "Some Unknown Descriptions of the Medici Palace in 1459," *The Art Bulletin*, vol. 52 (September 1970), p. 233.

3 *Vite di Uomini Illustri*, pp. 424-25.

4 Hatfield, "Some Unknown Descriptions," pp. 233, 236에서 인용.

5 Biondo Flavio, *Italy Illuminated*, ed. and trans. Jeffrey White (Cambridge, MA: Harvard University Press, 2005), vol. 1, p. 73.

6 Cagni, *Vespasiano da Bisticci e il suo Epistolario*, p. 153.

7 De Roover, *The Rise and Decline of the Medici Bank*, p. 391.

8 Angelo Poliziano, quoted in Amanda Lillie, "Fiesole: *Locus amoenus* or Penitential Landscape?" *I Tatti Studies in the Italian Renaissance*, vol. 11 (2007), p. 35.

9 위의 책, p. 25에서 인용.

10 *Vite di Uomini Illustri*, p. 413.

11 위의 책, p. 430.

12 위의 책, p. 414.

13 위의 책.

14 De la Mare, "New Research on Humanistic Scribes in Florence," p. 444.

15 *Vite di Uomini Illustri*, pp. 521-23; and Jean Leclercq, "Un traité de Jérome de Matelica sur la vie solitaire," in *Rivista di storia della Chiesa in Italia*, vol. 18 (1964), pp. 13-22.

16 De la Mare, "Vespasiano da Bisticci as a Producer of Classical Manuscripts," p. 181을 보라.

17 각각의 기여는 De la Mare, "New Research on Humanistic Scribes in Florence," pp. 441-42를 보라.

18 Oren J. Margolis, "The 'Gallic Crowd' at the 'Aragonese Doors': Donato Acciaiuoli's *Vita Caroli Magni* and the Workshop of Vespasiano da Bisticci," *I Tatti Studies in the Italian Renaissance*, vol. 17 (2014), p. 257에서 인용.

19 위의 책, p. 243에서 인용.

20 이 같은 세부 내용 일체는 Vespasiano's life of Piero de' Pazzi; see *Vite di Uomini*, pp. 500-506에 나와 있다.

21 Pastor, *History of the Popes*, vol. 2, pp. 470-71에서 인용.

22 Robert Black, *Benedetto Accolti and the Florentine Renaissance* (Cambridge: Cambridge University Press, 1985), pp. 262-63에서 인용.

23 Necipoğlu "Visual Cosmopolitanism and Creative Translation," p. 16에서 인용.

24 Pastor, *History of the Popes*, vol. 3, p. 9에서 인용.

25 위의 책, pp. 11-12에서 인용.

26 *Pius II: Commentaries*, vol. 1, p. 185.

27 Oren J. Margolis, *The Politics of Culture in Quattrocento Europe: René of Anjou in Italy* (Oxford: Oxford University Press, 2016), p. 161에서 인용. 테라코타는 위의 책, pp. 176-77을 보라.

28 *Vite de Uomini illustri*, p. 505. 베스파시아노는 자신이 이 이야기를 들은 사람이었다고 구체적으로 밝히지는 않는다. 피에로가 비밀을 털어놓은 친구가 베스파시아노라는 설득력 있는 주장은 Margolis, "The 'Gallic Crowd' at the 'Aragonese Doors,'" *passim*, 여기저기에서 볼 수 있지만 특히 p. 282를 보라. 같은 저자, *The Politics of Culture in Quattrocento*

Europe, p. 162도 보라.

29 de la Mare, "Vespasiano da Bisticci, Historian and Bookseller," vol. 2, p. 340에서 인용.

30 *Vite di Uomini Illustri*, p. 505.

31 Margolis, *The Politics of Culture in Quattrocento Europe*, p. 161에서 인용.

32 Margolis, "The 'Gallic Crowd' at the 'Aragonese Doors,'" p. 264에서 인용.

33 De la Mare, "Vespasiano da Bisticci, Historian and Bookseller," vol. 1, p. 30에서 인용.

15장 세 번 위대한 헤르메스

1 피치노의 노래와 연주에 관한 묘사는 폴리치아노의 시를 번역한 James K. Coleman, "Furor and Philology in the Works of Angelo Poliziano," in Andrea Moudarres and Christiana Purdy Moudarres, eds., *New Worlds and the Italian Renaissance: Contributions to the History of Eu ro pean Intellectual Culture* (Leiden: Brill, 2012), p. 256에서 가져왔다.

2 Hankins, "Cosimo de' Medici and the 'Platonic Academy,'" p. 149에서 인용.

3 *Vite di Uomini Illustri*, p. 425.

4 Field, *The Origins of the Platonic Academy of Florence*, p. 108에서 인용.

5 Diogenes Laertius, *Lives of Eminent Phi los o phers*, vol. 1: Books 1-5, tran. R. D. Hicks, Loeb Classical Library 184 (Cambridge, MA: Harvard University Press, 1925), p. 283.

6 《코르푸스 헤르메티쿰》에 대한 탁월한 개관은 Frances A. Yates, *Giordano Bruno and the Hermetic Tradition* (London: Routledge and Kegan Paul, 1964), pp. 1-19를 보라.

7 *The City of God*, vol. 3, Loeb Classical Library 413, trans. David S. Wiesen (Cambridge, MA: Harvard University Press, 1968), p. 111.

8 Brian Copenhaver and Charles B. Schmitt, *Renaissance Philosophy* (Oxford: Oxford University Press, 1992), p. 147에서 인용.

9 E. N. Tigerstedt, "The Poet as Creator: Origins of a Meta phor," *Comparative Literature Studies*, vol. 5 (December 1968), p. 468에서 인용.

10 위의 책, p. 473에서 인용.

11 *The Letters of Marsilio Ficino*, vol. 1, p. 51.

12 *Reject Aeneas, Accept Pius: Selected Letters of Aeneas Sylvius Piccolomini (Pope Pius II)*, trans. Thomas M. Izbicki et al. (Washington, DC: Catholic University of America Press, 2006), p. 160.

13 *Pius II: Commentaries*, vol. 1, p. 209.

14 Isotta Nogarola, *Complete Writings: Letterbook, Dialogue on Adam and Eve, Orations* (Chicago: University of Chicago Press, 2003)을 보라.

15 Setton, *The Papacy and the Levant*, vol. 2, p. 233에서 인용.

16 위의 책, p. 238을 보라.

17 위의 책, p. 261에서 인용. 페트리올로에서 피우스가 받은 치료는 *Pius II: Commentaries*, vol. 2, p. 257을 보라.

18 위의 책, vol. 1, p. 329.

19 위의 책.

20 *Vite di Uomini Illustri*, p. 430.

21 열 가지 대화편은 히파르코스, 아마토레스, 테아게스, 메논, 알키비아데스 1편과 2편, 미노스, 에우티프론, 파르메니데스, 필레보스다. Paul Oskar Kristeller, "Marsilio Ficino as a Beginning Student of Plato," *Scriptorium*, vol. 20 (1966), p. 45를 보라.

22 Plato, *Statesman, Philebus, Ion*, Loeb Classical Library 164, trans. Harold North Fowler and W. R. M. Lamb (Cambridge, MA: Harvard University Press, 1925), p. 203.

23 Hankins, *Plato in the Italian Renaissance*, vol. 1, pp. 267-68에서 인용.

16장 신성한 글쓰기 방식

1 Bartolomeo Platina, *The Lives of the Popes*, ed. William Benham (London: Griffth, Farran, Okeden & Welsh, 1888), pp. 278-79.

2 Anthony Grafton, *Leon Battista Alberti: Master Builder of the Italian Renaissance* (Cambridge, MA: Harvard University Press, 2002), p. 331에서 인용. Niccolò Galimberti 는 이 전향 연도를 "1464년 이전"으로 본다. "Il 'De componendis cyfris' di Leon Battista Alberti tra crittologia e tipografia," in Mario Segatori, ed., *Subiaco, la culla della stampa* (Subiaco: Iter Edizioni, 2010), p. 206을 보라.

3 *Pius II: Commentaries*, vol. 2, p. 31.

4 Albert Kapr, *Johann Gutenberg: The Man and His Invention*, trans. Douglas Martin (Aldershot: Scolar Press, 1996), p. 237에서 인용.

5 *Pius II: Commentaries*, vol. 2, p. 29.

6 Kapr, *Johann Gutenberg*, p. 242에서 인용.

7 B. A. Uhlendorf, "The Invention of Printing and Its Spread till 1470: With Special Reference to Social and Economic Factors," *The Library Quarterly: Information, Community, Policy*, vol. 2 (July 1932), p. 200에서 인용.

8 Kapr, *Johann Gutenberg*, pp. 259-60.

9 Lotte Hellinga, *Texts in Transit: Manuscript to Proof and Print in the Fifteenth Century* (Leiden: Brill, 2014), p. 165, note 16. 알프스 건너편의 추기경이자 학자인 쿠사의 니콜라스는 이탈리아에서 인쇄기의 핵심 옹호자로 종종 간주된다. 하지만 그는 두 독일인이 수비아코에 도착했을 무렵인 1464년 8월 11일에 사망했으므로 여기에 영향을 미쳤을 리가 없다.

10 Martin Davies, "Humanism in Script and Print in the Fifteenth Century," in Kraye, ed., *The Cambridge Companion to Renaissance Humanism*, p. 61에서 인용.

11 이 전설은 Haraszti, "Medieval Manuscripts," p. 243에서 언급된다.

12 Brian Richardson, "The Debates on Printing in Renaissance Italy," *La Bibliofilía*, vol. 100 (May-December 1998), p. 143에서 인용.

13 Mary Kay Duggan, *Italian Music Incunabula: Printers and Type* (Berkeley: University of California Press, 1992), p. 80에서 인용.

14 이 인용문들은 Richardson, "The Debates on Printing in Renaissance Italy," p. 136을 보라.

15 위의 책, p. 141을 보라.

17장 고대 이래 최고의 도서관

1 Zembino da Pistoia, quoted in de la Mare, "Vespasiano da Bisticci, Historian and Bookseller," vol. 1, p. 109, and vol. 2, p. 291.

2 De la Mare, "Vespasiano da Bisticci, Historian and Bookseller," vol. 1, p. 403. 보르소 데 스테는 위의 책, vol. 2, p. 347을 보라.

3 *Carteggio di Giovanni Aurispa*, ed. Remigio Sabbadini (Rome: Tipografia del Senato, 1931), p. 119.

4 De la Mare, "Vespasiano da Bisticci, Historian and Bookseller," vol. 2, p. 327.

5 위의 책, vol. 1, p. 219를 보라.

6 Uwe Neddermeyer, "Why Were There No Riots of the Scribes? First Results of a Quantitative Analysis of the Book-Production in the Century of Gutenberg," *Gazette du livre médiéval*, no. 31 (Autumn 1997), p. 4, Table 1.

7 Victor Scholderer, "Printers and Readers in Italy in the Fifteenth Century," in Robert Black, ed., *Renaissance Thought: A Reader* (London: Routledge, 2001), p. 120.

8 Pastor, *History of the Popes*, vol. 4, p. 79에서 인용.

9 Theodore Spandounes, *On the Origin of the Ottoman Emperors*, ed. and trans. Donald M. Nicol (Cambridge: Cambridge University Press, 1997), pp. 52-53.

10 Monfasani, *George of Trebizond*, p. 132에서 인용.

11 이 파견 임무에 관한 정보는 위의 책, pp. 184-94를 참고하라.

12 위의 책, p. 132에서 인용.

13 위의 책, p. 192에서 인용.

14 위의 책, p. 133에서 인용.

15 *Vite di Uomini Illustri*, p. 210.

16 베스파시아노가 40명의 필경사 팀을 꾸렸다는 사실은 de la Mare, "New Research on Humanistic Scribes in Florence," p. 449와 같은 저자의 "Vespasiano da Bisticci as a Producer of Classical Manuscripts," p. 90에서 확인된다.

17 *Vite di Uomini Illustri*, p. 217.

18 James Dennistoun, *Memoirs of the Dukes of Urbino*, ed. Edward Hutton, 3 vols. (London: The Bodley Head, 1909), vol. 1, pp. 231-32에서 인용. 독자들은 p. 150을 보라.

19 *Vite di Uomini Illustri*, p. 206.

20 위의 책, p. 207.

21 Dennistoun, *Memoirs of the Dukes of Urbino*, vol. 1, p. 164에서 인용.

22 *Vite di Uomini Illustri*, p. 210.

23 위의 책, pp. 213-14.

24 Marco Parenti, *Ricordi storici, 1464-1467*, ed. Manuela Doni Garfagnini (Rome: Edizioni di Storia e Letteratura, 2001), p. 57.

25 Najemy, *History of Florence*, p. 302에서 인용

26 *Vite di Uomini Illustri*, p. 496.

27 *The Memoir of Marco Parenti: A Life in Medici Florence*, ed. and trans. Mark Phillips (Princeton: Princeton University Press, 1987), p. 195.

28 *Vite di Uomini Illustri*, p. 230.

29 위의 책, p. 229.

30 De la Mare, "Vespasiano da Bisticci: Historian and Bookseller," vol. 2, p. 339.

31 Margolis, "The 'Gallic Crowd' at the 'Aragonese Doors,'" p. 282.

32 Riccardo Filangieri, "Report on the Destruction by the Germans, 30 September 1943, of the Depository of Priceless Historical Rec ords of the Naples State Archives," *The American Archivist*, vol. 7 (October 1944), p. 255.

33 Cagni, *Vespasiano da Bisticcio e il suo Epistolario*, p. 154.

34 *Vite di Uomini Illustri*, pp. 362 and 365.

35 위의 책, pp. 363-64.

36 위의 책, p. 365.

37 위의 책, pp. 374-375. 친치넬로는 1485년 9월에 죽었다.

38 Cagni, *Vespasiano da Bisticcio e il suo Epistolario*, pp. 154-55.

39 de La Mare, "Vespasiano da Bisticci, Historian and Bookseller," vol. 1, p. 82에서 인용.

40 Cagni, *Vespasiano da Bisticcio e il suo Epistolario*, pp. 155-56.

41 De la Mare, "New Research on Humanistic Scribes in Florence," pp. 451-52.

18장 재림

1 Kapr, *Johann Gutenberg*, p. 265에서 인용.

2 Mary A. Rouse and Richard H. Rouse, "Nicolaus Gupalatinus and the Arrival of Print in Italy," *La Bibliofilia*, vol. 88 (September-December 1986), p. 233에서 인용.

3 Pastor, *History of the Popes*, vol. 4, pp. 72 그리고 68을 보라.

4 Pollard, *An Essay on Colophons*, p. 88에서 인용. 인쇄기에 대한 부시의 긍정적 평가는 Richardson, "The Debates on Printing in Renaissance Italy," pp. 136, 138을 보라.

5 Massimo Miglio, "Giovanni Andrea Bussi," *Dizionario Biografico degli Italiani*, online edition에서 인용.

6 John Monfasani, "The Pre-and Post-History of Cardinal Bessarion's 1469 *In Calumniatorem Platonis*," in Claudia Märtl, Christian Kaiser, and Thomas Ricklin, eds., *'Inter graecos latinissimus, inter latinos graecissimus': Bessarion zwischen den Kulturen* (Berlin: Walter de Gruyter, 2013), p. 352.

7 Jeroen De Keyser, "Perotti and Friends: Generating Rave Reviews for Bessarion's *In Calumniatorem Platonis*," *Italia Medioevale e Umanistica*, vol. 52 (2011), pp. 103-37; and Martin Davies, "Some Bessarion Owners," *La Bibliofilia*, vol. 115 (January-April 2013),

pp. 41-52를 보라.

8   Sharon, "A Crusade for the Humanities," p. 165에서 인용.

9   Henri Omont, *Inventaire des manuscripts Grecs et Latins donnes a SaintMarc de Venise par le Cardinal Bessarion en 1468* (Paris, 1894)를 보라.

10 *Vite di Uomini Illustri*, p. 96.

11 이 편지 전문의 번역본은 Sharon, "A Crusade for the Humanities," pp. 164-65에서 볼 수 있다.

12 베네치아에서 베사리온 필사본의 안타까운 운명은 M. J. C. Lowry, "Two Great Venetian Libraries in the Age of Aldus Manutius," *Bulletin of the John Rylands Library*, vol. 57 (1974), pp. 135-37을 보라. Lowry는 늦어도 1565년에는 베사리온의 필사본이 영구적인 거처에 도착했다고 본다(p. 137, note 3).

13 Chiriatti, "Lo Scriptorium di San Nicola di Casole," p. 437.

14 마누티우스가 베사리온 필사본을 이용했을 가능성은 Lowery, "Two Great Venetian Libraries," pp. 138-39를 보라.

15 *The Letters of Marsilio Ficino*, vol. 6, p. 33.

16 Marsilio Ficino, *Platonic Theology*, vol. 1, trans. Michael J. B. Allen, ed. James Hankins with William Bowen (Cambridge, MA: Harvard University Press, 2001), p. 9.

17 *The Letters of Marsilio Ficino*, vol. 7, p. 14.

18 피치노가 플라톤의 아카데미를 본떠서 농장을 배치했음을 잘 설명하는 글로는 Christophe Poncet, "Ficino's Little Academy of Careggi," *Bruniana & Campanelliana*, vol. 19 (2013), pp. 67-76을 보라.

19 Lorenzo de' Medici, *Opere*, ed. Tiziano Zanato (Torino: Einaudi, 1992), p. 39.

20 Maria Grazia Pernis and Laurie Schneider Adams, *Lucrezia Tornabuoni de' Medici and the Medici Family in the Fifteenth Century* (New York: Peter Lang, 2006), p. 124에서 인용. 루크레치아의 글에 대한 연구는 *Lucrezia Tornabuoni de' Medici: Sacred Narratives*, ed. and trans. Jane Tylus (Chicago: University of Chicago Press, 2001)를 보라.

21 *Lorenzo de' Medici: Selected Poems and Prose*, ed. John Thiem (University Park, PA: Penn State University Press, 1991)의 번역문을 가져왔다.

22 Plato, *Euthyphro. Apology. Crito. Phaedo*, pp. 325-31.

23 Ficino, *Platonic Theology*, vol. 1, p. 15.

24 Baron, "The Memory of Cicero's Roman Civic Spirit," p. 122에서 인용.

25 Plato, *The Republic*, vol. 1, p. 541.

26 Howlett, *Marsilio Ficino and His World*, p. 55에서 인용.

27 Cagni, *Vespasiano da Bisticci e il suo Epistolario*, pp. 158-59.

28 F. W. Kent, *Lorenzo de' Medici and the Art of Magnificence* (Baltimore: Johns Hopkins University Press, 2004), p. 33에서 인용.

29 Richard C. Trexler, *Public Life in Renaissance Florence* (Ithaca: Cornell University Press, 1980), p. 446에서 인용. 트렉슬러는 로렌초의 마법 반지를 pp. 446과 458에서 묘사한다.

30 Henry B. Wheatley, *Prices of Books* (London, 1898), p. 79.

31 멘텔린의 가격은 Henry Noel Humphreys, *A History of the Art of Printing, from its invention to its widespread development in the middle of the 16th century* (London, 1868), p. 99를 보라. 스바인하임과 파나르츠의 가격은 Konrad Burger, *Buchandlerzeigen des XV Jahrhunderts* (Leipzig: K. W. Hiersemann, 1907), 표 6a를 보라.

32 E. Gordon Duff, *Early Printed Books* (Cambridge, 1893), p. 40.

33 영국도서관의 *Incunabula Short Title Catalogue*에는 1471년 이전에 출판된 335종의 제목이 실려 있다.

34 이 제안에 관해서는 David McKitterick, "What Is the Use of Books Without Pictures? Empty Space in Some Early Printed Books," *La Bibliofilia*, vol. 116 (January-December 2014), p. 70을 보라.

35 Rouse and Rouse, "Nicolaus Gupalatinus and the Arrival of Print in Italy," pp. 228, 233.

36 Johan Gerritsen, "Printing at Froben's: An Eye-Witness Account," *Studies in Bibliography*, vol. 44 (1991), pp. 144-63을 보라.

37 Brian Richardson, *Printing, Writers and Readers in Renaissance Italy* (Cambridge: Cambridge University Press, 1999), p. 25에서 인용.

38 Melissa Conway, ed., *The "Diario" of the Printing Press of San Jacopo di Ripoli* (Florence: Olschki, 1999), p. 21. For salaries of bank employees: Goldthwaite, *The Economy of Renaissance Florence*, p. 565를 보라.

39 Richardson, *Printing, Writers and Readers in Renaissance Italy*, p. 25를 보라.

40 Barbier, *Gutenberg's Europe*, p. 120.

41 Luigi Balsamo, "Tecnologia e capitali nella storia del libro," in Berta Maracchi Biagiarelli and Dennis E. Rhodes, eds., *Studi offerti a Roberto Ridolfi* (Florence: Olschki, 1973), pp. 77-94를 보라.

42 de la Mare, "Vespasiano da Bisticci, Historian and Bookseller," vol. 2, p. 344에서 인용.

43 드 라 메어가 쓴 대로다. "베스파시아노는 사업으로 큰돈을 번 흔적을 전혀 보여주지 않는다." (위의 책, vol. 1, p. 226.)

19장 "피렌체인의 재간 앞에 어려운 것은 없다"

1 Anna Modigliani, "Paolo II, papa," *Dizionario Biografico degli Italiani*, online edition.

2 Setton, *The Papacy and the Levant*, p. 239에서 인용.

3 Pastor, *History of the Popes*, vol. 4, p. 298에서 인용.

4 Machiavelli, *The History of Florence*, p. 344.

5 *Vite di Uomini Illustri*, p. 202.

6 Heinz Hofmann, "Literary Culture at the Court of Urbino During the Reign of Federico da Montefeltro," *Humanistica Lovaniensia: Journal of NeoLatin Studies*, vol. 57 (2008), pp. 12-13.

7 Giuseppe Ottino, *Di Bernardo Cennini e dell'Arte della Stampa in Firenze nei Primi Cento Anni dall'Invenzione di Essa* (Florence, 1871), pp. 23-24.

8   Vittore Branca, "Copisti per passione, tradizione caratterizzante, tradizione di memoria,"
     in *Studi e problemi di critica testuale: Convegno di studi difilologia italiana nel centenario
     della commissione per i testi di lingua, 7-9 aprile 1960* (Bologna: Commissione per i testi di
     lingua, 1961), pp. 69-83.

9   세 번째 인쇄업자가 이 시기에 피렌체에서 활동 중이었을 수도 있는데, 일찍이 1471년
     에 테렌티우스의 희곡집 라틴어판을 인쇄한 까닭에 역사가들에게는 "테렌티우스의 인쇄
     업자"로만 알려진 수수께끼의 인물이다. 그 희곡집 판본이 피렌체에서 인쇄된 것인지 나
     폴리에서 인쇄된 것인지를 둘러싼 역사가들의 의견은 일치하지 않는다. Piero Scapecchi
     는 "Scava, scava, vecchia talpa! L'oscuro lavoro dell'incunabulista," *Biblio teche oggi*, vol. 2
     (1984), pp. 37-50에서 그 판본과 인쇄업자의 근거지를 피렌체라고 주장한 반면, Paolo
     Trovato는, "Il libro toscano nell'età di Lorenzo: Schede ed ipotesi," in Luigi Beschi, ed.,
     La Toscana al Tempo di Lorenzo il Magnifico (Pisa: Pacini editore, 1996), pp. 530-32에서
     나폴리라고 본다. 이 수수께끼 같은 인쇄업자가 누구인지 간에 그는 1470년대 초에 보카
     치오의 《데카메론》 최초 인쇄본을 비롯해 다른 여러 책을 계속 찍어냈다.

10   Lorenz Böninger, "Ricerche sugli inizi della stampa fiorentina," *La Bibliofilia*, vol. 105
     (September-December 2003), p. 226.

11   이 통계들은 Neddermeyer, "Why Were There No Riots of the Scribes?" p. 2와 p. 3,
     Diagram 2을 보라.

12   영국도서관이 작성한 *Incunabula Short Title Catalogue*로부터 계산한 수치. 이탈리아에서
     인쇄된 541종 가운데 462종, 유럽 전체로는 901종 가운데 817종이다.

13   *Incunabula Short Title Catalogue*에 따르면 중세 프랑스어로 찍혀 나온 가장 초기 책은
     "1473-75년 무렵에" 리옹에서 인쇄된 구약성서의 일부다.

14   이 가격들은 Burger, *Buchandlerzeigen des XV Jahrhunderts*, Table 6a를 보라.

15   Mary A. Rouse and Richard H. Rouse, *Cartolai, Illuminators, and Printers in Fifteenth
     Century Italy* (Los Angeles: UCLA Research Library, 1988), p. 65, note 92에서 인용.

16   Will Durant, *The Story of Civilization*, 5: *The Renaissance* (New York: Simon and Schuster,
     1953), p. 315에서 인용.

17   Michael D. Reeve, "Classical Scholarship," in *The Cambridge Companion to Renaissance
     Humanism*, p. 30.

18   Martin Davies, "Making Sense of Pliny in the Quattrocento," *Renaissance Studies*, vol. 9
     (1995), p. 246에서 인용.

19   이에 대한 논의는 John Monfasani, "The First Call for Press Censorship: Niccolò Perotti,
     Giovanni Andrea Bussi, Antonio Moreto, and the Editing of Pliny's *Natural History*,"
     Renaissance-Quarterly, vol. 41 (Spring 1988), pp. 1-31을 보라. 모든 인용문은 Monfasani
     의 페로티 편지 번역문에서 가져왔다.

20   Richardson, "The Debates on Printing," p. 147에서 인용.

21   번역문은 Shelagh Grier, *Polemic Against Printing* (Birmingham, UK: Hayloft Press, 1986)
     을 보라.

22   Lilian Armstrong, "Prob lems of Decoration and Provenance of Incunables Illuminated

by North Italian Miniaturists," *The Papers of the Bibliographical Society of America*, vol. 91, *Marks in Books: Proceedings of the 1997 BSA Conference* (December 1997), p. 470을 보라.

23 Hanno Wiijsman, "Patterns in Patronage: Distinction and Imitation in the Patronage of Painted Art by Burgundian Courtiers in the Fifteenth and Early Sixteenth Centuries," in Steven Gunn and Antheun Janse, eds., *The Court as a Stage: England and the Low Countries in the Later Middle Ages* (Woodbridge, Suffolk: Boydell Press, 2006), p. 57.

24 Margaret Meserve, "News from Negroponte: Politics, Popu lar Opinion, and Information Exchange in the First De cade of the Italian Press," *Renaissance Quarterly*, vol. 59 (Summer 2006), p. 441, note 3에서 인용.

25 이 연관성은 위의 책, p. 443과 곳곳의 논의를 보라.

26 위의 책, pp. 469-70과 같은 저자의 "Patronage and Propaganda at the First Paris Press: Guillaume Fichet and the First Edition of Bessarion's 'Orations against the Turks,'" *The Papers of the Bibliographical Society of America*, vol. 97 (December 2003), pp. 521-88을 보라.

27 *Vite di Uomini Illustri*, p. 98.

20장 모든 학자들을 위하여

1 *Vite di Uomini Illustri*, p. 202.

2 위의 책.

3 Ferdinand Gregorovius, *History of the City of Rome in the Middle Ages*, trans. Annie Hamilton (London: George Bell & Sons, 1900), vol. 7, part 1, p. 247.

4 Egmont Lee, *Sixtus IV and Men of Letters* (Rome: Edizioni di Storia e Letteratura), p. 121, note 154에서 인용.

5 Eugène Müntz, *Les arts à la cour des papes*, vol. 3, *Bibliothèque des écoles françaises d'Athènes et de Rome* (Paris, 1882), p. 118에서 인용.

6 교서의 전문은 José Ruysschaert, "Sixte IV, fondateur de la Bibliothèque vaticane (15 juin 1475), *Archivum historiae pontificiae*, vol. 7 (Rome: Pontificia Universitas Gregoriana, 1969), pp. 523-24에 실려 있다. Ruysschaert는 원래 교서의 사본은 필사본으로든 인쇄본으로든 전혀 남아 있지 않다고 밝힌다(p. 517).

7 Clark, *The Care of Books*, p. 230에서 인용.

8 Maria Bertòla, "Codici latini di Niccolò V perduti o dispersi," *Mélanges Eugène Tisserant* (Vatican City: Biblioteca Apostolica Vaticana, 1964), pp. 129-40.

9 이하의 정보는 영국도서관, *Incunabula Short Title catalogue*의 1475년과 1476년도 검색에서 수집했다.

10 1476년 초에 인쇄기가 있던 이탈리아 도시와 읍은 볼로냐, 브레시아, 칼리, 파엔차, 페라라, 제노바, 이에시, 만토바, 밀라노, 모데나, 몬도비, 나폴리, 파도바, 파르마, 파비아, 페루자, 피아첸차, 레조 디 칼라브리아, 로마, 트렌토, 트레비소, 토리노, 베네치아, 비첸차다. 독일에서는 아우크스부르크, 블라우보이렌, 부르크도르프, 쾰른, 에슬링겐, 뤼베크,

피렌체 서점 이야기

마인츠, 마리엔탈, 뉘른베르크, 로이틀링겐, 로스토크, 슈파이어, 울름이다. 프랑스에서는 알비, 앙제, 리옹, 파리, 스트라스부르, 툴루즈에 인쇄기가 있었다.

11 1475-76년에 독일에서는 32대의 인쇄기가 돌아가고 있었다.

12 *Vite di Uomini Illustri*, p. 213.

13 Hofmann, "Literary Culture at the Court of Urbino," p. 21에서 인용.

14 위의 책.

15 *The Letters of Marsilio Ficino*, vol. 6, p. 23을 보라.

16 이를 둘러싼 다툼은 Edoardo A. Lebano, "Luigi Pulci and Late Fifteenth-Century Humanism in Florence," *Renaissance Quarterly*, vol. 27 (Winter 1974), pp. 489-98; Paolo Orvieto, "Uno 'scandalo' del 400: Luigi Pulci ed i sonetti di parodia religiosa," *Annali d'Italianistica*, vol. 1 (1983), pp. 19-33; and Michael J. Maher, "Luigi Pulci and Laurentian Florence: 'Contra hypocritas tantum, pater, dissi'" (PhD diss., University of North Carolina at Chapel Hill, 2013)을 보라.

17 니콜로 테데스코에 관해서는 Roberto Ridolfi, "Contributi sopra Niccolò Tedesco," *La Bibliofilia*, vol. 58 (1956), pp. 1-14; and Böninger, "Ricerche sugli inizi della stampa fiorentina (1471-1473)," pp. 227-31.

18 잔니는 Ridolfi, "Contributi sopra Niccolò Tedesco," p. 3 and note 3. For Bernardo Machiavelli's comments, see *Libro di Ricordo*, ed. Cesare Olschki (Florence: Felice Le Monnier, 1954), p. 35를 보라.

19 Ridolfi, "Contributi sopra Niccolò Tedesco," pp. 3-4에서 인용.

20 위의 책, p. 4에서 인용.

21장 산 야코포 디 리폴리의 인쇄기

1 Archivio di Stato di Firenze, San Jacopo di Ripoli, vol. 27, Campione segnato A, 1476-1607, folio 1r. 문서고에서 이 사료를 안내해준 앤 리더에게 감사드린다.

2 피에로 데 파치가 딸 카테리나를 위해 지불한 지참금은 Julius Kirschner, *Marriage, Dowry, and Citizenship in Late Medieval and Renaissance Italy* (Toronto: University of Toronto Press, 2015), p. 65를 보라. 조반니 토르나부오니는 딸 루도비카의 지참금으로 300플로린을 지불했다(위의 책, p. 88). 영혼 지참금의 상대적인 비용은 Judith C. Brown, "Monache a Firenze all'Inizio dell'Età Moderna," *Quaderni storici*, new series, vol. 29 (April 1994), p. 128을 보라.

3 Richard Trexler, "Le celibat à la fin du Moyen Age: Les religieuses de Florence," *Annales*, vol. 27 (1972), pp. 1337-38과 R. Burr Litch field, "Demographic Characteristics of Florentine Patrician Families, Sixteenth to Nineteenth Centuries," *Journal of Economic History*, vol. 29 (1969), pp. 191-205를 보라.

4 ASF, San Jacopo di Ripoli, vol. 27, folios 1v-9v.

5 위의 책, folio 12r과 ff.

6 Pietro Bologna, "La Stamperia Fiorentina del Monastero di S. Jacopo di Ripoli e le sue

Edizioni," *Giornale Storico della Letteratura Italiana*, vol. 20 (Turin: Ermanno Loescher, 1892), p. 350.

7 Richardson, *Printing, Writers and Readers in Renaissance Italy*, p. 26을 보라.

8 Conway, ed., *The "Diario" of the Printing Press of San Jacopo di Ripoli*, p. 163.

9 위의 책, pp. 108, 113.

10 도메니코 수사의 창업 비용은 Conway's breakdown in ibid., pp. 20-26을 보라.

11 위의 책, p. 96. 도메니코 수사가 창업 자금을 마련한 방식은 pp. 26-28을 보라.

12 위의 책, p. 99.

13 Gerritsen, "Printing at Froben's," p. 149를 보라.

14 이런 관행은 Colin H. Bloy, *A History of Printing Ink, Balls and Rollers, 1440-1850* (London: Adams & Mackay, 1967), p. 53을 보라.

15 Richard N. Schwab et al., "New Evidence on the Printing of the Gutenberg Bible: The Inks in the Doheny Copy," *The Papers of the Bibliographical Society of America*, vol. 79 (Third Quarter, 1985), pp. 375-410; and Philip M. Teigen, "Concurrent Printing of the Gutenberg Bible and the Proton Milliprobe Analysis of Its Ink," *The Papers of the Bibliographical Society of America*, vol. 87 (December 1993), pp. 437-51을 보라.

16 Conway, ed., *The "Diario,"* Appendix VI, pp. 333-35를 보라.

17 Barbier, *Gutenberg's Europe*, p. 138에서 인용.

18 Conway, ed., *The "Diario,"* p. 92.

19 Saudra Weddle, "Women's Place in the Family and the Convent: A Reconsideration of Public and Private in Renaissance Florence," *Journal of Architectural Education*, vol. 55 (2001), p. 65에서 인용.

20 Nataile Tomas, "Did Women Have a Space?" in Roger J. Crum and John Paoletti, eds., *Renaissance Florence: A Social History* (Cambridge: Cambridge University Press, 2006), p. 313에서 인용.

21 F. W. Kent, "Florence, 1300-1600," in Francis Ames-Lewis, ed., *Florence* (Cambridge: Cambridge University Press, 2012), p. 12.

22 Girolamo Savonarola, quoted in Allison Levy, *Re-membering Masculinity in Early Modern Florence: Widowed Bodies, Mourning and Portraiture* (Aldershot: Ashgate, 2006), p. 76.

23 ASF, Compagnie Religiose Soppresse da Pietro Liepoldo, San Jacopo di Ripoli, vol. 23, folio 179r.

24 전체적인 개관과 사례는 Sharon T. Strocchia, *Nuns and Nunneries in Re naissance Florence* (Baltimore: Johns Hopkins University Press, 2009), pp. 16-17; and idem, "Naming a Nun: Spiritual Exemplars and Corporate Identity in Florentine Convents, 1450-1530," in William J. Connell, ed., *Society and the Individual in Renaissance Florence* (Berkeley: University of California Press, 2002), pp. 215-50; Silvia Evangelisti, "Monastic Poverty and Material Culture in Early Modern Italian Convents," *The Historical Journal*, vol. 47 (March 2004), pp. 1-20; Brown, "Monache a Firenze all'Inizio dell'Eta Moderna," pp. 117-52.

25 Evangelisti, "Monastic Poverty and Material Culture in Early Modern Italian Convents," p. 4에서 인용.

26 Saundra Weddle, "Identity and Alliance: Urban Presence, Spatial Privilege, and Florentine Renaissance Convents," in Roger J. Crum and John T. Paoletti, eds., *Renaissance Florence: A Social History*, p. 400에서 인용.

27 Vincent Ilardi, "Florence's Leadership in the Development of Eyeglasses in the Fifteenth Century," in *Arte Lombarda*, new series, No. 105/107, "Metodologia della Ricerca Orientamenti Attuali: Congresso internazionale in onore di Eugenio Battisti," Part One (1993), pp. 159-62.

28 Strocchia, *Nuns and Nunneries in Renaissance Florence*, p. 88을 보라.

29 Conway, ed., *The "Diario,"* p. 108.

30 Sharon T Strocchia, "Savonarolan Witnesses: The Nuns of San Iacopo and the Piagnone Movement in Sixteenth-Century Florence," *The Sixteenth Century Journal*, vol. 38 (Summer 2007), p. 397. 필경사로 일한 수녀들은 Richardson, *Women and the Circulation of Texts in Renaissance Italy*, pp. 96-125를 보라. 그는 p. 100에서 산 야코포 디 리폴리를 논의한다.

31 스트로키아는 시장에 책을 공급한 피렌체의 수도원 가운데 하나로 산 야코포 디 리폴리를 꼽는다. *Nuns and Nunneries in Renaissance Florence*, p. 144를 보라.

22장 운수의 반전

1 Ilona Berkovits, *Illuminated Manuscripts from the Library of Matthias Corvinus*, trans. Susan Horn (Budapest: Corvina Press, 1964), p. 14에서 인용.

2 *Vite di Uomini Illustri*, p. 172.

3 위의 책, p. 232.

4 Angleo Poliziano, "Bartholomaeo Fontio," in Ida Maïer, *Ange Politien: La formation d'un poète humaniste, 1469-1480* (Geneva: Librairie Droz, 1966), p. 60. 이 시를 번역하는 데 도움을 준 Robert-Louis Liris에게 감사드린다.

5 *Vite di Uomini Illustri*, p. 339.

6 Lauro Martines, *April Blood: Florence and the Plot Against the Medici* (London: Jonathan Cape, 2003), p. 104에서 인용.

7 위의 책, p. 100에서 인용.

8 Francesco Malaguzzi Valeri, *La Corte di Lodovico il Moro: La Vita Privata e l'Arte a Milano nella Seconda Metà del Quattrocento* (Milan: Hoepli, 1913), p. 119.

9 Evelyn S. Welch, *Art and Authority in Renaissance Milan* (New Haven and London: Yale University Press, 1995), p. 7.

10 Marcello Simonetta, *The Montefeltro Conspiracy: A Renaissance Mystery Decoded* (New York: Doubleday, 2008), p. 53에서 인용.

11 위의 책, p. 54에서 인용.

12 Dennistoun, *Memoirs of the Dukes of Urbino*, vol. 1, p. 164에서 인용.

13 Joseph Connors and Angela Dressen, "Biblioteche: L'architettura e l'ordinamento del sapere," in Donatella Calabi and Elena Svalduz, eds., *Il Rinascimento Italiano e l'Europa*, vol. 6, *Luoghi, spazi, architetture* (Treviso: Costabissara, 2010), p. 210에서 인용.

14 Henry Stevens, *The Bibles in the Caxton Exhibition, MDCCCLXXVII, or, A Bibliographical Description of Nearly One Thousand Representative Bibles* (London, 1878), p. 29.

15 Ruth Mortimer, "Saint Catherine of Siena and the Printed Book," *The Papers of the Bibliographical Society of America*, vol. 86 (March 1992), p. 12.

16 Melissa C. Flannery, "San Jacopo di Ripoli Imprints at Yale," *The Yale University Library Gazette*, vol. 63 (April 1989), pp. 119 and 120; and Flannery et al., "Marginalia," *The Yale University Library Gazette*, vol. 63 (October 1988), p. 71.

17 Conway, ed., *The "Diario,"* p. 94. See also Flannery's discussion in "San Jacopo di Ripoli Imprints at Yale," p. 120.

18 Conway, ed., *The "Diario,"* p. 182.

19 Flannery, "San Jacopo di Ripoli Imprints at Yale," p. 129.

20 Rouse and Rouse, *Cartolai, Illuminators, and Printers in Fifteenth Century Italy*, p. 51-52.

21 위의 책, pp. 45-46.

22 Flannery, "San Jacopo di Ripoli Imprints at Yale," p. 120.

23 Simonetta, *The Montefeltro Conspiracy*, p. 35에서 인용.

24 *I Giornali di Ser Giusto Giusti d'Anghiari (1437-1482)*, ed. Nerida Newbigin (Rome: Moxedano, 2002), p. 196.

25 Simonetta, *The Montefeltro Conspiracy*, p. 77에서 인용.

23장 "용사들이 쓰러졌구나"

1 Gregorovius, *History of the City of Rome in the Middle Ages*, vol. 7, part 1, p. 284.

2 Pastor, *History of the Popes*, vol. 4, p. 305에서 인용.

3 위의 책에서 인용.

4 위의 책, p. 306에서 인용.

5 *Vite di Uomini Illustri*, p. 341.

6 *Della Congiura de' Pazzi dell'Anno 1478: Commentario di Angelo Poliziano*, trans. from Latin into Tuscan by Alessandro de Mandato, available online: https://www.liberliber.it/mediateca/libri/p/poliziano/della_congiura_de_pazzi_etc/pdf/della_p.pdf.

7 Pastor, *History of the Popes*, vol. 4, p. 513에서 인용.

8 Filippo Strozzi, quoted in Janet Ross, ed. and trans., *The Lives of the Early Medici as Told in Their Correspondence* (London: Chatto & Windus, 1910), p. 190.

9 Miles J. Unger, *Magnifico: The Brilliant Life and Violent Times of Lorenzo de' Medici* (New York: Simon and Schuster, 2008), p. 320에서 인용.

10 *Della Congiura de' Pazzi dell'Anno 1478*.

11 *Vite di Uomini Illustri*, p. 340.

12 Luca Landucci, *A Florentine Diary from 1450 to 1516*, trans. Alice de Rosen Jarvis (London : J. M. Dent & Sons, 1927), p. 16.

13 Machiavelli, *The History of Florence*, p. 362 ; and *Vite di Uomini Illustri*, p. 202.

14 Martines, *April Blood*, p. 126에서 인용.

15 Gian-Paolo Biasin, "Messer Iacopo Giu Per Arno Se Ne Va . . .'" *MLN*, vol. 79 (January 1964), p. 11.

16 *Vite di Uomini Illustri*, p. 564.

17 "Lamento d'Italia per la presa d'Otranto fatta dai Turchi," in *Vite di Uomini Illustri*, ed. Frati, vol. 3, p. 311.

18 텍스트는 F. Flamini, "Versi in Morte di Giuliano de' Medici (1478)," *Il Prupugnatore*, ed. Giosuè Carducci (Bologna, 1889), vol. 2, part 1, pp. 318-30에서 볼 수 있다.

19 Conway, ed., *The "Diario,"* p. 125.

20 위의 책, p. 141. 거리 공연자들, 맹인 거지들, 값싼 인쇄물 간 접점에 대한 정보는 Laura Carnelos, "Street Voices : The Role of Blind Performers in Early Modern Italy," *Italian Studies*, vol. 71 (2016), pp. 1-13과 같은 권의 Blake Wilson, "The *Cantastorie/Canterino/Cantimbanco* as Musician," pp. 154-70. 그리고 Rosa Salzberg, "In the Mouths of Charlatans : Street Performers and the Dissemination of Pamphlets in Renaissance Italy," *Renaissance Studies*, vol. 24 (November 2010), pp. 638-53 ; and Angela Nuovo, *The Book Trade in the Italian Renaissance*, trans. Lydia G. Cochrane (Leiden : Brill, 2013), pp. 315-28도 보라.

21 Don C. Skemer, *Binding Words : Textual Amulets in the Middle Ages* (University Park, PA : Penn State University Press, 2006)를 보라. 리폴리 출판사 상품이 부적 같은 기능을 했다는 논의는 pp. 228-29를 보라.

22 Conway, ed., *The "Diario,"* p. 175. 조반미켈레가 판매한 리폴리판 주기도문은 1477년 봄에 인쇄되었다(위의 책, p. 105).

24장 망각의 나라

1 Valery Rees, "Ficino's Advice to Princes," in *Marsilio Ficino : His Theology, His Philosophy, His Legacy*, pp. 354, 355에서 인용.

2 *The Letters of Marsilio Ficino*, vol. 5, p. 15.

3 De la Mare, "Vespasiano da Bisticci, Historian and Bookseller," vol. 2, p. 367.

4 Simonetta, *The Montefeltro Conspiracy*, p. 124를 보라.

5 De la Mare, "Vespasiano da Bisticci, Historian and Bookseller," vol. 2, p. 362.

6 Landucci, *A Florentine Diary*, p. 23.

7 위의 책, p. 22.

8 *Vite di Uomini Illustri*, p. 341.

9 위의 책, p. 343.

10 위의 책, p. 344.

11 위의 책, p. 346.

12 위의 책, p. 345.

13 Landucci, *A Florentine Diary*, pp. 24, 25.

14 Cagni, *Vespasiano da Bisticci e il suo Epistolario*, pp. 161-62.

15 Strocchia, *Nuns and Nunneries in Renaissance Florence*, p. 106에서 인용.

16 Conway, ed., *The "Diario,"* p. 163.

17 바르톨로는 위의 책, p. 37을 보라.

18 위의 책, p. 156.

19 위의 책, p. 29, note 65.

20 위의 책, p. 225.

21 이 문제는 Flannery, "San Jacopo di Ripoli Imprints at Yale," p. 125를 보라.

22 De la Mare, "New Research on Humanistic Scribes in Florence," p. 460-61.

23 *Vite di Uomini Illustri*, p. 348.

24 Landucci, *A Florentine Diary*, p. 26.

25 *The Revelations of St. Birgitta of Sweden*, vol. 3: *Liber Caelestis*, trans. Denis Searby, introduction and notes by Bridget Morris (Oxford: Oxford University Press, 2012), p. 140.

26 Cagni, *Vespasiano da Bisticci e il suo Epistolario*, pp. 162-63.

27 *The Lives of the Early Medici*, ed. and trans. Ross, p. 218.

28 *I Giornali di Ser Giusto Giusti*, ed. Newbigin, p. 212.

29 *Vite di Uomini Illustri*, p. 484. 베스파시아노는 야코포 피치니노에 대한 음모에 친치넬로가 개입했다는 언급을 하지 않는다. 자세한 내용은 Franca Petrucci, "Cicinello, Antonio," *Dizionario Biografico degli Italiani*, online edition을 보라.

30 J. A. Symonds, *Renaissance in Italy: The Age of the Despots* (London: Smith, Edler & Co., 1912), p. 448에서 인용.

31 De. La Mare, "Vespasiano da Bisticci, Historiand bookseller," vol2., pp. 368-89. 판돌피니의 장서는 Armando Verde, "Nota d'archivio: Inventario e divisione dei beni di Pierfilippo Pandolfini," *Rinascimento*, vol. 9 (1969), pp. 307-24를 보라.

32 Setton, *The Papacy and the Levant*, p. 337에서 인용.

33 세르 피에로의 가게 위치는 Anne Leader, "In the Tomb of Ser Piero': Death and Burial in the Family of Leonardo da Vinci," *Renaissance Studies*, vol. 31 (2016), p. 328을 보라.

34 Giuseppe Aliprandi, "Leonardo da Vinci e la Stampa," *Gutenberg Jahrbuch* (Mainz: Gutenberg Gesellschaft, 1955), pp. 315-20; Carlo Pedretti, "L'Arte della Stampa in Leonardo da Vinci," *Studi Vinciana: documenti, analisi e inediti leonardeschi* (Geneva: Librairie Droz, 1957), pp. 109-17; and Ladislao Reti, "Leonardo da Vinci and the Graphic Arts: The Early Invention of Relief-Etching," *Burlington Magazine*, vol. 113 (April 1971), pp. 188-95를 보라.

35 Reti, "Leonardo da Vinci and the Graphic Arts," p. 188.

36 이 계산은 Ladislao Reti, "The Leonardo da Vinci Codices in the Biblioteca Nacional of

Madrid," *Technology and Culture*, vol. 8 (October 1967), p. 437을 보라.

37 Landucci, *A Florentine Diary*, p. 30.

25장 오트란토를 위한 애가

1 Setton, *The Papacy and the Levant*, vol. 2, p. 344에서 인용.

2 "Lamento d'Italia per la Presa d'Otranto," in Frati, ed., *Vite di Uomini Illustri*, vol. 3, pp. 313-14.

3 적어도 페르디난트 그레고로비우스의 주장은 그렇다. *Nelle Puglie*, trans. Raffaele Mariano (Florence: Barbera, 1882), p. 374를 보라.

4 Chiriatti, "Lo Scriptorium di San Nicola di Casole," p. 428에서 인용.

5 위의 책에서 인용.

6 위의 책, p. 436에서 인용.

7 위의 책, p. 428에서 인용.

8 Francesco G. Giannachi, "Learning Greek in the Land of Otranto: Some Remarks on Sergio Stiso of Zollino and His School," in Federica Ciccolella and Luigi Silvano, eds., *Teachers, Students, and Schools of Greek in the Renaissance* (Leiden: Brill, 2017), pp. 222-23을 보라.

9 Pastor, *History of the Popes*, vol. 4, p. 334에서 인용.

10 위의 책, p. 335-36에서 인용.

11 *I Giornali di Ser Giuto Giusti*, ed. Newbigin, p. 216.

12 Landucci, *A Florentine Diary*, p. 31.

13 Conway, ed., *The "Diario,"* p. 199.

14 *Cronica gestorum in partibus Lombardie et reliquis Italie*, ed. Giuliano Bonazzi (Città di Castello: Lapi, 1904), p. 84. 연대기에 실린 시는 pp. 85-89를 보라.

15 Conway, ed., *The "Diario,"* Appendix VIII, pp. 345-53을 보라.

16 *Vite di Uomini Illustri*, p. 346.

17 Conway, ed., *The "Diario,"* p. 209.

18 세르 피에로의 문서는 de la Mare, "Vespasiano da Bisticci, Historian and Bookseller," vol. 2, p. 371. For "Andrea di Vespasiano," see Conway, ed., *The "Diario,"* p. 337을 보라.

19 Cagni, *Vespasiano da Bisticci e il suo Epistolario*, p. 36에서 인용.

20 *Vite di Uomini Illustri*, p. 422.

21 위의 책, p. 155.

22 위의 책, pp. 2-3.

23 Richard Stapleford, ed. and trans., *Lorenzo de' Medici at Home: The Inventory of the Palazzo Medici in 1492* (University Park, PA: Penn State University Press, 2013), p. 9; and E. B Fryde, *Humanism and Renaissance Historiography* (London: Hambledon Press, 1983), pp. 159-61을 보라.

24 Fryde, *Humanism and Renaissance Historiography*, p. 183에서 인용.

25 Cagni, ed., *Vespasiano da Bisticci e il suo Epistolario*, p. 159.

26 Pollard, *An Essay on Colophons*, p. 89에서 인용.

27 *Caxton's Own Prose*, ed. N. F. Blake (London: Andre Deutsch, 1973), p. 100.

28 de la Mare, "New Research on Humanistic Scribes in Florence," p. 460에서 인용 (나의 번역).

29 Pollard, *An Essay on Colophons*, pp. 36-37에서 인용(번역을 살짝 수정했다).

30 Cagni, ed., *Vespasiano da Bisticci e il suo Epistolario*, p. 175.

31 *Vite di Uomini Illustri*, p. 3. For Vespasiano's transactions, see de la Mare, "Vespasiano da Bisticci, Historian and Bookseller," vol. 2, pp. 367-68, 372.

32 Cagni, *Vespasiano da Bisticci e il suo Epistolario*, p. 180.

33 위의 책, p. 42에서 인용.

34 베스파시아노의 장서는 de la Mare, "Vespasiano da Bisticci, Historian and Bookseller," vol. 2, Appendix VI를 보라.

35 베스파시아노의 작품은 Aulo Greco, "Il "Lamento d'Italia per la presa d'Otranto" di Vespasiano da Bisticci," in Cosimo Damiano Fonseca, ed., *Otranto 1480: Atti del Convegno Internazionale di Studio promosso in occasione del V centenario della Caduta di Otranto ad opera dei Turchi* (Otranto, 19-23 May 1980), 2 vols. (Lecce: Congedo, 1986), vol. 1, pp. 343-59를 보라.

36 *Vite di Uomini Illustri*, p. 441.

37 위의 책, p. 137.

38 위의 책, p. 136.

39 Franco Mormando, *The Preacher's Demons: Bernardino of Siena and the Social Underworld of Early Renaissance Italy* (Chicago: University of Chicago Press, 1999), p. 5에서 인용. 베르나르디노와 인문주의자들 간의 관계는 John W. Oppel, "Poggio, San Bernardino of Siena, and the *Dialogue On Avarice*," *Renaissance Quarterly*, vol. 30 (Winter 1977), pp. 564-87을 보라(나는 특히 p. 567-69에서 포조의 발언을 가져왔다).

26장 "저희를 용서하시고 구하소서"

1 Setton, *The Papacy and the Levant*, p. 371에서 인용.

2 이 일화는 John J. Curry, *Transformation of Muslim Mystical Thought in the Ottoman Empire: The Rise of the Halveti Order, 1350-1650* (Edinburgh: Edinburgh University Press, 2010), pp. 68-69를 보라.

3 Pastor, *History of the Popes*, vol. 4, p. 343에서 인용.

4 Setton, *The Papacy and the Levant*, p. 373에서 인용.

5 Cagni, *Vespasiano da Bisticci e il suo Epistolario*, pp. 169-71을 보라.

6 위의 책, pp. 33-34.

7 텍스트는 위의 책, pp. 164-68을 보라. 원본은 the Biblioteca Nazionale in Florence, MS. Naz. II.XI.34, ff. 1-10v에 있다.

8 Carole Collier Frick, *Dressing Renaissance Florence: Families, Fortunes, and Fine Clothing* (Baltimore: Johns Hopkins University Press, 2002), p. 180에서 인용. pp. 180–84에서 프릭의 논의에 의존했다.

9 *Vite di Uomini Illustri*, p. 189.

10 위의 책, p. 213.

11 *The Letters of Marsilio Ficino*, vol. 6, p. 47.

12 Matteo Contugi da Volterra, quoted in Gino Benzoni, "Federico da Montefeltro," *Dizionario Biografico degli Italiani*, online edition.

13 *Vite di Uomini Illustri*, pp. 221–22 and 223.

14 *The Letters of Marsilio Ficino*, vol. 6, p. 47.

15 위의 책, p. 38.

16 위의 책, p. 38. 추정상의 살인은 Raymond Marcel, *Marsile Ficin (1433–1499)* (Paris: Société d'Édition "Les Belles Lettres," 1958), pp. 460–61을 보라.

17 *The Letters of Marsilio Ficino*, vol. 7, p. 4.

27장 대합大合

1 Conway, ed., *The "Diario*," p. 64.

2 위의 책, p. 241.

3 Rouse and Rouse, *Cartolai, Illuminators and Printers*, p. 85를 보라.

4 Girolamo Savonarola, *Prediche sopra Ezechiele*, 2 vols., ed. Roberto Ridolfi (Rome: A. Belardetti, 1955), vol. 2, p. 262.

5 Conway, ed., *The "Diario*," pp. 56–57.

6 Rhiannon Daniels, *Boccaccio and the Book: Production and Reading in Italy, 1340–1520* (London: Legenda, 2009), p. 85에서 인용(나의 번역). "열성 필사자들"은 Vittore Branca, "Copisti per passione, tradizione caratterizzante, tradizione di memoria," in *Studi e problemi di critica testuale: Convegno di studi di filologia nel centario della Commissione per i testi di lingua* (Bologna: Commissione per i testi di lingua, 1961), pp. 69–83에서 논의된다.

7 Conway, ed., *The "Diario*," pp. 58–61, 351.

8 Kenneth Pearson, "News in the Arts," *Sunday Times*, 6 December 1970, p. 31.

9 *The Decameron*, trans. G. H. McWilliam (London: Penguin, 1995), p. 801.

10 Judith Serafini-Sauli, "The Pleasures of Reading: Boccaccio's *Decameron* and Female Literacy," *MLN*, vol. 126 (January 2011), p. 34에서 인용.

11 *The Decameron*, p. 798.

12 Serafini-Sauli, "The Pleasures of Reading," p. 30에서 인용.

13 *The Decameron*, III.1.

14 Cormac Ó Cuilleanáin, *Religion and the Clergy in Boccaccio's Decameron* (Rome: Edizioni di Storia e Letteratura, 1984), p. 19에서 인용.

15 Strocchia, *Nuns and Nunneries in Renaissance Florence*, p. 174에서 인용.

16 Elizabeth Makowski, *Canon Law and Cloistered Women: Periculoso and Its Commentators, 1298-1545* (Washington, DC: Catholic University of America Press, 1997), p. 135에서 인용.

17 Samuel K. Cohn Jr., *Women in the Streets: Essays on Sex and Power in Re naissance Italy* (Baltimore: The Johns Hopkins University Press, 1996), pp. 108-9에서 인용. Strocchia, *Nuns and Nunneries in Renaissance Florence*, pp. 178-80도 보라.

18 Strocchia, *Nuns and Nunneries in Renaissance Florence*, p. 163.

19 Michael J. B. Allen, "Introduction," *Marsilio Ficino: His Theology, His Philosophy, His Legacy*, p. xv.

20 Cesare Vasoli, "Marsilio Ficino," *Dizionario Biographico degli Italiani*, online edition을 보라.

21 *Platonic Theology*, vol. 6, p. 221.

22 *The Philosophy of Marsilio Ficino*, vol. 1, pp. 10-11.

23 *Platonic Theology*, vol. 1, p. 9.

24 뛰어난 논의는 Tigerstedt, "The Poet as Creator," pp. 471-72를 보라.

25 Howlett, *Marsilio Ficino and His World*, p. 53에서 인용.

26 콘웨이는 도메니코 수사가 이 견본 작업에 쏟은 관심이 "다른 피렌체 인쇄업자들도 중요한 대형 의뢰건에 입찰하고 있었음"을 시사한다고 주장한다(*The "Diario*," p. 46).

27 위의 책, p. 268을 보라.

28 *Platonic Theology*, vol. 6, p. 221.

29 레안드로 페리니는 자신이 펴낸 폴리치아노의 *Coniurationis commentarium: Commnetario alla Congiura dei Pazzi* (Florence: University of Florence, 2012), p. 11, note 13에서 그렇게 주장한다.

30 James Hankins, "The Myth of the Platonic Academy of Florence," *Re naissance Quarterly*, vol. 44 (Autumn 1991), p. 460에서 인용(나의 번역).

31 Hankins, "Cosimo de' Medici and the 'Platonic Academy,'" p. 153에서 번역, 인용.

32 Conway, ed., *The "Diario*," p. 268.

33 위의 책, p. 46.

34 위의 책.

35 위의 책, p. 273.

36 Hankins, *Plato in the Renaissance*, vol. 1, p. 304에서 인용.

37 Howlett, *Marsilio Ficino and His World*, p. 10에서 인용.

38 Gustav-Adolf Schoener, "The Coming of a 'Little Prophet': Astrological Pamphlets and the Reformation," in *Esoterica: The Journal*, vol. 6 (2004), pp. 29-30을 보라.

39 Eugenio Garin, *Ermetismo del Rinascimento* (Rome: Editore Riuniti, 1988), p. 57에서 인용.

40 Landucci, *A Florentine Diary*, p. 40.

41 Pastor, *History of the Popes*, vol. 4, p. 380에서 인용.

42 Ann G. Carmichael, *Plague and the Poor in Renaissance Florence* (Cambridge: Cambridge

University Press, 1986), p. 123에서 인용.

43 White, *Plague and Plea sure: The Renaissance World of Pius II*, p. 299에서 인용.

44 도메니코 수사의 사망 기록 부재는 그가 산 야코포 데 리폴리에서 죽은 다음 그곳 수녀원에 묻혔다면 쉽게 설명 가능하다. 피렌체에서 사망 기록은 1385년부터는 식량 배급을 담당하는 기관인 식량조달청에서, 1450년부터는 의사와 약종상 길드인 아르테 메디치 에 스페치알리에서 담당했다. 두 기관 모두 자신들이 매장한 시신의 이름을 보고하는 피렌체의 산역꾼들한테서 정보를 얻었다. 하지만 누군가가 종교 공동체 내에서 죽어서 거기 묻힌다면 시신을 옮길 필요가 없고 따라서 산역꾼을 고용할 필요도 없었다. 이런 사망 기록들의 미비점에 관해서는 C. M. Cipolla, "The 'Bills of Mortality' of Florence," *Population Studies*, vol. 32 (November 1978), pp. 543-48을 보라.

45 이 가능성은 Melissa Conway, "The Early Career of Lorenzo de Alopa," *La Bibliofilia*, vol. 102 (January-April 2000), p. 9를 보라.

46 Conway, ed., *The "Diario,"* p. 274.

47 Hankins, "Cosimo de' Medici and the 'Platonic Academy,'" p. 151에서 인용. 작품의 연대에 대해서는 P. O. Kristeller, "The First Printed Edition of Plato's Works and the Date of Its Publication (1484)," in Pawel Czartoryski and Erna Hilfstein, eds., *Science and History: Studies in Honor of Edward Rosen* (Wrocław: Polish Academy of Sciences Press, 1978), pp. 25-39를 보라. 그리고 같은 작가의 "Ficino and his Work After Five Hundred Years," in *Marsilio Ficino e il ritorno di Platone*, ed. Gian Carlo Garfagnini (Florence: Olschki, 1986), vol. 1, p. 128.

48 Allen and Rees, eds., *Marsilio Ficino: His Theology, His Philosophy, His Legacy*, p. 85에서 인용.

49 *The Letters of Marsilio Ficino*, vol. 7, p. 24.

50 James Hankins and Ada Palmer, *The Recovery of Ancient Philosophy in the Renaissance: A Brief Guide* (Florence: Olschki, 2008), p. 10.

51 Kristeller, "The First Printed Edition of Plato's Works," p. 138.

52 A. N. Whitehead, *Process and Reality: An Essay in Cosmology*, ed. D. R. Griffin and D. W. Sherburne (New York: Free Press, 1978), p. 39를 보라.

53 Tom Cohen, "P.S.: Plato's Scene of Reading in the *Protagoras*," in *AntiMimesis from Plato to Hitchcock* (Cambridge: Cambridge University Press, 1994), p. 45.

54 Plato, *Euthyphro. Apology. Crito. Phaedo*, Loeb Classical Library 36, p. 153.

55 P. O. Kristeller, "L'état présent des études sur Marsile Ficin," *XVIe Colloque International de Tours: Platon et Aristote á la Renaissance* (Paris: Librarie Philosophique J. Vrin, 1976), pp. 66, 75, note 54.

56 Hankins, *Humanism and Platonism in the Italian Renaissance*, vol. 2, p. 441.

57 Kristeller, "The First Printed Edition of Plato's Works," p. 137.

1 페란테 국왕의 계속된 후원은 de la Mare, "Vespasiano da Bisticci, Historian and Bookseller," vol. 2, p. 376A를 보라.

2 Fryde, *Humanism and Renaissance Historiography*, pp. 184-85.

3 이 도서관은 Kent, *Lorenzo de' Medici and the Art of Magnificence*, p. 7을 보라.

4 Fryde, *Humanism and Renaissance Historiography*, pp. 183-84를 보라.

5 Howlett, *Marsilio Ficino and His World*, p. 23에서 인용.

6 De la Mare, "Vespasiano da Bisticci, Historian and Bookseller," vol. 2, p. 377.

7 Girolamo Savonarola, *Prediche sopra l'Esodo*, ed. Pier Giorgio Ricci, 2 vols. (Rome: Belardetti, 1956), vol. 2, p. 291.

8 Michel Plaisance, "Florence: Carnival in the Time of Savonarola," in Nicole Carew-Reid, ed. and trans., *Florence in the Time of the Medici: Public Cele brations, Politics, and Lit er a ture in the Fifteenth and Sixteenth Centuries*, (Toronto: Center for Reformation and Renaissance Studies, 2008), p. 65, note 63, 그리고 p. 67에서 인용.

9 위의 책 P. 66, note 68, P. 68, note 80, p. 81에서 인용. 단테, 페트라르카, 보카치오, 풀치 분서에 대해서는 p. 69, note 81을 보라.

10 Lawrence S. Cunningham et al., eds., *Culture & Values: A Survey of the Humanities*, 8th edition (Boston: Wadsworth, 2014), p. 384.

11 간명한 평가는 Roberto Weiss, "Savonarola and the Renaissance," *Blackfriars*, vol. 34 (July-August 1953), p. 320을 보라.

12 Peter Godman, *From Poliziano to Machiavelli: Florentine Humanism in the High Renaissance* (Princeton: Princeton University Press, 1998), p. 135에서 인용.

13 Godman, *From Poliziano to Machiavelli*, p. 140에서 인용. "Socrates from Ferrara," p. 134를 보라.

14 Cagni, ed., *Vespasiano da Bisticci e il suo Epistolario*, pp. 42-43.

15 *Vite di Uomini Illustri*, pp. 67-68, 228.

16 위의 책, pp. 1, 3.

17 기번은 베스파시아노의 필사본 가운데 하나가 아니라 로도비코 무라토리의 1751년판 *Rerum Ialicarum Scriptores*를 이용했는데, 그 판에는 에우게니우스와 니콜라우스의 생애가 담겨 있었다. "피렌체의 베스파시안"은 3권짜리 쾨르토판의 마지막 권으로 1788년에 처음 출간된 최초 쾨르토 판본의 제6부에 나온다. 이 정보를 알려준 데이비드 워머슬리에게 감사드린다.

18 Jeremiah E. Dittmar, "Information Technology and Economic Change: The Impact of the Printing Press," *The Quarterly Journal of Economics*, vol. 126 (August 2011), p. 1133.

19 위의 책, p. 1144, 표 1과 p. 1155.

20 프랑크푸르트의 인구는 Carl-Ludwig Holtfrerich, *Frankfurt as a Financial Center: From Medieval Trade Fair to European Financial Center* (Munich: C. H. Beck, 1999), p. 49. 1500년에 프랑크푸르트에 인쇄기 없었다는 사실은 고맙게도 Jeremiah Dittmar 박사가

2020년 4월 20일 개인 이메일로 알려준 정보다.

21 Dittmar, "Information Technology and Economic Change," p. 1134.

22 *Incunabula Short Title Catalogue*는 1500년 전에 출판된 책의 69.9퍼센트라는 수치를 제공한다.

23 Leandro Perini, "Libri e lettori nella Toscana del Cinquecento," *Firenze e la toscana dei Medici nell'Europa del Cinquecento* (Florence: Olschki, 1983), pp. 109-31. 피렌체 학생들은 Giovanni Villani, *Nuova Chronica*, vol. 3, p. 198을 보라.

24 그에 관해서는 Cochrane, *Florence in the Forgotten Centuries*, p. 67을 보라.

25 Elizabeth L. Eisenstein, *The Printing Press as an Agent of Change: Communications and Cultural Transformations in EarlyModern Europe* (Cambridge: Cambridge University Press, 1979), p. 347에서 인용.

26 Mark U. Edwards Jr., *Printing, Propaganda, and Martin Luther* (Minneapolis: Fortress Press, 1994); and Andrew Pettegree, *Brand Luther: 1517, Printing, and the Making of the Reformation* (New York: Penguin, 2016)을 보라.

27 이 수치들과 출전은 Allyson F. Creasman, *Censorship and Civic Order in Reformation Germany, 1517-1648: "Printed Poison & Evil Talk"* (Abingdon: Routledge, 2016), p. 31을 보라.

28 Lucien Febvre and Henri-Jean Martin, *The Coming of the Book: The Impact of Printing, 1450-1800*, trans. David Gerard (London, Verso, 1958), p. 288. 테제의 지지자들로는 —앞서 거론된 아이젠슈타인, 에드워즈, 페티그리 외에도—Arthur Geoffrey Dickens, *Reformation and Society in Sixteenth Century Europe* (New York: Harcourt, Brace, & World, 1968)와 Jean-François Gilmont, ed., *The Reformation and the Book* (Aldershot: Ashgate, 1998)에 실린 다수의 역사가들이 있다.

29 Jared Rubin, "Printing and Protestants: An Empirical Test of the Role of Printing in the Reformation," *The Review of Economics and Statistics*, vol. 96 (May 2014), pp. 270-86.

30 Max Weber, *The Protestant Ethic and the Spirit of Capitalism*, trans. Talcott Parsons (New York: Scribner's, 1930). 인쇄기와 경제 성장과의 상관성에 관해서는 Joerg Baten and Jan Luiten van Zanden, "Book Production and the Onset of Modern Economic Growth," *Journal of Economic Growth*, vol. 13 (2008), pp. 217-35를 보라.

31 "Testimonios," in Pedro Voltes, *Cristóbal Colón* (Barcelona: Salvat Editores, 1987), p. 180.

32 Carol Delaney, "Columbus's Ultimate Goal: Jerusalem," in *Comparative Studies in Society and History*, vol. 48 (2006), pp. 260-92 (quoted at p. 261)를 보라.

33 Valerie I. J. Flint, *The Imaginative Landscape of Christopher Columbus* (Princeton: Princeton University Press, 1992).

34 Edward Wilson-Lee, *The Catalogue of Shipwrecked Books: Young Columbus and the Quest for a Universal Library* (London: William Collins, 2018)를 보라.

Alexander, Jonathan J. G. *Medieval Illuminators and Their Methods of Work*. New Haven: Yale University Press, 1992.

Allen, Michael J. B., and Valery Rees, with Martin Davies, eds. Marsilio Ficino: *His Theology, His Philosophy, His Legacy*. Leiden: Brill, 2002.

Barbier, Frédéric. *Gutenberg's Europe: The Book and the Invention of Western Modernity*. Translated by Jean Birrell. Cambridge: Polity Press, 2017.

Bisticci, Vespasiano da. *Vite di Uomini Illustri del Secolo XV*. Edited by Paolo d'Ancona and Erhard Aeschlimann. Milan: Hoepli, 1951.

_____. *Vite di Uomini Illustri del Secolo XV*. Edited by Ludovico Frati. 3 vols. Bologna: Romagnoli-Dall'Acqua, 1892.

Black, Robert. *Education and Society in Florentine Tuscany: Teachers, Pupils and Schools, c. 1250–1500*. Leiden: Brill, 2007.

Brown, Judith C. "Monache a Firenze all'Inizio dell'Età Moderna." *Quaderni storici*, new series, 29 (April 1994): pp. 117-52.

Cagni, Giuseppe M., ed. *Vespasiano da Bisticci e il suo epistolario*. Rome: Edizioni di Storia e Letteratura, 1969.

Conway, Melissa, ed. *The "Diario" of the Printing Press of San Jacopo di Ripoli*. Florence: Olschki, 1999.

Conway, Melissa. "The Early Career of Lorenzo de Alopa." *La Bibliofilia* 102 (January-April 2000): pp. 1-10.

Davies, Martin. "Humanism in Script and Print." In *The Cambridge Companion to Renaissance Humanism*, edited by Jill Kraye, pp. 47-62. Cambridge: Cambridge University Press, 1996.

De la Mare, A. C. *The Handwriting of Italian Humanists*. Oxford: Printed at the University Press for the Association internationale de bibliophilie, 1973.

_____. "Messer Piero Strozzi, a Florentine Priest and Scribe." In *Calligraphy and Palaeography: Essays Presented to Alfred Fairbank on His 70th Birthday*, edited by A. S. Osley, pp. 55-68. London: Faber & Faber, 1965.

_____. "New Research on Humanistic Scribes in Florence." In *Miniatura fiorentina del Rinascimento, 1440-1525: Un primo censimento*, 2 vols., edited by Annarosa Garzelli, vol. 1, pp. 395-600. Florence: Giunta regionale toscana, 1985.

_____. "Vespasiano da Bisticci and Gray." *Journal of the Warburg and Courtauld Institutes* 20

(January-June 1957): pp. 174-76.

_____. "Vespasiano da Bisticci as a Producer of Classical Manuscripts in Fifteenth-Century Florence." In *Medieval Manuscripts of the Latin Classics: Production and Use,* edited by Claudine A. Chavannes-Mazel and Margaret M. Smith, pp. 166-207. Los Altos Hills, CA: Anderson-Lovelace, 1996.

_____. "Vespasiano da Bisticci, Historian and Bookseller." 2 vols. PhD diss., London University, 1965.

Eisenstein, Elizabeth L. *The Printing Press as an Agent of Change: Communications and Cultural Transformations in EarlyModern Europe.* 2 vols. Cambridge: Cambridge University Press, 1979.

Febvre, Lucien, and Henri-Jean Martin. *The Coming of the Book: The Impact of Printing, 1450-1800.* Translated by David Gerard. London: Verso, 1958.

Ficino, Marsilio. *The Letters of Marsilio Ficino.* 10 vols. Translated by the members of the Language Department of the School of Economic Science. London: Shepheard-Walwyn, 1981.

Field, Arthur. *The Intellectual Struggle for Florence: Humanists and the Beginnings of the Medici Regime, 1420-1440.* Oxford: Oxford University Press, 2017.

_____. *The Origins of the Platonic Academy of Florence.* Princeton: Princeton University Press, 1988.

Flannery, Melissa C. "San Jacopo di Ripoli Imprints at Yale." *Yale University Library Gazette* 63 (April 1989): pp. 114-31.

Flannery, Melissa C., Roger S. Wieck, and Frank H. Ellis. 'Marginalia,' *Yale University Library Gazette* 63 (October 1988): 71-77.

Ganz, Margery A. "A Florentine Friendship: Donato Acciaiuoli and Vespasiano da Bisticci." *Renaissance Quarterly* 43 (1990): pp. 372-83.

Hankins, James. "Cosimo de' Medici and the 'Platonic Academy.'" *Journal of the Warburg and Courtauld Institutes* 53 (1990): pp. 144-62.

_____. *Humanism and Platonism in the Italian Renaissance.* 2 vols. Rome: Edizioni di Storia e Letteratura, 2003-4.

_____. "The Myth of the Platonic Academy of Florence." *Renaissance Quarterly* 44 (Autumn 1991): pp. 429-75.

_____. *Plato in the Italian Renaissance.* 2 vols. Leiden: Brill, 1990.

Hankins, James, and Ada Palmer. *The Recovery of Ancient Philosophy in the Renaissance: A Brief Guide.* Florence: Olschki, 2008.

Hofmann, Heinz. "Literary Culture at the Court of Urbino During the Reign of Federico da Montefeltro." *Humanistica Lovaniensia: Journal of NeoLatin Studies* 57 (2008): pp. 5-59.

Howlett, Sophia. *Marsilio Ficino and His World.* New York: Palgrave Macmillan, 2016.

Kapr, Albert. *Johann Gutenberg: The Man and his Invention.* Translated by Douglas Martin.

피렌체 서점 이야기

Aldershot, UK: Scolar Press, 1996.

Kristeller, P. O. "The First Printed Edition of Plato's Works and the Date of Its Publication (1484)." In *Science and History: Studies in Honor of Edward Rosen*, edited by Pawel Czartoryski and Erna Hilfstein, pp. 25-39. Wrocław: Polish Academy of Sciences Press, 1978.

Leader, Anne. *The Badia of Florence: Art and Observance in a Renaissance Monastery*. Bloomington: University of Indiana Press, 2012.

Margolis, Oren J. "The 'Gallic Crowd' at the 'Aragonese Doors': Donato Acciaiuoli's *Vita Caroli Magni* and the Workshop of Vespasiano da Bisticci." *I Tatti Studies in the Italian Renaissance* 17 (2014): pp. 241-82.

_____. *The Politics of Culture in Quattrocento Europe: René of Anjou in Italy*. Oxford: Oxford University Press, 2016.

Marsh, David. *Giannozzo Manetti: The Life of a Florentine Humanist*. Cambridge, MA: Harvard University Press, 2019.

Martines, Lauro. *April Blood: Florence and the Plot Against the Medici*. London: Jonathan Cape, 2003.

Meserve, Margaret. "News from Negroponte: Politics, Popular Opinion, and Information Exchange in the First Decade of the Italian Press." *Renaissance Quarterly* 59 (Summer 2006): pp. 440-80.

Monfasani, John. *George of Trebizond: A Biography and a Study of His Rhetoric and Logic*. Leiden: Brill, 1976.

_____. "The Pre-and Post-History of Cardinal Bessarion's 1469 *In Calumniatorem Platonis*." In *"Inter graecos latinissimus, inter latinos graecissimus": Bessarion zwischen den Kulturen*, edited by Claudia Märtl, Christian Kaiser, and Thomas Ricklin, pp. 347-66. Berlin: Walter de Gruyter, 2013.

Najemy, John N. *A History of Florence, 1250-1575*. Oxford: Blackwell, 2008.

Nuovo, Angela. *The Book Trade in the Italian Renaissance*. Translated by Lydia G. Cochrane. Leiden: Brill, 2013.

Pius II: Commentaries. Edited by Margaret Meserve and Marcello Simonetta. 2 vols. Cambridge, MA: Harvard University Press, 2003 and 2007.

Poncet, Christophe. "Ficino's Little Academy of Careggi." *Bruniana & Campanelliana* 19 (2013): pp. 67-76.

Rees, Valery. "Ficino's Advice to Princes." In *Marsilio Ficino: His Theology, His Philosophy, His Legacy*, edited by Michael J. B. Allen and Valery Rees, with Martin Davies, pp. 339-57. Leiden: Brill, 2002.

Reeve, Michael D. "Classical Scholarship." In *The Cambridge Companion to Renaissance Humanism*, edited by Jill Kraye, pp. 20-46. Cambridge: Cambridge University Press, 1996.

Richardson, Brian. "The Debates on Printing in Renaissance Italy." *La Bibliofilía* 100 (May-

December 1998): pp. 135-55.

_____. Printing, *Writers and Readers in Renaissance Italy*. Cambridge: Cambridge University Press, 1999.

Rouse, Mary A., and Richard H. Rouse. *Cartolai, Illuminators, and Printers in FifteenthCentury Italy*. Los Angeles: UCLA Research Library, 1988.

_____. "Nicolaus Gupalatinus and the Arrival of Print in Italy." *La Bibliofilía* 88 (September-December 1986): pp. 221-51.

Simonetta, Marcello. *The Montefeltro Conspiracy: A Renaissance Mystery Decoded*. New York: Doubleday, 2008.

Strocchia, Sharon T. "Naming a Nun: Spiritual Exemplars and Corporate Identity in Florentine Convents, 1450-1530." In *Society and the Individual in Renaissance Florence*, edited by William J. Connell, pp. 215-50. Berkeley: University of California Press, 2002.

_____. *Nuns and Nunneries in Renaissance Florence*. Baltimore: Johns Hopkins University Press, 2009.

_____. "Savonarolan Witnesses: The Nuns of San Jacopo and the Piagnone Movement in Sixteenth-Century Florence." *Sixteenth Century Journal* 38 (Summer 2007): pp. 393-418.

Two Renaissance Book Hunters: The Letters of Poggius Bracciolini to Nicolaus de Niccolis. Edited and translated by Phyllis Walter Goodhart Gordan. New York: Columbia University Press, 1974.

Uhlendorf, B. A. "The Invention of Printing and Its Spread till 1470: With Special Reference to Social and Economic Factors." *Library Quarterly: Information, Community, Policy* 2 (July 1932): pp. 179-231.

Ullman, Berthold L. *The Origin and Development of Humanistic Script*. Rome: Edizioni di Storia e Letteratura, 1960.

Ullman, Berthold L., and Philip A. Stadter. *The Public Library of Renaissance Florence: Niccolò Niccoli, Cosimo de' Medici and the Library of San Marco*. Padua: Editrice Antenore, 1972.

Weddle, Saundra. "Identity and Alliance: Urban Presence, Spatial Privilege, and Florentine Renaissance Convents." In *Renaissance Florence: A Social History*, edited by Roger J. Crum and John T. Paoletti, pp. 394-412. Cambridge: Cambridge University Press, 2006.

Witt, Ronald. "What Did Giovannino Read and Write? Literacy in Early Renaissance Florence." *I Tatti Studies in the Italian Renaissance* 6 (1995): pp. 83-114.

Wittschier, Willy. "Vespasiano da Bisticci und Giannozzo Manetti." *Romanische Forschungen* 79 (1967): pp. 271-87.

Wood house, C. M. *George Gemistos Plethon: The Last of the Hellenes*. Oxford: Clarendon Press, 1986.

10-11쪽   © John Gilkes.

16쪽   © David Battistella.

20쪽   Granger Historical Picture Archive.

27쪽   Biblioteca Medicea Laurenziana, Florence.

34쪽   Courtesy of the Uffizi Gallery.

39쪽   Pinacoteca Ambrosiana, Milan, Italy © Veneranda Biblioteca Ambrosiana / Mondadori Portfolio / Bridgeman Images.

56쪽   Poggio Bracciolini, engraved by Philips Galle (Rijksmuseum).

69쪽   New College Library, Oxford, MS 288, folio 4v © Courtesy of the Warden and Scholars of New College, Oxford.

75쪽   © RMN- Grand Palais / Art Resource, NY.

96쪽   By permission of Saint Catherine's Monastery, Sinai, Egypt.

105쪽   Wikimedia Commons.

157쪽   MS 248E, folio 1vb. Courtesy of Balliol College, Oxford.

159쪽   Latin Bible from 1407, on display in Malmesbury Abbey, Wiltshire, England, via Wikimedia Commons.

162쪽   British Library, Add. MSS 11848, folio 160v.

164쪽   Biblioteca Riccardiana, Florence. Riccardiana. 499, folio 37r. By permission of the Ministero dei Beni e delle Attivita Culturali e del Turismo. Further reproduction is forbidden.

170쪽   Wikimedia Commons.

175쪽   Balliol College, Oxford, MS 248B, folio 6v.

184쪽   British Library, Add. 9770, folio 6r.

206쪽   1584 engraving from Vrais pourtraits et vies des hommes illustres, via Wikimedia Commons.

209쪽   Wikimedia Commons.

250쪽   Giannozzo Manetti by Cristofano dell'Altissimo (Galleria degli Uffizi).

261쪽   National Gallery of Art, accession no. 1952.2.5.

276쪽   Marsilio Ficino by Philips Galle, Rijksmuseum, Amsterdam. Object P-1909-4452.

282쪽   © David Battistella.

304쪽   Courtesy of the Piccolomini Library.

피렌체 서점 이야기

'세계 서적상의 왕' 베스파시아노, 그리고 르네상스를 만든 책과 작가들

1판 1쇄 2023년 1월 6일
1판 3쇄 2024년 9월 20일

지은이 | 로스 킹
옮긴이 | 최파일

펴낸이 | 류종필
편집 | 이은진, 이정우, 권준
경영지원 | 홍정민
표지 디자인 | 박미정
본문 디자인 | 박애영
교정교열 | 오효순

펴낸곳 | (주) 도서출판 책과함께
　　　　주소 (04022) 서울시 마포구 동교로 70 소와소빌딩 2층
　　　　전화 (02) 335-1982
　　　　팩스 (02) 335-1316
　　　　전자우편 prpub@daum.net
　　　　블로그 blog.naver.com/prpub
　　　　등록 2003년 4월 3일 제2003-000392호

ISBN 979-11-91432-96-1 03920